中国近现代稀见史料丛刊【第三辑】

张剑 徐雁平 彭国忠 主编

潘道根日记（上）

潘道根 著

罗瑛 整理

凤凰出版社

图书在版编目（C I P）数据

潘道根日记 / 潘道根著 ; 罗瑛整理. -- 南京: 凤凰出版社, 2016.9
（中国近现代稀见史料丛刊. 第三辑）
ISBN 978-7-5506-2422-1

Ⅰ. ①潘… Ⅱ. ①潘… ②罗… Ⅲ. ①潘道根一日记 Ⅳ. ①K825.41

中国版本图书馆CIP数据核字(2016)第188944号

书　　名　潘道根日记
著　　者　潘道根 著　罗　瑛 整理
责任编辑　韩凤冉
出版发行　凤凰出版传媒股份有限公司
　　　　　凤凰出版社(原江苏古籍出版社)
　　　　　发行部电话025-83223462
出版社地址　南京市中央路165号,邮编:210009
出版社网址　http://www.fhcbs.com
经　　销　凤凰出版传媒股份有限公司
照　　排　南京凯建图文制作有限公司
印　　刷　苏州市越洋印刷有限公司
　　　　　苏州市吴中区南官渡路20号,邮编:215104
开　　本　880×1230毫米　1/32
印　　张　20.75
字　　数　539千字
版　　次　2016年9月第1版　2016年9月第1次印刷
标准书号　ISBN 978-7-5506-2422-1
定　　价　85.00元(上、下册)
　　　　　(本书凡印装错误可向承印厂调换,电话:0512-68180638)

袁行霈先生题辞

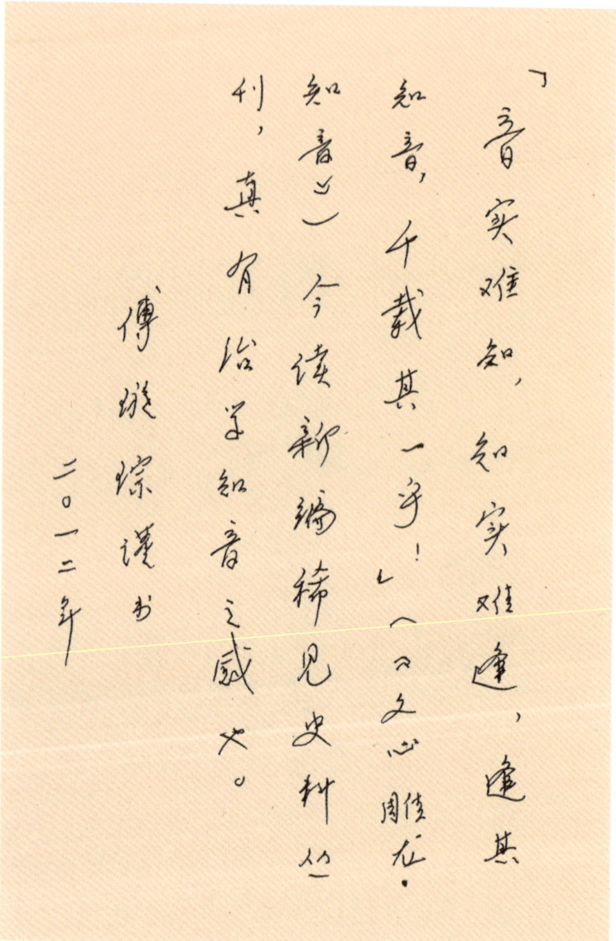

「音实难知，知实难逢，逢其知音，千载其一乎！」（《文心雕龙·知音》）今读新编稀见史料丛刊，真有治学知音之感矣。

傅璇琮谨书

二〇一二年

傅璇琮先生题辞

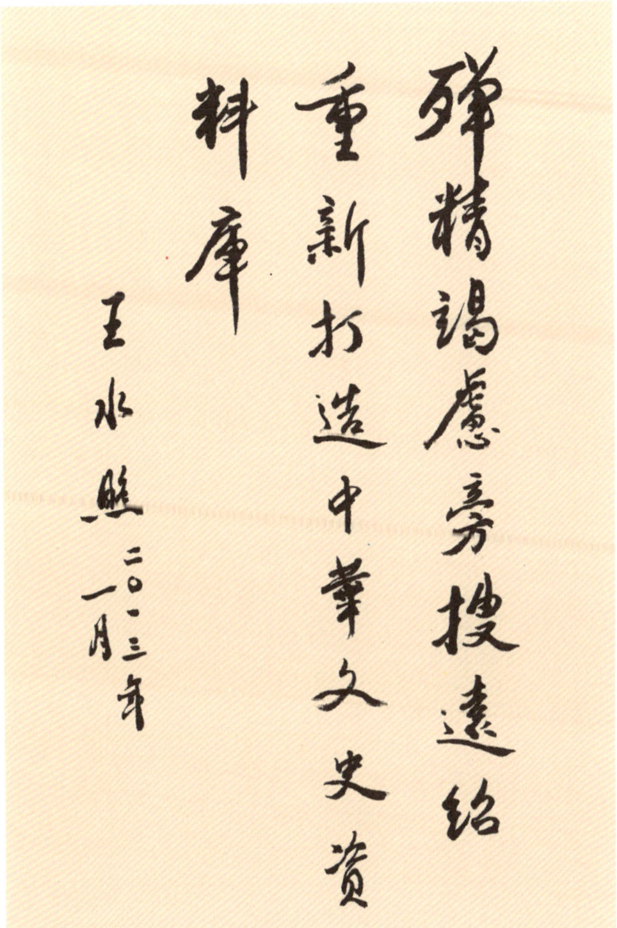
殚精竭慮旁搜遠绍
重新打造中華文史资
料库
王水照
二〇一三年一月

王水照先生题辞

隱求堂日記節要卷十六

崑山潘道根確潛甫著　同邑後學王德森摘錄

咸豐五年乙卯 先生時年六十有八　仍署徐村老農

篋中檢得往年復陳梅村桼札附錄於此（見晚香書札）

正月初三日閲四書語錄

初八日沈翁名寅字宏先一字惺巖其先方之後也祖父頗有貲叔字文瑞庠生以訓蒙爲業惺巖亦處村館性孤僻人少親近者壯年家落未娶以先墓在徐家村之南寓居於徐村之唐氏繼而廬居墓上墓下有田六七畝課人耕之以自給嗣一姪耀祖爲娶妻郭氏道光己酉水災後耀祖遘病死有一子兩女時惺巖館郡中處境頗適以嗣子亡不能出乃歸未幾郭氏亦亡一孫女繼死今年翁已七十有四矣初五日祀五路神失火草廬衣物俱成灰燼余以近隣往救不及翁被火傷鬚鬍手足步履不能西溪命傭以蘆葦遮蓋余命兒往太

书影一

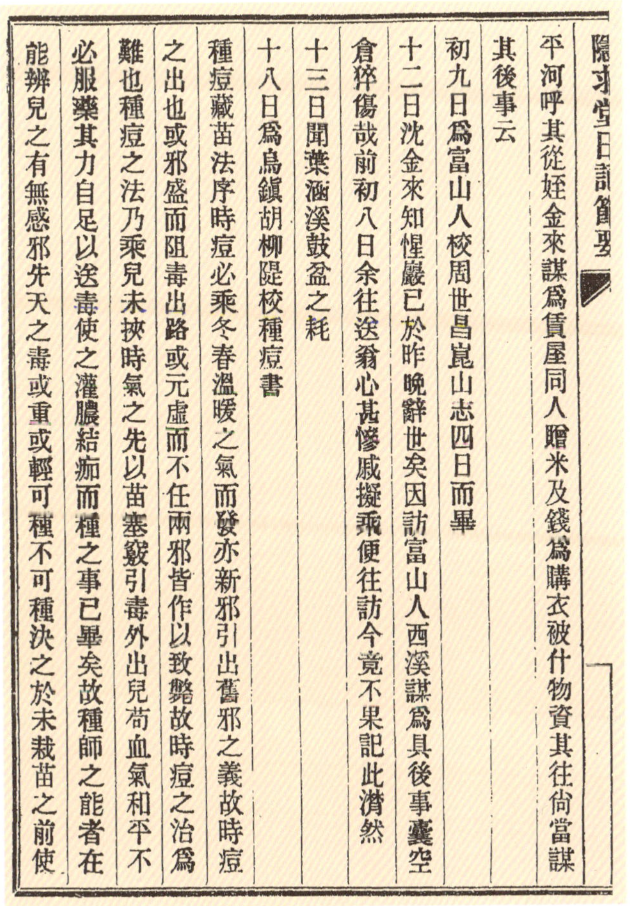
隱求堂日記節要

平河呼其從姪金來謀爲賃屋同人贈米及錢爲購衣被什物資其往尙當謀
其後事云
初九日爲富山人校周世昌崑山志四日而畢
十二日沈金來知惺巖已於昨晚辭世矣因訪富山人西溪謀爲具後事囊空
倉猝傷哉前初八日余往送翁心甚慘戚擬乘便往訪今竟不果記此潸然
十三日聞葉涵溪鼓盆之耗
十八日爲烏鎭胡柳隄校種痘書
種痘藏苗法序時痘必乘冬春溫暖之氣而發亦新邪引出舊邪之義故時痘
之出也或邪盛而阻毒出路或元虛而不任兩邪皆作以致斃故時痘之治爲
難也種痘之法乃乘兒未挾時氣之先以苗塞鼻引毒外出兒苟血氣和平不
必服藥其力自足以送毒使之灌膿結痂而種之事已畢矣故種師之能者在
能辨兒之有無感邪先天之毒或重或輕可種不可種決之於未栽苗之前使

书影二

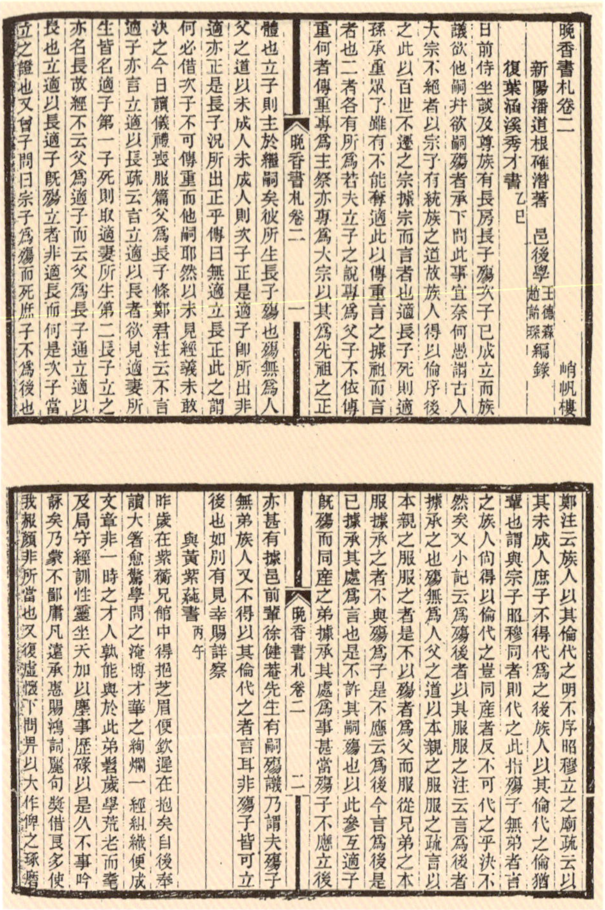

晚香書札卷二　　峭帆樓

新陽潘道根確潛著　邑後學王德森趙詒琛編錄

復葉涵溪秀才書乙巳

日前侍坐談及尊族有長房長子殤次子已成立而族議欲他嗣并欲嗣殤者承下問此事宜奈何愚謂古人大宗不絶者以宗子有統族之道故族人得以倫序後之此以百世不遷之宗據宗而言者也適長子死則適孫承重眾子雖有不能奪適此以傳重言之據祖而言者也二者各有所爲若夫立子之說專爲父子不依傳重何者傳重專爲主祭亦專爲大宗以其爲先祖之正

晚香書札卷二　一

體也立子則主於繼嗣矣彼所生長子殤也殤無爲人父之道以未成人未成人則次子正是適子即所出非適亦正是長子況所出正乎傳曰無適立長正此之謂何必借次子不可傳重而他嗣耶然以未見經義未敢決之今日讀儀禮喪服篇父爲長子條鄭君注云不言適子亦言立適以長疏云言立適以長者欲見適妻所生皆名適子第一子死則取適妻所生第二長子立之亦名長故經不云父爲適子而云父爲長子適立適以長也立適以長適子既殤立者非適長而何是次子當立之證也又曾子問曰宗子爲殤而死庶子不爲後也

鄭注云族人以其倫代之明不序昭穆立之廟疏云以其未成人庶子不得代爲之後族人以其倫代之倫猶輩也謂與宗子昭穆同者則代之此指殤子無弟者言之族人尚得以倫代之豈同產者反不可代之乎決不然矣又小記云爲殤後者以其服服之注云言爲後者據承之也殤無爲人父之道以本親之服服之疏言以本親之服服之者是不以殤者爲父而服從兄弟之本服據承之者不與殤爲子是不應云爲後今言爲後是已據承其處爲言也是不許其嗣殤也以此參互適子既殤而同產之弟據承其處爲事甚當殤子不應立後

晚香書札卷二　二

亦甚有據邑前輩徐健菴先生有嗣殤議乃謂夫殤子無弟族人又不得以其倫代之者言耳非殤子皆可立後也如別有見幸賜詳察

與黃紫莼書丙午

昨歲在紫蘅兄館中得挹芝眉便欽遲在抱矣自後奉讀大著愈驚學問之淹博才華之絢爛一經組織便成文章非一時之才人孰能與於此弟髫歲學荒老而耄及局守經訓性靈坐夭加以塵事歷碌以是久不事吟詠矣乃蒙不鄙庸凡遠承惠賜鴻詞麗句奬借良多使我赧顏非所當也又復虛懷下問畀以大作俾之琢磨

书影三

《中国近现代稀见史料丛刊》总序

在世界所有的文明中，中华文明也许可说是“唯一从古代存留至今的文明”（罗素《中国问题》）。她绵延不绝、永葆生机的秘诀何在？袁行霈先生做过很好的总结：“和平、和谐、包容、开明、革新、开放，就是回顾中华文明史所得到的主要启示。凡是大体上处于这种状况的时候，文明就繁荣发展，而当与之背离的时候，文明就会减慢发展的速度甚至停滞不前。”（《中华文明的历史启示》，《北京大学学报》2007年第1期）

但我们也要清醒看到，数千年的中华文明带给我们的并不全是积极遗产，其长时段积累而成的生活方式与价值观具有强大的稳定性，使她在应对挑战时所做的必要革新与转变，相比他者往往显得迟缓和沉重。即使是面对佛教这种柔性的文化进入，也是历经数百年之久才使之彻底完成中国化，成为中华文明的一部分；更不用说遭逢“数千年来未有之变局”、“数千年未有之强敌”（李鸿章《筹议海防折》），“数千年未有之巨劫奇变”（陈寅恪《王观堂先生挽词序》）的中国近现代。晚清至今虽历一百六十余年，但是，足以应对当今世界全方位挑战的新型中华文明还没能最终形成，变动和融合仍在进行。1998年6月17日，美国三位前总统（布什、卡特、福特）和二十四位前国务卿、前财政部长、前国防部长、前国家安全顾问致信国会称：“中国注定要在21世纪中成为一个伟大的经济和政治强国。”（徐中约著《中国近代史》上册第六版英文版序，香港中文大学2002年版）即便如此，我们也不能盲目乐观，认为中华文明已经转型成功，相反，中华文明今天面对的挑战更为复杂和严峻。新型的中华文明到底会怎样呈现，又怎样具体表现或作用于政治、经济、文化等层面，人们还在不断探索。这个问题，我们这一代恐怕无法给出答案。但我们坚信，在历史上曾经灿烂辉煌的中华文明必将凤凰浴火，涅槃重生。这既是数千年已经存在的中华文明发展史告诉我们的经验事实，也是所有为中国文化所化之人应有的信念和责任。

不过，对于近现代这一涉及当代中国合法性的重要历史阶段，我们了解得还过于粗线条。她所遗存下来的史料范围广阔，内容复杂，且有数量庞大且富有价值的稀见史料未被发掘和利用，这不仅会影响到我们对这段历史的全面了解和规律性认识，也会影响到今天中国新型文明和现代化建设对它的科学借鉴。有一则印度谚语如是说："骑在树枝上锯树枝的时候，千万不要锯自己骑着的那一根。"那么，就让我们用自己的专业知识与能力，为承载和养育我们的中华文明做一点有益的事情——这是我们编纂这套《中国近现代稀见史料丛刊》的初衷。

书名中的"近现代"，主要指 1840—1949 年这一时段，但上限并非以一标志性的事件一刀切割，可以适当向前延展，然与所指较为宽泛的包含整个清朝的"近代中国"、"晚期中华帝国"又有所区分。将近现代连为一体，并有意淡化起始的界限，是想表达一种历史的整体观。我们观看社会发展变革的波澜，当然要回看波澜如何生，风从何处来；也要看波澜如何扩散，或为涟漪，或为浪涛。个人的生活记录，与大历史相比，更多地显现出生活的连续。变局中的个体，经历的可能是渐变。《丛刊》期望通过整合多种稀见史料，以个体陈述的方式，从生活、文化、风习、人情等多个层面，重现具有连续性的近现代中国社会。

书名中的"稀见"，只是相对而言。因为随着时代与科技的进步，越来越多的珍本秘籍经影印或数字化方式处理后，真身虽仍"稀见"，化身却成为"可见"。但是，高昂的定价、难辨的字迹、未经标点的文本，仍使其处于专业研究的小众阅读状态。况且尚有大量未被影印或数字化的文献，或流传较少，或未被整合，也造成阅读和利用的不便。因此，《丛刊》侧重选择未被纳入电子数据库的文献，尤欢迎整理那些辨识困难、断句费力、裒合不易或是其他具有难度和挑战性的文献，也欢迎整理那些确有价值但被人们习见思维与眼光所遮蔽的文献，在我们看来，这些文献都可属于“稀见”。

书名中的“史料”，不局限于严格意义上的历史学范畴，举凡日记、书信、奏牍、笔记、诗文集、诗话、词话乃至序跋汇编等，只要是某方面能够反映时代政治、经济、文化特色以及人物生平、思想、性情的文献，都在考虑之列。我们的目的，是想以切实的工作，促进处于秘藏、边缘、零散等状态的史料转化为新型的文献，通过一辑、二辑、三辑……这样的累积性整理，自然地呈现出一种规模与气象，与其他已经整理出版的文献相互关联，形成一个丰茂的文献群，从而揭示在宏大的中国近现代叙事背后，还有很多未被打量过的局部、日常与细节；在主流周边或更远处，还有富于变化的细小溪流；甚至在主流中，还有漩涡，在边缘，还有静止之水。近现代中国是大变革、大痛苦的时代，身处变局中的个体接物处事的伸屈、所思所想的起落，藉纸墨得以留存，这是一个时代的个人记录。此中有文学、文化、生活；也时有动乱、战争、革命。我们整理史料，是提供一种俯首细看的方式，或者一种贴近近现代社会和文化的文本。当然，对这些个人印记明显的史料，也要客观地看待其价值，需要与其他史料联系和比照阅读，减少因个人视角、立场或叙述体裁带来的偏差。

知识皆有其价值和魅力，知识分子也应具有价值关怀和理想追求。清人舒位诗云“名士十年无赖贼”（《金谷园故址》），我们警惕袖手空谈，傲慢指点江山；鲁迅先生诗云“我以我血荐轩辕”（《自题小像》），我们愿意埋头苦干，逐步趋近理想。我们没有奢望这套《丛刊》产生宏大的效果，只是盼望所做的一切，能融合于前贤时彦所做的贡献之中，共同为中华文明的成功转型，适当“缩短和减轻分娩的痛苦”（马克思《资本论》第一卷第一版序言）。

《丛刊》的编纂，得到了诸多前辈、时贤和出版社的大力扶植。袁行霈先生、傅璇琮先生、王水照先生题辞勖勉，周勋初先生来信鼓励，凤凰出版社姜小青总编辑赋予信任，刘跃进先生还慷慨同意将其列入"中华文学史史料学会"重大规划项目，学界其他友好也多有不同形式的帮助……这些，都增添了我们做好这套《丛刊》的信心。必须一提的是，《丛刊》原拟主编四人（张剑、张晖、徐雁平、彭国忠），每位主编负责一辑，周而复始，滚动发展，原计划由张晖负责第四辑，但他尚未正式投入工作即于 2013 年 3 月 15 日赍志而殁，令人抱恨终天，我们将以兢兢业业的工作表达对他的怀念。

《丛刊》的基本整理方式为简体横排和标点（鼓励必要的校释），以期更广泛地传播知识、更好地服务社会。希望我们的工作，得到更多朋友的理解和支持。

2013 年 4 月 15 日

目　录

前　言

本书由潘道根《隐求堂日记节要》和《晚香书札》两部分组成。前者是潘道根的日记摘录，后者是潘道根的信札。现将本书著者潘道根及该书刊刻流传情况和该书内容概括介绍如下：

一、潘道根其人及本书整理刊刻者

潘道根，字确潜，一字潜夫，号晚香，一号饭香，晚号徐村老农、饭香老人等，生于乾隆五十三年（1788）正月初九（2 月 15 日），卒于咸丰八年（1858）七月十三日（8 月 21 日）。清江苏新阳县（今昆山市玉山镇）人，诸生。父亲潘汤盘（1750—1805），字商珍，清嘉庆中新阳县吏，家贫，刚直自守。今国家图书馆藏其诗集《绿阴府君遗诗》，附录《补遗诗》（民国彭治抄本），及清吴映奎所撰《故处士潘府君墓志铭》（抄本）。潘道根十九岁时，父亲去世，徙新阳县北乡南梅心泾（今属昆山周市镇），以教书行医为生，颜其堂曰"隐求"。嘉庆二十年（1815）遇鼓贫之凄，妻室吴辰去世，子方七岁，不再续弦，携子周流乡村授徒。道光二十一年（1841），潘道根迁居徐村（今属周市镇白塘村），布衣以终。潘道根精岐黄之术，疗疾每多奇中。子守拙，国子监生，以教私塾和行医为业。潘道根藏书数千卷。

潘道根自幼颖悟，早年问业于王学浩、吴映辰等，小学、经学、医方药书等无不研求。晚宗程朱理学，私淑乡贤顾炎武、朱用纯等。与同邑张潜之、吴以畅、王鸣凤、何顾复、赵元春、张经邦等组织诗社"栎社"。平生致力经世致用之学，不与乡试，咸丰元年（1851）力辞孝廉方正之荐。潘道根好读书，手自校雠，遇善本必抄录之。潘道根一生不遗余力表彰忠孝节烈，殚精竭力网罗乡邦文献、掌故轶闻，并考订之（清光绪六年《昆新两县续修合志》、民国十二年《昆新两县续补合志》，就大量采用其所搜资料）。

据郭秧全、蔡昆泉主编《昆山历代艺文志》（2012年，江苏科技出版社），潘道根现存著作（除说明外，均为稿本）有上海图书馆藏《昆山名家诗人小传》六卷（潘道根辑，彭治续辑）、《荥阳潘氏家谱》不分卷、《昆山先贤冢墓考》不分卷、《读书识小录》□卷、《所见录》一卷、《徐村诗后稿》不分卷、《饭香诗存》一卷、《隐求堂文稿》二卷《诗集》二卷（廖伦评校），南京图书馆《毛诗故训传》三十卷《郑氏诗谱》一卷（潘道根等批校并跋，清嘉庆二十一年周氏枕经楼刻本）、《昆山名贤墓志铭》十二卷（清抄本，潘道根辑，杜彝增辑）、《潘晚香日记》不分卷、《昆山先贤冢墓考》十卷、《外台方染指》（清道光抄本）、《潜夫杂著稿》（清潘拙生抄本）、《梅心后集》一卷《徐村老农诗稿》一卷，苏州图书馆《三礼今古文疏证》三卷、《徐村老农文近稿》不分卷，北京大学图书馆《（道光）昆新两县志补遗订讹》，复旦大学图书馆《读书识小录》二卷（王大隆跋），中医研究院图书馆《薛一瓢先生温热论批本》（咸丰二年抄本）、苏州医学院图书馆《饭香道人医案》不分卷、《临症度针》六卷，《昭忠录》不分卷（赵氏寄云楼抄本）、《潜夫文稿》、《徐村文稿》二卷、《梅心后集》不分卷、《晚香诗抄》六卷、《昆山诗征残稿》、《国朝昆山诗存》三十二卷，及《昆山先贤冢墓考》四卷《附录》一卷（传抄本，见《贩书偶记续编》卷七）等三十五种；潘氏已佚著作有《尔雅郭注补》一卷、《昆新两邑庙志》二卷、《读四子偶抄》一卷、《读伤寒论》二卷、《医学读书记》二卷、《昆山艺文志考》、《读龙录》、《娱拙斋杂记》等八种。

此外，江庆柏先生主编的《江苏地方文献书目》（2013年，广陵书社）著录潘道根《甫里文抄》第五册中的人物小传（民国稿本，上海图书馆），辑《昆山诗征稿前集》二卷《后集》二卷《续集》一卷《附集》一卷（清稿本，国家图书馆）、《西鹿城旧事诗》（清张潜之撰，国家图书馆）、《昆山诗存补遗稿》不分卷（稿本，南京图书馆）、《续修昆山县城隍庙志》不分卷(《中国道观志丛刊续编》第 14 册),编有《昆山城隍庙续志》不分卷(民国元年抄本,南京图书馆)、《南阳叶氏诗存》二卷(清咸丰五年稿本,苏州图书馆),补《玉山景物略》一卷《马鞍山景物略》一卷(清周奕钫述,国家图书馆等)等。此外,潘氏还编著了不少医籍,抄录了前代大量医书,并批注或题跋之。

本书初次辑录者王德森(1857—1943),昆山名儒名医。字宝书,号玉堂、严士,晚号岁寒老人。光绪元年(1875)以第一名入昆山县学,29 岁补廪膳生员,32 岁成例贡生。因睹科场弊端,遂弃举业,在昆山等地作塾师。王德森从光绪三十四年(1908)至辛亥革命,为江苏省立优级师范学堂教师。民国后,定居苏州大新桥巷,以医为业,命其寓所为"市隐庐"。著《保赤要言》五卷(民国十五年重刊时,增加三卷,易名为《保婴要言》)。另著《市隐庐医学杂著》一卷、《岁寒文稿》十六卷、《岁寒诗稿》十二卷、《养正庸言释义》二卷、《劝孝词》一卷、《吴门新竹枝词》一卷等。

顺便说一下王德森家与潘道根的关系。从辈份上说,潘道根是王德森的祖父辈。王德森叔祖父王嘉会(号履斋,廪膳生员,以秀才辱官案牵连坐斥,后捐复监生。善书,并墨竹,好昆石)、伯父王逢源(号荫槐)、叔父王慕英等,均与潘道根有交往。其中王嘉会是潘道根的好友。潘道根曾赞其为"词坛之帅"、"潇洒者天"、"醇德君子"(道光二十三年九月十八日潘氏代张柳人所撰《祭王履斋太学文》)。潘道根多次为王慕英诊病(如道光三十年十一月二十六日、二十八日,十二月初一日、初四日等),而王慕英之兄王逢源款待之,潘道根又向王逢源借过书(如道光三十年借《吴中水利全书》,咸丰元年六月十二日归还)。潘道根十分推崇王德森之妻外祖父孙天骐(清道光名医,昆山安亭镇人),赞孙天骐《识小录》一书"类能驳正前人,为青出于蓝","温热之证,不可与伤寒同治,尤开唐宋诸公之聋聩","原本《灵兰》,穿穴刘、李,抉千载之狐疑,抒一己之心得"(咸丰元年十一月十六日)等。

本书的另一辑录者潘鸣凤(1891—1966),据《昆山县教育志》(1991年,中国大百科全书出版社上海分社)第十七章《人物》,字吟阁,昆山玉山镇人,辛亥革命时加入中国同盟会。民国六年(1917)至十三年(1924)任昆山县乙种商业学校校长,民国十六年(1927)任昆山教育局督学,次年至抗战爆发为昆山教育局局长。潘鸣凤注意教育理论与实践相结合。曾将所藏顾炎武《天下郡国利病书》手稿编入《四部丛刊》。其所编《昆山见存石刻录》一书,于民国二十四年排印。

本书刊刻者赵诒琛(1869—1948),原名春,字学南,昆山人,其父为近代翻译家、藏书家赵元益。曾独立刊刻《峭帆楼丛书》十八种二十册、《又满楼丛书》十六种八册、《对树书屋丛刻》六种三十余册,及《赵氏家乘》十六卷等。又与王保譿、王欣夫合刻《甲戌丛编》《乙亥丛编》《丙子丛编》《丁丑丛编》《戊寅丛编》《乙卯丛编》《庚辰丛编》《辛巳丛编》等八种丛书。

二、本书的主要内容

潘道根的日记和信札,诚如吴焕所赞:"先生之文章,先生之经济也。先生之经济,先生之道德也。"(道光九年十二月初七日)下面从关于民生、亲人、朋友、家庭、忠孝节烈、修身、训诂和读书等八个方面稍作探讨。

(一) 关于民生

潘道根是一位传统知识分子,他对人民的疾苦,"每饭不忘"(第四十一函《与郡中张澹娱前辈书》)。

他礼赞给人民谋福祉的基层官吏,如"当官而行,吾知荐贤而已"的昆山县令王省山(咸丰元年五月初四日),怀印叩监司、以去位恳求多给赈银新阳县令徐介严(咸丰二年五月二十八日),"频年旱蝗,一意抚循"、以催科不力去官的昆山县令曾荣科(咸丰二年六月三日《新泾里社,祔祀前昆令曾侯、新令来侯木主记》),体弱而不食兼味(有兼味时,则出涕曰"民方咽糠籺,吾何忍食此")、以劳瘁卒官而无以殓的新阳县令来汝缘(同前),以及新阳县柳园庄庄书兼荒区二十一图保而不私一文正罗文烇(咸丰元年五月初六日)等,严厉批判道光二十九年水灾中刻扣救灾款以奉承上司,结果为县民閧殴的昆山县令俞氏(咸丰二年五月二十八日)。他给人治病不讲价钱,甚至“贫者或返之,或赒之”(第四十四函《与人札》)。他同情山水灾中的人们。道光二十一年(1841)昆山水灾,“老弱捐沟壑,壮者咸流亡。一二孑遗皆鸠形鹄面,糠籺不充,延至秋冬,决难存活”(第四十一函《与郡中张澹娱前辈书》)。慨叹风雪中无助的人们,“雪尚作,平地已深二尽余矣。……施粥厂中,冻死者若干人”(道光二十一年十一月初四日)。设身处地理解灾民。咸丰二年五六月江苏徐州水灾,死者万计,“此方离吾乡不远千里,同在一省,其惨苦如此。吾辈居乐土,尚自以为不足,或竟妄作耗费,于天何如,于心何如?”他痛恨民隐不能上达,“闾阎疾苦,每壅于上闻。入有司之耳目,已不及十之二三。有司即以入告,达九重之鉴听者,虑不及十之一二”(第四十一函《与郡中张澹娱前辈书》)。也痛恨官员脱离群众,“(农人)沾体涂足之苦,仰屋忍饥之状,固无由接高位者之目”(第八十二函《上某公书》)。他强烈反对战争。咸丰三年正月初一作诗,“安得普天销战伐,尽抛金甲事农耕?”咸丰八年正月初一诗亦有“安得天河洗甲兵”等句。

但最能具体体现他关心民瘼的,是其第二十八函《上邑侯言北乡水灾书》第四十一函《与郡中张澹娱前辈书》、第六十五函《复张咏仙学训书》、第六十六函《与汪石翁书》、第六十七函《复张咏仙学博书》、第六十九函《复顾子云孝廉言义仓事》、第七十三函《与当事议苏松灭赋书》、第七十四函《复义仓公局诸公书》、第八十二函《上某公书》等书札。

潘道根在道光二十一年《与郡中张澹娱前辈书》中义正辞严地指出“国家之正供固甚重,而民命亦所当惜”。他在《复张咏仙学训书》指出新阳县繁重赋税:宋元时(包括昆山、太仓在内),一年才征五万四千四百余石米,而今新阳一县要征二十四万石有奇。而“州县征曹授权胥吏之手，县官但责成兑足开帮，而不问催科之公否。胥吏任情上下，分为完户、欠户。欠户永远不催，完户追呼日及。由是绅衿以势力而欠，豪强以刁劣而欠，穷苦以无力而欠，胥吏以城狐社鼠而欠，又以包纳侵吞而欠。……而鞭扑逼迫以开漕运者，惟此数千家安分力田之农已耳”。可数十年来这几千家中，也“富者已贫，贫者已逃”。潘道根在《上某公书》中更指出催科之惨：“县长疲于催比，而业户之情迫，自尽者有之，瘐死牢狱者有之，卖田拆屋、弃子抛妻不胜计矣。”因此，他在《与当事议苏松灭赋书》大声疾呼：“裁减浮赋，诚今日久安长治之良图、制理保邦之根本。而严饬吏治，大法小廉，又今日清厘漕政之急务也。”他又批评官府愚弄人民，“遇有急用，即称暂借于民；无可开销，即曰解司充饷。方其加派之初，原曰事平即已。及事平之后，遂入起运条编”。他在《复张咏仙学训书》又指出坍荒累民：“熟田之赋，尚难措办，何有坍于荒？而在赔坍荒之赋者，积岁累月，案限催比，皆剜肉医疮，从无旁贷。”他的《坐雨杂书》诗，就指出太平天国战争爆发的原因是“百里偏隅政太苛”、“牢盆分逐锱铢利”（咸丰三年二月二十四日）等。

在《复张咏仙学训书》中，潘道根还对张咏仙的积储、围岸、开河等问题提出对策。如积储，他说要有富家捐银倡导，方始可行。他建议乡约保甲要重视劝农乡饮之事；官府禁止茶坊酒肆、女闾博场，及师巫邪说。对围岸一事，如经费充足，可一图一圩联络为之，以粮食招流民结庐其傍，并购下等田中最贫瘠者，以取其土来筑围岸。另将所筑田分为上、中、下三等。上等田为沿塘之田，种水稻。中等田种香蒲。这样，就能做到“野无旷土，国无游民”。对开河之事，他建议要去上官仆从供应之害、胥吏藉端需索之害、包头侵欺搪骗之害等“三害”，以实现天时、地利、人和之“三利”。在第六函《复顾子云孝廉言义仓事》中，他建议义仓以捐粮为主，分本县为八乡，乡领一局，图并于乡，乡统于城等。

潘道根还提出男子织布的设想。他说，织布无徭役，亦无人数和时间限制，却有五个作用：一，男人没时间去吃喝嫖赌了；二，一家大小都有事可做；三，可以按时交租纳税；四，人们能安于本分；五，可以度过灾年。因此，他劝村里有十五六岁的男孩之家，第一件事就是用七八千钱张买布机，让男孩学会"这椿安身立命的正经勾当"（道光二十六年闰五月二十二日）。这是非常有见地的。

潘道根竭尽全力为民做事。当自己无能为力时，就请助朋友相助。如第十七函《与张若木札》说自己想为挑筑举，不想通通过吏胥，"朋侪中惟仁丈有此心，惟瀛、芝二丈胸有经济，可以行此事。仁丈倘相晤，为道此意"，第四十一函《与郡中张澹娱前辈书》说"弟致书足下，欲转恳公甫先生求推广仁术，为吾邑之民敷陈大宪，出之水火"，第六十三函《与汪石心丈札》也说"万祈仁丈鉴根真诚，为敝县数万生命作一保全之策"，等等。他们共同努力，取得了一些成绩，"是乎有两年捐赈之役，于是乎有筑围之役"等（第六十二函《与钱中丞书》）。潘道根对取得的成就，十分高兴："此番散赈，……虽未能委曲尽善，然事过之后，云净天空，毫无系恋。兼之终始无一龃龉，不致灰后来为善之心，乃大欣喜事。"（第四十八函《与叶涵溪书》）当然，他也有被朋友拒绝时。如《感事》诗"草泽何人更上书，抚膺但有泪欷歔"注："数次致书郡友，绝无音耗。"（道光二十九年七月十六日）

潘道根心系人民，正如他自己所说"斯民饥溺之怀，耿耿不忘"（道光二十二年二月十三日第六十二函《与钱中丞书》）、"实有此身可弃，而目前众生万不能弃之心"（第四十二函《复汪石心先生书》）、"两字无私抵万金，已饥已溺恁胸襟"（道光二十二年七月十六日《感事》诗）等。正是这种已饥已溺的无私胸襟，演绎了他对民生的极大关怀。

（二）关于亲人

潘道根深切怀念他的父母。他作诗写儿时读书的情景，说："严父研朱将句正，慈亲敲火把茶烹。"（道光二十二年十二月十二日）多么美好的时光！可潘道根十九岁时，父亲去世（母亲更早），其《题榆轩介寿图》说:“三复《蓼莪》诗,潸焉泪沾带。……皋鱼风木恨,千古为之慨。”(道光八年四月二十四日)《与辰甥札》也说“根每读《事亲》一篇,念两尊先逝,未尝不垂涕”(道光二十八年二月初二日),他一想到祖居西厢南北两房中的南间尤阴湿,禁不住回忆起来,“先慈生予兄弟于此,其弃养也亦于此。思之泪零”(道光九年十二月初七日)。儿子为其置榇,他亦“追念先君先慈之卒,……每念之,常为蠹然”(道光二十二年八月初十日)。其他,如新年寄语“余今年五十又六,先君大痛之年也”(道光二十三年正月初一),《寄倚岩》诗自注“先慈以九日弃世,终身无登高之作”(咸丰元年闰八月二十八日),《题春园弟蟹肥菊瘦图照》“食贫赖母慈,岁月辛苦度”(道光三十年九月二十二日),《题胡云樵秀才陟岵永感图序》“根不天,少遭闵凶”(道光二十六年十二月十六日),等等,不尽风木之思。此外,他多次说自己“孤露”。如第一函《答顾邵庵丈书》“根自早年孤露”(道光六年),《与季菘耘书》“(根)早年孤露,于‘孝弟’二字万分亏欠”(道光二十八年三月初六),《与徐洪生丈书》“故根自孤露以来,见里党中有年七十八十者,心辄怦怦感念”(道光二十八年十二月十九日),诗“繄余早孤露,白首尚旅寄”(咸丰元年八月二十五日)等,深切怀念早逝的双亲。对妻室吴辰,他也怀念不已。道光十七年月二十七日,他祭祀妻子时,“回溯当年,已二十二春秋矣”,不胜悲啼。道光十九年四月初八作诗“无妻孰与共饥寒”,道光二十六年十月初八日《自挽句》诗“鹿门偕隐妇无年”,咸丰元年八月二十五日诗“妻亡已卅年”,咸丰元年十二月除夕感叹“妻亡贫甚”,咸丰六年十二月初七《拟自寿四律》“妻亡谁断乐羊机”等,对亡妻不胜悲怀。

潘道根对亡弟潘道原(卒于道光三年秋),亦怀念不已。他多次说到弟弟的忌日,“不幸道原于癸亥秋亡”(道光四年闰七月二日记)、“余弟亦以前年亡”(道光十八年十一月十九日)、“余于癸未年遭道原弟丧”(道光二十年四月十六日记)等。祖居被潘道根出售前,“宅屋独归亡弟道原”(道光四年闰七月初二日)。潘道根《题亡弟性安杂画》诗三首，让人感伤，后又附顾邵庵、张铁翁等题诗，倍添伤感（道光八年二月十七日）。《邱小云小传》“余亡弟道原以是因缘，执经云侣门下”（道光十五年十月十二日）。潘道根在从弟庭院中看到亡弟所栽梅花盛开，便“对之怅然（道光十七年正月二十八日）。六年后，他又在里见到盛开的梅花，又“低徊久之”（道光二十三年正月二十四日）。潘道根《题陈杏庄独立图小像》诗注云“杏庄，……与余亡弟道原相好”（道光二十二年闰四月初一）。《病中悼东宅》诗，东厢伸出墙外的梅花“是我当年令弟栽”（咸丰七年十二月十五日），等等。时时在在都有亡弟的身影。这种深切的雁行折翼之痛，正如他自己所言：“仆同气之人，不过一弟一妹。自二人云亡，至今读《诗》至‘虽有他人，不如我同父’之句，必潸然泪下。诚以天下虽大，朋好虽多，然欲求一人而可以当我兄弟者，无之也。”（第四十四函《与人札》）

再看潘道根与妹妹一家的关系。道光十八年闰四月二十一日，潘道根到陶店馆拜访妹妹一家，“兄妹舅甥欢聚竟日”。可好景不长，妹妹妹夫早卒。妹夫范献庭（字心畬）之卒，潘道根作《哭范心畬妹丈》诗，其一云，“空江潮落欲黄昏，含泪开船怆断魂。门巷依然人不见，冷风残雨郭西门”，情真真，意切切，令人堕泪。潘道根还作《范心畬传》。妹妹夫妇卒后，其子范辰生靠潘道根抚养。辰生请舅舅给他寻找格言，他回信说：“此意甚好。但读此等书，须是身体力行方得”，并点校一本《小学》寄给他学习（第五十三函《与辰甥札》）。可这样一位优秀的外甥，却在二十二岁、成婚九十四日便因鼻衄溘然长逝，潘道根岂不“痛哉”（咸丰三年六月初九）！为此，他作诗《书辰甥六月六日来书后》，感叹“此书来后更无书”（咸丰三年六月二十一日）。又作诗《哭范甥辰生》，“白首余年几，凭棺为怆然”（咸丰三年六月十七日）。为纪念辰生，他还花七天时间抄录其遗诗（咸丰四年二月十二日至十八日）。葛倩（字子京）是妹妹的女婿，潘道根主要是向其借书和还书。可以说，葛倩是他志同道合的书友。可子京亦早亡，潘氏悲痛不已，作《哭葛子京甥婿》四首以悼之，“重将思妹泪，一一为君挥”

(咸丰六年十一月初八日)。对表兄郑岵瞻夫妇,潘亦曾作诗纪念,“桃花流水故依然,荒陇重经又一年。兄弟沦亡亲故尽,更无人访便回船”(咸丰四年三月二十日),沉痛不已。此外,潘道原内弟吴汇吉夫妇亦早亡,遗下一个七岁孤女。潘道根将其抚养成人,“余东西播迁,辄携以俱”(道光十八年十一月十九日)。女孩二十岁时,潘道根亲自作媒,免去一切纳采、纳徵之礼,并以百金置办嫁装,嫁给寒士沈耐寒,“念当年汇吉临终垂泪之语,虽愧贫薄,庶几可质幽冥云”。此外,潘道根对亲家邱云侣(道光十年十月二十一日)、钱松庵(咸丰三年二月二十日),连襟吴竹溪(咸丰三年正月十九日)等,都有赠诗、题诗或挽诗等。

潘道根诚敬以待亲人,我们从中看到一位贫穷真情的善良长者。

(三)关于朋友

潘道根《赠别叶涵溪》诗“君来我往喜不支,一见握手心先怡”(道光二十六年十一月初四)。在这些礼尚往来的朋友中,有与诗人共隐三径者,他们“暇即过从似弟昆,江村偕隐共衡门”(道光二十年四月十一日《挽赵省翁同学诗》)。朋友来了,聚也依依,“石交二三子,相见情依依。诙谐未及终,急景已相催”(道光六年十二月二十二日《和渊明〈还旧居〉》)。朋友走了,散也依依,“空江鲤鱼卅六鳞,愿君音讯常相亲”(道光二十六年十一月初四日《赠别叶涵溪》),“有诗频寄我,莫遣渴尘生”(道光十九年正月初九日《邱君少岩将授馆宾曦里,作此送之》)。当然有“一自新村分手后,半年不复到徐村”(道光二十八年八月初十日《忆沈惺岩馆郡中》)者,诗人就“寻君时上钓鱼船”(道光七年二月二十日《酬黄芑塘》诗),欲驾舟往访。净土中的朋友也有他的牵挂,“一篱烟雨怀高衲,四壁秋灯见古人”(道光七年九月二十六日)。当然,朋友也思念他:“偶然翘首城东北,无限停停积暮云。”(道光九年三月王学浩致潘道根诗)

这里以诗人与江苏太仓俞昆田(号漱六)的交往为例,略为疏理。道光十八年十二月十四日,潘道根代俞昆田题《千秋逸品图》。道光二十二年正月十九日，题俞昆田《环翠山房诗草》诗。道光二十年六月十八日，题俞昆田《槐榆交荫图》文。道光二十一年十一月十一日，抄录俞昆田诗集中赠自己之诗。道光二十年七月二十二，题俞昆田《槐榆交荫图》文和诗。道光二十二年十一月五日，作《和漱六见怀韵》。道光二十四年八月三十日，俞昆田父子携《千秋逸品》《槐榆交荫》二图来拜访潘道根，并赠《东冈诗文集》及茶叶。九月一日，同俞昆田游昆山顽潭。道光二十七年八月三十日，抄俞昆田有关思念潘道根的诗。道光三十年十月初二日，写《俞漱六先生五十寿序》。咸丰二年二月二十八日，作《与俞漱六诗》。三月三日晨，驾舟至太仓河鼓村拜访俞昆田。初四日，俞昆田在环翠书屋招待诗人，并请诗人为其先祖太常公手迹卷题辞。其后，潘、俞昆田步行至织女庙，并入城访叶裕仁。咸丰二年六月二十六日，作《复俞漱六丈书》。咸丰三年七月二十四日，和俞昆田《秋日感兴》诗。咸丰四年五月九日，和俞昆田《风怀》诗。咸丰五年三月三日，带孙子往织女庙吊俞昆田之丧。三月八日，撰《亡友俞君漱六家传》。咸丰五年三月二十二日，写《俞漱六丈行述》。五月二十二日、二十三日，抄《俞漱六诗稿》，并跋之。咸丰五年二月二十七日，作《挽俞漱翁诗》。俞昆田之亡，诗人"自此之后，春秋佳日，即有泊舟河干，而递简长须者，然非我漱六也"（咸丰五年五月二十七日潘道根《俞漱六诗稿跋》）。可见二人感情之深。

潘道根《赠别叶涵溪》诗云："旧交毕生念未已。"（道光二十六年十一月初四日）在诗人较长的生命征程中，一个个"旧交"相继弃世，诗人"临题老泪如铅水"（道光十五年八月二十四日《奉挽邵庵先生》诗），终身纪念。他听到友人噩耗，"闻讣心酸恨不支"（道光十五年九月十四日《用王云帆（锦）〈哭父诗〉韵，即奉挽尊甫丈静斋先生，兼以言慰》），"闻讣惊呼泪满巾"（道光二十六年十月二十四日《虞山故友张眉叔仙逝，于月之十九日举襄。其戚友归君鸿诰、钱君敦礼等以讣来，日期已过，兼以抱病，不能往赴，怆然有作》）。看到亡友旧信，"今日数行知已泪，更难缄寄到重泉"（道光十五年八月二十六日《检得邵庵丈春初遗札,潸然有感》)。看到朋友的遗物,“试看遗挂泪纵横”(咸丰五年十二月二十九日《题何二我〈寒山寻梦图〉》)。经过友人生前的书斋,“秋风回首一凄然”(咸丰五年五月二十八日《重过徐鹿钠丈书斋》)。也不敢走过亡友曾经路过的地方,“莫访城南路,莫踏北塘街。城南与北塘,步步怆中怀”(道光十三年十二月初十日《惊闻王芝香秀才十二月一日之信,哭挽寄呈张若木秀才》)。其他如《芑塘挽诗》“此去九原应痛绝,家乡何处白云飞”(道光九年二月十七日),《挽李耐村上舍》“何处生刍携一束,满庭红雨吊名流”(道光十七年三月十三日),《吊沈君旧居》“宿草风悲夜,荒村月吊人”,《奉题椒畦先生携杖图照》“想到虚怀延纳处,不禁洒泪向西风”(咸丰八年六月二十一日)等,悼念不已。好友接二连三“一别成千年”(道光十五年七月二十六日《奉挽邵庵先生》),诗人便有孤零之叹。如《赠张铁翁》诗“酒阑欲别频回首,老辈凋零剩几人”(道光二十二年二月十三),《岁除作诗》“偶逢舍下田畴熟,细数樽前故旧非”(道光二十六年除夕),《新塘桥观社》“暗数少年都不识,旧人零落已无多”(道光二十七年三月十五日),《有怀梅心旧居傍桃花》“白首回思人已老,同时酒伴尽沦亡”(咸丰三年二月初六日),《游西村》“世事艰虞何日定,故交零落几人存”(咸丰四年四月十四日),等等。

诗人不但作诗悼念朋友,还在给人所作序跋中悼念朋友。如《徐椿舲粟香庵诗稿序》、《跋胡竹隐怡香书屋诗钞后》、《题张勿庵西鹿城旧事诗跋》等三跋中,分别怀念张若木、胡廷镳、张勿庵等。诗人悼念朋友之作,不少诗题用“哭”字。如《哭应远亭》(道光三十年四月二十九日)、《重哭应远亭》(咸丰元年六月初三日)、《哭张淡娱》(道光三十年十月十八日)、《再哭张淡娱》(道光三十年十月二十六日)、《哭若木前辈》(道光十五年九月十四日)、《哭赵筠坨秀才》(道光十七年十月初六日)等。哭是因极度痛苦或激动而流泪,而发出凄苦之声,是我们表达真情的一种方式。潘道根的“哭”,深刻地表达了他与朋友的范张鸡黍之情。为纪念朋友,诗人还记下亡友离世(或交往)的时间,或为之立传。前者如顾邵庵卒于道光十五年八月十三日（道光十五年七月十九日）；徐开文卒于道光二十三年正月二十四日晨，年五十六岁（道光二十三年正月二十四日）；方步瀛卒于道光二十三年五月十三日（同前）等。诗人与俞昆田在道光庚子初夏以诗文缔交至俞氏去逝，共十六年（咸丰五年五月二十七日《俞潄六诗稿跋》）。道光三十年正月十一日，诗人看成到吴止狷遗像，便想起吴止狷已弃世十几年（道光三十年正月十一日），等等。后者如为邵爔（咸丰六年三月初三日《邵君抑斋传》）、为太仓奇人张璆（道光二十一年八月初七日。曾说："我一妻一妾。妻，大砚是也；妾，小砚是也；诗文，我之子孙也。"）、王会元（道光二十二年二月初九日）、姚桂林（道光二十一年十月初七日《旌孝姚君桂林传》）等作传。诗人甚至在诗的注中为朋友立传。如《题陈杏庄〈独立图小像〉》（道光二十二年闰四月初一日）中的注，就为陈杏庄立传等。

这些朋友，都是高洁肥遁之士。如"胸怀粹白，进止于徐，不为外物所系，而心与化俱。博带褒衣，形癯道肥。守箪瓢之家法，学颜氏之庶几，将尚友乎当世"的吴止狷（道光九年三月十九日《吴止狷先生像赞》），"祠门潭水清如许，长照先生一片心"的韩印（咸丰六年二月二十六日《敬依韩师尊题玉峰八景图韵，即以志别》），"富贵神仙两无着，清才天遣作诗人"的吴紫莼（咸丰元年闰八月初五日《题吴紫莼诗稿后》），"孔思周情存梦寐，佛心仙手见施为"的汪正（咸丰元年天上月三十日《寿汪石翁五十初度诗》），"提携后生如子弟，训诫不惜书千行"（道光十五年七月二十四日《奉挽邵庵先生》）、"养气十年邵康节，游心千古李延平"（道光七年七月二十四日《作邵庵丈寿诗》）顾邵庵等。

诗人对朋友，真情相付。他听到贫士郑庭桂去世而无以为敛，便急忙托人捎钱带去（道光二十九年八月初十日）。王会元过逝，自己无力相助，便写捐款启示，求助于大家。这则启示凄美动人，"娄东王小山大兄，文肃后裔，诗礼旧家，数世寒毡，空囊如洗。三年无艾，一病云亡……一廛借托,风雨漂摇;数口零丁,饥寒可悯……亡友幽魂不泯,定衔结草之私;不佞孤掌难鸣,亦感薄云之义”(道光二十一年十月十六日)。也盈主人遣戍兰州,诗人前去探监,也“洒尽交情泪两行”(道光二十年五月初十日《唁也盈主人》诗)。他第六十二函《与钱中丞(宝琛)书》中,希望钱宝琛(曾任湖南等省巡抚)归田后造福乡梓,“其退而在野也,则思为地方兴利除弊,而有以泽被于一乡”。请去赴任的严西江“莫惜清阴庇暍人”,“要使廉名媲昔贤”(道光十五年十一月十五日《赠别严西江太学》诗)。李古廉还朝,他要李古廉“好做清官答圣时”(道光十七年四月初三日《送李古廉刑部还朝诗》)等。所以,朋友与他交往,“数载追随乐不支”(道光二十九年七月二十日《访郑新甫》),“结交不十载,乃为千载期”(道光十五年九月十四日《哭若木前辈》)。

(四)关于治家

潘道根的理想家庭,如他自己所言:“邵抑斋杖今年七十,夫妇齐眉,子妇亦循循修门内之职。庭宇寂静,小有花卉。抑翁暇则读书,谈吐之间,无非欲人为善。”(咸丰元年七月十六日)为此,他谆谆教导儿子。

第六十四函《诫子书》云:

> 佛氏戒人贪嗔痴妄,老氏教人清净无为。斯两言者,可以知道场追荐,非佛老之本旨矣。皆是世间游食僧道,为此以博口食。世人为其所愚,习焉而不察耳。故我之死也,不可易美棺,不可食肉,不可焚衣,不可多焚锭帛,不可作佛事,不可用乐工。又世人多求哀輓之作,侈冠盖之交。“与其易也,宁戚”,皆可不必。若能省啬而用,不受人赙。如我友张澹娱之为者,则吾之肖子也。……
>
> 人家有子女,便不能无嫁娶。与日用饮食正同,本非非常可喜之事,必要格外加隆,过为繁费也。嫁娶之重在于择妇、婿。

古人有见识者，往往于至贫贱之中，而得贤妇与佳婿。书策载之，人艳称之。今纵不能，然亦当择其中行决无败理者，以为配合。庶几异时可富可贫，可贵可贱，而皆有赖也。……我家后日婚嫁，不可以一时好看之故，而竭其力。一女用百千，三女已三百千。设负债为之，何以料理？是中有道理焉。勿争他聘金。彼之聘也，任其为之。勿动彼一钱。吾为父母者，就吾力之所能，制布衣裳及绸衣数事，钗环数事，箱笼襆被遣之，无不可者。至如陪衬之事，如延宾及使用下人，我辈贫儒，慎勿效世俗之为，但邀三党至亲、佣仆，取给用而已。宾筵勿夸多品，皆要策也。长孙女他日城乡迢隔，可嘱其预日扁舟候去，切勿索其聘财。三孙女尚幼，异时未知力量何若，亦须以省为贵。当思尚有两孙男事，尚重也。三孙女及孙男，其受聘与结婚，万万不可更望富家，择小家清白勤俭者，方是计策也。

潘道根教导儿子：自己死后不要做道场，孙子孙女的婚事不要高攀，不要爱面子，要好好读书等。此信王德森读后，大为嘉赞叹："句句皆至理名言，从心窍中发出来，而且平易近情，令人易于遵从，无如世俗之见，牢不可破。……愿吾子孙读此《庭诰》，不啻如我之训诫，而不为流俗所转移，则庶几为我之贤子孙矣。"潘道根在《嘱儿子》一文中也表达了同样的意思："孙男女辈得渐次婚嫁，慎勿妄想迁城，及费用无度，以致狼狈。"（道光二十二年二月十一日）

道光六年七月十二日，潘道根作组诗九首：

（一）淡饭黄虀莫厌嗔，须知粒米恁艰辛。嘱儿吃饭休言易，要想厨头断火人。（二）粗旧衣裳稳称身，一番浆洗便如新。嘱儿身暖休言易，要想隆冬赤体人。（三）老屋三间风雨频，时勤洒扫也无尘。嘱儿容膝休言易，要想街头露宿人。（四）廿亩田园不算贫，官粮早纳莫因循。嘱儿守业休言易，要想田无尺土人。（五）囊里青蚨好自珍，莫因豪兴弃如尘。嘱儿阡陌休言易，要想终身眯目人。（六）相好还须择志诚，莫因狎暱便相亲。嘱儿交友休言易，要想翻云覆雨人。（七）父母晨昏欢笑频，休违教训致生嗔。嘱儿为子休言易，要想孩提无告人。（八）少日光阴好自珍，蹉跎便与老为邻。嘱儿光景休言易，要想悬梁刺股人。（九）修行还须当善亲，齐家端的自修身。嘱儿立品休言易，要想名垂竹帛人。

这九首诗分别从吃饭、穿衣、住房、守业、阡陌、交友、为子、惜时、修身等方面教儿子“休言易”，今天仍有价值。

潘道根又撰《戒拙儿语》，如“吾家本农也，复能为农，策之上也。杜门穷经，不应举求仕，策之中也。得为庶士，不慕荣达，策之下也”，“汝辈早早自励，勿错过光阴读书修行。至嘱，至嘱！试看我近日颇思读书，然眼昏手颤，精血耗亡，欲图寸进，胡可得耶”，“（子孙）若能布衣草履，从事农圃，足迹不至城市，弥是佳事，但切不可迫于衣食，为市井小人事耳”，“交游不宜多，宜少，宜朴愿，不宜浮滑。文字宜择其要者，勿泛滥。学字，勿作辍。衣冠宜朴素，存儒家风范，不可染市井恶少气习，常常自行检束”（道光九年除夕）等，感人良深。

潘道根的儿子是塾师，他要儿子做一个合格的老师。其《雨窗书寄拙儿》云：“读书课徒须用心，书中滋味好推寻。家贫无物堪传汝，只有诗书抵万金。主人供给非容易，报答恩情宁有地。常将学好训生徒，切勿因循当儿戏。”（道光二十年五月二十四日）

此外，潘氏所撰《书会簿后》（道光六年七月二日）、《嘱拙儿语》（道光十五年七月初七日）、《贫家十约》（道光三十年正月二十日）等家训，都很有价值。

潘道根的这些家训，让人如沐春风。所以，他的一家“父子祖孙怡怡如也”（道光二十二年五月初十日《叶涵溪赠序》）。这些家训，今天仍是我们为人处世的宝典。同进，也为祖国家训文化增添了重要一笔，对建设和谐社会很有参考价值。

（五）关于忠孝节烈

先谈谈潘道根对忠的看法。

潘道根热烈赞颂为国尽忠的人。第一次鸦片战争时,江南提督陈化成驻守吴淞,壮烈牺牲。潘道根《题浙江提督陈忠愍公遗像》赞云:“忠义揞天地,岩疆赖此臣。封章光日月,气节薄星辰。……行状光书策,孤忠泣鬼神。空山藏碧血,瀚海见青燐。……壮图存庙貌,谏草勒贞珉。”(道光二十三年闰四月十六日)其《陈忠愍公遗像赞》又赞:“公志忠诚,公力莫争。躬膺矢石,公命遂倾。维公遂志,恩重命轻。……公之大节,日星晶莹。……忠魂不泯,长靖沧瀛。”(道光二十三年闰四月二十八日)他歌颂史可法“剩有英灵埋剑笏,独将忠孝托乾坤”(道光七年闰五月二十四日《读史忠正公梅花岭墓碑阴有作》);盛赞抗清英雄黄淳耀“两间正气,光岳列陈。人曰浩然,塞乎无垠。……百世之师,道义干城”(咸丰三年二月二十四日《题黄陶庵先生像》);称赞昆山副贡徐开宏与子徐履恂、徐履恪、徐履慥在崇祯乙酉同时殉难,是“常山之发,侍中之血。日月韬光,山河改色。……至今浩气,郁为风霆”(咸丰元年六月二十二日);礼赞夏万亨一家数十人殉国,“忠孝节义萃于一门,后先辉映”(道光二十八年六月十三日《国朝赐谥忠愍夏公祠堂碑记》),等等。

潘道根六世祖潘康侯(字子晋)也是明末诸生。甲申(1644)之变,康侯“孤臣千点泪夜深,风雨泣冬青”(咸丰元年五月二十四日王宝仁《潘子晋先生遗像记》所引用),次年自缢,成为明朝的殉葬品。潘道根不遗余力表彰之,并请多人为之题赞。因此,潘道根日记中有数十处时人题赞。如娄东姚春木《题潘子晋先生遗像后》:“其清风亮节,足以惊世励俗,视夷、叔固未易以同日语。”(咸丰元年七月二十五日)瞑城黄宗文《题潘子晋先生像卷》:“铜驼荆棘哭冬青,义魄忠魂炳日星。……气节真堪百世师,丹青凛凛古须眉。”(咸丰二年十月二十九日)江苏巡抚徐有壬亦云“传家学行无欺录,名世文章有道碑”(咸丰七年五月十九日),等等。甚至潘道根还代顾邵庵作《先六世祖子晋公传》(道光八年十月十五日)等。

潘道根亦忠贞爱国。对外国入侵,他说:“我恨独已老,不能据征鞍。为国乘一障，马革为尸棺。”(道光二十二年五月十二日《示儿》诗)战火烧到昆山，有人建议他避难。他说“为臣死忠，为子死孝”，拒绝逃难，并指宅傍的水井，要是敌人来了，弟妇们投井殉国。他还想进城劝县令石农死守勿退(道光二十二年四月十七日)。国家在历尽艰难而走向表面稳定时，他欢呼“一自和门闻捷报，衢歌都作凯旋声”，“君在江湖心魏阙，当筵一喜笑颜回”(咸丰八年一月初七，潘道根和钱宝琛《春帖子词》六首)等。潘道根的朋友亦为爱国志士，如忘年交叶裕仁。清军与太平军正在激战，叶裕仁来函：“生逢斯世，忧何可言！三城未复，终有不测之虞。敝邑劝募助饷，应者寥廖。……君父有急，岂容漠视？”(咸丰三年六月二十六日)。后叶裕仁又来函：“时事至此，夫复何言？……惟以‘义命’二字牢牢把住，‘素患难行乎患难’，志气尚不至颓丧耳。城中大局，已成瓦解，不胜愤叹……虽不能杀身成仁，亦不至乞哀求活也。”(咸丰三年八月十三日是年八月十七日)。潘道根病重，叶裕仁“至(潘道根)床头谈时事，同为扼腕”(咸丰三年八月十七日)等。

在封建社会，爱国就要爱最高统治者皇帝。潘道根亦然。道光三十年二月初十，他作《恭读大行皇帝遗诏，挥泪敬赋》七律二首，热情赞颂道光皇帝，“吾皇惠爱百年深，草野咸知望治心”，“远依北极瞻尧座，近指南风感舜琴”等。

次看孝。其中有儿子之孝。如潘道根《再题袁重其负母看花图》诗，描写孝子袁重其背母亲看花时，“花径之乐乐无穷”、“花径之乐乐无尽”、“花径之乐乐不支”。袁重其，名骏，重其其字，明末清初长洲(今苏州)人，三岁而孤。母亲吴氏抚养之，教以读书识字，交通士大夫。袁骏以五十余年时，“遍乞海内贤士大夫之言以表异之”，征集到六千人的题咏书画，歌颂母亲，成《霜哺篇》一书。姚桂林(《旌孝姚君桂林传》)也“衣敝食粗，而奉母每食必有酒肉。下气怡色，愉愉如也”。其母患病，想吃鲥鱼。但姚桂林买不起鲥鱼，只得在水边哀叹。这被一个卖鲥鱼人知道了，就送他鲥鱼。母亲吃了以后，很快病就好了。这很像王祥卧冰求鲤。有女儿之孝，如“孝贞李先生”李凤。李凤，浙西人，四岁亡母，誓言“不能养母，必终事父”，终身不嫁。其父卧病时，李凤对天祈祷，一青鸟将朱丸坠其药炉中。父亲喝药，立刻病好。李凤四十七岁含泪而卒，未能为父送终。时人题其碑为“孝贞李先生之墓”。俞烈女，生而婉婉孝顺，曾两刲臂肉以疗亲疾，父母之病很快就好了。浙江慈溪姑娘虞贤亭，随父侨寓昆山疁城保赤坊。一次失火，姑娘先救母亲下楼，又从烈焰中登楼救父。结果楼塌了，父女俱死，年二十一（咸丰七年九月十九日）。有不孝后改孝者。江苏高邮朱园庄村王师山是个富家独生子，家有田数百亩，父母极宠爱。长大后，他随意打骂父母，无人敢劝。两只乌鸦在他家后一棵大柳树上筑巢。一天，王师山爬上树，将乌鸦巢中的卵取出来给母鸡孵。老乌鸦没见了卵，整天哀鸣，也不吃东西，快死了。不久，母鸡孵出的两只小乌鸦能飞了，它们飞到老乌鸦身边，给它喂食。老乌鸦又活了。王师山大为感动。他马上爬下树，跪在父母面前，连叩几百个响头，忏悔自己的无礼。后来，他成了一个孝子（咸丰二年十二月二十四日）。

古人为长辈鹤龄无算，乌养有时，有“割股疗亲”旧俗，就是亲人久病不愈，儿孙求医无门时，割下自己大腿、手臂等处的肉，熬汤给亲人喝。这种极残忍、愚昧的孝行，在潘氏日记中也有记载。如赵元春秀才患足指疮，两个儿子割臂肉以療之，结果赵元春还是死了（道光十七年九月十一日）。赵省翁病重，其孙赵松寿（也是潘道根的弟子）亦刲臂和药以饮之。赵省翁亦无救（道光十九年十一月二十八日）。诸生葛常吉，两次割股疗母疾（道光三十年六月二十九日）。对这种“孝行”，潘道根亦感惊悚：“其惨绝之状，为之竟夜不寐。”（道光十九年十一月十二日）

潘道根日记中关于孝亲敬长的诗文，还有《题榆轩介寿图》（道光八年四月二十四日）、《题侍母弄孙图》（道光二十一年五月十九日）、《题汪孝子焚香夜吁图》（咸丰五年五月二十八日）等作品，还代胡文晋作《陟岵永感图述略》(道光二十六年十二月十六日)。

最后,我们看节烈。其中节妇,如昆山儒生徐汶潮妻朱氏。朱氏二十一岁时夫亡,守节二十五年,“静阖门而自守,块茕独以靡依。高堂发白,勉因侍膳以开颜;孤闼灯青,时抚遗雏而陨涕……穷庐一夕以俱燔,姑氏七旬而掩逝。节妇则摒挡钗袿,赁屋牵萝;典质裙衫,筑坟营葬,寸心为之瘁矣,双眸由是眊焉”(道光二十四年正月初一《募恤节妇朱氏启》)。昆山齐礼坊陆振先妻邵氏,结婚五年夫亡,她“支持井臼,备经岁晚。冰霜摒挡,丝麻常彻。宵分灯火,举两丧而归土;吉兆亲营,抚孤子以成家”,守节四十年(道光二十四年正月初一《请奖节妇邵氏公呈》)。新阳县胡节妇,十九岁嫁同里邱三星。八年后,邱三星卒。此后,胡节妇纺绩苦度,上侍公公。公公卒,为之营葬。又为子娶妇,白瓯自保,邻无闲言(咸丰元年五月二十四日《胡节妇事略》。此外,还有姑妈、侄女同守节者。如昆山李纯礼之妹,许嫁娄东张氏。张氏未婚而殇,李纯礼妹为之守节。李纯礼之女,许嫁同邑张学诗。清嘉庆六年,未婚夫病殁,时李氏十九岁,因留事舅姑(道光二十二年五月初四日)。这些节妇,正如潘道根《为苦节久湮汇旌格例》所言,“或代夫以隆孝养,或抚孤以立家园,备历艰辛,志同冰蘖”。对其进行表彰明,小则“慰贞魂,励晚节”,“维持闺范,激励人心”,大则“扶两间之正气,扇阖县之贞风”,“推广皇仁,激扬风俗”(道光二十二年闰四月二十三日)。潘道根《为养济院添买民房分别男女禀稿》,甚至说养济院男女“本非父子夫妻,井臼比连,嫌疑莫别,殊非事体”,因而“必应分居”(道光二十四年十月初四日)。

还有烈妇。其中有未婚而为烈女者。烈女卫玉,是太学生卫诠之女,十六岁许嫁赵逢庆。卫玉二十岁时,帮规得痨病而卒。舅舅隐瞒此事。卫玉闻到烧赵氏遗衣的气味,自缢而死(道光十年九月十八日)。有因未生育而为烈妇者。昆山徐烈妇,“相夫勤俭,著贤声”。夫病亡,“当生与俱生,死与俱死”,遂自缢而死(咸丰二年七月二十六日《徐烈妇传略》)。潘道根赞徐烈妇云:“为女克贞,相夫以礼,食贫知义，守死能勇，一志之所为而已。”（咸丰二年七月二十六日《题徐烈妇传卷首》）有少时慕烈妇，而后自成烈妇者。清道光中，王端贞在十四岁时，堂兄定婚，而堂兄未婚而卒，堂兄未婚妻欲往守节，父不许，端贞便在辛夷树上自缢而死。端贞闻之，嗟叹不已，说：“为人须如此！”后来，她也遇到类似光景，手探金环而亡。有一家孝烈双修者。明太祖洪武二十六年，昆山陆安之父因不知情而保释一死刑犯。这死刑犯获释出狱后逃跑了。陆安之父当死。为此，时二十一岁、结婚不到半年的陆安代父典刑。陆安死后，其妻钟氏亦殉夫而死（道光二十五年七月十七日《修复故明孝子陆君修平暨妻烈妇钟氏墓表》）。有母女两相对照者。昆山县胥殷鹤鸣之女，因父母悔婚而自杀。而殷鹤鸣之妻，则与他人通奸。有充满因果报应者。新阳县西北乡三十里尤泾的王敦早卒，留下妻子和一个女儿。王敦之弟贪嫂子家财，便与一个掌乡区税的人金氏、诸生叶氏、县衙黠隶土行孙等用卑劣手段，逼死王烈妇，夺取王烈妇钱财。王烈妇死后，其魂魄将金氏、叶氏、土行孙等三人勾去，三人悲惨死去（道光二十六年五月二十一日《纪王烈妇事》），等等。对这些烈妇，潘道根赞云：“人心半死轻尘喻，浩气孤存匪石诗。慷慨从容两俱有，遂令巾帼愧须眉。”（道光二十三年九月十八日《吊俞烈女诗》）此外，潘道根还抄录朱琢生《陆贞烈传》（道光九年正月初三日）、杨锡绂《节妇传》（道光二十八年正月十七日）、王学浩《潘节妇陈氏传》（道光九年七月十七日）等节烈传。

潘道根以为，妇女贞节关系人间风化。其《送司训韩先生介孙之甘凉序》说“风教之端自闺门始”（咸丰六年二月二十三日），第五十函《与邵君廷爵书》更说“世界之坏，在乎轻节义而厌寒饿”。为了“人间风化”，他自己“素有发潜阐幽之志”，“凡邑有醇儒，乡有节妇，史传所载之循吏类，皆引重而褒奖之，以为风俗倡”（第七十二函《与韩介孙学师书》）。为表彰节烈，他“冒暑涉涛，祷神明，稽古旧”，而后“烈妇之事始彰彰明白，得以上闻天听，而下垂志乘”（同前）。如他在道光二十六年，他就采访节妇无事实十八人、有事实者二人，贞女一人（咸丰三年二月初六）。

（六）关于修身

潘道根对叶裕仁说："故香象渡河、众流截断者，莫如'修身立命'四字。"（第四十三函《复叶涵溪秀才札》）我们看他是如何修身的。

他强调"自力"。他说："人须自立，不可轻受人恩。"（咸丰元年闰八月初三日）又说："立心不欲负累人，尚恐一不周到，致有负累人处。……君子当时时节省，不可使一毫负累人，方为有守。"（咸丰元年三月十八日）他授馆平原时，瓜期未至而生徒俱去，主人请挈家并住，他以为"与其以贫之故而累及主人，毋宁去矣"（道光二十一年九月二十七日）。为"自立"，他提倡从事生产。他在第七十八函《复俞漱六丈书》中说："大抵尽心稼穑，最是务本佳事。学者舍稼穑，别无治生之道。能稼穑，则无求于人，而廉耻立。知稼穑之艰难，则不敢妄取于人，而礼让兴。抑且躬亲劳苦，则心不放逸，而子孙可教也。"又说："根今岁亦于舍旁，种田数亩。夏间渴雨，课力引水，方知吃饭非易。"并对俞漱六的儿子从事劳动大为赞叹："日前奉访，见令似三如亲事鉏笠。归为西溪述之，同声嘉叹，以为德门善教。"潘道根强调"自立"，就形成了顽强的毅力。他一生清苦，坚持中道，不为物质所累。即如他的日记，也从不间断，他在重病中亦如此。如咸丰七年三月十九日开始卧床，二十日仍"强起，书对贺南村陶振和寿"，后两天未能起床，又在二十五日前仍抄下了《秋农待访书目》近百种（近一千二百字），二十五日又"强起，为瞑城俞味庸撰《家传》跋"。五月六日，他在重病中的他写下了声情并茂的《昆山县学教谕定远访亭何先生遗爱碑记》。他的日记一直坚持到去逝前三日。

自力也就是"自尽"、"尽心"。他说："士君子处穷困时，只有'自尽'与'苦守'两事最为得力……若能于'自尽'、'苦守'两事实际处用力，随在可安，怨尤胥泯，乃人已两得真学问。"那何谓"自尽"呢？他说："假如坐一蒙馆，亦须早起晚眠，把几个村学生如练兵点将一般看待，而更出之以和平之气，自然能感化，心悦诚服。父兄挽留之，惟恐不至矣。”何谓“苦守”？他说：“如瓶中仅余二升米，我做两日粥吃，便敷衍两日。作一日，断不可妄求于人。”并批评一些塾师“不肯自责，到处嫌人供待不周”，且批评某些人方为秀才，便以为自己是举人、进士了；才是举人、进士，便以为自己是台阁贵人了，总不肯低首下心，卑小收敛，不愿吃苦（第七十一函《书示辰甥》）。又说：“吾辈既处馆训蒙，则尽诚以待主人，尽心以训子弟，不可以其愚鲁，而先有鄙夷不屑之心。……凡事如是，积此诚意行去，自有回天之事。”（第十八函《与周用霖书》）又说：“工夫必到得十分，方可言命在己。有未尽，便是妄想。”（咸丰元年闰八月初三日）“命非在外。人事尽处，命即随之。”（咸丰元年十月二十三日）。在第二十一函《复顾寅卿秀才札》中，也说“欲民之返朴还醇，则莫如人人先尽其在我”。

为“尽心”，他强调“素心”，不自欺，诚以待人。道光三十年三月初四日作诗“努力守素常，慎勿耻卖畚”，“狷者守有余，斯人吾所取”。他对叶裕仁说：“斯世斯身得为城南老圃，读书谈道，苟全性命，已是大幸。倘违素心，而多所周章，以博妇竖之炫耀。自问此心，果何为邪？”（第七十一函《与叶涵溪札》）对于不自欺，他说“凡事彻终始，一念莫自欺”（道光十一年三十九日《赠邱小云》），“下学上达之理，惟‘无欺’两字足以尽之（道光二十二年十月初二日《毋欺录》跋尾）。他经常阅读朱用纯的《毋欺录》一书，并抄录之，且要儿子、朋友们读它。其“为善十事”，亦“总以无自欺为根本”（第五十二函《与同学书》）。不自欺，就要“诚”。他说“圣贤立教，诚以为体”（道光二十二年十月初三日《毋欺录》跋尾），“‘诚实’二字，通天彻地，万事根本”（咸丰元年九月初六日），“君子所以感人者惟诚”（道光二十二年五月十四日）。而且，诚与伪不相容，“诚伪之间，不容以间，‘见乎蓍龟，动乎四体’，如之何其可欺也？盖至诚如神也”（道光正月二十五日）。因此，为子要诚，“为子孝而诚，鬼神亦生敬”（咸丰五年五月二十八日《题汪孝子焚香夜吁图》）。祭祖要诚，“鱼菽虽自菲，追远必诚敬”（道光二十七年十一月初二日《病中自述诗》)。做学问要诚,“余尝谓天下之为学,一诚而已矣”(道光二十七年五月二十四日《告方居士润千文》)。甚至有恒心也要诚,“惟诚故有恒,有恒由无杂”(道光二十三年潘氏抄录张光熊诗)。总之,“惟其诚所以为至德”(道光正月二十五日)。

他虚怀若谷。他曾作对联:“身从平世老,头向野人低。”(道光十五年三月二十六日)他对韩印说自己“根布衣迂儒,毫无学问”(第七十二函《与韩介孙学师书》),对张若翁说他“学殖荒落,如薙僧发,无一寸长”(第三十一函《与张若翁札》),对黄紫莼说“髫岁学荒,老而耄及,局守经训,性灵坐夭”(第五十四函《与黄紫莼书》),对季锡畴说“自恨中年不自策厉,学问无成。晚岁虽粗读儒先之书,又不能鞭迫近里”(第五十六函《与季菘耘书》),对顾邵庵说“根碌碌庸庸,学问之途,无丝毫长进”(第十三函《与邵庵丈书》)、“晚匿迹荒村,毫无善状,学殖荒落,乃无一字可以麈知”(第三函《与顾邵庵先生书》)。他称比他小十五岁的汪正为“丈”(道光二十三年五月十五日),称他的弟子赵方盛为“兄”(道光六年五月二十六日《哭门人赵方盛》)。他甚至称表甥陈蓝田为“贤表甥仁兄大孝”,连日记整理者王德森也大为惊讶:“表甥而称仁兄似未安,未知古人曾有否?先生当不倡格也。”(道光十七年二月二十五日《陈蓝田表甥书》)。纵通观潘氏日记和信札,只有一次对自己感到自豪:“所撰《伤寒论注》,颇有发明。欲录出一卷,并方枋未备者补之,以诏其人。”(道光二十七年新年寄语)在学术上,他也只有两次批评前人,如批评杨慎“往往抨击先儒,务求必胜。……《丹铅录》杂抄似小说家言”(道光二十年五月八日)等。

他常自我反省。他说孔子之言“躬自厚而薄责于人,则远怨矣”,其重点在“躬自厚”,而“薄责于人”只是带说(道光二十二年正月七日)。道光二十四年三月初三日,他反省道:“以佣人言语错迕,不觉动气。虽秉性伉直使然,究由涵养未深。戒之,慎之!”老朋友汪正秋天来访,以“戒”“欺”“求”“慊”四字相励,他听后“如水浇背,为之寝食不安”(第四十三函《复叶涵溪秀才札》),“追思数十年来,事亲敬长、待人接物之间,悔憾山积”(同前)。又“细绎石心丈‘戒’‘欺’‘求’‘慊’四字,为之终夜不安”(道光二十一年九月二十七日)。他读朱用纯《毋欺录》后,“觉身心多偏,非圣人中和之气,为之内愧”(道光二十年五月十六日)。他在病后,“将《论语》《礼记》中所言一一对勘,平生不如古人处,及得圣贤处,不可枚举”(第五十六函《与季菘耘书》),等等。他近乎孔子“吾日三省吾身”了。另外,他所抄录的《十思训》:“常思塞默垂头、触事面墙之耻,自不敢不勤读书;常思饥寒迫身借贷无门之苦,自不敢不节财用;常思人命脆薄疾病如何苦楚,自不敢不惜精神;常思福分有限受享终至磨折,自不敢不薄嗜欲;常思暱情任意送却多少身家,自不敢不远小人;常思一朝之忿生出无端烦恼,自不敢不忍客气;常思创业艰难守成非易,自不敢不操苦心;常思废兴无定天道循环,自不敢不存善念;常思笙簧巧舌播弄无限风波,自不敢不慎言语;常思穷达有命小人枉做小人,自不敢不守本分。”亦可作为我们的修身之道。

他反对佛、道二教。他说自己“读书不喜二氏及功利之说”(第五十九函《与季菘耘书》),又说“余本非学佛人也”(道光二十三年闰四月初八日)。其《述怀诗四首》云“佛老凭虚都梦呓”(道光二十三年闰四月初八日),而救济贫民“较布施于佛老者,事乃真实”(道光二十二年闰四月二十三日),人们“尚鬼佞佛”伤风败俗(第六十五函《复张咏仙学训书》)。他指出,时人贫穷原因之一,就是“佞佛信巫”(道光二十六年四月二十二日)。因此,他严厉梁武帝佞佛,“六朝事佛谨,萧氏最称首。荷荷饿台城,佛不一引手。奈何痴愚徒,尚为异端诱”(道光十五年八月十五日),热烈称赞韩愈辟佛,“一篇《原道》扫荆榛,辟佛崇儒识最真”(咸丰五年十月初三《读韩昌黎诗,漫题八首》)。所以,其《贫家十约》规定,“疾病只事医,勿惑巫觋祈祷,丧中勿作佛事”(道光三十年正月二十日)。这种唯务主义观点,对一个封建知识分子是很难得的。

他还提出“三当急”、“三留意”(道光十年新年寄语)、“十戒”(道光二十五年三月十二日)等修身方法。其中“三当惜”指惜有限之精神以养性、惜有限之物力以养生、惜有限之光阴以养寿,“三当急”指急读有用之书、急理当行之事、急省无益之务,“三留意”指谢浮泛之交、淡名利之念、省奔走之劳。“十戒”指:一、勿妄谈古人得失;二、勿妄议朝廷政事;三、勿妄谈官长贤否;四、勿参与他人词讼、家事;五、勿雌黄他人文字短长;六、勿妄訾他人行止缺失;七、勿及于狭邪、赌博;八、勿游谈无根,贻误后学;九、勿厚弃实学,竞寻枝末;十、勿妄谈祸福;十一、不可干人酒食等。道光二十五年,其新年寄语还云:“戒多出门,戒多访人,戒多言,戒多费。”

在他的日记中,还记载了两个言传与身教的故事。昆山毕璞庵在集市中看见一个人用银向子向别人换钱,因别人杀价太过,这人不同意换。别人便恶言相向,这人若无其事一样。璞庵问其由。这人说,他的先祖有言:“君子与君子交,相让而不相争;君子与小人交,其争决不成。如若交争均为小人。”璞庵听了,“肃然终身,佩以为训”(道光十二年闰九月十六日)。还有汪正(号石心)。他说:“石翁以身教,不徒以言教。推根上坐者,示敬老之义也。次推紫蘅者,示隆师之道也。薙发靧面不用重汤者,示崇俭也。食枣核皮命弃之僻处者,恐蝼蚁攒食,人或践之,伤其生也。言南翔某氏之子弟居丧,对尊客而饮酒自如,以有一于此为诫,示教子弟也。”(咸丰三年十一月初七日)

有了这些修养,潘道根处贫有方。他说:“余久居穷村,布衲为至宝。年年补绽完,苟完已是好。”(道光十月十三日《赠别丁生》)他满足这种清苦的生活,“四明有菜名雪里,瓮头旨蓄珍莫比。雪深诸菜冻欲死,此菜青青蕻尤美。肉食吾无卿相腹,血食吾无贤圣德。不如且啖雪里蕻,薄粥一盂暖有益。”(道光二十九年九月二十九日)道光三十年正月十六日,贫困无奈的他只得将朱红漆衣橱、朱红漆衣橱朱红漆衣橱、朱红漆大箱并箱橱家具及《文选》一书,及破缸旧甏等廉价出售。虽然如此，他仍不与富贵交往，“平生布袜与青鞵，怕踏红尘十二街”（道光十年六月四日《邵庵丈消暑韵》）、“当世所谓名卿大人者，无由望见颜色，而亦不敢有意于求闻”（第十函《与王椒翁书》）、“平生畏要人，遇之引身避。客或谈名利，鼾鼾隐几睡”（道光二十七年十一月初二日《病中自述诗》第十五诗）。因为他看透了官场。《徐椿舲粟香庵诗稿序》：“以我两人所见，岂无朝而泥伏，夕而云翔者乎？岂无朱丹其毂，而一跌赤族者乎？以牂羊之质，而蒙猛虎之皮，为世所姗笑者，抑何多也？余与君虽不一遇，犹得保其区区，读书灌园，以守平生之素。春秋佳日，酌酒赋诗，以自喻适志，未始非天之有以与我也。水边林下，扶杖行吟，共话童时钓弋，用相娱乐。视彼驰驱名利之途，计较得失之数，营营无已者，又孰与多乎？”（咸丰六年三月初三日）他有战胜贫穷的丰富经验，“穷须是忍。忍到熟处，自无戚戚之念矣”（咸丰二年二月二十八日）、“处贫贱，第一自甘守本分”（道光二十二年五月十四日），“见其大则心泰，泰则无不足，无不足则富贵贫贱处之如一矣”。他力辞孝廉方正（经吏部考察，可授以知县及教职等官）、义夫（其原因是，“实以家贫之故，无力再娶，非能守义也”。第五十五函《与弟子某书》）、饮宾（同前）、礼科吏（道光二十二年二月初一）之荐。当然，他也偶尔叹贫，如自叹“两字伤心饥与寒”（道光二十九年七月二十日《访郑新甫》诗）、“漂零身世似渔翁”（道光七年二月十七日）等。

潘道根虽一贫如洗，但济贫是他一生不尽的“业务”。他说“斋僧不如济贫”（道光二十六年闰五月十九日），“每年，余以视诊之劳，岁底来馈赠仪者，虽薄，而多辄以之移送亲友”（道光二十九年十二月三十日）。道光二十三年，他恤嫠赒贫、放生善愿，用钱十二千四百十六文。道光二十九年，他积攒二十余千，结果为佣人溺死用尽。道光二十九年再积十余千，又为其侄亡用尽（咸丰元年六月十二日）。道光二十四年六二十二日，他到花家浜出诊时得酬金百文，赠给了一个打渔的穷寡妇，又送一升米、一条旧夏布。娄东王醉山的弟弟来求助，虽自己贫穷难耐，仍帮助他（咸丰元年五月十五日）。他免费为几个村子的人就诊（道光三十年五月二十日）。他为弧南寿会会总。首举本归他，但他让给年老的陶受翁爷孙（咸丰五年十月十四日）。他推已及人。他说："老弱、饥寒、丐乞之人，所求于我者无几，而世靳之，或加以声色，不知此亦人子耳。安保我他日不出于此？安保我之子孙他日不出于此？奈何不加怜悯，而吝此一瓯饭也。"（道光十五年三月二十三日）应五峰病卒，其子稚泉又病，儿媳又亡，所教学生都散去。其房屋也为大水湮没。一家五口无以为生，而自己无力相助，他说"愧我无钱贮阮囊"（道光二十二年五月十三日）。他帮助别人的原因是，"闭门学道，与世无关，上也。布衣蔬饭，苟全性命，中也。竭蹶颠仆，思以济时，下也。我非不知，然而为之者，诚不忍穷民之就死，而思有少济耳"（道光二十二年闰四月二十三日）。

潘道根日省月修，成就了一位封建知识分子的传统美德，赢得了时人的极大尊敬。咸丰八年正月初七，前江西湖南巡抚钱宝琛邀请六十人到自己的别墅南园观梅，七十一岁的潘道根被列为首座（咸丰八年正月七日）。今天，这些方法我们仍可奉为圭臬。

（七）关于训诂

潘道根主要运用形训、义训和声训等三种训诂方式进进行训释。

形训。在潘氏日记中，训释了"封"、"晨"与"晨""彖"与"彖"等字。潘云，大篆"封"字有两种写法。其中"㞢"为会意字，从"之"从"土"，即"室"字。圭从"土"从"丰"，为形声字，亦作"牡"，为"高"之意。在大篆演变之后，这两字混同为"封"。后来"峯"字亦作"圭"，《汉书・西域传上・罽宾国》"（罽宾国）出封牛、水牛、象……"，其中"封"就是这个字。晨，原为"十二时辰"之意，本从"辰"从"臼"。其中"臼"为两手举起之意，原意为司晨者每到一个时辰，就两手举以报时辰，而今晨的楷体已混为"晨"。《易经》有"彖"与"彖"二字。前者古音读如"弛"，音近"才"，亦与"蠡"音近。故《易经・系辞》云："彖者，材也。"潘氏又云，"彖"与"才"在同一韵部，有"剥刻"、"分解"之意。

凡“蠡”、“橡”、“禒”等，皆从之。而古本《说文解字》之“彖”，读若“驰”，其意为“豕走挩”。今“彖”字，读贯切，音近“缘”，有“缘饰”、“隆起”之意。凡“缘”、“篆”、“瑑”等，皆从之。潘氏对古书之误亦予指出。如《尚书·禹贡》：“导水……东出于陶丘北”，《说文解字》“陶”字释义引《夏书》，无“北”字。李善注《文选》应贞诗、颜师古注《汉书·高帝纪》引《说文》亦然。丘，古文作“坔”，潘氏疑为“坔”字被误拆为“丘”“北”二字。《孟子·公孙丑》“七里之郭”的“七”当为“五”（篆书“五”为“×”，形近“七”）等。

义训。这是潘道根主要运用的训诂方法。《礼记·郊特牲》“伊耆氏始为蜡”一节中，“蜡”与“腊”并言。对此，潘氏详释之。他先释蜡、腊的由来。他说，蜡是祭八神，叫“息田夫”。腊是岁终祭，即《月令》“腊先祖五祀”，叫“息老物”。因为息田夫，故黄衣黄冠；因为息老物，故皮弁素积，葛带榛杖。后世又有“貙刘”之礼。潘氏引《汉书·礼仪志》“立秋……郊礼毕……武官肄兵，习战阵之仪、斩牲之礼，名曰貙刘，亦曰貙膢”以证之，以见古代“膢腊”虽兼称，但与腊腊之“腊”不同。此即《礼记·月令》所云，秋季天子“命主祠祭禽于四方之事”。《风俗通义·祀典》云“汉家火行”，故以戌为“腊”。西汉沿袭秦制。《史记·秦本记》“（秦惠王）十二年初腊”，《秦始皇本纪》“始皇三十一年十二月更名腊，曰嘉平”。秦建亥，故其十二月为当今农历九月。西汉因之。《周礼·春官·籥章》“国祭蜡，则吹《豳》颂……息老物”。此“息老物”，即腊。蔡邕《独断》一书云：“四代腊之别名曰：夏曰嘉平，殷曰清祀，周曰大蜡，汉曰腊。”是以“蜡”为“腊”。蜡既始于伊耆，腊亦当同之。《史记》所云秦惠王“十二年始腊”，当是秦之始候沿西戎之俗而不设腊，至秦惠王始行之，不是说腊祭便起源于秦。再如，《诗经·郑风·溱洧》“方秉蕑兮”之“蕑”，《说文解字》未收。潘氏以为，此蕑即“蔙”字，就是蔙草的意思，并引《山海经·中山经》“吴林之山，其中多蔙草”，《说文解字》“蔙草，出吴林山”，《广韵》“蔙，香草。蕑同”，及南朝宋盛宏之《荆州记》“蕑即今都梁香也。本草名，白芷”

等证之。另如“偃仰”之“偃”。潘氏以为，偃除了训“伏”，还可训“卧”，如《黄帝内经·素问》“病肾风……不能正偃”。有人问两广之“广”是何意？潘说，此“广”训“险”，如东方朔《答客难》“地不以人之恶险而废其广”。险也是古“岩”字，如古地名“傅岩”有作“傅险”者。潘氏亦纠时俗之谬。如当时乡俗丧中谢简，孤子多称自己为“期服父”、“期服舅”等。潘氏以为，在谢简中，除孤子能称“子”外，其余都称“生”。“生”就是“甥”字。古人尊称异姓长辈为“舅”。人家称我为“舅”，我便称之为“甥”(即“生”)。所以，谢简不能说“期服父”、“期服舅”等，只要列出子孙名字便可以了。如果谢简在列名之后仍有余地，可将其他亲属之名附上，并去其“父”、“舅”及“夫兄”、“夫弟”之称，等等。

声训。潘道根答友人张柳人问“《诗经·周颂·清庙》一诗是否有韵”的问题，便用这一方法。他说，“相”字古读“息良切”，不分平声和去声。“相”“胥”为一声之转。《诗经·大雅·緜》“聿来胥宇”，毛传“胥，相也”。是“相”宜读如“胥”，训“视”。德，古读“都回切”，音如“堆”。“堆”“都”亦一声之转。潘氏说，《淮南子·俶真训》“万民倡狂，不知东西(苏)，含哺而游，鼓腹而熙(呼)，交被天地，食于帝德(都)”。是“德”宜读如“都”。庙，古音如“貌”。刘熙《释名》“庙者，貌也”。“貌”之转为“橅”，是“庙”宜读为“橅”。因此，“形貌”即“形橅”。斯，古音亦读如“胥”，如蔡邕《短人赋》“蛰地蝗兮芦即且，茧中踊兮蚕蠕须(古音如“苏”)，视短人兮形若斯”。另外，胥或读如“苏”，如姑胥即“姑苏”。潘氏又说，《淮南子》“鼓腹而熙”中的“熙”训为“呼”，如“于戏”为“乌虖”。他如“盛”“成”互训等。潘氏也训释“也”“邪”、“不”及“耳”“尔”等语词。还说，凡云“而已”者，急言之为用“耳”，古音在第一部。凡云“如此”者，急言之曰“尔”，古音在第十五部。二字音义不同。

潘道根这样的训诂成果，在本书中不少，为我们研读古籍提供了很大的方便。

（八）关于读书

潘道根说自己"终日摊书对古贤"（道光二十六年四月二十二日），"读书以外，无他嗜好"（第五十九函《与季菘耘书》）。其《题槐榆交荫图》诗也说："除却读书都可拙"，"架上有书夸富贵"（道光二十年七月二十二日）。徐家畤也说他"坐拥百城真富贵，扫除万虑即神仙"（咸丰七年正月十五日）。他虽贫穷，但因书而富，而贵，而仙。

他说，读书可以尚古人，"读书慕古人，季次与原宪。后代有陶潜，三贤我所羡"（道光二十七年十一月初二《病中自述诗》）。可以与君子神遇，"乡无君子者，松竹可为友。座无君子者，图书与为耦"（同前）。可以在失意时相伴，"只有破书能伴我，十年依旧守孤灯"（道光六年十二月二十九日）。因此，读书之乐乐无穷，"第一人生快心事，好书数卷对良朋"（道光六年五月二十二日《别愚堂丈后有作》），"孔孟书尚存，读之每忘饭。乐饥侣古贤，尘事喜渐远"（道光三十年三月初四日作诗）。他读徐骏《石帆轩集》"觉意象空明，天机濬发，正如新桐乍引，淡月流空，别具一种境界"（第二十四函《与徐春亭秀才札》），读徐秉义《培林堂文集》"如游武库，如登岱峰，扩鄙陋之心胸，睹□□之富丽"（第六十函《与徐洪生书》）。因此，他读书不知疲倦，"课儿读古敢言勤，我亦咿唔到夕曛"（道光十年六月四日《和邵庵丈消暑韵》），"埋头一室朝从晚，翻尽床间百本书"（道光八年二月十三日）。如咸丰三年六月初四日这一天，他就读了《易象意言》一卷（宋蔡渊）、《胡文恭集》四十卷（宋胡宿）、《敬斋古今注》十四卷（元李冶）、《春秋传释例》十五卷（宋刘敞）、《五经算术》二卷（北齐甄鸾）、《岭表异录》三卷（唐刘恂）、《古今质疑》（宋叶大庆）等七种。读书成为他安身立命的支点之一，"白饭两瓯书数卷，此身天地托虚舟"（咸丰三年六月初八日）。

别人家孩子爱读书，他为之高兴，"齿芬子弟肯读书，大是佳事"（第四十函《与弟春园后札》）。自家儿孙不爱读书，他极担忧，"儿子愚，未读书"（第五十九函《与季菘耘书》。其实，他儿子是监生），"孙男汪芑，资质甚笨，汝又不肯督责使他读书，将来作何计较？读书明义理，自然能继承先志。若但知穿衣吃饭，而不读一书，不明义理，即以万金之产付之，犹不能保，而况并无薄产乎？此由汝自不知读书之乐，而因以误其子也。为之父者，奈何如此！”（第六十四函《诫子书》）他鼓励老朋友季赐畴读书：“弟前年在寓斋把晤时，仰见尊颜，须鬓亦既斑然。古圣人假年学《易》，正在此时。”（第五十六函《与季菘耘书》）等。

那么，该读什么书呢？他说：“经训夙所嗜，词章非所宝。无关劝与惩，何事较丑好。”（道光二十七年十一月初二日《病中自述诗》第九首）又说：“天下耐吃者菜根，耐著者布素，耐读者四子六经。圣贤之书耐久者，道德性命之交。能择此数者，一生受用不尽”（第二十二札《复倪磊岩札》），“不读圣经贤传，学好榜样，而惟骛声律才调，以哗世取宠，则流为小人之归而已矣”。在这些经典中，“天经地义丁复宁，曾氏所传惟《孝经》。始于事亲终立身，儿曹读之须敬听。朱子所编曰《小学》，稽古敦伦觉后宽。洒扫应对谨且悫，儿曹履之志必卓。《学而》开卷时习宜，古贤不愠人不知。入孝出弟敬而信，亲仁爱众余文词。《孟氏》岩岩词畅达，崇正辟邪七篇括。富贵贫贱不淫移，儿曹读之胸襟豁。由斯循序六艺通，一言一行返诸躬。《诗》导性情《书》政理，《易》参造化明始终。……六经四子为箕裘，肤寸云可弥九州”（咸丰元年闰八月二十八日《题管倚岩授经图》）。这些经典，可以指导人生的方方面面。

那该如何读书呢？他说：“读书择其有益于身心，身体力行之，行得一寸即是进得一寸。”（第十八函《与周用霖书》）他对外甥范辰生也说：“进锐退速，一暴十寒，皆聪明人之病。所望澄心静虑，日就月将，《四书》《六经》，潜心讲贯。”（第七十六函《与甥范辰生札》）又建议何澹然秀才，“人家藏书及子弟读书，宜有法律。今牙签锦轴，纷纷杂陈。譬如将乌头、钩吻与参耆杂进，非以引年，殆将杀之耳。愚意：以立身论之，读书宜约；以学问论之，读书宜博。出博返约，在乎见地”

(第五十六函《与季菘耘书》)。又建议他,“取《小学》、《论》、《孟》诸书,细心读之,一一反躬自勘,必有憬然自悟平日之非是者”(第五十七函《与何澹然秀才书》)。还说,“道岂在高远也?如吃一饭时,当知稼穑之艰难,思父祖之留遗;念穷黎之冻馁,则贪饕之念自然不生,而疏水足以自乐;咏‘不忮不求’之诗,则衣敝缊袍,何惭与衣狐貉者立、与人言语?对富厚者劝其宽仁,贫穷者勖其勤俭。即处一草一木,一虫一蚁,各自有一种道理,人自不体切耳。即此便是为学,存此心而读书、而处世,头头是道矣”(第二十二涵《复倪磊岩札》)。为了读书,他提出“惟贫与病乃可读书”的新见。他说:“惟贫与病乃可读书。若身享富贵,而加以血气方刚,则好货、好色之念纷然杂至,何暇读书?即读,亦不能深入也。贫病二字,世之所苦,我之所甘。何也?缘弟一生,早年孤苦,未老先衰,耕砚所入,仅供饘粥。然因贫之一字,攻苦食淡,免了无千罪过。因病之一字,息交绝游,讨了无数便宜。稍知安分守已、读书寡过俱从两字中来。”(第二十二涵《复倪磊岩札》)因此,“课余著作复何如,莫以穷愁把卷疏。自古风云出寒饿,岂真衰晚弃诗书”(道光二十二年二月十一日《寄怀何文叔时馆涞泾》诗),等等。读书,免不了要抄书。时人徐家畤说他“抄书终日掩衡门”(咸丰七年正月十五日)。据潘道根《手写书籍存目》,他抄过七十二种书(咸丰五年二月十八日。其中不乏《东华录》、《临证度针》、《昆山名贤墓志》等这样较大部头的书。抄书成为他生活的一部分,“小斋自爱纸窗明,日日抄书作课程。纵使抄成无所用,也胜尘土负平生”(道光三十年正月初二)。

潘道根曾总结出读书几种目的:“读书志在圣贤,立身孝友,为后进风俗表率,上也。建立功业,有益于世,次也。自分不能,而谨身守法,为政于家,门户不坠,抑又次也。若徒作为文章,弋取功名,以哗世取宠,已不足道,而况更下于此者乎?”(咸丰五年十一月二十三日)纵观潘道根的日记和信札,他读书就是“志在圣贤,立身孝友,为后进风俗表率”。今天,仍是我们的仪范。

本书除以上内容外，还有潘道根日常生活的真实纪录，潘道根所抄录的叶裕仁《诗异文考》（咸丰四年七月十二日）、当时的农产品价格（道光三十年正月十六日、道光二十二年六月二十八日等）、程广宁《吸洋烟诗》（咸丰三年二月七日），及一些校勘成果，等等，都很有价值。另还有潘道根代他人之作，如代张柳人作《祭王履斋太学文》、代臬司郭公撰《同仁会序》、代胡文晋作《陟岵永感图述略》等。

三、潘道根文风特色

潘道根是一个现实主义诗人。他的诗歌，紧贴生活，描写现实，反映生活的美好与阴暗。在他的日记中，找不出一首浪漫主义诗歌。这些现实主义诗歌，关爱人民，关怀亲友，关心家庭，强调封建伦理等。

潘道根以为，诗歌是真情的自然流露，不是“穷而后工”。他在《吴紫莼诗稿序》中说：“古人谓诗必‘穷而后工’，余谓不然。诗者，性情之所发也。其情舒者，其气冲以和；其情戚者，其声哀以怨。而人之性，或随以流。圣人为之惧，于是示以‘无邪’闲情节性，使乐而不至于淫、哀而不至于伤。而诗之为教，遂为‘六艺’之一。诗果若是其重欤？‘穷而后工’，特词人一偏之说耳，非笃论也。”并说吴紫莼的诗“动乎其中。此岂非君之性情流露，自有其真，而非必其‘穷而后工’也”（咸丰元年闰八月五日）。在我国古代诗人中，他最服膺的两位诗人是陶渊明和杜甫。其《题〈龚心轩诗草〉后》说：“其最所服膺者，陶与杜耳。少陵当天宝离乱，身备位侍从。其于家国之事，寝食不忘，固其所也。然‘水流不竞，云在俱迟’诸作，悠然淡远，其心几于忘世者。陶公弃官归隐，托迹田园，希踪沮溺，与世远矣。而《荆轲》、《述酒》，此中五岳耿耿不灭，以是知古之君子身在江湖，而心殷魏阙。读其诗，兼以论其世也。”（咸丰七年六月初五）何顾烓说他“避俗陶潜操，忧时杜甫吟”（咸丰七年正月十五日）。

他又说：“诗者四教之一，在古人则纯乎为学，其在今人则技而已矣。纯乎学者,‘白圭’四语,‘思无邪’一言,可以终身三复,不待作也。纯乎技者,假饶面目真如李杜,亦只是优孟衣冠。况万不及乎?”(第五十七函《与何澹然秀才书》)他批评袁枚、王文治二人违反封建常道,“假诗文之名,以陷溺人心”,其“荡闲愈检”行为,“致为有道所呵”(第四十九函《与方小蘋书》)。他批评那些违反温柔敦厚之旨的诗,“至于五七言诗,作者尤多。然得温柔敦厚之旨者,吾见亦罕。其最坏人心术者,前此则贯华堂诸刻,后此则《小仓山房》也,以山谷填词、子昂画马律之。此等人皆当下泥黎狱也”(第五十六函《与季菘耘书》)。“贯华堂”是明末清初金圣叹的书斋名。此代指金圣叹。金圣叹为提高通俗文学的地位,提出“六才子书”之说,将《水浒传》、《西厢记》与《离骚》、《史记》等量齐观,使小说戏曲与传统经传诗歌并驾齐驱,在我国文学史上具有重要的地位。《小仓山房》是袁枚的诗文集。袁枚在江宁(今江苏南京)小仓山筑随园,颜其室曰“小仓山房”。《小仓山房》凡八十二卷,其中编年诗集三十七卷,补遗二卷,文集二十四卷,续文集十一卷,外集文八卷。袁枚生活通脱放浪,个性独立不羁,宣扬性情至上、情欲合理。在“性”与“情”上,他主张即“情”求“性”,突出尊情;在言志与言情上,他以为“诗言志,言诗之必本乎性情也”(《随园诗话》卷三)。他诗论的核心是“情”,公开为写男女之情的诗歌张目。因此,在正统文人潘道根看来,金圣叹、袁枚二人是异端,应被打到泥黎地狱去。他说又:“自二十九岁先妻亡后,即未续。一灯孤榻,垂三十年。即游思绮语,未能净尽。然笔墨之间,于香奁一体,本非所好,平日著作,可复按也。”(第四十二函《复汪石心先生书》)本书中潘道根纪念亡妻的诗歌,也是“发乎情而止乎礼”,没有“巫山云雨枉断肠”之类的绮丽描写。

通观潘道根日记中数百首诗歌,温柔敦厚之风贯穿其中,几乎没有金刚怒目式的作品。此外,他的诗歌明白如话,极少用典,基本不用借助工具书就能读懂。如道光二十二年七月二十日《访郑新甫》诗,其一云:“偶逢萍水结心知,数载追随乐不支。如此奇荒话分手,相看能不泪双垂。”其二云：“扁舟同泛话艰难，两字伤心饥与寒。广厦大裘空有愿，此时使我愈心酸。”其他诗歌，莫不如此。而且，他的诗，有事说事，不作引申。如《挽何蓼厓秀才诗》二首，其一：“廿载论交气谊长，乍闻哀讣倍心伤。回思谈笑真同梦，转叹人琴俱已亡。《栎社诗存》看黯淡，《寒山图》在亦苍凉。笔床茶灶看如昨，不忍重过旧草堂。”其二：“早岁江村习隐沦，荷君父子最情亲。新诗每向愁中寄，古道真同纸上人。常怪善趋嫌俗热，却因自好重予贫。伤心说到知心感，重为存亡泪满巾。”（道光二十四年四月初八日）这首诗只悼念何蓼厓秀才，不作其他联想。再如，道光二十二年正月二十日所作诗：“寒云压林白日徂，扶老挈幼相号呼。鸠形鹄面衣蓝缕，命与鬼伯争须臾。我行见之神错互，归家对食频放箸。谁非耶娘提挈大，今日抛离奈何许？朝为道上伶俜儿，日暮黄泉与子期。苇席周身弃郊野，虫蛆流蚀无完肌。吁嗟呼！十人饿死有五六，落日荒原闻鬼哭。我侪幸免数日死，冒雪相携吃官粥。”此诗写一次大水灾后，人们被淹死。今又遇大雪灾，大家争相去吃救施粥，等等。

对于文章，他认为：“文章为载道之器，而近人以之为羔雁。但羔雁在古人亦取其诚，今人乃饰以伪，则文字何以传信？至于制义，代圣贤立言，尤不当割绝无理。如今，时气习此，必待文章宗匠如韩与欧阳者出，庶能一正之也。文章关乎气数，所关非小。”（第五十六函《与季菘耘书》）他以为，文风关系到国家命运。因此，他编选乡贤文集，选文标准就是“有益身心，有关利病”（第八十七函《与顾勖斋秀才札》）。本书有不少序跋、书札等，便是如此。如《题邵村邵氏谱卷首》：

余尝读太原王氏、延陵吴氏两家世谱，一推至周灵王子王子晋，一推吴延陵季子，续续相传，无有间断，盖参合诸郡谱而成之。浅人每喜其备，余独疑焉。夫王之望有五，吴以国为氏，倘非其后，而或以改姓以冒姓，以异姓为后，悉乱其族，则天下之凡为王为吴者，无不本于子晋、季札，不待世系可考而始信也。司马公作《史记》时，诸国谱系尚存，然《燕世家》召公九世至惠侯，已缺其传次名谥。彼有国之君也，汉初去古未远，尚有不考者，况国灭宗散，子孙降为士庶。而由周至今，寥寥二千余载，而欲一一谱其世次，亦妄且拙矣。昔南丰曾氏自叙其世，溯汉都乡侯，上接子舆、子皙。欧阳公不以为是，岂非重在传信乎？今观邵村邵氏之谱，以国初讳瑞林者为始传，至于今凡七世。虽有征，如青州太守仲和公者，以失其世而盖阙，谱其所可知，不谱其所不可知，最为得其实。邵村风土清嘉，其子侄皆贤。来仪之瑞，犹未替也。余嘉其谱之善，故为识其卷端。

此跋赞《题邵村邵氏谱》“谱其所可知，不谱其所不可知”，信而有征。此“有益身心”也。其不少关心民瘼的信札（如前文所引），此“有关利病”也。

同样，他的文章，除了启、格例、公呈等骈体文彩精华外，也都朴实无华。如《题熊君子余诗卷》：

娄东熊君子余，授徒吾乡，往岁识之于娄下里，甚相得也。为人淳厚，工诗文，不甚多交友。所往还皆文雅之彦，心甚敬之。自念夙喜为诗文，谬为通人赏识。年来有志经学，此事遂废。君虽与时辈角逐文坛，而兴亦阑矣。一日者袖诗一卷以示余，力追雅意，纡余淡沲。虽复雕琢字句，而性灵不掩，盖得之温、李者为多也。顾工于词，而啬于遇，浮湛诸生藉，馆谷以给。晨夕所遇萧闲寂历之况，无所舒泄，一一于诗而发之，为读未竟，而慨然太息也。间尝观世之掇魏科，博青紫，摛词掞藻，自诩作者，所在多有彼犹夫人耳。以君才地，何遽弗如，而必使之阨塞？若斯意者，天之所吝而不予者，乃在彼不在此耶？然人未尝睨君，而君殊不以为意也。盖君之读书养气，所得于中者深矣。由前之论，固不足以概君也。君其自此重矣。因反复其卷，而为题之若此。

此跋先述熊子余其人，次论其诗，次为其科举不遇不平，最后勉励他不要计较。全文明明白白，一看就懂。潘道根的这种文风，亦可用其《病中自述诗》第二十五来形容："屋旁百竿竹，下有古时井。抚竹照寒泉，萧萧见我影。"

总之，本书所反映出来的潘道根其人其事，"饥溺胸怀难憖置，人风凋敝要维持"（咸丰元年正月二十五日《和嵺城张更翁〈却荐举诗〉》）。他这种以天下为怀的风度，正如道光二十二年五月初十日《叶涵溪赠序》所云："一以其乡之诸湛庵、朱柏庐两先生为准的"，"求之人伦日用之常，谨之于持身接物之际"，"戚党故旧，死丧疾苦，出死力救之"，"先生刻意于改过迁善之学，绍乡先正之遗绪。身虽在畎亩，而民生之休戚，时事之得失，无不恫瘝。"顾业伟在潘道根七十寿赠寿序亦云："（先生）平居耻谈人过，而乐道人善。言及古今节烈事，慷慨悲歌，辄至涕零。见人有失，未尝显斥其非，徐而劝之，务使之改而后已。此其立心之仁也。和光以同人，虚怀以接物，交友久而益敬。有犯之者，绝不与校。素精医。人有疾者，请无不往。贫者有所馈遗，坚却弗受，曰：'我惟恐药之弗效。既效矣，曷谢为？'此其与物之仁也。宗族之困乏者，亲党之孤寡者，与夫邻里之颠连无告者，必设措周恤之……此又其行事之仁也。好表彰先哲，每搜乡邦轶事有裨世教者，补入《邑志》。……其作为文章，渊懿醇厚，俾读者咸油然生善心。此又其立言之仁也。今上登极，诏举孝廉方正，有以先生荐者，固辞不起。高风介节，尤世所难。则先生之为人，必有见乎其大者矣！……先生奉先以诚，持躬以约，治家以俭，裕后以勤，而一本于仁。"民国时期，人民为纪念这位乡贤，将潘道根的家乡改名为"道根乡（晚香乡）"。今天，我们读他的日记和信札，如《大戴礼记》所云："与君子游，苾乎如入兰芷之室，久而不闻，则与之化矣。"我们沐浴其雨露春风，不禁想望丰仪。除过份强调节烈外，在一定程度上，本书可作一本传统美德的教科书来读。

本书《隐求堂日记节要》部分，其底本为我国台湾文听阁《晚清四部丛刊》本，《晚香书札》为《丛书集成三编》本。本书选题为同门徐雁平先生所定。本书在整理过程中，得到三位主编张剑先生、徐雁平先生、彭国忠先生的极大帮助，《人民中国》杂志资深译审张哲先生、老同学张鹏先生及拙荆袁芸女士也纠正不少错误。本书责任编辑韩凤冉先生为此书出版，付出了辛勤的劳动，在此一并致谢。限于整理者学力有限，书稿中仍然存在一些不足，希望读者在阅读和使用过程中多提宝贵意见。

整理凡例

一、本书由《隐求堂日记节要》与《晚香书札》两部分组成。其中前者以 2011 年我国台湾文听阁图书有限公司《晚清四部丛刊》本为底本，后者以 1997 年台湾新文丰出版公司《丛书集成三编》本为底本。

二、为保持潘氏日记与书札原貌，整理时不做改动，对其中明显错误者，以脚注形式注出。

三、潘氏日记中的组诗较多，整理时用序号“（一）”“（二）”“（三）”等标出，以方便读者。潘氏书札原无序号，整理时按其原顺序加上“一”“二”“三”等序号。

四、日记与信札原文中的注释，原为小字，整理时一律改为正文字体，且用小括号以示区别。

五、日记中录自他书内容者，亦以脚注形式注出。

六、日记中序跋等文章与信札，整理时照原样未分段，但《晚香书札》中的信札均予分段。

七、日记和信札时间，如“道光乙酉五年”，整理时在其后用小括号注出公元年（如“1825”）。

隐求堂日记节要

昆山潘道根确潜甫著，同邑后学王德森摘录

隐求堂日记节要序

昆山故献国，有明之世，人文尤盛。然清代文字狱屡起，明贤著作扼于淫威，颇多散佚。于斯时也，荒江老屋之中，有一宿儒焉，穷年兀兀，露抄雪纂，使乡贤著述得以搜录留遗者，则潘晚香先生其人也。今昆山图书馆、教育局先后抄写之明人著作，多半自晚香所录转写而得之。保存文献，厥功伟矣。

考晚香先生之六世祖，有讳康侯者，字子晋，居本邑之妙华泾，明末以诸生殉国难。晚香先生当百数十年以后，继志述事，搜集文献，不遗余力，颜其所居之堂曰“隐求”，以见其志焉。

本县王严士先生得其日记十余册，摘录之，成六帙。鸣凤得假观之，更辑录其有关文献与固有之德性者，汇为一编，易其名曰《隐求堂日记节要》，藉以见晚香先生之志节，与夫明贤著述所以赖先生以传者，庶后之闻风兴起者有所取则焉。

中华民国二十四年十一月后学潘鸣凤谨序。

叙述摘录确潜潘先生日记缘起

确潜先生为吾乡隐君子，其日记自道光四年甲申元旦始，至咸丰八年戊午易箦前三日七月初十日止，阅三十有五年，无一日间断。其性情、德行、文学、交游，莫不于是乎著。

兵燹后，起式微，藏书散佚。壬子岁，有于其家故楮中得十有四册者，即其日记也。虫残殊甚，余假归，以属同邑吴翰城茂才（龙章）为编年谱。吴君又于书肆中搜得两册，计为册共十有六。而丙申、丁酉、戊戌三年，不知失于何时，不可复得矣。册存吴君所四载，以馆事少暇，仅录出诗文若干卷，而吴君骤于丙辰正月病亡。

余惧先生一生行谊卒就淹没，亟抱册归，手摘录之，起于丙辰三月下旬，讫于己未七月之晦，录成十有八卷，订成六本，以俟后贤成吾亡友未竟之志，俾有心世道者有所考证而表扬之，则亦余之深幸也夫！己未闰七月三日，同邑后学昆山王德森识于吴门市隐庐，时年六十有四。

凡 例

文已见于《徐村老农自订文稿》者，兹不复录。其有关系者，仍录之。一切寻常酬应之作不尽录，存其目以备考。

书札、诗篇、经说、考证、语录，皆全录之。

遗闻逸事及手抄之书、友朋倡和之诗，亦照录之。

先生以医自给，方案当有成书。日记所载某处某诊无方论者，概置不录。

先生不与考试，尝与文会，偶作八股题文，颇有大家胎息。录其一艺，略见一斑。

先生师友皆当时有名人物，如王椒畦、吴银帆、吴止涓、顾邵庵、张石耘、张若木、方筱湘、潘顺之、汪石心、王璞臣、钱颐寿、韩介孙、王研云、叶涵溪、徐洪生、富香吏诸先生，皆有著作传世。其笔札诗翰、酬酢往来，择其情文尤挚者，悉著于录。

确潜潘君家传

太仓叶格[①]仁涵溪

君姓潘，讳道根，字确潜，号晚香。后居徐村，又号徐村老农，新阳人也。先世居太仓三家市，明季讳康侯者，始迁昆山妙华泾，以诸生殉国难，事载《昆新合志》。三传为序斌，始居县城。序斌生汤盘，君之考也。妣顾太君。生母汤氏二子，长即君，次道源君，年十九而孤。母汤已前卒，家赤贫。事顾太君能以色养，与道源相友爱。及太君没，遂屏弃所为举子业，隐居授徒，颜其堂曰"隐求"以见志。娶于吴，有妇德，生子守拙七年而殁。不数年道源又没，君哭之恸，典质为棺殓。岁大祲，君携幼子衣食水乡。田父牧竖之与处，而读书不少辍。始于泛览，后求之《六经》、《四子》。凡汉唐训故、声音、文字之学，靡不窥究。最后，反之人伦日用之常，践履笃实，而一以毋欺为本。

昆山代产巨儒。亭林先生出，一洗空谈性命之习，讲求实学，经济大明于世。诸先生士俨、归先生子慕，皆笃志潜修闇然为己之学。朱孝定先生用纯以孝子节士为真儒。君读其书，而心契之，所造益进。作为文章，惟是扶世，教正人心，阐幽发微，乐道人善，下笔数千言不休，期意尽而止。网罗乡之掌故，拾遗补漏，考订讹误，屹为乡邦文献所系焉。

君状貌黧瘠，衣冠古朴，和气谦光，溢于辞色。至义利之辨，则毅然不可夺，故能静己镇操，而淡于世荣。今上登极，诏郡邑举孝廉方

---

① 当为"裕"。

正。邑侯三原王省三将以君名上，君坚辞不就。闻予亦膺是举，诒书劝止，而荐牍已上，不及追矣。予卒以此愧负君也。

君虽伏处田间，其于民生之休戚、风教之盛衰，无日去诸胸抱。邑中坍荒之议、郡人之施振水乡、修复孝烈墓及仁缘塔，其议皆君发之。惟坍荒格于时势，不果行。

平生敦睦族姻，收恤孤甥寡女，至鬻所置樟以振之，曰："予老矣。此茕茕者，终何所倚也?"迨疾革，犹念之不置云。卒以咸丰八年七月十三日，年七十有一。

所著《隐求草堂诗文集》若干卷、《徐村老农后集》二卷、《识小录》二卷、杂著若干卷；纂集《昆山名贤墓志》若干卷、《昆山诗存》三十卷与同里张潜之同辑，有刊本。余悉藏于家。

赞曰："予与君交垂二十年，窃以君为非近世人也。及盖棺论定，无贤愚少长，交口称潘先生不置，至有泣下者。前后数十年中数昆山人物，惟君一人而已。君中岁以病贫，故治方书，孳孳为人疗疾，时亦奇中。观君所为文，无非为人针膏肓而起废疾也。其治腠理、血脉、肠胃之疾，或有验，有不验。此则无有不验者。君之亡也，不独予无所资以为针砭，而斯世不幸失一良医矣。惜哉！惜哉!"

确潜日记摘录终。

赠潘晚香先生序(庚戌 1850)

叶裕仁

予性迂拙,所交多乡之质行而朴学者。道光丙申,授徒于昆山方氏,交方君确囦、张君纬余,因二人得交吾潘丈晚香先生。先生年齿,吾父行也,辱收为忘年之交。居停去先生所居徐村,三里而遥,往来綦密。

先生之学,喜于泛览,深于训诂,晚乃服膺宋元明诸大儒书,以其乡之诸湛庵、朱柏庐两先生为准的,慨自圣学榛芜,其间高明奇杰之士,愤俗学之卑陋,悯利欲之溺人,归心释氏,而出入于孔孟之言,创为"三教同原"之说,其由来已久。今复吹其焰而扬之,广刊其书以赠人,惟恐人之不从其说者。先生闻而疑之,既而决然舍去,求之人伦日用之常,谨之于持躬接物之际。其用意之诚恳,时露于语言气象间。每与先生语,退必内愧于心,不能企其万一也。

先生隐于医,以其术济其乡之人。戚党故旧,死丧疾苦,出死力救之。家不及中人产,茅屋数椽,俯汉浦之滨;西南望马鞍山,若在檐际。登其堂,父子祖孙熙熙如也。架上手抄书数百卷,与农具药囊相杂厕。所著说经之书及诗文稿,不下数十卷。

予过先生所,出蔬果白粲,款谈竟日不倦。予自丁未岁授徒家弄,书问往来无虚月。今先生书来,索一言为赠。

夫古之赠人以言,必有以益于其人。予何能益先生哉?顾念十数年来,幸奉教先生,学业无寸进。确囦早归道山,纬余家庭多故,不得一意于学。而先生刻苦自励,好学不倦,所谓"年弥高,德弥邵"者,先生有焉。

抑近世隐流,多以文酒自娱,乐观鱼鸟。其远于荣利则有之,谓其有补于世教则未敢信也。先生独刻意于省身寡过之学,绍乡先正之遗绪。身在畎亩之中,而生民之休戚,时事之得失,如疴养之在身,思竭蹶以补救之,往往发为咏歌,以自见其志。先生虽老,异日所诣,必有益于是者。则予今日之言,固未足以尽先生也。重违先生意,遂书之以为赠(纬余又号问月,名星鉴,张若木先生之孙,柳人之子。若木与先生同师,年差长,故先生称之曰"丈",而友视柳人。于问月则弟畜之。问月少时,先生为之课经荐馆。今检《仰萧楼文》,无一字及先生,亦异哉! 德森注)。

祭潘晚香先生文

叶裕仁

咸丰八年八月十有八日，谨以瓣香絜酒，致祭于晚香仁丈之灵，曰：呜呼！先生遽舍我而逝邪？七月之望，王子茂君来，知先生病暑，遂修书以相讯。而二十三日，沈生子复归自昆山，致先生之手书，而惊告予以凶问。先生之书为六月二十八日，而先生之卒也，以七月十有三日。何疾之速邪！予不及拜于床下，再见先生颜色。先生之书，墨沈未干，孰知此书之为永诀？呜呼哀哉！

今春正月四日，棹舟东来，信宿予之草堂，论文讲学，剪烛联床。窃忆先生精神矍铄，气体康强，期颐可卜。不谓睽违半载，而遽悼哲人之云亡！

余之辱交于先生者，垂二十余年。先生之学，躬行实践，不蹈虚玄。先生之文，闳衍博达，缅缅千言；乡邦文献，赖以网罗散失，尤以人心世教为拳拳，旁及笺疏训诂，泛滥医经方术。而平生所宗仰者，蕲绵延乎近儒朱孝定之薪传，而今已矣！世风颓敝，孰为扶持；友朋善过，孰为劝规？亲戚之孤寡者，失所因依；如予之不才者，孰为之切劘？启牖而伥伥乎靡归。

呜呼！先生之善，盖于一国一乡。予既为寝门之哭，又呼先生之灵而告之。痛知己之已逝，而抒予私衷之所伤。哀哉，尚飨！

卷　一

道光四年甲申(1824)[①]

正月十四日(1824年2月13日)　北乡王孝甫从郡中回，将虎丘仰苏楼僧超德(字舜山)简来，具言延请之意。

附舟至南村，与旧主人陶松泾告往苏之意，留苏旧斋，惘然如梦。"砚北不须愁恶岁，香南聊尔寄闲身"。有此一联，未成章。

买舟，同孝甫及拙儿赴郡馆。至虎丘，与主僧相会，暨法孙香泉。余一见，即怀去志。留宿三仙阁上，舜山命曾徒孙桂执贽授书。

步山麓，寻钱处士墓，及丹崖汪画师墓(丹崖碣，姜实节题)。

登小吴轩，赵凡夫篆额。是日，天微雨，东望吴城，云树弥漫，有去国离乡之感。

花朝(3月2日)　天气清和，庭中梅花盛开，玉兰、水仙、牡丹一时俱放。山中游人杂沓。同张逸村画师名春闲步，听歌郎弦索。

月色甚佳，同主僧香泉、张秋帆意行至山后玉兰山房、塔影园诸处。

梅花尽落时，余已怀去志，且抱病。客中无聊，有太仓尹绍基依依相伴，可念也。

有恙，白桃花开得句云(见《隐求堂诗存》)。

---

① 原注："先生时年三十有七，日记始于是年，自称确潜。"

廿三日(3月23日) 晨起束装,辞王僧,而南村主人适来。夜饭后,放舟东下,次晨抵家,门庭萧寂,为之感叹云(见《隐求堂诗存》)。

三月(4月) 时已迁新宅昆山县西小楼二间,晚颇岑寂。

同赵省三登马鞍山,访绿苹上人。《过三家村》诗云:"略约倾欹江水斜,荒芜矮屋只三家。春深麦陇无人种,开遍篱边紫菜花。"

廿七日(4月25日) 陶峻明擢舟来候,因束装。至南村,石耘、寄桥出城相晤(石耘姓张,名潜之,字彦孙,同邑贡生。寄桥姓王,能诗,隐于市)。

四月朔(4月29日) 开馆,问字者四人。追思虎丘之行,如前尘影事矣。

《词林拾翠》六卷,邑前辈叶讱斋手录。卷首有小铭云:"一日不书,万事荒芜。管城勤葺,岂曰无余?聊蒐隽永,用代萱苏。虽小勿弃,以破尔愚。讱斋勒铭卷首。"共三十八字,并"纫斋"小印。

入城,访吴止狷先生(名映奎),得元和十二年柳宗元柳城石刻二幅,一幅存,一幅赠止狷。其文云:"蓉城柳,神所守。驱厉鬼,出匕首。福四民,诛九丑。元和十二年月柳宗元。"有柳城县司狱官印三颗(按:辛酉仲冬,予得此石刻于吴市。"城"上一字已缺,下有乾隆时宋思仁摹勒朱拓,作"龙城柳"。而此作"蓉城"者,岂潘先生所得"蓉"字未缺,而宋君所摹误耶?俟博物者考之)。

《题李供奉画像》云:"生不必为公侯,死不必归乡里。声名一日动至尊,文采千秋照青史。西方太白耿不明,君之生也疑星精。金銮召对夜郎谪,升沉如梦心不惊。一自青山埋玉树,彩笔如花散烟雾。空留翰墨落人间,九曲黄河看东注。紫绮裘,绿玉杖,江湖浪迹何超旷。纵使丹青为写真,灵台一点应难状。飞仙变化如游龙,绘像何必留遗踪。长安市上金陵肆,载酒狂歌或可逢。"

代止狷丈题《顾桂曾别驾听鹂图》云:"(一)池馆曾游处,拿舟记往年。田塍俨图画,竹树杂风烟。樽酒留连夜,莺花淡沱天。草堂相对处,宾主各华颠。(二)老友风期邈,贤郎气谊敦。招邀盛裙屐,潇洒在琴樽。交契通家旧,情亲笑语温。喜看松菊在,宛似辟疆园。(三) 闻说林居暇,双柑手自持。暄风染杨柳,春意入黄鹂。雅事传图绘,余情入咏诗。锦囊微露浥,珍重好装池。(四) 胜事流传遍,诸公题咏多。群才皆跌荡,我老独蹉跎。感旧时开卷,相思托醉哦。拿舟欲重访,春水几时波。”

《过梅心旧馆》云:“片绿阴中屋数椽,闲身曾记此流连。尘封雪壁诗何在,旧梦重寻又六年。”

五月初六日(6 月 2 日) 入城,访止狷丈、张石耘,取《昆山人诗征稿》回。

即事呈尹小华云(见《隐求堂诗存》)。

为止狷丈录《碧桃仙馆琐述》二卷毕,撰集《昆山人诗征》。

拙儿录《片羽集》一卷,系同学李兰芬秀才所辑明邑先正张虚江、顾宝庵诸公诗,至国朝姚州倅静宁浩止,大抵张浦人居多(兰芬名荪,长斋奉佛)。

六月初三日(6 月 29 日) 坐屋后草亭观稼。小雨初晴,绿阴如画,竹树中鸟声啁哳,心为旷适。

七月十二日(8 月 6 日) 入城,与弟春园议弃后市巷宅。后市巷宅极洼窄,中为绿阴堂。堂前旧有石假山,先祖手植蔷薇甚盛,花大如荷,今见绝少此种。黄杨一株,数百年物。余迁时,有谋伐者,许钱三四千。时虽甚贫,以祖父所摩挲,不忍也。今未知尚存与否?又有梧桐、紫薇、海棠诸树。一梨极大,花时眩目,先被风催倒矣。

以叶松川《纲鉴》一部送俞子修,偿亡弟旧款也。绿苹上人来借书。绿苹住持山顶文昌宫,能诗,喜读书。闻余有勾吴散人《明清纪略》,来借读,留其所半载。

闰七月初二日(8 月 25 日) 售屋于张鸿升,得洋银六十元。后市巷屋,先祖松溪府君于乾隆十五年冬以钱二十五两购得,从杨庄徙家焉。后先君陆续修卧房,从先叔移居县东,宅屋独归亡弟道原。不幸道原于癸亥秋亡,柩犹在堂。售后,余分得洋二十枚,又为代填经手之项。从此无片瓦尺土矣。

雨后稍凉，有《怀西村故人》云："一雨扫残暑，松梢堕残滴。遥念西村友，林间岸轻帻。凉月烟中生，轻霞忽敛夕。延伫独沉吟，遥山暮烟碧。"

八月初三日(9月25日) 周愚堂丈自城来访，为余题《梅心隐居图》。图为虞山蒋子延画，周诗云(见《昆山诗存》)。

尹小华赠楹帖云："一杯白水盟鸥地，半亩青山野史家。"

十月(11月或12月) "自知能事少，常觉慢人多"。此联从沈家壁上得。

十一月(12月或1825年1月) "池光修竹里，筇杖季春头。客子愁无那，桃花笑不休"。张家壁上句。

十二月初八日(1825年1月26日) 夜中结算，本年除柴米外，用过净洋一百十一元，又足钱五十四千二百四十四文，费用浩繁，以故左支右绌。盖承两年死丧荒歉，迁徙靡定之后，所以如此。非稍借医药自给，何以枝梧至今日乎？甲辰年冬月重录识此，以示拙儿。

廿九日(1825年2月16日) 荒村残腊，雨雪拒户。思旧岁，此日坐绿阴堂中，呵冻录叶白泉诗。雨中蒙吴止狷先生见存，清谈半晌，宛如昨事。今相隔十里，视城门如畏途，思之能无悒悒？

道光五年乙酉(1825)[①]

元旦(1825年2月18日) 天微阴，晨小雪。村中寂静如太古。坐西斋读柏庐先生《愧讷集》春联云："喜有宽闲成小隐，粗将知足报明时。"

挽周槐根丈云："失友亦多矣，念君常慨然。梦长魂易断，恨结诔难传。夜雨穿萝屋，寒花绕墓田。殷勤语同社，好为定遗编"(槐根讳

---

① 原注："先生时年三十有八，仍称确潜。"

“芷”,与丁璞存、周退云诸君倡和)。

石耘作:惊飙一夕振危枝,哀怨山阳笛里吹。不分龙蛇遭厄运,便应里党失人师。回车腹痛成今日,拂席心倾记往时。剩有平生知己泪,寝门哭罢更无期。

得邑人李求章《群书汇录》十四卷、《鱼龙百戏》二卷。

十年往事忆前尘,憔悴文园久病身。杨柳丝飘青似黛,辛夷花发白米[1]如银。兰釭寂寂催良夜,杜宇声声怨暮春。惆怅鬓丝看渐改,何年风景倍还人?

撰《家庭实行录》一卷。“人心半死轻尘喻,浩气孤存匪石诗”,挽朱节母凌太君。

念昔游:虎丘山上仰苏楼,古木回岩殿阁幽。雨雨风风住经月,梅花开到杏花休。

四月初九日(5月26日)　辑《昆山诗征稿》十一卷起,撰《云岩慧帆上人诗稿》跋。

十一日(5月28日)　观黄止观画《山水》,上有先生自题云:“森森竹树似吾庐,岩下清幽旧卜居。暇日含毫题数笔,拟从画里赋归欤。”

鼻观时闻薝蔔香,茶余径自卧绳床。年来摩诘常耽病,端要天花作道场。

七月初五日(8月18日)　王孝甫亡,挽云:(一)夜雨空江梦不来,异乡愁病怯登台。城南何忍重经过,无复迎门笑口开。(二)虎阜僧楼分袂时,客中情绪汝能知。旧游若到肠应断,一照恒河鬓欲丝。

十二日(8月25日)　拙儿入城,得《陶仁节先生集》十六卷,系抄本,无刻板。

王孝甫挽联:段名养老难如愿,阁意游仙已欠三(旧春同至虎阜者,余与孝甫及姜村、姜尚华,故云)。

---

① 此“米”字衍。

阅《二申野录》八卷，仁和孙之騄辑，起洪武戊申，至崇祯甲申，所纪皆灾祥事实。

《过环溪》云（见《隐求堂诗存》）。

八月一日（9 月 12 日） 得诗云：断云作意换残霞，疏柳柴门系钓槎。最爱风标两公子，野田闲立水葓花。

初三日（9 月 14 日） 偶得句：畎亩身闲供疾病，功名心冷废文章。

怀张石耘云：（一）闻赴秣陵试，曾为板渚游。浮云京口树，斜日竹西楼。缟纻天涯合，山川笔底收。瑶华应已满，清倡若为酬。（二）栎社同时彦，清吟尔最工。文高嗤画虎，俗薄贱雕虫。计以逢时左，才因慢世雄。何妨开甚口，横绝大王风。（三）廿载予牢落，栖迟鬓未华。青囊书肘后，皂帽客天涯。生业渔陻废，浮踪客路赊。因思旧朋友，遥望不胜嗟。

廿五日（10 月 6 日） 坐松风阁：残署初消宿雨晴，山花落尽紫苔生。偶来阁下宽襟坐，徐听松风作涧声。

九月十五日（10 月 26 日） 灯下阅张符㻌《姑存稿》（讳谊，亦字凫藻）。

两童拨擢路湾环，秋在芦花红蓼间。一阵水禽飞似墨，晚霞明处见青山。

怀顾邵庵丈：红树青山白氎巾，鹿城好景属诗人。春亭罨雨灯前话，秋水如天月下身。酒盏渐疏方觉老，诗囊已满未为贫。知君此意□相许，世事西风扇底尘。

十月初四日（11 月 13 日） 舟中作：小廨低迷略彴边，芦花瑟瑟卷秋烟。一声新雁三更雨，人在寒塘夜泊船。

十一日（11 月 20 日） 读《罗念庵集》。

廿一日（11 月 30 日） 即席赠兰亭（姓吴，名协，太仓人）：与尔同寥落，十年无定居。鸰原肠共断，鸿桉梦全虚。岁检田庐废，羁愁笔砚疏。灯前看短鬓，非复往年如。

题郎芝田画《屈大夫像》(见《隐求堂诗存》)。

十一月十三日(12月22日) 夜中梦读诗,有"分鹿是非皆委梦,落花贵贱不由人"之句。

题水岸庵联:梵音只许鱼龙听,佛面时分水月光。

十二月廿日(1826年1月29日) 辑《诗征》十六卷起。

挽董天士:(一)事事知心自古难,平生二老对相看。飞来遗札惊投箸,哭到荒村欲盖棺。残稿未收新画册,余资只卖破儒冠。布衣两幅无妨敛,在日黔娄不畏寒。(二)五岳填胸气不平,谈锋一触便纵横。不逢黄祖真天幸,曾怪嵇康太世情。开牖有时邀月入,杖藜到处避人行。料应尘海无堪语,且试骖鸾向紫清。(三)百结悬鹑两鬓霜,自餐冰雪润空肠。一生惟得秋冬气,到死不知罗绮香。寒贯村醪才破戒,老栖僧舍是还乡。只今一瞑无余事,未要青蝇作吊忙。(四)廿年相约谢风尘,天地无情殒此人。乱世逃禅聊解脱,衰年哭友倍酸辛。关河泱漭连兵气,齿发苍浪寄病身。泉下有灵应念我,白杨孤冢亦伤神。

题《张彦孙榆轩介寿图》:慈乌哺雏,毛羽褵褷。思彼反哺,汨如绠縻。忧来无端,逝者如水。瞻卬昊天,念我先子。父没何怙?儿孤何依?顾我腹我,恋兹慈闱。君子有酒,小人有母。酌此春酒,为母万寿。耀彼若木,依依庭柯。春晖未报,迟暮如何?(戊子日记,重见又增四句)焉得萱草,言树之背?吾思古人,永锡尔类。

道光六年丙戌(1826)①

元日(1826年2月7日) 晴朗。早晨敬谒中霤司灶之神。展拜先子真容,遣拙儿行香里社祠,并遣村中贺节。试录古北诗入《昆山诗征》第十六卷。

---

① 原注:"先生时年三十有九,自称晚香亭长,笔于南村高士轩。"

得张石渠前辈诗稿六卷。

十二日(2月18日) 寄呈云侣：如水交情剩有君，一年风雨感离群。引杯看剑心先醉，把臂论文日已曛。疏放不堪劳记忆，情亲如许感殷勤。老来城市真成怕，聚散愁看日暮云。

十八日(2月24日) 访秀峰不遇，借得王鹤随诗稿归，录《适渠诗》三卷毕。

廿二日(2月28日) 闻王秫农秀才有山左之行，诗以送之：大风片席此孤征，挥手邮亭无限情。幕下花迎新剑履，山中春远旧柴荆。黄河饮马春流大，日观题诗海色晴。自古奇人出韦布，不妨长揖对公卿。乙未年秋，王履斋以事至京相访，知秫农已卒于京师矣（谨按：先叔祖履斋公，讳嘉会，昆庠廪生，以某典史杖责武秀才案，连累至京。德森注）。

二月初七日(3月15日) 即事：积雨中林野色昏，农家烟火罨柴门。呼朋最苦泥三尺，谋妇欣藏酒一樽。廿载交情看鬓发，百年风日几过存。夜窗香烬茶炉沸，迟尔连床仔细论。

附录《乙酉重九日寄邵庵先生》诗：（一）扶杖中林叶满身，一篱秋菊自横陈。光阴最好惟重九，客里相思只故人。名落渔樵为世贱，性耽花竹惯家贫。静中看破荣枯理，一任流光似转轮。（二）兀坐书堂户懒开，由他三径长莓苔。灰心已了一生事，抱膝谁知千古才。秋气欲催须鬓改，雨声又送暝阴来。冥鸿心事无人识，极目长天首重回。

寄吴韦庵秀才：山城分袂动经春，羡子庭闱奉老亲。晏寝问安为稚子，萧斋深闭作闲人。传家孝友堪敦俗，华国文章好致身。迟尔十年康济了，江潭五亩共垂纶。

读《李舒章集》(见《隐求堂诗存》)。

读《钱牧斋集》(见《隐求堂诗存》)。

读《吴梅村集》(见《隐求堂诗存》)。

寄银帆吴先生：（一）先生风节古人同，每叹清时老未逢。人诧嵇生真似鹤,我惊老子果犹龙。才疏自幸从游早,别久深嫌礼数慵。长跽裁诗为问讯,愿言多寿祝乔松。(二)寒家祖德类潜曦,浩气终伸此一时。自古国亡惟有死,可怜身后竟无知。纲常已系绳三尺,心事凭传笔一枝。忠孝文章行自远,孤孙感激泪如丝。

赠邵庵丈:东风吹雨过阶除,又送春光到草庐。三弄难忘邀笛步(七年前,丈寓新塘陈氏宗祠。仆袖文请政,一见如旧识,遂成知己),一贫已老浣花居。年来濩落非关酒,日下穷愁为著书(方与张石耘搜辑邑中人诗)。问讯城南老居士,青山白眼定何如。附答诗和韵:垂老光阴易岁除,浮生转眼此蘧庐。又蒙好句催幽赏,惟恨良朋赋瑟居。镜里未能忘我相,案头空有活人书。自惭身世终无补,只合逃禅颂六如。

十六日(3月24日) 答顾邵庵丈书(见《晚香书札》)。

附录来札:教弟顾佐尧顿首,谨启晚香大兄足下:带水睽隔,日月渐多。昨接手书,欣慰交至,恍然如见素心也。前蒙赐还《明鉴》,时以俗物匆匆,取归即置诸露库。至三月后展阅,方知足下有札。见及府中葬期已过,深愧缺礼。客春相聚甚略,秋函亦未接到。前月,王坤兄自村来,知足下道况甚佳,喜甚,喜甚。窃谓居村既可远俗,倘又得余资增置书卷。此最清福之难得者。以足下绩学励行,造就正未可量。惟祈自爱,以慰鄙衷。玉山人文,自太朴轩主人刻后,久无替人。今足下与石耘搜罗旧诗,具见苦心。地下吟魂,当共翘首。弟老朽多病,惟以药炉、经卷了此余生。每蒙存问,感矾五内。佳咏字字稳惬,勉步原韵呈政。尊櫂何日到城?万望光顾一谈,以舒积悃。专此奉答,顺候文安。

三月初一日(4月7日) 怀邵庵、愚堂二老:(一)二老称吾友,瞿瞿各八旬。诗才清绝世,书法妙通神。须白长飘颊,眉枯倒挂人。欣逢太平日,真见葛天民。(二)微步跚跚至,俄然笑口开。世惟推老辈,我特叹奇才。遇酒醺能止,逢山看不回。茧园梅树下,拄杖想频来。

廿日(4月26日) 㠭渔留饮,即席有作:病余移小艇,访友鸭溪东。流水杳然远,春花如此红。年光双鬓改,肝胆一尊空。共惜家缘薄,生涯托钓筒。

廿五日(4月31日) 寄石耘、猗竹二兄:桃花净尽菜花稀,三月江村衹絮飞。旅病无聊怀旧雨,薄寒犹在怯春衣。时鲜樱笋初开局,好友琴樽怅久违。迟尔扁舟过荒墅,知余扶杖候荆扉。

四月(5月) (一)囊空归棹易,山好别僧难。身世真鸿爪,他年入画看。(二)春秋天气渐风沙,诗渴闲思僧寺茶。一路浓阴凉似雨,野人门巷见藤花。

廿八日(6月3日) 作:箨龙新长出檐梢,绿树重阴隔鸟巢。一夜雷声送新雨,钓船撑出碍平桥。

题《茶香女史遗像》:皓齿明眸已作尘,卷中犹是敛眉颦。临题老泪挥多少,何限天涯薄命人。

三十日(6月5日) 作:小几临窗笔砚安,居然风格似吟坛。柴门访友推篷待,雨后青山转眼看。

五月初三日(6月8日) 过陈顽潭,吊确庵先生:(一)高人旧宅无寻处,惟有澄潭似往年。何日蒹葭秋似雪,也来此处泊渔船。(二)入春便约款柴扉,落尽江梅柳叶肥。赖有新诗招客至,芒鞋重踏钓鱼矶。(三)行窝安稳卧藜床,争向先生乞禁方。一粒金丹几两屐,不知何处老韩康。(四)江乡佳日赛神祠,急管长弦醉不辞。拼费三升缸面酒,明朝又是别君时。(五)小别还怜会面稀,柴桑何日许相依。年来五亩君应办,要种梅花大几围。

初八日(6月13日) 作:闲疏野水接溪烟,竹坞经营得自然。猿鸟下时微有悟,渔樵托迹遂忘年。一窗蕉雪诗中味,半壑松风枕上缘。知我清空性无着,壁间琴已久无弦。

僧会自求,年九十三。五年前,在叶上人房一晤。今年五月,余舟过庙浜接引院。自求退老于此,烹茶闲话。临别,漫题于壁(见《隐求堂诗存》)。

题水仙祠:清溪如镜乍磨铜,溪上闲花笑脸红。人世流光飞电似,仙家尘梦水云空。依稀罗袜凌波步,飒沓灵旗尽日风。惆怅弄珠人已远,祠坛春树雨濛濛。

十三日(6月18日) 作:长夏日掩门,萧寂耽琴书。地僻来往绝,饭饱事无余。我身行就老,我性日益疏。喜此茅檐下,开窗俯清渠。凉雨过前山,青苔满阶除。垂柳渐覆井,园蔬亦已锄。技[①]头有好鸟,交交得自如。因之坐窗下,欣然倒一壶。

廿二日(6月27日) 别愚堂丈后有作:(一)经年不见每相思,冒暑停舟为讯之。一笑入门无别语,双双褦襶客来时。(二)芒鞋葛帔箨皮冠,九食三旬亦大难。为尔性情耽野逸,致令门巷尽荒寒。(三)萧然冷况似孤僧,矮屋轩渠意气增。第一人生快心事,好书数卷对良朋。(四)火云如伞罨长空,冰雪襟期尔我同。不用看囊钱一个,人间五月卖松风。(五)文章旧说邱迟锦,风月常虚茂叔怀。相对俗情真浣尽,结邻输却一根柴。(六)片时接席笑谈真,不觉柴门月色新。好似松陵诗句里,白沙翠竹送归人。

廿六日(7月1日) 喜雨有作:岳云出肤寸,顷刻遍寰区。叆叇沛甘霖,群物皆昭苏。天地有怪物,之而奋鬐须。当其潜伏时,头角故不殊。天门震霹雳,蛰起云为扶。飞腾狭九有,恍惚群灵趋。大倒天河水,为民润槁枯。功成不自有,寂敛归于无。丈夫济世念,此意良不诬。何时际风云,仰天为长吁。

题南村寓居(见《隐求堂诗存》)。

哭门人赵方盛:繄余授经时,闭目颇了了。而兄才十龄,而发犹未燥。周旋保姆傍,啼哭索梨枣。而翁与而媪,相与互持抱。骎寻十数年,亡者去如扫。退维昔时事,岁月捷于鸟。人生匪金石,焉得不速老。为尔一吞声,愁肠几回绕。汝兄亦老成,早年服余诲。弃书归田畴,辛勤事耕耒。汝嫂敦倡随,椎髻屏粉黛。谓其绳祖武,赵氏未

---

① 当为“枝”。

有艾。岂期一月间，相随弃人代。謦欬杳无闻，空堂遗挂在。我来旧时居，顾影自伤忾。同时受书人，存者凡几辈。死者长已矣，生者能几载。嗟尔早孤露，豺狼恣咀嚼。衰门鬼瞰室，时事纷错愕。犹记而翁亡，叮咛顾老弱。追维永诀语，数日犹作恶。伊余后死友，肯忘片时诺。提携聊尽心，九原倘可作。今尔又沦亡，鬼伯一何虐。顾兹弱息遗，伤哉竟谁托。人穷必反本，鸟死鸣乃哀。上有垂白母，下有扶床孩。家门既衰敝，零丁谁为哀。（重韵）临诀寸肠断，阴云惨不开。闻汝呼我字，悬悬望我来。我来亦何用，筋力已就衰。古人一心许，生死不可回。含泪酹汝酒，汝其安夜台。

六月初一日(7 月 5 日) 舟中遇雨作：空江白雨乱珠跳，低掩船篷橹急摇。恰似那人家里住，单衾孤枕听芭蕉。

来晓山明府，讳汝缘，萧山人。癸未岁七月，以振荒事，尽瘁以卒，身后几无以敛，古之遗爱也。作俚言以唁之：遥遥出关郊，老人雨泣儿童号。爱惜残黎及皮毛，累官孱骨捐蓬蒿。亦有胥隶舞且喜，自君之来守糠粃。为累吾曹绝生理，官纵不死官亦已，曾见高官啜清水。

有感：（一）偶尔天涯一夕同，当筵何事面先红。平生不满陶公意，受禅文成出袖中。（二）萧然莫与人间事，钓水樵山亦快哉。好把黄金买方曲，庾公尘已扑人来。（三）玉玦尊前举已频，讵知西楚踵亡秦。可怜七十居巢叟，不及王家老妇人。

酬娄东黄芑塘：（一）畏人甘自避墙东，偃仰绳床数落红。蜡屐怕沾三径雨，钓船时趁一溪风。著书垂世终何待，卖药余钱好送穷。赖有潜夫能枉讯，应怜潘鬓已衰翁。（二）柴门虽设几曾开，难得平生二仲来。浊酒欠沽嫌淡泊，新诗见赠胜琼瑰。嗤予隔水相寻懒，怜尔蕉衫触暑回。乘兴可能重过此，花香且与倒茶杯（时芑塘同陆子春泉见过）。

“步屐呼朋访隐儒，高车恰值至城衢。案头共诵风流句，如识荆颜慰酒徒”。此鹝坡周之昂庚午赠余作也。之昂，字鸣皋，时馆施家角沈氏，与余素未谋面。于是年五月初五日，与夏白侣访余梅心之寓斋。余适以事赴城，未及把晤。明日又蒙枉诗见赠。屡欲报礼，值水涨道阻，不果。乃于九月十二日遽赴玉楼，遂成永隔。冥冥之中，负此良友。丙戌夏六月十四，曝书检得此幅，偻指数之，已十七年矣。

廿四日(7月28日) 石耘兄来书。确潜长兄足下：奉别后两阅月矣，不识眠食何如？炎熇逼人，每相念，辄羡乡居之乐，未知此福何日得与足下分之也。近来从徐君蘋州处，得其尊人懒云丈所钞《玉辉编》，殊快意，惜已不全。渠又郑重不肯全付，现得两卷，约录后再行抽换。缘此恐有浮沉，不敢轻寄来。令贤郎何日入城，即望见顾带回。弟潜之顿首。

廿八日(8月1日) 与周愚堂丈(见《晚香书札》)。

即事：闲中观物触无端，不作禅机楔搌看。静验天心常自转，慭尝世味总成酸。数竿窗竹疏还劲，一勺溪泉淡且寒。吾道从来只如是，只怜持此赠人难。

七月初二日(8月5日) 阅吴止狷先生《脉望琐谈》。是书凡五六卷，皆蝇头细书，体兼行草，乃先生往年读书余暇所葺，未分卷帙。甲申春，余有虎丘之役，先生举以见委，仅录真二卷，送先生处，盖不逮十之一二。会余留仰苏楼，仅匝月，后尽室入南村悬壶卖药，业遂中辍。雨窗翻阅，漫记于此。

书《会簿》后：先君子持家政三十余年，与亲友往还，从未自醵及预人一银会。其故有三：盖每会分朋，必纠合一二十人圆满，又必以五六年为限。其间天时人事不可必，一也。始以尚义而通财，继则因财而伤义，二也。至于作总，较之众会尤难，盖总司一朋之任，欲始终划一，则力小而任重，否则必有苦乐不均之弊，三也。世人因此伤坏亲友者甚多。根初不知之，以故亦漫然为之。至癸未大无之后，连遭死丧。始恍然于先君子之所为为有见，然已受累不少矣。故先君子在日，亲友有醵会者，则婉辞之。势不可已，则畀钱数千，如醵之数，而会则断断不肯与。久之，亦无有醵。先君子会者，其畀钱之故，亦有三：与不伤惠，一也；偿固欣然，否亦无损，二也；有及人之恩，无累己之事，三也。书此，俾隖儿观之，为后日戒，并以示夫知我者(案：先生子名守拙，常书“拙儿”，又书“拙生”。此作“隖儿”，当是音近互呼，未必是误)。

先君子平生于亲友间，从未曾介手银一两、钱一索。有卖买田、房，从未曾作一居间，故持家政数十年，并无掌故一册烦钩稽者，亦无介手一项费唇舌者。有余则施之。若转乞诸人，则断断不肯也。盖尝引《鲁论》尾生高事，谓乞醯琐事，夫子尚谓其不直，况重于醯者，可曲意徇物哉？不肖居梅心，不免为人作居间。及至南村，遂有介手银钱之累，皆不守先训之所致也。先君子居县中，颇为前后邑侯推重，如某某宋公、文水武公、雪园李公，皆不以部民相待。然先君断断自守，从未曾以一狱竿牍者。季父为漕掾，先君从未曾揽一硕漕米、一两条编银完纳，故得执法不阿，强御都为敛迹。而先君子终身一布袍，从未穿一缎服。泽及族党，无一陇之植。以故宋侯之去也，先君送之，有“仁人君子”之褒；武公之去也，至为握手雪涕；李公颇威重，有所搏击，然至先君，则喁喁如家人父子，虽盛怒，得先君片言立解。不肖时年十五六，李侯屏驺徒步过敝庐，引为小友，数令制文和诗。后县中主漕政者某某得罪去，侯欲引先君为之。先君固辞，曰：“廉不掌财，慈不掌兵。某引分有素矣。”侯知不可屈，然稔知先君贫，欲令掌县税。盖于例无定额，多浸润，无责成故也，人或多方谋之。先君又固辞，曰：“辞十万而受万，是为欲富乎？”李公嘉叹久之，因与饮酒倡和。要之，先君之安贫恬退，因其天性。然其毅然自守，威武不屈，富贵不淫，非其学力深至，亦莫能然也。遂得优游俯仰陋巷老屋之中，潇洒琴樽之侧，去来萧然，乡评号为完人，岂偶然哉？七月初三日喜雨，闲窗寥阒，书付拙儿。

吴俗尚鬼。巫觋迎赛之事，月异而岁不同。就而论之，惟农家春秋祈报之举，犹为近古。然推作者之意，原与乡约保甲表里而行，所谓“一张一弛，文武之道”也。近世乡约保甲，州县视为具文而祈报之

举 听民之为高台演剧,杂扮神鬼,大失古人制礼之意。此在司风教者,所宜亟为厘正者也。吴下士民,最喜祠醮。社会耗费财贿,荡惑心志,而僧道巫觋之流,推波助澜。伊非细故。甚有奸僧纠合妇女,烧香念佛,盈百累千,动经日夕。地方官曾不禁止。正道不明,则邪说易炽。先前白莲、红阳、八卦诸教,何必不由于此?我家此习,祖、父沿为厉禁。一禁茶筵;二禁妇女入寺烧香;三禁疾病杀牲,祭祀淫鬼;四禁预于社会。先君子病亟时,不肖惶急无计,拟谒城隍神祷求。先君闻之,犹曰:"我小民,城隍宜非所获罪。然汝既为之,告罪而已,无祈福也。"盖其笃志不惑如此。

十一日(8月14日) 兰皋极目绿迢迢,一拂凉飙意便消。荷褪香衣拳翠盖,柳迷倦眼送寒潮。鱼书怊怅何由寄,蓬鬓惺忪却易凋。一一南鸿过楼阁,单衾愁听更无聊。

十二日(8月15日) 作:(一)淡饭黄虀莫厌嗔,须知粒米恁艰辛。嘱儿吃饭休言易,要想厨头断火人。(二)粗旧衣裳稳称身,一番浆洗便如新。嘱儿身暖休言易,要想隆冬赤体人。(三)老屋三间风雨频,时勤洒扫也无尘。嘱儿容膝休言易,要想街头露宿人。(四)廿亩田园不算贫,官粮早纳莫因循。嘱儿守业休言易,要想田无尺土人。(五)囊里青蚨好自珍,莫因豪兴弃如尘。嘱儿阡陌休言易,要想终身眯目人。(六)相好还须择志诚,莫因狎暱便相亲。嘱儿交友休言易,要想翻云覆雨人。(七)父母晨昏欢笑频,休违教训致生嗔。嘱儿为子休言易,要想孩提无告人。(八)少日光阴好自珍,蹉跎便与老为邻。嘱儿光景休言易,要想悬梁刺股人。(九)修行还须当善亲,齐家端的自修身。嘱儿立品休言易,要想名垂竹帛人。

十九日(8月22日) 作:满崖残照晚将入,隔岸凉风波欲秋。正是人间好时节,野田早稻已垂头。

读赵筠垞近稿,喜题其后:炎夏何郁蒸,火云罨庭户。方曲手倦挥,痴蝇转相侮。野夫意绪恶,狼藉病呕吐。西斋稍觉凉,藉有数株树。旧书偶把玩，数见厌其腐。故人（张石耘）飞片札，读之欢眉宇。兼诒筠垞诗，谦求郢人斧。引吭为长吟，激越梢林莽。是时雷砰訇，黑云挟片雨。床床浩如柱，恍惚万金鼓。俄然暑气收，清飙飒廊庑。布床重展卷，霏玉屑谭麈。忆昨一会面，景光似飞羽。茧园乍倾盖（癸未秋，筠垞以试事留城，在半茧始获把晤），长揖不我拒。别来何草草，面目卷中睹。饥寒各好在，往事那可数。虽不废吟诗，身世竟何补。我穷与石耘，捃拾事纂组（近与石耘辑昆山人诗，已得二十余卷）。前喆有遗文，一一分四部。譬彼璠玙姿，亦或糅以碔。譬彼黄钟鸣，亦或戛以鬴。淘汰偶未精，矜慎颇自诩。三叹作者希，谁欤融水□。读子甲乙编，令我头风愈。但觉解人颐，毋事手画肚。香山与剑南，作者果其伍。呜呼诗教亡，谁为风雅主？俚耳乱筝笆，哀弦谁独抚？云山韶頀音，引领心为抚。如子亦其徒，清真庶可取（案：诗中“床床”二字，疑“淋淋”之误）。

廿四日(8 月 27 日)　石耘寄《叶文庄全集》《徐鹤村诗稿》《龚钝庵野古集》，孝廉顾二怀、毕载积、朱蕴之三先生藏稿来。

八月初七日(9 月 8 日)　作《澄泥砚铭》：其德则醇，其材则厚，其深也有谷，其方也有守。美而不露，缜而无垢。夫孰能安贞耐久如此者？吾乐与之为友矣。

挽赵省三：淑配清河君，笙鹤拥云軿。仙游若个边，有时同婉娩，无复见婵娟。帐掩香犹在，奁开镜自悬。良人怜妇德，为尔一潸然。

十八日(9 月 19 日)　寄须浦陈秀岩（名照，字孟旸）：（一）三十六鳞无信息，野夫东望空相忆。青溪迢迢烟水长，云树千重浓似墨。忆同舍弟浮春船，把手相看笑宛然。一自鸽原肠断后，旧游屈指恰十（叶平）年。（二）一身流落渔樵地，旧事荒荒都不记。独有高人惬素心，萧晨每切停云思。旧秋有客来江浔，蒙寄瑶华胜断金。怀袖三年应未灭，一缄犹是故人心。（三）兰簃广文芝田叟，图画诗文多好手。别来须鬓各苍然，归计犹输竹五亩。有客今朝泛白蘋，聊题片札寄情亲。风尘面目伤憔悴，输尔光风霁月人（寄去时，值秀岩病重，未得回札）。

廿四日(9月25日)　作:(一)颜家桥上立逡巡,细雨微波渐作鳞。手把柳丝无一语,十年春事去如尘。(二)怊怅平芜渐化烟,柳丝短短荇田田。白头重到曾游地,不独吴侬事可怜。

廿七日(9月28日)　作:溪风吹面蹙晴澜,苇路萧萧鸭满滩。竹外数株乌桕好,野人门巷做荒寒。

九月廿三日(10月23日)　得《方矫亭存稿》、《续稿》□卷,《陆负山文集》十卷,龚应圆《红炉点雪》四卷。

"美人生长凤城东,舞袖双双映水红。自把柳枝翻作曲,银筝柱上笛声中"。右吴门王百谷稚登书。余二十年前,以青蚨五百片得诸湖州书贾沈萧舟者。书法秀逸,下有"解嘲堂印"记。时先师吴东田先生馆吴门潘氏,岁暮解馆,甫抵家即呼童持烛,来叩余门,索是书以去。鸿爪雪泥,遂成往迹。不二年,余寄迹梅心。先生亦遂游道山,所藏书画渐出人间。今春,先生次子石民亦谢世。今日,余以事至城,值学使按临,诸贾毕集于市。忽睹此幅,以索价太昂而止。归村谩记于此(自注"索价洋蚨四枚")。

十月初六日(11月5日)　挽震泽邱后同词丈:龙性由来未易驯,泥蟠蠖屈果何因?不妨道大容人谬,应有怀高试我真。隐几偶空尘外眼(君有《寒林隐图》,余为题句),炊粱已出梦中身。蘋花枫叶沧江路,他日同谁把钧[①]纶?

廿五日(11月24日)　闻学宪于是日起马至云间,意欲购湖颖十数枝,因附敬天舟至昆。同舟者,顺章丈。至漪竹所,值外出未晤。更套服,谒邵庵丈道喜,时二令似西山试取入泮故也。时丈及西山俱至试院,候提学发落。因不值,至石耘所,亦不值。送还《朱二陶文集》,在案头取《孙夏峰文集》回。至万元斋书林,取《朱子语类》,及周文介、龚安节二先生年谱,《叶在东诗稿》各种回。闻有《方改亭稿》已被捷足者先得,为之怅怅。叩叶上人庵门,不应,因至义昌馆午饭。

① 当为"钓"。

饭已，行全通阛桥，则学使前导已至矣。遇赵粡云，同至书画铺中，值张藩之、邱云侣二丈展阅文文水《长夏园林》一帧、马江香《花鸟》一帧、王勤中《花鸟》一帧，以索价太昂却之。与粡云分手，诣云侣处，坐谈，承留茶点，出新购书籍相示，美不胜观，因借朱节孝先生《观复堂稿》、叶白泉《雁木斋诗》、袁中郎《潇碧堂诗》回。再往陶若水所，值外出，为伊令政诊，定一方，匆匆走出宾曦门，则同舟者候久矣。至村已更余。灯下读所得书，至二更外就枕。

十一月十五日(12月13日)　昨冒雨出城，跣足行委巷中，水深尺有咫。舟行平田，一望如巨浸。风雨簸荡，波涛汹涌，洞心骇目。更余到村，主人沐如、从者浴如矣。积雨既连旬，屋下积水皆盈尺。儿子赤足立水中，趾为腐溃，痛楚不能成寐，为温言慰之。左右皆欲吾来城暂避十数日，俟水势稍懈。吾顾不欲者，以弟病方殷，米珠薪桂。吾又无行赀，雅不欲以口腹深累吾弟耳。舟行之，顷见农家茅屋水及其半扉，篱墙倾倒，釜灶皆沉，而雨势益复不止。妇孺哀号之声，酸楚切骨。才遭凶厄，便已至此，未知来岁又复何如也。年来民穷财尽，大半耗于讦讼赌博，及迎神赛会之事。居上者既不能谕禁之于平素，逮至凶荒又束手无救之之策，斯时饥寒迫体。强暴者侵陵、攘夺之衅，窃谓不免。而鳏寡孤独茕茕无告之人，真将转于沟壑矣。竖儒忧国恤恤焉，深为蒿目。天王明圣，畴绘郑侠之图，而上叩九阍耶？吾近年来修脯之入，仅支口腹。际此大无，宁免失所。平居读书，动以四海饥溺为怀。今方一家数口之不保，岂不可笑？南村坐地，昨秋迫欲去此。因主人强留，意于今秋图鹊起之计。今四顾茫茫。此地不可留，而去此又安适？殊为闷闷。然前程之事，自有数存。昔人有置之寒冰隘巷，终不得而死者事，亦未可预料也。穷愁之余，率用此自宽。

十二月初三日(12月31日)　辑《昆山文献录稿》起。

廿二日(1827年1月19日)　和渊明《还旧居》诗：余旧寓梅心十有三载，中间南北奔走，事故非一。往与故人夏子时庵曾有“三莅梅心”之语,而虞山蒋子子延为作《梅心隐居图》帧。止狷、邵庵、愚堂三丈,与一时诸公俱有题咏。今年冬季,自南村移家,重至梅心,僦居水东,为十年之约。枝栖初定,既喜且怜。回念时庵酒阑握手之语,忽忽如梦。因读陶公诗,为和其韵,而识之如此。俶装非获已,无家安所归?吾生如颓波,行止俱可悲。藏身学闭关,扪舌谢世非。玩思圣贤心,编纂古所遣[①]。石交二三子,相见情依依。诙谐未及终,急景已相催。万境如园卉,当盛必有衰。儿子勿玩愒,忧至非可挥。

廿九日(1827年1月26日) 作:(一)衡门今日冷如冰,独掩空斋似定僧。短褐寒生炉有炭,匡床坐久席余绳。占春又见梅花绽,检历空嗟岁月增。只有破书能伴我,十年依旧守孤灯。(二)惭愧平生老蠹鱼,穷年砚北竟何如。千秋著录心何远,一壑栖迟计已疏。草草行藏嗟往事,茫茫得失付蘧庐。子云后世知谁是,多少人间覆瓿书。

除夜有怀叶舟上人:浮生真可惜,又是一年终。草草风尘内,沉沉梦寐中。冻云飞不定,残月照全空。想见师方丈,香炉火正红。

道光丁亥,确潜掩关梅心,有《昆山文献录稿》之纂。止狷吴先生以素册惠余。因就案头所有,录为一卷如右。余自三四年来,与张子彦孙辑邑中人诗,为《诗征》。凡得诗三十余卷,尚未卒业。兹《文献》之辑,意以备志乘之采择,非无故也。既终卷,为识于此。

道光七年丁亥(1827)[②]

余旅寓南村,为尘事纠缠,岁月逾促。坡公见悍妇骂街,笑曰:“一片性灵却搅人。”猪嘶狗啖中,仿佛似之。昨冬迁居梅心,杜门却扫,因题其门曰:“闭门思过,课子读书。”将放纵精神,重新打叠一番。书此自勖,并勖拙儿。

---

① 当为“遗”。

② 原注:“先生时年四十,自称晚香亭长,记于梅心之隐求堂。”

二月十一日(1857年3月8日) 镜铭:目短于自见,故以镜观面;智短于自知,故以道正己。镜无见疵之罪,道无明过之恶。目失镜则无以正须眉,身失道则无以知迷惑。故盲者不可贻以镜,昧者不可举其疵。

与顾邵庵先生书(见《晚香书札》)。

十七日(3月14日) 作:淡烟疏雨一村中,柳带轻黄桃自红。小艇湾环随意泊,漂零身世似渔翁。

二十日(3月17日) 酬黄芑塘:感君忘迹又忘年,聚首天涯岂偶然?犹有豪情能纵酒,为耽绮语欲逃禅。评量往事真成梦,细算余生益可怜。我住溪南何所事,寻君时上钓鱼船。

补录花朝作:镇日青林雨气昏,衣篝香烬不知温。野人门巷春泥合,睡鸭池塘涨水浑。一片闲情思蜡屐,十分败兴罢开樽。画楼东畔回廊曲,长记梨花静掩门。

三月初三日(3月29日) 作:(一)小试芒鞋到水涯,禅房新品雨前茶。年来不喜闲桃李,别约山僧看菜花。(二)乘兴难为十日留,杨花如雪扑船头。酒痕检点春衫遍,明日看花独上楼。

劝酒歌赠黄苞塘:春江绿水浓于醅,桃花杏花参差开。风光骀荡人独老,不饮辜负花前杯。念翁遁迹墙东住,午突无烟还索句。兴来下笔如有神,醉中往往全天趣。今我不乐,明当奈何?神仙富贵,年岁蹉跎。由来醉乡可托足,请君听我劝酒歌。十千买取蚱蜢舟,笔床酒樽置两头。渔童拍手老翁笑,桃花深处还夷犹。瓢与杓,劝翁尝,念翁辛苦容貌苍。中年浪迹走南北,一事无成归故乡。故乡尘满面,囊里家赀余破砚。萧条有似杜陵翁,同学少年多不贱。男儿毋为徒自苦,百年终作山头土。我亦天涯沦落人,为君拔剑樽前舞。万钱买书堆云烟,百株种桃为墓田。生前把书花下饮,死后葬我桃花边。门前浮云人事改,我家书卷年年在。左壁卷,右壁书,中间置酒一两壶。翁来但坐且欢谑,狂歌痛饮亦吾徒。春风自来,帘栊自开,飞花有情落我酒杯。我卖药,翁卖卜,日得百钱亦不薄,有子有书万事足。流年衮衮不复回，知道明年花定开，知道明年我定来。花开烂漫酒复酽，翁今不饮真痴哉！

十四日(4月9日) 作：柳眉桃脸杏花腮，各得东皇笑一回。只有吾家老松树，春风来似不曾来。

腕底南徐一望收，烟云缥缈万山头。无诗写景空能妙，有笔生花色不秋。旅客胜游思驻马，骚人凭眺快登楼。披图娱目兼娱耳，满领风声树木稠。

落花诗：枝头消减草头轻，寒食才过已满城。镇日困眠情病剧，连朝细雨绿阴成。朴盘重整慵浮蚁，池馆无人独哢莺。春去春来人自老，下弦残月半钩横。香销玉瘦减精神，杜牧流年只半春。满眼山花闻杜宇，五更风雨葬佳人。东施休羡西施妩，北阮翻成南阮贫。毕竟多情有何益，可怜我是病中身。深林只有晚莺啼，无数残红都作泥。浮世自来多聚散，空花那复计东西(原缺一句作空格)。菌溷随风命不齐。名士飘流红袖死，人间有恨总难提。深杯兀兀负头巾，病后畸怜我更贫。官罢南柯初出梦，铃淋西蜀独伤神。看书时下多情泪，学佛须凭慧业人。重到园林应愁绝，青苔点点似鱼鳞。东风料峭陡天寒，吹得千林树树残。一片伤心亡国陇，千秋遗恨雍门弹。过墙点点浑如雨，随水枝枝滚作团。谁惜斜阳残雨里，有人无语独凭阑。

四月初一日(4月26日) 作：(一) 依然流水抱江村，扫径欣看松菊存。自笑忘机甘抱瓮，未妨辍业暂窥园。谋生拙处安蓬户，世味深时恋菜根。从此畏途应裹足，任教蓬藋满衡门。(二) 非关傲世比蜉蝣，偶尔耽闲托境幽。短褐青鞵天赋定，长馋白柄吾生休。僧邀裙屐联诗社，鹤与琴书寄钓舟。见说杜陵须药物，微躯此外复何求。

廿二日(5月17日) 作《咏兰》六言(见《隐求堂诗存》)。

五月十四日(6月8日) 作：兰膏初炷未成眠，听拨冰弦思悄然。衫影依稀楼上见，芳心隐约指中传。梧桐秋雨灯前泪，杨柳春风月下船。别后情怀哪可诉，红墙一道远如天(闻女郎弦索，改前人作附此)。

十六日(6月10日)　作《移家梅心》二律:(一)扬子庭中草,皋家庑下人。飘零三口计,憔悴百年身。洗竹荒篱雪,探梅村店春。多情怜野老,犹是往来频。(二)多病倦游后,始知前事非。家贫看计拙,性僻与人违。豪素深心托,荣华道眼微。捻书买蓑笠。从此老渔矶。

廿二日(6月16日)　僧院即事:十分春色属谁家,输与山僧笑自夸。丈室分明天女面,磁盆一树海红花。湘帘棐几漾轻烟,蟹眼松涛手自煎。啜得赵州茶一碗,不妨泥絮恼枯禅。

廿六日(6月20日)　访止狷先生,坐孙氏小轩快谈。庭中杂花盛开,鸟声上下,若深山岩壑中。谈间,深蒙奖借,且有秋凉见访之约,因借陶康令《茅檐丛话》《盛玉臣诗稿》二卷回。午饭后,再访石耘,回则贲宏兄已辞世矣。时在酉刻,年四十三。检室中一无所有,因与春园弟协办敛事(案:《丛话》后皆作《杂话》)。

廿七日(6月21日)　雨中,早出宾曦门。取雨具,同春园弟冒雨出留晖门,求得衫皮棺并衣衾之属。取是日戌时殓。是日惫甚,夜卧已三鼓矣。

廿八日(6月22日)　趁姜家村船,从姜家村步①回。接赵筠垞《见怀诗》,附录:预算新春剩得闲,隔年诗债待追还。不知潇洒潘居士,可复探梅邓尉山。

闰五月初三日(6月26日)　跋盛玉臣先生《东菑草堂诗》尾:余与张秀才彦孙搜辑昆山人诗,自前明迄今得六百四十余家,仿遗山《中州集》例,人系小传,为《诗征》若干卷。尚未卒业,止狷吴先生闻而韪之,出家藏各种见示。因得见玉臣先生《东菑草堂稿》者,此卷是也。玉臣与素严王太史为老友,其集中酬和最多。予前于素严纪年诗中,见其附刊数首,以不得专集为恨。既见此卷,反复展读,如见前辈典型。因命儿子录一副本,以备遗失。吾邑前辈诗未刻者,多转辗

---

① 此"步"疑衍。

磨灭。前人苦心,等诸泥牛入海。先生苦心搜罗,手自补缀。是卷者,因得犹在人间,岂非仅事前人论文章之传,必其人之精神气力自为呵护?此固笃论,然后起者之表章,如先生者,又曷可少哉?先生所藏,尚有叶白泉、水修父子诗稿,皆当时手迹,极可宝贵。附记于此,邑后学潘确潜夫氏谨跋。

是卷为玉臣庚寅年作,凡得诗二百五十七首。除《夜同素岩守岁》,素岩亦有一诗在集中。后二年壬辰,而玉臣死矣。素岩《半枝看梅》有一诗:"十载寻春濾水滨,花时常与最闲人。今年不见花前客,纵见花开亦怆神。"悼玉臣作也。确潜又笔。

初三日(6月26日) 录陶仁节先生《北行日记》。

初五日(6月28日) 录朱孝节先生《山行日记》。

初六日(6月29日) 录陶康令《茅檐杂话》。

初八日(7月1日) 录朱节孝、陶仁节二先生传。

廿四日(7月17日) 读《史忠正公梅花岭墓碑阴》有作:日堕虞渊海水翻,东南半壁不堪论。刑天空负干戈气,精卫难平木石冤。剩有英灵埋剑笏,独将忠孝托乾坤。八千战上英雄血,尽化梅花绕墓门。

六月初五日(7月28日) 寄题海陵王心斋先生祠堂:一代真儒草莽余,龙门曾卦洛阳车。风流不改惟遗像,堂构犹存有著书。花发雨楹春俎豆,家居东海旧樵渔。种莲岁岁清溪上,好把祠前草更锄。

廿六日(8月18日) 书示拙儿:先府君家素贫,无一陇之植。然抚两孤侄,咸有恩礼。根不肖,不能继承先绪,常为恨恨。今年夏五,贲宏兄以疾卒。死无以为丧,生无以为养,门衰祚薄,一至于此。尔能深体我意,扶植从弟,宜勉令读书,不可姑息。倘不率教,与以夏楚,其必有成立,庶可以见汝祖于地下。呜呼!境遇何常,孤穷可悯。汝七八岁时,母死家贫,依栖陈村,何等光景。孔子曰:"有一言而可以终生行之者,其恕乎!"宜推广此心。凡事设身处地行之,一生受用不尽也。若学世人计较财贿,视宗族如陌路,岂汝祖父之所愿哉!

七月初五日(8月26日) 喜雨一霎即止。时经旬酷热,农夫望雨甚迫。闻邻邑已断肉祈雨,吾邑犹酷征陈欠钱粮,猛于烈火。早禾已秀,雨水愆期。山泽之癯,为之蒿目。

十七日(9月7日) 得《耳提录》一卷,系蕲黄人顾昌撰。昌,赤方子,所纪皆赤方语。书凡八卷,一卷《述丧乱》,二卷《纪节烈》,三卷《述先世逸事》,四卷《论诗文》,五卷《论制举》,六卷《书籍琐谈》,七卷《神契略谈》,八卷《杂记》。序称康熙年[①]戊寅年,作于孝感之西湖书院。又《昆山人纪行》一卷(案:"一卷"之"卷",疑"书"字之误),亦戊寅年纪,未详何人。与徐畏垒、葛信天、叶篆鸿同时人。暇当考之。

十八日(9月8日) 感事:(一)往事闲寻泪似麻,平生知己只梅花。青山无数探头看,笑我庵中吃苦茶。(二)五风十雨太平时,老子颠狂儿子痴。饭饱茶余无个事,自翻日历写新诗。

廿四日(9月14日) 作邵庵丈寿诗:(一)平生万事付云烟,寿世文章手自编。蔗境只余书有味,松身偏称雪盈颠。刘蕡下第求贤世,伏胜传经向耄年。此日高风谁比并,庞眉鸠杖古儒仙。(二)何须簪笔上蓬莱,建帜词坛亦快哉。冰雪襟怀诗底露,混茫元气酒间来。逃禅僧说黄花偈,济世仙传玉露杯。最是鲰生承拂拭,每邀把酒笑颜开。(三)酱翁篾叟费逢迎,挥麈春从笑口生。养气十年邵康节,游心千古李延平。飘风瓦甓人间事,出岫云看身后名。羡杀草堂人不到,梅花树下膝琴横。

廿八日(9月18日) 题曹滋轩(克昌)《小隐图》,调寄《风流子》,为黄芑塘作:生绡图画里,分明见,光霁好胸襟。宛七碗风流,卢仝茶癖,《三都》淹雅,元晏书淫。更兼有,松风吹解带,山月照弹琴。姑妄言之,区中真赏,作如是想,物外幽寻。　　叹君真达者,自烟霞一卧,直至而今。扇底无元规尘污,俱付无心。笑吾辈堪怜,颓波漂絮,人间可哭,曲木惊禽。何日团瓢缩足?展卷沉吟。

---

① 疑"年"衍。

又题《娄东曹滋轩照》:(一) 孤桐百尺倚高岑,诗语谁当妙斫琴。宾退小窗闲读画,一杯凉雪浣尘襟。孤琴挂壁久无弦,跂脚萧斋镇日眠。何用盲僧闲棒喝,木樨香亦悟枯禅。(二) 丹枫掩冉带林于,大好园亭画不如。迟我十年婚嫁了,也来伴尔了残书。

八月初一日(9月21日) 附录《陈竺生复张石芸书》:天中望后一日,从朱星桥处示读大制论诗诸作,精贯虱心,妙伏鹄卵。借汝南之月旦,为仪卿之诗评。昔元遗山、王新城亦有此什,皆论古不论今。君则脱却窠臼,独标新颖,"奄有二子成三人",信不虚语。窃读曹子建《与吴季重书》,于当世应、刘、徐、阮辈,往复低徊,未尝不叹其友谊之笃,而持论之平。古义今情,音响若接矣。第十年飘汨[1],迄无所成。惟是二三友好,与为镞砺。今且跼蹐丘园,邑邑气尽。岑苔志恨,云树系怀。独未获如君之渍墨拈毫,一泄怀人感逝之思,为可愧耳。我邑近鲜闻人,诗道亦复湮替。提倡宗风,非阁下而谁？鄙意拟将同邑近时能诗者,汇聚数十家,选择精当,多则十余首,少或一二首,各出赀付梓,仿王述庵司寇《青浦诗传》例,以振兴其间,亦一盛举。阁下如肯主盟牛耳,大启《选》楼,弟愿执鞭弭以从事焉。带水迢阻,弗克时面,他日容便道江村,携拙稿就政高斋,冀不以荒伧是斥,幸甚。此复。

仿《五君咏》(见《隐求堂诗存》)。

二十日(10月10日) 晚归:市城滋细务,昏黑始言归。野岸人声远,寒江月影微。鸟投林已静,风过叶还飞。灯火迷离处,吾庐半掩扉。

酬芑堂:岂不惜沦掷,如君定几人。一尊怜海岳,孤剑薄风尘。踪迹如吾放,肝肠到尔真。莫因潦倒甚,容易百年身。

席上分题得蛤蜊:累百才充豆,凄然各性情。乱筐倾背壳,细末捣姜橙。好味供双筯,穷饕极五鲭。世人轻物命,天地本生成。

---

① 当为"泊"。

即事：不向村中住，安知野趣长？开门无客扰，随树有风凉。苦菜经锄嫩，甘泉煮米香。古人康济处，往往在耕桑。仿佛灌园叟，忘机住汉阴。麦田高处足，秧水细流寻。老厌谋生事，贫坚学道心。犹嫌有人到，尚拟入山林。

追怀月川先生：风尘早岁遇钟期，冰雪高文说项斯。地下应怜吾已老，人间那见士还奇。伤心欲堕山阳泪，没齿犹惭冀北知。愁对九原他日面，累君清鉴有微疵。

九月初五日(10 月 24 日)　作：村径苔荒断客过，数枝黄菊倚坡陀。风光忆得重阳近，竹树宵来风雨多。才看社燕纷纷去，又见宾鸿个个来。如此光阴真可惜，花前莫惜尽余杯。

廿六日(11 月 14 日)　作：久拼身世老沉沦，门掩清流却称贫。笑骂何妨由俗好，性情且喜得吾真。一篱烟雨怀高衲(叶上人房菊花最盛。余每过之茶话，移时方去。今上人闭关谢客，不见者一年。知今秋荒园菊花颇盛，因怀叶公)，四壁秋灯见古人(斋中藏书颇富)。自叹年来朋旧尽，荒园采摘重逡巡。

十月初一日(11 月 19 日)　得宋王炎《双溪集》，唐庚《眉山诗抄》，孙觌《鸿庆集》，张元干《芦川归来集》，叶梦得《建康集抄》，张九成《横浦诗抄》，汪藻《浮溪集》，范浚《香溪集》，刘子翚《屏山集》，朱松《韦斋诗抄》，朱槔《玉涧集》，程俱《北山小集》，杨诚斋《朝天集》《江西道院集》《朝天续集》《江东集》《退休集》，薛季宣《浪语集》，叶适《水心集》。

十四日(12 月 2 日)　题吴止狷先生《梧竹小影》(见《隐求堂诗存》)。

廿二日(12 月 10 日)　连日天道温暖，雾露迷濛，浑似岭南天气。人病寒热，咳嗽胁痛者多。更有温热，内蒙心窍，不为灵动，立时蒙闭者，皆当降不降之故也。

十一月初五日(12 月 22 日)　作：往事如尘堕渺茫，静中回忆涕沾裳。老知传世文章谬，病喜居山岁月长。茶熟松风生石鼎，夜凉竹映胡床[①]。浮名何用关身事,一卧沧江与世忘。

僧院依人境,乘闲且杖藜。野花租地种,山鸟认枝栖。洗碗防茶老,开轩碍竹低。西来空有义,记取鹁鸪啼。

十八日(1827年1月4日) 补录《初夏田园杂兴》:僻居远人境,茅檐倚高原。舍南有芳圃,舍西足良田。入夏一雨足,农事应时繁。昨朝偶卖畚,一至阛阓间。相逢同学侣,舆马何翩翩。岂识荷篑者,行歌方泚然。人生会有分,山野幸自全。陇上麦苗秀,陌头桑叶稀。景物行如此,努力才自兹。散步古城隅,芜秽纷蒺藜。褰裳亟去之,归掩中林扉。朱果媚疏翠,鲦鱼漾清漪。即事惬情赏,抚化惜序移。既识逝者疾,毋令初愿违。逝将招古欢,相与耕东菑。前年淫雨灾,五月江水溢。上田禾苗沉,下田鱼鳖窟。哀哀妇孺辈,糠核聊自活。比岁复愁旱,高塍作龟裂。骄阳助炎威,往往生疠疾。今夏雨泽均,心喜良苗发。未知秋成事,且复种黍秫。饥馑有丰年,此事古人说。束发事诗书,中岁学农圃。种瓜及初夏,种芋及初暑。瓜芋有至味,何用羡鼎俎。埸来荷锄倦,邻叟相与语。所语惟田畴,生计不言苦。明当捻书卷,呼儿买家牯。衣食在俭勤,空言非所取。犁罢犊犹喘,服农良苦艰。所希在终亩,流汗不得干。隔溪有渔父,垂钓清波湾。相顾不相语,默为劳者怜。劳者诚可怜,生计在力田。无鱼犹可食,无谷何以餐?为我谢渔父,人生各有天。火云冒川原,炎节启初伏。夜来毒热蒸,一雨洗烦燠。白水溉我田,清飙拂我屋。敷荣到藜苋,提筐恣所欲。采摘不愿余,分携及邻曲。一饱亦偶然,人自少知足。既饱复何求,茅檐展书读。结庐不嫌僻,淳俗乐为偶。喜无褦襶子,触热到林薮。盛夏才力作,比屋事陇亩。而我北窗下,高吟对榆柳。时还把书读,道合心自取。缅怀谷口隐,窃慕汉阴叟。请谢熱客交,沮溺乃余友。阡陌趣已熟,郊墟眺还缅。徙药原上村,耘耔未及返。稚子溪畔浴,田父草中饭。暮色催归人,茅茨一疏散。杂坐依场

① 此句脱一字。

圃，农谈乐情款。把酒夜蝉清，披襟夕风善。即此吾事足，尘虑不烦遣。

廿四日(1827年1月10日) 怀愚堂丈(见《隐求堂诗存》)。

廿九日(1月15日) 作：拟将藤杖伴袈裟，开却新年便别家。元墓事前铜井路，不知何处看梅花。

十二月二十日(2月5日) 作：小儿负诗囊，老友蜡山屐。共作拂水游，联句写石壁。语此四五年，此语终未践。马鞍近未登，何况虞山面。既乏济胜具，亦无好事钱。此事行且废，望山为怃然。欲诛数椽茅，粗略作位置。卷石竹树间，略存山意思。古人图山水，自谓当卧游。抚弦众山响，好事传千秋。

廿三日(2月8日) 祀灶。梦至陈溪旧馆篱落间，蔷薇甚盛，得句云："年华如水匆匆去，又见篱边小麦红。"漫记于此。小麦红，蔷薇别种也。

廿五日(2月10日) 作：入春气暖初晴雪，近水林疏喜见梅。兴到便穿幽径去，风和先觉暗香来。佳辰得句宜题壁，老辈开颜能几回。吟兴未阑花未谢，重来莫惜贯村醅。

廿七日(2月12日) 作：(一)比邻馈岁各纷然，囊里犹余压岁钱。二十年前那可忆，西华裙帔几人怜。(二)菽水难承此日欢，几筵空设见应难。泷冈碑上酸心语，杯棬摩挲泪未干。(三)鸰原风急雁行孤，每到佳辰泪欲糊。陇上梅花看又白，春光能到九泉无？(四)躬耕课读两蹉跎，如水年华匆匆过。嘱咐儿郎须努力，而翁心血已无多。

廿九日(2月14日) 和东坡《岁暮三诗》：(一)呼童赊岁酒，酒至无物佐。瓮中有酸齑，咀嚼诧奇货。出门无可诣，穷巷雪花大。频闻剥啄声，惊起袁安卧。邻翁馈肴榼，欢声盈四座。追维岁月遒，颇似牛转磨。多谢地主情，我老但寡过。开樽且复饮，坡诗细与和(《馈岁》)。(二)乌兔投东西，奔驶不少迟。世情畏增年，岁去讵能追。结发事诗书，意广心无涯。学道希圣贤，功业志匡时。抗怀慕往哲，弃置轻与肥。岂知一不遂,老大徒成悲。我如主暂留,岁如客竟辞。年往奚足欢,世道谁扶衰(《别岁》)。(三)春风破残蜡,溪壑惊龙蛇。有如胸中物,芒角不可遮。抚此芳岁遒,感叹当如何。剪烛为开卷,戒儿勿喧哗。细倾柏酒饮,静听街鼓挝。沉吟杜陵句,飞腾暮景斜。勖儿勤诵读,少壮勿蹉跎。圣贤俱辛苦,勿作饱暖夸(《守岁》)。

不到江城又隔年,年来生事若为捐。数株陶令门前柳,半顷颜生郭外田。黄鸟风边行药路,桃花浪里钓鱼船。翻嫌扬子无佳兴,独向空亭草《太玄》。

卷　二

道光八年戊子(1828)①

元日(2月15日)　勿谓今日不学而有来日,勿谓今年不学而有来年。“日月逝矣,岁不吾与”。呜呼老矣,是谁之愆? 作《止狷吴先生寿序》(文繁不录)。

即事诗:比邻爆竹闹纷然,惊起老夫好睡眠。生计为农忧水旱,朝来先看四边天。隔年风雪搅如麻,七事先愁酱醋茶。今日清闲一检点,欠吟诗句赠梅花。

咏梅:一树繁花白玉丛,开时无奈雪兼风。岁寒心事何人会,抛掷村溪野店中。

韩文公《进学解》“踵长途之促促”,一本作“役役”,未知孰是。今日读张长沙《伤寒论》“小促役其间”,为之爽然,盖汉时人有此语。

“之”字训“变”,《左传》“遇‘观’之‘否’”,言“观”变为“否”也。见孙弈《示儿编》。《易传》“辞也者,各指其所之”,“之”字亦作“此”字解。

今公家文移,以尊命卑,用“仰”字,无所见。惟前《汉》之《孝文帝纪》诏,定三恪礼仪体式,亦仰议之,似用此“仰”字。

“不知许事,且食蛤蜊”,盖本《淮南子·道应训》“卢敖游乎北

---

① 原注:“先生时年四十有一,自称晚香亭长。”

海……见一士焉……方倦龟壳而食蛤梨”。前晤李银塘论《诗经》“上帝甚旦”,及《礼》“所以交于旦明之义也”,为古篆相近之讹。其实,“旦”自有“晨”音,如邹衍论海外九州“东南神州,日[①]旦土”,旦音“晨”。可见盖日初出地为旦,日在甲为早。今人不讲于此久矣。

“坏植散群”,说者不一。范无隐曰:“植者,边境植木以为界,如榆关柳塞之类。”坏植散群,则撒[②]戌[③]罢兵,邻封混一。此尚同之俗也。乐毅书“蓟丘之植,植于汶篁”,是此“植”字。

廿六日(3月11日) 送友之茸城:亲远难为别,饥驱因远行。东风吹杨柳,客棹已孤征。尽此一樽酒,相将无限情。茸城春正好,莫听鹧鸪声(案:上“远”字疑作“老”)。

廿九日(3月14日) 作《候旌节孝杨母蔡太硕人哀词》(文繁不录)。

二月初五日(3月20日) 作《杨母蔡硕人传》(文繁不录)。

十三日(3月28日) 作:忽忽心中意不如,年来涉世计全疏。埋头一室朝从晚,翻尽床间百本书。

十七日(4月1日) 题亡弟性安《杂画》:(一)墨床笔格记纵横,琐屑鱼虫入眼明。人笑酸咸乖众嗜,我怜迂阔略同情。弟兄倾倒兼师友,贫病流离隔死生。一帧凄凉看似梦,愁听风雨搅林声。(二)平生前事尽成尘,草草残笺墨尚新。妄意流传原自我,岂知贫贱总输人。(三)傴师伎幻嗤儿戏,棘刺猴成漫苦辛。老我文章终覆瓿,他年身后更谁陈?

附录邵庵丈题:(一)绘物皆生趣,灵机笔底收。谁云画者寿,对此不禁愁。(二)风雨匡床夜,孤灯挂壁时。谢池春草梦,遗墨费相思。

---

① 当为“曰”。

② 当为“撤”。

③ 当为“戍”。

附录张铁翁题:(一) 闲门罗雀自生春,妙手天然斗斩新。如此清贫消不得,花前哭杀老田真。又题:(一) 柳拂长堤草没矶,前山苍翠看依稀。君家灵运能高隐,老屋分明白板扉。(二) 琴川蒋生老画师,把尔丹青喜不支。难忘披图留短句,墓头又近雪花时。

二十六日(4月10日) 拙儿婚姻,邵庵赠联云:冰泮春风逢二月,琴调喜气聚双星。

附拙儿三月初四日至娄县村扫吴氏墓作:拏舟来此地,古迹不堪论。碑卧张昭庙,田荒娄县村。野棠开自落,流水去无痕。痛绝吴家冢,凄凉剩外孙。

附录蒋子延为张石芸作《榆轩介寿图》,并题:含笑奉尊酒,萱闱春正迟。门无青盖客,案有《白华》诗。违俗甘身隐,家贫赖母慈。廿年清素况,庭角老榆知。

初六日(4月19日) 赠张彦孙秀才(见《隐求堂诗存》)。

廿四日(4月27日) 作花事经春尽,连阴入夏晴。絮飞萍涨合,泥堕燕巢成。道眼看时变,幽栖验物情。疏慵为世弃,植杖且深耕。

四月廿四日(6月6日) 作《题榆轩介寿图》:古人作图画,用以垂法戒。《列女》与《孝经》,其事炳千载。顽廉懦可立,风流足沾丐。吾友有张生,至行笃门内。有母氏曰吴,早岁亡其外。提携五岁孤,安贫守粗粝。妇子化其诚,亦复敦欢爱。鄙人寡交游,肩随祗生在。予倡汝则和,我负子还戴。示我《榆轩图》,老屋忘湫隘。母老雪垂领,儿欢酒盈敦。案诗有《白华》,门客无清盖。宛宛尺素间,孺慕有余态。嗟余早孤露,有卮谁可介。三复《蓼莪》诗,潸焉泪沾带。情事痛未伸,蹙若芒在背。羡子依慈闱,菽水有余快。从来一日养,莫以三公代。皋鱼风木恨,千古为之慨。兹事由至性,非可声誉卖。展卷为沉吟,肃然令人拜。

五月十五日(6月26日) 黄芑塘丈来访,惠笺对画扇,“案上常留《浣花集》,手中独展《活人书》”,系令弟雪蕉隶书。此扇乃李鼎画兰(此联己丑转赠王晓芳,扇为王蕙园携去)。

二十一日(7月2日) 寄赠陈淞英孝廉:相见何必早,白头或如新。相思何必面,文章交有神。权从彦孙所,见君著作频。黄钟无纤响,笔力回千钧。平昔事贤意,寸心渴生尘。披云得快睹,贫病忘吟呻。恭惟大雅姿,洵是邦国珍。梧巢与阿阁,游息必凤麟。致身明圣主,风俗还清淳。今兹六月息,乘时且逡巡。吾邑号文献,作者何彬彬。奈何百年来,皇涂塞荆榛。风雅久不作,起衰谁其人。追随有吴、顾,二老实扶轮。珠玉互辉映,其言必雅驯。张生实后劲,辨析犹龂龂。一军子独张,旗鼓何嶙峋。骐骥奋蹴踏,驽马气亦伸。庶几删淫哇,一一罗清真。愿言勤作述,垂晖映千春。

二十八日(7月9日) 余寓居梅心泾之西北,有地名"三家村",与邹家角毗连。邹家角俱"邹"姓,有老坟一区,系无锡邹氏发祥之地。三家村民有莫德者,其家以养鸭为生。有一子,年二十二。道光戊子五月内,到邹家坟采芦叶,于坟中遇一巨蛇,首大如斗,蟠曲其身,昂首视人。莫子遂惊倒于地,不能归。至晚,其父往寻,见倒地,急趋视,蛇依然不去。父狂奔归,率众往视,见蛇首有角,长逾寻丈,遂不敢犯。抱其子回,唤醒后言所见亦如是。然儿已中毒,不二日遂死。余初闻之,未甚信。今日过新塘桥泗水庵僧喜和尚,言今日正在伊家做佛事。果然如是,漫记于此。

黄帝即位于丁巳八年甲子,迄嘉庆甲子为七十六甲子,至今岁戊子计四千五百八十四年。

六月初一日(7月12日) 金兰泉来。兰泉为故友香帆秀才哲嗣。前嘉庆戊寅,余馆梅心赵氏,香帆下帷十八图唐氏斋中,相隔二里,与往还倡酬。后香帆去馆湖壖,余亦去之南村,因不复相见。道光丁亥,余再莅梅心。闻君就馆孙家桥,相去里许,自喜可以晨夕相晤。未及把手,而君卒矣。友朋会合,乃亦有数存耶?今岁兰泉馆杨家潭,承以尊人《诗草》见示,开卷涕零,如逢故友。回首前事,已阅十载。光阴荏苒,可胜浩叹。有《跋金香帆秀才诗草》(不录)。

初四日(7月15日) 作:(一)柴门寂寞空村里,短发萧条隐素几。偶然著书聊自娱,遑论千秋身后事。(二)长松落落君子身,松下茅屋无纤尘。感君画赠意不薄,有书可著何嫌贫。(三)即此便为我事足,政要林间结茅屋。君家夫子语复佳,再办溪田牛十角。

题画:连朝风雪满山林,独立枯枝思不禁。愁绝白头无伴侣,梅花犹有岁寒心。

初九日(7月20日) 与陈淞英孝廉书(见《晚香书札》)。

十六日(7月27日) 跋《古今文续集》:乡先生葛端调氏撰,集古今文为《正》、《续》集,凡若干卷。《正集》自《左》《国》《史》《汉》而下,凡若干家,《续集》自唐颜鲁公而下,凡二十二家,板以行世,天下号为"葛板"。其大略见先生所著《永怀堂日录》中。集刊于明崇祯丙子,入我朝仅一百九十三年,而传世者已少。余得正集《左》《国》《史》《汉》《檀弓》凡若干卷于金生建周所,另有跋尾。兹《续集》内,韩忠献王、范文正公、忠宣公、司马文正公、邹文忠公,凡五家,乃数年前得于苕溪书贾沈兰洲者,卷帙散落,而书犹完好。消夏江村,掩关无事,因命儿子拙生重为装订,而识之如右。缅维五公皆有宋一代之望,其丰功峻烈,所谓"揞拄乾坤,昭洗日月"者,凛凛乎垂竹帛矣。后生末学,百世之下读其遗文,而仰窥其立言之旨。其为高山景行者,宜何如哉!

十九日(7月30日) 接银帆先生手札,附录:隔阔数月余矣。每怀叔度,怅怅莫可言宣。贤郎连过敝庐,俱以俗累,不及会晤,歉仄尤深也。承示诗稿二帙,雨窗无事,细细读之,知比日造诣益深,将与古人抗衡。因亟袖一帙,与王椒翁共赏之。椒翁一见,极加叹服,谓不图今日有如此诗人,因留置案头。阅数日,椒翁到舍袖还,则悉加紧评点,且作五古一章书于后。玩其诗意,其倾倒足下出自本心,非故作应酬语也。语次谆谆,嘱弟转致,入城时必得一晤为快。其前一帙,则弟已承命评点,中有未合鄙意处,辄发数言于上。盖大雅之前,不敢不竭其固陋耳。所惠序言一篇,特为贱子洗刷一番,文笔大佳,然未免爱忘其丑，令后之人览斯文，以阿私所好疑足下，则又非鄙心之所安也。弟今春以来，酬应间散体文颇不少往来角逐中，绝鲜可与语此者。故进退浅深离合之数，竟有目不见睫之患。足下知我能来此，为第一参定乎？尊集序言，极不忘怀。缘年衰才短，固陋之作，不足弁其端。故须着意经营，或可勉副，否则徒资笑剧耳。前第二次郎君来舍时，大集已经椒翁阅过。幼儿不知，但取扇头送交。大儿所画，渠亦未甚惬意，欲另画一帧奉赠。今尚未能也。拙书亦甚荒秽，所恃足下嗜痂之好，或不至鄙弃耳。挥汗走笔，未罄百一，统惟亮察不具。弟奎顿首。

廿一日(8月1日)　答吴银帆先生书(见《晚香书札》)。

七月初四日(8月14日)　奉酬椒畦王先生：平生事贤意，今人何必古。二三丈人行，谈及首先俯。贱贫不自聊，量力守环堵。亦欲抠衣从，每愧面尘土。一昔蒙振袚，馁气思再鼓。惜此樗栎姿，愧负大匠矩。赠言亦已夸，览读为眉舞。既见胡不瘳，三复郑风雨。幸通彼我怀，慎勿分门户。只愁黄钟撞，奈何厕瓦釜。

读《新修邑志》偶述：史以辨是非，折衷惟一是。志乘实史流，宁乖笔削旨？岂能徇朋好，漫然为誉毁？寸心已自欺，何况千人指？栎社有吴生，岫微乃其字。食贫颇读书，庶不随俗靡。惜其终不遇，困厄蓬蒿死。如欲传斯人，斯人如是止。同时某某辈，交深为揽涕。欲侪独行书，如古传高士。质诸吴先生，先生曰唯唯。志乘实史遗，将以示遐迩。顽者可以廉，懦者可以起。此笔不可苟，非敢靳吴子。谨谢某某请，佚事藏诸匭。意于外集中，小传见颠趾。不然哀诔言，亦可垂后祀。此盖国宝书，直笔见臧否。非同一家言，采葑忘下体。如何有不谅？缘此见訾诋。岂知作者心，周道固如砥。从来著作家，立言有根柢。传者乃其人，非书实可恃。倘徇朋好求，遑免颣有泚。诒我十斛米，千古号秽史。公非一摇夺，不值半杯水。惜哉古道湮，誉或不以试。纷纷谀墓文，秽杂必满纸。先生岂立异，欲挽颓风耳。兹事余所详，后人征诸此。

十二日(8月22日) 报吴止狷先生书(见《晚香书札》)。

水阁迎秋暑气微,竹光帘影净依依。涨痕渐向池边缩,凉色先从树杪归。蝉噪夕阳催暝急,丝添旅鬓感时违。年来三径蓬蒿满,亦喜相寻客到稀。

十九日(8月29日) 附省翁舟入城,至猗竹所坐谈,承留点。别后至望山桥访止翁丈,不值。步至玉山书院,与广斋坐知止山房西斋清谈,晤杜拙轩秀才。别后,与省翁午尖出城,访邵庵丈,谈,承留点,并借欧文二本、《金圣叹批杜诗》、《圣人千案》二本、《有正味斋续集》六本、《宋名臣言行录》三本归。解维时甚热,至村已傍晚矣。石耘已赴金陵省试,寄唐洪绪《悔余吟稿》及《孙地初诗稿》一本来。

二十日(8月30日) 寄郑浹漈《六经奥论》一本、《陶仁节文集》二本、《陶康令杂话》一本、《黄南雷文集》一本、《笃素堂文集》一本与邵庵。

八月初一日(9月9日) 与邵庵丈书(见《晚香书札》)。

初八日(9月16日) 题句"乌桕红深村酒熟,白蘋风急钓船回"。

十九日(9月27日) 吴止翁来札,附录:日前接奉朵云,备荷殷注勤拳,良深感泐。弟自入秋以来,笔墨之逋,至偿不胜偿。又以精力渐就衰亡,故于上午受役管城后,下午则出门消遣,与二三老友促坐清谈,或效牧猪奴戏。晚则浊醪数升,以引入黑甜之乡。自谓此便是调剂一身之法。若夫白衣苍狗、人世倏忽变幻之境,与夫名利得失之场,则自十余年前已付之出岫之云。以是益复贫困不支,而天君居然湛定,于圣人所称"固穷",亚圣所称"尚志",自谓差有得力处。每念足下抗心希古,超然自拔于流俗,计友从之侣,无有逾足下者。其奈一水所阻,每登安定桥头,北望蒹苍露白之区,其人斯在,则怅然神往。欲拿棹相访,又未免著迹。承示以乘兴到乡,欲预为订约,固所愿也。惟日来部署应酬,须过廿三四日,或可得闲。兹则犹未能也。《医学读书记》一册,椒翁已题诗卷端,特寄还邺架,可登收之。欲言缕缕,统俟面既耳不一。

二十日(9月28日)　璞堂令喆嗣怀浦持札来,以室人垂危,欲于故人处有所挪借,嘱余为介绍,俱不克副。顾璞堂至是,盖四丧其配矣。旧年徐氏卒,余曾微讽其勿娶。乃未及一载,又遘此变,命之多蹇耶?抑进而不知止耶?所求诸公,俱非力真不能副者,乃熟视其穷蹙,不一引手。岂好义之事,果晚近所难耶?抑余之言说,不能动其心耶?周之无力,聊书于此,以为余戒也。

廿七日(10月5日)　记:廿五日妹丈献庭来,其操舟朱姓者,年十九,颇俊秀。闻余与止翁论诗,伊于座隅写七律一首,似是《杨花诗》,因录于后:江南有客惜年华,三月凭栏日已斜。春在东风原是梦,生非薄命不为花。江亭客散留香雪,故国台空剩馆娃。从古倾城好颜色,几枝流落在天涯。

九月初四日(10月12日)　记:余女弟嫁同邑范君献庭。献庭为人恂恂儒者,每相见,未尝不追悼其母氏之贤也。数数求余作传,言已而泣。后闻献庭请于当事,送木主入节孝词,春秋官为致祭,又载母守节事于志乘。岁丁亥,工部侍郎陇西辛公提学江南,准通学师生呈请给苦节幽芳匾额。献庭之不死,其母可谓至矣,然而非文犹无以垂远也。余忝姻娅,不敢辞,乃诠次如右(文长不录,见《文集·范氏文正后监簿房节母朱氏》)。

初六日(10月14日)　与止狷丈札(见《晚香书札》)。

初八日(10月16日)　即事:(一)小斋容膝不求宽,晚食无鱼亦饱餐。断简借抄遮老眼,旧袍重绽御新寒。(二)非欲杜门愁忤俗,每思留客患长贫。秋来小市鱼虾贱,贳酒还思约比邻。(三)纸窗一楞日光遮,小草闲阶亦作花。供养病身无长物,一帘筠影自煎茶。

初十日记(10月18日)　入秋贫甚,山厨寥寂。儿子摘马兰食之,因作:今朝山厨冷,举箸堪捧腹。马兰出山椒,气味有余馥。采摘不盈筐,分携及邻曲。厨婢佐盐豉,颇称苡薏粥。一饱亦偶然,人自少知足。既饱复何求,茅檐展书读。

十一日(10月19日)　作：亲知两地有书裁，怪我疏狂唤不回。黄菊正开诗债迫，更无闲暇入城来。

十三日(10月21日)　《呻吟语》跋尾：《呻吟语》若干卷，明吕子叔简著，国朝乾隆某年桂林陈公弘谋刻于江苏节署者也。叔简讳坤，宁陵人，万历甲戌进士，官至刑部左侍郎，敭历中外，所至并有声迹。讲求经济实学，皆可施行。万历中，郑贵妃方擅宠，撰《女戒》一书，以明德马后为首，侍郎序而刻之，为朝论所哗，不得大用。君子惜之。道光改元，我皇上昌明正学，采儒臣议，与山阴刘文正公宗周、漳浦黄文忠公道周，前后并崇祀孔子庙庭。戊子八月二十五日，邑前辈止狷吴先生访余梅心寓斋，偶及有明一代人物。余谓自薛文清而外，惟公为有体有用之儒。止翁颇韪余言。所载天德王道，灿然大备，而言无偏倚。较之山阴、漳浦，盖醇而较大矣。昔老苏论董生、晁错，以为一得圣人之经，一得圣人之权，而皆疏其失。有二子之才而无失者，其惟贾生乎！余于三君子亦云然。

十四日(10月22日)　寄邵庵丈，时有征刻《真赏集》之役：选楼百尺郁嵯峨，闻道穷年费揣摩。雅调湮芜缘听少，时贤著作患才多。起衰眼底惟公在，望古心长奈我何。珍重佳名号《真赏》，何时编就寄烟萝。

用来韵酬王椒翁(见《隐求堂诗存》)。

十五日(10月23日)　改拙儿《题松溪府君遗墨》：玉观其碎，士观其败。玉碎有光，士败有气。维公屡挫，困于掾曹。趋走幕下，不害其高。狱有矜疑，公争之急。上官震怒，公无惧色。反复开导，遂夺其心。破械出囚，冤愤获伸。公余退食，一编静对。釜甑生尘，萧然物外。有客怀金，严以拒之。心苟不可，遑问天知。治家余闲，喜弄笔墨。诗仿乐天，书宗松雪。胡天不佑，中寿而亡。长流绝壑，金刀掩芒。未竟厥施，遂终寒饿。天道难凭，衰门未大。如玉含辉，终归太璞。如士沉冥，终沦岩壑。惟公小试，未遇其时。廉吏可为，而不可为。明明吾祖，克继其德。刚正无颇，为世摧抑。伊余小子，凉德弗图。胡能有定,亦步亦趋。侍我家君,敬瞻遗墨。追维先子,涕痕沾臆。公不可追,公书常垂。凡百孙子,敬而承之。

十六日(10月24日) 与陶若水同学(见《晚香书札》)。

廿一日(10月29日) 《顾淞航诗》跋:余年方总角时,受业于陶半帆先生。书堂数间,在新阳县治东数武。户以外,吏胥杂沓,而先生掩关课童子六七人,终日垂帘读书而已。书堂后,巨竹数千竿。每新篁解箨,衣袖一碧。傍值橘、柚、枇杷、李、梅、桃、杏之属。春秋佳日,禽鸟啁啾,花香触鼻,如深山岩壑中。至今此境,闭目可想。陶先生既雅不与时俗谐,惟与巷东顾氏昆季为文酒之交。诸君皆客授四方,惟清明、重九解馆,来书堂中与陶先生饮酒赋诗,流连数夕乃去,去已复会。余从先生凡三年,所见如此。后陶先生馆于乡,余又从夏先生松坪游。夏先生借一椽于顾氏旧居,小桥曲巷。余负笈至先生所,见顾氏昆仲循墙伛偻,有儒者风度。一日,提学案临,有客颀然而长入傍舍中,携笔研匆匆赴试,即陶先生所与饮酒赋诗中一人也。越日,报试入格,有片纸粘壁上,则知君名为"有准"。是时,君年已将三十许,余年只十三四,未及询君行事,然记君恂恂儒者。窥其室,只米桶、败几、瓶罂之属,余破书数百卷而已。试毕,君去之湖壖。夏先生迁馆他所,与君遂不相见。后陶、夏二先生相继殁。余亦去至梅心,更无从询君近况。然时时忆两先生授书时事,即有君往来意中。道光戊子九月廿日,拙儿自城中来,余友石耘张兄以《且住楼诗草》嘱余摭录。开卷欣然,则君作也。由是始知君字为"淞航"云,急篝灯快读。时虫声四壁,菊影横窗。三十年前恂恂面目,宛然可睹。且与半帆师往来倡酬之作,层见叠出,恍见当时饮酒赋诗光景,而屈指岁月已三十余年矣。陶、夏二先生之墓,今皆宿草。陶先生无子,夏先生有子允若亦早夭。其诗文散轶,无一传者。计君今在,须鬓皤然,当作六七十岁翁。顾其著作,裒然成集,且多可传。回视同时之侣,君其何多幸耶!余既承石耘之委,为掇其尤者刻之。诗存卷中,且以淞航先生者,吾师半帆先生之执友,而松坪先生之姻娅也。因书如此，异日见君之同社，将并仿二先生之诗文，以永其传云。

与王椒翁书(见《晚香书札》)。

廿三日(10月31日) 记:《唐音统签》，明海盐胡震亨撰。震亨，字孝辕，万历二十五年举于乡，为固城教谕，改合肥知县，迁德州知州，谢病不赴。用荐，起定州知州，以城守功，擢兵部职方司员外郎，乞归。有《赤城山人集》传于世。博通典籍，日读书数寸。搜采唐人诗，分十签录之。甲签帝王七卷，乙签初唐七十九卷，丙签盛唐一百二十五卷，丁签中唐三百四十一卷，戊签晚唐二百一卷，余闰六十四卷，己签五唐杂诗四十六卷，庚签僧三十八卷、道士六卷、宫闺九卷、外国□卷，辛签乐章十卷、杂曲五卷、填词十卷、谶记一卷、占辞一卷、蒙求一卷、章咒一卷、偈颂二十四卷，壬签仙三卷、神一卷、鬼二卷、梦二卷、物怪一卷，癸签载诗话分体，凡发微、评汇、乐通、诂笺、谈丛、集录诸门共三十六卷。甄综条贯，可称该备。本朝康熙四十六年，以内中全唐诗合之职方十签，去章咒、偈颂，得诗四万八千九百余首，凡二千二百余人，刊行于世。是卷乃得之王静斋坤，未知于何时落女郎手，夹针线用。久之，又为恶少年缚之，以较拳勇。书之沦劫，一至于此。戊子九月廿二日，雨窗为补缀残卷，识之如此。懒道人潘道根确潜甫识。

十月初五日(11月11日) 代邵庵丈作《先六世祖子晋公传》(文长不录)。

十一月初五日(12月11日) 作陪吴银翁访王椒翁于山南老屋，别后奉寄:(一) 客忘修刺主忘迎，真率交情以淡成。筇杖瘦添腰脚健(时椒翁足疾甫愈)，梅花寒映鬓须清。久钦老辈风期远，自愧粗材礼数生。片石韩陵何足齿，只无一字到公卿。(二) 绕榻书如鸟构巢，出檐竹有拂云梢。人归洛杜香山里，地似廉泉让水交。图就《辋川》携画读(承以新制山水见示)，怀来胡饼借书抄(借抄饮鹤山人《贯珠集》七卷)。春秋佳日多清暇，莫厌频将白板敲。(三) 廿年桑梓挹兰芳,未得雍容杖履旁。姓氏何当留齿颊(承惠赠言,有"立品高迈"之褒),文章尚拟析毫芒(辱赏鄙制古文,题诗见许)。几曾任昉能诗笔,却许彭宣侍讲堂。垂后著书吾岂敢,逃名久已学韩康(椒翁题余《医学札记》,有"名山之业,且待君记",故云)。(四)曾记寅山二老儒,石田亲为写幽居。高人自惜情多胜,好事知君定亦如。十里青山词客艇,一弓水竹野夫居。平生知己无多子,好画梅花伴读书。

装《卧龙山人集》。

十二日(12月18日)　椒畦丈专使送书画并《停云馆医问》来。来诗:古人不见见斯人,未见先教意谊亲。闭户著书成《抱朴》,饭疏乐道自全真。无言砌下菊花落,有味尊中桑酒醇。别后尚余十日忆,梅泾咫尺水粼粼。答和:追随杖履只三人(谓邵庵、银帆暨椒翁三丈),臭味何当尔许亲。辈行猥蒙忘分略,笑谈直以近情真。文章自愧难谐世,风俗何时见返醇。珍重新诗并画笔,清裁如睹石粼粼。

廿三日(12月29日)　椒翁和诗:(一)客来无送亦无迎,率性何妨不世情。相对容颜同竹瘦,偶同谈论比茶清。乾坤俯仰容我辈,道义周旋托友生。君与古人惟似者,买丝我欲绣虞卿。(二)闻君结构是新巢,早晚春光在柳梢。影接乌衣飞燕燕,声求黄栗语交交。无边风月闲批抹,未见诗书日读抄。门外催租人不至,惟因觅句有推敲。(三)兰臭无言亦自芳,鲍腥那许到君旁。素襟披处怀如谷,壮语吟成字有芒。黄耳常教来得得,白驹莫放去堂堂。扁舟倘得入城便,伫待安仁对杜康。(四)为医原不碍为儒,日月壶中足隐居。欲向素灵探秘奥,还从禅乘悟真如。悯人每见苦成海,济物常教春满庐。随手红炉能点雪,何须肘后检方书。

廿五日(12月31日)　答邵庵丈(见《晚香书札》)。

补录十月二十六日《王椒翁诗书》:古文孰继姬传后,举世寥寥是此音。昨日接君书一尺,怀中犹见古人心。晚香大兄惠我书一通,赋此以谢,即请郢政。制弟王学浩拜稿。日前,从银帆先生处接奉惠书,称奖过甚,惭悚交并。然其意思之肫笃,词旨之雅令,诵之再四,令我欲一见之心愈结而不解也。谨著《序言》一通呈政。情之所在，略见乎词。足下其惠然肯来乎？秋间患痢，有寒热。幸脉不大，自服药五剂，而平卧床半月，现已复原。惟右足曾经断折，血出大伤。平时不觉病，后才知之。常常瘆楚不能出门，此奉访之所以有待也。附上《贯珠集》四本，祈查收为荷。顺候吟安不备。弟制浩顿首。

廿七日(1829年1月3日) 代拙作右《橘颂轩杂录》一卷，皆余随所见可喜者，率笔录成。年代无次序，卷尽而止，凡若干条：橘颂轩者，盖家君旧时读书之所。在梅心泾之西墙隅，有橘一株，高出屋檐。秋冬之际，实垂垂千百。家君读书之余，婆娑其间，顾而乐之。因取屈大夫语，颜其轩曰"橘颂"。盖有味乎，受命不迁，深固难徙之意也。未几，家君去之南村。癸未大水，此树遂枯，而轩额故在。家君每有著录，辄署曰"橘颂轩书"。盖诗人睹王《雎》而咏后妃之德，屈原见宋橘而申贞良之志，意有感触，即以自寓，岂真恋恋于一草一木耶？不肖顽钝，无似有逾淮化枳之诮。景仰前徽，率笔成卷。中间诗文简牍，多有譬犹。楂梨橘柚，其味相反，而皆可于口，故亦以颜之。时道光戊子仲冬，新阳潘拙生勤补书。

十二月初七日(1月11日) 前访黄苣翁，索及王椒畦丈赠仆之作。余录寄王蕙园处，未达。

初七日(1月11日) 余偶他出，而苣翁遣人来索诗，且惠鱼，灯下作此奉谢。是日，苣翁哲嗣练江，亦从姜村迁至太平河寓斋，故有末句云云[①]："检历心惊岁又除，虚堂今夕是三余。御寒自笑炉无炭，弹铗先欣食有鱼。老去自于诗简懒，愁来莫与酒杯疏。遥知膝下团圞坐，也拥清毡共展书。"

初九日(1月13日) 阅石芸寄来钱愚谷《大砚堂诗》。余家旧有《栈道图》一帧，山势险峻，栈道萦纡，驴登陟者约数百人，上有钱愚

---

① 此衍一"云"字。

谷先生七律诗一首。嘉庆乙丑遭先君之变，同东柯李寅画山水一帧，质于子钱家。至今耿耿于衷思，再一展玩，不可得。钱君之诗，亦仅记其起结，不能全忆。今日披阅《大砚堂集》，是作亦在其中，为怆然于怀，因记于此：“蜀道盘空古所嗟，披图满目是烟霞。屏开千仞天低树，路控三巴星挂槎。喷浪花飞沾马足，连云栈起接牛沙。一鞭残照清帘飐，笑指山坳有酒家。”

十七日(1月21日)　小门生赵象明家营葬。时象明方七龄，主家政者，方盛之配夏，即松如之女也，力甚绌，乃治具，葬象明之伯祖父母、父母，凡十一棺，松如与有力焉。是日送者，惟旧亲数辈。前时攘夺瓜分之子姓，竟无至者，可慨矣。夫是役也，可以愧世之须眉，有力而不葬其亲者。新畬为视地来，共叹息焉。因记之。

廿二日(1月26日)　作《高平范氏支谱》序(不录)。

廿三日(1月27日)　祀灶作：家贫何处觅黄羊，只有清泉与瓣香。不似阴家求富贵，下田无水好栽秧。

廿七日(1月31日)　与银帆先生(见《晚香书札》)。

廿八日(2月1日)　作：(一)家家俱有穷年费，我欲除之苦未能。全罄悭囊归药肆，平分学俸施庵僧。催租幸少田三棱，自劳还须酒一升。清绝纸糊窗下趣，水仙花伴读书灯。(二)一岁流光从此尽，百年世事亦悠哉。宁辞鬓向客中老，且喜春从夜半回。听谶静看宵烛烬，联吟坐待晓钟催。邻翁见说园梅放，预约新年斗酒杯(案：棱，平声，疑作“稜”)。

宗者，尊也。为宗主者，家人之所尊也。大宗能率小宗，小宗能率群弟，通其有无，所化理族人者也。族者，凑也，众也，谓恩爱相流凑也。家有吉，百家聚之，合而为亲，喜庆相扶，疾病相恤，有合聚之道，故谓之族。

寄芑塘：(一)十载住江乡，开轩即水光。鸭群喧过雨，树色赤迎霜。野趣思藜杖，生涯托钓航。何当谋水竹，深邬筑书堂。(二)千亩篔筜贮在胸，出群标格有仙风。疏髯苍鬓看成雪，恍见当年白石翁。

赠金兰泉(故人香帆哲嗣):(一)君家先子千秋士,旅馆相逢数论诗。谬许词场称畏友,喜从客坐见佳儿。(二)笑言已痛人难再,尊酒犹怜汝共持。珍重诗书须努力,九原松柏慰心期。

道光九年己丑(1829)[①]

正月初二日(2月5日)　邀村中诸君为春盘之饮。酒三行,接止翁札。遂命舟入城,为也山诊视。承留饮,同席者为陆倩霞、吴广斋二秀才。是夜,同宿春园弟宅。

止翁来札:兹有恳者。晋宣舍侄,偶缘感冒染疾,曾服一二时辈方剂,未能奏效。询之椒翁,云:须与足下商酌定方。以此专力到乡,幸祈暂拨诸冗,即速命舟,至小西门外诊视,再到椒翁处一谈为妙。椒翁盼驾綦切,藉是可图良晤也(余略)。

初三日(2月6日)　止翁访余春园宅,因同访椒翁于山南老屋。承留饮,兼以新作见示,并导游易画轩、钓篷诸胜。园中梅花百余株,已破萼矣。约花盛时再访,因郑重而别。即同止翁再访也山,知药已奏效,喜甚。是夜,止翁留饮。

《论医》一篇赠潘子晚香:星宿探原《灵素篇》,华陀扁鹊无传焉。仲景乃始论伤寒,兼以《金匮》证治全。专求脾胃李东垣,偏主火热刘河间。丹溪养阴有心法,伪方八味知蘗偏。立斋治病求所因,其效往往称如神。叶氏聪明绝世人,精微之论在春温。伤络伤经久暴别,养脾养胃阴阳分。苟非读书有心得,诚恐触手多纷纭。近来丹徒遗聋子(王九峰),次之乌镇留沙门(僧逸村),皆能熟精全《内经》理,叩其腹笥真便便。就我所见二人外,更无可与谈岐轩。呜呼我老无望矣,眼中之人有吾子。棘人王学浩稿。

---

① 原注:"先生时年四十有二,寓梅心,仍号晚香亭长。"

题椒翁丈园林:朝市何如小隐宽,短筇乌帽好盘桓。山回蒋诩家三径,水著詹何钓一竿。槛外花明春意净,檐前树绕昼阴团。主人别有烟霞癖,画尽峰峦入卷端。

椒翁题自作山水:如此溪山画与人,得钱亦可告钱神。平生造孽无多事,刻削天工太损真。

节录朱琢生《陆贞烈传》:陆氏行二,吴门南濠人。父维宗,母高氏,无子,生三女。长女赘张氏婿,次即烈女。烈女生有异禀。方四五岁时,便寡言笑,器度端重。七岁就塾,读《孝经》、《烈女传》,余书便能了了。女红针黹,能别出心裁,为人所不能为。其颖敏如此。长女婿张既依妻为活,尤不修行检,见女色美,频以词侵之。女愤不自胜,而张嘱妻为之囮(囮音讹,诱也)。女知不免,遂薰沐更衣,赋诗自经而卒。其诗曰:"百折回肠思万千,从来女子节为先。儿今明志辞尘世,没福承欢向膝前。滴泪书成诗二章,尊亲见此莫悲伤。从今永诀无他赠,努力加餐各自当。"是日,适其母归母家。张方饰观妻剧,女遂乘间毕命于尺组,哀哉!女既绝,颜色温润如玉,敛时异香盈室,人谓贞烈所感云。生于嘉庆壬戌二月十四日,卒于道光壬午二月十日,年二十有一。许字陈生灿文,灿文亦奇士。闻烈女之死,饮泣不已,赋《悼亡诗》一章:"一夜伤心泪,天明复又收。恐伤父母意,暗向枕边流。"读者悲之。予悲烈女之死,故为之传。

廿八日(3月3日) 椒翁赠诗:与君相见哪嫌频,淡淡交情意自亲。尺水丈山曾不远,青松翠竹必为邻。飞扬且任蓬心客,寂寞偏留冷眼人。几度履綦看户外,从来蹑不到街尘。

初三[①]**(3月7日)** 读《医经》有述:人生参三才,胞与皆吾类。一物苟失所,已为仁者累。嗟我百无能,守拙为世弃。俗事久谢绝,长日掩关睡。山林虽世外,讵敢忘夙志。一毫无补人,半菽皆吾愧。造物亦有憾,六气致疾戾。刀圭可回生,良相昔人儗。轩岐有遗书,

① 当有"二月"。

一编坐无寐。苟能人病已，何妨吾心悴。至道固无奇，存仁出以智。去过补不及，便是不思议。妙义原一贯，守约必多识。回天我岂敢，泽物儒者事。

依韵奉酬椒翁：难得经过岂惮频，交情如水转相亲。谈深一夕堪千古，道合天涯似比邻。已息飞扬抛世虑，聊甘寂寞作陈人。知公爱我非无意，亦厌元规扇底尘。

初六日(3月10日) 入城，访止狷先生，访椒翁先生。时患气逆，定旋覆代赭石汤方。又为德配暨令孙诊视，因留饮。同席者，徐香岩、王怀方。饮毕，坐钓篷看梅。时花已盛开，池中水亦长尺许矣。是夜留宿息斋中，晤嘉定胡耕云(森按：椒畦先生有学画高弟崇明和亲仁，号耕云，未知"和"误"胡"否)。

初七日(3月11日) 坐木兰舟中，阅董北苑《平湖垂钓图》卷，长四丈许，山重水复，笔墨超绝，有元柳道传、张伯雨，明杨士奇、吴匏庵、唐伯虎题跋。又黄大痴《山水》卷，有董思翁、沈思孝题跋。又夏太常仲昭《潇湘夜雨图》卷，又范文正公手书《象山令顾方祠碑》。又褚河南双钩张芝、王右军墨迹，上有"御府图记"、"登闻鼓院记"及"子瞻"、"元章"印。同观者，陈梅村秀才、王鲁源明经。回舟，椒翁遣人送《六朝文絜》一部、熟藕一种。

初九日(3月13日) 太仓李松溪国学、许梅溪秀才自椒翁所来邀，视梅溪尊甫征久，国学病，解维已二鼓。至太仓，同松溪夜饭，就枕时鸡已唱矣。松溪，蘅塘先生次子也，亦出椒翁之门。

十四日(3月18日) 入城，得《苏学景贤录》，张隐庵《灵枢注》，唐人段成式、项斯、罗邺、曹唐、喻凫、唐球、姚鹄诗文集，又《顾非熊集》、《刘静修文集》、《元遗山诗集》、《北户录》一卷、《湖山胜概》一卷。

椒翁见怀二首：(一) 一树梅花一忆君，依依落日霭停云。此时独立梅花下，清磬空山何处闻。(二) 门外行舟也自停，迢迢一水忆梅心。闲来隐几书斋坐，独对无弦壁上琴。

十七日(3月21日) 作《艺塘挽诗》：(一) 饥驱无计侍庭闱，每话晨昏泪满衣。此去九原应痛绝,家乡何处白云飞。(二) 阿兄前岁叹人琴(令兄菽原,以昨岁亡),夜雨江村废独吟。今日荆庭凋谢尽,可知难弟更酸心(令弟雪蕉,时馆吴门)。(三) 满腹文章不療饥,豪吟泥饮老还痴。结交四海黄金尽,忘却西华葛帔时。(四) 维摩丈室一灯贫,抱膝谁怜老病身。死比黔娄更凄绝,室中谁是正衾人。

录《叶文庄公自题像赞》:身过裴度,人犹以为瘦;年齐崔湜,人犹以为幼。彼则云云,我方戒骤。其所愿者,君之圣;其所乐者,亲之寿。乾乾焉,学之不充;凛凛乎,道之未究。盖吾将有事于厥躬,而何究心于富贵也。

廿七日(3月31日) 接椒翁札:十日不见,悠悠我心。每对清风,辄思元度。特以无事,不敢相招。昨吴韦庵来舍间讯,因其女东仍欲请仁弟诊脉。托(愚)转约,望即来舍。若能留宿,则更好也。日日门前听足音渺然,空谷自遐心。今朝幸有印须,便静俟清风,豁素襟。午后,命舟入城,访椒翁。晤茸城颜朗如(炳)。访止翁不值,宿息斋中。与王芝香、钱小楼、颜朗如夜话(为王硕甫令堂、令政诊)。

廿八日(4月1日) 坐雨木兰舟中,时玉兰、红梅正开。同芝香、朗如、王述堂坐钓篷观鱼。各处诊毕,仍宿息斋。

廿九日(4月2日) 借椒翁《三因方》若干卷、《颜真卿集》十五卷、《宋文宪集》若干卷,与椒翁、芝香、朗如分袂。椒翁处,观宋元人书画幅一册,吴郡《王声画西厢》一册,箨石孙钱已山《花卉》一册,王耕煙《山水》,杨子鹤《青山绿水》,董香光字轴,宋克墨迹《绍熙云间志》。

学圃即事(见《隐求堂诗存》)。

三月初五日(4月8日) 与邵庵丈(见《晚香书札》)。

潘榕皋重赴恩荣赠言:(一) 蕊榜重开甲牒迁,如君真是地行仙。朝中风雅推前辈,座上簪裾尽少年。衔借条冰卿月朗,恩需天酒斗杓悬。白头追忆胪传日,柳染宫袍簇簇鲜。(二) 视草曾经上玉堂,儒臣廿载近清光。口含鸡舌趋丹陛,手卷纶竿踏钓航。帖报泥金留故事，花明三殿忆班行。杏园重到浑闲事，早晚远题人瑞坊。（三）领袖人伦此老成，夕郎真不愧寅清。悬舆早遂归山愿，扶杖还深恋阙情。鸟迹鱼书研大篆，杏花菖叶课春耕。孙枝接武峥嵘甚，蔗境萧闲咏太平。（四）稳卧东山乐考《槃》，圣恩稠叠许除官。怀中冰雪情萧爽，笔底蛟螭怒屈蟠。父子高科前史少，始终完节古人难。龙钟喜见师门盛，忆坐春风侍讲坛。

清明即事（见《隐求堂诗存》）。

江村夜读：出郭不十里，茅檐略可居。喜免束带烦，偃息得自如。萧斋好风日，且以读吾书。寻味未终卷，短檠映窗虚。咿唔达夜分，游心太古初。往来好兄弟，讹字刊鲁鱼。单亲未衰老，中厨馈佳蔬。此事不可再，展图泪盈裾。寻君旧游地，指点都成墟。俯仰三十载，鸿爪无留余。奈何卷中人，得不霜满梳。

明湖秋泛：湖波送夕凉，一棹东城渡。柳色漾轻飔，荷深若无路。欲采白蘋花，朝来已秋露。

桐阴校书：桐阴满院凉，山光落棐几。穷年费编摩，千秋有公是。何当筑茅亭，特笔题野史。

梨花春宴：林深绕风露，春气凄以耿。园花淡相望，晴月照杯影。举酒酹梨花，素发怅垂领。

十四日（4 月 17 日） 作：出门皆有悔，不如掩关坐。一卷手自把，圣贤相对语。犹胜俗客谈，胃反令人吐。冻蝇缘耳鼻，每每相欺侮。驱之转辗集，人世第一苦。何计得清凉，蒿蓬翳环堵。

十九日（4 月 22 日） 作：雪霁川原空，林峦窅然暝。小楼联夕吟，旧地劳引领。一读《西斋咏》，展图泪縻绠。

《吴止狷先生像》赞：词章不足以载道，则斥为陈言；学问不足以希圣，则讥为俗儒。盖深惩乎末流之所溺，而惟古贤之是趋。所以胸怀粹白，进止于徐，不为外物所系，而心与化俱，博带褒衣，形癯道肥。守箪瓢之家法，学颜氏之庶几，将尚友乎当世。微先生，“吾谁与归”？

怀圩茔迁葬记（文长不录），今摘其略，曰：吾六世祖子晋府君乙西成志，葬清圩茔。三月十四日，同拙儿与懋嘉弟邀陈氏侄女访得于妙花泾之西怀圩。主穴为子晋府君之次子，稍东一穴乃子晋府君迁葬处。嘉庆中，子孙以贫故，售清圩近茔之田而迁于此。其说皆得之潘寿方之外孙顾鸣岐。售田者，即寿方子，晋府君五世孙也。

椒翁来诗：不见滩头鸥鹭群，小园花落已纷纷。每逢佳日思留客，况有青山欲待君。老去正愁春寂寂，兴来常觉物欣欣。偶然翘首城东北，无限停停积暮云。

又题《画梅》赠潘子晚香：(一) 我画梅花斜与横，能将冷淡耐人情。世间若个知音者，只有当今潘次耕。(二) 君爱梅花伴读书，暗香疏影淡相于。抚弦为得琴中趣，不道林逋是子虚。(三) 泾名何处得梅心，便与梅花成古今。我慕襄阳孟居士，挥毫聊代雪中寻。

又次韵答潘子晚香：(一) 八口团圞是一家，全依笔砚作生涯。囊中那有闲钱贮，门外空来压担花。(二) 柳条长未及沾泥，墙外青山露髻低。我欲写将图画里，谁矾东绢到鹅溪。(三) 日日柴门镇不关，一园草色绿于鬟。客来客去常如织，趁此风光好看山。(四) 水淡如何比酒醇，一杯犹足饯残春。可怜旧雨飘零尽，新雨如君又几人。是日，观《赵仲穆八骏图》、《王耕烟山水册》。

廿五日(4月28日) 观马江香、汪竹坪花鸟。

接邵庵丈札：屡辱手书，久未裁答，惫可知矣。蒙抄寄长沙《论》序，得之如获秘宝。谢谢。但中有"啼沙"二字不可解，乞更查之，承惠示。《李杲堂文抄》，今寄上。梨洲、杲堂与吕晚村同地同时，二集中何无一语及之。岂古文与制义好尚不同耶？抑文人相轻，自古然耶？可怪也。《天傭子》，欲更乞一观。奉和尊作数诗呈政。何时更得一叙？即请吟安不宣。

原《奉和清明即事》：老思往事去如烟，怅触春光只自怜。花草乱生寒食路，冠童争趋浴沂天。不堪愁绪酬佳节，岂有闲情慰暮年？多谢素心持赠句，彩笺飞到一輾然(余诗不录)。

四月廿五日(5月27日) 记：陆宣公《翰苑集》二十四卷，盖邱云侣丈得之周愚堂丈者。拙儿借来读之。卷一之卷十《制诰》,十一之十七《奏草》,十八之廿四《奏议》。此书系山右张佩芳荪圃注释。张君进士出身,知新安之歙县,平定州人,刻于乾隆戊子。此书有权文公德舆序,称《制诰》十卷、《奏草》七卷、《奏议》七卷,宋元祐中苏轼、吕希哲、吴安诗,丰稷赵彦若、范祖禹、顾临校正,进呈劄子止载《奏议》十二卷。陈后山又言,权序今所存者,《翰苑集》十卷、《膀子集》十二卷,名目卷数互异,又淳熙讲筵有太中大夫试刑部尚书兼侍读兼吏部尚书萧燧等劄子奏,又迪功郎绍兴府嵊县主簿臣晔进所注《宣公奏议表》一道,系绍熙二年八月初七日。

《宋文宪公全集》共五十三卷,从椒翁先生处借读,先生遂以见赠。文宪生平著作甚富,生前未有雕本,没后三十四年,而后有太原张氏之刻。又二十二年,而后有海陵徐氏之刻。又十五年,而后又高淳韩氏之刻。至所著《龙门子》《凝道记》,从未有刻之者。至国朝嘉庆己未,吴县严少峰荣以翰编出知金华府事,慨旧集不存,始汇众刻而一之为全集,刻之于金华府学。此集是也。卷首一序文、原序,卷首二诰勑本传、小传、行状,卷首三像赞、祭文、墓志、祠堂、碑记、世谱记、世谱序、石刻世系记,卷首四凡例、目录。卷一之二十《銮坡前后别集》,亦名《翰苑集》,卷二十一之三十一《芝园前后续集》,卷三十二之三十四《朝京稿》,卷三十五之四十二《徐刻八编》,卷四十三之五十《韩刻补辑》,卷五十一之五十二《龙门子》《凝道记》,卷五十三《浦阳人物记》,有杨维祯《豫章揭汯清江贝琼序山堂粹稿》,凡十六卷。邵庵丈借读,明延陵养斋徐公所著,公讳问,字某,弘治十五年进士,仕至南京礼部右侍郎。嘉靖中以原官致仕。公喜道学家言,与湛甘泉、唐荆川书札往复。

钱竹汀先生《潜研斋集》五十卷,从止狷先生处借读,有金坛段玉裁序,其自题像赞云:“官登四品,不为不达;岁开七秩,不为不年;插架图书,不为不富;研思经史,不为不勤。因病得闲,因拙得安。亦仕亦隐,天之幸民。”

即事:扫门人迹外,渐老喜深藏。路僻闲行远,春晴昼睡长。余花留晚蝶,幽草恋斜阳。尽日空林下,研朱点药方。

椒翁集中有题《画梅》见赠之作,而画未见,作此奉寄:何时驿使寄天涯,岂是通灵化去耶?词客共知春有讯,美人奈以梦为家。空传疏影横斜句,不见繁枝乱插花。蹋壁孤吟凭想像,闲窗啜尽数杯茶。

五月十二日(6月13日)　病中作:常年卧病寻消遣,枕畔残书每作堆。今日我衰知已甚,看书之眼亦慵开。

十三日(6月14日)　怀椒翁:舫斋屡过记春初,捧袂清谈愧起予。下榻特教营纸帐,开尊亲为钓池鱼。白驹不觉兼旬逝,黄耳难传一纸书。伏枕漳滨怜寂寞,题诗为问近何如。

廿九日(6月30日)　石芸母夫人吴节母七十寿诗:寡鹄歌成泪满巾,光阴七十记逡巡。鹿车怕说当年事,鹤发欢添此日春。画荻教书欣有子,牵萝补屋莫忧贫。贞松慈竹还分干,独尔青草萃一身。

六月初一日(7月1日)　作:(一)篱根片石也嶙岏,亦有邻墙竹数竿。一草一花随分足,道人眼界本来宽。(二)微风略为扫庭除,瓦枕藤床不负予。一淡名心成懒惰,案头久掩读残书。(三)早起回廊彳亍行,一帘梅雨又新晴。客中岁月真容易,又见残花结子成。(四)不过东舍即西家,野老相看一笑哗。旧事偶谈供抚掌,瓦罐梅水泼新茶。(五)一弓隙地是园蔬,紫芥青菘好雨余。未算客来供采撷,老夫朝夕亦时须。

初八日(7月8日)　作:(一)读书堂下有疏槐,槐下野花零乱开。花落更无屐齿印,须知村僻少人来。(二)急雨跳珠碎白蘋,豆花棚下晚凉停。长年饱饭何由报,细为邻童说《孝经》。

初十日(7月10日)　盆荷始放:我家盆内双菡萏,何似潭中万柄香?添种修篁三百个,烟波一幅是潇湘。

十七日(7月17日)　作:椒翁山水蟠胸次,晚与梅花共心事。醉来磨墨一升余,写出孤山春意思。华光已老补之死,妙迹今人谁与二?千花万萼信心手,佳处不缘香色泥。耐寒之交调鼎味,着意揣摩总非是。翁之心事我能知，要与乾坤挽清气。

二十日(7月20日)　根顿首，穆卿先生阁下(见《晚香书札》)。

二十日(7月20日)夜　记梦：门前竹桥危石支，下有流水清且漪。交柯桧柏蔽天日，亦有禽鸟枝间窥。入门荒荒断人迹，古殿朱扉掩虚寂。傍开一径入修篁，中有茅堂似曾历。一僧赤脚微有须，相看尘土还揶揄。导我廊间拂素壁，旧题诗句尘模糊。依稀记是三生地，竹榻茶炉俨位置。谈余麈尾挂屏间，讲后残经犹在笥。嗟余堕落在人寰，四十年光瞬息间。世外弟兄犹见忆，镜中须鬓已先斑。是身正似芭蕉树，鼠啮枯藤陈苦趣。柏枝今已向西无，好记庵名为净住。

廿四日(7月24日)　作：六月不雨过二旬，旱田龟坼生埃尘。蛇医无灵土龙睡，社公威福谁敢嗔。况复连朝日如炙，踏车不停溪水竭。阿婆正告饭箩空，县吏催租打门逼。频年岁丰农自饥，豪家唆肖力不支。一石要偿三斛外，心头剜肉将疮医。两年饭做一年吃，一手能泥几垛壁。东车才拆西田干，不比农夫眼中血。天心自仁人自愚，神虬嘘云云气扶。驱雷鞭电走旱魃，天瓢一注皆昭苏。须臾沾润遍四野，余滴犹闻韵檐瓦。凉风飒飒欲生秋，万物欣欣正迎夏。我家竹屋低似船，雨余月出凉风延。老夫比农还计短，先贪一夕单衾眠。邻翁闻雨大欢喜，祝取禾头好生米。官仓斛大私逋严，余粒还能厌糠粃。我皇仁圣天覆涵，九门虎豹森威严。谁续监门旧图绘，大沛膏泽生穷檐。庙堂傥有皋夔侣，何见唐虞不可睹。愿起傅严版筑徒，大济苍生作霖雨。

椒翁先生来札：两月未晤，想念殊深。顷接手书，藉稔暑祺清胜为慰。医书二种已收到。《三因方》仆未经细读，故误处均未改正。今得仁弟为之校刊，大妙。仆之近日，气急稍可，因天暑不出门。日惟作画，颇觉闲适。久未作诗，未知仁弟有近作能示我否？内人病未脱体，有便来城，望过我一诊。无以伴函，有画扇一柄奉鉴，幸哂存之。顺候近安不具。

晚香书来，以诗代柬：咫尺想思水一方，停云不断暮天长。今朝觅得江头鲤,乘兴挥毫趁晚凉。

银翁先生来书:违晤芝标,转瞬已百日余。作客光阴,何堪久此仳别耶?初夏浙中之行,拟一泛西湖之棹,乃秀才命穷,连日为雨师所困。萧山署中,盘桓三日,绝少开霁之时。遂复挂帆而北,闷坐舟中,曾作小诗以遣,有"寄语湖山莫相笑,此行原似剡溪舟"句,盖不得已而为是解嘲语也。今年炎歊逼人,偶发兴,欲排纂《亭林年谱》。自六月初迄今二十余天,已就十分之六七。中元节间,当得断手,兄或觅暇来此,当就质也。《潜研集》已收到,附去拙书一轴,即交贤郎带回。匆匆不及覼缕,惟珍护为嘱。奎顿首。

七月初一日(7月31日)　记:梦于斋旁隙地种竹,口占诗一首,觉而记之(见《隐求堂诗存》)。

初三日(8月2日)　与银翁丈书《见晚香书札》。

《述怀》四首,寄椒翁、银翁、邵翁三丈(见《隐求堂诗存》)。

十七日(8月16日)　作:(一)雨余放犊草间嬉,早稻迎凉头已垂。邻壁漏灯知夜绩,江乡风物似《豳》诗。(二)水云黯淡早迎秋,篱落西风豆角稠。刚欲意行嫌草露,携筇只立小桥头。

录椒畦先生《潘节妇陈氏传》:尝读《诗》曰:"无非无仪,惟酒食是议。"说之者曰:"有非,非妇人也。有善,亦非妇人也。惟议夫酒食而已。"盖妇人之行,不出闺门。平居无事,尚不可以善自炫,况乎悼丧所天?称"未亡人",而乃以此沽名欤?持世之君子,每以此为先务而不敢后者,岂不诚悯其志之确,而节之坚欤?抑又将以风励末俗欤?此吾于潘节妇之事,不能不为之低徊太息也。节母盖吾门人潘确潜之从伯母。一日,确潜持状来请余作传,余乃类次其事于右。按,节母姓陈氏,昆山人,父某早亡,依其母以居。及笄,归同邑潘君士龙,为前明殉节诸生子晋之冢曾孙妇。节妇于归时,舅启原已前卒,惟衰姑在堂,家又贫。节妇相其夫,具滫瀡,奉堂上欢,而自奉甚菲。乡里称其贤。无几,姑与夫相继弃世,无子,只两女。幼者方呱呱,节妇痛悼,几不欲生。念夫亡时,以立后为嘱,因携两女居败屋中,资针黹以给朝夕，瓶无储粟。十月，犹曳敝葛。里妪怜其贫且少，以他词讽之。节妇泣曰："吾非不知前途甚难，但此心已许潘氏矣。"因呜咽不自胜，里妪亦太息去。节妇虽居湫隘，然深自拥蔽，邻里不见其面。一夕，方夜绩，有人误叩节妇门。妇疑有他变，即抽刀置袖中，以身拒户，厉声呵为谁。叩者知其误，于门外谢罪去。明日询之，盖邻母于女家饮酒归也。其自守如此。久之，两女皆遣嫁郡中。稍积赀，买数楹于旧居之南，立从子洵中为后，为之授室，具生殖赀。凡置一衣一器皿，必先嗣子，而后两女。道光元年，岁大疫，死者相枕藉。节妇适省女郡中，遘笃疾，知不免，亟命舟返昆山。女固留，且曰："倘有不讳，女亦骨肉也。"节妇正容曰："所以云嗣子者，凡为今日故也。"趣解维，至邑西门，已疾革。闻岸上人语声，喜曰："已到家矣。"盖到家，未安席而没也。临终，神明不乱，实八月十日，上距其生乾隆十五年四月十日，年七十有二。节妇居常，温温然，无喜愠之色。及其行事，斩截如古烈丈夫。乃四十四载之星霜，未及享一日安闲之奉，而遘疾遽死矣，悲夫！间尝论妇人之青年丧夫，最为荼苦。倘居富贵之家，有婢媵以给使令，阖庐以蔽风雨，粟帛以供衣食，犹可自慰。若乃茕茕吊影，室如悬磬，忍寒夜绩，斜月入帏，自非铁必石肠，未必不为之动也。"守节"二字，谈何容易！故吾于确潜之请，不得不为之动色者也。敦厚风俗，扶植人伦者，吾党之事也。因具书之，以励天下后世之为人妇而遭变故者。赞曰："忠孝之门，四世未艾。有妇曰陈，早丧厥外。茹荼啮蘖，四十余载。提携犹子，饮食教诲。临没首丘，义乃割爱。夫亡一诺，至死弗懈。贤哉节妇，风励百代。上视高曾，遥遥追配。吾为斯赞，正襟再拜。巾帼须眉，用志余忾。"文林郎国子监典簿邑人王学浩拜撰。

十一月初八日(12 月 3 日) 入城，访邵庵丈、吴江诗人张春水(澹)。同春水访椒翁，别后访吴止狷丈。晤元和陈木痴(桀)，宿春园弟宅。银翁、木痴携灯来访，张石芸亦至。

十一日(12 月 6 日) 咏菊，有怀元和陈木痴(见《隐求堂诗存》)。

初二日(11月27日) 邵庵丈病愈喜赠(见《隐求堂诗存》)。

邵庵丈用韵寄示:幽居岁月岂蹉跎,想见勤修尚琢磨。得句定知终日喜,借书不厌五车多。《闲居赋》好花将放,涪老名高发未皤。应畏尘喧忘泛棹,读诗须删市婆娑。

陈木痴和诗:回首家园岁又深,就荒篱落几人寻。幽情冷况描无迹,把酒题糕梦不禁。滋长灵根三月事,操持傲骨九秋心。萧条客里霜庭见,警耳新词动素襟。

二十日(12月15日) 题易画轩壁上画《松》,是椒翁丈作(见《隐求堂诗存》)。

廿二日(12月17日) 记:陈棻顿首:晚香仁兄足下,仆生五十有七,晚得一师,椒翁先生是也。继得一友,仁兄是也。师友知己,可以无憾。昨到吟斋,顿慰素心。中夜转辗思之不置,谨诵《风雨》之章,以申别忱。棻顿首。

十二月初七日(1830年1月1日) 归舟次。

除夕即事(见《隐求堂诗存》)。

仆于石芸处,得先生之文。伏而读之,未尝不爽然失也。以为仆与先生相违仅一舍许,抱"愿言遘止"之忱,不获一接謦欬。况四海之大,贤人君子之抱道自高、伏处岩壑者,非有知己之延誉、左右之先容,仆又何所望耶?此仆之所不能无憾也。既而思之,则又不然。先生之文章,先生之经济也。先生之经济,先生之道德也。知先生者,其在是乎?仆于当世之士,有终日晤语而未窥底蕴者,有略觇梗概者,亦有终身未谋一面而诵其诗,读其书,其人之言论丰旨想像而得者,无他,文章有性真,不在乎其人之见与不见也。然则先生之于仆,仆之所以得先生者,又何求焉?于是始而怅然,继而殷然,终且忻然慰矣。略书数语,质之先生,以抒愿见之忱,并以质之石芸,以为何如?逸客弟吴煐顿首。

怀娄东王醉山布衣(翚瑜):入春频拟叩书堂,风雨连旬愿未偿。已见绿芜生野岸,渐看新水涨池塘。客中节物惊时变,静里园林觉日长。想见闲窗无所事，诗篇画卷满奚囊。

作《乡贡进士吴止狷先生传略》（见《文集》，文长不录）。

谨启者：娄东王小山大兄，文肃后裔，诗礼旧家，数世寒毡，空囊如洗。三年无艾，一病云亡。际此水穷山尽之秋，适丁薪桂米珠之候。仆萍水相逢，金兰投契。谓礼先一饭，他时为哭我之人；岂命止中年，此日乃弃予而去。哀人生之必死，孙楚反弃寡妻；痛天道之无知，蔡邕尚余三女。一廛借托，风雨飘摇；数口零丁，饥寒可悯。虽青山白骨已閟千春，而甑倒瓶空何以卒岁？仆仅有寸心，恨无片力。灰钉聊具，少展平昔之忱；冻馁未免，曷谢临终之托？蘧伯玉耻独为君子，幸同侪尚有仁人；左伯桃谊不负死友，岂吾党竟无节士？凡为声气之同，奚必曾谋一面。惟此恻隐之念，宜乎人具斯心。敢告同人，共襄义举。借西江于涸鲋，吹寒谷以春晖。庶孤寡无弃捐之恨，而义声垂吾党之光。亡友幽魂不泯，定衔结草之私；不佞孤掌难鸣，亦感薄云之谊。恩波无既，存没均沾。谨启。

后市巷宅堂三间，颇湫隘，先祖松溪公于乾隆十五年措资二十五两，自杨庄迁焉。居凡三世，历七十四年。于道光四年闰七月一日，得洋银六十元，售于张姓。宅为王思任旧居，庭中累尧峰石为假山，树木丛杂，颇有山林之趣。先君题曰“绿阴堂”。堂南乃元金总管墓。先祖居此时，金氏子孙有来祭扫者。假山以阴晦，颇藏毒虺，逐一毁去。至根幼时，独墙西角井旁，有数巨石在耳。东南墙角，开一门。先君借金姓墓傍地，筑从屋两间。其门径间有黄杨一株，系数百年物。一梧桐树大五六围，枳椇树大三四围。夏秋，绿阴可喜。庭中紫薇二株，花时红艳夺目。西墙有铁梗海棠一株、荷花蔷薇一架，皆先祖手植也。西厢屋二间。北为厨，其南一间阴湿特甚。先慈生予兄弟于此，其弃养也亦于此。思之泪零。忆乾隆末年，有徽商开质库构楼屋，欲购此间屋，许以百缗。先君曰：“守先人之敝庐，可以财贿夺乎？”不果与。至今，其楼缺一角焉。金氏墓石虎羊已残毁。余幼时，尚有梨树一大株，大数十围，高百尺，花时如雪，后为风所摧。其东南有老屋四五间，先君为先友黄理斋下榻所购，后余兄弟读书于此，颇称寂静。又先君捐馆，无以为敛，因售于邻人周世求。当乾嘉时，先叔父一房及先伯房从兄姊，皆聚居于宅中，床榻不容。东典范姓宅数间，以居孤寡。后先叔父挈家迁孤老巷宅，范姓乃赎宅去，犹割东南板房一间。今亦属张姓，所得洋六十元。根与从兄贲宏、从弟宏文三分分之。根又代宏文借赵姓银未了，举所分得者偿之，遂洗手焉。鸿爪雪泥，可为浩叹。暇日略记之，以示子孙。

戒拙儿语：吾见乡里丧家不以营葬为急，而侈于道场、斋施之事。彼初不知佛为何人、佛法为何事，但欲以此侈邻里之观耳。又僧道炫伎，几类俳优。吾常深恶其非礼，汝他日决不可事此。此吾所恶也。且侈费得福，则贪官污吏兼并之家，皆得生天，而清士廉吏，悉沦地狱耶？天理岂容如是！墓有铭，非古也。吾欲自记数语，以诏来者。如是足矣。溢美以诬后世，恶乎敢哉？吾平生未尝害人。人有害我者，或出忌嫉，或偶不相知，或以为利，或其人本不明理，其情皆可谅，不必以为怨，谨避之可也。若中我过者，尤当佩之。汝但能寡过谨守，勿露所长，勿与势力者近，则人之害己者自少。吾虽悔，已不可追。以吾为戒，可也。风俗日坏，可忧者非一事。吾幸老且死矣。若使不遽死，亦决不妄求富贵。惟顾念子孙，不能无老妪态。吾家本农也，复能为农，策之上也。杜门穷经，不应举求仕，策之中也。得为庶士，不慕荣达，策之下也。过此以往，则无策矣。世人闻此言，决以为迂阔。而远于事情，待阅历久，当知之耳。气不能不聚，亦不能不散。其散也，或遽或久，莫可致诘。而昧者，或置欣戚于其间，甚者服食吐纳以其久延。独不闻古人毅、豹之说耶？况老子曰："死而不亡者寿。"原不以存亡为限。我年过五十，亦不为夭。杜门俟死，尚复奚言？□为然，自是士人常事，今乃规身后福利，若市道然，余实耻之。使无祸福报应，将不为善耶？吾初至梅心时，奉汝祖母，藜藿不充，然心自是泰然。汝祖母、汝母，皆早丧，未尝享一日安闲之奉。汝今日处境，颇小充足。若全忘本来，不自思念，亡者有知，当有遗恨也。厚葬于亡者无益。我贫士，自无此虑。即棺木，亦不必过丰。汝祖之棺，家贫，仓猝未施髹漆，至今以为恨。故吾于汝叔父之棺，亦仅漆其里，不知者议予之啬，不知吾故有至痛在焉。念欲预办此一事，窘于衣食，未能及此，终当具之。万一仓猝，此即吾治命也。又于百日内即葬为是，毋为人言所惑。古者植木墓上，以识其处耳。吾家银杏墓，大者一株，为公选公手植。水灾被伤，生意未复。曩时，小者一株，为汝祖手植，为墓邻所损。至梅园墓，我兄弟曾植松柏八十余株，未期为人砍尽。他日或树石碣，以纪墓道，足矣。种植之事，必俟置有墓田丙舍，方可议也。古圣人制饮食以代茹毛，制衣服以代卉服，为养生则然也。然后人则有烹熬，以极其饕餮；鲜丽，以炫其耳目者：昧其本矣。凡饮食俱当取饱，衣服以适寒暑，足矣。彼多为珍异夸耀世俗者，不独丧其志节，而儿态童心，亦为通人所笑，切不可为其所移。戒之，戒之！世之贪夫，溪壑无厌，固不足责。至常人之情，羡其所无，厌其所有，往往有之。若天性憺然，或学问已到者，则决不尔也。交游与我同行者，汝见之，当隅坐随行，循子弟之礼。即五年以长，亦不可妄自尊大。吾承止涓、邵庵、椒畦诸先辈，谦光下逮，略分言情，常为内愧。汝辈切不可放肆！曾见后辈有与父执对坐、剧谈、纵饮者，心窃恶之，不愿汝曹为之也。吾惟于文字一事，颇谓名过其实。其余自勉于善，为人所不知者，有之矣。惟恨前居梅心十年，后居南村五年，逐逐尘坌，光阴虚度，反增许多罪戾，而南村为尤甚。悔何可言！悔何可言！不独自守不严，中为友朋所累亦不少。汝辈早早自励，勿错过光阴读书修行。至嘱，至嘱。试看我近日颇思读书，然眼昏手颤，精血耗亡，欲图寸进，胡可得耶？使早将十五年心力并用于此，岂止如今日而已耶？嗜好之事，一切不可萦怀，岂特酒色财为丧身亡家之具哉？即做诗、着棋、看花，古贤亦谓之玩物丧志。吾于世人所好，性俱淡然，惟书则嗜同昌歜，然亦有与年俱进者。陈村时，喜观诗及稗史。自见远亭、若木，始耽经学、训诂，晚年始能读性道之书。吾观汝看书，喜小说诗赋，而于经史，反不留意。不知《六经》《四子》，义理甚深，中有一言之善，可以终身者。史传皆经国大业，议论措置，别有一番作用。岂若稗史诸书，仅供谈助比哉？宜知所择，勿孤负青春也。子孙才分有限，无如之何，然不可不使读书。贫则教诲塾徒，博斗糈自给，但使书种不绝，足矣。若能布衣草履，从事农圃，足迹不至城市，弥是佳事，但切不可迫于衣食，为市井小人事耳。又道听途说，浮光掠影，甚或足高眼阔，目无前辈。此吾所大恶也。后生少年时，不但不可胡行乱走，或为匪人所诱，即交游文字中，亦大有分辨。交游不宜多，宜少；宜朴原，不宜浮滑。文字，宜择其要者，勿泛滥。学字，勿作辍。衣冠，宜朴素，存儒家风范，不可染市井恶少气习，常常自行检束。如此十许年，血气已定，心志已坚，自然无虑矣。十五至三十岁时，见识未定，正如一幅素帛相似，倘一染垢污，遂为终身之累，切须戒之！用财一事，切须量力。倘但顾目前，惟期好胜，罔弗败者。辱身贱行，由此而基，可不戒哉（观篇中“我年过五十”一语，则知此篇非己丑年所作，偶书于此册后耳。今亦录存于此。德森识）！

卷　三

道光十年庚寅(1830)[①]

吾人年过四十,有"三当惜"焉。一曰惜有限之精神以养性,一曰惜有限之物力以养生,一曰惜有限之光阴以养寿。有"三当急"焉。一曰急读有用之书,一曰急理当行之事,一曰急省无益之务。有"三留意"焉。一曰谢浮泛之交,一曰淡名利之念,一曰省奔走之劳。

元旦(1830 年 1 月 25 日)　即事:(一)轻烟薄雾酿春和,爆竹声中瑞气多。散入千家放花柳,可知一雨是恩波。(二)岁朝宜黑四边天,占候春阴好种田。野老何知歌《帝力》,陌头扶杖说丰年。

初二日(1 月 26 日)　于徐生处观王麓台侍郎《花村渔隐图》,是仿惠崇笔意,山重水复,柳暗花明,仿佛于图中见之。

《望集周先生像赞》,同里徐秉义敬题:疏于营则淳,略于饰则朴,安于素则恒,厚于群则睦。教授于两高三竺之间,归隐于凤石豖峰之麓,貌古而心则童,言纳而气不缩。以一敝砚,磨此一生;以一青衿,了其初服。是为濂溪之贤裔,而留斯面目,为世世子孙式穀。

十二日(2 月 5 日)　何蓼厓(顾复)寄《方改亭先生奏议》,及《朱孝子别山(凤)诗稿》来。

十四日(2 月 7 日)　感兴:两树梅花竹数竿,小园风日不多宽。

---

① 原注:"先生时年四十有二,自称晚悔道人。"

老知造物生无谓,穷是吾人性所安。心久死灰非佞佛,口伤骨鲠幸无官。年来两眼朦胧甚,无复松间箕踞看。

二十日(2 月 13 日)　跋先师半帆陶先生诗稿:先生讳镕,字铸万,号月川,又号大戆,昆庠生。父伴贤隐于织帘。先生卒,葬朗墅。门人张回、江维则为之具后事。先生无子女,根祀之终身。

廿二日(2 月 15 日)　赠卖卜朱山人(琢生,名允元):六十须眉未着霜,红尘游戏足徜徉。扶衰谁赠游山杖,握粟能输养鹤粮。嘻笑文章随我好,城闉趺坐看人忙。年来蚁斗听成厌,耳重如君正不妨。

廿四日(2 月 17 日)　谢木痴丈赐题先祖像卷,兼送其浙中之行,并呈止狷先生:安亭桥头一老屋,市声喧喧自幽独。中有高人日闭门,一编坐对西窗竹。谁欤相寻乐不疲,先生号痴叔不痴。太羹玄酒世外味,从来古淡情偏奇。文章亦与立身似,莫向悠悠论知己。俗情毁誉何足论,我思古人惟一是。寒家当时忠孝门,百年衰谢余孤孙。行年四十不称意,饥寒流落荒江村。平生事贤出至性,止翁先生夙所敬。如君何幸接芝眉,亦愿从游未敢请。岂意高轩肯见过,剪灯试茗为婆娑。王微诣客从来懒,所恃高情不见诃。尺素飞来留翰墨,为我先君表潜德。淋漓顿挫二百言,色正芒寒见风力。一死由来系大常,须知忠孝出文章。清词已挟冰霜气,椽笔兼争日月光。捧题再拜为怅惋,何以报君青玉案。只言针芥相契投,岂料雨云各分散。先生憔颡留江城,夫君又作浙江行。人生会合真难得,南浦分携何限情。

闻潘榕皋、周蓉裳二先生讣,潘年九十一、周年九十二。

二月一日(2 月 23 日)　感事:金尽床头壮士寒,出门谁谓道途宽。低徊自问情怀恶,仰面看人涕唾难。凫短鹤长原定分,厉妍施丑岂无端。儿曹好把虀盐耐,多少旁人袖手看。

《范心余小像》赞:脱帽露顶,意气岸然。读书谈道,兴致翛然。伊君襟袍,可佛可仙。胡为不遇,困守一毡?人之所见,特其迹焉。吾知其中,别有性天。《击壤》一集,《观物》二篇。现前指点,柳绿花妍。

即事:春来无物不春阴,花旦无风又雨侵。且喜闭门无客到,老来已淡看花心(“即事”上脱“花朝”二字)。

三月十一日(4月7日) 作:积雨经一旬,园路日以荒。今朝天气好,步屟相扶将。自揣筋力倦,远游非所望。出门不数武,游兴亦已偿。篱根数株桃,残花尚芬芳。西溪水一碧,仿佛潇与湘。荒畦杂红紫,各各舒其房。岂惟蛙黾豪,行睹蜂蝶狂。物生会有时,乘化一何忙。当前宜善领,莫负好春光。猗猗邻园竹,离离似篔筜。鸣禽呼其友,啁哳谐宫商。微物尚有侣,伊余独徬徨。怀此不自得,黯然心为伤。况复学未成,揽镜须已苍。流光似飞鸟,良友各一方。有怀欲谁语,倚杖心浩茫。且归读吾书,北窗坐藜床。箪瓢分已足,金石歌激昂。多谢浮薄交,闭户且自藏。

四月初十日(5月2日) 作:避世不可得,聊复居梅村。梅村亦何有,竹树罗荒园。况兹青阳暮,花谢亦以繁。雨余眺原野,麦陇禽飞翻。既随物候适,亦绝人事喧。默坐观无始,守己道自存。喧寂故自如,升沉安足论。所惜素心远,无人共芳樽。

东邻感事:土墙颓敝路欹斜,数树夭桃不作花。记得昨春开似雪,随风飞去落谁家。

廿一日(5月13日) 录《昆山人诗征》六卷成(后改名《娄曲诗存》,丁未年已付梓矣)。

拙儿作《送春诗》,押黄金韵未稳,为改数字:送春雨足涨痕深,堕白飘红换绿阴。宋客词华闲白雪,沉腰削瘦怯黄金。生憎园蝶翩翩舞,怕听池蛙阁阁吟。临罢来禽青李帖,空堂如水淡人心。

闰四月十四日(6月4日) 寄邵庵丈:(一)囊中何所有,三尺绿绮琴。时携松下弹,指歇有遗音。崇兰被空谷,回风惬幽寻。采之欲遗谁,整巾聊自簪。西山足薇蕨,长往夙所钦。尘土尚淹留,嗟哉愧物心。(二)抱膝茅檐下,慨焉长太息。黄虞去已远,望古为遥集。美人隔远方,庭树含芳色。素书欲寄将,飞鸿渺去翼。手植苍筤竿,竹花凋不实。凤皇长苦饥,为汝泪沾臆。

廿三日(6月13日) 园居即事:(一)儿子事灌园,新妇事织纺。本以图口腹,却作高世想。老大亦何为,逍遥时倚杖。东皋有疏林,寓目常独往。江天无人境,鱼鸟亦萧爽。所喜性情真,无复事俯仰。邻居有渔翁,扶船出菰蒋。相与班荆坐,琴高荐春网。共倾一壶酒,浩歌山月上。酒罢挥手别,率真我所赏。(二)早年羡闲居,廿载未犹践。迩来学闭关,尘土庶稍免。故人怪我疏,我性自偃蹇。深林头不梳,把卷心已缅。百念竟不佳,自诧此计善。萧萧竹林风,鸣禽亦清婉。溪流绕吾庐,心旷境自远。犹需外物娱,自笑天机浅。所得此区区,见事诚已晚。愧彼植杖翁,千载去不返。

廿四日(6月14日) 沈澹所先生《书学集成》跋:晋贤书从隶而来,其使笔皆有授受。观王右军《笔阵图》,可见其用笔之法,说各不同。其实"无垂不缩,无往不收"八字,可以尽之。至于结体,则各随字形为之。至唐人而始论间架矣。间架之匀正,莫如欧阳。然晋贤之法,由此亡矣。至若初学之士,则又从唐贤入手为近,骤而语诸晋贤之法,则恐其瞠乎莫办也。古吴沈澹所先生,宗法晋贤者也。其书久为当时推重。是《书学集成》之刻,盖深惧学书之家徒知结体,而不讲用笔,则字形徒具,终不免春蚓秋蛇之诮。又恐骤语以晋贤之法,而莫之会也。姑借径于欧阳,于间架之中兼以运笔,为卑之无甚高论耳。按篇中垂露、悬针、绰钩、虿尾等法,皆唐人所未及,固晋贤之遗法也。学者从此讲究,庶得欧阳氏之真,而有以造乎晋贤之室矣。余素不工书,然见时下人书,每私论其有间架,无笔法。今于是卷,喜其实获我心也。儿子守拙,模先生书为一卷,因识之若此。

廿六日(6月16日) 记:忧病之余,闭关静坐,为学道计。然看云弄水,亦损道心。夫暂时忘照,即失火候。古人剪爪拭涕,犹且不暇,况有工夫为俗人作伴耶?

廿七日(6月17日) 读《宋文宪公集》:偃仰林庐下,长年生计微。坏墙苔蚀遍，高树鸟巢稀。野趣天游得，孤生薄愿违。喜无来往客，径草没园扉。

五月初一日(6月20日) 作：小园仄径自逶迤，一雨畦荒懒不治。茶罢偶然闲步步，自扶藤蔓上疏篱。半亩荒潭雨涨宽，居然风起有波澜。笑他蛙黾知何事，也作平生溟渤看。

初三日(6月22日) 读陶渊明诗。

十八日(7月7日) 作：涉世吾才拙，归林生计微。缘知此意是，甘取众人非。爱竹栽邻圃，看云上钓矶。此怀难自遣，默默老荷衣。经旬门不出，草色遍前坡。浮世虚名在，空囊废稿多。清斋非佞佛，早睡为微疴。于世渐无分，邻翁亦少过。

炎热如坐甑中，然转眼即秋风凉雨。人世间刹那境界，尚不可耐，安能死心塌地，尝一没无头之苦乎？故“且耐”二字，亦吾人权宜受用之法也。观世音净瓶中一滴水能使三千六千世界俱化清凉。会得此一滴水，他日眼光堕地，不落镬汤炽火中。廿一日，挥汗书此。

廿八日(7月17日) 作：马鞍一角去天尺，敝庐四面丛荆棘。野人篱落不胜荒，溪水纵横堆乱石。小园数弓蔬已芜，时一乘闲步我屐。水荭抹丽斗红紫，亦有牵牛媚深碧。邻翁归去竹儿空，幽禽啼破松窗寂。独开一编啜苦茶，如此坐老端可惜。

邵庵丈前年赠余诗，有“好把丹田手自扪”之句，未知其所出。今日，读东坡“丹田手自摩”，乃知其所本。邵庵诗文，无一句无来历如此。

六月四日(7月23日) 和邵庵丈消暑韵：（一）客到呼童试竹炉，萧闲风味是菰蒲。科头不袜蕉衫短，雅称江村避暑图。（二）一卷顽石自孱颜，坐占溪南水一湾。山鸟也知人意好，隔林先与语《绵蛮》。（三）柴门疏柳略如陶，任运腾腾首不搔。最喜追凉诗客到，围棋拈韵斗分曹。（四）五君有咏贮诗筒，只欠疏篁地一弓。好约嵇琴与阮啸，嗤他钻李一王戎。（五）好风林下一披襟，暑退奚须佩六壬。何限人间褦襶辈，只应杜五是知音。（六）风生七碗睡魔降，火宅难烧精进幢。竹簟梦回虫正寂,一钩凉月堕书窗。(七)平生布袜与青鞵,怕踏红尘十二街。老我寻诗闲眺处,柴门风露堕松钗。(八)课儿读古敢言勤,我亦伊唔到夕曛。触热娆人非吾事,正宜闭户息劳筋。(九)瘦骨何能战胜肥,无营聊尔息尘机。蘸门一曲清如许,弄水终朝可乐饥。(十)马齿骎骎四十三,叶丝自缚悔如蚕。红炉雪窖看如一,为道观空近略谙。

邵庵丈和诗:君诗气清越,无异古素琴。当暑挥扇读,如同白雪音。伊人水一方,绵渺不可寻。世途多势交,何处占盍簪。翘首东南望,忧心徒钦钦。几时惠然来,庶以慰吾心。

造物劳吾生,焉得筋力息。夜来稍自宽,尚觉百忧集。吾闻《多心经》,谓即空即色。惟有浩然气,能扶凌风翼。一得身自轻,此语定真实。我今虽老朽,爱慕填胸臆(右《述怀》。此诗与下一首俱录邵庵作)。

春来几度接君书,诗债浑忘懒未除。入梦颇疑君是鹤,上竿犹幸我非鱼。兴来意想神仙近,老去情怀富贵疏。欲以此言问潘阆,骑驴同去意何如。

读《申屠蟠传》:神龙翔九天,亦或蟠泥中。君看炎汉季,乃有申屠公。执丧有至性,哀毁逾成童。稍长事节侠,抗论气何雄。间关送友丧,投传明吾衷。不就太尉辟,临葬会殡宫。十人皆辟易,一生独从容。约为上国游,振手勿与通。想其意空旷,冥冥似飞鸿。一览九洲小,罗网安足笼?于时太学士,清议一何崇。谬谓文学兴,标榜称君宗。公独早见几,抽身去为傭。因树筑土室,兀兀佯痴聋。征辟俱不就,被发隐蒿蓬。孔氏洵可师,首阳亦非穷。置书笑不答,出处何必同。荡析乱离代,嗟彼爽与融。长林托避世,竟以老寿终。至今青史上,千载垂高风。

廿一日(8月9日) 赠严西江太学:清绝衡门不染尘,床堆书卷未全贫。相看肮脏应怜我,似尔孤高有几人。岐路马牛风各别,羁栖鱼鸟自相亲。世情偶话真成慨,何计沧江共钓纶。

七月十四日(8 月 31 日) 池上:倚竹清池上,鱼来不设钩。石平已堪坐,日落故淹留。落叶乱成雨,一编闲对鸥。秋光此足领,不醉亦无愁。

录旧诗题宝恒庵作:(一)水田时雨长新苗,归路斜阳十七桥。爱杀水村门巷静,绿阴如画昼鸣蜩。(二)茅庵一笠小溪旁,僧懒看云不下床。投足偶然谈半晌,转思人世是闲忙。

廿五日(9 月 11 日) 雨中门人赵文忠过宿:秋气凉飏入夜灯,萧斋相对俨禅僧。连床一夕谈如梦,布被多年冷似冰。病后欢肠随臂减,客中丝鬓与愁增。一提身世堪垂泪,况复连宵雨似绳。

八月初八日(9 月 24 日) 作:鬑鬑新茁颔下髭,枯坐怕见群儿嬉。食嫌饭硬夜不寐,老境已觉相追随。年来闭门惜腰脚,亲宾应酬皆脱略。买将小艇系河干,东垞西村为卖药。利名之念皆划除,疏水曲肱乐有余。只嫌一事未知足,经营要办床头书。

廿二日(10 月 8 日) 坐雨:竹坞鸣鸠未放晴,小床衾冷梦难成。厨烟着树连窗暗,野水归塘与岸平。吟对落花伤老境,坐看饥雀悟浮生。年来心事凭谁话,莫怪经年懒入城。

廿四日(10 月 10 日) 椒翁札来,以张若木邀诊入城,访椒翁,为其令孙诊。遂访若木,为其诊,又为其令嗣柳人诊。承留饮,同席者元和蒋三岛(步瀛)、同里杜希斋(邦桢),宿椒翁宅,晤安亭钱墨庠(钧)、吴江张春水(淡)。

为张春水题其先人晚岑丈《笻笠图》:笻笠翛然物外身,醉眠醒咏任天真。山花山鸟浑如昨,有子真堪作替人。前辈风流老白须,常时醉卧酒家庐。问君逸兴如翁否,曾有闲钱系杖无。

题若木先生《眠琴窝图》:藤萝翳扉柴,竹树出檐上。寓目多所欣,一亩亦云广。看云每抚柯,听水或倚杖。偃仰足昕夕,俗客谢还往。倦来据梧瞑,嗒然南郭想。至音本无声,寥寥具玄赏。松子落琴弦,四山皆作响。缅想窝中人,题诗为怅惘。

录椒翁《题眠琴窝图》:此图深处我曾眠,旧梦寻来已廿年。壁上素琴仍好在,当时相赏是无弦。数间老屋绿阴沉,中有幽人写素心。热客不来花落几,钩帘先与奏瑶琴。

九月初八日(10月24日) 接张春水札:晚香世长先生足下:三十日,同人小集玉峰之四贤祠。诗酒之乐,尽竟日欢,惜少足下在坐耳。今将所分题目奉寄。虽期而不至,其诗不妨补作入集也。幸即握管,便以见寄。鲤鱼风盼切德音。弟张淡顿首。

十四月[①]**(10月30日)** 接若木札:《仓山集》一代传作。惟五古,鄙意所未惬。伏读赐题集制,神味冲淡,逼真陶谢。但奖誉过分,与题不称耳。俟日叩谢,藉致不一。弟煦顿首。

十八日(11月3日) 记:卫烈女名玉,字冰壶,太学生淦女,吴江梅堰人。生七岁,丧母。母党怜其幼,请抚焉,故女长于平望张氏。其舅钟好文学,尝口授唐人诗数百首,女以是知书识大义。年十六许嫁赵氏子逢庆。赵与张同里巷,居相近。俄而逢庆病瘵,遽卒。张氏匿不闻。而吴俗:人死焚遗衣。臭达女所。女心动,询女御,知赵生死状。是日道光庚寅六月十日也。日既夕,命女御具汤浴,且曰:"今兹浴,汝弗来溷我。"女御颇怪其言,然其意殊洋洋,且天方炎暑,不深疑也。久之,启户入,已缢死矣。女在张氏,凡十有三年。年二十而以贞死。及敛,颜色如生,乃归其柩于赵,立逢庆兄子桂芳为之后。

椒翁先生赠句"济物利人非分外,布衣蔬饭亦家常"。

十月朔日(11月15日) 赠颜朗如:书堂尘迹清,坐卧有余情。井水增茶味,林风搅鸟声。吟余人事绝,静久道心生。画幅从人乞,知君不爱名。

初七日(11月21日) 题椒翁画《松》:(一)涧松磊砢龙作鳞,上有菟丝下伏灵。灵能驻颜恐补益,寿与龟鹤齐年龄。(二)松花堕地一寸厚,松下鹖冠伊何叟?方瞳绿发仙中人,拾取松花酿春酒。(三)酒酣画松势插天,酒气拂拂十指传。淋漓欲令真宰泣,颓然放

① 当为"日"。

笔三千年。

廿一日(12月5日) 挽邱云倡:(一)追思吾弟受经时,二老经过爱赌棋。人海茫茫成一梦,剩余两鬓也成丝。(二)癸年水涨失平田,我痛琴亡君断弦。岁恶诗人无好语,至今追忆一潸然。(三)阿戎遗珠墨模糊,累尔题诗断数须。今日开缄成一恸,九原师弟却逢无。(四)书堂接武每淹留,断简残编费览搜。何忍重过后市巷,棠花依旧出墙头。(五)自余挈累住江村,每枉扁舟为过存。风景依然人隔世,白沙翠竹旧柴门。(六)贫家有事每相依,旧约诛茅待我归。我未得归君已往,从来好事苦相违。(七)欲行那有系钱靴,壮士何当尔折磨。相见一回头更白,怜君心血已无多。(八)月前把手减常餐,细数心期竟鲜欢。相见无多何等语,吞声倍觉别时难。(九)床头絮语泪痕深,珍重临分嘱再寻。岂料遂为千古别,真成弹指去来今。(十)吾儿痴惯贤郎弱,知尔泉扃系念长。第一莫教书种断,休嫌虀粥剧凄凉。(十一)话到存亡泪满巾,劳生却喜返于真。九泉倘见君家面,为道孤儿肯守贫。

十一月廿一日(1831年1月4日) 题张若木《邓尉讨春图》:开卷心已清,山林若在眼。竹树纷向荣,泉流泛溪浅。游筇蹑寒压,芒屦湿苍藓。似有林禽声,枝头叫清婉。谁种江梅花,篱落露明靓。僧楼出云端,钟声送层巘。杳霭林麓邃,萧条夕风善。胜游似鸿爪,事往迹难遣。住山计果佳,有约俱未践。掩画为沉吟,神游付遥缅。

八月晦日(1830年10月16日) 同人小集玉峰之言燕山房,为借重阳,会张子春水以书来约。余以事未及赴,仍分韵索诗,因作《玉山雅集》四言:秋气始肃,流云满岑。童冠莅止,于山之阴。俛窥深涧,仰眺平林。亦有飞鸟,惠以好音。琴樽杂坐,朋好盍簪。清吟斯作,写我胸襟。顾瞻节物,有菊如金。固兹晚节,庶以自箴。

分得一线天:策杖遍东峰,扪萝复西巘。十步选石坐,半里随山转。扳援蹋层压,一径湿苍翠。天半松涛生,杖底幽花泫。旁龛弥勒庵,禅窟缩如茧。更上乃绝壁,巨石何偃蹇。行行指洞天,嵌空类善卷。初寻径弥仄,再入罅逾线。蚓申更蝼屈,身手不得展。石乳变幻奇,取像类盎甗。杳冥不可扪,幽厓划然断。一线漏天光,偶睹必惊眄。当年巨灵手,斧凿一何险。洞门斑驳痕,定是云雷篆。宜名小有天,游客到常罕。吾昔曾往寻,临分意独绻。洞深岚气寒,苔润袖痕点。仿佛梦游仙,下界闻鸡犬。至今闭目想,一一如在眼。惜落尘土中,题诗但遐缅。

借重阳七律二首,不拘韵:(一)清吟每为催租败,故展遨头十日前。冒雨未开篱下菊,探囊先办酒家钱。颊红发白皆良友,水碧山青是好天。更喜王维图已就,他年胜事定流传。(二)东坡十月作重阳,八月先期亦未妨。遍插茱萸嫌我懒,豪粘糕字逊君涎。骚坛幡竖缘才尽,酒国盟寒为俗忙。珍重鲤鱼频寄至,者回诗债定须偿。

道光十一年辛卯(1831)[①]

正月初五日(1831年2月17日) 作:春山欲活林欲枯,洲渚芦荻纷萦纡。小桥茅舍成一区,恍披一幅烟村图。湿云惨淡山有无,野鹳冻立如可呼。小港曲折冰塞途,焉能招客烦长须。北窗弄笔聊自娱,欲学坡老追诗逋。江梅数株如野姝,白如傅粉丹傅朱。枯枝老枿如野癯,高节亦有千篨筡。道人侣此颇不孤,空斋吟罢旋踟趺。呼儿榾柮煨一炉,村醪一杯眠据梧。嗒然置身天地初,迥然吾亦忘其吾。须臾酒醒雪压庐,天地一白成冰壶。嗟余跧伏老菰芦,意买水坨收渔租。不然置艇浮江湖,烟波千顷一尺鲈。有谋未遂良可吁,荒村偶住年岁徂。天公怜我幽兴辜,纷纷玉戏手片粗。开门一笑云模糊,江山千里成银铺。欲题好景句难摹,意烦画手寻倪迂。

椒翁书赠"贫能知足心常富,贱不求人道自尊"。

廿九日(3月13日) 怀邵庵丈:(一)离别惊心革带宽,独携书

① 原注:"先生时年四十有四。"

卷老江干。贱贫何计容忧国，毁誉无凭待盖棺。聊免饥寒原自易，欲回天地故应难。盈盈一水相望切，西北停云日夕看。（二）久拼世事马牛风，同是人间一倦翁。落落玉怀空自负，超超元箸与谁同。心酸原上新题碣（谓止狷丈），梦断天涯独去鸿。人寿定非金石永，可堪坐老一庵中。

二月一日（3 月 14 日） 作《诰封宜人赠奉政大夫凝波顾先生元配汪太宜人诔辞》（文长不录）。

廿七日（4 月 9 日） 作《即事》：看囊钱一未为穷，老署头衔作避翁。世上云翻兼雨覆，眼前柳绿又桃红。读书置想千秋上，得句抛愁一笑中。莫问纷纷门外事，大都飞鸟过东风。

三月初一日（4 月 12 日） 赠郑岵瞻表兄：陇麦青青食有余，茶香出户午晴初。村园花落无人扫，自拓晴窗晒药书。

题《邓尉讨春卷》改作：远山媚晴晖，峰峦似屏展。阳林欣向荣，阴雪明孤巘。寒禽换春声，清圆似簧哢。惠风吹微波，汩汩泛溪浅。烟光淡林墟，湖渚邈平衍。江梅如处女，素颊露幽靓。羡君昔年游，一一恣流眄。锦囊句应多，想见须频撚。年增感易深，事往迹难遣。感叹修名留，兹山即襄岘。王宰高世人，烟林若在眼。老笔师大痴，真赝卒难辨。有如《王略帖》，豪夺几未免。嗟余牵世缘，游愿犹未践。数椽倘可缚，此计未应舛。今日对画图，幽情为怀缅。因寒住山盟，羞对山灵面。

十九日（4 月日 30） 赠邱小云：读书者不贱，守田者不饥。负郭即无有，研田亦可治。况子年方壮，进修正其时。秉志必专一，慎勿分娱嬉。盛年一蹉跎，后悔讵能追。上思祖考训，下为子孙遗。黾勉策令德，千里方在兹。向夕焚膏继，晨兴就早曦。韦编细披玩，良友晰其疑。凡事彻终始，一念莫自欺。立志希古贤，饥寒勿嗟咨。一凛比匪训，墨翟伤素丝。一戒二三德，亡羊由路岐。在昔董仲舒，三年园不窥。亦有范仲淹，断齑画粥糜。由来困苦境，豪杰多取资。所惧志不立，遂为世人嗤。勿以刍荛愚，斯言实良规。善继乃云孝，勿负泉下期。我贫无所赠,作诗为之贻。

四月初十(5月21日) 赠若木秀才:病余清瘦似休粮,雅称松间结草堂。老去安心无长物,《楞伽》一卷在绳床。

十八日(5月29日) 作:日东月西如替代,懵懂天公几千载。风不吹北邙尘[①],道上行人应推背。白骨化尘飞作烟,今日之日非偶然。花枝照眼聊复醉,醉后跂脚花间眠。

廿七日(6月7日) 作:楝花飞已尽,竹树长清阴。流水陂塘净,炊烟园屋深。开书每小憩,扶杖或幽寻。喜有枝头鸟,交交送好音。

五月初六日(6月15日) 和金兰泉《咏燕》:(一)春社归来恰雨收,花间院落柳边楼。几回绣被惊残梦,常自雕梁说旧愁。红线有情曾系足,珠帘无赖却垂钩。惊鸿别鹤凄凉甚,羡尔安栖似海鸥。(二)灯花开不关春谢,《匪风》荧荧一炷[②]短檠红。银釭欲烬闻春雨,深院将残过晓鸿。似我曾无吟赏处,伴人多在寂寥中。萤窗雪壁谁怜汝,枉费兰膏缀玉虫。

十八日(6月27日) 接邵庵丈五月初四日书感赋:檐鹊噪千回,灯花堕麝煤。故人三月别,今日有书来。说著延陵叟,音容故宛然。平生知己泪,不觉堕行边。四十余衰矣,况君八十初。养生如有诀,赠我一编书。剩有汝南老,青毡病更贫。浮生多似梦,珍重百年身。

廿九日(7月7日) 题《朱琢生哀叶氏女诗》后:皇古以道化,淳风播天涯。大常为之纪,夫妇实始基。三王递作述,阴教必谨持。元公著六经,《关雎》首风诗。斯义倘一乖,六合何由弥。尚虑有弗率,奸宄败民彝。煌煌三尺简,俾后为规随。刑至断肢体,圣心亦嗟嘻。顾兹纲常在,大义不可亏。涓流倘不塞,滔天由漏卮。辟以止夫辟,

① 此句原缺一字。

② "一炷"衍。

岂忍为诛夷。奈何刀笔吏，此义殊不思。大昧圣贤训，但狃姑息慈。薄物与细故，不免箠与笞。事关风俗大，一切皆废弛。豺狼任当道，切切问狐狸。由其未读书，纰谬一至斯。读君《叶女咏》，吾心为歔欷。嗟彼闺中秀，实且婉娈姿。遇人一不淑，遂至戕其肢。明明白玉体，忍将弃清池。既非亏令德，荼毒胡重罹。想其临死际，宛转当告谁。煌煌者彼苍，居高实听卑。夜半发震电，奸魄亮已褫。父母为恸绝，行人亦涟洏。如何覆盆苦，云雾无由披。持冤入九地，冥冥竟莫追。结褵才两月，秉节无瑕疵。黾勉事夫子，委蛇进良规。亦欲崇令德，倡随百年期。良人惑狐媚，忠直反见疑。传闻剸之刃，乃有人使之。白日曷不曜，烛此九尾雌。女脰即可断，女心终不欺。他年葬高冈，应化连理枝。古有东海妇，衔冤死荒陲。大旱历三载，赤地无孑遗。由来匹妇诚，坚城亦崩摧。女死今匝月，悲风时怒噫。重阴不见晛，安知不由之。嗟彼肉食鄙，大冠枉如箕。樊聂世已远，吏治日渐隳。君子居是邦，大夫不可訾。顾兹漏网鱼，实欲裂吾眦。童牛去其牿，长恶或在兹。大闲一以裂，世教何由维。阳罚虽倖逭，冥诛何可辞。吾愤填胸臆，奋笔题此诗。实为吏治慨，讵为叶女私？叶象久女五姐，嫁邑中钱氏子。夫有外遇，谏不从，遽逢其怒，于正月十一日，用交股刀刺女死，而沉其尸于河。结缡绕六十日。女死时，年十九，明慧善柔，阖邑痛悼。象久鸣诸昆令吴侯，仅从末减，女冤竟不能伸。此事久郁于中，而朱君琢生以诗来，凡四章，痛女之不吊，恨夫之无良，情辞婉转，而未能直斥也。此风人之旨宜尔。余申其大义于后，为题若此，非讪上也。责夫居位者之第事姑息，不明伦理耳。读者谅之。

冬日过安定桥有感（补录前作）：旷野莽萧条，斜日下城隅。寒冰翳川谷，言经故人庐。栋宇尚如昔，形神竟焉如。永言欢笑隔，伫立心踌躇。繄君抱高尚，委怀乐琴书。既嗤斯出妄，亦叹嵇才疏。奈何世弃捐，寂寂老乡闾。一昔痛永诀，日月忽已除。兹晨我行迈，阡术俨如初。处世若大梦，一去无复余。焉知百年后，此身同丘墟。邻笛何寥亮，哀音绕空虚。欲赓《思旧赋》，有怀何由摅。徘徊似歧路，恸哭迴吾车。

六月十七日(7月25日)　访椒翁业师，承赠楹帖及颜朗如画《梅心隐居图》。是日热甚，而椒翁所居，绿阴满屋，凉爽如秋，方御夹袍马褂，真物外也。

八月初三日(9月8日)　昆学师华碌先生寄对扇来，"'脱手新诗压元白，济人余事擅岐黄'句，赠晚香先生。瑑生华景孝(案：碌音"录"，瑑音"篆"，两者必有一误。查下卷，均写作"瑑"。"瑑""琭"互通，则此"瑑"字是误)。"

怀邵庵丈：旅馆凉生枕，想思尔独深。萧疏秋树雨，老大故人心。分袂行经岁，清飙又拂襟。如何一衣带，片札胜兼金。

九月廿四日(10月29日)　祝邵庵丈七十：暮春三月时，拿舟访湖口。别怀未尽倾，解缆促分手。匆匆长夏过，忽忽届重九。西北怅停云，湖光渺林薮。知心自昔难，七十古稀有。闻君揽揆辰，呼儿觅斗酒。贫家无所余，黄菊烂窗牖。愿持侑寿卮，相与称耐久。

十月初五日(11月8日)　夜梦至梅园墓，与偕者数人。内一人，年四十许，面白，略有须，似亦同族者。询之，其人则曰："某，王大业，从马姓者也。"至墓上，则已盖屋三楹，间甚宽敞，凡三进，瓦木俱新，惜右偏二架已折，屋亦不倾。徘徊久之，去访郑表兄，瓶中花盛开，共读书一卷，惜不记。

"果育堂元□制"钱□传为邑处士仲政孙君题，朱伯盛珪篆书，额在邑之西郭。

十二日(11月15日)　水始冰风狂，寒冬十月风怒吼，野夫墙壁皆波涛。平田白浪万钲鼗，势若巨海掀连鳌。离离枫柏如野蒿，枯杨短筱相周遭。大者负固与风鏖，小者磬折露其尻。须臾拔置弃江皋，断岸一决如吹毛。东邻西舍哭渐高，尽失屋上三重茅。况复连宵雨注瓢，井沉灶没衣难燎。薄田短穗为浪漂，雁鹜喽夺难割捞。东村借米西拾樵，纵有短艇何由操。传闻淮徐苦大涝，穷山百里出蜃蛟。性命一昔付浪淘，老弱累累俱奔逃。即今生理未坚牢，饥寒交迫谁能熬。吾乡穷苦非乐郊，水利不讲田低硗。游民况复恒业抛，婆娑街市谁讥嘲？上官不复设教条，但催赋调恣箠敲。豪民朘削骨见膋，剥民只以供贪饕。君门万里虎豹嗥，谁陈民命今无聊。驾鹅呼风气益骄，野鹜作阵声萧萧。黑风吹浪夕复朝，坐看吾屋如孤巢。沉吟止酒心郁陶，呼儿磨墨为长谣。

十七日(11月20日) 欲访友不果，因作：出门求友非吾事，闭户吟诗聊自娱。市月招寻三径菊，长年晤对一床书。病怜尘世奔驰怕，老悟浮云事业虚。剩有腐儒千载恨，只凭蠹简想唐虞。

廿八日(11月31日) 连夕野鹜之多，以万万计，天为之黑，声如殷雷。一集田间，栖亩之谷为之罄尽。古云寇鸟，良有以焉。

除夕(1832年2月1日) 恭祀五祀之神，祭祖考于正寝。先师陶半帆先生祭于西斋(森按：先生元旦、除夕祭祀之，诚常年如此。偶录一则，以见其概。陶先生无后，先生祭之终身)。

夫子固穷，游艺文兮。乐以忘忧，惟圣贤兮。达人从事，有仪则兮。行止屈伸，与时息兮。君子履信，无不居兮。虽到蛮貊，何忧惧兮？

道光十二年壬辰(1832)[①]

元旦(1832年2月2日) 进香中霤司灶之神，拜祖考真容(此亦常例，偶录于是)，读《孝经》一卷。是日杜门，寂无人来。

初五日(2月6日) 入城，饭。复访椒翁丈于蛰室。阅文衡山《雪景》小幅，并恽南田写意花卉。别后，访韦庵、石芸，均不值。夜宿春园宅东斋，寒甚。

二月十二日(3月13日) 雨中友人见过：幸有良朋肯恋余，频

---

① 原注："先生时年四十有四，自称避斋。"

来小坐未教疏。谈余颇入《齐谐》语,计拙无烦致富书。旧日酒场皆梦境,眼前春雨一闲庐。人生莫厌清贫况,惭愧梅花竹笋初。

十四日(3月15日)　入城,唁椒翁令孙之戚。晤宝山李穆卿孝廉、吴江杨辛甫秀才、太仓李松溪同学、吴县张淡娱秀才。

椒畦先生有两孙之戚,诗以唁之,兼慰芝香大兄:息斋下榻记前年,琅琅书声到枕边。满拟榜花看并揭,岂期恶耗竟双传。人琴恸后弦皆绝,池草枯时梦不圆。想见九泉应对泣,重帏望断白云悬(椒畦为昆地名流,芝香为椒畦之子。两孙即芝香子也。自两孙殒,而椒畦即卒。不三年,而芝香又没。椒畦本支遂无矣。存此,足以考见名人后裔之凋零。芝香仅有嗣子,家门从此多故,见后卷)。

借椒翁《黄文献公集》,共二十五卷,嘉靖十年甲戌,仙居张俭存礼重编。

三月十四日(4月14日)　王芝香遣舟持札来候,以椒畦先生病故也。

十六日(4月16日)　椒翁病笃,床前握手为永诀,痛甚。

十七日(4月17日)　椒畦先生卒,寿七十九。

二十日(4月20日)　午刻,葛爱莲和耕云舟来,同至塘南鸭脚浜葛家渡,为椒翁相墓地。更余,至北塘,宿翠碧山房。

廿四日(4月24日)　草椒畦先生挽诗:山川清淑笃生贤,祭酒文坛四十年。一代盛名今古绝,千秋月旦始终全。山龙未展弥纶手,桃李都归长养天。回首玄亭趋走地,尘埋遗榻一潸然。

挽联:六年前泪染莱衣,此日黄泉随老母;半旬内霜催谢树,那堪白首痛文孙。

二十六日(4月26日)　入城,哭奠椒畦先生,晤王半岩沁园、葛恕园。

五月初一日(5月4日)　接陈梅村札。梅村札有云:"予游先生门,得同门一友潘晚香,端方士也。后得先生之婿张君淡娱。此两人者,皆相违一水。然自今以后,见两人如见吾先生矣。先生一生恬淡,尝谓菜曰:'模山范水皆余寄,说向旁人总不知。'可以想先生之为人矣。"

哭椒畦先生:少微掩光芒,耆旧日僵仆。末学渐支离,伊谁寻先路。节义乃藩维,斯言洵可据。先生真隐沦,黄发老韦素。修名可千春,视世犹旦暮。悲哉一鉴亡,那有黄金铸。从知萧散姿,已挟神仙具。阊阖叩云扉,青冥餐瀣露。两骖驾玄鹤,空濛自驰骛。怜余局世涂,涸辙似蛙鲋。引领神为伤,悠哉缅遐步。遗榻委琴书,俨如陪杖履。凄凉坞中梅,寂历池边树。老泪无处倾,荒江日东注。

咏燕旧作:细雨上帘栊,春光淡碧空。喃喃轻絮月,故故侧斜风。柳染微翎碧,花黏小喙红。画楼人散后,双舞夕阳中。

赠友:风尘嗟项领,共卧此林幽。扫径花在地,推窗山入楼。五休君早咏,一壑我何求。待作卖田计,长陪植杖游。

六月十五日(7 月 12 日) 客来谈英咭唎国泊舟宝山之吴项桥,求于此互市。若果许之,必为东南祸。本数十年来,银币、衣服、图画,已为之先兆矣。

七月三十日(8 月 25 日) 喜雨:砌花迎节放,窗雨送凉来。物候欣相值,清尊聊一开。息躬调寝食,闭户绝氛埃。差慰三农望,新诗好为催。虚馆俄生爽,檐端过雨微。枕凉惊露气,窗暗识云围。锄地知蔬性,窥林见果肥。池塘憎水色,侵晓亟添衣。

八月十一日(9 月 5 日) 邻翁饷新米:细颗长腰粒粒珍,丹田饱后暖如春。一盂粥感邻翁惠,惭愧终年胼胝人。

十六日(9 月 10 日) 即事:小轩一榻傍茶寮,枯坐摊书暮复朝。山鸟寂时殊可意,林花落尽却无聊。寻常瓜果贫犹具,随分邻翁喜共邀。门外红尘深几许,打头凉叶又萧萧。

廿六日(9 月 20 日) 野翁饷皂荚:奈此痶公辈,衣尘尔许黄。正思相料理,野老赠倾筐。

食蟹:左手持螯日,狂吟思拍浮。只愁勤学死,那怕有监州。

接若木札:接得城南札,邀参木稚禅。陶公容入社,破费杖头钱。

九月初二日(9 月 25 日) 挽友联:饮酒赋诗忆交情,犹如昨日;安贫乐道胪行状,不愧古人。

浮图书云:"无有一善从懒惰懈怠中出,无有一法从骄慢自恣中得。"此名言也。愿诸君少垂意,不加功而谈命,犹不凿井而俟泉也。

闰八[1]月初九日(11 月 1 日) 见王麓台侍郎画《江南春色图》,严西江所藏。上有自题诗云:"水际山前寺,烟中柳外船。世无刘赵笔,谁与写江天?乙未春日,偶忆江南景,作此《白云》《红树》二图。麓台祁。"

咏友人盆内古松:高松不盈尺,磊砢殊有致。惜哉非深山,篑土聊尔寄。于人虽可娱,于天终为累。屈此龙蛇姿,萧萧伴竹醉(傍植小竹)。霜皮色青铜,虚牖滴空翠。疏密各有天,既醇亦以肆。位置彝鼎傍,寥寥俨清闷。主人喜盘桓,髯公莫憔悴。下蟠蛰龙根,上掣拿云臂。终放归岩阿,参天得气势。

同邱瀛帆、王芝香宿张若木无隐山房:主人岩壑意,野趣似《衡门》。竹树开三径,藤萝荫一轩。会心茶亦醉,高论佛无言。喜有逃禅侣,相携信宿敦。

十六日(11 月 8 日) 记:同邑毕璞庵,醇士也,尝言:一日从市中过,遇一人,以银向市人易钱,以价太折阅,不之允。市人即肆恶詈,傍观者代为不平,其人为若不闻焉者而过之。璞庵揖而问之,曰:"公何量之宏耶?"其人曰:"某量何能宏,恐违先训故也。"询其训,曰:"先祖文康公遗训有云:'君子与君子交,相让而不相争;君子与小人交,其争决不成,如若交争,均为小人。'"璞庵为之肃然终身,佩以为训。范心畬为余说。

十九日(11 月 11 日) 作:一湾碧水护疏篱,雨打风欺菊数枝。如此秋光太萧瑟,夕阳影里立移时。

二十日(11 月 12 日) 作:山花不复春,涧雾滴如雨。寂寞青松

---

① 当为"九"。

根，鸟啼墓门树。

附感痧腹痛方：用荆芥、生大黄煎汤冲化，至宝丹服之。

十二月十二日(1833年2月1日) 椒畦先生葬葛家渡新茔。

除夕(2月19日) 诗：频年牢落竟何如，如水流光看又除。爆竹未能驱厉鬼，春风元不弃穷居。已输井税心先稳，欲赏溪山愿尚虚。暂尔书堂闲一晌，梅花修竹映床书。独向长明灯下坐，却从静里惜流年。——僧蕴庵诗也。

南小河泾西岸有竹园数亩，红白桃花数十株，间以垂柳。余十年前往梅心村西时，访镊工莫姓者，薙发于此。茅屋三间，在竹园之阴。桃花盛放，禽鸟飞鸣，殆非人境。有老学究顾君钧章年已七十余，适亦来，因相与坐谈。工为烹茗，饷余两人，良久而去。昨至新塘访门生项宝善疾，舟经其地。竹树茅庐都为乌有，惟石桥流水依然在耳。问钧章与其子，俱化为异物。镊工者，死六七年矣。人世无常，沧桑俄倾，奚必鹤归华表也耶？

鸭头泾在黄泥泾东，春水绿波，雅不负其名。十年前春月，里人设水嬉于此。于时柳绿花红，春光淡沱，游者鳞集。记与友人赵省三方舟于岸，为少年嬉游。今不十年，两人者垂垂老矣。雨中舟过之，为之慨然。

道光十三年癸巳(1833)[①]

岁行及癸，距伯玉知非之年仅虚其五矣。寡过未能，进修何待？惟闭户谢客，以书卷消日而已。儿子顽顿，不好纸笔，宜知自励也。饭香老人自题。

正月十五日(3月6日) 纪外舅文学翁事略(翁名培堤，姓吴氏，字文学。以文繁未录)。

---

① 原注："先生时年四十有六，自称饭香老农。"

四月十六日(6月3日) 附邻舟入城,购《千金衍义》三十卷、《程明道先生全书》三十三卷、《仙拈集》四卷、《内台方议》十二卷、《本事方》十一卷。

十八日(6月5日) 记:余治一妇,温热发斑下利,热不解。用凉膈托里化斑不应,汗转少,舌津劫,皮肤甲错。余辞不可治。今读《千金》,乃有大青汤,惜当时不及知也。大青解陷伏至阴之邪?豆豉搜少阴不正之气,阿胶滋血润燥,甘草解毒和中,不特为阳毒发斑之专药,一切时行温热、汗吐不解,下利不止,并得用之,取其解散阴热毒也。

五月初一日(6月18日) 作:黄梅三日雨,雨后泥方深。闭户无往还,不闻剥啄音。西斋书帙乱,科头聊检寻。一编坐相对,就此松竹阴。古人已千载,遗行吾所钦。丈室得偃仰,胡为嗟滞淫。故人贻尺素,疑吾多苦心。何用旁人知,有酒且自斟。

十九日(7月6日) 复陈梅村札(见《晚香书札》)。

自后,如有亲友缺乏来求者,己有余力可应,则应之;无余,则婉言以谢之。慎勿转求于人。至于疾病死丧,不在此例。

廿八日(7月15日) 与张若木札(见《晚香书札》)。

六月初七(7月23日) 作:人种竹喜密,我种竹喜疏。非谓地硗瘠,竹性本清虚。但得疏中趣,欣然惬所于。君子性孤立,高风一起予。

与周用霖札(见《晚香书札》)。

友人远行,典衣为赆有作:(一)千里饥驱一病身,单亲发白釜生尘。客中试检临分泪,洒遍征衣只故人。(二)解襦赠友记前贤,苦节多存感慨篇。莫道此行非韵事,交情或藉典衣传。

廿四日(8月9日) 酬张雨香秀才(源,是忠孝公楝七世孙):枌榆前辈早闻名,客馆相逢慰识荆。忠孝家声垂国史,欧苏文誉震乡评。笑谈自恨从游晚,身世能无感慨生。薄伎过承奖借意,外人久已一毛轻。

廿六日(8月11日) 晤应阮亭秀才，娄东人，学甚淹博，于经史尤深，快谈久之，约秋凉来访。借《毛诗》郑笺若干卷归。

复张若木书(见《晚香书札》)。

七月初二日(8月16日) 与应稚泉秀才(见《晚香书札》)。

十月初四日(11月15日) 复顾寅卿秀才(见《晚香书札》)。

初九日(11月20日) 复倪磊岩札(见《晚香书札》)。

十一月初九日(12月19日) 与张若木秀才札(见《晚香书札》)。

十二月初十日(1834年1月19日) 读《论语》作：子皙多旷志，舞雩咏风诗。闵骞不求仕，汶上婉其词。介哉原思节，高歌出茅茨。贫也幸非病，胡劳俗士嗤。亦有陋巷贤，瓢饮可乐饥。固穷君子节，曲肱亦足怡。不义而富贵，于我果何为。辽辽千载上，斯贤余所师。楚狂叹凤衰，行歌且避世。丈人亦高踪，植杖躬树艺。与世苟不谐，胡为自留滞。耦耕者何人，乃欲谈匡济。滔滔天下是，斯言深可涕。不闻荷蒉翁，浅揭深以厉。不遇则为蛇，优游可卒岁。斯人亦吾徒，言将从之逝。

惊闻王芝香秀才十二月一日之信，哭挽寄呈张若木秀才：腊月日维十，北风正喧豗。儿子入城郭，向晚舟才回。篙挽殊费力，凌竞指为摧。袖出故人书(接若木二十四日手札时，芝香尚无恙)，一笑颜方开。俄闻良友耗，魂惊涕盈腮。胸罗济世具，词藻纷琼瑰。奈何遽催折，况此有用才？秋时记把手，高斋酌新醅。临分知我懒，约我看梅来。如何言未践，故人已夜台。忆余戊子冬，龙门得追陪。丈人方健在，椽笔摩坚垒。对床看皴染，花下相衔杯。君时陪鲤对，撰杖与我偕。两郎亦恂恂，采兰赋循陔。和气生家庭，仿佛裴与崔。如何天不吊，祸至疾衔枚。玉树相继殒，高山倏焉隤。乃至北堂萱，亦复严霜萎。家运胡乃尔，迅于破柱雷。犹幸君方强，颠木春能回。稍稍支破坏，先业希重恢。一二骨肉交，切切心为媒。胡当置抱衾，添丁事还谐。兹谈出肺附，非类嘲与诙。吁嗟今已矣，悲来讵能裁？相交不十载，相见忘形骸。笑谈如夙昔，忧闷汝能排。昔为云与龙，今为灰与埃。身世一大梦,叶堕空宫槐。莫访城南路,莫踏北塘街。城南与北塘,步步怆中怀。君强尚如斯,况我忧病催?君才尚废弃,况我与世乖。仁者必有后,斯言我今猜。嗟今灵床侧,谁服绖与缞?尘埋新卷轴,草没旧池隈。生存华屋处,零落归蒿莱。此情古人有,此恨古不皆。投笔泪沾纸,哀哉复哀哉!

卷 四

道光十四年甲午(1834)[①]

明窗净几，清福已具。其无福者，便生他想。其有福者，佐以读书。吾辈处贫，宜时时作此观。饭香道人笔。

正月初七日(1844年2月15日) 抄《循沧集》，拙抄《王椒畦文诗稿》，以石竹堂山长索观，托张淡娱来取故也。

初十日(2月18日) 抄《识小编》上卷毕(董菊町著，太仓应远亭秀才处借录)。

十一日(2月19日) 抄《识小编》下卷毕。

二月十一日(3月20日) 屈晴兰，名瑚，字昆含，松陵人。有《清醒堂稿》。

春晚书怀：飞红成阵絮成萍，寂寞萧斋孰与亲。月下高吟怜好夜，花间堕泪泣残春。生原命薄余穷骨，性为情多易老人。愁绪牵来肠寸结，倚栏无语暗伤神。

余题句：(一) 春江水暖绿迢迢，欲访诗人怯路遥。手泼新茶开一卷，闲吟半晌镇无聊。(二) 恻恻寒生正早春，柳枝如线雨如尘。检须怕见星星白，自古情多易老成。松陵屈晴澜先生，诗人也，而隐于医。道光甲午，寓吾邑北郭之澜漕，与余居仅隔数里，欲访不果。

---

① 原注："先生时年四十有七，自称饭香道人。"

友人倪葛磊嵒以大稿寄示，漫效其体，敬题二绝，以识景仰之怀。南武第潘道根确潜氏未定草(案:此条上半记屈诗稿，下记自作)。

四月初二日(5月10日) 记:亲友借贷，理难拒绝，有力则随分给之，慎勿转求于人。若伊本至亲，情不能通，而托余介手，尤不可也。戒之，戒之!

钱字两戈，利字从刀。戈、刀之物，岂不伤哉!

初四日(5月12日) 病起即事:寂寥真拟子云居，病起柴门自扫除。香飐瓶花风定后，雨晴庭院燕来初。看多世变浑春梦，忆得诗篇似故书。独有良朋长在眼，漫题新句问何如。

初五日(5月13日) 荷花楼周诊。饭后，步至城，晤猗竹。别后入城，访朱声翁，同至外姑处讯疾，疾已笃矣。遂同访唐亮源，具杉材。别去，访张若翁，留榻眠琴窝。徐春亭亦来下榻剪烛，与柳人三人剧谈，半夜方睡。灯下，若翁以古泉数枚见示。

十一日(5月19日) 寄《徐畏垒诗集》二卷、《陈东庄遗集》二卷于若木，徐树闳《东游集》、顾梁汾《词曹倦圃词》，《昆山殉难录》、《徐桂门诗抄》于春亭，并托题先祖像卷。

二十日(5月28日) 抄钱既勤《历代建元类聚考》毕。

五月初一日(6月7日) 和耕云言昨岁嘉定之荒，较前年为甚。前年饥户一县仅六万余口，昨岁增至十六万七千余口。邑长劝谕绅士捐输济赈。有王逊之者，为人好施予，捐至五千金。秦蔼堂亦捐五千金，其余有差。凡发赈六个月，然大口不过日六文，小口半之。一时卖儿卖女、卖田屋者纷然，饥死者不计其数，伤哉!又言，有陈仲简者，方泰镇望仙桥人。其室人吴氏有一子仲简，为人恂恂儒者，课童子，资馆谷以给。因岁饥连年失馆，不肯苟活，夫妇服毒死，士林伤之。其子族中人收养云。

初三日(6月9日) 读王素岩先生《懿言日录》，重为装订。

题蔡楚公书:《大观御笔记》颜鲁公、司马文正公，其人即不善书，得其片楮者，亦当珍如拱辟。而二公笔法之严整，令后人对之者，如见垂绅正笏气象，有以想见其为人，则所谓物有相得而益彰者也。然则书翰之传，岂不以其人哉？蔡楚公，当时称善书。徽庙万机之余，亦以书画垂光艺苑。然君臣荒宴，驯致靖康之祸。其尺素流传，与玉杯象箸等耳。虽追踪羲、献，亦何益耶？徒以为后人慨叹之资而已。

初夏小园即事，奉怀若翁先生：桑拓阴阴覆短墙，暗分新绿到池塘。落花未扫春犹在，乳燕交飞昼正长。蒉竹吟边初试茗，《黄庭》写罢漫焚香。荒篱薇蕨闲堪采，未暇名园访避疆。

书赵文生事：赵文生，字钟闽，自号时山，又号易亭，昆山人。大父仪吉，父岳升。文生生四岁，而父客死于盗。大母柴母顾苦节抚育之，始得成立。羸弱多病，夙自刻苦。乾隆乙丑，年二十二，受知大司成山右崔公，补新阳博士弟子员。家贫，授徒以给。念先世三世苦节，父死仇未雪，奋厉欲有所表。见发箧中书，尽读之。制举外，尤长于史，慨然有志于当世之务。所著《思仪堂集》及《读纲目管见》，总若干卷。文生虽年少，然为人循守规矩，动有至性。凡侪辈中风流自命者，皆怒叱之。议论一本于忠孝。集中《刍荛余论》及《论策》若干条，皆当世硕画。又喜为表微之辞。凡所见孝子节妇，以文表显之。邑中有卫节妇者，宋文节公泾之裔孙也，年十七归孟氏子某，凡十载，有三子。而孟氏子死，欲自杀，顾三子俱幼小，家赤贫，无依猗，乃强自活，归依其父母。其父母亦贫老，无他子。有讽令改适者，卫不可。未一年，母亡。阅岁，父又殁。所居仅坏屋两间，遭两丧，卖其一以敛，不足，则称贷益之。时两子亦先死，仅存其仲子。卫黾勉女红，以哺其子，曰："吾所以不死者，凡为夫祀故也。是儿成苟成立，吾其瞑目于九原乎！"所居与文生家同巷，文生母闻卫贤，延而礼之，且命文生为料理其逋负，毋使债家逼也。文生既重卫守节，又念母故早婺儿幼，境遇与卫等，重自感激，为文走文节公祠下，泣告之，有曰："是惟先生之一气兮，世虽远而心宜切也。愿先生之默佑兮，长与保其洁也。"其天性好善类如此。外有《述怀》《自责》诸文，及《乞减己算益大母寿告神词》，皆在集中。惜早没，人竟无知之者。文生配顾氏，同邑讳绳武女。潘确潜曰:"宾曦门外有钱生者,故博学鸿词愚谷先生之元孙也。家多藏书,余从生借书,得文生所著《思仪堂稿》及《读纲目管见》,已不完矣,惜哉!"钱生自言故外祖父所著也,故在生家。余念文生之立志,及卫氏之守节,皆不宜泯没者,故并著之若此。呜呼!世之笃志好学与励志自守,死而不传者,可胜道哉?悲夫!

与徐春亭生秀才札(见《晚香书札》)。

十七日(6月23日) 与吴县张淡娱秀才札(故余姚知县莳塘先生长君,名光熊。见《晚香书札》)。

六月初八日(7月14日) 校魏华父《经外杂抄》,午后读《叶文庄公文集》。

二十日(7月26日) 与郡中张仁叔书(莳塘先生令孙。见《晚香书札》)。

廿六日(8月1日) 作:竹树不半亩,数椽亦可居。本无经世念,息偃得自如。萧斋多暇日,且喜读我书。微雨溪上来,众绿欣以舒。夕阳满窗牖,清风动徐徐。一二同心友,匡坐话古初。烹茶劚苦笋,开尊摘园蔬。悠悠物外想,忘机到禽鱼。三复陶公言,吾亦爱吾庐。

七月六日(8月10日) 徐春亭秀才题先六世祖遗像卷:天地有正气,皎皎星与辰。于人为忠孝,所贵全其真。吾昆蕞尔邑,节义何嶙峋。甲申乙酉间,碧血膏城闉。吁嗟潘夫子,廿载老儒巾。一朝闻国难,赴义不顾身。其时母在堂,萧萧白发新。言汝早遂志,谁为奉晨昏?闻之心骨酸,隐志未克伸。色养终天年,无负君与亲。人谓公之位,非若垂佩绅。人谓公之禄,非若糜廪囷。胶庠一士耳,不死亦谁瞋?何不放江湖,聊为古逸民?公乃曰否否,率土皆王臣。我志今已决,何事稍逡巡?慷慨全大节,捐躯以成仁。其行光日月,其言泣鬼神。能诗钱蒙叟,工书王孟津。呜呼!纵得牖下死,无颜对尔图中人。道光甲午夏竹醉日,里后学徐凤翼拜题。

八月廿一日(9月23日) 答人书(见《晚香书札》)。

廿七日(9月日29) 上邑侯言北乡水灾(见《晚香书札》)。

九月廿四日(10月26日) 入城,至万元斋书坊,得《大戴礼补注》,凡八卷,孔广森注,阮芸台刊本也;《韦注国语》廿一卷、《孙月峰书画跋》正续六卷、《王临亨女训》一卷;《黄公说字》一卷,系顾景星著,并华陀《中藏经》二卷。至颜绍祥傺婿所,借钱五百片付之。

十月初九日(11月9日) 校华陀《中藏经》。

与张若木札(见《晚香书札》)。

题金兰泉画:陆天随像,临顿之里。风日粹美,携书与榼。古寺萃止,有酒追随。鹿门皮子,啸傲山林,跌荡文史。池有斗鸭,园有树杞。甫里高踪,清风百祀。

题《苏武牧羊图》:猗欤汉臣,秉节维坚。奉使绝域,牧羝海边。吞毡啮雪,一十九年。节旄落尽,与之坐眠。上林射雁,海外书传。得返故乡,老矣华颠。官典属国,赐百万钱。堂堂遗像,图绘凌烟。

与张若木札(见《晚香书札》)。

无射之"射",今人读如"亦",训"厌"也。盖本《汉书·律历志》云:"阳气究物,而使阴气毕剥落之,终而复始,无厌射也。"然亦可读如"石",魏武《与钟繇书》,"是月律中无射,言群木庶草无有射地而生,惟芳菊纷然独菲",亦是一义。

九京,或谓"九原"。蔡邕《独断》,"天子所都曰京师。京,水也。地下之众者,莫过于水。地上之众者,莫过于人。京,大也。师,众也"云云,是京师之"京",在古人亦有读如"原"者矣。

读好书,看好样,做好人。正如学书者之临好帖,度曲者之按好谱也。不法晋唐名人之帖而乱涂,则不成书;不按大晟九宫之谱而乱唱,则不成调。不读圣经贤传学好榜样,而惟骛声律才调,以哗世取宠,则流为小人之归而已矣。读《方矫亭观感录》。

《邱南园浦阳余咏》序:夷林邱氏,自胜国以来,代有文人。若近夫先生,其表表者也。由近夫而下,凡若干世。当乾嘉之间,有耕云翁者,与先君交好。其群从昆季若蕙圃翁辈,皆结往来之欢。至蕙圃翁之令嗣璞堂、少岩,与根复联世好。璞堂居南郭,时与余往来欢甚,不啻昆弟也。根弟原又及耕云翁季子云侣之门,继而偕娶于吴。云侣之幼女,又归余子守拙。盖余家于河南父子昆季间,其交若纪群,而独不识南园先生。盖南园先生宦游,几三十年矣。道光纪元之初,璞堂自南郭迁城中之采莲桥,与根旧居隔一水,犹晨夕过从。是时,南园先生已卒官,无子。蕙圃翁承其祧。璞堂走浙中,以其丧归。根得一拜其遗像而已,又得观先生所谓《南园图》,树木幽映,亭馆靓深,仿佛可睹。读其题识,皆浙东一时名士。盖先生虽卑官,而文采风流,颇为浦阳人推重。先生亦以久客京邸,仕不达,偃蹇冷曹,以文墨肆志而已。璞堂为先生嗣孙,璞堂之子怀浦,实生先生署中命名,犹蕙圃翁所定也。故先生手泽,留璞堂所者居多。后根与张秀才石耘撰集《昆山人诗征》,索其家集,得《浦阳余咏》一卷,盖先生尉浦江时所著也,留余所者几十年。璞堂城居多事,不及顾余。余病,懒谢客。云侣亦前卒矣。非特先君与耕云翁辈,棋酒过从。时事恍如隔世,即欲如十余年前与璞堂衔杯赋诗,追寂寞之乐,尚可得哉?死生离合之故,为慨叹者久之。独少严守先志,事砚田,方从潘桥迁馆姜村,与余寓居仅一牛鸣地,时相往来。其性静情逸,可卜耐久,无疑也。晤谈及南园先生之作,因出以归之。少严不数日抄录成卷,并摭他作附于末,而来索序于余。余病荒笔墨,何以塞少严之请哉?既念两世交游之谊有足重,而且敬少严之能念尔祖也,因为之书,并为告曰:遗簪坠屦,古人不弃。况先人之手泽乎哉?观蕙圃命孙名之意,而知少严敬谨什袭之忱,为有古人之谊也。而凡为世交者,宜敦异姓昆弟之欢,毋犯"遗簪坠屦"之讥,又不待言矣。若夫诗词之工,读者自能得之,不待根之揄扬也。道光十四年仲冬上旬,姻世晚生同邑潘道根拜书。

明政失中叶,宵人窃乾纲。潢池一以沸,两京继沦亡。士穷见节义,乃有范与王。攀髯十数公,名姓何堂堂。缅维甲乙年,杀气偏岩疆。昆城只斗大,螳臂亦可当。忠义不支天,走死何仓黄。地下见君父,一一冠与裳。本朝既定鼎,殷士俱祼将。胡来韦布老,誓心独彷徨。节士不二姓，斯言凛千霜。奈何坐昧此，贪生类跛牂。煌煌题壁字，词气慨以慷。手携七尺绳，为世系三纲。忠孝得两全，肤发一无伤。至今旱泾上，坟土有辉光。我瞻节士像，神气何扬扬。忠愤彻骨髓，须鬓见老苍。整襟为再拜，志气□激昂。英灵想未泯，踯躅孝陵旁。顽懦起千载，青史为流芳。染翰识景仰，悲来涕沾裳（此题潘节士子晋先生遗像诗，不著作者姓字，其殆确潜自作欤）。

十二月初一日（12 月 30 日） 《五余剩录》序：魏董遇诲人读书，有"三余"之说。道光甲午十二月朔，坐雨西斋，灯下检历，屈指入此岁来，年四十有八矣。两目渐昏，左车已脱，其一耳时作蝉鸣，精神非复曩时。噫！病且老矣。前年血气方盛，喜交结友朋，为诗文倡和。居里党中，侃侃议论，不肯少依阿。不十年来，老成都尽。外间少年，气味不相中，深自追悔，且指摘随之矣。是老病为生之余，忧患为处世之余。积是五余，不杜门读书，以待天年之尽，意欲何为？因此键关谢客，日课书一卷。偶有所得，辄书于简，命之曰《五余剩录》。

虞仲有二：一太伯弟，与太伯同窜荆蛮者。《左传》所谓"太伯、虞仲，太王之昭也。"今虞山上有虞仲墓，陆广微《吴地记》所云是也。一为仲雍后人，《史记》谓武王克商，封仲雍曾孙、周章弟虞仲于周之北，故夏墟是为北吴是也。孔子所称逸民者，汉孔安国，魏王肃、何晏诸家，皆不注虞仲为何人。近世始以仲雍实之。夫太伯、仲雍之逃周，与夷、齐之逊国，无异孔子尝称"太伯为至德"矣。及其诠次逸民，则登夷、齐于首，而太伯顾不与焉。以时代考之，仲雍前夷、齐且百年。《论语》叙事之体，亦不当先夷齐而后仲雍也。尚容考之。

今人交际于不受之物，类用"完璧""返璧"字，或但用"完"字。夫蔺相如以璧归赵，用谲计而怒大国，与今人雍容逊让者殊不类。若用郈成子返右宰穀子璧事，亦不切于交际。当是用晋公子重耳与僖负羁事耳，用"返"字为稍惬。然以愚观之，古人返币返马，反之为还，载于《仪礼》，何必不古也。又《昭十三年》："卫人馈叔向羹与一箧锦……叔向受羹反锦。""反锦"字亦可用。

初五日(1835年1月3日) 集《千字文注》起。

《齐乘》:"於陵在长山县二十五里,即陈仲子所居。"《谈薮》:"齐太原孙伯翳家贫,尝雪映读书……与王亮、范云为莫逆交。"仪城在开封府兰阳,即仪封人请见孔子处。桑落在陈州,孔子绝粮于此。

廿九日(1月27日) 恭祀本家五祀之神,合祀先祖考于正寝,祀先师陶月川、夏松坪二先生于西斋。以二先生俱无嗣,追念教育之恩,洒泪久之。祀外祖嵇氏及舅氏、外舅吴氏诸亲之无嗣者。此余家岁例也。

除夕(1月28日) 作:频年牢落竟何如,如水流光看又除。爆竹未堪祛厉鬼,春风早欲到穷居。已完井税心先稳,拟买溪山愿尚虚。暂尔书堂闲一晌,梅花修竹伴床书。

道光十五年乙未(1835)[①]

俭德避难,处困之方。《谦》亨有终,君子之光。《剥》极则《复》,天道之常。澡身浴德,斯除不祥。元旦日笔。

与张若翁札(见《晚香书札》)。

汉武帝元朔元年诏曰"夫刑罚,所以防奸也;内长文,所以见爱也,以百姓之未洽于教化"云云。其赦天下"内长文"之语,了不可解。张晏注,亦曲说。《南窗纪谈》言,许少伊右丞曾见江南旧本作"而肆赦",似为得之。

初八日(1835年2月5日) 寄书与顾邵庵先生(见《晚香书札》)。

接若木人日立春奉简之作,依韵却寄:道合天涯亦比邻,幽居那厌僻兼贫。层冰将泮群疑释,大化无私万物春。鼷鼠徒夸升木技,潜

① 原注:"先生时年四十有八,自称饭香道根。"

鱼聊乐纵渊鳞。相思两地吟花柳，何限风光入眼新。

附来诗：不向城南来结邻，村居虽僻岂嫌贫。君窥到眼五千卷，我过平头六十春。路仄巘难容有技，渊深鱼始好潜鳞。闲中且喜吟怀健，彼此风光入户新。

十七日(2月14日) 接邵庵丈来札：两奉华翰，未经奉答，非疏慢也，实以鸿鱼无便耳，恕罪，恕罪。仆二三年来，耳聋目昏，又肝疾时时举发，已不能复处蒙馆，附居小儿乡馆，焚香念佛，以了余生。乃复为族累牵缠，跋涉殊苦。今接尊札，知足下亦遭无妄，恨不得桃源而避之。若仆者只欠一死，亦不再作此想矣。何时把手以罄闷衷，并订来生之交，亦属幸事。专此奉复。

廿四日(2月21日) 夕，暮也。《尚书大传》："岁之夕，月之夕，日之夕，谓腊为岁夕，晦为月夕，暮为日夕也。"《说文》："从月半见。"徐曰："月字之半。月初生，则暮见西方，故半月为夕。"姓，"晴"本字，夕见星也。扬子《方言》："凡物盛而多，齐、宋之郊谓之'夥'，今吴音谓多曰'夥'，问几何曰'几夥'。"嚦，驱鸡声。奤，音"胎"，上声。《菽园杂记》："南人詈北人为奤子。"《荀子》："泔之伤人，不如奥之。"注："奥，烹之也，俗作'熝'。"《汉律》"男女私合曰姘"，今俗曰"姘头"。

廿五日(2月22日) 《北史·源思礼传》："为政，当举大纲，何必太子细也。"《正字通》："子读若'荠'……俗作'仔'。"凡"孤负"之"孤"，当作"孤"，谓不副其望也，俗作"辜"，非。孟康《汉书注》："宓，今'伏'字。"皇甫谧曰："伏羲谓之宓羲。考诸经史纬侯，无宓羲之号，必后世传写之讹，以虙为宓耳。"孔子弟子虙不齐，亦讹作"宓"。《周礼·春官·男巫》"冬堂赠无方无算"注："冬岁之穷，设祭于堂，赠送万鬼也。"若今岁终祀厉。

廿八日(2月25日) 书《张文端公家训》后：桐城张文端所著《家训》，谈理不腐，涉世不迂，诚持身之轨范，贤愚俱可佩服者也。家训之作，昉于北齐黄门侍郎琅琊颜氏之推书，凡七卷。宋左朝请大夫李正公又为之续，其书最行于世。然颜氏颇好释氏，其文又苦烦琐，故编录者不列于儒家。文端公当世名臣,其立言皆本诸躬行心得之余,随手记录,无意著书。其言逊以入之,无有操切扞格之弊,宜读之者,怡然理顺也。又其说醇正,不骛名炫博,可以砭近时文胜之病。同时著书者,惟王敬哉先生所著《冬夜笺记》庶乎近之,是可宝也。

二月初九日(3月7日) 入城,同沈猗竹至集街购书,得《周易注疏》九卷、《史记》七十卷、邵氏《尔雅正义》二十卷、《释文》一卷、《韩诗外传》十卷、《风俗通》十卷、《仪礼经传通解正续》若干卷、《乾隆府厅州县志》五十卷、《东林商语》二卷、《释名》四卷、《读书纪数略》五十四卷。

初十日(3月8日) 出诊舟回,访龚思齐及赠尚书蕲州别驾顾寅斋墓。思齐讳贤,布政清惠公理之父。寅斋讳梦羽。闻青墩庙中有故黄门龚察像,未及访。

廿八日(3月26日) 得《公羊》、《穀梁传》旧书数百卷。

三月初三日(3月31日) 或问"'君子行而世为天下道,言而世为天下法,动而世为天下则。'此是从何处做起?"曰:"索隐行怪,后世有述焉,吾不为之……依乎中庸,遁世不见知而不悔。"两路逼轧,竖起脊梁,做起来便可到此地位。

昆明池在长安西①南,周回四十里。汉武元狩二年作,以习水战。古人谓尸为"死",《左传》"生拘石乞,而问白公之死",《汉书》"何处求子死"。

十一日(4月8日) 王留芸斋观书画:文能换骨余无法,学到穷源自不疑(隶书王时敏)。学总百家,术晐《三略》。名高五窦,品重八郇(隶书钱大昕)。给人聊为一抟泥,强胜虚空画饼炊。到处游人春满袖,寻香只许蜜蜂知(王勤中武题自画扇头《芍药》)。

《说文》云:"尧,高也,从垚在兀上,高远也。"《白虎通》云:"尧,犹峣。峣,至高之貌。"

---

① 当为"西"。

十三日(4月10日) 接吴门张莳孙札,并寄还《松庐集》《不易草堂诗》。又承寄《佛说四十二章经》《佛遗教经》《六度集经》,薛起凤《香闻遗集》、汪大绅《诗录》,令祖莳塘先生试帖、《崇祀录》、挽言、词碑、《霜猿集》。

十四日(4月11日) 改拙儿《即景》小诗:偷闲偶尔过村东,舞蝶游蜂处处同。陇麦翻云黄间绿,墙花堕雨白兼红。江乡入眼多诗料,风物无心尽化工。难得相逢好时节,一杯清茗漫匆匆(末句以兼寄邱少岩,故云)。

廿三日(4月20日) 老弱、饥寒、丐乞之人,所求于我者无几。而世靳之,或加以声色,不知此亦人子耳。安保我他日不出于此,安保我之子孙他日不出于于此,奈何不加怜悯而吝此一瓯饭也。且我见夫世之破家者,或为酒色,或为赌博,或为争讼,往往而有。若以布施穷民而贫者,百无一焉。此较布施于佛老者事,乃真实。功德之说,我不敢知,亦行乎心之所安而已。

廿六日(4月23日) 作联语:身从平世老,头向野人低。

检废簏中,得三十年前旧作,漫记于此:碧落杳何所,瑶台不可寻。虚传红雨梦,犹自白云心。未挂松梢剑,谁听流水琴。重来人不见,泉下孰知音。

四月初六日(5月3日) 应远亭先生过访畅谈,承示尊甫五峰先生《七十自述》诗,索和原诗:苍天生我亦何为,对镜愁看两鬓丝。所恨儿孙常远膝,还欣夫妇尚齐眉。笔耕舌耨忧无继,齿豁头童虑不支。从此携鸠游故里,亲朋绝少旧相知(五峰名嘉颖)。

和韵:襟怀洒落妙无为,两鬓东风任化丝。吾意爱才缘绣口,众人遥诼为蛾眉。病余强饭长腰熟,花落寻诗短策支。万物静观皆自得,些儿吃紧少人知。

又和:(一)花香鸟语总芳辰,倚仗流光七十巡。衣带自铭恭寿字,典型我爱老成人。儿孙淡得寰中趣,诗酒浓添物外春。闻说健怀犹烂漫,道人何事不天真。(二)灵椿岁月记蒙庄,五典纷纶蠹简香。

立说名山堪共寿，杜门化日与俱长。余甘境味同餐蔗，老辣心情尚捣姜。幸与鲤庭托交契，几时卮酒得跻堂。

四月[1]**初六日(5月3日)** 《越绝书》十六卷，无撰人名氏，相传以为子贡者，非也。其书杂记吴越事，下及秦汉，直至建武二十八年。盖战国后人所为，而汉人又附益之耳。“越绝”之义，曰：“圣人发一隅，辨士宣其解，圣文绝于彼，辨士绝于此。”故题曰《越绝》。虽所云然，而终未可晓也。

为张若翁令孙星鉴经解拟题问：(一)[2]《易·升卦》四爻“王用享于岐山”，于礼诸侯祭山川有乐否？(二)《诗说解颐》谓《周颂·天作》乃祀岐山之乐歌，于经有据否？(三)问《书·泰誓》言“武王伐纣，上祭于毕”，说者以为毕文王墓所在，而《史记·伯夷列传》言“父死不葬”，说何歧也？且诸侯既葬而死后有谥，若未葬，则不得有谥，何以云“载木主，号为文王”也？纣命文王为西伯，不闻为王。史每言文王受命九年，或言七年，其受者果何命欤？(四)《中庸》言周公、成、文、武之德，追王、太王、王季，不数文王。文之为王，果在何时欤？(五)问《诗·鲁颂·閟宫》，毛、郑皆谓为姜嫄之庙。按史，姜嫄，帝喾上妃。《祭法》“周人禘喾”，奚为不立帝喾庙，而犹立姜嫄？且诸侯不敢祖天子，而鲁得立姜嫄庙者，果何说欤？如姜嫄庙之制者，异代亦有之欤？(六)问《礼》禘有数说，朱子既引赵氏匡之说，以注《论语·八佾篇》，及《礼·中庸》篇矣，而追“所自出”一语，后儒人又有异议，果孰是而孰非欤？(七)问《春秋·隐公三年》“尹氏卒”，《三传》异说，宜何从欤？抑别有疾说欤？

五月十八日(6月13日) 与周用霖札(见《晚香书札》)。

与吴韦安札(见《晚香书札》)。

廿三日(6月18日) 读《大金国志》□卷，系何二我惠借者。上

---

① 疑为“五月”。

② 此序数(一)(二)……(七)为整理者所加。

有“王光禄西庄先生印”记，及“甲戌榜眼”印。按：此书称《大金国志》，自宜以金为主，以宋、辽为附。今书中乃自称金人，称宋为帝，纪事殊失体裁，疑后人抄摘《纲目》《长编》以当之者，决非《大金国志》也。俟询之曾读《大金国志》者。

唐仲明者，住新阳之北乡，地名小泾，粗识字，为外科医。性好善。贫人来求医者，以善药注之，不索一钱。暇则闭一室，抄佛经以施人，尤喜以钱装塑佛像。年六十余，并无疾苦。一日忽呼儿妇俱集，索汤具，浴更衣，正坐曰：“有舟车迎我，我去矣。”遂死。孙名遵，传其外科医。

廿四日(6月19日) 作《愚堂周先生小传》(见《文集》)。

《颜氏家训》跋：颜之推，字介卿，琅琊人。少以器局称，博涉群书，工于草、隶、飞白，不求显达，仕周，官至黄门侍郎。所著《家训》一书，古今家训以此为祖。而其书颇崇释氏，故历代著录者不列于儒家。然其砥砺薄俗，及论为学之要，多有可采。朱子著《小学》书节取焉。所谓大醇小疵，在学者自为持择耳。又有《还宽志》二卷、《证俗音字》五卷、《文集》三十卷，事具《北齐书·文苑传》。之推，其先复圣颜子裔，有盛者仕汉，为尚书郎，魏文受禅，徙爵关内侯，始自鲁国徙居琅琊临沂。三传至含，晋成帝时，以右光禄大夫致仕，谥曰“靖”，即篇中所称“靖侯”者也。含七传至见远，历官治书侍御史兼中丞。见远生协，湘东王右常侍领西记室，事具《梁史》，即之推父也。之推二兄：之仪、之奇。之仪，周同麟趾学士、御正大夫。平阳县公隋文辅政，不署矫诏，索玺书，又拒之，出为集州刺史、新野郡公，事具《周史》。之推入隋，官太子文学。子一思鲁，即篇中所称者，博学，善属文，尤工训诂，尝与刘臻讲论经义，臻屈服焉。唐拜仪同秦府记室。思鲁生师古。师古，《唐书》自有传。之推《家训》七卷二十篇，传世颇少。明万历中，颜氏裔孙有如环者，官同知苏州府事，得而刻之，茶陵平原派裔孙志邦为之序。根志慕是书，从同邑葛子子敬借得之，命儿子守拙录为一卷，而敬跋其后，且序其世系之略，见贤者之果能克昌厥后也。是书宋左朝请大夫李正公尝续之,名《续颜氏家训》,凡八卷,惜未之见,容当访之藏书者。

题《课农区种法》后:区种之法,见于晋嵇康《养生论》,后魏贾思勰《齐民要术》及氾胜之《农书》,皆有区田之法,其言曰:"汤有旱灾,伊尹作为区田,教民粪种,负水浇稼。区田以粪气为美,非必须良田也。高危倾阪皆可为田。"《务本新书》言:区种之法,相地为区,大概与今种瓜相类,不独种谷,大小麦、豆菽、芋、薯、蔬,皆可按时种之。盖荒瘠之区,用此法以御旱耳。《汉·食货志》:"赵过为搜粟都尉。过能为代田,一亩三甽(古"畎"字),岁代处,故曰'代田',古法也。后稷始甽,以二耜为耦,广尺深尺为甽,长终晦。一晦三甽,一夫三百甽,而播种于甽中。苗生叶以上,稍耨陇草,因隤其土,以附苗根……比盛暑,垅尽而根深,能风与旱。"按:古"区田"与"代田"稍别。今书所谓"区种法",实古之"代田"也。《食货志》又言,代田之法,"一岁之收,常过缦田一斛以上,善者倍之。当时,过使教田太常、三辅,大农置工巧奴与从事,为作田器。二千石遣令长、三老、力田及里父老善田者受田器,学耕种养苗状。"过又奏:"故平都令光……以为丞,教民庸挽犁……民多便代田,用力少而得谷多。"后崔实作《政论》,言过之法,"至今三辅犹赖其利"。然魏晋以后,殊不闻焉。金章宗时,武陟人高翌上区田法,宰执曾以为言,参知政事胥持国持其说,乃命试行之。明昌五年正月,敕谕农民使区种,令农田百晦以上,濒河易得水之地,须区种三十余晦,多种者听。无水处则从民便,仍委官劝率。承安元年初,行区种法,史亦不言其利若何,后竟无闻焉。余家江苏多水田。田以水为重,与《齐民要术》、氾胜之《农书》所言区田事体不同。若代田,要自可行。而邑东南高仰之区,区田之法,要亦不可尽废也。《书·洪范》八政,一曰食,二曰货。《传》曰:"一夫不耕,或受之饥。"盖植国之本也。今农民惰窳,狃于缦田之习。郡宗衮(谓潘功甫也)丰豫庄,曾以此说课农,椒畦王先生因重刻于家塾。余老,居田野,喜谈农桑。一日翻旧书,取而题之,俾儿子辈知区田、代田之别。

区，读当如“勾”，今读如字，殆非也。乙未分秧日，梅心老农潘道根题。

书《大金国志》后：按，《大金国志》一书，王光禄西庄先生所藏，何二我秀才借示者。书不著撰人名字，起金建国至大定十八年止。读之，颇有疑窦。是书既称《大金国志》，应自帝其国，乃合体例。今书称金主曰“国主”，曰“金人”，宋徽、钦曰“二帝主”，曰“宋帝”，疑后人节《纲目》等书为之者。二我亦云然。及考之陈振孙《书录解题》云：“《金国志》一卷，承奉郎张棣撰。淳熙中归朝人，记金国事颇详。”又“《金国志》一卷，不著名氏，似节略张棣书。其末又杂录金国事宜，及海陵以后事。”于是恍然。棣盖金人我之归宋者，其称谓固应尔。大定十八年，实淳熙五年，棣既系淳熙中归宋，则所记或止此。然考本书第十七卷下之目，称世宗圣明皇帝，中自应有下卷也。又考卷前提要，列金九主年谱。至天兴三年，金主承麟自缢，金亡而止。大定十八年距天兴三年，凡五十七年，则其书固应有二十卷许也。《书录》所云《金国志》止二卷、一卷，则是书之为张棣与否，又不可知矣。然其书之缺，断断无疑。按《书录解题》，又有“《金国节要》三卷，右从事郎兖人张汇东卿撰。宣和中随父官保州，陷金十年，至绍兴十五年归朝”。当另为一书。

六月初八日(7月3日) 柬应远亭：烦暑无由入，悠然静者心。微风生日夕，独坐松篁阴。茶鼎有真味，白云相与深。一编开千古，如子足幽襟。门前濯缨水，如带一河长。世外求知己，孤踪怜异乡。贱贫怅漂泊，文字况苍凉。顾影成何事，空余两鬓霜。

十二日(7月7日) 午后，生徒不来，为张若木令孙星鉴批经解“父卒未殡，适孙为祖服”。汪氏尧峰之说校贺氏、徐氏为长。至朱子所论宁宗时事，知胡纮之言之失，而未有以折之者。缘承重之说，后人皆以承父之重服为言，而不知古人所云“重”乃祭祀之重，非言服也。《礼》云“七十曰老而传”，《丧服传》所谓“重”是也。是时光宗既退闲内禅，则祭祀之重自在宁宗，安得谓太上？圣躬亦已康复，丧有二孤乎(《郑志》所载极精详)？古之朝礼，君臣皆立，乘车亦立。汉初，犹立见大臣如赞者云。皇帝为丞相起是也。后世君太尊，臣太卑，无此礼制矣。朝步自周辇出于房，亦古今礼异之一。

用九、用六之说，惟欧阳公说得是。此二卦纯阳纯阴，而居诸卦之首，故于此发此一例。凡占，皆用变爻，故凡占得阳爻者，皆用九而不用七。得阴爻者，皆用六而不用八。以九为老阳，六为老阴，老变而少不变故也。此揲蓍之法也。遇《乾》而六爻皆变，则为阴，故有“群龙无首”之象，即《坤》“利牝马之贞”也。遇《坤》而六爻皆变，则为阳，故有“利永贞”象，即《乾》之“无首利贞”也。以刚而能柔，不为物先，故云“乃见天则”。阳为大，阴为小。用六永贞，其始本小，到此阴皆变为阳矣。故云“以大终也”。

《礼》：“祖父卒，而后为祖母。后者三年。”庶祖母无明文。汉文帝所生母薄太后，以景帝前二年崩，天子朝臣并居重服。东晋安帝崇和四年，太皇太后李氏崩，祠部郎中徐广据《春秋》“母以子贵”成风，称夫人文公服三年，及汉薄太后故事，请持重服。太常殷茂以为太皇太后名称虽尊，而据非正体。主上纂承宗祖，不宜持重。车胤等以为徐议为是，于是安帝服齐衰三年，臣僚并服齐。宋庾蔚之议，谓古今异礼，三代殊制。汉魏以来，既加庶以尊号、徽旗、章服，为天下小君，与嫡无异，故可服重。又宋宝元二年，三司度支判官集贤校理薛绅，以庶祖母万寿县太君王氏身亡，王氏系先臣耀卿所生母。服纪之制，罔知所适，乞下礼官详定。礼官据《唐开元礼》所载晋王廙之说，言礼无服庶祖母之文。其为庶祖母后者之服，谓受命为后，则服之无嫌。妇人无子，托后族人犹为之服，况次其子孙乎？且妾子父没，得申三年，孙无由独屈，当服之也。绅遂解官持齐衰三年之服。

按：郑康成曰：“西伯，周文王也。时国于岐，为雍州伯，南兼梁，荆国在西，故曰西伯。”郑知西伯是州牧之伯，而非东西二伯者，盖《周礼·大宗伯》职云：“八命作牧。”郑仲师注云：“一州之牧。”又云：“九命作伯。”郑康成注云：“上公有功德者，加命为二伯。”《王制》：“二百一十国以为州，州有伯。八州八伯。"康成彼注云："殷之州，长曰伯。"此言为雝州伯，则是八州八伯之一矣。《楚辞·天问》亦云："伯昌号衰，秉鞭作牧。"王逸注："亦谓文王，为邕州牧。"与郑说合。

《大金国志》四十卷，宇文懋昭撰，《纪》二十六卷、《传》三卷，《杂录》三卷，《杂载制度》七卷，《行程录》一卷，词格与《契丹国志》略同。或云旧但名《金国志》，"大"字乃本朝高宗所加。然《日知录》引此书，已称《大金国志》。此说不可从。

与友论庙中昭穆书（见《晚香书札》）。

拙儿述：于市中见一旧绘山水中，竹篱茅屋，屋下一翁据皋比坐，旁置一杖。一少年旁跽席上，作持卷问讯状。篱以外，板桥曲径。一人绿氅红风帽，跨马来访。一人担琴书之属随之。屋上有匾，题"斯文在兹"四字，柱题"有济世安民之略，然后可以登山临水；有经天纬地之才，然后可以讲道论文"。坐皋比者，其孙先生夏峰欤？骑马者，其顾先生亭林欤？惜予不及见也。记之。

《四库全书》，乾隆三十八年奉旨开馆纂修，翰林院为办理处，武英殿为缮写处。诏征天下遗书，共一万三千七百二十五种。《四库》共存书三千四百六十种，计七万五千八百五十四卷。建文渊、文源、文津、文溯四阁贮之。又择其精醇为《荟要》，计全书之一。缮写两分，一藏大内，一藏圆明园。凡编录十三年竣事。

《资治文字》一百卷，上虞徐仲山咸清著。

廿九日（7 月 24 日） 作《节士郑仲简传》（见《文集》）。

与赵省翁札（见《晚香书札》）。

与应远亭书（见《晚香书札》）。

何蓼厓《旧雨来斋稿》题后：诗以言志。一人有一人之志，即自有一人之诗，非若傀儡，然可以彼此假借也。故就诗而论之，俪青妃白，酌古斟今，则有点定一字，声响顿殊，如古人所称为"一字师"者矣。若就作诗之人而论之，则忧愁愉悦，各有性情；指斥流连，各有寄寓。后之人循环讽咏，息息相通，自有得之意外。而可以知其人、论其世者，非外人所得而与也，何则？以一字一句言诗者，场屋应制之流；就诗论诗者也，词既尽而意亦尽。以作诗者之性情言：诗者，美人香草之篇、咏燕看花之作。此论诗而不仅以诗言者也。词有尽而意反无尽，此无他，亦存乎后之善读书者而已矣。蓼庄何子，少承尊甫邵庵先生之教，素喜为诗。其毕生欢娱愁闷，无所舒泄，胥寄于诗，所谓不仅以诗言者，何子有焉。一日，袖其诗辱问于其友人潘道根，求为之定其去取，删其芜陋。何子自谦，固然。虽然，以诗而论之，未免有离合者。在根之鄙陋，何足以当一字之师？若就作者而论之，则忧愁怡悦，各具性情；指斥流连，别深寄托。此固何子之诗也。有非外人所得而与者矣。南窗散发，细细读之。一卷之中，何子之笑语如睹也。其清新俊逸处，可以疏瀹人之灵府。世果有酌古斟今，俪青妃白，其人者亦无庸泚墨为也。斯固何子之诗也。——夫不云“诗以言志”也？

七月初四日(8月27日)　记：苍颉循圣，作则制文。体有六篆，妙巧入神。或象龟文，或比龙鳞。行体放尾，长剌短身。颓若黍稷之之垂颖，蕴若虫蛇之纷缊。扬波振声，龙跃鸟震。延颈胁翼，势似凌云。

初七日(8月30日)　承若木秀才前辈屡简见招，诗以道谢：(一)长须芳讯喜频传，顾我栖迟断岸边。野性自来多偃蹇，心交偏与致缠绵。梅溪夜涨三篙水，竹邬风清七月天。问说桂花香已近，捻书便拟泛鱼船。(二)城南张仲最清真，令子文孙况雅醇。上口诗书听衮衮，禔躬孝友喜循循。从来教育称三乐，自昔朋交列五伦。便与款言忘旦夕，苔芩契合有前因。

嘱拙儿语：我应友人之招，往返计作半月留，非真为家中托，大可以外出，实以故人情意甚勤，不容再却。且其家多藏书，亦欲一窥秘奥耳。我自少失学，至老始悔。今虽欲自鞭策，而精血销亡，已自无及。汝辈正在壮年，方之古人颖悟者，则为时已失，然肯自勖勉，犹或可及。奈何不亟亟自励，而徒居处庸众人中，作不根之谈、无稽之语，自谓已足乎？处家之道，第一宜早起。夜眠拂拭几席，关锁门户，皆宜留神。第二，掩关静坐，不可辄出妄走，浪费时日。我为衣食之谋，肩一家六七口之计，奔走红尘赤日中，此盖不得已。今汝衣暖饭饱，明窗净几，不亟亟督课生徒，兼习经史，旁览医书，而乃优优忽忽说闲话，管闲事，非特孤负生徒来学之意，即扪心自问：父母奔走暮年，经营衣食，真正心血消磨，腰塌背折，而为之子者，乃消摇无事，玩愒时日，但求吃好著好。如此不体亲心，岂非即为忤逆？天地肯容汝乎？“借曰未知，亦将抱子”，一旦我若不讳，一无所能，岂不失所？《颜氏家训》有云：“祖父之势，不可常保，田产不能常守，当自求诸身耳。”至哉斯言！平素前辈诸公，每有札来问我起居，动云令嗣某人兼候，即汝从叔父犹然。盖拟汝能读书，能检束耳。若羊质虎皮，见草而悦，见狼而战，被人看破，曰“某人之子乃如是也”，岂不痛惜乎！又，我孤居于此，无一知己可恃，眈眈虎视者，方且潜踪匿迹，伺人以隙。万一少有失蹉，宵小媒蘖，必多悔吝，宜慎防之。故第一以深居简出为务也。此皆苦心沥血之谈，牢记在心。

十二日(9月4日) 入城，唐雅堂自郡中来，持先师椒翁新刊诗稿来，并郡中张淡娱札见寄。雅堂不晤已三年，今知其留郡中。是夕，宿眠琴窝，秋生丈诸家谈至夜分而罢。

十四日(9月6日) 承问《郊特牲》“伊耆氏始为蜡”一条，“蜡”与“臘”并言而不甚明晰。盖蜡是祭八神，谓之“息田”。夫臘，是岁终之祭，《月令》所谓“臘先祖五祀”也，谓之“息老物”。息田，夫故黄衣黄冠；息老物，故皮弁素积，葛带榛杖。夫各有当也。后世又有所谓貙刘者。《汉·礼仪志》：“立秋……郊礼毕……武官肄兵，习战阵斩牲之礼，名曰貙刘，亦曰貙膢。”故古者兼称“膢臘”，然此与腊臘之“臘”不同。此即《月令》“季秋，命主祠祭禽于四方之事”，在今制即武弁迎霜降之气而行振旅耳。《风俗通》“汉家火行”，故以戌为腊。其实，盖沿秦制。《史记》“秦惠文王十二年初臘”，“始皇三十一年十二月更名臘，曰嘉平”。秦建亥，其云“十二月”，实今之九月，汉亦因之

(自子至谓,谓之岁,自正月至十二月亥之年。岁字从步从戌,以秦建亥故也。古岁字作“遂”,亦或作“岦”。今人以十二月建丑之月谓为腊月,为嘉平者,谬矣)。古人“蜡”、“臘”多并言,如《周·籥章》“国祭蜡则吹《豳》……颂息老物。”息老物,即腊也。蔡邕《独断》:“四代臘之别名曰:夏曰嘉平,殷曰清祀,周曰大蜡,汉曰臘。”是又以蜡为“臘”也。蜡既始于伊耆,腊亦当同之。《史记》所云“秦惠文王十二年初腊”者,当是秦之始侯,沿西戎之俗而不设腊,至是始行之耳,非谓腊起于秦也。郑夹漈据《史记》所云,及《月令》“季冬……腊先祖五祀”之文,以为秦始有腊,而指《左氏》“虞不腊矣”之文,以为左氏非孔子同时。岂其然乎(《左传》一书,固有后人所羼入者。然以腊字议之,则殊非是。腊与蜡祭不同日,古制不可考。惟隋制及《开元礼》,皆蜡之后日)?

又问:祭天子有尸乎?引伏生《虞夏传》,虞之郊也,“以丹朱为尸”。后儒或谓天地山川非人鬼,不当有尸,或以此句即“虞宾在位”之注。余谓俱非是。郊主天,天帝自不应有尸。《祭法》“有虞氏禘黄帝而郊喾”,《国语》“有虞氏禘黄帝而祖颛顼,郊尧而宗舜”。尧,帝喾之子也。尸用孙郊以喾配,自宜以丹朱为尸矣。若《皋陶谟》“虞宾在位”之文,乃是助祭太庙,上宾在西阶之位,非谓“郊”也。后人以《皋陶谟》属《虞夏书》,伏生此语在《虞夏传》,遂以此句当之,谬矣。

十九日(9月11日) 依韵谨和远翁仁丈《堰泾感事》垂示之什:鸿爪原知无定纵,独居我亦出门慵。黄花未隐陶元亮,白眼偏逢阮嗣宗。众女蛾眉怜楚客,水乡鲈鲙忆吴侬。风尘何处寻詹尹,欲就灵氛问吉凶。

承示和笑山仁兄之什,依韵有赠:十亩萧闲负郭居,如君幽兴却怜予。诗吟秋日观郊获,屏画春阴入荷锄。茗碗约朋情不俗,书灯传子术非疏。连墙况有高贤在,晨夕过从乐自余。八月十三日,顾邵庵先生卒。

十五日(10月6日)[①] 夜,远亭题《颜氏家训》及《笃素堂家训》简端。饭香潘君以《颜氏家训》及国朝张文端公《笃素堂家训》二书见示,因题其首简:习俗每移人,贤者亦时有。六朝事佛谨,萧氏最称首。荷荷饿台城,佛不一引手。奈何痴愚徒,尚为异端诱。五戒即五常,何用强分剖。此身既非真,何由别前后。介卿复圣裔,著述意良厚。惜哉溺流俗,祖训不克守。却著《归心篇》,卮言十有九。我欲痛删除,庶可垂不朽。不如张文端,庸言常在口。读书择交游,诒厥自匪苟。二书借自谁,潜夫吾畏友。欲报恨家贫,题诗当瓻酒。娄东友人应伸蒙题。

廿四日(10月5日) 舟行过杨家湾庵漤有作:柴门不正逐溪斜,溪上居人树影遮。几百年来人代换,一湾水尚属杨家。水滨浮石号观音,指顾抟沙聚塔成。万事看来原有数,漤稍先已得庵名。

奉挽邵庵先生:(一)前年君眼炯炯时,长笺手写新题诗。年时寄我三五纸,开缄读罢心为怡。(二)会面虽稀情自好,书中各得倾怀抱。余惜修名壮未成,君怜齿发行将老。(三)今年书来多叹吁,自言两眼浑模糊。精神非复昔时旧,干枯但剩粗肌夫。(四)寄声珍重情犹昨,尚有来生结交约。奉书呜咽读不成,令我情怀数日恶。(五)人生行止皆有天,每欲过访频回船。俄延不觉日月积,谁知一别成千年。(六)忆昔新塘同寄寓,我与先生隔江住。论文一昔缔深交,从此真情到迟暮。(七)先生长我三十强,为人谦抑不可当。提携后生如子弟,训诫不惜书千行。(八)廿年岁月频流转,蓬梗东西稀见面。愿言古道勖前修,别有衷肠情一片。(九)寂寞生涯难具论,家缘只有赐书存。士贫那识多文富,世贱谁怜道义尊。(十)贱子追随多耆旧,灵光突兀惟此叟。虚承教诲十年余,常自拊心呼负负。(十一)秋雨七日何滞淫,门外三尺青泥深。俄传恶耗出不意,不觉酸心欲碎琴。(十二)人生感激在知己,何论青云与泥滓。仰首

---

① 当为“八月”。

驴鸣恐俗嗤,临题老泪如铅水。(十三)盖棺论定此一时,草庐心事有谁知。高才若个中郎笔,为撰千秋有道碑。

廿六日(10月17日) 检得邵庵丈春初遗札,潸然有感:(一)浮沉每苦信难传,飞到云笺一辗然(先生来句)。今日数行知己泪,更难缄寄到重泉。(二)数行残墨问兴居,珍重春江双鲤鱼。不是书中偏爱惜,此书来后更无书。

九月朔(10月22日) 与何二我秀才书(见《晚香书札》)。

顾邵庵先生小传稿(见《文集》)。

初三日(10月24日) 即事:散发终朝偃旧林,墟中无事肯相寻。数家砧杵惊秋晚,满院蒿莱对夕阴。多病只堪谋药物,怀贤每自恸人琴。浊醪新熟谁同醉,无限萧条岁暮心。

咏菊,呈应远亭前辈:瘦干何堪朽,幽香只自娱。地寒心独苦,秋晚影仍孤。幽赏惟园蝶,相欺有网蛛。严霜纵凌暴,终自抱枝枯。身世萧然极,穷交得老苍。境清全晚节,心远识真香。傲世浑无意,赠人思远力。寥寥天地内,生性耐风霜。

十四日(11月4日) 哭若木前辈:殊才不世有,望古每遥企。何况平生交,地远心实迩。缅维孝友风,夙擅文章美。用世兼有怀,经国洞源委。寸心薄云霄,万钟轻脱屣。汪汪叔度波,对之消吝鄙。人风有总持,门外多辙轨。贱子夙蒙爱,枯桐发流徵。相思每寄书,经月辄数纸。一闻恶耗传,两泪如铅水。兹来掩素帷,琴书俨盈几。自非尼父流,谁悟消息理。结交不十载,乃为千载期。投契外形骸,自谓心相知。君老喜闭关,吾衰倦奔驰。一岁不数晤,笑谈晷自移。古人相勖勉,不忘进良规。自谓岁寒交,白头无怨訾。讵知床头语,便是永诀时。自伤漂泊久,老去恋旧枝。今来觅同气,舍我竟若遗。音容俨在眼,神往不可追。余生宁有几,长抱无穷悲。生别有见期,死别常恻恻。秋来数行泪,频为故人拭(两月间,接邵庵顾丈、王静斋讣及君而三)。相知有浅深,相思无终极。犹记冬春交,吾缘事罗织。猘子方眈眈,君怀为冤抑。约我城南避,毋为恋鸡肋。秋来走长须,寸缄抒记忆。皋庑许我留，床席莫嫌仄。悠悠朋辈交，此意讵可得。而我非故违，猪肝畏累德。欲守踽凉素，遂虚笑谈密。此情君自谅，行云见翰墨（根以书道不能久留状，丈回札，有“行云流水，友朋乐事”之语）。终然贱子心，清夜自引慝。生交不可负，死交言曷食。愿言缔世交，相与视心力。吁嗟勿复言，投笔泪沾臆。

又挽：（一）重九怀人入短吟，顿闻哀讣剧酸心。床头小别成终古，匝月相睽直到今。哭友并时余涕泪，题诗此日恸人琴。中郎不作真知少，焦尾谁怜入爨音。（二）眠琴为我置行窝，此日凄凉怕再过。粉壁旧题留滓墨，高门今雨叹张罗。意中快事惊心少，地下知交隔面多。料得余生能有几，可堪老泪送颓波。（三）种药浇花觅句频，门风喜尔最情真。长斋偶托逃禅偈，短褐看成大隐身。经世有心追国士，持躬无愧是完人。相期尚有千秋约，恸绝而今一窖尘。（四）秋前郑重寄双鱼，约我闲来庑下居。牛磨人牵踪不定，猪肝相累愿终虚。行云流水君原许，略迹论心我太疏。孤负先生惟此事，可能后日补当初。

又挽联：生挽赋双联，君去悬崖真撒手；行窝留半榻，我来夜雨孰谈心。

用王云帆（锦）《哭父诗》韵，即奉挽尊甫丈静斋先生，兼以言慰：（一）金风一夕飐危枝，闻讣心酸恨不支。讲学渐看无好友（往与顾邵庵、王椒畦丈喜谈医术。今静斋云亡，成绝调矣），哭君犹喜有佳儿。黄杨厄闰天原定，寸草承晖泪暗滋（云帆事母夫人甚孝，余甚愧不如）。但得弓裘能继述，黄垆应有慰心时。（二）惊心薤上露如珠，望断云天各一区。五岳携朋心未遂，一经传子计终迂。凄凉补屋牵萝计，黯淡寒灯课读图。老我怀人余涕泪（近哭顾邵庵丈、张若木前辈，与君而三），可能洒到九泉无。

廿六日（11月16日）　灯下写《庄渠遗书》起。

十月初二日（11月20日）　写《庄渠遗书》、《鹭史》卷二毕。拙写《史忠正公奏疏》一卷。

初三日(11月21日)　钞《遗书·野乘》一卷毕。

初八日(11月27日)　钞《遗书·语录卷》毕,《别录卷》又毕。

初十日(11月29日)　录《庄渠遗书》毕。杨家段唐诊,得椒畦先生书赠荣山屏楹帖。余收是幅楹帖,盖惜先生之书流落屠沽手也。后唐某者病笃,黠者唆令伊老母,欲以人命相累,几为所陷。人情叵测如是哉!

十二日(12月1日)　代俞超亭拟具其村《储谷备荒禀稿》,为议举《储谷章程》,叩请给示晓谕事:窃惟劭农重谷,行政所先。储蓄备荒,自谋宜豫。《王制》"耕九余三"之训,畜积端在乎平时。《周官》"睦姻任恤"之条,仁让又资乎富庶。某等世居田野,目击民依,恭读圣谕广训,重农桑,尚节俭,常口诵而弗谖。伏睹告条,劝绅富设义仓,尤心殷而欲试。奈何地既荒陬,家多仅给,或贫资教读,或业等下农。环衡宇而托处者廿余家,无累陌盈阡之积;属矜寡而无告者十数辈,有啼饥号寒之虞。在乐岁或仅免死亡,遇凶年必难逃沟壑。某等心酸往事,志仿前规。长孙平社仓之设,家出积谷而检校责之社司;朱文公义仓之程,资借常平而乐输听之富户。规模各有其长,调剂惟其所便。某等议得以村为限,以田为程。按田捐谷以为入,犹劝分也,而取之节年,则惠而不费。按口给粟以为出,犹施赈也,而限以邻比,则公而能均。就一村而推之一隅,庶小行而或臻小效。约烟火之栉比,为未雨之绸缪。际丰登之岁,尚可子母相权;届水潦之秋,即此饔飧是赖。乃于撙节之中,隐寓睦邻之意。由此衣食足而知礼义,庶几户起弦歌,行见雍睦成而息嚣争,便可泉名"廉让"。某等粗有成议,未及施为,幸际秋成,意图兴举。但作事必谋其始,尚筑室可溃于成,岂无浮议于道旁斥为迂而寡当?亦有退诿于局内,希其为而无成。欲协舆情,必求宪示。伏遇仁侯以世名儒作民父母,用文学饰吏治,寓抚字于催科。维百年之桑土,劳甚戴星;起四境之疮痍,恩覃化雨。如某等此举,谅沐施行。为此具情,备粘所议条程。环叩父师台恩赐鉴核,给示晓谕。该村俾其踊跃捐输,以备不虞。桑梓有赖,仍谕邻村好善，仿此举行。俟某等捐有成数，再行具呈备案，则家乡僻壤，均沐恩施于无既矣。感激上呈。

邱小云小传：小云姓邱氏，名世钧，小云其字也，一岩先生裔孙。大父耕云翁讳文煜，布衣，喜读书，艺兰种菊，与士君子往还。翁三子，长以埙，字元伯；次以堡，字碧山；次以台，字云侣。堡、台俱庠生，而小云则堡之子也。初，余之先君绿阴先生与耕云翁交善，余亡弟道原以是因缘，执经云侣门下，继而余弟娶于吴，与云侣之妻兄弟也，往还亦亲。云侣有三女，其季归余子拙生。云侣没，小云视余家尤密。云侣之卒也，在道光辛卯，其配已前卒。三女俱遣嫁，家甚贫。小云敻敻无所依，余与其从兄朴堂谋为授馆于砖塔淩之许氏。与余居仅隔新塘一江，常往来余家。而许氏待之殊厚，凡三年。而小云终以少孤家贫，郁郁不得志，连试于有司，复不售，因得咯血疾。余尝深慰排遣之，而小云意不释也。遂以道光乙未十月十六日，卒于孤老巷之旧居，年二十二，未娶。既卒，其从伯瀛帆贡士议，以碧山之孙潞源为之后。小云临病，余与儿子往视之，已不可为矣。询之，无他语，惟垂泣而已。没后，余检其遗箧，得病中诗数首。读之，为凄然堕泪。呜呼！寿命之短长，天也，其又何憾？余深悯小云之志，为录存其诗，而记其梗概若此。

小云诗：（一）数年闭房谢交游，半世闲身乐自由。几上有书堪解闷，瓶中无酒也消愁。焚香漫话眼前况，得意且从局外谋。大抵人生如梦寄，悠然奚羡执鞭求？（二）孤身缓步到园林，笑折花枝趣最深。碧水丹山观未了，重来只好梦中寻。《七夕有感》：（一）多病多愁万事疏，今逢乞巧步庭除。良朋欲访心常懒，好句思拈意不舒。有酒与谁同畅饮，无家何处可安居？回思骨肉相睽隔，月下吟成独有余。（二）一钩新月挂东墙，今夜银河会最良。玉露草头微滴沥，金风枝上略披猖。客中带病寻欢少，地下怀亲寄恨长。自痛此身成孑立，一灯顾影倍凄凉。《病后偶成》：生来骨格是长贫，带病惛然似废人。遥溯生平无了局，何如地下慰双亲。浑身疲倦疑将老，屈指吾庚尚少年。似此惛惛心不在,只因愁病不成眠。《有感》:抱病交游情易淡,为贫升斗世难求。吾生只为些些计,未老神衰等白头。《重阳日病中偶成》:日前又值好光阴,篱菊开来遍地金。带月疏枝轻点染,傲霜孤干意萧森。萸囊有酒谁同醉,茧纸无诗煞费吟。病后不堪闲步处,几回佳景梦中寻。《赠少岩二兄》:匿迹乡村心自远,忽然得句兴偏酣。幽栖适意抽簪近,诗境随年啖蔗甘。长短数行聊信手,推敲两字或微参。河南亦有清高士,免被旁人笑不堪。《偕潘勤补姊丈访少岩二兄姜村馆舍》:无聊步到适门开,偶诵新诗愧乏才。句妙原从无意得,词工顿觉有神来。残书满架从容读,好语如珠仔细裁。更有一端堪羡处,布衣不厌乐江隈。《立秋后三日,寄少岩二兄》:遥思趋馆话闲情,转眼成空景已更。弱柳迥非前日样,好花半减昔时荣。深宵爽气侵蝉噪,良夜清光动鸟鸣。此境不堪迁客晓,几行心事笔端呈(以上具录小云诗)。

重至小云书馆,凄然有感(砖塔溇,许氏馆也):纸窗虚掩阒无人,无复迎门笑语亲。瓶飐残花帘障日,鼠衔蠹简案凝尘。空余地下千年恨,已了人间一梦身。剩有墨痕和血点,令余一读一伤神。检小云札,有己丑九月既望访菊天锦园小叙,时小云年仅十六,已有芳华凋谢、盛年不再之叹。文章之关于一生,信哉!

哭挽邱小云:(一) 春秋佳日共盘桓,谁料前盟 旦寒。痴老独存宁有用,妙年偏折太无端。囊中散帙留儿读,壁上遗诗剩友看。追溯前头谈笑处,一襟清泪几时干。(二) 君家先子我相知,纵酒论文世笑痴。俭岁家缘余破砚,中年心事上吟髭。荒村雪后拿舟处(余往南村,云侣屡拿舟过我),老病床头托子时(云侣病笃日,余往访之,以小云枝栖见托)。今日回思成一梦,人间何事不堪悲?

附拙儿《哭小云诗》:(一) 独坐追思意欲痴,斯人何遽至于斯?为贫旅食心常郁,抱病耽书力不支。剩有交亲同雪涕,那堪天道竟无知。只今三径重寻处,愁见寒烟幂树枝。(二) 病骨支离偃在床,一灯照影倍凄凉。血因久呕才兼尽,神为多磨命不长。屈指劳生多草草，细思神理堕茫茫。青山何日真归骨，尘掩双棺益可伤（时外舅云翁亦未葬）。

邱少岩《哭小云诗》：（一）一闻哀讣恸斯人，想象音容不再亲。松菊俄传三径改（闻割宅与邻人，方得成敛），文章谁拂一床尘。风云虚负平生志，黄土长埋贫病身。愧我西堂吟未就，池塘春草黯伤神。（二）壮心兀兀付陈编，一领青衫尚少缘。塞雁离群冲暮雨，旅书欲寄断吴船（小云病中有诗欲寄余，俱未接读）。凄凉祖德伤家运，憔悴荆枝哭墓田。赖有心知为检点，不教遗稿付寒烟。

又作：（一）研田生计久荒芜，君死谁怜吾益孤。追忆揖山亭畔语，清门为庶一长吁（忆夏初，与弟相晤茧园之揖山亭，谈及吾家自尚志以来，子姓繁多，俱以诗书为业。今家运中衰，从事研田者，惟兄与弟两人已耳。今弟又弃吾而死，能无独弦之伤哉！）。（二）携儿课读住江村，来往看无几辈存。剩有棣花堪自慰，不禁老泪赋《招魂》。

予性褊窄，深恶人以俗事缠绕。盖世人之所谓极要紧，予所谓极扯谈也。又予本非用世之人，只合与世外人作冷淡生活，故遇此等事，往往不能容纳，盖是一病。必也婉言逊谢之，使无获罪于人，其可也。

十一月十五日（1836 年 1 月 3 日） 作《若木张先生墓志铭》（见《文集》）。

赠别严西江太学：（一）五载江村隐笔耕，依依旅馆友朋情。黄花满径携筇访，共拟虀盐老此生。（二）涸辙难为升斗谋，送君又上武陵舟。江堤无数垂杨柳，一路依依绾别愁。（三）四十余年樗散身，席前借箸叹无因。羡君已是移当路，莫惜清阴庇暍人。（四）使者清名遐迩传，浙藩偶此寄旬宣。到时莫厌宾厨薄，要使廉名媲昔贤。

致张淡娱书（见《晚香书札》）。

十二月十九日（1836 年 2 月 8 日） 装《陈确庵文集》，椿舲徐君所赠也。

除夕(2月19日) 作:桐阴覆修廊,一绿浓众树。幽人为寻诗,于焉得深趣。石径无纤尘,五言限七步。凉雨滴柯枝,往往湿芒履。兹事记髫年,赏心于此遇。低徊鸿雪踪,瞥若风叶度。摩挲老桐君,枝干恐非故。我亦蓬梗人,展图为题句。勖君励修名,黾勉在迟暮。君看枯桐枝,何以播韶頀(此诗失题,似为友题画之作)?

常思塞默垂头触事面墙之耻,自不敢不勤读书;常思饥寒迫身借贷无门之苦,自不敢不节财用;常思人命脆薄疾病如何苦楚,自不敢不惜精神;常思福分有限受享终至磨折,自不敢不薄嗜欲;常思暱情任意送却多少身家,自不敢不远小人;常思一朝之忿生出无端烦恼,自不敢不忍客气;常思创业艰难守成非易,自不敢不操苦心;常思废兴无定天道循环,自不敢不存善念;常思笙簧巧舌播弄无限风波,自不敢不慎言语;常思穷达有命小人枉做小人,自不敢不守本分。丙申正月人日,从陈梅亭借《汪环谷集》中有一纸,书前《十思训》,未知何人所作。其言有可警予者,僭更数字,录记于此,以示拙儿。词虽浅近,实可书绅。记之,记之!

卷五

道光十六年丙申(1836)[①]

道光十七年丁酉(1837)[②]

五十之年,忽焉已至,知非已晚,寡过未能。按日记历,时时检点。所望与儿子同之。倘再因循,其何及也。

元旦(1837年2月5日) 晨起,谒祖考真容。门人赵广被来。赵瞻云同令郎淞鹤来。拙写聘钱氏礼书(拙儿续娶朱泾钱揆亮名朝采次女)。即日郊原,大有春意,苦无知心之友,与之探梅村墅耳。

初二日(2月6日) 招村中诸公为春盘之饮。赴瞻云招。是日,暄暖之极,日色正赤,东风大作。向晓,雪霰俱集。

初四日(2月8日) 舟行至陆行桥,访陈氏侄女,饭。又至杨庄,访郑岵瞻表兄,承留饭。

初六日(2月10日) 示儿诗:莫谈问舍求田事,好向闲窗理旧书。茅屋容身随处足,饭蔬多味勿求余。古贤止足有深戒,天道循环若倚虚。道眼看来成一笑,蝶床且付梦蘧蘧。

---

① 原注:"先生时年四十有九,缺。"

② 原注:"先生时年五十,自署知非道人涉笔。"

初八日(2月12日) 舟行入城猗竹所,同顾春舫饭。访吴韦庵,值其往娄东,不晤。

初九日(2月13日) 儿子以余诞辰,祀弧南老人。

十一日(2月15日) 东横泾诊,得《庸庵先生墓志》石,携归录之。

庸庵张先生墓志:赐进士奉政大夫兵部郎中、邑人虞臣撰文,赐进士南京刑部郎中邑人管琪书篆。弘治五年二月五日,庸庵先生张氏卒。其子潞以状授其友人兵部郎中虞臣乞铭。呜呼!先生其不可复作也已。始,余与潞同业举子,蚤夜相切磋,以故获拜先生于堂下。高风道躅,渺不可即,铭其可辞。按状,先生讳潮,字新信,别号庸庵。高祖善长仕元,为崇德州吏目。居太仓之大桥南,以赀富,乡人称为"大桥张"。曾祖九皋徙常熟凤里,祖士衡再徙昆山之顾墓村,遂定家焉。以仲子元龙贵,封文林郎仙居知县。父元鹤、母孙氏。先生生而颖敏,体貌魁梧。幼从仲父元龙读书,即能通晓大义。长益刻志于学,以功名自许。天顺间,以荐之京,不果用。既而累举乡试,亦不合于有司。遂闭门养高,赋诗见志。一时子弟从之,登其门者咸有榘度。平居手不释卷,治家不专于宽,能使内外□□。晚乃以家事付诸子,独处一室,杖履逍遥,非饮射不至城市。间过宾客,则置酒欢饮,以醉为节。诗尚平和,无局促怨尤之病。年七十□而卒。配季氏,山东曹县教谕仲怡女。子男三,长曰玉周,慎谦约,娶□氏;次即潞,学行老成,为邑庠廪膳生,议者咸谓先生有子也,娶沈氏;次琦,娶诸氏。女一,嫁士人陆茝,先卒。孙男言谅、谭、源、询、谌、诩,言询先卒。孙女五,曾孙男一立。以卒之明年十一月十一日,葬穿心泾先茔之次。铭曰:"士之躬行,将用于世。其卒弗试,乃命斯系。先生壮年,沉笃而锐。操觚挟策,再屈再厉。王门之瑟,匪艺之戾。知时不偶,长揖高逝。悠游林间,稼以供岁。不显其躬,而求其志。我铭其藏,以诏来裔。"

十九日(2月23日) 为拙儿聘钱氏妇,行纳徵礼。

二十日(2月24日)　饭后,为拙儿送六礼。余同舟至郑表兄岵瞻宅。舟过六行桥,访陈氏侄女。

二十四日(2月28日)　与华球生老师书(案:球与"碌"通。碌生已见前):根顿首。根草野迂愚,一无学问,夙所奉教于前辈老成之士。惟知束身圭洁,守硁硁之节,以故行年五十,而名不出于里党。家贫,课童以给,兼以医术自济。环堵之室,远寄江村。无翕翕之交,杜门读书而已。灌园之暇,略喜吟咏,颇以自道其志,然亦不敢示人。往年相知前辈中,惟王椒畦、吴银帆、顾邵庵、张若木数先生,颇相倾倒,不幸皆化为异物,愈益落寞。昨岁猥以贱役,辱蒙简招,进谒之下,觉光风霁月,蔼乎可亲,温然有道君子也。正欲一抒鄙悃,而座有他客,逡巡未果。别后蒙邮赐手书楹帖,并便面一握,盛有推挹。"大雅"二字,何以克当?即欲抠衣讲堂,躬谢盛意,而鄙性嵇懒,至今鞅然。非敢自外,诚以仆之奔走,非大君子所许也。既而思之,文章交契,心知为难,况乎齿德兼优如老师台者?聆其謦欬,足为模楷。失此而不图请益,是无知人之明也。用敢裁书,敬献旧所为诗三卷、文字二卷,专托柳人仁兄,致之左右,迫欲请教,未及写正。盖欲老师痛加删润,赐以弁言,然后录存家塾,以示子弟。犬马齿索,一无可称。庶藉大君子之宠灵,或不同草亡木卒也。惟幸教之。即日伏计台候万福,春和拟进谒而求教益。不尽区区。

二十六日(2月30日)　应五峰丈同远亭来访。

二十七日(3月3日)　先妻延陵君讳辰,设祭。回溯当年,已二十二春秋矣。

复王留芸书:昨谈间,承询"事"字古与"士"通否?弟以"士"之训为"事",有《说文》可据。至"事"之通为"士",未有据以对也。归而伏枕思之,得《诗·豳风》"勿士行枚"句,郑笺训"士"为"事",曰:"自今可勿为行陈衔枚之事。"既而得《书·洛诰》[①]"见士于周"句,注:"悉

① 当为《康诰》。

来赴役也。”两处“士”字皆训为“事”,似有经据矣。但字义通例有三:有互通,有偏通,有兼通,不可一律。如“一”之与“壹”,“三”之与“叁”,此互通者也。水源之“源”,可书为“原”(《孟子》“原泉混混”),而《易·系辞》“原始要终”,不可书“源始要终”也。早暮之“暮”,可书为“莫”(《诗·齐风》“不夙则莫”),而《诗·鄘风》“莫黑匪狐”,不可书“暮黑匪狐”也。此偏通者也。壬癸之“壬”,借为“负壬”,又为“怀壬”。此兼通者也。此“士”字,按《说文》曰:“士,事也。”故可通为“事”,然在偏通之例,如“原”“源”、“莫”“暮”之类。“士”可为“事”,而“事”不为“士”,非如“一”“壹”、“三”“叁”之互通。幸细察之(“嗣”字平声,不收。然《尧典》“舜让于德,弗嗣”,《古尚书》嗣作“台”,似可读平声。《正字通》云:《说文》司声,宜有平)。

廿八日(3月4日) 同拙舟行入城。春园东厢庭中,梅花盛开,亡弟性安手植也,对之怅然(后此树斫去,大可惜。盖听妄人言,以院中不可植花木也)。

二月初十日(3月16日) 向晚,为拙儿迎钱氏妇归(按:守拙元配邱氏丧逾百日,而续娶氏氏也。森注)。

十一日(3月17日) 寅时,为拙儿行婣结礼。亲家钱揆翁来,行庙见礼。

十二日(3月18日) 拙儿儿妇归宁。

十七日(3月23日) 对梅有感:世外佳人天一方,最怜疏影恰浮香。酸风何处传春信,落月偏如照淡妆。别院有灯春漠漠,重泉无路水茫茫。香篝欲烬愁无俚,翠羽啁啾引梦长。

廿一日(3月27日) 读先师椒翁《易画轩诗录》:烟村风景自家家,已悟人生各有涯。世事无穷似春水,天心偶见有梅花。寻诗往往携山屐,访客频频泛钓槎。年去年来浑不管,拼将白发送年华。

廿三日(3月29日) 读《医门法律》。

廿五日(3月31日) 与陈蓝田表甥书:根顿首。贤表甥仁兄大孝,根忝辱至戚,自先大人与尊甫老表姊丈往还契密,暨先从兄步瞻寄寓绿葭,愈益款曲,不幸从兄云逝。根继遭先人之变,远馆梅心,入郭日少,音问遂疏。光阴奋迅,屈指卅载。徒从岵瞻老表兄所敬问起居而已。四五年前,因送先姑丈荣葬,得与老表姊丈暨贤昆仲把手道故。不意别后数年,遂承表姊之讣,只以地隔南北,致缺吊问,歉仄之私,非笔可罄。然闻尊甫年愈七旬,而精神矍铄,私拟南行,或便抠侍有期。何图恶耗惊传,已违色养。仁兄昆仲,孝心纯笃,遽罹荼毒,哀痛何堪!根以事役所羁,末由奔赴,谨裁寸缄奉慰。伏冀强加饘粥,俯从礼制,无任拳拳。根今年已五十,蒲柳早衰。昨秋冢妇云亡。今春二月,勉为儿子守拙续娶。缘路途遥隔,不及折柬奉屈。私念家门凋瘁,父党之亲,有服兄弟,惟岵瞻老表兄一人。而尊门及新塘陈氏,皆由父而推。陈氏表姊与敝居仅隔一里,尚获频频相见。惟贤甥昆仲,虽三十里而近,缘根性懒简出,几于天各一方。何由得便登堂,藉倾宿抱依恋之私。临楮神溯。外附冥仪,寄致几筵,少伸戋敬。诸惟鉴察是幸(表甥而称仁兄似未安,未知古人曾有否?先生当不倡格也。森记)。

三月初一日(4月5日) 赠邱少岩移居:移居只在两桥头,所喜新斋敞且幽。屋对好山真似画,门临佳树夏疑秋。相过不改从游旧,计岁堪为升斗谋。愿得蒋生三径辟,挫廉我已学羊求。

初五日(4月9日) 曝《书画纪闻》。霍邑,古吕州也。城池甚固,县令宅东北,有城面各百步。其高三丈,厚七八尺,名曰"因周厉王城",则《左传》所称"万人不忍,流王于彘",即霍邑也。王崩,因葬城之北(案:"万人"今本《左传》作"万民")。

三月八日(4月12日) 题画《菜》:偶住江南畊钓村,淡于世味隐柴门。贫家无物堪图画,留此清风属子孙。

十三日(4月17日) 挽李耐村上舍:(一)频移小艇泊江头,为访元龙百尺楼。投刺敢为题凤客,过门俄痛跨鲸游。花前索笑今无复,酒后谈心从此休。何处生刍携一束,满庭红雨吊名流。(二)年来交旧半凋零,似尔家风尚典型。遇事有为才练达,与人无倦语叮咛。陶门柳署先生传，严滩云埋处士星。屦屐有常疏饭好，自题真率作斋铭(案:“滩”疑“濑”字之误)[①]。(三) 全福如君近古稀，正思六帙制莱衣。讵知岁厄黄杨闰，遽令仙骑自鹤归。邻里罢舂歌自息，亲朋集幕泪同挥。平生念念敦伦理，莫便轻言古道非。(四) 一从执手叹斯人，忧易伤人事竟真。赴壑时光何易逝，论心交谊觉弥亲。无筵不散须离席，有月常悬自照身。似我颠毛今种种，每因顾影一伤神。

五峰应老词丈荣膺乡饮，令嗣远亭于二十日称觞介祝，诗以贺之:(一) 绯桃如幄锦屏张，介寿争擎北海觞。白社须眉同辈少，灵椿岁月得年长。礼隆四豆尊乡序，瑞应三鳣集讲堂。愧我抠衣称后辈，也从礼饮仰三光。(二) 庞眉夫妇喜齐眉，七秩开时八秩随。食案妇姑同孟举，舞斑孙子竞莱嬉。扶衰园茁仙人药，送日枰敲橘叟棋。白首老儿扶白首，景光真足傲皇羲。

十三日(4月17日) 接吴韦庵札，札中言:虞山张鹿樵观察大镛求借《归陶庵集》及《归元恭遗诗》，意欲刊行。韦庵向余觅之。

十五日(4月19日) 晨，钞归文休元恭诗(文休乃元恭之父。岂既钞文休诗，又钞元恭诗耶? 森注)。

午后，舟至砖塔溇，送贺分于应五峰丈，坐谈，借《印史》二卷、《孟子年谱》一卷归(《印史》若干卷，古吴何通不违甫著。)。

十六日(4月20日) 新塘桥演剧，观者麇至。桥面石栏为游人挤堕，舟为之碎，死者数人，伤者十余人。一老翁秦，江门人，年七十余，足为石压折，未知能生否(后问死已)? 湖州笔贾扬生来。

五丝为緎，倍緎为升，倍升为緎，倍緎为纪，倍纪为緵，倍緵为縌。

廿二日(4月26日) 寄札《归陶庵集》于吴果生秀才。

廿三日(4月27日) 午后，钞《孟子年谱》毕。梁周兴嗣编次《千字文》而有王右军书者，人皆不知晓。其始，乃梁武帝教诸王书，令殷铁石于大王书中拓一千字不重者，每字片纸，杂碎无序。武帝召

---

① 此“严滩”未误，指东汉高士严子陵不受光武帝之召，而隐居垂钩之处。

兴嗣，谓曰："卿有才思，为我韵之。"兴嗣一夕编缀进上，须发为白，而赏赐甚厚。右军孙智永禅师自临八百本散于人，外江南诸寺各留一本(《太平广记》)。鲁壁孔子宅旧垣，九世孙鲋，秦始皇召为文通君李相斯议焚书，鲋觉，走收《论语》《尚书》《孝经》等书，藏于壁中。至汉鲁恭王欲坏孔子故宅，以广其居。闻壁中金石丝竹之音，不果坏。今圣庙金丝堂，是其遗址(《阙里志》)。矍相圃在县城内圣庙西，五父衢在县东南五里，陋巷在颜庙，颜子故居遗井在焉。宋胶西太守孔宗翰建亭于上，名"颜乐亭"，有苏子瞻、程明道铭。

廿三日(4 月 28 日) 午后，雨稍止。钱揆翁送其外孙高宗裕来入塾肄业。宗裕，故东道主羲授之孙，门人俊英之子。俊英早卒，俊英之配与拙儿之妻兄弟也。故来受业，年已十六矣。

廿四日(4 月 24 日) 作(无题，不知赠何人)：(一) 书斋披拂总清芬，座挹兰言到夕曛。如此风流堪绝世，只无清福与君分。(二) 缃帘棐几夕风凉，磁斗清泉扑鼻香。槛外更栽三亩竹，几疑住处是潇湘。(三) 细雨幽窗静对时，天然标格总宜诗。画图倘写簪花女，我亦多情赠一枝。(四) 花开曾许走相看，东望长吟澧有兰。愧我江潭憔悴客，旧栽九畹早荒寒。

录真义徐梧凤诗(字振果，号半亩)。《春日感怀》：东风潇散一儒巾，空馆长吟寄此身。竹叶有情容我醉，杨花无赖笑人贫。须知干世原无术，浪说依人亦可亲。羡尔江头把钓者，五湖烟景好垂纶。《木香花次诸约庵韵》：花前情绪百千条，触景分明睹翠翘。盼断梨云人寂寂，飘残柳絮路迢迢。一庭幽草春将暮，半榻轻寒酒易销。香梦醒来银烛冷，月光花影写无聊。《初夏即事》：(一) 初夏山堂夕景清，竹梢藤蔓翠萦盈。酒醒孤馆灯初炧，雨歇空阶月转明。好梦如尘吹易散，闲情似草刬还生。不须凭吊江城路，云水迷漫烟树横。(二) 端居偏自感流年，踪迹何如云水边。楼外轻阴常阁雨，竹间暝色暗笼烟。三分飞絮闲长昼，半架繁花入暮天。惆怅一年春事了，且扶残醉啸层巅。(三) 无端病里强登台，漠漠轻阴向午开。芳树独怜花易萎,旧巢偏喜燕重来。微风度砌梳苔发,小雨穿椂浥麝煤。莫负一年樱笋节,急呼瓶杓泼新醅。(四)欹枕南轩午梦醒,荆扉长似鏁岩扃。风前莺老孤簧涩,两后山寒一髻青。揽物暗惊时畹晚,栖心终愧古沉冥。枯豪欲续《闲居赋》,又恐时贤笑覆瓶。

腊月十七日(1838年1月12日) 立春:五十二年新宝历,万千亿载旧丕基。阳和地转无边界,景运天开第一时。梅柳催将残腊信,江村咏入去年诗。狂来直拟簪花胜,又恐儿童笑我痴。

柳塘客馆怀人八首:潇洒轩窗迥绝尘,剧知晤对乐无垠(斋前颜额曰"晤对古人")。晚来甫里渔歌起,曾忆江湖有散人(且凡朱兆麟,时馆甫里之邓巷村)。

仿帖临晨汲井泉,《黄庭》一卷渺云烟(止渊善书)。笔床茶灶犹前事,清簟疏帘益洒然(止渊诸秉源,时贷卖县南,故云)。

襟期别自写容与,文采莹然淡若虚。最是怀人思不禁,清风朗月渺愁予(晋涵诸秉升)。

蜀江水碧蜀山青,诗思磨砻正发硎。吟到巴山三峡水,一声杜宇起秋暝(约庵诸葛庐,时适毕中丞署)。

小桥曲径玉川家,一局残棋趁日斜。病肺岂宜全止酒,雨前可否试新茶(璞斋赵琰,好饮,有痰疾,故云)。

一幅云霞拟胜游,沧江有笔到神洲(曾为余写《西湖泛棹图》)。何当兴泛西湖棹,领略云多水阔秋(瘦石晋彭年,工画)。

白荷花榭厂高檐,把酒裁诗韵更拈。料得今朝人寂寞,绿阴满院未开帘(醒斋周)。

年来书剑恣倘佯,绿水红灯画楫长。普济桥西一片月,可无清梦到山塘(旧饭山塘陆氏,故云。自《春日感怀》至此共十五首,皆录徐吾凤梧作)。

廿三日(1月18日) 今年二三月连阴,每东风一急,雨随至,计今春无连四五日晴霁者。农家浸种,水几拍岸矣。昨日,同郑表兄岵瞻谈及此,伊云恐交黄梅必苦旱。余询其说。兄举田家谚云:"三月落尽桃花水，五月黄梅皎皎晴。”又曰：“桃花堕湿地，莳秧必干圻。”此说若验，今兹种植又不易矣。记其说于此，以俟后验云。雨窗书。

四月初二日(1837年5月6日) 立夏节，雨竟夕，水已平岸，低田妨播谷矣，闷甚。

初三日(5月7日) 送李古廉刑部还朝诗：分手河梁柳一枝，送行愧我独无诗。临题记得前人语，好做清官答圣时。

初四日(5月8日) 题亡弟性安所画《白头翁》(见《诗存》)。

改拙儿作《谢王晓芳惠盆兰》：(一) 鼻观何物胜兰芬，想见哦诗到日曛。容我萧斋谈半晌，清香也占两三分。(二) 新居爽皑静生凉，况此盈庭尽国香。俗客不来尘虑远，帘波微漾宛潇湘。(三) 看花对酒正佳时，不负名花赖有诗。惭愧樗材无好句，赓吟那称谢庭枝。(四) 画舫真同不系船，敲棋斗酒有清缘。坐中何物真天趣，一阵风来馥似烟。

十九日(5月23日) 拙儿于其妇翁家借书十余种归。

录黄止观先生《跋白雪斋帖》：赵文敏书，风神绰约，如羊叔子缓带轻裘，自有儒者风度。但学者不得其本领处，而徒掇其皮毛，往往流入庸俗，不可救药。故山谷有言：“宁拙毋巧，宁朴毋媚。”此是过来人语。大凡作书，只顾要人说好，便是立心错误。君子之所不可及者，其唯人之所不可见乎？己亥十二月书于梅花片玉。

五月初五日(6月7日) 假馆一日，咏金银花：(一) 袅娜轻盈态不胜，晓风凉雨遍田塍。世人只识金银气，谁晓佳名左纽藤？(二) 野客供茶梅雨余，老翁须记载方书。蔷薇浥露荼蘼醉，似尔清芬总不如。

题《邱小岩扇头六贼戏弥陀图》：佛书六尘即六人，耳目鼻口为之缘。扰扰心兵不镇定，事障理障俱狐禅。黜聪蔽明剿六贼，奈此天君剿不得。魔兵万万围天宫，失却清凉极乐国。弥陀号为不动尊，偏袒趺坐给孤园。开口大笑笑何事，布袋一撒弥乾坤。六贼六贼任尔戏，我是鼾鼾开眼睡。心空及第忘佛魔，从此两家都没事。

也盈小圃小记:溪山清赏主人结庐澄潭之滨,有堂有轩,有舫有斋,清而不俗,华而不靡。入其室,萧闲深靓,忘其居之在村墅也。舫斋之间,有地数弓,主人复垒石为山,高者象峰,卑者象磴,或逶迤似坡,或回环似壑。主人顾而乐之,杂植花竹其间,以其南北之稍深也。复为洞以束之,望之窅然,颜之曰"也盈"。于是数弓之地,如无尽藏也。客见而讶之,曰:"盈,满数也。天道恶盛满,故日中则昃,月盈则亏。《谦卦》大象象辞,主人佩之久矣。胡居乎是圃也,而以'盈'名也? 意者有他说乎?"主人曰:"唯,然有之。吾语汝。'天地盈虚,与时消息',大《易》之言也。'盈科而后进,放乎四海',孟子之言也。'道冲而用之,或不盈',老氏之言也。夫言,岂一端而已夫? 各有所当也。古之至人,与道合体,随时屈伸,故或盈而渐虚,或盈而后进,或盈而可久。是以礼主其减,乐主其盈。岂若戋戋小夫偶有所得,守己自足,血气膹盈者欤? 我少而读书,颇好为诗文,以与词坛雄俊相角逐。既而去驰马试剑,读《韬》、《钤》之书,意盖欲树功名,赴期会,私谓建牙拥纛,非异人任。岂意坐拥一壑,以山林诗酒自放如今日者哉? 夫何盛年,驰壮志,隳一切,与世争雄竞胜之事,淡然如浮云之过空而不留也,吷乎如吹剑之入耳而不闻也。而因之宾祭之余,自营菟裘,一邱一壑,居然已足。盖予之所谓盈者,皆世之所谓不足,而何盛满之忧欤? 且子不见吾斋以外,盈庭皆花竹乎? 斋以内,盈几皆图书乎? 花晨月夕,有酒盈樽;鸿儒韦布,有客盈座,倡和之什盈卷也,呻唔之声盈耳也。吾之所谓盈者,如是而止耳。且吾承先人之绪余,幸生太平之世,身列士林,且耕且读,上奉老母甘止,亲戚具迩,兄弟无故。于今抱孙焉。循分自思,是亦可矣。人何可不自足而以为未盈哉? 若夫拥厚赀而吝施,侵孤茕以自封,低首下心,伈伈伣伣,而拒人于千里之外,谦且不可,而况乎其盈也? 且夫也之为'言'者,姑且之辞云耳。若曰是亦可以为足矣,而子顾疑予为哉?"客惘然有间,曰:"昔夫子谓卫公子荆'善居室,始有曰苟合,少有曰苟完,富有曰苟美也'之谓也。守是说也,吾知其能持盈矣。请书之。"遂书以为《小圃额记》。

初七日(6月9日) 午后，访郑石渠，坐陈申衢秀才小斋，读壁间“涯”字韵倡和诗。顷之，应五峰丈远亭暨申衢之兄昂千胥来集。承申衢留酌，兼携二至菊一盆归。远亭示《檀几丛书录要》一卷。

十三日(6月15日) 雨中至砖塔溇许诊，同应五峰丈饭，有作：为爱精庐好，还忻胜友偕。榜船维岸柳，曳杖叩柴扉。近水衣襟绕，遥山笔架排。窗虚延竹翠，径净堕松钗。试茗心先惬，联吟兴更佳。主宾容笑傲，身世托诙谐。遂有耦耕想，所憎时命乖。买山伤俭薄，抱瓮惜筋骸。泛泛同浮梗，悠悠孰我侪。扬雄多问字(指五峰丈辈及稚泉前)，老杜有高斋。插棘宜栽菊，追凉合种槐。且贪酒有限，莫问事无涯。为屋真因树，此庵亦活埋。不嫌我饶舌，来往任芒鞋。

十九日(6月21日) 荀子《佹诗》“闾陬、子奢，莫之媒也”，东方朔《七谏》“谓闾陬为丑恶”。《楚策》作“闾姝”，《荀子·赋》同，即“闾须”也。古“须”、“陬”音相近。

《司马迁传》：“媒蘖其短。”孟康曰：“媒，酒酵也。蘖，曲也。谓酿成其罪也。媒与酶通。”师古曰：“齐人名曲饼，曰媒。”

《诗疏》云：毛以稷为喾子，郑以喾传十世尧，非喾子。姜嫄不得为帝喾妃，其后世子孙之妃欤？

六月廿三日(7月25日) 《小尔雅》：“浮，罚也。谓罚爵也。”《礼·投壶》：“无偝立，无逾言，若是者浮。”

廿八日(7月30日) 舟出清水港，登董氏垄，读顺治十八年董文科所立碣，询之里人，云：“当时号董百万，今子孙犹有存者。”

七月初九日(8月9日) 扬子《方言》：“凡饮药、傅药而毒，东齐海岱之间，谓之眠，或谓之眩。”

十二日(8月12日) 中庭忽来蛇一，四足，身具五色，游走奋迅，杀而焚之，惧其伤人也。因命仆人孙九芟去庭中所植杂草木。

十五日(8月15日) 观经筵讲官孟亮揆所撰《送林果翁郡守序》，系国初人，由治中任闽省郡守，文后列名，有平南爵下总兵诸官名。

十八日(8月18日) 王留芸题船窗句:(一)风漾鱼鳞绿似烟,沿堤桃李斗芳妍。樵青拍手渔童笑,便拟乘流直天。(二)绿阴深处泊新凉,拍岸风来荷芰香。雪藕调冰多胜事,数声款[1]乃水云乡。(三)红树青山正晚秋,烟波一棹兴夷犹。掀蓬两岸芦花压,此是诗人钓雪舟。(四)腊尽寒回待放梅,呼童携酒把船开。平生结友多真意,不似山阴乘兴回。留芸主人自题。

郑岵瞻表兄暨吴氏表嫂,以八月初三称寿,为句祝之:紫鸠绿玉仙人杖,白雪黄芽不老丹。

廿七日(8月27日) "胇附"注:肝胇相附著也。一说谓斫木之胇札也。喻人主疏末之亲,如木札出于木树,及附于□也。扬雄《太玄经》"胇附干糇"注,"削曰胇,肫曰附"。

八月初三日(9月2日) 舟行至周墅,步至砖塔溇,访应五峰丈,疾幸已小愈,为其诊,承留饭。饭后,步至新塘,复访远亭疾,为其诊。又遇雨,至莫宪甫家借钉靴。雨大至,稍停渡江。

十一日(9月10日) 晤金仲畬,借惠红豆《易汉学》二本。

廿八日(9月27日) 张柳人秀才遣舟来候。入城,为徐蘋洲令政诊。夜同戴萼峰孝廉、徐椿舲秀才饮,宿眠琴窝。

廿九日(9月28日) 饭后,同柳人再至蘋州处诊,借前、后《汉书》归。

九月初六日(10月5日) 灯下录《应验方》、李仲友先生《秘本吴暡杨古林录》。

初七日(10月6日) 灯下录《应验方》。

十一日(10月10日) 海盐张永沅来,得友人赵筠坨(元春)秀才八月廿七日之信。筠坨寄声,欲于八月初二日扁舟来访,以堰阻不果。乃于八月廿五患足指疮,其二令嗣割臂肉以療之,竟不救,年止

① 当为"欸"。

五十有二。老母年八十三。廿载相暌，欲一面而不果，痛哉！

寄还邱少岩《有怀堂集》一部巾箱书四本。

十四日(10月13日) 拙儿同妇回，录得《宋黄州录事吕君(叔献)夫人周氏墓志》文一通。

挽王兰芬女士：(一)盈盈弱质蕙兰丛，的的明珠掌上同。窗下扫眉匀黛绿，奁前傅粉斗唇红。唾绒尽诧针神巧，咏絮还争谢女工。无奈彩云容易散，夜台无路寄鳞鸿。(二)镂冰琢雪藐姑仙，窈窕深闺待字年。岂意骖鸾游碧落，尽期种玉待蓝田。明明可爱人如画，漠漠难寻路隔烟。赢得高堂双泪尽，夜香还拟倚扉前。

十五日(10月14日) 访应稚泉秀才，借《史通通释》一部、《说文韵谱》，并校点《尚书》《礼记》归。访莫茂远昆仲。

廿八日(10月27日) 访远亭前辈，晤陈兰坡，谈久方别。借远亭《杨诚斋策论》两本、《元顺帝纪》二本、王西庄《周礼军赋说》二本、杭堇浦《石经考异》、《晋史补传赞》二本。

十月初二日(10月30日) 校朱子《诗集传》始。

初六日(11月3日) 哭赵筠垞秀才：(一)茧园握手水亭边(忆嘉庆庚辰秋月，与君及石耘张君胥会于半茧园，后不复面)，萍散蓬飞二十年。旧事追寻如断梦，故人闻说各华颠。相思夜雨惟开卷(前录君《甲乙二年诗》，尚存箧衍)，欲往空江断去船(今秋君寄声来访，以堰阻不果)。所羡城西田两顷，早将五柳种门前。(二)赋就凌云遇尚迟，频年毷氉负心期。穷余药里我真病，癖爱清吟尔亦痴。拜母有心成隔世，探梅曾约竟无时。年来哭友偏多泪，愁见东篱卧菊枝(君丁亥年枉寄诗，有"不知潇洒潘居士，可复探梅邓尉山")。

十一日(11月8日) 漫兴：雨歇秋原眼界清，偶逢佳兴即闲行。山横郭北如屏幛，水出田塍作涧声。履齿损苔缘径僻，林稍堕叶觉寒生。往还喜有长沮伴，为话高原麦可耕。

十二日(11月9日) 太平河访朱竹溪，承惠菊花数种。

拙访许世臣，陪应五峰丈观许斋中盆菊，承示元倡及稚迟先生作:(一) 我生何所爱,爱此菊花黄。不共凡葩艳,惟留晚节香。叶繁时浥露,骨傲独凌霜。主人同臭味,绿蚁酒相将(五峰)。(二) 雅淡横斜耳,花开色却黄。延龄家有庆,供盎坐含香。不喜春争艳,犹能秋傲霜。自然彭泽令,篱伴竞扶将(稚泉)。(三) 秋花多冷艳,正色独推黄。自抱中和气,能全幽淡香。浑忘有春夏,并不憾风霜。苦薏同时在,固穷意亦将(根和)。(四) 延龄多药草,偏爱此花黄。相与有真趣,自然无俗香。瘦怜腰未折,老已鬓沾霜。岁晚好珍重,餐英我亦将(拙儿)。

十四日(11月11日) 接春园弟札,知叔母抱恙,旋同拙儿入郭候问,为叔母诊。夜饭后归,抵村已夜半矣。

十八日(11月15日) 入郭,为叔母复诊。至春园所,知叔母服药后,病体稍安,为定方。旋同春园弟访张柳人,同方春林、俞友泉诸君饭。

十九日(11月16日) 从王小山处借《释名》,校其脱讹竟日。

廿一日(11月18日) 校《释名》毕,补录《小尔雅注》。

廿四日(11月21日) 应远亭同陈兰坡来。兰坡借《养生经方》一本去,远亭袖《菊花诗》见示。

廿六日(11月23日) 咏墨菊:寄人篱落网虫丝,赢得风尘面目黧。晚节差知明养晦,素衣终愧缟成缁。酒边吟处鸦涂遍,雾里看时眼倍眵。红紫同呈纷烂漫,谁怜黯淡野田姿。

廿九日(11月26日) 咏菊二首:(一) 陶家三径未全荒,闻说秋来兴略偿。闭户经旬开笑口,忍饥终日饱清香。酒怀跌荡杯深浅,诗纷笔披句老苍。回首漫山桃李尽,剩余瘦□□风霜。(二) 萧疏石畔两三丛,雅称贫家环堵空。宫嗅处品高萧艾,外餐余味溢齿牙[1]中。关心秋老香盈袖,瞥眼春风色尽空。不但落英堪把玩,南山当户兴无穷。

---

① “牙”字疑衍。

十一月初三日(11月30日) 补《困学纪闻》。

初四日(12月1日) 访远亭不值,携还所借《困学纪闻》《史通》《易经》三种,校点张柳人所藏《内经知要》二卷。

初五日(12月2日) 柳人处《三家医案》《赤水元珠》《金匮赵注》《金匮尤注》《疫痧草》《尤读书记》。

远亭处《渑水燕谈》、《明末杂纪》、《砚云甲乙编》二种、《白泉唱和诗》、《叶在东诗》。

初八日(12月5日) 访应五峰丈,以拙著诗文稿呈政,兼呈先祖像卷求题。许世翁邀去,夜饭归。

初九日(12月6日) 寄《医学读书记》《疫痧草》于张柳人,并还《内经知要》,还春园《田文镜总制承宣录》。

十四日(12月11日) 姜茂南慧丰饷鲜鱼、占米,因命拙入郭,以鲫鱼四觔、薰蹄一只、钱二百献叔母,以斗米饷沈猗竹。接吴韦庵札,知来岁馆支塘赵闾乡孝廉家。

十五日(12月12日) 始冰,钞《陈士兰医案》起。

十八日(12月15日) 钞《陈医案》毕。

廿一日(12月18日) 冬祭,先点《内经选注》。

廿二日(12月19日) 点《医学心悟·伤寒卷》毕。

廿四日(12月21日) 访远亭,坐谈,五峰丈亦来,复同访许世翁,承留夜饭。

远亭示《漱石轩诗稿》,镇洋周侃谔臣著,远亭之先师也。

十二月初三日(12月29日) 访王小山,承留饭。俄张雨香亦来。雨香来岁就腰溇俞氏之聘,袖诗见别,畅谈竟日。

岁序峥嵘渐向阑,旅怀枨触不成欢。穷途觅食抛乡易,好友知心话别难。新折江梅香掩冉,旧栽岩桂影团栾。明年花发相思处,莫惜题诗寄羽翰(案:此诗似雨香元唱)。

(一)一水东西叹索居,那堪赋别寄双鱼。桥边杨柳堤边草,比似离情总不如。(二)四年相聚太匆匆,况此萍踪类转蓬。珍重加餐深自爱，不须伤别泣途穷。（三）喜君授馆得前游，宾主悬知气味投。十里相望非远道，春和便约泛兰舟。（四）远亭入郭君东去，吾独深居苦寂寥。幸有邱迟与摩结，相寻还可慰晨朝（此四绝当是确潜赠别诗）。

十七日（1838年1月12日） 王小山从葛隆镇归，以黄梅花见赠有咏：探梅幽兴未能偿，意外偏逢出世装。心事密传初破蜡，芳姿病可淡含黄。折来偏称铜瓶养，分处宜栽竹屋傍。珍重诗人远相赠，不须官阁忆何郎。

廿四日（1月19日） 丑刻，孙女生。

廿九日（1月24日） 恭祀本家五祀之神。祀祖考于正寝，祀外先于寝，祀先师陶半帆先生于西斋。

除夕（1月25日） 朱弈堂讳开文家甚贫，颇喜读书。其子铭镛从余授书。弈堂每来见，即是正其家谱。今年秋，得腹疾，病甚，不可为。临危，以父母未葬为念，辍已敛赀，于二十七日为葬父母讫。廿八日夜中，弈堂即亡，几无以敛。邻里好善者暨余为借贷助之。因敛于明年正月，初八日即葬，墓在问字圩。弈堂年五十六。

道光十八年戊戌(1838)[①]

涉世自知无媚骨，避人何处有深山（偶得句）。

元旦（1838年1月26日） 晴，谒祖考真容，补点《康熙字典·酉集》。

初二日（1月27日） 陈家浜高诊，晤王云帆，送还云帆《金匮要略》一部。

初六日（1月31日） 次女孙汤饼。钱氏女亲家暨小门生高宗裕俱持礼来贺。集者应远亭秀才暨令侄抑斋，王秀峰、许春泉两太学，王蕙园、陆文彩、赵润圃、岳泉容轩。承五峰丈惠樽酒银印。次女

---

① 原注："先生时年五十一，自署饭香村农。"

孙名耆锡。远亭话别诗：纵谈今古几多人，辨难书函不厌频。危渡欹桥知步窘，扁舟短棹荷情亲。饥驱偏与隐居远，萍泛犹为小谢邻。何日买山偕卜筑，共扶藜杖葆天真。

初八日(2月2日) 饭后，挈儿访应远亭丈。值其入郭，未晤。即步之砖塔溇，拜五峰世伯。用至许世翁斋，饭，畅谈至晚回。还陈汉槎《四书》一部。

二十日(2月14日) 校《字典·亥集中》毕。

廿六日(2月20日) 送还俞蓝田《正字通》一部。访王云帆，承留酌。借俞汝翼聘尊《保生秘钥》四卷(昆山人，有康熙庚寅自序)、秦昌遇《幼科折中衷》、《朱静源医案》归(案："中"、"衷"疑衍一字)。

廿八日(2月22日) 校《左传》毕。《汉书·律历志》："鲁公伯禽推即位四十六年，至康王十六年而薨，故《传》曰'燮父、禽父并事康王'。"《严助传》"君厌承明之庐"注，张晏曰："承明庐在石渠阁外。直宿所止曰庐。"

廿九日(2月23日) 接应五峰先生札，并赐《圣墓蓍草》一函。

二月初二日(2月25日) 午后，坐西斋补《张浦遗闻》。

十一日(3月6日) 访徐南条先生北梅心泾，访应抑斋，借《公羊》《谷梁》《周易》《日知录》。

十四日(3月9日) 携拙入城。时学使山西寿阳祁公(寯藻)按临，四方云集。访书肆，仅以钱三百五十片购求朱竹垞《经义考》不足本十五本归。同邱朴堂、沈猗竹、陶信芳试茶茧园。

廿三日(3月18日) 校《公羊》《穀梁》传。

廿四日(3月19日) 访应抑斋，还《日知录》《公》《谷》《易经》，借王良常书《赤壁赋》。

廿八日(3月23日) 舟入城，候拙与宗裕，夜分方归，得《经典释文》、王充《论衡》(仍未购)、蒋氏《说文字原集注》，共计洋银三枚。

三月初二日(3月27日) 校《左传》至襄公二十九年。

初三日(3月28日) 折红白桃归。白，《说文》："此亦自字也，从白省。自者，言词之气，从鼻出，与口相助也。"《系传》"自字之省，别为一体。凡词，助字，皆从此。"《系传类聚》："白，词语也。"《六书正义》："告也。下告上曰禀白。"《陈蕃传》："主簿白：'群情……'"与红白之"白"不同。《说文》分两部。

初五日(3 月 30 日) 拙儿同宗裕入城购书，得《尚书》《公羊》《谷梁》《孝经注疏》《焦氏易林》《段氏说文注》《前汉书》《文选》《国策》。

十四日(4 月 8 日) 余自下午从省翁处归，便觉体中不适。因云帆至，强与坐谈。俟其去，即卧床寒战，壮热竟夜。

十五日(4 月 9 日) 服药。傍晚，范新畬妹丈挈甥自新塘桥至，因与谈。觉倦极，留新畬宿。

十六日(4 月 10 日) 仍服药，遣工人阿九送新畬及甥归陶店。

十七日(4 月 11 日) 服省翁剂。拙至周市买药，兼寄信与王云帆。

十八日(4 月 12 日) 仍服省剂。

二十日(4 月 14 日) 遣拙入城，约春园弟扫茔，送还应远亭《高青丘集》《周礼军赋说》二书，送还张柳人《前汉书》《王注内经》各一部，送《建元类聚考》一本与应远亭。

廿一日(4 月 15 日) 观《汉书》。拙至南林庵及娄县村扫外家墓。

廿三日(4 月 17 日) 卧未起。拙往宜兴桥杨庄扫墓，饭郑表兄宅。四嫂附舟来，张柳人送陈寿《三国志》来。孙女有恙，竟夕不安。

廿七日(4 月 21 日) 应五峰老伯来，借《九华山志》(四)、《武夷山志》(四)、《虞初续志》(六)、《坚瓠集》(三一)、《三国志》(二)、《黄山志略》(二)、《虎丘山志》(二)、《庐山纪事》(三)、《鸿爪集》(一)、《安节先生年谱》(一)、《说铃》(一)。

四月初一日(4 月 24 日) 斋中整书。

初三日(4 月 26 日) 读陈寿《三国志》(书系毛氏汲古阁本，校之南国子监本，祭酒冯梦祯校刻稍工，而讹字亦多)。

十一日(5月4日) 与张柳人秀才书。柳人仁兄大人左右:光阴奋迅,倏已送春,带水匪遥,亦稽良觌。停云在望,无日不思。缅维近履多佳,顺时纳福。弟一春多病,半眠半起。虽寝食未减,而步履蹒跚,已入老境。加以天时人事,触绪多端,欢寡愁殷,杜门谢客。即一二生徒,亦皆星散。惟借书卷以娱朝夕。日前,承借示陈寿《三国志》,甚慰,甚慰。俟披览一周,即当同《后汉书》一并奉返,恕迟迟也。《王审知德政碑》,今封题奉缴,以小儿不肯习学,久稽案头,徒虚长者之赐,为可惜耳。鸿便草泐,奉候近祺。昨偶读《朱子文集》,见有答陈虞仲一条,与日前尊札云云相应,另纸录呈,粘之座右,可当箴铭也,与仁兄弟当共勉之耳。椿翁丈想台安。稍暇,图晤不一。

十三日(5月6日) 立夏,盆中雪蕉花放,柳人所遗也。访应远亭五峰丈,值其小极。远亭亦在侍,陈梅亭为其诊。余僭易数味。

十六日(5月9日) 访应远亭五峰丈,体已平复,移射干、如意草、月季归。

十七日(5月10日) 访小山、小岩,携罂粟归。西庭中玫瑰花放。

十八日(5月11日) 曝书。

十九日(5月12日) 曝书。应远亭前辈五十:遽贤此岁始知非,如子中年早息机。实事独求千古是,虚名奚羡九霄飞。虀盐味永贫中乐,烹练功深战后肥。愿尔白头过七十,斑斓长著老莱衣。盆中月季花开。初食蚕豆。是日,茅库演剧。

廿四日(5月17日) 盆中罂粟花开,友人邱少岩所赠也。紫槐、长春亦开。

廿七日(5月20日) 校俞聘尊《保生秘钥》。

闰四月初四日(5月27日) 借付五峰丈《青浦志》(六)、《灵璧志》(三)、《青田志》(五)、《九疑山志》(二)。

初六日(5月29日) 与远亭书:立夏日,因候尊甫老伯起居,喜得与仁兄丈相会,藉稔别来一切。至十六日,再至仰山书屋,则仁丈已附邱君舟入郭矣。怅怅,即曰想道候胜常。弟仍前鹿鹿,生徒零落,终日杜门主家。以房舍事结讼,弟偶为执笔,亦挂名讼谍。凡今之世,真一事不可为也,可为叹息！仁丈五十诞辰,弟勉撰小诗,以申颂祷,今录呈一笑。酒券附往,亦祈莞存。因小儿入郭,预泐并候。何时再晤,不尽欲言。

初七日(5月30日) 五峰丈说,一蒙童甚聪颖,师授书至"迅雷风烈必变",童问:"舜纳于大麓,烈风雷雨弗迷,如何孔子却说必变?"其师不能对,谢其馆去。根于徐洪山秀才座中言及之,其主人王也盈向[1]余:"试使先生当此,则奚说?"余代其师答曰:"大舜是先天而天弗违,孔是后天而奉天时。"洪山大为首肯。

初八日(5月31日) 撰《太上感应篇》跋。

十三日(6月5日) 雨,借王小山藏本写此。

二十日(6月12日) 晨,访徐南条丈,借示《柏庐朱子日记》二卷、彭南畇先生《质神录》一卷。

廿一日(6月13日) 访范心畬妹丈于陶店馆时,生徒不至。兄妹舅甥欢聚竟日,归已上灯矣。

廿二日(6月14日) 午后,访应五峰先生饮。

录彭南畇先生《质神录》语:孔子曰:"人之生也直,罔之生也幸而免。"可惧哉,斯言也！人为万物之灵,故兽形则横,人形则直。造化赋形,肖物之妙也(直字作"如此"解,是别一种道理)。人头圜象天,便得天之健;足方象地,便得地之顺。命自我立,所谓死而不亡者寿,岂特人间期颐有尽之数哉?今视世人营营役役,自少至老,自朝至暮,谁非罔处即食晏然而已?昏昏一团死气,圣人所谓免者,犹是姑恕之词,其实何曾免得绝无幸处?孟子遂明明说,与禽兽不远,何等严切?

借付《宜兴志》一部与五峰丈。

---

[1] 当为"问"。

廿三日(6月15日) 命拙儿录柏庐先生《毋欺录》始。盆中绣球花放。

廿四日(6月16日) 雨窗手录《顾笋洲先生百稽录》,不觉汗颜。向晚大雨。

廿五日(6月17日) 村中坝堰。

廿九日(6月21日) 舟行入城,访应远亭丈于叶氏之雁本斋(案:雁木斋已见前。此作"雁本","本"字疑误)。今年六月某日,其五十诞辰也,袖分申祝。随访徐椿龄于漱六斋,余三十年前旧游地也。同春园登假山,闲眺久之。张柳人来,主人寿萱具饭,谈久之。别椿龄去,宿柳人眠琴窝中。

书《顾笋洲先生百稽录》后:乡先生顾公笋洲,讳天叙,字礼初,号笋洲,又字赘翁,明万历戊子举人。为铅山知县,以忧归。服满,补元城知县,调嘉鱼。所至皆有政绩。以子锡畴贵,自免归。生平以忠孝自矢,躬行实践,期于无愧而后已。结庐邓尉山先茔之侧,构得闲亭,掩关谢客。又作"半九轩"以自励,盖深虑末路之难终也。足不入城市者,垂三十年。生平所许可者,为王安鼎死孝、归子慕死介、张振德死忠,言及辄掩泣。晚遭世变,默不自得,刻牙牌为字,自矢报国,常佩之。两都沦亡,趣子赴闽,绝粒七日死,年八十一。所著有《五云洞集》《法言类编》若干卷。是《百稽篇》一卷,系公删订前人之作,而节孝朱先生为序之者。根往时读节孝《观复堂稿》,曾见序文,以不能得是书为恨。道光戊戌初夏,于同邑徐南条前辈所借得是卷,循览周环,忾焉太息。于以知先生之学,鞭迫近里,笃老不倦如此。而临末一着,还浩气于太虚,全发肤而无憾。从容慷慨,两者兼之。是固从毕生学力中来,非苟而已也。亟命庄录一卷,存以自省。呜呼!斯道之在天地间也,无一日不流行,无一物不于是,亦无一人不当守者也。先生之为此书也,岂止于一己而已哉!

五月初一日(6月22日) 柳人招徐蘋洲椿舲、朱理孙、家春园,胥会眠琴窝。蘋洲以祭、春园以病不至。同椿舲、理孙谈竟日。

初四日(6月25日) 仲鸣徐凤翼题余文稿(懒云先生仲子,亦号椿舲):撑胸饶有五千卷,下笔能空二百年。我为先生溯支派,震川以外又荆川。洗尽铅华号心宗,我朝首屈望溪公。而今更见梅泾老,旗鼓相当信两雄。

初七日(6月28日) 钞《毋欺录》一卷竣。

初八日(6月29日) 钞《毋欺录》第二卷起。

十七日(7月8日) 钞《毋欺录》毕。

二十日(7月11日) 钞毛西河《四书考证》起,从陆竹江借。

廿一日(7月12日) 遣拙送还徐南条《毋欺录》《质神录》二书,借徐南翁《归震川先生中庸解》一本。

廿二日(7月13日) 送还张柳人秀才《赤水元珠》二本。

廿五日(7月16日) 钞毛西河《四书辨》一本毕。

廿六日(7月17日) 因孙九病,遣王凤、梅二、朱二三人送归孙九住处,在相城沈石田墓傍。

六月初二日(7月22日) 钞毛西河《四书辨》毕。

初三日(7月23日) 赵一令,字勤夫,凡夫兄也。尝自励曰:"人虽贫,可富于学;虽贱,可贵于品;虽穷,可达于道;虽小,可大于德;虽死,可生于义。"狄元,太仓诸生,安贫好学,常题座云:"邺侯架上书千卷,颜子斋头水一瓢。"

初四日(7月24日) 节录《太仓日记故事》。

初六日(7月26日) 访王也盈,晤徐洪生秀才,还陆竹江《四书典制》两本。是日出诊,掉小舟行四十余里,曝烈日中,热甚。

初九日(7月29日) 得句"命所以安中人,义所以责君子"。

初十日(7月30日) 向晚,至王也盈家,为其婢复诊。同徐洪生秀才饭。月下露坐,久之方归。

十五日(8月4日) 校《昭明文选》。

十六日(8月5日) 校《昭明文选》。拙钞归震川《中庸讲义》始。村中秋社。

十七日(8月6日) 校《文选》。

廿四日(8月13日) 校《文选》正文毕。

廿五日(8月14日) 点《古文赏音》。

廿六日(8月15日) 点《古文赏音》。钓伤方乳香(十文)、麝香(七文)、白芥子(三文)、吴茱萸(三文)、鹿角霜(二文)、黑山栀(二文)、没药(三文)、飞面(一文),共钱三十文,用鸡蛋白二个调敷(此方在今日非洋银数角不办,而麝香、鹿角霜,均属贵品,皆非数文所能回买者。即此,已可以观世变矣。德森注)。

廿八日(8月17日) 洪生徐家畤为题拙稿:闲云流水襟怀达,翠柏苍松骨相奇。南宋诗人谁得似,石湖笔意放翁思。人能乐道无妨贱,家有藏书不算贫。他日若修高士传,舍君更欲觅何人?

廿九日(8月18日) 应五峰丈、许春泉大学来访,同至北梅心泾访莫茂园,暨五峰令孙抑斋,留小酌,归已晚矣。

七月七日(8月27日) 夜中大雷雨,水已平堤,又有通围之虞矣。

初十日(8月30日) 秋葵花放。

二十日(9月8日) 隔夕夜半,灯下作书与应五峰丈。

廿二日(9月10日) 夜中飓风,继以雨。稻之秀者,甚被伤矣。

廿三日(9月11日) 阅《赤水元珠》毕。雨竟夕,水平岸矣。

廿五日(9月13日) 拙入城,访应远亭先生,借《文选》批本回。

廿七日(9月15日) 催录《中庸归解》。人参、三七花开,郑岵瞻表兄所贻种也。

八月初二日(9月20日) 钞《中庸解》毕。午后无事,始录成。

初三日(9月21日) 送还徐南条前辈《归震川中庸解》。

初四日(9月22日) 夜中,也盈家舟来,入城已半夜矣,至春园宅。

初五日(9月23日) 晨,访李筑岩秀才,访猗竹,饭。为其子耐寒诊。访郑济猛宽,观王石谷、王椒翁、郎芝田画十余轴。是日,专为猗竹谈其令郎姻事。是早,也盈颂系。

初七日(9月25日) 校录所录《归震川中庸解》。

初八日(9月26日) 王小山作:欲献刍荛苦口难,那知平地有波澜。腐儒冷面肠偏热,愧负平生又一端。

初九日(9月27日) 从应远亭前辈借得崇明何二山忠相批本《文选》。今日稍闲,略誊十分之八起。盆中秋牡丹花开,张柳人秀才所贻也。

初十日(9月29日) 张柳人秀才悬壶,具分贺之。

十五日(10月3日) 校《文选》竟日。

十七日(10月5日) 入城,借子京《礼记集说补正》《张元长集》《黄文节公诗》《安亭志》。《安亭志》旋为张石芸借去。

十八日(10月6日) 录朱柏庐先生诗,寄张铁翁秀才。

廿三日(10月11日) 从金鸡河回,借《张氏医通》归。

廿七日(10月15日) 流连小山、少岩所,遣拙至朱家湾访朱定周峻山,为五峰丈馆事也。

廿八日(10月16日) 遣拙儿至砖塔溇,复五峰丈馆事。

九月初五日(10月22日) 拙陪五峰丈往朱家湾定馆。五峰借《焦氏易林》去。

初六日(10月23日) 张石云寄《罗念庵集》来。

初十日(10月27日) 过五峰丈仰山村居:(一)淳风别一村,携棹每过存。老树绿藏屋,清流直到门。安贫疏饭足,守道布衣尊。宾主乐晨夕,诗书共讨论。(二)记得淹留日,深林落照余。移花惊宿蝶,暖酒出枯鱼。庭下寻诗屐,床头种树书。此间堪避世,何事又移居?

十四日(10月31日) 校《文选》五十二卷毕。

十五日(11月1日) 校《文选》五十三卷起。

十六日(11月2日) 接吴韦庵前辈札,并寄虞山张氏所刊《归元恭文钞》七卷来。

十八日(11月4日) 校《文选》六十卷毕。服药。张雨香前辈同令嗣越华来访,留酌畅谈。临别,借张若木《眠琴诗稿》去。

廿一日(11月7日) 坐西斋,为石芸钞《安亭人诗人系小传》。

喜邱少岩、王小山二兄见过,谈久方别。少岩借《笠翁十种曲》十二本去。

廿二日(11月8日) 雨窗写《安亭人诗》毕,服药。

廿四日(11月10日) 阅张元长《梅花草堂集》。

廿五日(11月11日) 阅《梅花草堂集》,又阅《陈氏礼记补注》。

廿六日(11月12日) 哀杨生:一棺尘掩穗帷悬,叶堕空廊更惨然。记尔轻狂裘马日,风光只隔十年前。

病中咏菊:落叶荒荒卧一篱,似人憔悴久离披。春风自顾我无分,晚节开时人岂知。肯共蓬蒿争雨露,可怜虫蚁也凌欺。只因曾被陶公赏,瘦骨凌兢强自持。

廿七日(11月13日) 节钞《张氏医通》。

廿八日(11月14日) 钞《医通》。

廿九日(11月15日) 钞《医通》。西庭月季花开,许春泉所赠也。

三十日(11月16日) 寄《安亭人诗》一卷于张石芸秀才。

睹蜘蛛蜂有感:密网潜添屋角头,杀机满腹蝶蜂愁。那知费尽千般巧,却被儿童一卷收。

十月初三日(11月19日) 灯下阅《灵兰子医学蠡测》。姓薛,名曲,字孷五(此书邱少岩所藏)。

初四日(11月20日) 寄还《祝由科》一本于郑岵瞻表兄。

幽栖俗事不多关,家在廉泉让水间。绕屋四围多是竹,隔林一片不遮山。诗篇陶写清秋景,书卷消磨白日闲。门外沙鸥为旧识,忘机飞去又飞还(此诗无题,亦不知何人所作。先生自作耶?抑他人所作而录之于此邪?俟考。森注)。

初五日(11月21日) 陈村高伻来,附舟至更楼桥吴诊。步至南村,访王小山,谈。又至邱少岩所。余与椒畦丈诗,有“客忘修刺主忘迎”之句,丈和句“客来无送亦无迎”,盖借用“桑维翰为裴皞门生,谒皞,皞不相送。或问之,皞曰:‘见翰于中书,庶僚也。翰见皞于私馆,门生也。何必送迎?’”事。观菊,谈久之,步归,已向暮矣。

初六日(11月22日) 王云帆来访,带《张氏医通》去。五峰丈寄还《焦氏易林》,并惠物。

初十日(11月26日) 始冰。读《后汉书》。

十一日(11月27日) 读《后汉书》。

十三日(11月29日) 按:孙为父所生庶母,古礼无明文。唐《开宝礼》“服齐衰期年”。《古今五服考异》云:始见于《开宝礼》。《朱子家礼》有“庶子之子为父之母,而为祖后则不服”,即此条也。又,宋宝元二年,三司度支判官、集贤校理薛绅条,见《仪礼经传通解》,却服齐衰三年。

铧字从“吴”,《毛诗》“不吴不敖”何承天《纂文》曰:“臿,今之铧也。”张揖《字诂》曰:“臿,刃也。”铧音“华”。按:《说文》《字林》《三苍》,并无“铧”字。根按:字当作“芣”。宋《诗集传·东山篇》:“銶,芣属。”今讹脱作“木”。

十五日(12月1日) 张柳人秀才赠《叶氏医案》十二本,并候函。

廿三日(12月9日) □坐西厢,校陈兰坡所托《伤寒论》。接张柳人寄来《徐灵胎批叶氏医案》。

廿四日(12月10日) 阅《徐批叶案》。

廿五日(12月11日) 誊《徐批叶案》。

廿七日(12月13日) 誊《徐批叶案》。

廿九日(12月15日) 送还《礼记集说补正》(此书署纳兰成德撰,非也。乃嘉定陆元辅撰,成德以银三百买之耳)《黄文节公诗集》《安定志》三部于葛子京。

十一月初一日(12月17日) 誊《叶案》毕。

初二日(12月18日) 为张柳人书楹帖。

初四日(12月20日) 钱韵泉来,借《太平广记》四本、《聊斋志异》七本去。

初五日(12月21日) 叔母七旬寿庆。余病,不能往,遣拙入城叩祝。

初六日(12月22日) 点《伤寒论》。

初七日(12月23日) 校《伤寒明理论》毕,灯下读《颜氏家训》。

庭中桂树有雀来巢漫咏:朝翔暮宿故依依,浅树低枝亦可飞。浮世有情多眷属,不妨尔我两忘机(项橐与群小儿聚沙为城,孔子驱车过之,从者云云。见《项氏谱》)。

初八日(12月24日) 春园弟第二女出嫁萧氏,拙往送,送还《临症指南》于张柳人秀才。访陈申衢秀才,送还《伤寒论》一部。

十二日(12月28日) 韵泉来借诗稿三本去。

十九日(1839年1月4日) 沈猗竹男耐寒婚姻。余弟道原娶同邑吴弈堂仲女。弈堂两子文江、汇吉俱无子,夫妇相继弃世。汇吉之卒,在道光四年,时其妇已前卒。余弟亦以前年亡。汇吉依余弟妇以居,属纩时,以一女爱珠见托,时年方七岁。遭癸未大无,余东西播迁,辄携以俱。后余为执柯,受沈猗竹男耐寒聘。猗竹家中落,难举婚事。余念身年五十有一,家贫多病,而女已年二十,决不容缓。因怂恿猗竹于今月十九日完此宿愿。凡一切纳采、纳徵之仪,俱省不行。余为具菲奁,费亦百金,所谓"了人未了之事,尽我可尽之心"。念当年汇吉临终垂泪之语,虽愧贫薄,庶几可质幽冥云。

十二月初十日(1月24日) 即事有感:《棠棣》诗篇出至诚,世人何苦阋墙生。因君兄弟联床宿,触我十(叶平)年踽踽情。

十二日(1月26日) 寄菲敬于娄东王醉山。醉山失职家居,王小山往访,言其贫苦,因致札往候。拙往南村,与小山商醉山卒岁事,故饮。宾许君绍庭(讳)士登嗣君以纯阳塑像奉赠拙儿。从心畲处奉归,供西斋长几。

十四日(1月28日) 代娄东管倚岩题其尊甫雪泉先生《玉峰寄隐图帧》:先子雪泉府君,素有山水癖。以儿女累,不果游,且有软脚病,又不能远游。岁庚寅,授徒于玉峰之左阳文庄,为近游计也。每当春秋佳日,偕一二知己,驾扁舟,携筇屐,溯致和塘,登马鞍山西望,吴山缥渺,巨浸汪洋,未尝不流连叹赏,然终以不能遂向平之愿为憾。辛卯春,倩友绘《玉峰寄隐图》,以志慕也,且志感也。尝谓凡有,必有受之者。山水寄象于天地,好游者受之。人寄情于山水,耳目受之。耳目之玩,而欲其长且久,则以笔墨受之。若是,则兴之所寄,迹之所寄,皆可作实有观。噫!斯言也,当日只为旷达之语。由今思之,乃一字一痛绝矣。柏不肖,不能谋升斗粟为吾父裹粮之游,又乏甘旨之供娱吾父于家庭,以优游卒岁,乃客授终老,仅以尺幅寄无聊之思,伤何如之!每一展卷,涕泗交颐。敢捧遗图,遍求大人君子椽笔题咏,以光泉壤,感且不朽。道光岁次丁酉季冬月,娄东棘人管之柏挥泪濡墨谨述。

代娄东俞漱六昆田题《千秋逸品图》:菊,逸品也,得逸士爱之,而品益贵。然则爱菊者当爱爱菊之人,而爱乃真。自陶靖节先生东篱觞咏,迄今二千余载,爱菊者代不乏人,或咏之,或颂之,或画之枕之酿之餐之,终未闻一祭先生者,皆不得谓之真爱也。余本俗客,顾喜艺菊。读陶诗,每届九秋,悠然神往。今岁得先生小像,谨涓重阳后七日,招同人以菊觞,致祭于河鼓村之环翠轩。毕君小竹手书楹帖,张子渊手著祭版,余皆以诗纪事。余作步虚词,命羽客诵之,复作四绝句,为先生寿用,伸景仰之忱,且志一时佳兴云。

十五日(1月29日) 是日,王小山往娄,再访伊叔醉山。回,谈醉山近况,石亦为下泪。小山为其经营馆务,颇有成竹,且喜且慰。

廿三日(2月6日) 钞《外科内痈治法》。

得句:酒债未偿诗债迫,幽人亦有许多忙。

廿五日(2月8日) 装补《名医汇粹》八卷。

廿八日(2月11日) 装补《名医汇粹》毕。除夕,补校《名医汇粹》。

道光十九年己亥(1839)[①]

父不教子,何以谓之慈?子不承教,何以谓之孝?不慈不孝,何以为人?斯言也,愿余与拙儿均勖之。

正月初九日(2月22日) 闻范心畬妹丈以今日从陶店迁家入郭,谢馆课之烦,而垂帘卖卜。家贫累重,甚为悬念。

题《千秋逸品图》:陶公千载士,植菊满三径。屈指古诗人,惟公以天胜。萧闲《贫士》诗,幽兴《停云》篇。想当醉酒卧,北窗抱琴眠。噫公长往矣,千载不复作。艺菊读陶诗,斯人亦不俗。收画得公像,袖有菊花枝。斯佛爱米汁,莫遣再攒眉。萧斋风日佳,酿菊以为酒。持之献公前,再拜三稽首。手拄绿玉杖,头戴漉酒巾。何客堪侑食?张野刘遗民。祭诗成故事,祭墨亦佳话。踵事得斯人,此题可入画。好事每类癖,诗人多成痴。展君《逸品图》,愧乏黄绢词。

邱君少岩将授馆宾曦里,作此送之:(一)良友伤寥落,衰年怕别离。雪消春水涨,又是送君时。(二)去郭不十里,嗟余懒入城。有诗频寄我,莫遣渴尘生。

十三日(2月26日) 从阳文庄回,灯下书:以精到之识,用坚持之心,运精进之力,便是金石可穿,豚鱼可格,更有甚么难做之事功,难造之圣神?士君子碌碌一生,百事无成,只是无志。

廿四日(3月9日) 南桥家观归昌世画竹,及陈虚舟大受山水、钱拜石隶书。

三月十二日(4月25日) 置墓祭田小记:昔韩忠献王记其先墓之重复,而叹夫保之之难,深有望于后之贤子孙。至云以祖宗祠墓之有托,故以后嗣不绝为重。其言至痛切,然有有子孙矣。有子孙,而稍知祠墓之为重矣。而或困于贫,或居于远,则有有其志而莫之遂者

---

① 原注:"先生时年五十有二,自署饭香道人。"

焉。朱柏庐先生，邑先生之贤者也，然其为祠墓计也，至为岁积之册，迨年六十。始以及门称寿之仪，卖田圆明村田十亩，以供祭扫。自为文，记之曰：一亩数分，聊明我志而已。盖贫士之于祠墓之守也，视富贵者为尤难。居常，读仲由氏之言“生无以为养，死无以为礼”，不禁为之泫然流涕也。寒家自先节士以来，坟墓凡三处，皆荒废不治，非尽子孙之不肖，其伤于贫与远者，盖三世于兹矣。岁时祭扫，至不能治一榼、酹一卮，仅焚楮帛、展拜而已，未尝不为之欷歔累息，以为为人子者，一岁之中，宾朋酬酢，虽甚贫，固不能尽废。而独于先人一日之养，乃至阙如。又况祭毕而燕，古人所以合族众之欢，而均祖宗之惠。今既不能塚上之祭，而祀事有阙。又三墓之去城郭也，远者十余里，近亦六七里，舟行往返，必竟日。昆弟子姓之集于此者，又累坟旁亲戚为之款留。岁岁如此，又非所以为安，何有子孙上祖父塚而亲戚为之治具者乎？根怀此者有年，而苦于无力。今岁己亥，年五十二矣。自顾早衰，岂能待柏庐之年？适有以南珠圩田见售者，勉措资若干购之。田凡四亩八分，立潘墓，祭户办粮。又以为一房守之，则私而不公，反不能久。因诒为公产。三房轮收其租，以供修墓、扫墓之费。自后，舟资祭品楮帛便可定一小小章程矣。若我弟侄能踵而增之，尤为美事。又从子麟孙自从兄赉宏亡后，我与从弟春园日给米一升。给者惧不能继，待给者又无已时。自有此田，间二年食其租人，亦可少纾其力也。呜呼！人之有田宅也，孰不欲遗之己之子孙？然子孙而贤，何待于遗？如其不贤，遗之愈厚，累之愈深。此根于是田之割，尚思有以埤益之也。己亥春三月六日，梅泾寓斋记。

廿二日(5月5日) 湖州书贾郑慰昌来，以钱七百文得郑晓《吾学编》十二本；《藤华亭十种》，顺德梁廷枏、章冉撰；《论语古训》《南汉书》诸种；《周濂溪先生集》四卷；《青云洞遗书》四本，晋绛谢莲仙著。

杨维桢《题潮音堂西翰洗竹》诗：华严寺里断云师，许我来题洗竹诗。未论竿头能进步，且教节外莫生枝。定回午后秋声减，径罢西轩暝色迟。从此一尘无染著，岁寒惟有此君知。

廿六日(5月9日) 风清云净雨初晴,南亩东阡策杖行。幽鸟似知行乐意,绿杨烟外两三声。

廿八日(5月11日) 严西江先生自常熟来访,谈五年别况,留小酌畅谈,傍晚去。时西翁所馆地,名陶家祠庙,近花桥小镇。

四月初五日(5月17日) 写《升庵经说》。

初六日(5月18日) 写《升庵经说》毕。

初八日(5月20日) 闲将家计逐年盘,萍梗随风海一般。有子不能勤诵读,无妻孰与共饥寒。百年漏尽钟鸣易,两事承先启后难。寄语儿曹休碌碌,傍人冷眼早相看。

十七日(5月29日) 访胡慎轩处士,节愍公裔孙,先师玉川先生之从子也,手录异书甚多。谈久之,借《测海集》二卷回。

五月初三日(6月13日) 钞《国朝名贤记略》始,初五日毕。

拙儿从城中回,见市中鬻陈老莲《撚须苦吟图》,张南安弼草书《过聊城诗》《陈邦彦正书》三轴,惜未收。

跋蓼村先生手札后,赠胡慎轩处士(名养椿):根往居南村时,尝与友人张铁翁潜之撰集邑中人诗,昉自前明,迄于既往。凡得四百五十余家,而于甲乙之际,忠臣节士尤极搜罗。窃恨兵燹之后,文献无征,其人名氏显显在人耳目,而诗文之存者,百不获一,或竟至阙如者,不可胜数。如胡节愍公者,其一人也。根之于公也,既得其《远斋诗草》,录入撰集矣。继又得《安定世谱》,读之,始知公死事之详。又知公之子蓼村先生,当时所以为公表扬之计者,至深且远。盖为子孙者,于其父祖必如是,而后无憾也。根既重节愍公之为忠臣,又敬蓼村先生之为孝子,于是凡得一文一诗,苟有涉于胡氏者,必谨识之。后读叶氏所藏书,于其书中又得蓼村先生手书二札。寻绎其文,乃先后与九来叶先生者。是时,九来方撰邑志。公之死事,传闻不一,故未及属笔。而蓼村求之往复,既征之以艺文,证之以老仆,又重之以不明不仁之词,至今读之,使人雪涕。九来之慎于立言,蓼村之诚于显亲,并行不悖,相得益彰。居常,私念以为,是札也,藏之吾室,不过为名人之手笔已耳。若归之胡氏,则其重固逾于九鼎大吕也。又念少时,尝执洒扫于玉川先生之门,实维公之世孙。玉川翁既没,其子右衡远不相见。根又杜门荒村,无由获见胡氏之贤者而归之。乃今年之夏,偶以事至留晖里,得识慎轩处士。处士,玉川翁之从子也。贫居陋巷,抱先生之遗书,而不坠清白之训,其能保先人之手泽,必无疑者。因以二札归之,而敬跋其后。

初六日(6月16日)　钞《名贤事略》起,至初十日毕。

十三日(6月23日)　余今岁已无生徒可授。春夏间,求医者甚少。生涯冷淡之至,而门户应酬不可省。乃又不谅之友,屡以札来,欲求假贷,使人对之,惭愧欲死矣。

十六日(6月26日)　复阅《读书敏求记》。

二十日(6月30日)　校《尔雅》毕。

二十三日(7月3日)　《武成》"血流漂杵","杵"疑是"杆"字。贾谊《过秦论》"秦追亡逐北,流血漂卤",《战国策》言武安君与韩魏战伊阙,"流血漂卤",杆即"卤"也。

二十四日(7月4日)　试笔。今所在笔生,缚笔例是尖锋。盖缘经生编写时文,只是用笔端,纸上点啄,略具字形而已,更不顾法度如何,故率缚此,以便求售。仆虽不善书,每用笔心作字,全使此种笔不得。每染一管,至于秃枪,终不可意。呜呼!自科举法行,文既趋时,笔亦徇俗。苟利成风,势不可挽。欲求为印泥画沙之妙,如策蹇而追骐騄,不其难哉!东坡云:"笔适士大夫意,则工书者不能用。若便于工书者,则虽士大夫亦罕售之矣。"乃知此弊,亦不始今也。己亥夏五雨,试笔书此。

赠王小山言:予居恒,病世之趋于靡也,则喜与淳朴之士游,或嗤其无用于世,予弗顾也。娄东王子小山,年少于予若干岁。其尊甫桂林处士,十数年前馆于予乡。予识之,古道人也。有所欲言辄言,弗视其面,待富贵者与贫贱者如一。其教人也谆谆然,期于尽意。人或延之食,可食者食之,无吝情,无愧容。其不欲食者,虽壶浆,拒弗受也。家世宦门，至君已赤贫，周流授徒，布衣芒履，刻苦自矢。盖余所见若此。处士君年五十余，以疾卒。小山侨居东土，久之，来南村，为余所旧居处。余因处士以交小山，往来尤密。虽自谓兄弟，不啻也。小山壮年，而淳朴之概如其先人。又虚心好问，可谓有学有守之士也，而又无与于世，读书之暇，旁及医术。居善药以待病者，亦不责其值，与余志趣又略同也。晚近风尚不可问矣，诚得如处士者，落落数十辈，布于乡邑，而上之人有以振兴，而礼重之习俗，其可返乎？惜乎为处士者，既老且死，而强如小山者，又复为世所弃也。虽然，无王子，何以慰我之穷愁？故作篇以赠。

廿六日(7月6日) 重阅椒翁丈为若木画《邓尉探梅卷》：妙迹重开卷复舒，旧题诗已六年余。枯桐既碎难为调，二老云亡剩有余。过雨闲拖花下杖，临风对展树阴书。即今兹事都成梦，况复山南五亩居。

廿七日(7月7日) 阅葛太常《省心征言》、毅调先生《永怀堂日录》、龙仙先生《容膝居日录》。三公学识深：太常，《论语》也；毅调，《孟子》也；龙仙，《老》《庄》也。

六月朔日(7月11日) 读《段氏说文注》：郑公孙段即"碫"字，故字"子石"，读丁乱切。"行辟人"(必益反)，大昕(读熹)经传言疏："食者，稷食也。"《礼》：凶年稷食，庶人稷食。《左传》"填馆宫室"字，当作"幂"。郑《论语注》"或人"，或之言有也(道根按：古读"有"音，如"郁"或古"域"字，故"九域"亦作"九有")。梁不从"刅"。

初三日(7月13日) 寄慰邱少岩处士，时有难兄朴翁之戚：闻知在原痛，欲慰已经旬。君自伤同气，我还恸故人。观空物无住，阅世局常新。但保贞松节，归来与结邻。

椿舲见怀作：(一) 为贪烟水避城闉，十笏茅斋一径新。子鹤妻梅林处士，风宾树友孟山人。读书有味如餐蔗，知己谈心类饮醇。我亦闭门耽冷淡，未容熟客往来频。(二) 只似曾过境，柴桑处士居。人皆汉魏上，花亦义熙余。质朴无繁卉，萧条伴野蔬。此中真意好，肯更忆吾庐。（三）东篱一二亩，约略早秋时。微雨侵花槛，寒灯照酒卮。主人欲采赠，坐客解吟诗。片札遥相订，殷勤嘱后期。

初四日(7月14日)　借柳人《经典释文》，系卢抱经校本。

初八日(7月18日)　校《经典释文》，及昆、新两县志。

十一日(7月21日)　写《昆山志补遗》，校误笔。

十二日(7月22日)　校《公羊传》释文。

十六日(7月26日)　校《经典释文》正文毕。

廿五日(8月4日)　接张石芸秀才札，谈所钞《昆山人诗征》渐有次第，并索《罗念庵集》。

七月初五日(8月13日)　点《庄子释文》毕。

初六日(8月14日)　奉酬徐椿舲秀才：养拙频年水竹居，怀贤渺渺正愁余。城南语雨曾连榻，郭北逢秋好寄书。琴酒雍容推博雅，江湖衰晚任迂疏。瑶华远递蒙推奖，欲和新篇愧不如。

十七日(8月25日)　写《经典释文考证》，至三十日毕。灯下写至更余，为蚊所苦。是日，余手割伤，目为之眩。

与弟春园后札（见《晚香书札》）。

八月初一日(9月8日)　入城，访张柳人秀才，与徐椿舲同饭眠琴窝，送还《经典释文》，借《金石萃编》八函归。椿舲兄示《徐氏诗存》及所著诗稿索序，并借示钮匪石《说文新附考》《说文续考》二本。

晤朱氏姊，不见者五六年，年六十三矣。谈及从伯母、伯兄二柩，久淹未葬，展视萧然破屋中。自愧贫薄，为之泪下。因约非今冬即来春，决计谋为入土，成约而别。

初二日(9月9日)　东魏兖州刺使李仲璇修孔子庙碑，"伤河啚之莫出"。啚本音"鄙"，借作河图之"图"。《广韵·十一模部》"图"下别出"啚"字，注以为俗，盖后魏时已然矣。《唐张希古墓志铭》"岂啚二竖兴灾"，亦作此字。

初六日(9月13日)　《唐元次山朝阳岩铭》后题："昔甲寅中秋，

零邑后学田山玉书石。""后学"之名，始见于此。《唐徐王傅会稽郡公徐浩碑》后题曰："表侄前河南府参军张平叔题讳。"他人填讳始见此，称亲亦始见此。

十二日(9月19日)　《殷散氏铜盘铭》有嗣土，即司徒。《牧敦铭》"先王既今女作嗣土"，即"命汝作司徒"也。《铜盘铭》又有嗣土，盖即"司空"之喈。

廿八日(10月4日)　写《东国史略》一卷毕，共六卷。九月初五钞毕，借别本补足第六卷所少十三页。

九月初七日(10月13日)　同儿录《妇科入眼镜》一卷毕。

十月初八日(11月13日)　简小山：(一) 晨起开船暮抵家，不冲风雨即尘沙。空囊依旧人扶病，那有心情到菊花。(二) 纸阁芦帘茶沸初，绕阶丛菊称幽居。输君心地情如水，刀尺声中伴读书。

录王小山作：平生爱花偏爱菊，手缚疏篱绕茅屋。春栽夏灌乐不疲，霜后繁葩眩我目。秋从淡处却绚烂，香到癯时更馥郁。穷家无物可称意，只此区区媚幽独。嗟余一生研北老，悦目何心觅罗縠。纸屏竹几得数种，亦足多乎聊免俗。缟衣之妇胜良友，刀尺声中伴吟读。时时佐我汲水灌，亦摘繁枝鬓边簇。世事看同镜里花，家风守此饘与粥。一自心君致太平，五官四体咸臣伏。布衣啸傲宇宙宽，只恐疏愚不称福。殷勤酌酒酹花神，誓别菊君隐岩谷。

十九日(11月24日)　《说文》："鄃，清河县，从邑俞声。"《邑志》"清河县，鄃"，《后志》"清河国，鄃"。《史记·河渠书》曰"田蚡……奉邑食鄃"，又吕婴、栾布皆封俞侯。俞即"鄃"，今山东临清州夏津县东北三十里，有故鄃县城(《史记·惠景间侯年表》俞侯婴，如淳曰"音输"。俞侯布，《索隐》曰"音输")。

又孝子韩伯俞，刘向《说苑》作"伯俞"，《汉武梁石室画像》题"字柏榆"。此"俞"与"榆"通有一证也。全谢山《经史问答》中一条"伯与柏同"，盖伯宗之后。凌迪知《姓氏博考》："不得系之姓一百有奇，俞其一焉。"

三十日(12月5日) 入城,得《十驾斋养新录》二十卷、《经义述闻》十八卷。

十一月十一日(12月16日) 校《金匮玉函》。

二十日(12月25日) 苏秦兄弟五人:代、厉、秦、辟、鹄。秦居三,故称曰季子。之字古训有作"是"者,《左传》"郑人醢之三人也"、《论语》"犹之与人也"是也。"金曰从革",先儒俱说得不明。盖金主义,断义当从,则先革者而亦从之,如"銲以合之","钉以联之"之类是也。义当革者,则先从者而亦革之,"斧以斯之","锯以截之"之类是也。

廿八日(1840年1月2日) 赵省翁病沉重,贤孙松寿,余之门人也,至刲臂和药以饮其大父,冀其延算。睹其惨绝之状,为之竟夜不寐,盖以自伤又自愧云。是夜子刻,省翁卒,六十又三。

十二月初二日(1月6日) 徐先生彬,字忠可,浙之嘉善人。大父讳石麒,字宝摩,号虞求,明天启壬戌进士。历官刑部尚书,南都建,起右都、转吏部尚书。丙戌起兵,守嘉禾不克,自经死。所著有《可经堂集》若干卷行于世。父尔毅,字似之,隆武遥授太仆少卿,与同邑钱旃、华亭夏淳古同死南京。母孙夫人亦自沉以殉。彬少受业西江喻嘉言之门,以医自隐。所著有《原治论》若干卷,推原国家治乱之故,盖经济之书也。医学有《伤寒一百十三方发明》及《金匮要略注》。《金匮》凡二十四卷,成于康熙辛亥。前有同里张天植及自序,是卷乃张子柳人秀才托友钞录,书成未校对,脱讹颇多。柳人委予点定,而为之识其祖父源流若此,欲后之览之者知先生之不仅以医传也。

初七日(1月11日) 《曲礼》"葱渫处末",《玉藻》"为已倸卑"。倸当作"偞",渫当作"渫"。《唐石经》避"世"字,后刊木者不能订正。潔当作"絜"。《玉篇·水部》无"潔"字,《冰部》有"潔"。《广韵》:"潔,清也。"经典通作"絜"。遥当作"踰","踰""遥"声相近。注曰"俗絜字"。《汉书·陈汤传》"横厉乌孙,踰集都赖",如淳注:"踰,远也。"师古曰："踰，读曰遥。"《投壶》"毋踰言"，郑注："踰言，远谈语也。"有问《九成宫醴泉铭碑文》，欧阳信本所书，其结衔称"兼太子率更令"，不称"余官"，而曰"兼"者，考本传，信本擢给事中，贞观初历太子率更令、宏文馆学士，封渤海县男，岂以给事中兼之欤？抑宏文馆学士兼之欤？余曰：非也。《旧唐书·职官志》称："《武德令》：职事解散官，欠一阶不至为兼，职事卑者，不解散官。《贞观令》：以职事高者为守，职事卑者为行，仍各带散位。其欠一阶，依旧为兼。与当阶者，皆解散官。"其欠一阶之兼，古念反。其两职事之兼，古恬反。字同音异。《唐书·百官志》：给事中，正五品上；率更寺令，从四品上。以正五品官而兼从四品，所谓"欠一阶"是也。给事中掌宏文馆缮写、雠校之课，宏文馆学士之职即给事中所掌。《说文》："遷，古文及也。"见唐《碧落碑》。《唐太宗赐孙真人颂》"凿开径路名魁太医，羽翼三圣调和四时，降龙伏虎拯衰救危，巍巍堂堂百代之师"。顾亭林《日知录》"古人主有追封其弟兄，无尊其子弟者"条，失引唐高宗追谥太子宏为孝敬皇帝，见新、旧《唐书》及《高宗御制孝敬皇帝睿德纪碑》，碑在偃师县。《唐书·宰相世系表》云："于氏出自姬姓……邘叔子孙以国为氏，其后去邑为于氏。"

《左传》"凡""蒋""应""韩""邘""邘"，皆宜读如"于"（此条俟查）。代北有步陆孤氏，后魏孝文迁洛阳，改姓"陆"，亦曰"步六孤"。《北周书》作"步六孤"。陆之为"六"，由来旧矣。

《唐岱岳观碑》，凡立于大周年者，凡数一二三四八九，皆作"壹""贰""叁""肆""捌""玖"，意是武后时所改也。《旧唐书·睿宗记》"光宅二年三月癸巳，诏制敕表状、书奏、笺牒年月等数，作一十、二十、三十字"，是知前此皆作"壹"、"贰"等字矣。程大昌《演繁露》曰："古书一为弌，二为弍，三为弎，盖以弋为母而以数点之，不知单书'一'、'二'、'三'字始于何时。今官府之书'壹''贰'等字，直取同声而字画多者，以防窜易耳。"十之用"拾"，八之用"捌"、九之用"玖"，尤为不伦。张参《五经文字》七作"漆"，后人省笔作"柒"，柒即"漆"之草书。

捌,《韵会》:破声,与"入"似亦可通。《汉书》"一"字,皆作"壹"。《唐赠太师孔宣公碑》文内有"升""斤"二字,升音"陞",斤即"㪷"字也。后人以二字易混,改斤为斗,俗作"斗",而二字多有讹者。《汉·食货志》"治田勤谨,则亩益三升。不勤,则损亦如之。"臣赞云:"当言三斗。"《尚书帝命验》"黄日神斗",《博雅》讹作"升"。又《世语》"姜维胆大如升",升误作"斗"。《容斋续笔》:"唐中宗既流杀五王,再复武氏陵庙。右补阙权若讷上疏,以为:'天地日月等字,皆则天能事,贼臣敬晖等轻紊前规,削之无益于淳化,存之有光于孝理……'疏奏,手制褒美。"据此,则伪撰字已复行,至文宗乃见于诏文,始以扫除其迹耳(此条写《日知录》。案:能事之"能",似有误)。《晋任城太守夫人孙氏碑》有云:"昔臧武仲先犯齐庄,不令与己邑。"盖用《左传》齐庄公将与武仲田,与言之伐晋。武仲以鼠为喻,遂不与田。碑以庄为"壮"。《谥法》:"武而不遂曰庄。"此庄字本作"壮",晋时《左传》尚作"壮",后改为"庄"耳。汉赵充国,蜀汉关羽,魏曹休、桓阶、许褚、张郃、庞德、徐晃、文聘、周泰,并谥"壮侯"。

《晋汲县齐太公吕望表》"齐太公吕望者,此县人也。"《四书释地》"以后汉瑯琊国海曲县",刘昭引《博物记注》注云"齐太公吕望所出,今有东吕乡。又钓于棘津,其浦今存",则当日太公避纣,居东海之滨,即是其家。汉崔瑗、晋卢无忌立齐太公碑以为汲县人者误。余谓不然。《水经注》言"县民故会稽太守任①宣白令崔瑗曰:'太公生于汲,旧居犹存。'"任②宣所征,去古未远,当得其实。而太公既居是土,迫近朝歌,不堪其困,然后避居于东,则汲固其邑里,海乃流寓耳(《授堂经石跋》)。道根按:碑言太公当康王六年乃卒,寿盖一百一十余岁矣。宋王应麟《困学纪闻》谓《尚书·顾命》称"齐侯吕汲",则成王之末,伋已嗣侯,谓太公以康王时卒者,非矣。然郑康成注《檀弓》,则云太公望受封于齐,留为太师。五世之后,归葬于齐郦氏。《水经

①② 当为"杜"。

注》亦言太公河内汲人，伋之嗣侯，以太公留周为太师，故未必太公卒而伋嗣侯也。《广韵》"东莱……王氏，殷王子比干，为纣所害，子孙以王者之后，号曰王氏"。此碑(《晋王基碑》)云:"有成父者，出仕于齐，获狄荣如、孙湫违难为莱大夫。"然则东莱之王，系出王子成父。成父岂殷之后乎？伯舆，东州名士，康成高弟，叙述先世，当有传授。韩退之撰《王仲舒神道碑》云:"王氏皆王者之后，在太原为姬姓。春秋时，王子成父败狄有功，因赐氏。厥后，世居太原。"按:太原之王，皆祖王子晋，成父在子晋之前。既祖子晋，不得更祖成父矣，退之误也(《潜研堂金石文跋尾》)。《尔雅·释诂》:"咨，此也。"《魏孔子庙之碑》有云:"咨！可谓命世大儒，亿载之师表者已。"《东魏孔庙李仲璇碑》亦有:"咨！可谓开辟之儒圣，无穷之文宗者矣。"《汉隶字原》云"义作兹"，盖非假借，咨实有此义也。《魏劝进表》:"可谓信矣，著矣。"著字，《志》讹作"省"。"民命之悬于魏邦，民心之意于魏政"，《志》但作"民命之悬于魏政"，俱是传写脱文(案:《授堂金石跋》五字乃小注，非正文)。

初八日(1月11日)　武氏左右室画像题字:"颜淑独处，飘风暴雨。妇人乞宿，升堂分户。燃蒸自烛，惧见意疑。未明蒸尽，摍笮续之。"《诗·卷[①]伯传》作"蒸尽缩屋而继之"，小异。按:苲，即"笮"字。钱辛楣云，何休注《公羊》云"礼，取毁庙室笮以死者炊沐"，则"苲"可为薪矣。摍之言"抽"，抽屋苲以当蒸烛。二文相须，其义乃备。

初十日(1月13日)　按亭林以"今人出财布施皆曰信士。宋太宗朝避御名，凡'义'字皆改为'信'"。然按《北齐天统元年姜纂造像记》已云:清信士则当时所避，亦有据也。天统三年《偃师合邑诸人造佛堪铭》，此"龛"与"堪"通。天统三年《造丈八大像讼》，按《说文》文[②]"讼，歌讼也"，"颂，貌也"，六代犹知用古字。古书祝融为"沮

① 当为"巷"。

② 此"文"字衍。

诵”，是颂音“容”、祝音“咒”之验。《北齐陇东王感孝颂》述郭巨轶事，如“分财双季，独养一亲，客舍凶弭，儿埋福臻”，与《搜神记》诸书异。金石之有关于风教如是。郭巨事惟见干宝《搜神记》。此云“前汉逸士”，是汉时人也。“河内贞人”，是家于河内也。《肥城县志》则云：“巨孝，德乡人也。”《魏李仲璇修孔子庙碑》有配食十哲之像，只进儒冠诸徒，皆青袷青领，是孔庙之有升祔实始于此。

朱竹垞引李白诗“朝歌屠叟辞棘津，八十西来钓渭滨”，而《韩诗外传》称文王举太公时，公年七十二，两者不合。《无忌表》曰“康王六年，齐太公望卒”。按《尚书·顾命》有“齐侯吕伋”文，则伋已嗣公为侯，非卒于康王时也。余案：无忌明据《竹书纪年》之文，非得之流传也。周公封鲁，太公封齐，皆其子之国而身留京师，故有“三年报政”之语。周公在而有鲁公伯禽，宁太公在而不可有齐侯伋乎？竹垞讥之，非是。特太公遇文王之年，诸家所纪七十为多，但不知定当文王何年。计武王即位元年，至康王六年已六十二年。公遇文王纵晚，亦须在前数年，即以《外传》所说计之，公之寿已百三十有余矣。而《无忌表》云盖寿百一十余岁，然则公之遇文王，疑不过在五十，时公之女为武王后，以此参证，不应乃在耋齿。《孟子》所言“闻文王善养老来归”，殆是预为晚岁计耳(《抱经堂文集》)。

十七日(1月20日)　《高克尊铭》作“朕穆考”。王黼《宣和博古录》云：“言考则不特止其父而已，故谓其大父曰王考，谓其曾祖曰皇考，谓其高祖曰显考。”据此，是显考之称不可施之于父。《秦泰山刻石》：“御史大夫二。”昔卫宏尝谓“古一字有两名者，就注之”。御史大夫，则“夫夫”也。莒公亦云：“夫中有大如千人书亻千。”千千，今考《礼记·檀弓》曰“夫夫”是也，则字盖如此。李斯所得据也，大人贯簪为夫，则大夫同文义可知(《广川书跋》)。

《汉中岳泰室阙铭》“嵩高”字作“崇见”，汉时尚无“嵩”字。《地理志》有“密高县”云。古文以密高为外方山也。《国语》“夏之兴也，融降于崇山。”韦昭注：“崇，崇高山也。”据此，知经典有作“嵩”及“崧”

者，皆后人改也。“竝天四海”，即以竝为“普”。“并”“普”声相近，于五音同为羽也。故《说文》普以“并”为声。《中州金石记》：简州逍遥山，有东汉“汉安元年四月十八日会仙友”十二字，书法甚妙。贾谊《过秦论》“九国之师，遁巡而不敢进”，颜师古曰：“遁，音千旬反。流俗书本，‘巡’字误作‘逃’。读者因之而为遁逃之义”。《汉故卫尉卿衡方碑》“感背人之凯风”，《广韵》“邶同鄁，纣畿内地名”。又“不虞不扬”，即《诗》“不吴不扬”，古“吴”“虞”通用。泰伯弟仲雍居吴，为吴仲雍。《左传》《论语》皆作“虞仲”。《汉高杨令杨著碑》“缙绅伤催”，即《诗》“王事催我”之“催”，“宗庙用烟……臭阳达于墙屋”是也。天神用烟，燔柴以祭是也。《汉鲁相史晨祠孔庙奏铭》“以供烟祀”《樊毅修西岳庙碑》“奠柴燎烟”，《曹魏丕受禅碑》亦竟书“烟于六宗”，知郑玄之注不谬。吴斗南《两汉刊误补遗》云：“《三王世家》并载诸臣奏疏，其著朔可为后工法程。若曰‘三月戊申朔乙亥……四月戊寅朔癸卯’云云，前言戊申朔，则乙亥为二十八日矣。前言戊寅朔，则癸卯为二十六日矣。中兴以后，有司失其传，如《先圣庙碑》‘三月丙子朔二十七日壬寅’，又《修西岳庙碑》‘十二月庚午朔十三日壬午’云云，乌有知朔为丙子、庚午，而不知壬寅、壬午为某日者哉？斯近赘矣。今世碑记、祭文踵先汉故事可也。‘按……《后汉书》隗嚣檄文云‘汉复元年七月己酉朔己巳’，言‘己巳’，则为二十一日也，吴氏之言信有本哉！”（《授堂金石跋》）

傿陵之“傿”，从人。《汉鲁相韩勑造孔庙礼器碑》“并官圣妃，在安乐里”。孔子娶并官氏，自王伯厚《姓氏急就篇》及宋本《东家杂记》皆作“并”，而《正义》中反从流俗，作“幵”。张埙曰：“宋大中祥符元年，郓国夫人敕，亦曰并官氏。”宋邓名世《古今姓氏书辨证·十四清》内有“并官”复姓，注引《先贤传》孔子娶并官氏，生伯鱼。《汉景君碑》碑阴有“行三年，服者八十七人”。圣人制礼，过、不及皆非所宜。三年之丧，惟父母用之。下此以渐而杀，无敢紊焉。顾汉人制服，多有相反者。“元和间，始听大臣及二千石行三年丧。至建光元年，复禁不许”，“肃宗时，越骑校尉桓郁以母忧乞身，诏公卿议，皆以郁身为名儒，学者之宗，可许之。诏听，以侍中行服。后其子焉为太子太傅，以母忧自乞，诏以大夫行丧”。是三年之丧，固不得尽人行之矣。而繁阳令杨君则以叔父薨去官，荆州刺史度尚以从父忧去官，郃阳令曹全以同产弟忧去官，则又何也？且更可异者，三年之丧，在位卿大夫不得致之于亲，而故吏故民又往往用之于其长。如此碑云“行三年，服者八十七人”。费凤之故吏戚忠缞麻扶杖，魏元丕之故吏严较等，不远万里，断制缞裳，高颐之臣吏黎庶缞绖坟侧。其越礼过情，有如此者(《金石存》)。

汉时郡国守相及都尉皆称“府君”。《汉北海相景君铭》《故北海相任城景府君安平相孙根碑》称“皇矣府君”，《赵相雍劝阙铭》称“赵国府君”，然则汉时称国相，与太守同。顾亭林谓“府君”，晋汉时“太守”之称，盖未旁推于此也(《授堂金石跋》)。

《汉武都太守扶风耿勋碑》“匪黄启处”，《娄氏字原》“启”字下引《灵台碑》“匪皇启居”，与《诗》“不遑启居”同。《汉郃阳令曹全碑》“收养季祖母”，即“庶祖母”之异文。《春秋》“遂灭偪阳”，《疏》云：“《左氏经》作‘偪’字，音夫目反”(《诗·小雅·采菽》之“邪幅在下”。毛传：“辐，偪也，所以自偪束也。”)。一音逼近之逼。《释文》云：“偪，音福。”惠栋曰：“按《古今人表》作‘福阳’。”知古音‘福’，从彼力反者，非也。《谷梁》《汉书·地理志》及《续汉志》，皆作“傅阳”。案：古“福”字，亦读作“副”。《豫州从事尹宙碑》云“位不福德”是也。傅，本古“敷”字，亦读作“副”(《古石琅玕》)。

《汉校官之碑》云“惠我黎蒸”，《广汉属国侯李翊碑铭》“比列陵於”，皆倒语。韩退之诗，以“玲珑”为“珑玲”，“参差”为“差参”，盖本诸《三百》。孙季昭《示儿编》所拈，如“中林”“中谷”“中河”“中路”“中田”“家室”“裳衣”“冲纵”“稷黍”“瑟琴”“鼓钟”“斯螽”“下上”“羊牛”“甥舅”“孙子”“女士”“京周”“家邦”“鼐鼎”“息偃”之类。

廿七日(1月31日) 古人传记多书名，非特尚质，亦为文之体宜尔。子孙有名祖考者，龙门《自序》"喜生谈"、扶风《叙传》"稚生彪"等是也。弟子有名其师者，仲子路答长沮之问是也。后儒有名先圣先师者，韩昌黎《石鼓歌》是也。按《地志》云："召伯庙在洛州寿安县西北五里，召伯听讼甘棠之下。周人思之，不代[1]其树，后人怀其德，因立庙，有棠在九曲城东阜上。"

廿八日(2 月 1 日)　《大唐越州都督府鄮县阿育王寺常住田碑》，前秘书省正字郎万齐融撰，见《旧唐书·贺知章传》云："神龙中，知章与越州贺朝万、齐融，扬州张若虚、邢巨，湖州包融，俱以吴越之士，文词俊秀，名扬于上京。朝万止阴尉，齐融昆山令"云云。据"朝万"二字，是以"万"字属上文，作"贺朝万"也。然《全唐诗小传》于"万齐融"，注云："考唐人所选《国秀》《搜玉》二集，俱作'万齐融'。"贺朝则是《旧唐书》误也。《浙江通志》作"齐万融"，亦误(案："止阴尉"之"止"，疑"山"字之误)。

除日(2 月 3 日)　《渭南令李府君史府君残碑》有元也先帖木尔等题名，有奉元路渭南县尉夆律不花、渭南县典史山森等，是尉与典史并设。今人以典史为尉，非是。释元应《一切经音义》专为释典，史棠《一切经音义》专为道书，皆唐人也，引据古博，不亚陆氏《经典释文》。菩萨二字，皆以草受名，本曰"菩提萨埵"，华言之曰"觉有情也"。其萨即"薛"字。唐元应《一切经音义》云："菩萨本作'扶薛'。"宋张有《复古编》亦云"薛"别作"萨"，非。唐人书"萨"字，犹作"立"下"主"。唐元和八年，《那罗延经幢书》"菩萨"字，亦不从"产"。《唐识法师颂庐公清德文》神龙三年立碑，有"琴鸣密贱"句，是宓音"密"。主簿字作"薄"，汉碑亦多从艸可证。孟子"先簿正祭器"之"簿"，即"薄"也。唐朝议郎行偃师某尉贾□义撰《周公祠碑》："公讳旦，字朝明。"公字不见于他书，惟见此碑。开元二年建(按："朝明"之字，想亦有出处，然如皇甫谧"汉太公名煓"之类，不可为据)。李邕《娑罗树

---

[1] 当为"伐"。

碑》"一归可门",张弨曰"可门者,何门也"。考《说文》"谁何之何",本单作"可"。其从人者,则为"儋何"之"何"。《易》"何校",《诗》"何蓑何笠",《尔雅》"何鼓"是也。后人以何为"谁可"之可,更以"儋荷"为"儋何",字字日繁,而忘其本矣。唐曲阜县令张之宏撰《兖国公颂》有云"猥飞声于密贱",《家语》《史记》皆作"宓不齐,字子贱",《颜氏家训》云,子宓子,"即虙羲之后,俗字为'宓',后复加山。今兖州永昌郡为古单父地,东门有汉立子贱碑,乃云:'济南伏生,即子贱之后。'知'伏'与'虙'古来通字,误以为'宓'耳"。夫虙之为"宓",尚以为误,转而加"山",益又误矣。然唐孙强增减顾野王《玉篇》亦云:宓,今作"密"。故《句容令岑君碑》"驱密贱于后尘"。当时相袭,讵知误乎?《宋史·太祖纪》:"(显德)……三年春,从征淮南。……南唐节度皇甫晖、姚凤众号十五万,塞清流关,击走之,追至城下。晖整阵出,太祖拥马项直入,手刃晖,中脑,并姚凤擒之。"

薛《五代史·周世宗纪》:"显德三年二月壬申,今上(谓太祖)奏破淮贼万五千人于清流山,乘胜攻下滁州,擒伪命江州节度使充行营应援使皇甫晖,常州团练使充应援都监姚凤以献。"欧《史》最简,但云"壬申,克滁州",注引王铚《默记》:"李景闻世宗亲至淮上,而滁州其控扼,且援寿州,命大将皇甫晖、监军姚凤提兵十万扼其地。太祖以周师数千与晖遇于清流关隘路,周师大败,晖整全师入憩滁州城下。会翌日再出,太祖兵聚关下,且虞晖兵再至,问诸村人,云有赵学究在村中教学,多智计。……太祖往访之……学究曰:'我有奇计,今关下有径路,人无行者,虽牌军亦不知之,乃山之背也,可以直抵城下。方值西涧水大涨之时,彼必谓我既败之后,无敢蹑其后者。诚能由山背小路率兵浮西涧水至城下,斩关而入,可以得志。'太祖大喜,且命学究以指其路。学究亦不辞,而遣人前导。即下命誓师,夜从小路行。三军跨马浮西涧,以迫城。晖不为备,夺门而入。晖始闻之,率亲兵擐甲与太祖巷战,三纵而三擒之……遂下滁州。"据此,则晖、凤就擒之所,亦略可见矣。《十国春秋·皇甫晖传》注引《史纂左编》云:"学究即普也"。又《传》云:"晖见世宗后,数日创甚,晖不肯治而死。"后滁人感晖意,一日辄五时鸣钟,以资荐晖云。

道光二十年庚子(1840)①

正月初三日(1840年2月月5日) 《淀山普光王寺舍田碑》:绍兴二十八年二月日,承节郎沈从言建碑,称"大宋国平江府昆山县沺川乡大石浦西居住清信奉三宝弟子承节郎沈从言,同男将仕郎履息、孙男右修职郎起宗、将仕郎佐才作德、承信郎作义等,为妣太君朱氏讳辰,谨将本家产田二百四亩一角三十步,其田在秀州华亭县修竹乡四十三都坐落,舍入淀山普光王寺常住碑"正书,今在青浦县淀山会灵三姑庙殿左壁。

《宋谢叠山先生桥亭卜卦砚铭》:"此石吾友也,不食而坚。语有之:人心如石,不如石坚。谁似当年,采薇不食?守义贤也。程文海铭,谢侍郎砚。"

《金耀州三原县荆山神泉谷后土庙记》,怀城乡贡进士王希哲撰,有云:"人生一世,未有须臾不资于地。故《物理论》称:'其德曰母,神曰祇,亦曰媪,大而名之曰黄地祇,小而名之曰神州,亦曰后土黄地祇'。"此又"黄""皇"相通之一证。

十一日(2月13日) 为朱毓斋写赠周巷顾峻山楹帖:"敢云大隐能居市,自许清流可濯②缨。"其人业薙发,而喜近读书人,故云尔。

廿一日(2月23日) 凖字,因宋顺帝讳"凖",故沈约《宋书》平凖令、王凖之字,皆作"准"。今世《管子》书"凖"字,皆作"准"。《庄子》"平中准"、《文子》"放准循绳"、《淮南子》"眇者使之准",疑皆因此而改。□《字林》用"准"为"平凖"之"凖",《广韵》亦二字并收。晋人

① 原注:"先生时年五十有三,自署饭香道人。"

② 当为"濯"。

书札，末有“不一一”者。今人循用之，读下“二”为“一”字重文。余按：正“一二”字，“一二”谓委曲也，不为委曲，即不备具也。司马迁《报任少卿书》云“事未易一二”，即此“一二”字。

二月初一日(3月4日) 辰刻，拙儿至陈村，开馆独坐西斋，庭庑阒寂，良用怃然。逮饭后，犹耿耿。村中无可散怀，步至东怜，见有补屦匠二人。问之，则泰州人也。因令其补钉鞋，询其风土，稍释闷怀。俄而李四回，知即日已开馆矣。夜独卧，不能成寐。夜梦亡友赵省翁谈医，若坐隔壁，只闻其声云：“湿凝气滞，阴阳不和，亦有腹痛者，其痛悠悠而不甚，当用半夏、茯苓、神曲，加升降之剂，通其阴阳自愈。昧者欲治其痛，却用丁陵，或大金花丸，致痛益甚。”“丁陵”二字，梦中所闻如是。岂丁香与零陵香辈乎？抑“连”之声转也？忆去年冬，亦梦省翁偕视一病，省翁曰：“病者舌上半截苔，已化上焦，无病也。隐以舌上、中、下分为三焦。”两次梦中语，皆极有理。

廿八日(3月30日) 大行皇后(后谥“孝全”)哀诏到县。先是，县奉宪檄，已入临成服矣。今日诏到，县官吉服，接开读后，仍易素服。此议礼者之失也。无论府、州、县，当以诏到日成服。《会典》具有明文，何此之不知也。私记之。

三月廿五日(4月26日) 雨窗写《读书识小录》。

廿九日(4月30日) 写《左氏眉诠》入《读书识小录》。

四月十一日(5月12日) 补录挽赵省翁同学诗：暇即过从似弟昆，江村偕隐共衡门。盛时意气看如梦，流水光阴去少痕。垂老伤心亡好友，临危刲臂痛贤孙。从今浩叹琴弦绝，医学玄微孰与论。

十二日(5月13日) 题李筑岩太学《空山采药图》：岚翠沾衣履印苔，空山独往兴悠哉。世人未悟用无用，如子真居材不材。果堕秋林和露拾，药分仙种倚岩栽。他年我亦随行脚，也共长镵托命来。

十六日(5月17日) 余于癸未年遭道原弟丧，又值水灾。甲申春，寄寓虎丘仰苏楼，与僧实镛号香泉者晨夕相聚，不二月别去，自后遂不相闻。昨十五日，闻其缘事为抚军裕公鲁珊访拿。于此月上旬，用浮屠法阇毗以死，可悯也。噫！其自取之欤？

五月初八日(6月7日)　补录：往读杨升庵先生《丹铅录》中，有说经数十百条，喜其征引浩博，别出己意，多有发前人所未发者。然其中往往抨击先儒，务求必胜。如汉郑康成、宋朱文公二先生，世所称大儒，所推逊弗遑者，而升庵顾捊撦之，弗遗余力，此亦其学问未到处。然其论《易》卦变书，百姓为百官族姓，《诗·泮宫》非学宫，《礼·大学》格物诸条，虽未必皆升庵之言，然其说不可废也。颇恨《丹铅录》，杂钞似小说家言。而胡氏所为正杨《录》者，亦未之见。道光己亥春，湖州郑生慰昌访我于梅心寓居，箧中携有《升庵经说》八卷，因借录之。已见《丹铅录》者，不再出焉。钞毕，为志其简末。书为升庵门下士、绵州李调元所刻者。首卷失去序引，其年月无所考焉。后学潘道根拜识。

初九日(6月8日)　昨从梦里得奇句，今对池塘修竹吟。未出土时先有节，到凌云处也无心。

初十日(6月9日)　《史记自序》"二十八宿环北辰"，"三十幅，共一毂"，知《老子》"共"字音"拱"，注或以为"共为一毂之用"者，非也。《素问》"出入废则神机化灭，升降废则气立孤危"。立，古"位"字。《春秋》"公即位，故书"作"公即立"，是其字也。

为也盈主人作(也盈，不知何姓，亦不知其所犯何事。读先生四月二十日记云："同拙儿入城，访也盈昆仲于福堂，知来月将启行矣。相见凄然，以菲贶遗之。")：青蝇玷壁恨难伸，寂寂圜扉不见春。香阏忆孥空有梦，左骖可脱惜无人。即看平地风波怕，应悟循环世事新。惆怅兰州天际远，金鸡何日下枫宸(按：其时，鸦片烟禁止正严，或因是以遣戍兰州欤？)。

十四日(6月13日)　唁也盈主人：棘寺阴沉夜漏长，故园梦断剧苍凉。人间积毁堪销骨，自古衔冤易断肠。授简圜扉非夏胜，上书梁狱异邹阳。酸心只有河梁旧，洒尽交情泪两行。也盈书屋有感：重到园林倍怆情,旧时客座绿苔生。琴樽抛掷魂先断,人海风波梦亦惊。蛮触功名翻故纸,沧桑小劫落棋枰。年来学道雄心尽,匣剑光收更不平。

十六日(6月15日) 因曝书,读柏庐先生《毋欺录》。觉身心多偏,非圣人中和之气,为之内愧。

十七日(6月16日) 余因齿痛伏枕,闻今日也盈兄弟遣戍,感而有咏:断尾雄鸡不畏牺,新州归骨更无期。欲知骨肉分离痛,听我呻吟伏枕时。

十九日(6月18日) 《六书通》去声上第七卷寘韵"迣"字下有"趆",注"蟜趆之印"。据《六书通》所载汉以来古印甚多,大都出于宋晁克一、王球、颜叔夏、姜夔、王厚之,元吾邱衍、赵孟頫所集录,则此印必在唐宋以前,特寒家藏书甚少,仆又于此类考订甚疏,无由知其为何朝人物耳,须检以上印谱查之。

《前汉书》"商瞿受《易》孔子,以授鲁桥庇子庸"。司马贞:"桥庇,《世本》作'喬疵',字子肩,鲁庄公族"。然则《檀弓》,蟜固恐亦鲁之公族矣。蟜氏得姓之因,有可考者,如此《五帝本记》蟜极、蟜牛,他书或作"桥"。《三国志》二乔字作"桥",则今之"乔"姓,乃"蟜"与"桥"之省文。《史》"浑渠侯扁訾",《汉·表》作"应庇"。此"疵"与"庇"通用之证。

廿二日(6月21日) 偶读《五帝本纪》"舜父瞽盲,而舜母死,瞽叟更取妻而生象,象敖。瞽叟爱后妻子,常欲杀舜"云云,余谓客曰:"当是'瞽叟更娶妻而生象敖'重'象'字,后人妄加也。""象敖"乃舜弟之名,见《书·尧典》。古读以"象敖克谐"句,"以孝蒸蒸"句,"乂不格奸为"句。《大戴记·帝系篇》"瞽叟产重华,是为帝舜,及产象敖",汉刘表《与袁谭书》"昆弟之嫌,未若重华之于象敖",正用此文。古人称人名,多省一字,如纣本名"受德",《古文尚书》称"商王受",乃是其例。传《书》者涉"无若丹絑敖"之文,以"父顽母嚚象敖"为句,遂以"敖"为凶德,而于《本纪》妄增"象"字也。其讹昉于《淮南子》"兄狂弟敖”之文。舜之有兄，于何可据乎？

《史记·惠景间侯者年表》“沈犹侯”，《索隐》曰：“《汉·表》在高苑。”按：即孟子所云“沈犹氏”也。《广韵》“沈犹氏”，音“沉”。《汉·表》犹作“猷”。

李杏塘言：“亲朋浓极必至于淡。”真阅历之言，记之。仆生平未尝与人浓，然亦有异趋者，疾恶太甚故也。

七十弟子步叔乘，国朝朱彝尊《孔子弟子考》以为少叔。道根按：《三国志》：“步骘，字子山，临淮淮阴人。”《吴书》曰：“晋有大夫杨食采于步，后有步叔与七十子师事仲尼。”竹垞以为“少叔”，恐非。虞翻奏郑玄解《尚书》违失事，有云：“甚违不知盖阙之义。”

廿四日(6月23日)　两窗书寄拙儿：长年膝下不暂离，今年去馆陈溪湄。陈溪不远五六里，况兼亲串能扶持。所嗟我已入老境，两眼昏昏齿复病。一月两月食舍肉，对酒看书少清兴。为人性僻无狎朋，柴门长掩床尘凝。卖药囊空时不给，荒厨贫薄如山僧。寄声我儿好努力，自古勤劳有饭吃。莫因馋口厌虀盐，莫羡罗纨厌絺绤。读书课徒须用心，书中滋味好推寻。家贫无物堪传汝，只有诗书抵万金。主人供给非容易，报答恩情宁有地。常将学好训生徒，切勿因循当儿戏。人生乐极必哀来，两字关头色与财。不见眼前颠覆事，只因福过转生灾。君子怀刑古所训，为人第一宜安分。吾年已老汝不小，早夜思量好自奋。

廿五日(6月24日)　怀张雨翁澄潭书馆：书馆阴森昼掩扉，衰容青镜共依依。燕飞荒垒春归尽，雀噪闲门客过稀。对酒托枝怜独醉，盍簪芳草愿多违。怜君洒尽知交泪，还为天涯赋《式微》。

廿八日(6月27日)　至郭访张柳人，同徐椿舲饭眠琴窝。娄东叶涵溪(裕仁)秀才来，会方小湘(瀛)以疾不果来。涵溪以手钞《玉峰志》委校。

六月初八日(7月6日)　钞《玉峰志》，至十三日毕。

十一日(7月9日)　宋《玉峰志》共四卷，前《志》创于淳祐辛亥，

《续志》修于咸淳壬申,世称《凌边志》,盖吾邑志乘之嚆矢也。《宋史·艺文志》不载,藏书家亦无著录之者,刻本久轶。今所传多写本,讹阙良多。娄东叶君涵溪得录本,惜其不可读,委仆校正。仆乃以十日之勤,略举可知者,改定若干字,余从盖阙,以俟博闻者。所举正处,悉有据依,读者当自知之。今亦未能悉注也。此书昆山字作"崑(加山于"昆",乃明邑令马文炯所定。若以前皆作"崐",元时但作昆)",吴淞字作"松(本松江也,后人以去松江远,加水为"淞"。《凌边》时尚作"松")",澳浦字作"虞"(虞即"吴"字也。从水,后人所加),大泗瀼字作"驷(从水,始于周志)",数目一二等字作"壹""贰""叁""肆""伍""陆""柒""捌""久""拾",石、斗、升字作"硕""㪷""胜",千百字作"阡""陌"(见《菽园杂记》及新修《志》注)。"皇朝某宗宸翰"字,俱空一格,或跳行书之。今写本"皇朝"字有作"宋"者,盖后人改之也。和买䌷绢匹数,余书无考。官田之数,则元缺焉。又条中夹注字,今亦随行直下,姑加朱笔注字于傍,俟誊清时更正焉。道光二十年庚子夏六月望日,邑后学潘道根校字因题。

十二日(7月10日) 夜雨,闻汉浦塘堰溃,各村俱起:湿云罨屋满林烟,渺渺江天白雨悬。是处波头能卷屋,何人岸上便牵船?疗饥可待监河粟,望岁先沉负郭田。太息漏天无石补,沉沉雨夜抱愁眠。

十八日(7月16日) 题俞潄六太学《槐榆交荫图》(昆田王文肃公裔孙承,俞姓):君家河鼓村,流水门前汇。客船此落帆,往往作良会。绕屋种槐榆,阴森绿一带。为言此先人,手植夙所爱。交柯如交让,托意良有在。三复桑梓诗,整襟为再拜。遗训留壁间,对之欲涕泪。寄言我子孙,勿忘前人诲。茅堂贮万卷,绕以风柳枝。景物美且好,伊人良可思。述祖怀旧德,耕读聊自怡。门无青盖客,案有《白华》诗。十年高隐志,庭角槐榆知。公侯必复始,此事宁昧之。追思类我恩,徘徊复迟迟。不见《景濂集》,亦有陈方碑。

徐椿舲前辈移居溢渎村,因赠(郑养云秀才旧居):(一) 负郭临流境悄然，草堂风月兴无边。归禽明灭山横晚，渔艇空濛水接天。闭户著书君尚健，荷蓑驱犊我无缘。新居许作邻翁否，溢读[1]村中好买田。（二）三烈相传有古坟，高风千载播清芬。土中碣断名难识，乱后碑残迹少闻。废址残阳空落木，荒丘潦水共寒云。少年我亦曾游此，凭吊如今赖有君。

连雨，再用眠字韵：赤脚科头事事便，只怜生计太萧然。三时不断吴中雨，两载连沉屋后田。贫向交亲荒礼数，闲凭笔研送流年。柴门日午迟烟火，自在江村拒户眠。

十九日(7月17日) 曝书。今日晴朗，为此月中第一日。补录《归陶庵劄记》。

二十日(7月18日) 曝书。钟太傅繇《贺捷表》，一名《戎路表》。欧阳公以二十四年九月关壮缪薨为疑，黄长睿复以闰年驳之。按：此《表》闰月无可驳，盖壮缪于建安二十四年秋水渰七军，破曹仁。至冬日，中流矢，解兵去。此《表》盖贺仁、晃此捷，非贺十二月吴之传捷也。《表》中"矢创贼帅"字作"兲刅"，是隶法初变体。颜鲁公书《千文》"年矢每催"名，亦作此"兲"字。欧公误读作"手刃"，以此致疑耳。今字书乃不载"兲"字，殊可怪也。长睿谓征南将军是吴大帝却非，"征南"正是曹仁，《仁传》甚明，故云"运田单之奇，与徐晃并力"，《表》中语亦自了然，与后事殊不似也。第尔时汉帝尚在也，而列侯于丞相辄上表称臣，殊可骇愕。岂元常为魏相，于国主仪当尔邪？

廿三日(7月21日) 写《邑志补遗》，三日而毕，计一卷。题《王子九乘槎图》：停午日色黄，浊流何浩浩。白浪涌江豚，黑风堕飞鸟。海门不可测，目断天杳杳。春申遗旧迹，短芦翳荒堡。缅想七国雄，往事去如扫。阴风噫大块，蜃气幻洲岛。万怪颇惶惑，晦明割昏晓。焉得乘长风，挂帆出天表。观海难为水，输君得搜讨。我展《乘槎图》，因以豁怀抱（案：公误句上似脱"欧"字）。

---

① 当为"渎"。

廿七日(7月25日) 又写《邑志补遗》,五日而毕。洋匪在浙东海面滋事,督抚提太湖、浦口、庐州、徐州各镇兵堵防海口。自是以后,日有兵船炮位过境,且议修城。民情惶惑。

七月初八日(8月5日) 世道艰险,吾只以平常行之,特稍从宽而已。至其祸福之来,则自有命存焉,人亦无如之何也。

浴后书:闭户守玄漠,无复客来迹。终老住丘樊,岁寒见松柏。身惭钓海人,迹类灌园客。高隐谢世氛,游赏惟山泽。离离涧底松,磊磊岩际石。相伴百年身,悲哉驹过隙。

廿一日(8月18日) 录无名氏旧诗(曝书得之。是呼葵园,与今刻本异):(一)百年海上绝烽尘,风鹤警传事过真。城社鼠狐应丧胆,江湖鸿雁欲迷津。细思家国都无策,痛绝艰虞尚有身。仓卒沉渊与雉缢,可怜均是太平人。(二)在江禹迹古时功,独送潮声曲折东。十里不闻城柝警,百年犹说海漕通。蜚鸿遍野余粮尽,硕鼠频歌杼轴空。莫使苏台荆棘满,长庚正朗斗牛中。(三)披裘五月怯江寒,日日长风振急滩。鼙鼓暗生雷隐隐,旌旗飞卷雪漫漫。便沉鱼腹捐生易,欲效龙潜避世难。多事却添儿女累,不能蹈海把渔竿。(四)水涨浮江泥没坡,微云才卷又滂沱。惊传扰扰已如此,未卜苍苍意若何。低首草茅心气绝,侧身天地泪痕多。破窗风雨摊书坐,痛哭无因且浩歌。(五)叶暗花稠蛛网经,无言芳草立蜻蜓。邻鸡正急阶前缚,野鹤难为泽畔停。是处云山芝可老,谁家窟室酒难醒。伤心叔夜人龙表,皂帽飘然只管宁。(六)画角声衰[①]落日荒,城南战马系垂杨。军需搜括民脂竭,羽檄交驰驿吏僵。似我昂藏空七尺,何人约束守三章?五朝教育恩如海,不道君臣义竟亡(案:呼谷,字德下,与柏庐先生交善,"葵园"其别字欤?)。

廿二日(8月19日) 《论语·卫灵篇》:颜子问为邦,孔子曰:

---

① 当为"哀"。

“乐则韶舞，放郑声，远佞人。郑声淫。”又《阳货萹[1]》：“恶郑之声乱雅乐也。”皆以郑声与雅乐并论。《乐记》子夏答魏文侯曰：“郑音好滥淫志。”班《书·地理志》曰：“郑国土狭而险，山居谷汲，男女亟聚会，故其俗淫。《郑诗》曰：‘出其东门，有女如云。’又曰‘溱与洧，方灌灌兮。士与女，方秉蕳兮……洵盱且乐。惟士与女，伊其相谑。’此其风也。”是郑之为郑，明指郑国而言。惟孔子言声，是论其乐，而小序以《东门之墠》《溱洧》二篇为淫诗，是论其诗。二者本不相谋，后世大儒依“郑声淫”一语，意指郑风为淫奔，所以开后人之议，以郑声淫，而郑风未必皆淫也。而其以郑国为名，则无异说。自汉以上，班班可考。若夫郑声为郑重之声，此出于东汉张仲景机所撰《伤寒论·阳明篇》中：“夫实则谵语，虚则郑声。郑声者，重语也。”注释家以诒语为谵妄，郑重为频繁。此别是一家之言，毋庸相混矣。“《诗》《书》执礼”，朱注致为详明。然“执礼”字，仅见于此。故《语类》载贺孙之问，以为当时恐自有此名目，而朱子不然之也。大抵古书字义有于今不同者，如“原壤夷俟”，若非下文有“以杖叩其胫”之语，几不识“夷俟”为何语矣。“吾何执？执御乎？执射乎？”执之为执，固有言之者矣。岂可以其字形之近似，而遽指以为艺也？何者？以六艺言之，则礼在其中。如除去礼而单指射、御等，又不当先于礼也。古经字之讹也，往往以声，而今人议字之讹也，以形。方以智《通雅》一书，浩博无涯涘，然穿凿附会者多，恐不足据也。“益”为咎陶之子，见《列女传》曹大家注、《吕氏春秋》高诱注及欧阳修所补《郑氏诗谱》，不独陆德明《经典释文》有是语也。然按之《史记·陈杞世家》“垂、益、夔、龙，其后不知所封”，及《左传》“皋陶庭坚，不祀忽诸”等语，则益与咎陶断非父子，且服、杜注《左氏》，以“庭坚”为皋陶字，《水经注》引《偃师九山百虫将军显灵碑》，以“溃敳”为益，字二人者。季文子以为高阳氏之才子，而溃敳反叙在庭坚之前。曹大家、高诱之注，不知何所据也。罗泌《路史》

---

① 当为“篇”。

亦有辨(以上三则,似改张星鉴经解文,但未注明。)。

廿二日(8月19日) 题俞漱六《槐榆交荫图》:俞子漱六之尊人西塘先生,居河鼓村之湄,宅边有树焉,曰槐,曰榆,偃仰扶疏,以百章计。其间有桥有径,有堂有室,联以斋舫,绕以廊庑。春之朝,秋之夕,清阴绕舍,好鸟时来,客有款其门而登其堂者,疑其居之在山林也。俞子曰:"吾先子之居此也,遗安于吾后人。今耕田而食,凿井而饮。夫岂无所恃耶?"于是倩友人绘图以传之,名曰《槐榆交荫》云。客问俞子:"何所取而名斯图耶?"俞子泫然曰:"昆田带经而锄,隐于农亩,方将铲迹销声,以庶几古之汉阴丈人、江上渔父者而不可得。五亩之宅,奚以图为? 然而为此者,盖有概于中,不能已已也。昆田之先,出自太原文肃公之裔也。先人幼抚于俞,遂冒其姓。欲反其初,而有所未忍也。于是藉吾庐之手植,隐寓姓氏,以寄其敬恭之思焉。而岂侈夫屋宇之闲靓,与村屋之幽僻哉? 昆田之为是图也,亦庸以寓夫水木之思,以追念前人焉。而岂敢扳卢鸿之草堂、魏野之郊居,以为故事耶?"客闻而韪之,于是遍征士友之能文者,歌咏其事,而次及于予。予初未识俞子,而见《槐榆》之图,其后识俞子,而犹未履登君之堂。于是略按图而得其梗概,曰:"是俞子之娄湄小隐也。若考既勤作室而为子者,能涂塈茨,且谋为不朽之计,难得已。吾虽未识西塘先生,而得交漱六,读其著述,挹其谈吐,于以想见西塘之为人,而知其足以为是图重。"乃跋而归之(案:"难得已"上,疑脱"殊"字)。

题《槐榆交荫图》诗:(一) 阴阴清樾有槐榆,画里风光感喟俱。述德诗篇何逊谢,传家文学众推苏。桑村古朴偏宜隐,溪水纡回亦字愚。四十声华播坛站[①],传闻灯火尚勤劬。(二) 才名合置古人傍,散诞何心学老庄。寻壑经丘有天趣,倚楼看剑想行藏。论交一二惟苍老,怀古千春剩激昂。老我爱才真欲拜,儿曹休哂次公狂。(三) 寻

---

① 当为"坫"。

思百计不如农，我亦江乡寄客踪。南亩余闲肩早息，东皋尘土梦先慵。韩康老去囊无粟，陶令归来径有松。柴栅浮云一点破，诗文传后亦无庸。（四）林泉清福拟君分，欲结深山猿鹤群。便把尘情委空阔，更将鸿博益知闻。竹中佳客来求仲，后世知心付子云。第一安怀无妙诀，酒兵愁阵策奇勋。（五）三烈芳名载古经，诗人闻此结玄亭。渔樵伴好开门径，风雅情多识性灵。屋角好山凭槛看，床头流水入琴听。遥知行药溪桥立，一一秋鸿落晚汀。（六）赁屋三迁渐远尘，寒鸦古树作比邻。冠巾有道能安俗，鱼鸟忘机自近人。除却读书都可拙，略知安分不妨贫。萧然一卷成枯坐，自署头衔石户民。（七）水潦频年失下田，研耕且喜得安便。只寻高士休粮诀，不使人间造孽钱。架上有书夸富贵，身中无病当神仙。行年五十吾叨长，欲拟坡公二老篇。（八）一住江村易岁华，尚怜无地可移家。春来约客曾无侣，醉后摛文笔少花。浪迹久同秋社燕，幻身聊譬箧中蛇。近村倘遂诛茅计，也荷山锄学艺麻。

九月初二日(9月27日)　于俞氏阅唐六如《蕉林书屋》一帧，有“项子京珍收”印、毕氏“静远楼书画”印、阮氏“琅環仙馆珍藏”印、“臣元奉敕审释内府金石文字”印。又僧懒云画一帧山水亦佳。

廿一日(10月16日)　《周礼》宗伯之属有大师、小师，注云：“凡乐工皆以瞽矇为之，择其贤智者，使为之师也。”《论语》“大师”字宜如字读，少师阳疑“小师”之讹。《礼》注云：“红，南方之奸色；紫，北方之奸色。”奸，干也，相干犯也。即“间色”字，“间”宜读如“奸”。

廿五日(10月20日)　欥，《说文》：“惄然也。……《孟子》曰：‘曾西欥然。’”蜀，《说文》：“葵中蚕也，从虫，上罒象蜀头形，中象其身蜎蜎。《诗》曰：‘蜎蜎者蜀。’”

十月初五日(10月29日)　访许世臣太学，与应五峰丈晤，持螯对菊，流连竟日。晚送至北梅心泾，与陈梅亭晤。

初十日(11月3日)　孔氏《正义》：“孟者，河北地名。《春秋》所谓‘向盟’是也。于孟地置津，故谓之孟津。”在今河南府孟津县。春秋周平阴邑。

十五日(11月8日)　《尚书·酒语[①]》:"若畴圻父。"郑注:"圻父,谓司马,主封圻之事。"《诗·小雅·祈父》毛传"祈父,司马也。职掌封圻之兵甲。"郑笺:"此司马也。时人以其职号之。"《书》郑注,即依《毛诗》为训,封圻即《商颂》之"邦畿"。邦,古通"封","圻"为正字。《毛》从"示"者,假喈字也。古读圻如"垠(如旂,古亦"斤"声),斤声,与"几"声合韵最近。故《周礼故书》:"畿为近,田部曰:'远近言之,则言畿也'。"(案:假喈即"假借")。郑彼注曰:"畿,犹限也。"是王畿可作"王圻",王圻亦可作"王垠"也。许氏《说文》:圻,"垠"字重文,古以为"垠","咢"字。《周礼·夏官·太仆》有"下大夫"二人。韩献子之兼官,疑即此官。林尧叟亦云太仆也。"入孟门,登大行",孟门,杜注以为"晋隘道"。按:孟门山,在慈州文城县。胡渭生曰:唐文城县,即今山西平阳府吉州。杜注非是(案:胡渭生,"生"似注字之误)。孟门山在吉州西。《山海经》:"孟门之山上多金玉,下多黄垩涅石。"《淮南子》:"龙门未辟,吕梁未凿,河出孟门之上,……名曰洪水。"《国策》陈轸谓楚王曰:"王不闻夫管与之说乎?有两虎争人而斗,管庄子将刺之。"管与,《轸传》作"馆竖子"。管庄子,《传》作"卞庄子"。《索隐》曰:"《国策》作'馆',谓逆旅舍。其人字'庄子',盖'管''馆'古字通,'与'与'竖'音之近也。《春秋后语》《韩诗外传》,皆以为"卞庄子"事。《仪礼·聘礼》"管人布幕于寝门外"注:"管,古文作'官',犹'馆'也。谓掌次舍帷幕之官。"是"管""馆"字通之证。他书有作"卞严子"者,汉避明帝讳改也。汉武帝元朔二年诏曰:"夫刑罚所以防奸也,内长文所以见爱也,以百姓之未洽于教化"云云,其赦天下"内长文"之语,了不可解。张晏云"长文,长文德也",终不了然。许少尹右丞言:"往见江南旧本……以'内'为'而','长'为'肆','文'为'赦'……于文尤为贯串。"《南窗杂谈》所载如此。

---

① 当为"诰"。

《唐艺文志·兵家》有《玉帐经》一卷，袁卓《遁甲专征赋》："或倚直使之游宫，或居玉帐。"乃兵家压胜之方位。廛，直然反，俗加水，非。《地理志》："河南郡谷城县。"《禹贡》"廛水出瞀亭北，东南入洛。"《说文·水部》无"瀍"字。《淮南·本经训》云"导廛涧"，则廛水之"廛"，不从水。《隋书·经籍志》有《月令章句》二十卷，汉中郎将蔡邕撰。郑君所引，未知即此书否？《易纬通卦验》亦载节候，吕不韦《月令》"自东风解冻"，"至水泽腹坚"。后魏始以之入历为七十二候。其所载与《夏小正》《淮南·时则训》《管子》《汲冢书》互有出入。唐太仆王砯注《素问》，亦引《吕氏》七十二候，然其文与今世行《吕氏春秋》及历中所载绝不同。按：砯于宝应初，官太仆。当日宜奉明皇刊定《月令》，而所述又异，殊不可解。然则《月令》一书，殊非一种也。《阃外春秋》十卷，唐少室山布衣李筌撰。起周武王胜殷，止唐太宗擒窦建德。明君良将战争攻取之事，天宝二年上之。

方小湘（步瀛）秀才为李梅亭画竹于扇题诗：袖得湘江笔，凉痕纸上寻。有君方免俗，比我更虚心。荫密暑难到，竿疏径自深。清风徐引室，便可理瑶琴。

先君于嘉庆己未十月，值连雨，贫甚，拈夜雨为题，成七律诗一首，中有句云："除夕光阴容易到，回肠情绪不堪提。"惜全首不能记矣。余今年拙儿外出，又值岁荒。今日坐雨，与家人谈及卒岁用度，慨然忆此，为记之。

十一月初五日（12月8日） 赠徐菉洲太学：才子南州足献征，喜君气骨更崚嶒。鸿词久仰今任昉，好句人传古杜陵。僻性出门无可诣，暮年把臂得良朋。何当快请高文读，益使荒疏叹服膺。

十五日（12月18日） 凌迟即"凌夷"。"迟""夷"音相近。《大金国志》世宗大定二十六年二月诏"孔庙颇落，礼典凌迟"，即"凌夷"字也。

十八日（12月21日） 徐菉洲太学（征麟）赠诗：（一）席帽风尘少旧知，每依秋水动遐思。山中待扫藤萝径，户外新投缟纻诗。嗜古输君千卷富,论交悔我十年迟。高踪如许常追步,正好携书叩竹篱。(二)谢却名心守朴真,江乡随处著闲身。青囊秘笈能医俗,白雪高词少和人。避迹庞公应寡合,说经匡鼎许相亲。承抛珠玉推同调,那得编茅托比邻。

十二月初三日(12月26日) 病中咏老牛诗:鞭策绳牵二十年,寒宵砻谷夏犁田。枯萁啮处牙先缺,败鞯披时项早穿。不为驱驰那有此,总饶呵叱岂能前。屠家不会双垂泪,犹道筋皮值几钱。

初九日(1841年1月1日) 读琴川郑光祖《梅轩一斑录》五卷,道光十八年刊。《襄阳必告录》七卷,道光六年九月襄阳知府升汉黄德道、周凯著。礼侍,榕乐先生喆嗣,王椒翁之及门也。

初十日(1月2日) 坐西斋,读徐愚谷《明名臣言行录》九十五卷。

十三日(1月5日) 沈鲁吊姚知府善诗:仓卒勤王五郡兵,南风无力北风鸣。清忠自托巴湖月,秽史何曾说杲卿。

十二月十三日(1月5日) 《郁离子》(刘基著);《青岩丛录》(王祎著);《天衢吟啸录》《海涓集》(詹同著);《北平事迹》《职方诗集》(刘崧著);《六经师律》(吴沈著);《南宫集》《使交集》《成均集》《玉堂集》(吴伯宗著);《春秋集传》十五卷、《春秋属词》、《左氏传补注》十卷、《师说》三卷、《葬书问答》一卷、《东山集》(赵汸著);《周易参议》《诗书演义》《周礼考正》《春秋考义》《汉唐以来君臣事略》《宋元史节要》《石门集》(梁寅著);《环谷集》(汪克宽著);《春秋集义》《胡仲子集》《长山先生集》(胡翰著);《浯溪集》(汪仲鲁著);《五经传解》《书传补缉》(朱升著);《逊志斋集》四十卷(方孝孺著);《静学集》(王叔英著);《论语类编》《诗小序》《诗集义》《诗谱》《广衍太极卷》《纲常懿范》《迩言家训》《刍荛集》《进思集》《观感录》(周自修著);《希董遗集》(茅大芳著);《巽隐集》(程本立著);《野古集》(龚诩著);《易斋文集》十卷、《无隐集偈颂》二卷(刘璟著);《芝轩集》《卫生易简集》(胡濙著);《育斋集》八十卷(高谷著);《读书录》(薛瑄著);《类博稿》十卷(岳正著);

《联珠集》（郭登著）；《澹庵集》（陈敬宗著）；《仪礼戴记附注》《经书补注》《学庸通旨》《考定深衣古制》《宁波简要志》《道德阴符经注》《孙子注》《南山录稿》（黄润玉著）；《世史正纲》《大学衍义补》（邱濬著）；《淡庵文稿》《诚庵奏议》《认真子集》（朱英著）；《椒邱集》《左传撷英》《周礼注解》《宋元史臆见》（何乔新著）；《国朝名臣传赞》《莆阳文献》（彭韶著）；《清风亭稿》《海岳涓埃》《谕蜀稿》《筹边录》《梦征集》《醯瓮集》（童轩著）；《匏庵集》（吴宽著）；《桃溪集》《续西山读书记》《伊洛渊源续录》《元史本末》《宰相沿革》《国朝名臣事略》《尊乡录》《赤城新志》《忠谏录》《祭礼仪注》（谢铎著）；《篁墩稿》正、续、三、新共一百二十卷，《行素稿》一卷，《皇明文衡》一百卷，《苏氏梼杌》《道一编》六卷，《瀛贤奏对录》《新安文献志》一百卷，《宋遗民录》十五卷，《程氏遗范录》四十卷（程敏政著）；《柴墟集》《駉野集》（储瓘著）；《平藩始末》（许进著）；《居业录》《敬斋集》（胡居仁著）；《古城集》《员观小断》（张吉著）；《素言》（潘府著）；《前溪集》（景旸著）；《白沙诗文集》（陈献章著）；《湘皋集》八卷（蒋冕著）；《鳌头类稿》《密勿稿》《辞荣录》《归田杂志》（毛纪著）；《学史简端录》（邵宝著）；《自惭漫录》（费宏著）；《博趣斋稿》《读四书私记》《小学章句》（王云凤著）；《家藏集》（王廷相著）；《竹涧集》（潘希曾著）；《余冬序录》六十五卷、《间日分义》百卷（何孟春著）；《端峰存稿》（邵锐著）；《儒学管见》《医学管见》（何瑭著）；《读易余言》《松窗寤言》（崔铣著）；《困知记》（罗钦顺著）；《观颐录》（派邦奇著）；《渔石集》《易经大旨》（唐龙著）；《吾学编》《古言今言》（郑晓著）；《省愆集》《平交纪略》（翁万达著）；《问水集》《关陕奏议》《安夏录》《督府奏议》（刘养和著）；《圣学正传》《更定礼记兵鉴》（张岳著）；《梓溪集》《编缉周礼定本》（舒芬著）；《庚己编》《余山全集》（陆粲著）；《讷文集》三百卷《续集》（周怡著）；《刍荛集》（冯恩著）；《潮侯集》（沈东著）；《木钟稿集》三百卷《续集》一百卷（唐枢著）；《前溪集》《南枢谏草》《河道奏议》（曾钧著）；《两城集》（蕲学颜著）；《虞歧集》《诗集》《杂著》八十四卷（杨博著）；《百可亭稿》十六卷、《奏议》十卷、《殷鉴录》、

《行边漫纪》(庞尚鹏著);《天山存稿》(瞿景淳著);《闲云馆野语》(殷迈著);《偃松集》(毕锵著);《大隐堂集》四卷、《二镇疏草》八卷、《奏议》十卷(王遴著);《周易弘录》《尚书日记》《诗考》《周官私录》《春秋辑传》《四书绍闻篇》《读律私笺》(王樵著);《呻吟语》(吕坤著);《槎间漫笔》(张元忭著)《不二斋稿》《志学录》《皇明大政记》(张元忭著);《谷城小馆集》《春曹奏议》《读史私钞》《笔麈》(于慎行著);《赐闲堂稿》(吴中行著);《歇庵集》(陶龄著);《国朝典故纪闻》十八卷、《通鉴进讲录》五十卷(余继登著);《焦氏笔乘》《焦氏类林》《继园正续集别集》《经籍志》《逊国忠节录》《玉堂杂语》(焦竑著);《西山日记》(丁元薦著);《高子遗书》十四卷(高攀龙著);《乾惕斋集》《太和轩集》《关中集》(余懋衡著);《国朝布衣诗》一百卷(张可任著);《锦衣卫志》(张可大著);《师律》(范景文著);《清閟集》八十九卷(姚希孟著);《消闲录》(成勇著);《知畏堂稿》《太仓州志》(张采著);《瑶光阁集》《东海集》《庐山集》《还乡集》(黄端伯著)(以上明人著述书目,照日记登载,不知系先生藏本否,俟后查考)。

十二日(1月4日) 夜中句:(一)老病无依倚,所须骨肉恩。梦回呼儿子,已远在陈村。(二)相见知相爱,淹留旬日边。所嗟长不寐,一夜永如年。

卷　六

道光二十一年辛丑(1841)[1]

元日(1841年1月23日)　试笔：海内真无容膝地，余生何日息肩时？旧岁儿子欲结屋陈村，不果。

三日(1月25日)　晤山人富开益、秀水铁崖钟云之高弟，赠山人句，见《隐求堂诗存》。黄冠草服野人姿，樗散江湖鬓欲丝。阅世能空天下眼，读书自得古人师。谈兵说剑俱游戏，钓水樵山自委蛇。学道深时宜养晦，我先老圃事樊迟。

富山人和诗：公是扶风绝世姿，谈经与我理棼丝。久闻学海空余子，敢向词坛抗劲师。琴剑摧残仍鹿鹿，烟霞结纳漫蛇蛇。自怜粗抱诗书癖，不吝刀圭药未迟。

初六日(1月28日)　"也"字，古与"邪"通。如《论语》"十世可知也，小德出入可也"之"也"，宜读如"耶"，则词意达，而不烦曲说矣。《颜氏家训》"邪者，未定之词。北人即呼为'也'字"，此则亦其证。

初八日(1月30日)　夜中有声如雷，人有见者，声发东北，有光如火，或云炮声也。

十九日(2月10日)　"端坐真惭杜五郎，《净名经》亦渐能忘。当门一树垂阴绿，十五年前旧纳凉"。每诵此诗，深愧其为人。嗟乎！

---

① 原注："先生时年五十有四，自署平原馆中三避老人。"

鹿鹿红尘,未免依人庑下。安得茅舍三间,穷年拒户也? 吁!

二十日(2月11日) 饭后,西溪遣舟来候,携砚及书千卷、襆被至馆中。王云帆来送(西溪姓陆,茅舍人)。补录去年七月廿八日诗:幽人无俗怀,自抱一编读。尽日无人来,风吹窗外竹。

廿四日(2月15日) 入城,集上晤嘉定宣兰塘孝廉、应远亭秀才、张问月世讲。

廿七日(2月18日) 校《礼记》毕。夜中陆宝堂、金仲瑜来会文,以"则吾从先进"命题。余亦勉草一篇,殊愧草草。

二月初三日(2月23日) 与富山人连榻,说至夜分方寝。明日,候富山人至梅心相宅。富山人自题《秦溪渔隐图》:风月闲人难做,侬自叹谋生计左,钩利都虚,饵名亦误。平地风波更大,只有耕樵堪合伙。赤脚夫妻两个,顺水推船,逢滩便宿,唤作水仙亦可(秦溪在浙之硖石镇。山人号"香吏",自浙来隐于昆之北乡,能文,有术数,以赤脚著名。"富赤脚"之名满于吴中,人皆敬礼之)。

题财神堂楹帖,中供玄坛,"谋利真成骑虎势,求财何用执鞭为";"豪气欲凭江势壮,奇文只作海潮看"(皆山人句)。

三月[1]初七(2月27日) 夜中,与富山人论文。同富山人至陈村相宅(补昨日事)。

初八日(2月28日) 灯下,富山人为拙儿推命,夜半始寝。

初十日(2月30日) (见《隐求堂诗存》)。是日,富山人去。

十二日(3月4日) 午后,余同弟妇、长孙携襆被什物,迁至平原馆。拙儿挈儿、妇、二女孙,携什物,迁至陈村馆。承南桥瞻云、润圃、容轩来送,松寿、蕙田、容轩各移舟来,送至馆。

廿五日(3月17日) 李梅亭携江蕴谷《卫生弹求集》、雷储岩《痘症萃精》二书来。

四月初二日(3月24日) 郑生来,以制钱五百得《皇甫君碑》一

---

① "三月"二字删。

帙。复有《春秋内传古注辑》一书，以索价太昂未得。后闻此书及惠定宇《史记补注》为张问月所得。张问月赠《松崖笔记》三卷。又有钱竹汀詹事《藏书目录》一卷，寄在春园弟处。乞余撰序，未至。

初八日(3月30日) 讲授心兰《医经原旨》。

初九日(3月31日) 夜作：客馆欢悰少，空村花事阑。窗留灯晕小，枕逼雨声寒。难补皇天漏，空思后土干。传闻风鹤警，怀抱若为宽。

十五日(4月6日) 书"偃仰"字。偃训"伏"，然亦有训"卧"者。《内经》"病肾风……不能正偃"是也。字包数训，往往有之。《论语集注》"寝不尸，谓偃卧似死人也"，读者疑古人已死，陈尸必伏，然无明证。今读《内经》此条，乃恍然知古人之卧，往往隐几。惟病则伏枕，死则偃卧耳。偃训"仆"也。

十七日(4月8日) 附舟入城，访张石芸疾。石芸以顾小竺所定方，令予酌改，又将所编《娄曲诗存》十六卷见寄。

廿二日(4月13日) 俚俗替人干办，有"忒你干某事"之语。或问余"忒"字之义。余曰："代字也。《礼·月令》'宿离不忒'，字或作'贷'。孟子'称贷而益之'，《群经音辨》：'贷音忒'"。

泰山，古本作"大"，当如字，读"大"，有"代"音。秦汉人作"岱"，以代其字。应劭《风俗通》遂有"阴阳交代"之说。至范晔撰《后汉书》，以其父名"太"，遂避作"泰"。经史中有袭用者，遂迷其本。如郭林宗本名"太"，今作"泰"，亦是。

闰三月朔日(4月21日) "雉"古音同"夷"。雉氏掌杀草，故书作"夷氏"。大郑从"夷"，后郑从"雉"，而读如"鬀"。今刊本《周礼》作"薙"字者，俗制也。《左传》"五雉为五工……正……夷民者也"。扬雄赋辛夷。《汉书·地理志》南阳雉县，旧音"弋尔反"；江夏雉县，如淳音"羊氏反"，皆古音也。《说文·矢部》"矣，头衺、骫矣态也"注："头衺者，头不正；骫衺者，头不正之貌也。"《左传》"齐有庆矣"，即"庆绳"，盖以"头衺"为名，以"绳直"为字，名字相应也。《贾谊传》"矣垢无节,㟴奊为謑”,謑音“奚”,上声。《荀子·非十二子篇》“无廉耻而任謑诟”,字或作“謨”,《类篇》作“謑”。

闰三月初二日(4月22日) 作:(一)芳姿雅淡可人怜,品与梅花合并肩。抛拾空庭谁爱惜,只宜留植短篱边。(二)西村老屋锁沉沉,寂寞经春断客寻。随我客中还算伴,一株浓李更酸心(崔梅一株,亦梅村寓屋中物。小儿移植盆中,今盛开。李花一株,植梅心寓屋中,花时不及见矣。后移植汉浦旁,己酉大水枯死,惜哉!)。(三)曾记山斋课读时,书窗低亚旁花枝。而今花与人俱老,独立空庭感鬓丝。

初五日(4月25日) 同宝堂小松入城,访应远亭丈,袖文请教。访张石芸,猗竹续至。借《李二曲先生集》及王怀琛《碉南诗草》归。晤李筑岩秀才,问讯富山人,时寓其家。即事:(一)下帷连日雨如丝,门外春光过不知。今日携朋同出郭,桃花恰似去年时。(二)秾李嫣然立院东,不将妖艳斗春工。老夫睹汝偏留意,为有都人尹姞风。录元人句:贫未卖书留教子,饥惟食粥省求人。

初七日(4月27日) 作:野翁之像,天予清癯。落落寡偶,人智我愚。沾体涂足,以耕自娱。数椽容膝,瓮牖绳枢。北窗之下,其梦于于。举觞对月,把酒一壶。不废吟啸,乌乌而呼。任天且乐,老我农夫。

有感:泪湿牛衣迹已陈,那堪老去更艰辛。藜斋惭饱先生养,药裹愁供多病身。作茧肠回都梦境,论文齿冷累旁人。腐儒晚景应如此,只合江头把钓纶。

初九日(4月29日) 老父思儿苦,穷村寄食难。泪同窗外雨,一夜几曾干。

初十日(4月30日) 钞苏揆之、顾宸宰、何云亭诗入《娄曲诗存》。

十一日(5月1日) 于心兰处得邑前辈何玮枝、何执善诗稿,喜甚,即写入《娄曲诗存》。盖亡友云亭之物。

十二日(5月2日) 录王飞藻诗入《娄曲诗存》。

十四日(5月4日) 恭录先高祖蒿民府君诗入《娄曲诗存》。

即事(见《隐求堂诗存》)。

雨后竟日,北乡水田尽没,不能播种。县令冯公相棻,发帖于十六日集议,绥辑桑梓。恐亦具文,无补实事也。似此连年被灾,民生奈何?

十九日(5月9日) 读钱竹汀先生批《困学纪闻》。夜中梦拙儿所居,即在余居室之后,相隔仅一篱,心甚喜之,且闻儿声音,如在一室。俄而梦觉,则月色盈窗,犬声如豹,想儿在朱泾,儿妇独居陈村,为之惘然,不能成寐。明晨揽镜,须已白六茎矣。

二十日(5月10日) 为梅亭写《叶医案》五卷讫,阅《佛说四十二章经》《佛遗教经》。

廿二日(5月12日) 录刘应钧诗入《娄曲诗存》。

廿三日(5月13日) 录朱铨诗入《娄曲诗存》。耳蕈用硇砂涂即消。

廿七日(5月17日) 唐邱为《寻西山隐者不遇》诗"若非巾柴车"句,即用陶渊明《归去来词》"或巾柴车"句,后人误刻为"或命巾车",遂不知此句所出。

明袁凯《白燕集》中古乐府《紫骅骝》一篇,即高东嘉《琵琶记》中所指之王四也。凯,明初人,盖目击其事,托于咏古以刺之。此诗批琵琶者,俱不知引。

廿八日(5月18日) 入城,为张石芸诊,借长洲王子梅《噶月楼诗稿》,得周栎园亮工《书影》十卷。

廿九日(5月19日) 至拙儿陈村馆中题句:相望隔一水,相思每暗嗟。到来疑是客,归去怅无家。骨肉分离苦,田园缔构赊。老怀何日惬,旅鬓渐增华。

四月初二日(5月22日) 拙儿来,以《钱竹汀藏书目》嘱其钞写。

汤弥昌,字师言,号碧山,咸淳丁卯进士。由昆山教谕,历瑞安州判官。所著有《周礼讲义》。卢熊云录徐来、程廷玉诗入《娄曲诗存》。

树影当窗水绕庐,悠然一榻晓风余。书求无误千回校,身为我慵百不如。世事宛同隍下鹿,生涯真似辙间鱼。邻家日午迟烟火,愧我犹赊乞米书。

鬓或作"髩",盖从"宾"省(古"宾"字),而今字书不载。士人有呼作"丐"音者,书此以正之。

隋氏藏书无虑八万九千卷,唐开元丽正殿所载亦八万五千余卷。

初九日(5月29日) 草《钱竹汀先生藏书目录序》,为梅亭点《叶医案》讫。

夜中作:高林露滴月胧明,绕树惊飞乌鹊声。纵在家园也难睡,客窗听此若为情。

初十日(5月30日) 《因树屋书影》载陈蝶庵说卤簿事,非也。卤是楯式,武臣所持,以御不虞者。簿即手板,文臣所执,以书思对命者。官有主簿及簿书、钱谷字,皆指此。

十三日(6月2日) 半茧园荷池有小石桥,桥石即顾相秉谦大学士坊额也。当时毁坊者,为邑人陈伯调。同时,李稷臣粒民尝为之传,文特痛快。此传余未见,伯调亦未详其人。记此俟考。《括地志》,魏王泰著。《历代宅京记》注:《括地志》作于唐太宗之世,则魏王泰乃唐人。

十四日(6月3日) 读《颜氏家训》。午后,读《愿体集》。

宋玉《风赋》有"庶人风",注家皆不言所出。按《风角书》,"庶人风者,拂地杨尘转削"为曲筒,(此为《颜氏家训·书证》语。)以气引水上者,名"渴乌"。见《汉书·宦者传》,俗呼"过山龙"。

十五日(6月4日) 曝书,阅《欧阳公集》,坐柳下望马鞍山,苍翠欲滴,颇有心旷神怡之致。

书目之兴,昉于汉刘氏歆之《七略》。班氏叙述九流,判为十家。迨后晋王氏俭之《七志》、梁阮氏孝绪之《七录》,流别仅存,而《略》与

《志》目无传焉。今所传志者，《汉书·艺文志》为最古。后代史臣，沿以为例。如《隋》如《唐》，悉有著录。夷考其数，隋氏嘉则殿所藏，凡三十七万九千余卷，唐开元丽正殿所藏，亦八万五千余卷。今仅二千年间，而存者十不一二矣。盖书籍之聚散，与天下治乱相乘除。故其始也，一焚于祖龙，再散于莽、卓之乱。其后刘石篡晋，尔荣破魏，宇文氏入郢，典籍靡遗。及唐初，砥柱之覆溺，暨五季之沉沦，而古书尽亡矣。宋《崇文总目》所列，凡三万六百六十九卷，《中兴馆阁正续书目》大都五万九千余卷。书虽稍稍集，而汉魏经师之所授受泯焉。当时士大夫家多喜藏书，亦竞为之目。如李氏淑之《邯郸书目》、董氏逌之《广川藏志》、郑氏樵之《郡书会记》、《夹漈书目》，陈氏振孙之《书录解题》，晁氏公武之《郡斋读书志》，濡须秦氏某、漳浦吴氏权、锡山尤氏袤之书目，多者万卷，少亦千数，其章章者也。宋元以后，书出愈多，而古学日衰。驯至前明，天下有道学，有词人，而少穷经之士，论古者以为慨焉。我朝通儒辈出，如顾亭林氏、朱竹垞氏，胸中皆有数千卷书。其议论指切，悉有据依。其后，经学之儒继起。至竹汀先生，其学问根柢以视前人，盖有过之无不及也。岂非圣德隆盛、文教聿兴之明验欤？根尝伏读其所著，望洋窃叹，以为何其读书之多而能识也。意其家所藏必不下于桓谭、任昉诸人矣。惜吾生已晚，不能及大贤之门，而窥其美富。同县张子问月，好古洽闻之士也。一日于肆间得先生所藏书目一卷以示余，经史而下，凡一千四百四十余种，于古今撰述几略备焉。于是，恍然而得先生之涯涘矣。学不古则无以探源，见不博则无以会归，识不高则无以折衷。三者非书莫赖焉。国朝《四库》所藏，凡七万五千八百五十四卷，学者不能编[①]览也。穷乡僻学，鲜藏书，又无大贤为之依归，其于殖学可谓难矣。又以慨有书而不读者之为可惜也。披是目也，不深学人之叹羡乎哉？先生尝自为像赞，有云："插架卷籍，不为不富；研思经史，不为不勤。"若先生

① 当为"遍"。

者,可谓富且勤矣,宜其学之成而言之立也。是卷也,岂不与焦氏竑之《经籍志》、王氏圻之《文献续考》,与夫《万卷》、《一斋》、《天一》、《菉竹》、《绛云》、《传是》诸目并传后世哉?问月其由是搜罗而续之以勤,于以津逮古人何难也?为序而归之。后查此卷书目,乃是全钞《钦定佩文斋书画谱》卷首所引。该书之目,假托畯城钱氏竹汀藏以欺人者,已致书问月。此序亦未写去。

十七日(6月6日)　录陆文虎、金钟、刘映黎诗入《娄曲诗存》。

十九日(6月8日)　作:(一)扁舟系在小桥东,橘刺藤梢有路通。村僻颇饶疏旷味,人贫反见太初风。黄泥涂壁鱼鳞拆,绿槿编篱鹿眼工。犹有可人装点在,野蔷薇发两三丛。(二)东村西垞得徜徉,爱杀归途看夕阳。水色天光分上下,稻畦麦陇间青黄。百营已懒余身在,万事何心与世忘。自笑此生无一取,逃名差喜有微长。

二十日(6月9日)　得徐竹所遗稿一卷(葑南徐文锡字韶符著)。

廿一日(6月10日)　写王秫农诗入《娄曲诗存》。

廿二日(6月11日)　录许穆堂、吴滋大、王耕兰诗入《娄曲诗存》。

廿三日(6月12日)　见张大复《赠杜大将军序》。杜松所著,有《教录》《兵志经》,武秘笈也。有求试问谁知己,无愧终难步昔贤(案:下一联系先生撰句)。

廿四日(6月13日)　《尔雅·释诂》:"落,始也。"《离骚》"夕餐秋菊之落英",《正义》不知引。

茅厍王隐山名铸,为道士,善书、画、诗,弈、音律俱工。吴县人江某设质库于邑东门内,倩人书其牌号,而不能工。时隐山方荷担往易灰,见之伎痒,乃为擘窠,大书一"当"字。主人喜,招之饮,见其衣服褴褛,欲以新者易之。隐山曰:"敝衣,吾故安之。如必欲赠余,则以案上韵锣一具见惠可也。"有诗稿一卷,在小泾江象九所。江父子相继亡,不可考矣。严爱闲说。

祇园在西郊，先人曾游此，以诗记事。余懒出门，从未一至。今年四月，以访妹婿范心畬疾，舟行过之，则颓废尽矣。追咏先生遗句，为之慨然。

张若芸见怀句：寥落人间大布衣，头衔清绝似君宜。半生真作同功茧，愿尔缫成五色丝。

五月初二日(6 月 20 日) 出诊归舟，由清水江，暮色苍然，凉风袭衣，萤飞点点，欲赋一诗不成。

初三日(6 月 21 日) 夏至节：(一) 濯枝一晌黄梅雨，磊磊堆盘十角黍。雄黄洒酒不可饮，菖叶葵花作端午。(二) 人生忽忽东逝波，老来奈此节物何？十年久作梅心客，今岁离家却愁绝。(三) 常时儿女膝前聚，白饭黄鱼喧笑语。如今忆此那可得，西望梅泾三叹息。布德久钦分囷粟，诒谋早置凿楹书(改友句)。

《诗》"不显惟德"，朱《中庸章句》"犹言'岂不显'也"。按：不古音若'丕'，盖发声字。《尔雅·释地[①]》："夷上洒下，不漘。"《释鱼》："左倪不类，右倪不若。"郭氏皆以为发声。俗语谓高而平者为扈。扈能[②]，郑注《檀弓》："扈扈，谓大广。"《尔雅·释山》："卑而大，扈。"郭注："扈，广也。"郭即本郑义。能，古"态"字也。《内经》"病能"，即病态。"盛德之士"，宜读如"成"。杨倞《荀子》注，盛读为"成"。《史记·封禅书》云"成山斗入海"，《汉书·郊祀志》作"盛山"。《左传》"赵盾盛服将朝"、《中庸》"斋明盛服"字，皆读如"成"。《尔雅·释诂》："务，强也。"《诗·小雅》"外御其务"，郑笺："务，侮也。"《正义》引《荀子》，却不引《诗》。《左传》"服谗蒐慝，以诬盛德"，服[③]本作"成"。

初八日(6 月 26 日) 张铁翁久疟有痰，沉绵不解，舌光脉虚，数胸有寒分，疟邪因聚。病魔既久，阴阳皆亏。此补正之中，必兼化邪，

---

① 当为"丘"。

② "能"字衍。

③ "服"当为"盛"。

乃为正治,徒曰“补虚”,岂有此理!

石田先生画《兰石》一幅,自题:(一) 幽兰馥馥吐奇芳,风度深林散远香。却似清真古君子,闭门高誉自难藏。成化壬辰三月既望,长洲沈周。(二) 芳草无心片石孤,几经风雨几经锄。相知惟有灵均在,千古幽香自不磨。(三) 汉台楚县晋山亭,到外风流别有名。我欲临风纫为佩,幽香常得袭衣襟。丙戌秋八月,书于元赏斋,董其昌。

初九日(6月27日) 张问月寄严豹人蔚《春秋内传古注辑存》三卷、王壑《壑舟园初稿》一卷来。《四书衬》,吴兴骆培坦轩著。

蛱蝶,《尔雅》不载。谭归庵《雕虫》云:“《尔雅》‘蛾,罗’,郭注‘蚕蛾’非也。”蝶,一名野蛾。《说文》[①]“大曰蝶,小曰蛾”,是也。《古今注》:“蛱蝶,一名野蛾,一名风蝶。”

十一日(6月29日) 初录程玉廷诗,录朱琢生诗入《娄曲诗存》。

十二日(6月30日) 补录邵庵丈诗。

五月十四日(7月2日) 闻更楼桥以北,雨后田塍尽白。梅心之田所存,不过十之一。如此连荒,奈何!

十八日(7月6日) 问月自城来访,以《钦定七经》一百三十二本见借。闻华惇园先生景孝卒于安徽颍州府学教授任,年六十二。时同问月展先生见贻之札,为之雪涕。

十九日(7月7日) 大篆“封”字有“㞷”,从“之”“土”,会意,即“窆”字也。有“圭”,从“土”“丰”,谐声,亦作“牡”,乃训“高”也。后混为 ·。按:后人“峰”字作“圭”。《汉书》有“封牛”,即此字。

二十日(7月8日) 至拙儿馆,念其贫,以百文付之。舟经杨家桥,经故先大父执友杨翁士奇宅。有卜居之念,因记于此,得句云:最怜住宅三分竹,犹忆玄亭是姓杨。熊子余借《明清纪事》十本去。

《左·隐六年传》“《商书》云‘恶之易也,如火之燎于原,不可乡

① 当为《本草纲目》。

迩’”，易，延也。字亦作“施”，非难易之“易”。杜预注误。《伤寒论》有“阴阳易证”，亦宜如此读。道根说，字含数谊，“天一”、“太一”字，是言其理，字宜作“一”。“志壹动气，气壹动志”，字宜作“壹”。一、二、三字是言其数字，宜作“弌”。“甲乙”字是言其象字，宜作“乙”，今人书太乙或作“泰壹”，非是。晨，十二时也，从辰从臼。臼，两手举也。每至一辰，司之者两手举之以报也，楷混“晨”。《说文》：“晨，房星也。”上从日，今字书两字无别。

题国初袁重其《负母看花》《侍母弄孙》二图（名人题咏甚夥。吴祭酒梅村有“吴中佳士，独有袁丝耳”之句）：（一）芳菲几树傍池台，鸠杖亲扶步一回。为道朝衫晨待漏，争如燕寝问安来。（二）花径图成景色新，母慈子孝写来真。袁丝老去风流远，二百年间见此人。

邑先正前明龚安节先生有《反哺图》，题句：（一）春晖寸草句空留，《反哺》禽图若个收。抛却家庭说高蹈，吴绫多半写沧洲。（二）板舆故事虽传晋，江夏无双绝胜潘。点墨能留仁孝思，莫将此幅等闲看。

再题袁重其《花径负母图》：芳园花树罗春妍，韶光淡沲三月天。天工假我好风景，况复爱日看流连。人生富贵亦不恶，何似天伦真一乐。花径之乐乐无穷，童颜得酒花争红。清风绿萝消夏暑，池馆荷香初过雨。老人扶杖开笑颜，山静宛然似太古。红尘奔走忙复忙，版舆侍奉何徜徉。花径之乐乐无尽，天上人间一仙境。一夜金风坠井梧，苧衣初卸加罗襦。老人暑退骨正爽，头簪黄菊儿扶舆。读书记得养志在，不羡宫袍羡莱彩。花径之乐乐不支，看花负母袁重其。雪后园林一望白，弱竹幽柯尽欹侧。寒岩松柏不老枝，独露清清好颜色。四时风景如转轮，一家和气常在春。花径之乐乐如此，画与人间作样子。

孟子“言无实不祥”章，道根说，当时诸侯王大都喜谀恶直，故人臣论事，每以败亡之说为讳。犯之者以为不祥。而于进贤退不肖之实，反置不讲。居位者往往视为恭谨，而忠爱之诚亡矣。国家之败，恒必由之。故孟子言天下之祥不祥,在于实事,不在虚言,故“言无实不祥”也。惟若臣者言虽貌为恭谨,而心实蔽贤,如后世张禹、孔光之流,乃“实不祥”也。

六月初二日(7月19日) 复阅去年日记,偶书:自来度岁匆卒宂忙,未有如此年者也。以来春余将迁馆平原,儿子亦挈眷迁居陈村。梅心之居,姑行空锁,未知何时再返旧居。诵唐人“却望并州是故乡”之句,为之慨然。辛丑六月二日,坐平原之余庆堂,适梅心人来,阅此《偶记》。六月廿七日,坐余庆堂阅此,眼甚昏花,未知明年又在何处,心甚惘惘,且水势甚涨,薄田都荒。儿子所居陈村茅舍,场上已有水矣。余不能往者已一月,思之太息,因记(案:六月二十七日以下,似先生后来补记)。

六月初四日(7月21日) 过梅心泾旧居有感(见《隐求堂诗存》)。

初八日(7月25日) 顾寅卿秀才(本敬)寄诗来:鸿书几度往来频,觌面缘虚意自伸。南北那堪歧异路,词章总是合前因。情能耽古真名士,我欲论交得几人。预拟扁舟闲造访,东风吹绿过江津(此诗上年所寄,今始接到)。

初十日(7月27日) 题《熊君子余诗卷》:娄东熊君子余,授徒吾乡,往岁识之丁娄下里,甚相得也。为人淳厚,工诗文,不甚多交友。所往还皆文雅之彦,心甚敬之。自念夙喜为诗文,谬为通人赏识。年来有志经学,此事遂废。君虽与时辈角逐文坛,而兴亦阑矣。日者袖诗一卷以示余,力追雅意,纡余淡浥。虽复雕琢字句,而性灵不掩,盖得之温、李者为多也。顾工于词而啬于遇,浮湛诸生,藉馆谷以给。晨夕所遇萧闲寂历之况,无所舒泄,一于诗而发之,为读未竟,而慨然太息也。间尝观世之掇魏科,博青紫,摛词掞藻,自诩作者,所在多有彼犹夫人耳。以君才地,何遽弗如,而必使之阨塞?若斯意者,天之所吝而不予者,乃在彼不在此耶?然人未尝睨君,而君殊不以为意也。盖君之读书养气,所得于中者深矣。由前之论,固不足以概君也。君其自此重矣。因反复其卷，而为题之若此。

十一日(7月28日) 咏白野抹丽(见《隐求堂诗存》)。

漆工徐姓者，年五十九，须鬓都白，而筋力不衰。今日来为主家工作，相见惘然。然忆自乙未年秋来梅心，为余家髹漆椅卓，徐须鬓已尔尔。是时，余冢妇丘尚无恙，女孙犹未生。今相去仅六年，而前尘如梦，能无感叹？

十二日(7月29日) 书客来，得《江尧峰诗文钞》、王逸《楚辞》十七卷。

《楚诗·天问》“有扈牧竖，云何而逢”。逢，大也。《洪范》“子孙其逢”，亦训“大”。王逸作“遇”解，非是。

十三日(7月30日) （一）去后重为此地游，板桥垂柳似深秋。旧时酒伴多黄土，剩有无情水自流。（二）邻笛凄然过客哀，空村寂寞棹船回。棠梨一树飞香尽，谁上村南小冢来。（三）江湖漂泊弄潺湲，尽把闲愁托杜鹃。醉后搔头惊渐白，词场跌荡廿余年。（四）访旧那堪迹已湮，斜阳门巷柳如尘。版扉题字分明在，不见桃花映面人。（五）客里伤春春里归，一樽聊与饯芳菲。绕堤怕见杨花落，吹向天涯何处飞(五诗无题，当是过梅心旧居作)。

十五日(8月1日) 耕砚谋生计亦赊，下田两载只捞虾。余年一饱艰难甚，怕见篱头夜饭花(偶感)。石际莎根响夜蛩，一庭花竹寂寥中。声声只是催人织，不道田家杼轴空(促织)。

十八日(8月4日) 录徐愚谷诗入《娄曲诗存》，录徐氏诸公诗入《诗存》。

十九日(8月5日) 作：（一）策策梧桐静里闻，一年四序又平分。渚莲岩桂看都好，怕见人情似样云。（二）疏野原非入幕宾，说《诗》何有解颐人。呼童端正烟波艇，载我翛然钓雪身。

二十日(8月6日) 《中庸》“夫政也者，蒲庐也”，旧注：“蒲庐，果蠃，土蜂也。”蒲庐取桑虫之子去，而变化以成为己子。郑笺《毛诗》云：“蒲庐取桑虫之子，负持而去，煦妪养之，以成其子。喻有万民不能治,则能治者将得之。”是古语谓随变而成者为蒲庐,故《大戴礼》又以“雉入于淮为蜃,为蒲庐”。《中庸》以“地道敏树”之喻,申明“人道敏政”,又以“夫政也者,蒲庐也”,引起“为政在人,取人以身”,言化民成俗,犹蜾蠃之负子,所谓“取人以身”也。七日而类我,岂非存乎人哉?

廿一日(8月7日) 与郡中张淡娱前辈书(见《晚香书札》)。

郑康成《礼·郊特牲》注引《诗·商颂》“为下国畷邮”,谓“田畯所以督约百姓于井间之处也”。郑注《礼·乐记》引《大戴·武王践阼》曰:“昔黄帝颛顼之道存乎?”有“黄”字,又“则斋矣”下,有“王斋三日,端冕”字。

嘲庭中木槿:绝似芙蓉浥露腮,山家篱落旧曾栽。如何晓得人憔悴,移到此间便不开(题诗后开花一朵)。

廿二日(8月8日) 立秋,雨竟日(见《隐求堂诗存》)。

题《臞仙留影图》(鹤梅一株,王文肃公手植。今春三月,为风雨所摧。见《隐求堂诗存》)。

廿六日(8月12日) 《徐氏诗存》跋:曩与友人张子石耘搜辑邑中人诗,为《娄曲诗存》。因得见东海徐氏诸集,披而读之,叹其人材之林立、文章之富有,作而叹曰:“噫,盛矣哉!”是时,徐氏诸孙,余最先识者,为懒云先生之仲子椿舲。懒云文雅,擅诗词,有盛名当世。当世诸老先生,如王述庵尚书、洪稚存太史、袁简斋大令,皆甚重之。椿舲与兄蘋洲、弟竹香,能世其业,而椿舲尤以词赋著称。六七年前,先友张君若木馆椿舲所居之眠琴窝,有花木泉石之胜。若木喜交游。余时至其室,因与椿舲连榻,谈及君家风雅为邑中领袖。诚得自刑部公而下,至于君家夫子,合其作撰为一书,以诒后人,讵不甚善?君深然余言。别后以书来,凡数百言,大略言寒家族大支繁,散在四方,微特集之未刊者名存而实佚,即其已刊者亦不多得见。余复之,谓就其所知者辑之,安知族姓中无闻风兴起之人也?后几年,若木捐馆舍,椿舲亦迁居城南之溢渎,盖其家交河公之旧里也。余因诗贺之,而所集《徐氏诗存》已成六卷。以其书来谂余，余为搜集中未具者补之，因纪其缘起于此。惜乎如若木者，已不及见也，为惘然者久之。若夫诗之可传，及可以考当世之得失，与人才之消长者，俱在集中。余不必赘也（案：述庵未尝官尚书，仅侍郎耳。“尚书”二字，疑误）。

七月朔（8月17日）　问：太卜掌三《易》，其经卦皆八，其别皆六十四。而《左传》所引《周易》，能举其辞欤？干令升释三《易》之名，能悉数之欤？郑谓曰：“《周易》占其变者，《连山》《归藏》占其不变者。”其说本于何人？《归藏》文在《本蓍篇》《启蓍篇》《齐母经》《郑母经》，见于何书？《连山》文有“崇伯鲧伏于崇山之野”一语，见于何书？能举其实欤（正谊书院山长课有此策题，友人以示余。余举后条答之）？

夏后氏《连山易》不可得，而见商人《归藏易》，宋时尚存。其经卦皆八，其重卦亦六十有四。经卦八者，《坎》为《荦》、《震》为《釐》，余六卦与《周易》同。其重卦与《周易》不同者，如《需》为《溽》，《小畜》为《小毒》，《大畜》为《大毒》，《畜临》为《林祸》之类是也。其卦辞亦有与《周易》同者。如《屯》之“屯膏”，《师》之“帅师”，《渐》之“取女”，《归妹》之“承筐”，《明夷》之“垂其翼”之类，则六十四明不始于文王矣。《左氏》所载占筮兼用三《易》，其《繇词》如“千乘三去三去之余，获其雄狐”。诸不见于《周易》者，说者以为兼用三《易》故也。干令升释三《易》之名，谓“帝出乎《震》，齐乎《巽》，相见乎《离》，致役乎《坤》”者，此《连山》之《易》也。《初乾》《初奭》《初艮》《初先》《初荦》《初离》《初巽》者，此《归藏》之《易》也。始《乾》终《兑》者，此《周易》之《易》也。宋邵氏“先后天之说”，实肇于此。《周易》占其变者，《连山》《归藏》占其不变也。说始于孔氏颖达《左氏疏》。然程氏迥有云，《左》“卫元之筮，遇《屯》曰‘利建侯’，是《周易》亦以不变者占也。季友之筮，遇《大有》之《乾》，曰‘同复于父，敬如君所’。此固二《易》词也。既之《乾》，则用变矣。是《连山》《归藏》，或以变者占也。”郑谓之说亦不尽然矣。《归藏》之文，篇有《本蓍》《启蓍》，经有《齐母》《郑母》。其见于传注者，如“荣荣之华”、“徼徼鸣狐”之类。其书隋时尚存，今见于郭璞《山海经注》《太平御览》诸书，可覆按也。至《连山》文有“崇伯鲧伏于崇山之野”一语，《连山》《汉志》不载此句，乃郦道元《水经注》所引。是元魏时有其书矣，未知于何时亡也。

旧作：张淡娱书来，为潘功甫舍人索《苏松赋图考》，谋上书求豁免浮粮。时兼闻王芝香之讣，率书四律以寄，兼呈舍人：（一）老怀对此一无憀，况值邻家笛韵飘。雨似泪痕常点点，柳如心事总条条。东南民力供输尽，西北君门控吁遥。珍重双鱼频问讯，新诗读罢为长谣。（二）东南财赋甲他州，水潦频年万户愁。米价似珠薪似桂，男形如鹄女如鸠。庙堂大有回天手，草野难为借箸筹。自古救荒无上策，只须两税缓征求。（三）闾阎凋敝不聊生，欲沛恩膏仗宰衡。裁减征徭澄吏治，讲求沟洫务农耕。文章华国非为贵，金紫传家讵足荣（“文章紫金”是若木寄功甫诗中语）。独有范公忧乐语，天章故事望施行。（四）诸公衮衮满朝端，孰与君王策治安？羡子才能友国士（谓淡娱），恨渠身不任言官（谓舍人）。江湖势远全身易（余自指），天地恩深报主难（指舍人）。近日朝阳鸣凤少，好钞谏稿寄余看。此余癸巳年作也，同《财赋考》一书，一并寄与舍人。而上疏之举，中朝已有尼之者，并目舍人为獃子事，遂不果。后谈娱往晤舍人，舍人再三沉吟“天地深恩报主难”之句，且云“吾无以报潘君”，又有“椒翁门下独见斯人”之语。淡娱后以语余，余心感舍人之知余，而甚恨其赍志而不能自伸也。昨余以邑北乡被水事，致淡书娱，检旧作，因记。

初八日(8月24日)　落叶识归根，流泉识归源。薄游不称意，胡不归故园？

十一日(8月27日)　寄《四十二章经》《佛遗教经》《八大人觉经》《六度集经》，并札于张石耘秀才。

十七日(9月2日)　拟归梅心诗：（一）兔葵燕麦各敷荣，无复桃花照眼明。前度刘郎今已老，元都重到不胜情。（二）纸帐藤床尽日眠，画廊秋雨湿茶烟。萧萧风竹墙头影，却似柴门晚泊船。（三）西村一望夕阳沉，幽径经年断客寻。屋后流泉清到底，可能遂我濯缨心。(四)万丈潭空云水光,白蘋花小渚莲香。今年客棹经过少,辜负溪风扑面凉。

十八日(9月3日) 答张柳人问:《周颂·清庙篇》有韵否?按:“相”字古不分去、平,皆读“息良切”。“相”“胥”一声之转。《诗·大雅·緜》“聿来胥”字,毛传:“胥,相也。”古人以声为训,是“相”宜读如“胥”。德,古读“都回切”,音如“堆”。“堆”“都”一声之转。《淮南子》“万民倡狂,不知东西(苏),含哺而游,鼓腹而熙(呼),交被天地,食于帝德(都)”,是“德”宜读如“都”。庙,古音如“貌”。刘熙《释名》:“庙者,貌也。”貌之转为“橅”,形貌即形橅,是庙宜读如“橅”。斯,古音如“胥”。蔡邕《短人赋》“蛰地蝗兮芦即且,茧中蛹兮蚕蠕须(古音如“苏”),视短人兮形若斯”,是斯宜读如“胥”。相之为“胥”,训“视”也。胥或读如“苏”,如姑胥即“姑苏”之类,今俗字作“睃”。熙之为“呼”,如于戏为“乌虖”。

廿九日(9月14日) 吴郡汪石心先生(正)自城同胡敬甫秀才巽、张问月世讲来访,借朱柏庐先生《愧内集》《毋欺录》《陶仁节先生集》《李二曲先生集》四种去,其《毋欺录》一种,许为代刊。

八月朔(9月15日) 入城,访远亭先生。适五峰世伯新自娄东回,坐谈久之。访春园弟。未几,问月来,即同出留晖门,访汪石心于方小湘宅。石心夜半解维往郡。余宿柳人眠琴窝中。

初二日(9月16日) 至春园处,闻叶涵溪访余。因即出郭,晤涵溪、小湘,夜饭。

初三日(9月17日) 戴萼峰孝廉、王履斋太学、方小湘太学、叶涵溪秀才来会。徐蘋洲秀才闻余至,亦来会,因与同饭。后借桂未斋《札璞》一书出城,为沈猗竹诊。附厚斋舟同拙儿回村,倦极。

初七日(9月21日) 《郑风》:“方秉蕑兮。”《说文》无“蕑”字。按:蕑即“葌”,《山海经》:“吴林之山,其中多葌草。”《说文》:“葌草,出吴林山。”《广韵》:“葌,香草。‘蕑’同。”据盛宏之《荆州记》:“蕑即今都梁香也。本草名,白芷。”方小湘问:“有”字何以从“月”?余曰:

“仓颉制字,时已有《易》矣。《易》分阴阳,阳为日,阴为月。圣人扶阳抑阴。有者,不宜有也。许叔重曰:‘有,不宜有也。’《春秋传》:‘日月有食之,古人以月掩日为日食,有食之者,月食之也。’故曰‘不宜有也’。”有字从“月”,便是圣人抑阴扶阳之谊。阮氏元以《说文》有误脱,盖失其正义,而只存其余义耳。

八月初十日(9月24日) 为西翁写楹帖,读《顽潭诗话》。

十一日(9月25日) 静坐读《了凡四训》。

十二日(9月26日) 从陈溪舟行,望梅心故居(见《隐求堂诗存》)。

(一)君子非似竹,竹乃是君子。六月清风生,科头读心史。(二)爱此风日佳,移床竹里坐。忽闻解箨声,新篁添个个。(三)此竹君所独,而我实共之。每来竹下坐,意得便吟诗。(四)草亭傍修竹,悠然发清磬。棋残子未收,新笋破苔径(此四诗无题。案:“科头读心史”句,似先生录胜国遗老之作)。

夜读《周槐根文遗稿》,书寄潘晚香、张石耘(赵元春筠坨):毕世惟耽酒,穷年独苦吟。梅花分格调,水月浣胸襟。此老真诗客,当时罕赏音。更谁弹古调,凄断广陵琴。

通古合今曰“释诂”,以今合古曰“释言”,释其所释曰“释训”。

十四日(9月28日) 读末斋杜馥所著《札璞》。

强近,王僧孺《与何炯书》:“外无奔走之友,内乏强近之亲。”士为当为“土会”。赵袠当为“赵裒”,故字“子余”。先縠当为“先觳,”故字“彘子”。郑公子喜、乐喜,并字“子罕”,罕为“衎”字之借,均古韵字。《国语》“出均立度”,案《乐叶图征》曰:“圣人承天以立均。”宋均注:“均长八尺,施弦以调六律也。”“京房作准以定律”,“准”以竹,“均”以丝。臣瓒,《汉书注》有“臣瓒”,《水经注》称“薛瓒”。案:《后秦记》“姚襄遣参军薛瓒使桓温”,即其人也。又按:陈霆《两山黑[1]谈》曰:按

① 当为“墨”。

“晋中兴书监和峤尝领命校正《穆天子传》五卷，瓒乃其校书官属郎中傅瓒也。”后人取其说以注《汉书》，故有“臣瓒注”。此说于“臣”字似有著，而《穆天子传文》无与《汉书》相涉，恐不足据。

十五日(9月29日) 《皇览》“奄里在鲁城内”。《括地志》“曲阜县奄里即奄国之地”。《寰宇记》“曲阜县奄中”。《汉书·艺文志》“《礼古经》者，出于鲁奄中”。苏林曰：“里名也。”《括地志》说，非。

十六日(9月30日) 《文选》应贞诗“声教南暨”。李善注引《尚书》“朔南暨声教”。《晋书·地理志》：“夏后氏东渐于海，西被于流沙，南浮于江，而朔南暨声教。”按《汉书·贾捐之传》曰：“西被流沙，东渐于海，朔南暨声教，言欲与声教则治之，不欲与声教者不强治也。”是古读皆于“声教”句绝。“导水东出于陶丘北”，《说文》“陶”下引作“东至于陶丘”，无“北”字。李善注《文选》应贞诗、颜师古注《汉书·高帝纪》引《说文》，亦无“北”字。丘，古文作“坙”，或以“坙”之一字，误为“丘”“北”二字欤？郑氏曰：“言‘至于’者，或山或泽，皆非水名。”据此，则郑本亦作“至于”。寻下文云：“又东至于菏。”菏，即泽也。文义“至于”字长。道根按：陆氏《经典释文·尚书·大禹谟》“寧”字条有误，当作“寧”，安也。《说文》“安盜”字如此。“寧，愿词也”，方是。

二十日(10月4日) 入郭，念典书屋中，听郡佑圣观羽士巢仙鼓琴，操《梅花三弄》。

廿一日(10月5日) 夜中，王履斋来议开浚事(履斋公为余叔祖考，森注)。

廿二日(10月6日) 草《开浚七浦议》，及与董琴南观察书稿，令拙儿笔受。

九月初二日(10月16日) 叶涵溪寄《离忧集》来，得《殷顽集》六卷、《东西寺志》二卷。

十三日(10月27日) 《易》“彖”字与“彖”字微别。前者，古音当读如“弛”，音近于“才”，亦与“蠡”字音近。故《易·系辞传》曰：“彖者,材也。”此乃古音训相兼,是彖音必与“才”音同部。《说文古本》“彖,豕走挩也”。读若“驰”。彖,读贯切,音近“缘”。凡“缘”、“篆”、“瑑”等字从之,有“缘饰”、“隆起”之意。彖字音近“材”,近“蠡”,凡“蠡”、“憀”、“禒”字皆从之,有剥刻、分解之意。

“松柏有心”,心即“尖刺”。“竹箭有筠”,筠即“筍”字。《礼》“孚尹旁达”,郑注:“读孚尹为‘浮筠’。”“惠鲜鳏寡”“鲜民之生”,“鲜”皆训“斯”。《诗·椒聊》次章“远条且”,毛传:“言声之过闻也。”“声”与“馨”音义相近,汉人每相假借。故《汉衡方碑》借“声”为“馨”。海盐吴东发云,《衡方碑》云:“克长克君,不虞不阳。维明维允,耀此馨香。”“香”声乃“馨”之假借字。上文既云“有口有声”①,则此义不应重矣。《逸周书·谥法解》“不生其国曰声”,《左·成十一年传》、《襄十九年传》同。“予所蓄祖”,祖读为“且”。《毛》作“祖”,《韩》作“租”,《释文》不误。今本《毛》误为“租”。《左·定三年》“夷射姑旋焉”,旋字当作“施”。施者,便溺也。便溺有“施舍”之意。《左·宣七年》“庶有豸乎?”豸又作“雉”,与《襄十六年》“敢使鲁无鸠乎?”鸠亦“雉”字之讹。豸者,止也,平也,解也。《左传·昭五年》刘炫注:“施者,舍也。舍为‘施’之重音。”赵岐注《孟子》“孟施舍”:“施,发声。”

刑部右侍郎青浦王昶墓在雪葭湾年字圩,阮元铭,补邑志上。

十四日(10月28日) 凡云“而已”者,急言之曰“耳”,古音在第一部。凡云“如此”者,急言之曰“尔”,古音在第十五部。二字音义绝然不同,而传写者每误之。“割不正不食”,古者燕飨,有大脔曰“胾”,又云其余牲体骨节及肠胃肺心割裁,皆有一定,所谓不正乃不合乎度者,非割肉之方正之谓。孙奭《唐律文音义》“期”字下云:“唐避元宗讳为周。”

《玉峰志》三卷《玉峰续志》一卷提要:宋凌万顷、边实同撰。万顷

---

① “从《诗·椒聊》次章”到“有口有声”,系录自阮元《研经室集》一集卷一《释磬》。

字叔度，景定三年进士。本阳羡人，因其父婿于昆山颜氏，因家焉。边实，陈留人，其高祖始迁昆山，详《前志·边惇德传》。而《续志》复为《自序》一篇，夸其家世。玉峰本昆山地，宋南渡时始析为县，即今之嘉定是也。《志》中所载沿革、风俗，以及人物、古迹甚悉。宋元时昆山志乘，世不多得。得是册，足备一方之文献也。

渊明《拟古诗》"闻有田子泰"，"泰"今俗本多讹作"春"。依《魏志》作"泰"字是。《老子》"夫佳兵者，不祥之器也"，佳当作"隹"，从"隹"，古"惟"字也。钟鼎款识多如作此。

十五日(10月29日) 读《研经室集》二十四本讫。巴苴即今"巴蕉"，巴苴即"令芭"，始见于《上林赋》。《列子》"蕉鹿"，即《说文》之"焦"，古"樵"字，字非"芭蕉"也。《孟子·公孙丑篇》"孟子将朝"章，其"尊德(指君)乐道(指臣)不如是"句，前人讲读俱似误。《孟子·离娄篇》"齐人"章之东郭句"墦间之祭者"。

十九日(11月2日) "乞邻而与"，以今人观之，可谓极善周旋者矣，而孔子以为不宜。"所识穷乏者得我"，可谓分多润寡者矣，而孟子以为可以已。今日之事，自取夫人之疑耳，于人何尤？十九日，灯下自悔自责，书此。

廿一日(11月4日) 过梅心旧居有感：古屋愔愔蜂报衙，阶前积水杂苔莎。枯椽得气多生菌，庭草无人争放花。壁上旧题留仿佛，帘笼蛛网乱横斜。多情剩有邻家妪，留坐殷勤为煮茶。

廿六日(11月9日) 拙儿来说，寓居渗漏，欲谋北返。夜中雨复作，为之竟夕不寐：求田问舍尚蹉跎，垂橐还家可奈何。一夜寒衾不成睡，非关叶上雨声多。

廿七日(11月10日) 余今岁授馆平原，本属孟浪。儿子之迁陈村也，余屡止之，而不听。讵知所得几何，而播迁数处，什物散失，书籍飘零。今未届瓜期，而生徒俱去，惘惘而回，亦大难为怀矣。余留于此，虽承主人厚意，有挈家并住之约。然自问课读无功，而以是重累居停。细绎石心丈"戒""欺""求""慊"四字，为之终夜不安。梅心风景虽非往时,然闭户自守,尚非依人可比,与其以贫之故而累及主人,毋宁去矣。承门人辈为我卜居之计,甚善。但此事须天然成就乃佳,若有一毫勉强,则于我心上打不过。我欲图安而使他人荡析离居,于心安乎?

十月初七日(11月19日) 旌孝姚君桂林传:道光二十一年夏,三吴大水,岁大无,新阳尤甚。守府维扬刘侯淮率邑之善士,为粥以食饿者。自秋徂冬凡数百人,糜谷凡若干斛,而县中人藉藉称姚君桂林之贤。盖君甚贫,而好施与。节省衣食,出赀以助赈,于是人尤难之。俄而君示微疾,吉祥而逝,人尤以为为善之报。刘侯闻君讣,偕两学官往临其丧。士友同声悼叹,以为是一乡之善士也。根念与君生同县,恨未一识面,而君之子诸生坤介友人以君事状谂余,余喜善人之有后也。乃为《家传》一通,以俟后之修志垂[①]者采焉。按:君姓姚氏,讳庭昌,字桂林,世为县人。祖父居闾里,皆以仁厚称。君生三岁而孤,事母至孝。家贫,执技以养,已衣敝食粗,而奉母每食必有酒肉,下气怡色,愉愉如也。母病,思食鲥鱼。君适贫甚,徬徨水次。估客廉知之,以鱼赠母食之。病即愈。父柩在堂,邻家火将及,君搏膺痛哭,风骤转,火即息。性爱读书,遇贤士必心仪之。妻某氏有身,君谓其母曰:"儿门祚式微,幸雄也当力行善事,教以读书,俾为士林中人。"寻生丈夫子一,即坤也。生七岁,配卒。君誓不复娶。又三年,坤患痘疮,法不救,医皆束手。君祷于神曰:"此子若生,吾家幸,不至不祀。不者俟母天年,当祝发入山矣。"因私嘱所识僧,辨三衣薙具。既而有治之者,卒保全。是时坤已就外傅,晨夕督教。稍长,从乡前辈杜晓塘先生游。晓塘重君之孝,不以寻常邑子视坤,以是卒兴于学。君盛年时,有率缗钱为会者,君与焉。既而其人家失火,偿不如约。同人有讼之昆令裴公者。裴公讳元长,沁州人,官清正,坐堂皇阅讼谍,按名呼入。君偻行跽阶下,裴公问:"若亦与某人会乎?某负

---

① 当为"乘"。

钱,汝何独不言?”君顿首谢:“某诚负民钱,然某实被火,力不能偿耳,非心负也。民虽贫,实不忍索一钱。且人多钱,胡为将独为子孙用乎?”裴公见君词气慷慨,熟视君时,君衣裋褐,殊蓝褛。而诸索债者,咸高冠盛服。于是斐公乃曰:“若辈皆姻好邻比,宜有任恤谊。姚某窭人,义不索一钱,得毋愧服乎?”命具券,不责偿也。裴公后廉知君有孝行,召往见。君谢,弗应也。居恒,敬惜字纸及虫鱼物命,善事力能行者,皆勉行之。粥赈捐助,其一也。一岁,母患臌疾。君昕夕弗离,汤药必亲进,厕牏一弗烦人。后母病笃,君遽甚。夜焚香吁天,刲股和药以进。母病良愈,后三年而殁,殁时已抱孙矣。坤以丙戌岁补学宫弟子员,屡荐承宣试,而君执技自若。母丧,哀毁过礼。既葬服除,岁时祭祀,必涕泣。平素训坤以读书自守,自奉甚菲。每御衣不厌其敝,举箸不厌其粗,曰:“留有余以贻子孙,且施穷人也。”盖君平生以孝事亲,以善教子,励志食贫,始终一节者如此。卒之时,为某月日。年若干,子一即坤,孙二人。

潘道根曰:“余读昔人所为《陈留刀镊翁传》,至‘养性霜刀在,阅人清镜空’之句,未尝不为之翛然神往。然其人特隐居避世者流。视君纯孝励节,有儒者之行,未可一概论也。”返风灭火,估客馈鲜,诚感天人不虚耳。

“陈留人物后,疑有隐屠耕。婷婷小女子,与翁同醉醒。薄暮行且歌,问之讳姓名。子岂达者欤?槁竹聊一鸣……诗书工发冢,刀镊得养生”。昔江季其曰:市上有一刀镊工,无性[①]氏。室家惟一女子,年七岁,日以刀镊所得钱与女醉饱。醉则簪花吹笛,肩女而归,无一朝之忧,有终身之乐,疑为有道者也。诗云:“小女怀珠玉,往来人未逢。乘闲肩娇女,邂逅此生同。养性霜刀在,阅人清镜空。时人能举酒,弹镊送飞鸿。”

初八日(11月20日)　灯下草《与钱伯瑜(宝琛)巡抚书》,为修

---

①　当为“姓”。

八里石桥事。

十一日(11月23日) 闻王小山之讣。小山讳会元,字廷鏶,娄东文肃公裔孙。父桂林处士,讳诒燕,客授吾邑。根年廿四五时识之。小山馆澄潭浜许氏,余始识之,父桂林已亡矣。既而小山寓葛隆镇甘家,后馆南村,与余交始密。配陈氏,有贤行,惜仅生三女子。长女许余友邱少岩之子亦山,其次两女,一字张,一字朱。今年秋,小山已谢南村之馆,徬徨未有所适。得脚疾,日渐笃,以昨日戌时卒,年四十一岁。娄东已无家矣。孤茕流落,言之惨戚。

十二日(11月24日) 遣拙儿舟至南村,视小山之丧,嘱其即葬。

十四日(11月26日) 王小山葬蓬阆镇茔,以事未及往送。夜中星月甚朗,喜我友已得入土矣。

十五日(11月27日) 雨中至南村,询王小山身后事。旧馆依然,音容不再,为之凄然。

十六日(11月28日) 晨,起草《小启》,为小山筹后事。承王麓樵乔梓、陆念翁、西溪、心兰、包小松、金仲俞,杏村高厚斋、陆宝堂,俱慨然允助,感沏肺腑矣。呜呼! 小山一生伉直,没后承诸公之惠,未可竟云"天道无知"也。

谨启者:娄东王小山人兄,文肃后裔,诗礼旧家,数世寒毡,空囊如洗。三年无艾,一病云亡。际此山穷水尽之秋,适丁薪桂米珠之候,仆萍水相逢,金兰投契。谓礼先一饭,他年为哭我之人;岂命止中年,此日乃弃余而去。哀人生之垂死,孙子荆先弃寡妻;痛天道之无知,蔡中郎仅余三女。一廛借托,风雨漂摇;数口零丁,饥寒可悯。虽青山白骨已闭千春,而缌帐孤灯何以卒岁? 仆仅有寸心,恨无片力。灰钉聊具,少展平昔之忱;冻馁未免,曷谢临终之托? 遽伯玉耻独为君子,幸吾侪尚有仁人;左伯桃谊不负死友,岂吾党竟无节士? 凡为声气之同,岂必曾谋一面? 惟此恻隐之念,宜乎皆有斯心。借西江于涸鲋,胜于礼佛斋僧;吹寒谷以春晖,端赖酿花集腋。亡友幽魂不泯,定衔结草之私；不佞孤掌难鸣，亦感薄云之谊。恩波无既，存殁均沾。谨启。

挽小山诗：（一）别日无多遽讣闻，书堂重对泪纷纷。书生气数还随岁，耆旧凋残遂到君。天上修文同鹤蜕，人间遗墨重鹅群（小山为陶隐村书楹帖最佳）。从知世味生前淡，只撷溪毛礼白云。（二）略齿论交爱我偏，追随谈笑两三年。南村咫尺携筇往，汉浦凄凉对榻眠。彭泽无田堪种秫，中郎有女守遗编。哭君兼哭诸同社，前辈风流总惘然。

廿七日（12月9日） 灯下补录周同谷诗，即小湘寄示本也。

廿九日（12月11日） 读《一行居集》。

三十日（12月12日） 李木公自题画：采得芝苓满簏多，道书数卷足摩挲。蓬莱不远当归去，偶在人间养太和。

十一日（12月13日）[①] 朔，读俞潄六诗稿，录其见赠之作。雪窗呵冻，钞岳珂《九经三传沿革例》起。

初二日（12月14日） 钞《沿革例》。夜中复大雪，闻任阳人家船舫中，压毙者九人。

初三日（12月15日） 钞《沿革例》。砚冰，夜又大雪。

初四日（12月16日） 钞《沿革例》。雪尚作，平地已深二尺余矣，数年未有也。虽私喜为来岁丰年之瑞，其如穷黎冻饿何？施粥厂中，冻死者若干人。

初五日（12月17日） 钞《沿革例》毕。续钞元吴丘衍《学古编》起。

初七日（12月19日） 寄还叶涵溪《颃潭诗话》。

十四日（12月26日） 记梦中小山所示诗：一人冥途无是非（自云平生无罪谴），只余知己念依依。此心正似随阳鸟，只向恩光暖处飞。

---

① “十一日”当为“十一月”。

十六日(12月28日) 得叶涵溪寄来,知俞漱六已得余书。为亡友小山料(下缺八字)感,涵溪亦同此志,并承寄示元陆桴亭《先志学录》。

十七日(12月29日) 晨起,读《先志学录》。复叶涵溪秀才札(此书虫蚀不全,略摘其文,见《晚香书札》)。

廿三日(1842年1月4日) 方小缃寄《玉山风雅》一卷来,寄还叶涵溪《先志学录》一卷。伯通已逝,痛何如(亡友若木,昔年有赁庑之约。见《隐求堂诗存》)。

十二月十一日(1月21日) 迁入汉浦宅。

十七日(1月27日) 余自道光五年冬,从南村僦居梅心,凡十有四年。娶冢妇邱氏(下残缺七八字)。前年儿子拙生就馆陈村,余独居无聊,乃就平原之馆(下缺五字)。北返又非所乐,而遭岁大无,田租无收。正苦狼狈,已定十二月二日挈累(缺二字)。儿子犹豫,因措资百千,买陆、邹二姓宅。凡败屋五间,聊具涂塈,以为老年息肩之计。从此,梅心之屋,又成鸿爪雪泥矣。昨久雨初晴,携孙女徘徊宅畔,忽忆数年前为徐村杨氏妇治疾,维舟于此。爱其树木萧森,意谓可以卜筑。岂料今日遂为吾有乎?又不知异日将复舍之而他适乎?吾且寓焉而已。

十八日(1月28日) 录今岁口记上说经诸条入《读书识小录》,解馆,携厅上西厢房所寄书数千卷归。

廿四日(2月3日) 午后,拙儿挈眷来西。

廿六日(2月5日) 与人札(见《晚香书札》)。

崇贤祠后议:崇贤祠在马鞍山阳,初名“三贤祠”。邑人王喆生、吕廷章等建,以祀其先师朱孝定先生用纯。复推师意,而以孝定之考节孝先生集璜、孝定之舅氏陶仁节先生琰并祀,而以孝定祔焉,统名之曰“三贤祠”。建六十余年,至乾隆五十六年,邑人诸景筠议,以孝定于节孝,则父子也;于仁节,则舅甥而师弟也。于王、吕诸君建祠之初意,则孝定其泰山之与河,而节孝、仁节犹配林滹池。因移二先生木主于祠之后阁，而以孝定为主。当祠之建也，吕君尝为之记矣。惜其文不见于志乘，而仅附见《愧讷集》之后卷。至崇贤之改题，亦莫之详也。呜呼！吾邑乙酉之难，真所谓“火炎昆冈，玉石俱焚”者也。而两先生忠肝义胆，磊磊明明，果足兴起百世矣。至孝定先生当国亡家破之余，守攀柏之节，讲学明道，直肩孔孟。一时阳儒阴释之弊，至先生而扩清。其书具在，可覆而按也。建祠以来，邑人士瞻拜于斯，当何如其生？敬而未曾百年，祠宇阒寂，俎豆尘生。先生毕生所著之书，亦无有道及之者，盖正学之榛芜久矣。道光二十一年，新阳冯侯相棻既莅政，暇日来谒斯祠，摩挲孝定所书《孝经》石刻，而嗟叹之。退而谋诸邑士，以吾邑前明太常卿魏恭简公校讲学星溪，贤与孝定实相类也。因议以魏公木主并祀祠中，盖侯之意，以祠名“崇贤”也。恭简与三先生，岂非世所谓贤者而当百世祀欤？顾根思之，前人建祠之意，实以尊其师，而并推师意，以及其考，且及考之生同志而死同节者，初不敢于师之所严事者而有所轩轾也。此“三贤”之所由名也。王、吕既没，后起之辈非亲受业于孝定者矣，则更推王、吕诸君所以尊师之故，而以理学忠节宜有轻重，故祀二先生于后阁，而改曰“崇贤”。是不特谓德业之有偏全，而固以父于甥舅，其尊卑亦不可狎也。今冯侯不追其本始，而但以“贤”之一字增祀恭简于中，果何说欤？其为邑之讲学者，而为是举欤？则魏公之后，若蔡忠襄、归季思辈，皆其人也。如以魏公之人品足重而设欤？则魏自有专祠，且列祀于乡贤久矣。于魏曾无加重而徒使孝定之失其专祠，殊不可也。盖吾友吴县汪石心正尝致书冯侯，谓理学可以包忠节，忠节不足以尽理学。斯祠也，宜以孝定居主位祠，额题“朱孝定先生祠”，而两先生则奉其主于后之重屋，而题阁名为“崇贤”，如文庙之“崇圣”之例。斯议也，固百世不易者，惜侯适去而未及更也。某瞻拜祠下，有感于斯，因书以示后人。

卷 七

道光二十二年壬寅(1842)[1]

元旦(1842年2月10日) 得句:人似桃符时换面,事同云物岁更书。

"骨傲难谐俗,才疏懒逐贫"。录《吟石周式曾处士赠胡慎轩处士》句。

十九日(2月28日) 录张石耘近作三首:确潜书来,以"诗伯"相戏,率成十一韵奉酬:(一)华岳高秋隼,沧溟跋浪鲸。由来推作手,此事几长城。不废王杨体,方垂李杜名。先河导风雅,诸子极峥嵘。珠映牟尼彩,垆镕赤堇精。自然尘壒扫,到此性灵生。夫子我知己,文章最老成。苔岑联古谊,侨札托交情。巨刃摩空健,寒潭得气清。牛因团磨缚,鸟为剪翎鸣。浪想千间厦,羞为百舌声。何因愁咄咄,如我老硁硁。天马元神骏,凡材足重轻。孙阳知顾盼,双眼向君明。(二)奉简确潜大兄:白发催残齿,吾衰未有闻。老将诗誓墓,穷与子论文。豹恋山间雾,鹏贪海上云。升沉随分定,回首但斜曛。老去思终隐,浮生亦可怜。石梁予旧梦,飞瀑向青天。暂乞山头鹤,相寻劫外仙。还期招我友,同载五湖船。(三)题俞漱六《环翠山房诗草》:畏寒晨起慵,残雪炯在户。忽枉潘郎书,新诗快先睹。开卷读未

---

① 原注:"先生时年五十有五,自称汉阴丈人。"

终，了了沁脏腑。我面非君面，乃如我欲吐。文章虽天成，《骚》《雅》为鼻祖。幽幽帝女瑟，坎坎花奴鼓。凄如湘水怨，怒或天魔舞。此皆言有物，咳唾去陈腐。亦非迂儒迂，一切傍训诂。诗家有堂奥，入室见李杜。开口羞门墙，蓬荜守环堵。导水由龙门，施功赖神禹。那不思渊源，翻然或笑侮。迩者九日诗，知君适兹土。曷弗惠然临，畅论共宾主。东南盛文史，风雅竞接武。同盟齐楚耦，顾我劣邹鲁。所恃臭味投，谰语遽觍缕。且作捉鼻声，听者将奚取。因君问老恬（毕小竹号恬山，尝自称"老恬"），但道相思苦。

二十日(3月1日) 寒云压林白日徂，扶老挈幼相号呼。鸠形鹄面衣蓝缕，命与鬼伯争须臾。我行见之神错互，归家对食频放箸。谁非耶娘提挈大，今日抛离奈何许？朝为道上伶俜儿，日暮黄泉与子期。苇席周身弃郊野，虫蛆流蚀无完肌。吁嗟呼！十人饿死有五六，落日荒原闻鬼哭。我侪幸免数日死，冒雪相携吃官粥。

廿八日(3月9日) 题陶寿翼秀才《深柳舣舟图》：茶灶间携处，孤篷傍岸阴。鱼苗春水长，柳色暮烟深。竿拂珊瑚树，琴传流水音。临渊思结网，好句一沉吟。

二月初六日(3月17日) 过梅心旧居有感（见《隐求堂诗存》。

初九日(3月20日) 录《丁璞先生事略》（张若木景煦元本，吴银帆先生改定）：先生名润，字儒珍，别字璞存。先世自明季徙昆山之迎薰里，幼颖慧，读书略上口，即成诵。甫冠，补县学弟子员，试辄高等。父若山先生，讳宗固，文行推乡祭酒，精制举艺，教授里中，多所造就，顾独连蹶秋闱，先生亦浮沉诸生二十余年。既遭父丧，遂谢举子业，或语及，辄不应。生平于学，靡所不窥，星经、地志、医药、卜筮之书，皆通晓。又善草隶，工篆刻，名倾流辈，而尤精于《诗》。尝谓《诗》辨工拙易，辨真伪难。自汉魏以迄近时诸名家，靡不博取而神会之。寒暑手执一卷，寝梦中尝有吟咏声。所著《璞存剩稿》，盖几经删改而存者。家故贫，不计米盐琐屑事。间至爨烟不举，咏豆腐、木棉诗以消遣。其襟怀恬雅，固非温饱寒饿得而欣戚之也。生平足迹，少至齐，壮游豫，在越中最久。爱七里泷山水，登严子陵钓台，缅想高风余韵，辄欲移家，往住[①]有诗以纪其胜。父执虞山蒋益亭，性最爱才，观察开归，时招至幕。当入觐，邀先生俱。益亭有族弟为显官(蒋戟门，官仓场侍郎，与和致堂相国契厚)者，与时相颇契密，见先生诗，赞叹不置，以为红豆老人复生。袖以示时相，时相亟称善，属为介绍，欲招致门下。返以语先生，谓宜速往，以诗为糕雁，一路清华，易如拾芥耳。先生诡辞以谢，竟弗往。有为先生地者，俟其出拜他客，嘱御者驱至相国第。至门，将下车，御者以告，先生怫然曰："我非相国客也。"径去之。先生自兹倦游归里。未久，而时相败矣。先生年六十时，家人欲为称祝，先生曰："称祝非吾意，且古人以岁尽为年。甲子之周，尚在明年。"殆六十一岁时，乃自赋寿诗十二章以见志。先生初名玉琳，晚更今名。有诗纪云："垂老翻如初度客，学仙疑有再生方。"盖先生之渊襟澄量，于此可窥见一斑云。

初九日(3月20日) 入城，吊张石耘秀才母夫人之丧。

初十日(3月21日) 接方小湘札，知郡中汪石心丈来。旋同涵溪、问月访应远亭秀才。出城晤石心丈暨程述甫，于竹溪道院饭。

十二日(3月23日) 晨，同石心、述甫西到周市游竺隐庵，得残经二卷。雷雨大作，持斋始。

十四日(3月25日) 同石述访茅舍观音庵。

三十日(4月10日) 同西翁访吴彦钦贡士，复访蒋胥江，知汪石心丈已回渎川。午刻，柳人、小湘亦至，同饭。即放舟至渎川，天已晚矣。宿石心家，晤其令兄恒斋(生生于廿九日，同陆西溪、包小松先至郡)。

三月初一日(4月11日) 同诸公游钱园，晤主人钱公圃孝廉。饭后，同游天平山，至中白云止。复至灵岩游蒋园。

初二日(4月12日) 陪石心丈入郡。未刻，同石心、西溪游海

① 当为"往"。

红寺。

初三日(4月13日)　晤尤吉甫。向晚，同西溪、小松游狮子林。

初六日(4月16日)　得句：料理长贫先断肉，支持小隐且归农。

初七日(4月17日)　扫墓。银杏旁余地，先君存日，郑表兄于此种麦、豆，先君不之禁。昨岁，表兄之女适孙氏者，居附近，因于此种豆及麦。叔母氏以为言，余应之曰："坟旁本不许种植。今岁水田荒，孙氏亦奇窘，彼乃恃吾亲谊耳，盍姑许之？俟熟岁，止之可也。且郑氏之亲由于姑母，乃吾父叔父之同胞也。万一与之校论，得毋伤先人之心乎？"今日扫墓泊船于此。叔母氏见麦大熟，愠甚，令操舟人悉拔去之。余婉言阻之，不可。既而春园至，余曰："种者极不是。然草木无知，方欣欣向荣。一旦坏之，奈何？况此乃有用物，可以救人者乎！且今凶荒，见途穷无告者，尚宜振恤之。今麦已告熟。即四五斗，讵不足以救十日饥耶？"春园意不然，反谓予徇亲情，忘祖墓，不能止也。然细揆之人情天理，似余之含糊不校者，尚为君子之过。今使七旬无子之表兄闻之，得无怏怏？余归舟，极不快意。思一补过之策，不得。既而跃然曰："吾有所以处此矣。俟大概麦收时，我籴麦以馈之，或以米代之，偿其种植之劳，致其亲亲之谊，庶于吾心可以对我诸父乎，可以安我表兄乎？"(日记于此段，业已钩乙去之。先生之意，得毋疑于招人之过，以市己之义乎？然其事可风世，故仍录之)。

十二日(4月22日)　起，北乡筑圩岸，督工数日。

廿四日(5月4日)　与蒋胥江、吴彦钦书(见《晚香书札》)。

张母吴太君祭文(未录)。

廿九日(5月9日)　心公则能空，私则有所偏着，决不能空。故"空"字，非茫无凭据之谓，即吾儒所云"万物一体"，佛法所云"冤亲平等"也。去有我之私，以至于大公。此种下学工夫，可云极难(傍注云："不能去有我之私，如何能空？")。直至无我无人，万物一体，则其为空也大矣。乃世之所谓空者，非卤莽灭裂("非卤莽"上似脱一"无"字，或"非"字，属上句读)。一切放下是忍也，非空也(傍注云："不讲去私,单提‘空’字,其祸必至如此。”)。又有甚者,痛痒无关,类于风痹,麻木不仁,亦得谓之空乎?儒以“践履”言,但说到“公”字而已;佛以“觉悟”言,直说到“空”字而止(傍注云:“然‘空’字,毕竟有弊病。”)。后人不能得此理,遂多所隔碍。盖人之有私,以有我故,儒家但说得“人惟有我,故有私”。又“人人自以为我”,故私意愈缠绕。佛氏直说到未生我时,我既何有?我既死后,我又何在?要人于本空处悟到“无我”,所谓“贤知之过”也。然欲破沉迷之辈,不如此说不能即醒,故亦不可废耳。

四月初十日(5月19日) 题《故余杭县令张莳塘先生王孺人事述》后:人受天地之中以生,禀父母血气而生。故最初之性,只有仁孝一念。一切世缘,皆后来添入。本之以修身为立德,本之以行事为立功,本之以垂训为立言。依古以来,未有易也。郡先贤张莳塘先生,外服儒风,内宗梵行。居家以孝弟,服官以慈仁。生为循吏,没为明神,卓卓乎不可尚已。而其家庭之间,其德配封孺人王太君,以名门淑媛作配君子。敦诗说礼,有古女士之风。凡先生居官之廉,治家之肃,太君实左右之。读孺人之弟酒人翁所撰《太君行述》,肃然为之起敬,依然为之低徊,怆然为之流涕焉。何其感人之深若是乎?由其一言一动,无非“仁孝”二字贯注其间。而翁之笔墨,精神足以达之。孺人既本之以立身矣,而翁即本之以垂世。《诗》不云乎“惟其有之,是以似之”。不朽之业,一时有二,何其盛欤?令子淡娱前辈,根同门友也,醇修懿行,不愧前人。根以简出,不获时时相见,备闻孺人之高行,然德门仁厚之风,钦迟已久。淡娱今兹齿已垂六十,而进德不倦,有卫武作《抑》戒之风。古人行百里者半于九十,淡娱其勉之!又闻古有之,为名父之子尤难。淡娱以清白吏后人,三旬九食,苦节自贞,可谓难之尤难者矣。大《易》有之:“困者,德之辨也。困而不失其所亨,其惟君子乎!”斯言也,非淡娱之归而谁归也?是即所以慰太孺人者,已苟非仁孝一念,何以致之?余故探本而论之。敬为跋。

十七日(5月26日) 风鹤惊传,殊无惧意。客有讽余远徙以避者，谓一家之种宜留。余谢之曰："君意良厚，但为臣死忠，为子死孝，留一家人种何如？留千秋人种乎？"客退，余指宅傍井，谓弟妇辈曰："此汝辈安乐国也。儿子壮年且稍读书，又无才，万不能作贼，且任其去。"余意则欲入城，劝石农明府以城存与存之义。与之守死，而勿去耳。夜中思想，只有从伯母、从兄两柩未葬，自是恨事。终须谋为入土才好。死[1]死又有借人书籍（傍注："俱讫。"），及小小欠项（傍注："俱讫。"），急需料理之。一隅乱，此心不可乱也（是时，英夷内犯，吴淞戒严）。

四月中 先生督筑圩岸，同人查阅贫户放给、振捐等事，烦琐不录。

五月初十日(6月18日) 拙入城，以闻宝山失事信也。午后，同沈耐寒入村，旋至梅心泾旧居。是日，制军牛公、臬宪觉罗崇公、兵备副使某公、太仓州尊、上海县令、吴淞总镇周公，俱泊舟东关外长春桥畔，兵马塞途，城中挈家避兵者纷然矣。

十二日(6月20日) 饭后，由北门入城，至塌水桥晤春园，知赵杏村已迁南村，陶氏因为其携米盐什物送至南村。时制军牛抚军、程臬宪崇相度三江口，设营支炮，堵御归舟。闻福山有警，北门避兵之船络绎不绝，妇女仅携孩童衣包，以雨盖遮日而行，米粮箱笼俱不可带，亦有被人劫夺者。正《海角遗编》中所云，风雨中做出《幽闺记》也。

示儿：人生须知命，知命心即安。岩墙虽所戒，幸生亦甚难。自从堕地时，死案立如山。或死于水火，或死锋镝间。成仁与非命，乃在人愚贤。我自学道来，此义不吾瞒。了然生死际，心胆不为寒。因之坐一室，怡然食两餐。浩歌出天地，自觉身世宽。风林无静柯，奔流多激湍。世乱性命微，趋死非一端。何能潜踪迹，遂希家室完。汝辈欲何之，无乃苦蹒跚。我恨独已老，不能据征鞍。为国乘一障，马

---

① "死"字衍。

革为尸棺。头白事章句,放笔为长叹。

十五日(6 月 23 日) 夜宿梅心草堂作(见《隐求堂诗存》)。

十七日(6 月 25 日) 余在馆,读《虎钤经》《管窥辑要》《天文一览》三书。

十九日(6 月 27 日) 为陆曼卿书扇《读欧阳文》。

二十日(6 月 28 日) 读《欧阳文萃》及《程氏易简方》。

廿一日(6 月 29 日) 接包小松札,言郡城戒严事。

廿四日(7 月 2 日) 校《四书考》。金杏村来,说太仓城上现异蛇事,云人面蛇身,或曰丧门也。

廿六日(7 月 4 日) 校《四书考》毕。

廿七日(7 月 7 日) 闻福山口有警。

廿八日(7 月 8 日) 作:寄寓荒郊烟火贫,藤萝绕屋草如茵。十年园墅移三姓(前沈氏业也,后归陆姓,去冬售于余。然余视之,特寓而已),一望烟峦绝四邻(马鞍在望,清江绕屋,四无邻居,但有竹树)。世外交游书久断(吴韦庵、应远亭久无书来),眼中鱼鸟迹相亲。传闻遍地干戈满,不碍萧闲物外身(时城中避兵者纷纷入村。余日修净业,暇则观书而已)。

提督陈化成(号莲峰,谥忠愍,夏门人)以守宝山之吴项桥殉阵,以月之廿二日灵舆过境,诗以哭之(见《隐求堂诗存》)。

六月朔时(7 月 8 日) 臬使驻邑庙,闻夷目在吴项桥出示安民。夷船已入刘家河,夷匪在福山者,坐名索县中三人,一充漕书,一充记书,一充班役,并索牛羊鸡鸭果品。盖为汉奸者,即县人马义也。闻常邑共有四人。

十一日(7 月 18 日) 闻臬司驻昆,今调山东矣。东路颇解严,民情安堵如旧。

十三日(7 月 20 日) 同述甫(姓程,名希彭,苏郡人)、拙儿至南村梅心泾,查贫户口数(以后发赈米,不备录)

十八日(7 月 25 日) 钦恤知府职衔上海县典史杨公讳某殉城

死，灵过境，官吏士民为设祭。

十九日(7月26日) 在馆读《思辨录》。

廿二日(7月29日) 入郭，访叶涵溪，晤方简亭，闻靖江失事信，借《檀几丛书》。

廿五日(8月1日) 作《劝戒文》：天下之治乱，根于天下之人心。人心一日不悔过，则天心一日不悔祸。从古以来，未有人丧其心而不致乱者也，亦未有以乱治乱而可以已乱者也。然则欲拨乱而反之正，诚莫先于正人心矣。盖自天降生民，良善之心，何人蔑有？只为蔽于后来有我之私，纷纭胶辐，沉溺不返。其几起于隐微，其害遂延于家国。然其固有之良心，终未尝澌灭净尽也。何以验之？验之于死亡患难之时。迩因烽烟告警，草木皆兵，当其颠蹶奔走性命呼吸之际，正如大限到来，万念皆空，心所系念者，惟冀夷逆不来，以苟免旦夕。平时骄恣淫暴，嫉妒悭刻，种种恶心，一切暂时放下。设此时有告以孝顺父母可免此厄者，则必唯唯。有告以忠顺长上可免此厄者，亦必唯唯。告以戒淫戒杀利物济人可免比厄者，亦必唯唯。是当此之时，固未尝不知孝敬忠顺者之为合乎理，而反乎此者之为获罪于天也。奈何私欲锢蔽倏明倏昏，事过即忘，依然故我？有余者骄奢淫佚，不知贫穷困苦之堪怜；不足者忮求怨望，绝无安分守己之正念。为问颠蹶奔走性命呼吸时所发之心，果谁之心？而今日依然故我者，又谁之心乎？可知天赋之性，本无不善，而人欲所蔽，气习所染，遂致澌灭殆尽。譬如沉醉之人，再三痛呼，开眼略醒，旋即昏睡，诚可痛也。良心一失，何事不为杀僇之机？狙诈之念，愈出愈奇。通都穷谷，黄童白叟，靡不以刻为能，杀机所感，遂生若辈穷凶极恶之人，行此逆天无上之事。上天且不得而主之，即今海疆失陷之处，无富贵无贫贱，惨夷淫掠，不可胜计。天心仁爱，岂不欲默为挽救？然而气机之乘除，惟人定乃能胜天。当其未定，天固熟视之。虽甚哀怜，无如何也，且不特此也。人世当积业极重之时，杀运将至。天之爱民，必先出灾害以谴告之。不知自省，又出怪异以儆惧之。尚不知变而伤败,乃至刀兵之惨,固伤败之尤者也。前此地出洪水,天降疫疠饥馑,洊臻出灾害以谴告之者屡矣。衣服之妖星,纬之变出怪异以儆惧之者,亦屡矣。而斯民淫杀贪残之念,毫未改悔,且有甚焉。如此而望天心之转移,不几南辕而北辙乎哉?大抵名都重镇,五方杂处之所,其奢靡必甚,造孽为尤重者,则其遭劫也必倍惨。此理之常,无足怪者。且感召之理,惟同气乃相求。故全人之贞者,其妻女决不被人淫;拯人之死者,其家室必不受人杀。盖贞者所以止淫,慈者所以止杀。古今至理,不可诬也。人患不孝,不患不能出亲于险;患不积善,不患不能全其身。家于乱世,古有之矣。夫子对司马牛之问,谓"内省不疚,然后可以无忧惧"。彼英夷肆逆,抗拒王师,屠僇我赤子,淫辱我妇女。凡在血气之伦,孰不欲"剪灭此而朝食"!何则?以其逆天也:叛我天朝也,贪淫也,肆杀也,夺人之财,破人之家也。试返躬自思,我曾有逆天悖理之事乎?有不顺君上不遵王法之事乎?曾见财而起争意、见色而起淫心乎?阴毒惨很,以计伤人而破人之家,取其财宝乎?有一于此,则我之心犹是夷人之心,我之行犹是夷人之行也。虽有靦面,目为冠带之伦乎?其与椎髻裸体者何以异?由是以气感召,肇此乱阶。上累圣天子宵旰忧勤,大臣捐躯殉国,地方有司、将兵之官奔驰捍御,寝食不遑,尚不思孽自己作,奋然改悔,反归咎于在上之人,岂不谬哉!殊不思平时急公乐输者,固子民之职分当尔。即官长之偶役于民,亦为保卫地方而设。试读前史所载弊政,而后知我朝之深仁厚泽,为前代所未有。迄今未遭兵燹之境,闾里晏然,骨肉如故,视彼城邑破坏、家室丧亡者何似?若不亟充颠蹶奔走、性命呼吸时所发之心猛然自省,曰:"日前不幸,倘遭兵燹,则吾之父母决难幸全万一,抱恨终天。"人子岂宜独生?今幸得依依膝下。此即顽嚚之亲,犹为人子之幸,而况乎多慈父母乎?此时若不曲加孝顺,为子之良心,固何在也?凡诸城邑,皆赖官长。若非官长,则今日之屋宅田园,悉为盗有。此时若不忠顺长上,奉命唯谨,反存疾视其上之心,则为民之良心,又何在也。若见美色而起淫心,即自念曰:"日前倘遭兵燹，则吾之妻女安，必不遭污辱。”此时幸得保全，乃起淫人妻女念乎？流离迁徙，如鱼游乎釜，鸟罹于罗，举足心惊，莫必其命。物之畏死，何异于人？我而一朝幸生，乃恣杀物命以图口腹乎？又复自念屋宅田园，下至囊橐中物，倘遭兵燹，悉归乌有。今幸得完聚如故，此真如傥来之物。一切善举，宜力为之。虽复罄竭己资，校彼毁于兵火者，犹为乐事，况不必倾家荡产乎？于此而仍前悭吝，膜视他人，良心又乌在耶？至于贫苦之人，饥寒交迫，顾妻失子，未知生乐，焉知死悲？特此一时忿激之言，又有几幸？其有事者，然试思若遭兵燹，欲如今日之鹑衣在体，土突有烟，并不可得。常存此想，自然心平气和，怨尤悉化矣。彼盗贼之乘机抢掠，固迫饥寒，或因愚昧，迨其已罹法网，惨受极刑，未始不有悔心，特悔之已晚而无及耳。若吾辈平居无事之人，目睹邻近焚杀之惨，上天震怒，犹不悔惧，其愍不畏死，较盗贼为尤甚矣。伏惟世多君子，幸不以愚言为戆，广为劝谕，悔罪自新，切勿更蹈前愆，以致必干天谴。天无私覆，决不曲赦。身居草野，无由报效朝廷。惟此一片血诚，苦口相告，庶几天心可挽，劫运可弭。盖劫运之来，人心召之。人心之劫未除，则气运之劫，终难幸免，可不惧哉？可不戒哉？

廿七日(8月3日) 阅《颜氏家训》。江阴赵敬夫肃晚名曦明撰注。城中徐毅堂秀才应简，日前上书牛制军镜塘及臬使崇公言兵事。昨廿五日，会于城南方氏之敏慎堂。方与两邑尊守府及邑中绅士议团练事。毅堂议论纷出。余方与小湘借《颜氏家训》一书观之。毅堂一阅，即挥去，曰：“此小家数学问也。”余曰：“惟人人不肯守此小家数，致累及诸公费此大家数耳。”座中张石芸秀才深契余言，送余出东郭，有弃家入山之约，因记之(先生所撰《王烈妇传》中，并及此事。而云叶生，不知有误否？或一名两姓欤?)。

七月初二日(8月7日) 三疵：识凿之而贼，气凭之而亢，才荡之而浮。四孽：学封之而塞，辨哗之而疑，文甘之而狂，名锢之而死。

苏郡报恩寺，俗呼“北寺”，宋佛日崧禅师道场也。在孙吴时为

"通玄寺",在唐为"开元寺"。吴越有国,为"报恩寺"。宋崇宁中,加号"万岁",寻以崧法师演《华严疏钞》于此,易为贤首教寺。寺故有塔十一成,凡再建再毁。绍兴末,行者大圆重建,始去其二,为九成。明隆庆中,不戒于火,僧如金重建。入国朝,僧惟一募修未竟。康熙年,剖石璧公再修。至道光二十一年,潘氏捐赀修。

与方小缃札(见《晚香书札》)。

答人诗:吾家家世本清寒,五十年来食一箪。客里茹蔬非佞佛,累人只怕为猪肝。

八月初五日(9月9日)　与朱竹溪书(见《晚香书札》)。

初七日(9月11日)　读《乐邦文类》。未刻,读《六祖坛经》。

十一日(9月15日)　阅张问月所撰《经典蒙求》。

十二日(9月16日)　阅叶沄《昆山人物考补》四卷。

十三日(9月17日)　读《正学编》,庄读《大集贤护经》《八大人觉经》《四十二章经》。

十四日(9月18日)　读胡敬斋《居业录》。

十六日(9月20日)　补《读书识小录》。《论语》:"子曰:'晋文公谲而不正,齐桓公正而不谲。'"夫子语意,是从世道升降、人心变易上说,举春秋二百四十二年中诸侯功业,莫如桓、文。而相去数十百年中,已正、谲相悬如此。三代盛时,仁渐义摩,不可复见,岂不可叹?此夫子立言意旨也。

十七日(9月21日)　补写《左传识小录》。夜梦登河中鹳鹤楼题诗,但记"紫塞三边窗外尽,黄河九曲掌中看"一联。

廿一日(9月25日)　阅叶松川(沄)《昆山人物续考》,取以校新修志书。

廿二日(9月26日)　与叶涵溪书(见《晚香书札》)。

廿三日(9月27日)　风闻疆事一番新,搜括金银与悍邻。终是圣明天子事,争城盈野又何人?

干戈倒载贼兵回,又见宽租诏令来。何意暮年真眼见,城门言路一时开。

九月初四日(10月7日) 午后，小湘、计堂、涵溪舟行自城至，即同也樵至砖塔溇许。饭，易舟至宋泾，为顽潭之游，谒乡贤明仪制司主事诸敬阳先生墓，访鄂国公尉迟恭祠，摩挲断碣，凡潭七十有二。以天色已晚，仅游其十二。归舟，已月上矣，仍至春泉处夜饮。抵茅厍，宿西溪。计堂、也樵、小湘、西溪四人礼《大悲忏》，余与涵溪默坐观心。忏毕，余与涵溪同榻西楼，谈儒佛汇通处，已夜分矣(西溪姓陆，也樵姓吴，郡人。小湘，姓方。计堂，姓顾，皆昆人)。

初五日(10月8日) 诸公回城，涵溪借《居业录》四本去。

初七日(10月10日) 灯下写《毋欺录》(此书借付季菘耘，今已刊板于虞邑)。

初九日(10月12日) 在馆，竟日写《毋欺录》，毕。灯下钞《蔡忠襄公入圣分路》一卷。

初十日(10月13日) 在馆，写《归陶庵劄记》。

十四日(10月17日) 入城，访远亭丈，托其钞《菉竹堂书目》(叶文庄所居堂，名“菉竹”)。见常熟张眉叔先生于计堂宅，聆教之下，顿长道心。承以末后一着，痛为提撕，固为爱我。但余自问，寡过未能，且于人伦日用多所亏欠，何暇计及往生一着耶？姑且尽我下学，庶几上达不远耳。俄范饮泉兄来，眉翁之高弟也，亦修净土，兼擅山水，为人洒落。

十五日(10月18日) 作(见《隐求堂诗存》)。

十六日(10月19日) 入城，得《困知记》一卷、《隶辨》八卷、《天傭子》三本、《叶案存真》四本。

十七日(10月20日) 题《周安士先生遗像》：吴县汪君石心正，余友也。其学深于内典，坚持杀、淫二戒，以吾邑先正安士周先生尝著《万善先资》《欲海回狂》诸书，北面遥礼，称私淑弟子，及从其元孙诸生诗模先生遗像，焚芗敬事，可谓笃信好学，能自得师者矣。同时题识者，多阐扬内典之秘，与先生当时向道之殷，可以为后学观法者。

余从诸公后，谬制偈言，附名下方，而篇中有“既无莲花，亦无金台”。“莲花”“金台”，是佛譬喻。数语意欲为学佛执相者痛下针砭。而虞山张君眉叔尔旦深以为诃，以为既无莲花、金台，则是亦无地狱，亦无天堂。此语恐堕落世人错仞不少。居士精于禅理，与石心为十年神交，尚未获面。而根先得领其教益，棒喝之下，毛骨悚然。一日诗从根索所制偈，根以门外之谈，不欲贻误后人，因轶不出。而窃于先生有不能已于言者，重为之赞，并记眉叔之语，以识吾过云：道本天地，函古函今。何儒何释，理原明心。仁冠四德，不杀不淫。或持或失，乃判人禽。何为派别，其帜如林。党同伐异，非余所钦。彼拥皋比，儒阳释阴。亦有枯槁，自同陆沉。维周先生，亦清亦任。悯念浮赋，民肤是侵。书献当宁，被之德音。晚皈释氏，至道旁寻。前继龙舒，后开二林。嗟嗟风范，如玉如金。仰瞻道貌，俛读遗箴。何以赞之，山高水深。发言莫赏，真同破琴。先生往矣，精神式临(案：“诗模”下疑脱“得”字，“仞”与“认”通)。

十八日(10月21日) 题《岁寒图》(见《隐求堂诗存》)。

十九日(10月22日) 是日，奉访眉叔丈，承以诗稿见赠，谈间疑余未有契入意，颇落落。然予窃钦其入道之坚，而自惭依徊不决也。别后，计堂述眉叔爱我之诚，恐末后一著堕落，实用感激。归舟，寻绎其语，知眉叔不屑教诲者，实深教诲也。即于灯下持诵经咒，一心皈礼。夜梦至一山寺，殿上凝尘寸余，上坐三世佛，旁十八阿罗汉，顶上积雪成冰，亦二三寸余。有老僧在旁，告余曰：“此处山气凛冽，寒威所凝故尔。”予诺之。欲索火烧香，僧指佛前一炉曰：“此炉自梁天监以前之物，若有信心皈礼，灰中即自烟生，不必觅火也。”余又诺之。谨敬顶礼，口诵佛号，僧亦和之。俄而烟起，炉中氤氲满殿，如云雾浉漫。眼中惟见长明灯光及三世佛顶上圆光，余俱不见耳。中闻百千梵声，及铃铎声。如此良久。既而烟渐收，梵声、铃铎声亦渐杳，但闻淋滴声，如积雨初晴光景。谛视，则皆佛、菩萨、罗汉顶上冰雪消镕所滴声也。瞻仰佛面，光彩逾明。正如满月，愈视则光愈射，如日光中有梭射眼。因一惊而醒觉耳。中独闻梵呗、铃铎声。满月佛面，尚在眼中。月落横窗，遥村已鸡唱矣。异而记之(先生自交往汪石心后，乃精修梵行。至此则不免入魔道矣。德森附识)。

十九日(10月22日) 吴县吴也樵(之庆)独游马鞍山，不获奉陪，赋赠：窗下翻经限炷香，打窗落叶满堆黄。清秋不获陪游览，惭愧青山笑我忙。

野樵同寓，为人写真。昨，石心丈命写眉叔小像，喜其酷似，因作(见《隐求堂诗存》)。

十月初三日(11月5日) 野樵欲为余写照，辞之：是身处世犹如赘，身外何劳别置身？欲与斯翁留面目，寒岩古木写来真。

节录柏庐先生《无欺录》跋尾：人生天地间，有固有之秉彝、当尽之职分，不可逭之责备。自有知以至于一息尚存，行之而不尽，履之而愈难。其伦君臣、父子、夫妇、昆弟、朋友，其事官常士坊、耕田凿井、饮食起居，其德忠孝节义、廉仁慈让。其垂教者，尧、舜、禹、汤、文、武、周公、孔子、孟氏，其书《六经》《四子》，其仪冠、昏、丧、祭，其民士、农、工、贾。初何尝有玄空微妙、超越常见之事与说也？然而浅之，则夫妇与知；深之，则圣贤莫究。至简至易之中，节文著焉，至理寓焉。尝考圣贤立教，诚以为体，忠恕为用。性与天道，即流行于其间。而初非有两事，故不待言也。尽生之理，即尽死之理。鬼神祸福，胥不越此，天与人无二致也。“下学上达”之理，惟“无欺”两字，足以尽之，而初非如二氏之说也。根年四十时，得读柏庐先生之书，是录尝手自誊写，间以诏诸同学。自惟固陋，败阙日多。每一披阅，泚然汗颜。绝学将湮，凛凛是惧，何敢背之？今承友人娄东季君菘耘锡畴，谋梓是卷，以显诸世。将来正学昌明，继往开来，必有其人出焉。根也幸得为抱残守缺之人，称先生私淑弟子，附名末简。窃所称幸。因书服膺之素，以识向往云。壬寅九月九日，邑后学潘道根拜手书(先生因服膺柏庐，而柏庐实宗程朱，不学佛者也。而先生见石心后，又耽禅悦，何哉？德森附识)。

与方小蘋书(见《晚香书札》)。

初四日(11 月 6 日) 请野樵(即也樵)摹六世祖遗像。

十六日(11 月 18 日) 怀石心丈邓尉山居(见《隐求堂诗存》)。

廿四日(11 月 26 日) 读嘉定钱可庐(大昭)《说文统释自叙注》。《统释》凡六十卷,惜不得其全书。

灯下读《净土圣贤录》。

廿五日(11 月 27 日) 在馆,读《南雷文稿》。午后,读《旧香居文稿》,太仓王研云宝仁著,凡十卷,官六安州训导。

"小德川流,大德敦化。""敦"即"堆阜"字,俗作"墩"。盖土之高厚者,其物必繁殖。"川流"、"敦化",字正相耦,非"敦厚"其他。因授女孙书,记此。

录王研云《亡友传》:刘应钧,字鸣韶,一字蓉林,籍昆山,家太仓。性直而词婉,人乐与交。善记忆,始为文博丽,继主清刚。为诸生,历冠其曹。嘉庆十八年,选拔入贡,益淬厉。兼工欧、赵书法。公卿都为延誉,录病怔忡。考补镶红旗教习,病益剧,势且旦夕死。乃归,多服附桂。阅四载,疽发背,卒年三十九。有《芗芸阁诗》。

十一月初二日(12 月 3 日) 冬日,独行舍后竹下,有感而作,寄示小湘、涵溪(见《隐求堂诗存》)。

《昆山理学渊源录》(拟同张问月辑此书),魏恭简公校、归震川先生有光、归清远先生子慕、蔡忠襄公懋德、葛太常锡璠、朱节孝先生集潢、朱柏庐先生用纯、顾亭林先生炎武、葛先生鼐、王素岩先生喆生、诸闇斋先生士俨、顾先生柳村名易。

夜中,梦先府君袖出一纸相付,嘱根云:"世间人凡有所书写,冥中一一在焉。汝于下笔时,切须检点。"余无所言。

初五日(12 月 6 日) 和漱六见怀韵:头童齿豁老无奇,已礼瞿昙作导师。料理长贫先断肉,久空妄念并焚诗。心存济物穷何济,术欲医人俗未医。弹指景光闻道晚,夕阳频叹树阴移。

初七日(12 月 8 日) 为张柳人校《黄南雷文集》。

初八日(12月9日)　陈笑山太学来访,赠诗及红莲米、茶叶诸物,并以诗稿见示。

十二日(12月13日)　钞《朱柏庐先生未刻稿》,始廿一日。录毕,计二本。

廿二日(12月23日)　王椒翁题《方湘蘋遗照》句:刹火光阴如水流,人生无蒂等浮沤。梧庭落叶声依旧,此日何人更听秋。又张眉叔句:梧竹罨庭阴,凄凄感不禁。若为穷士赋,畴识美人心。暇日独抛卷,空山犹鼓琴。此中怀古意,掩泪一长吟。

廿三日(12月24日)　入郭,同小湘至景德寺同升坊访旧书。阅《刘礼部集》《柳南随笔》,得马元仪《俶印机草》一卷,边实《玉峰志》《瀛洲诗钞》三种。

廿九日(12月30日)　灯下录柏庐先生三十卷。

三十日(12月31日)　补写《愧讷集》中已刻者数篇。

十二月初八日(1843年1月8日)　入郭,访叶涵溪,借《二程文集》《张横渠集》归。

书《朱柏庐先生未刻稿》后:柏庐先生《愧讷集》已刻者,根得而读之矣。其词和而婉,巽而善入。其议论粹然,一出于正,温温醇儒之言也。当时及先生之门者,如王醇叔、魏光士之徒,所著《懿言日录》诸书,犹有存者。其造诣之精纯,践履之笃实,一洗阳儒阴释及以讲为学之弊,读之犹可想见,则先生道德入人之深,而当时及其门者,皆资禀过人。一被先生之教,如坐春风,与之俱化。初不待切磋琢磨,至再至三而后进于德也。根私淑先生之教有年矣。颇怪古人造道如此之易,而何后人之难也。岂见知之于闻知,果有异欤?道光壬寅,根年五十有五矣。从先生之族孙某,得先生未刻集而读之,见其中与诸及门书一气。质之,或偏一行事之偶失,严气正色不少假借。而又每每先自刻责,喻以至诚,期于必改而后止,有孟子"泰山岩岩"气象,然后知先生之德之纯。春生秋肃,盖全备之,而初不惟其词之婉、色之温也。夫乃恍然于诸子之进德,盖有其自。而先生之所以教之者,或推焉,或挽焉,亦不第循循善诱已耳。惜乎当日之刻是集者,徒知为同堂合好掩恶之故,轶而弃之,遂使后之读先生书者,以为先生之为人师何如也。其待学者之和而婉,巽而不厉,又何如也。一若方严刻责,初不可施于函丈之间,而"师严,然后道尊"之言及"良药苦口"之喻,皆为虚语矣。先生当时之责夫二三子者,言固凿凿。二三子之承是教者,其为毅然力改于俄顷欤?抑必迟之久而后能迁善补过欤?我不能知。然就醇叔辈之后来造诣卓卓观之,而当日师之善教,与弟子之善学,可想见也。直言无隐与改过不吝之美,相得益彰。盖师不如是,不可以为人师,弟子不如是,不可以为人弟子。夫岂如近日者之师道不立,提命之际有巽言而无法言,嘤哾嗫嚅,徒取门墙之辉映乎哉?乃徒恤其小,而遂迷其大。根能不为刻是书者惜欤!夫圣贤之所以著书传后者,皆不得已而后有言,期为后人之法式,而初非以阿私所好,夸其文词也。如使正直方□,俱为世讳,至师不得行之于弟[1],则犯颜之诤、忠告之导,君臣朋友益难施矣。又圣贤之学,以不欺为本者也。二三子当日果能改之,如日月之食,其更也,何损于明?如不能改之,而徒欲掩覆之,则是自负其师而并以欺千载之后人也。其计不已左乎?卒之,先生之言,如日星之明,虽尘埋鼠蚀,终不泯灭。又岂非至诚之道,不见而章,攸久无疆者欤?孔子之圣,及门者盖几千人也,未必皆贤。其身通六艺者七十余人,以视醇叔诸子何如也。然或以为野,或以为愚,或以为鲁且辟,甚者辞疾不见,鸣鼓而攻。后之门人撰《论语》者,初不为其师若友讳也,凡以存圣人之教之详而已矣。先生之友教,自不敢拟于孔子,然而诵法先圣。观先生所自称引,盖意欲施之矣。而一再传后,初不及游、夏之门人。根安得不为之再三痛惜欤?故读是集而僭论及之。昔者,唐魏郑公徵,其于君也,每谏必焚其草,史臣以为美谈。而宋曾子固巩论之,以为是不能扬君之善,而类于妇寺之爱。彼刻是集者,其犹有郑公之见哉?是

---

① 此脱"子"字。

皆君子之过也。

初八日(1月8日) 同娄东叶涵溪(裕仁)、平江吴野樵(之庆)、同邑顾计堂(国树)、方小湘(步瀛)游顽潭有作(见《隐求堂诗存》)。

十二日(1月12日) 作:女孙琅琅读书声,想到童时泪暗倾。严父研朱将句正,慈亲敲火把茶烹。昊天旷荡恩难报,齿发苍浪老易成。更想旧人无一在,相依吸有短灯檠。

《陈确庵先生像》赞:猗欤先生,内圣外王。其际莫窥,逢世之艰。龙潜凤隐,与道委蛇。己饥己溺,相彼禹稷。易地同之,著书明道。日光玉洁,周情孔思。匡坐一室,乐天知命。弹琴咏诗,力田为善。为政于乡,其究莫施。先生往矣,潭云翳翳,潭水渺渺。余辈后学,读先生书,恨莫能追。敬瞻遗像,睟面盎背。发垂素丝,所谓伊人。顽廉懦立,百世之师。

《顽潭秋泛图》序:顽潭,在邑之蔚村,明陈安道先生讲学地也。先生当鼎革时,自比顽民,因名所居潭曰"顽潭"。潭以先生得名,后人复称之曰"陈顽潭"。今俗讹为"陈王潭"者,音之转也。先生本太仓人,没而祀于乡贤。而昆之人以为是顽潭者,先生平日讲学地也。立祠于潭之上,岁奉祭祀立斋。徐相国为之记,而顽潭之名遂传于后世。吾友叶君涵溪慕顽潭名,尝与饭香潘先生言:"潭系昔贤讲学地,盍往游焉?"约而不果。今年秋,潘先生思践旧约,遂联同志五人往游其地。五人者,予与顾君计堂、吴君也樵,及潘先生与叶君也。道过砖塔溇,访许老人。老人闻客至,欣然出迎,语潘先生曰:"诸君此来,欲作顽潭游乎?可令予子同往。"盖老人所居砖塔溇,去蔚洲村不过五里许,于顽潭路最悉。潘先生与老人有旧,先期约之,故知我等此来,为游顽潭来也。自是同游者凡六人,别雇农船一只,由宋泾而入。时值深秋,潭水正净,但见芦花瑟瑟,烟波渺茫。观望良久,泊舟上岸,欲寻安道先生祠,则颓废已久。不得已,复寻相国所纂碑记,则又了无踪迹。俄而夕阳在山,炊烟四起,相与裒裒嗟叹。登舟而去,回至老人家,已黄昏候矣。夫先生生明之季,距今不过二百余年耳。祠建于康熙中，再修于乾隆之戊辰，又不过百余年事耳。何以寻其旧址，而破瓦颓垣，无复存者？岂非事之废兴成毁，有不可得而知者欤？然先生往矣。而我等数人，生二百余年之后，犹复驾扁舟，招村侣寻故迹于荒烟蔓草之中，自非先生之清风懿行，实足以兴起乎？人心恐未能若是。韩子有云："事有旷百世而相感者，余不自知其何心。"今日蔚洲村之游，是诚何心哉？古往今来，俯仰如接。先生之神，常存于天地间。此昔日叶君之约所以期，无弗践也。老人者，字世承，子曰春泉。道光二十二年岁次壬寅九月既望，鹿城方步瀛序。

《顽潭秋泛图》记：顽潭去鹿城廿里而遥，吾乡陈安道先生避地所也。壬寅九月，饭香潘先生招集同侣，泛游其中，用践夙约。风色送寒，云气为幂。草间虫吟，时诉秋意。川净若镜，或临渔庄。桥低碍蓬，乃易租艇。黄花灿灿，献媚于船头；禾颖穗穗，半登于场角。乃泝澜漕，渡宋泾。桃园稚子，款扉待客。南村素心，炊黍作饭，爰饭于许子春泉家焉。艖艄五尺，蔚蓝一天。川途载前，汀港洄洑。衣冠则村人相讶，笑语为岸犬所吠。菰芦蒙茸，棹入深处。潭潭环衔，不可指测。舟子长啸，恐惊鱼龙。樵歌忽闻，远出烟树。舍舟而陆，披榛读荒丘之碑；沿流以津，信足觅担稻之路。蔚洲神祠，宛在中址，乃揖僧人而入。画壁蚀于风雨，颓垣络以藤萝。灵旗不翻，鄂公之毛发萧飒；讲幄久撤，昔贤之风流孑遗。阅水三叹，落日告夕。彼哦《蒹葭》，此眷兰芷。零露忽其沾袖，疏灯杂乎明星。顾君痴绝，贪观落霞；吴郎写生，侧睇归鸟。饭香先生与确渊方君怅然发吊古之思。予与许子扣舷而歌之，歌曰："先生之泽，潭之深兮；先生之节，潭之清兮。心远地偏，烽火不惊兮；桑麻铺菜，衣食所生兮。越陌度阡，于中结邻兮。归欤归欤，悠悠吾心兮。"既归，方君图其事于册，而余为之记。娄东叶裕仁。

顽潭秋泛诗：地僻环烟水，蒹葭极渺游。低徊黄叶路，三五素心期。野叟风仍古，荒祠问转疑。群儿来一笑，或者是牛医(张尔旦)。

讲席风流邈昔年，惟余潭水碧依然。荒祠断瓦何从问，凄绝寒鸦噪暮烟。典型俎豆逝难追，幻影空留相国碑。数笔丹青两行墨，他年只问继游谁(引泉范玑)。

除夕言：命所以安义，尽义则不复言命。孔子曰："不知命，无以为君子。"盖欲其知有命，正所以坚其守义也。其曰"罕言命"者，念念循理，事事尽义。天命之正，即流行其中，故不必言也。孟子曰："殀寿不贰，修身以俟之。"所以事天也。是乃真知命者。若夫不修身而徒诿诸命，或命之理不知，而更事邀福，岂惟不知命，并不知天矣。

余徐村寓居，与睦和庵相去一牛鸣地。十年前，曾与友人邱朴堂游其庵。墙隅有国初时普明头陀所题诗，碑石已断，记落句云："今日大年三十夜，睦和庵里看梅花。"头陀即归高士玄恭也。今日偶忆其事，而同游之邱君亡已三数年，碑闻亦不在矣。因作此：(一) 修蛇赴壑叹年华，那得萧闲啜盏茶。常记大年三十夜，不妨随处看梅花。(二) 五十五年如梦过，旧年残处接新年。残碑断句无从觅，照影恒河一惘然。除夕祀先毕，坐东房南窗下写此。雨后晚晴，瓶中蜡梅尚香。

孔子知楛矢、羵羊、蘋实，而不载于《论语》，子不语怪也；"能翘国门之关"，而不以力闻；南宫适问"羿善射，奡荡舟"而不答，子不语力也；谓"《武》未尽善"，而称文王为至德，子不语乱也；答子路鬼神生死之问，谓"未能事神，焉能事鬼"，赞"神禹之无间然"，而仅举卑宫室之三事，子不语神也。

道光二十三年癸卯(1843)①

余今年五十又六，先君大痛之年也。吾家自祖父以来，寿无过五十六者。安知余蜉蝣住世，更得几岁耶？思维继述之事，百无一能，

① 原注："先生时年五十有六，是年仍馆陆氏余庆堂。七月初十日卸馆于张问月。"

而心所系念,如坍荒减则社仓诸事。虽有一二同志,恐难成就。用是择其细者,而先行之。于二月中,勉为孤侄麟孙受室,其安葬从伯母、从兄一事,誓于必行。又旧冬图结数椽于舍后之竹下,为退休之地。倘数件得如心愿,当饬断家事,结集儒先之书,以庶几中孚之垩室矣。元旦自题。

元旦(1843 年 1 月 30 日)　晨起,谒祖考真容,拜灶及五祀之神(以上二事,每岁元旦皆如此。不尽录)持《金刚经》,阅《困知记》。记辛亥、壬寅两年,俱以元日移舟入郭,挈长孙女访范心畬妹丈。今日意欲寻旧约,而佣人许奎他往,不果行。午,涤研为汪君石心书纨扇。柴门寂掩,惟一二丐者敲门索糕而已,别无人来。

书吴县汪君石心所藏陈先生金桂书纨扇后:《礼》:"先生书策,琴瑟在前,坐而迁之,戒勿越。"弟子之敬事师,虽服物器用之微,罔敢亵也。古礼虽亡佚,然在三之谊,凡经所载事父事兄之则,俱可因而推之。古人从童稚以至胜冠,无日不守子弟之职,而循循于揖让进退之间。长者之几杖衾枕,亦必严而事之。此古昔休明之时,所由化隆俗美,而无有不令之子、不恭之弟。由此其基也。后世礼教衰微,师、弟之所授受,惟佔毕速化之术,而无有身教、言教之事。所谓"左右就养,服勤至死"者,莫或行矣。其视之也,无异百工技艺之流。师之文章述作,或任其湮没,而况乎服用玩好之细乎?由其傑骜性成,而严师敬长之风替也。根每读古而慨叹之,于友朋之中求其克尽乎是者,而为之依归。幸吾党之有人,而窃欲以风之天下也。一日,吾友汪君石心,以其师陈先生所书纨扇见示,盖坏而修之者屡矣。以为是师之手迹存焉,故葆之。猥承命题。根谓一事之微,可以觇心术而厚风俗。汪君有焉。故书若此。若夫陈先生书法之工及扇之为物,皆意为不足道者,故不复论云。

初四日(2 月 2 日)　阅李厚斋所钞《思补集》,为改定六十余字。灯下与邹匠谈。邹:常熟人呼鱼鳞字如"连"。因悟《诗·唐风·采苓》"苓",亦莲也。

十六日(2月14日) 自题新构小斋“小休歇处”联语:万间广厦心终负,一笠团瓢膝惭容。

廿四日(2月22日) 步入城,至春园弟宅西厢,梅花盛开,追忆是亡弟性安手植,低徊久之。访张柳人,闻徐毅堂于今晨卒矣,年五十六,贫无以殓。张石芸、戴萼峰、顾子云三君为之料理。友道可嘉。毅堂与余议论不相中,而极承其推与。座间,杜希斋谈其家事之不可为,为之感叹。

“积善以诒子孙”一语,世人皆误会。若云人能积善,则子孙自然富贵,自然寿考。此后世圣贤欲人之善,故为是言耳。驯至功过格行,铢锱计校,与天地鬼神若交易者。此而为善,虽公亦私,古之圣贤所云“诒谋燕翼”之说,不过曰“我立子臣弟友之极,使后世子孙可继续而行耳。”若云“积善以诒子孙”之飨用,初无是理,果尔不应。尧舜之德有丹朱、商均,而汤武之功有桀、纣、幽、厉也。

读书,欲人之孝弟忠信耳。今人自谓读书,父叔愚朦,则轻其父叔;友朋柔懦,则欺其友朋。自诩聪明,陵长加大。此人伦之枭獍也,虽读万卷何益者(此亦有为而言)!积财以诒子孙,子孙未必能用。积书以诒子孙,子孙未必能读书。积善以诒子孙,子孙未必能继承。甚矣!子孙之贤之难冀也。

廿六日(2月24日) 同石翁、西溪泛舟至玉柱塔,观仁缘塔碑。谋砌步石,并挑筑仁缘塔冢,遂同至茅厍村,以旧存米二石付石翁,以赠友人吴韦庵。石翁即别去。

二月初三日(3月3日) 读涵溪所钞《读书录节要》。

三月初八日(4月7日) 作:三月初三荠菜花,踏青故事少年夸。而今老去心情懒,独倚东风感岁华。

初九日(4月8日) 作:一卷《南华》水一杯,蝉声窗外梦初回。青毡六月犹寒甚,秃管花开几树梅。庚辰夏日,钱塘汪本钧为锄色山农作画《梅》二条幅,即夹潮塘龚所赠。

十九日(4月18日) 申刻,张问月、徐小蘋、朱颖汀移舟自城来。颍汀索诊，问月以《五代史钞》索批，小蘋取《感应篇汇解》《了凡四训》《径中径又径》三书去。

问月取《读书识小录》(五)、《呵冻偶录》(一)、《张浦偶闻》(一)、《抱膝居文钞》(一)、《李杲堂文钞》(三)去，并以《凌边志》一部赠之。问月为我作《读书识小录序》。

廿一日(4月20日) 钞《伯庐先生未刻文集》。

廿三日(4月22日) 钞《愧讷集》。

廿九日(4月28日) “圣人未尝仁，管仲如其仁”两句，乃沉吟斟酌，欲许之以分毫之仁，而有所不可。然以仲如此之功，又不欲明著其非仁，故为是引而不发之词。词气如此，今注以为言谁“如其仁”者，再言以深许之。时文家又斡旋“仁”字，谓“仁”又有以功力论者。此仁道之所由不明，而心术之所由日坏也。“仁”字从隐微中发出，岂可但以功力论哉！

四月初九日(5月8日) 《孟子·梁惠王篇》“衅钟”字，贾侍中读如“徽”。凡“衅鼓”、“衅庙”字同。古人凡鬼神所用之物，皆衅之。惠王之钟，如为军中所用者欤？则与“衅鼓”等也。如为庙中所用者欤？则与“衅庙”“衅龟”等也。总之，不为涂其衅郄起。见此一条，毛西河未及举(案:“鍾”、“鐘”古通，今本《孟子》均作“鐘”)。

初十日(5月9日) 吴扩，字子允，昆山人，移家秦淮，有《题崔驸马山池》一诗云:“平阳池馆接青霄，阆苑瀛洲路不遥。帝女巧将霞制锦，仙人常以鹊为桥。楼前叠石云生座，洞里探梅雪满条。词客惯来陪赏洽，月明酣听凤皇箫。”李于麟选入《诗删》，子允即元日赋诗怀介溪阁老者①。

十二日(5月11日) 晤疡科史景山故老医聘儒子也，年已六十余矣。谈及今兹烂喉痧及喉风诸症，皆风邪内伏，更感非时之寒而发。纵喉间糜腐，不可妄投清凉之药，不但犀羚、芩知，即花粉、连翘，

① 此段录自清周亮工《书影》。

亦不可用，宜用荆芥、牛蒡、葛根表散之品。有痧透痧，有疹透疹，无汗有汗，自然喉烂如失。但肌表红点隐隐，指下滑数有力，皆其候也。甘草但用生者，甘中黄亦不可用。俟其表力既达，内症渐平，外火燔盛，然后微投清解，如花粉、马勃之属。诸君一见喉烂，即用犀羚、连知、芩山、豆根、射干者，十死八九。其言大有理，承教承教。君为余言，不惮琐屑，且侃侃正论，君子人也。余幼时曾患发颐，他医与以清凉，愈甚。聘儒丈为处方，荆芥、薄荷、殭蚕、蝉蜕、马勃、甘菊、橘红、甘草，数剂良愈。且嘱勿涂围药，勿贴薄贴。犯之，则无形化为有形，反致脓溃，皆有至理（光绪廿八年夏秋间，以烂喉痧症死者如麻，医皆用犀羚芩、连珠粉、西黄治之，其死愈速。余独用辛散之品，无不立时转安。曾著《麻症喉痛》，误以喉痛之方治之，必死。说刻以告人，而人不信也。今读此，实与鄙见符合。因志数语以示吾后人。王德森记）。

十六日(5月15日) 民之于仁也，章圣贤学问，性命重而躯命轻。愚不肖之见，躯命重而性命轻。于是利欲一途，趋之如骛[1]，至于犯危蹈险、捐躯命而不顾。讵独水火之养人，而或以伤生也？独是"仁"之一字，有时求生适以害仁。必杀身乃以成仁者，则莫不畏葸退缩，宁丧失其良心，而苟延一夕之命。甚则徒失其仁，而躯命亦不可保。故夫子曰："民之于仁也，甚于畏水火。水火，吾犹见蹈之而死者矣，未见一[2]蹈仁而死者。"何其懦也。此深叹人之悠悠，不自振拔，为无勇者鞭策尔。

"群居终日，言不及义，好行小慧"，如邓析之竹刑、申韩之名法，商君之功利，皆是也。"饱食终日，无所用心"，庄、列之类是也。终不然，圣人去管浮荡子弟，说此二等人乎？孟子之辟杨墨，比之洪水夷狄，反觉得杨朱、墨翟不是寻常人。孔子只轻轻说此二语，将世间种

---

① 当为"鹜"。

② "一"字衍。

种聪明奇特、各以其学争鸣者，都收在个中，而其品题乃只得如此。如世间浮荡子弟一般，真不值一笑也。

五月十四日(6月11日) 饭后入郭，访小湘疾，则以昨午自知时至，持咒讽经，含笑而逝。殁已逾时，首顶和暖，上品上生，决定无疑。然余辈失一畏友，有“吾道非耶”之叹，痛哉，惜哉！申刻殓。

十五日(6月12日) 晨，汪石翁丈至，拉余入郡，为道友蒋胥江太夫人诊。因即同舟前往，夜宿小楼，与石翁同榻。

小湘回首胥江死，性命真如系鼎丝。记取小楼联榻话，相逢知更在何时？

十七日(6月14日) 仍留郡，至西沿塘法华寺白莲泾传经庵礼佛：法华寺里经行处，但礼金身大导师。老去销除文字障，无心去读壁间碑(寺有顺治间金文通公撰碑)。

二十日(6月17日) 入郭，访叶涵溪。复出大西门，访范心畲。先是，其邻姜姓者，世业屠，以此起家。今夏疫病亡，三四人仅存一子，复病甚，重来延余治。余适入郡，儿子作札复之，劝其改业，余不知也，亦萌是念。因访之心畲，述姜君者得书，即誓改业矣。所有欠账在外者，亦不复索。有力者来归，誓以此资作方便用矣。余为之大喜，复敦劝一番，嘱心畲转致而返。拙儿所作事，惟此一条，颇惬余心。喜而记之。

廿四日(6月21日) 告方居士润千文(讳步瀛，号小湘)：呜呼！君外被儒风，内宗梵行。其明心见性之功，迁善改过之勇，至于临没之顷，神明不乱，而后信有征也。君之西归也，以月之十三日日中。先二日，示微疾，即谓余辈曰：“吾厌苦娑婆，吾将去矣。”翌日，君已绝粒。戚友有来问者，犹与谈向道之方，言之娓娓，不见有痛苦状。其于眷属，一切泊如也。又明日时至，已就瞑矣。俄而微视合十，喃喃若有所讽。久之，撚须含笑而逝。呜呼！四大分离，万苦攒身，此何等时而怡然若是耶？余尝谓天下之为学，一诚而已矣。其入焉者，或以儒，或以佛。譬之涉江之楫，登山之杖，随所宜而以为吾致力之具焉耳。其所以诞先登岸，与造其极者，非诚不为功。君之于佛也如此，可谓诚也已。君未归佛时，读儒先书，于忠信笃敬，身体力行，闻一善如将失之，有微过如不可容。而于王阳明、李二曲两先生，尤为信服。故年虽未及中寿，而造道之深，已如老师宿儒。私窃谓殀寿不二，修身以俟死者，惟君者可以当之。故余辈于君之逝，不以悲，而以羡，既而自愧也。君系心西方，其于世事若淡忘焉者。然其临命之顷，必待令弟之至，凝神谛视，其故可思也。前一日之谓余辈曰："世界苦空，寿命刹那。"其故亦可思也。噫！以佛地论之，君屈伸臂顷，即生莲花之中。花开见佛，千佛授记，其视去来一事，如梦斯觉耳。以儒门论之，君履中蹈和，行无瑕玷，宗族称孝，乡党称弟。朝闻夕可，亦有何憾。不以悲而以羡者为此。顾君之自利者，亦既有征。而利他之念，余辈宜若何？故既羡而继以愧也。今与君约：君一灵不昧，蒙佛授记之后，当回入娑婆广利庶品，勿忘本誓。余辈亦亟皈心大道，加以策励，不要退转。又时时相聚，谈道讲业，如君之存。令弟与令嗣以继志述事为念，庶几不负君临去殷勤之至意。兄弟朋友，必如是而后道尽，原非以潸焉出涕，便可毕一生相与之局也。夫佛以一大事因缘出见于世，开净土一门，普摄三根。佛之恩，何其大。而君之皈心，又何其挚也。君续佛慧，命于正法已灭之后，而余辈顿忘君言于俄眴之顷。君临去犹不忘余辈。余辈未死而心先死，纵君慈悯，不加诃斥，人其谓我，何宜各思自力，尤望君于金台之上、诸佛之傍，以慈光摄我，慈眼瞩我，常如撚须微笑之时。他日或能遇君于骞林衹树之间，有相视而莫逆者，然而难言之矣。呜呼，悕哉！词无次序，尚垂冥鉴。

六月初七日(7月4日) 挽方小湘(见《隐求堂诗存》)。

十四日(7月11日) 题《吴野樵小像》(见《隐求堂诗存》，敉庵诗老文孙画《独立图》。案：吴翌凤号枚庵，今作"敉庵"，想是音近互呼，故互书之耳，未必是误)。

与邵君廷爵札(见《晚香书札》)。

廿一日(7月18日)　与人札(见《晚香书札》)。

闰四月[1]初四日(8月28日)　伏枕读《俟后编》一过,为之心惕(时先生小病)。

初八日　记:古圣人之制礼也,人子之居丧,以衰麻、哭踊为之文,不饮酒食肉,居内为之质。然则不饮酒食肉也,将以持其痛也。学道者之不饮酒食肉也,亦以持其诚也。然而圣人有为之中制矣,曰:居丧之礼,头有创则沐,身有疡则浴,有疾则饮酒食肉,疾止复初。圣人之心,虽以人子之至痛,不妨为之权宜也,曰:无使毁而灭性,以戕天地之生而已矣。然则疾也者,顾非圣人所当慎欤?彼七十者,惟衰麻在身,饮酒食肉处于内。养老之与养病,其谊一也。然则学道者有不顾其老疾而辄以破戒为讥,亦未闻圣人之礼也欤?余本非学佛人也,往年茹素,实动心于饥民之食糠粃。今老病破戒,同人必有以为碍于佛者,书是说以破之。

初八日(9月1日)　读《郑氏遗书》《通议艺录》二种,读《毋欺录》。

述怀诗四首:(一)病余检点案头编,误我身心四十年。佛老凭虚都梦呓,词章鲜实亦纠缠。道惟一卷《中庸》是,书有十篇《大学》传。除却庸言并庸行,更无余事与人肩。(二)古来理学足名儒,近接维桑有小邾。真学原从全性出,閤修端与俗情殊。临终孝悌殷勤说,垂老丹铅次第摅。俛首瓣香称弟子,且抛梵筴与轮珠。(三)吁嗟我老已蹉跎,至道难闻可奈何。耆旧凋残风会改,遗徽已沬讹言多。无绳可系西沉日,有掌难隄东逝波。寄语城东张与叶,景光须记急如梭。(四)蓝田乡约吾心臧,白社归依非所望。党祸原从标榜得,异端更恐熸夷伤。煌煌圣训真当凛,凿凿师承焉敢忘。吃菜事魔题目恶,不如伪学好承当。

十一日(9月4日)　(见《晚香书札》)。

---

[1] 闰四月:当为"闰七月"。

十三日(9月6日) 阅陆稼书先生《松阳讲义》。

十六日(9月9日) 《国朝经学诸儒述》序：呜呼！经非一世之书也，亦非一世之人所能明其景光，如日月常明而不相袭也，如江河行地而不可穷也，岳之峙而不移也，海之涵而无尽也。又岂一人一世所能尽明者乎？顾世称经师，必曰汉魏。其说何哉？汉魏之人说经也有三，曰守家法，曰宗训诂，曰以经释经。夫是之谓传注训诂故也。后世之向壁虚造者，未必一无所见，但可谓之说经云尔。故考制度文为者有取焉，古音、古训、古字之仅存者有取焉。其间守家法者，或失之拘；宗训诂者，或失之凿；以经释经者，或失之周纳。虽大儒不免焉，然而七十子之遗言、三代之故迹，由古文而篆，由篆而隶，以及"先有音声后有训诂"之说，非是莫能明也。先王制作之精微，大之范围天地，小之曲成万物者，非是莫能究也。呜呼，盛哉！特是后之所谓向壁虚造者，如唐啖、赵之《春秋》，宋郑樵之《诗》，苏氏轼之《书》，枵腹者类能读之。偶忆一二，即可以资谈助。汉魏经师之说，非胸中先有数百卷唐以上书，而又精乎历算、地理诸家之学，皓首伏读而精之不能得也。以故治之者尤难。国朝经师辈出，其著作也，或守一家，或综诸经，实皆有在驾乎唐宋诸儒之上。盖一时风会所开，有以见累朝作人之盛也。吾昆山，故娄县也，自汉以来数千百年矣，而通经之士不少。概见唐维张镒，宋有吴仁杰、卫湜、王葆，然皆仅守一家。至国朝，顾亭林氏出，而有以阐明汉魏之学。盖经术之难得其人如此。今吾友张子问月(后号纬余)，承其家学，浏览本朝诸儒撰述，而能通其大凡。暇日又辑其撰述之由，为书一卷，颜曰《国朝经学诸儒述》，以诒来者。以根向好是学也，谬以见示，嘱为之序。问月年方壮，其殖学也已如是。使其至根之年，有不与《述》中诸君子分据一席乎？惜乎吾老，不及见矣。

题《浙江提督陈忠愍公遗像》：忠义撑天地，岩疆赖此臣。封章光日月，气节薄星辰。万灶貔貅怒，三军组练新。楼船指穷发，横海捕长鲸。当道寒豺虎，清班愧凤麟。事穷惟殉国，城破只捐身。炮火连天黑，旌头半夜沦。叫阍惟有妇，同死竟无人。行状光书策，孤忠泣鬼神。空山藏碧血，瀚海见青燐。身死和仍讲，时艰遇自屯。感时思借剑，忧国欲沾巾。圣泽天言渥，忠魂地下伸。壮图存庙貌，谏草勒贞珉。残卒疮犹裹，遗黎痛尚呻。交绥谁弃甲，奉简少埋轮。百尔诸文武，谁非列晋绅。今朝拜遗像，颡泚应逡巡。

廿八日(9月21日)　《陈忠愍公遗像》赞(并序)：皇上御极之二十二年，天下治平，宇内无事。而蕞尔英夷，鸟言卉服，离中国六万里之远，假互市为由，濒海奸民，潜相勾引，遂乃肆其凭陵，鲸吞豕突。先是，浙江定海失守，继陷广东香山诸县。皇上至仁如天，以为我国家抚绥四夷，未有失德，必是守土之官，昧于羁縻之术，爰命大臣为靖逆大将军，往镇抚之。而诸臣文恬武嬉，不能仰承圣意，逆遂猖獗，夏五遂犯江南，抵吴淞江口，官兵御之。初八日，师溃，江南提督陈公死之。越十日，得公尸于炮台下，握拳透爪，面色如生。士民奉公敛于嘉定之关庙(即西门外之护国寺)，哭临者数千人。呜呼，烈哉！公讳化成，字莲峰，福建同安县人也。少负奇气，以义勇起家，积功官至本省提督。二十一年，移江南。公至任，即巡视海滨，知吴淞为要害，整戎备，严守御，与士卒同甘共苦。天子知公才，方畀倚之，而夷逆亦觇公能守，遂游弋海中，不敢遽入。自公殉阵，制府备兵及守土文武，皆狐鼠奔窜，逆遂破上海宝山，直抵嘉定，有入据省城之势。赖士民坚守，遂宵遁。由江袭镇江府，江南大震，而和议起矣。天子虽震怒，下诏书切责。而忠荩之臣，无复如公者。议者追原溃败之由，未尝不痛悼公之死也。尝窃读纪载，当圣祖仁皇帝戡平郑逆，知西洋等国千百年后，中国恐受其累，且申"寸板片帆，不许下洋"之禁。祖训煌煌，明昭日月。谁秉国成，诒误至此？不惟上负国家，下病封疆，且使有勇有谋如公者，群掣其肘，仅仅以一死上报圣恩，岂不可悲哉！然视彼食君之禄，临难则偷生苟免，而大臣之握重权、制生杀者，大冠如箕，平素视之，赫赫如神明，一旦封疆有事，寸筹莫展，苟出下策，以徼幸一时。视公之烈烈殉国，能不愧死欤？公之归葬也，道出昆山，士民拥灵舆，迎送者亦数千人，或为歌诗纪之，且多绘像以祀者，用以见人心之不死，而忠义之气可以兴起于百世也。敬为之赞，曰："同安之滨，异人笃生。李公（长庚）与公，后先震惊。繄公岳岳，为国干城。镇兹海疆，桴鼓不鸣。咨尔小丑，敢肆搴鬤。横海楼船，誓捕长鲸。谁为监军，弃甲宵行？公志忠诚，公力莫争。躬膺矢石，公命遂倾。维公遂志，恩重命轻。竟骑箕尾，溘焉上征。公之大节，日星晶莹。士民陨涕，竹帛垂名。嗟彼觳觫，曷不镬烹？拜瞻公像，磊落峥嵘。忠魂不泯，长靖沧瀛。"

八月初四日(9月27日) 至庄泾华姓诊病，无锡华贞固先生裔也。有号半村者（著《半村诗稿》），流寓于此。今其孙为木工，余诊其子疾。检点其所藏书，有高先生（攀龙）诗及贞固所撰《虑得集》，贞武所撰《黄杨集》，余俱医书。

初十日(10月3日) 题《清河居士遗像卷》：故余杭令张莳墉先生也，其文孙莳孙参车请题：（一）井田封建复无期，驯雉淳风庶可几。铜墨果能人召父，定知三代不难追。（二）汉家史笔重循良，千载如君有耿光。也似桐乡留俎豆，棠花开遍旧祠堂。（三）文章政治理元该，根柢还从忠孝来。貌作头陀留幻相，丹青难状是灵台。（四）清门高节旧能坚，令子文孙克象贤。有赞果佳无亦可，卷中人早自流传。前有石琢堂先生七律三首、韩桂舲先生五律二首、尤月舫先生五言古诗一首（贯时）、彭苇间先生（希郑）五律一首、王椒畦先生《像赞》一首、吴棣华先生五古一首、顾宛山先生（承）四言《赞》一首、朱兰坡先生五古一首、徐玉峰先生（宝善）古诗一首、张大令青选一首。

十四日(10月7日) 阅《钟山笔记》，杭东里人卢文弨撰。

十六日(10月9日) 接石心丈札并药，及《李二曲集》《正学编》。

十八日(10月11日) 代张柳人撰《祭王履斋太学文》（履斋公，讳嘉会，廪膳生员，以秀才辱官案牵连坐斥，后捐复监生。善书并墨竹，好昆石。德森之叔祖也。附记。）：风清月朗，鸟语花香，良朋萃止,棋局笛床。人见先生,优游乐境,而不见其忧伤也。酒杯覆案,雄谈如虎。词霏金玉,笔落风雨。人见先生,词坛之帅,而余勇可贾也。游山双屐,泛水轻舠。携壶挈榼,角胜分曹。人见先生,性静情逸,而不见其劳也。石癖米癫,竹仿文同。虚心确守,以表素胸。人见先生,潇洒者天。清虚者守,宜膺上寿,而蹑迹于乔松也。乃以某所知者,先生草茅忧国,蒿目民生。每当水旱流移,为地方谋安辑之计。行叹坐愁,如其家事。此其境之似乐而心之怀忧者,一也。先生论学,素以曾子《孝经》、朱子《小学》为家法。平素饬躬厉行,以率其子弟,勗其门人,而每患异说之日滋。此其于抒词发议之际,常有殷忧而不觉其词之激者,又一也。吾邑素凋敝,非舟车之冲,为四方宾客之所不至。而承平日久,民滋奢僭。凡冠昏丧祭,或荡闲逾检,而子弟游闲之习弥甚。先生有忧之。此其于游览之际,吊古兴怀。于凡荒祠废墓流连浇酒,无非寄其尚友古人之想。此其深情遥集,为人所未识者,又一也。先生有西汉之文章,厉东京之气节,争同舍之狱,不让于钦尧。其待侪辈,笑言哑哑,有柳下惠"油油与偕而不自失"之意。人有缓急相告者,未尝以力匮为辞,自非醇德君子能若是乎?然而外度诸世,既不获展其抱负;内度诸身,又同志日孤,发言莫赏。而一切桑梓筹画、戚友顾托之事,皆足以动摇其精神,而困衡其志虑,不得已,而托之写竹弄石以自喻适志,而终不能解其心之忧也。是非然者,先生踔厉风发,处事如天马行空,而潇落不羁,固其性之近也。胡为而蹈居巢老人之疾,竟以殒其生乎?独是,先生自成其古人,其行事卓卓,异时必有秉野史之笔,为之纪载。而贤子文孙能振兴遗绪,以追述方伯京兆之业。先生虽亡,宁有遗憾?惟念某等素随几杖,疑事思质,疑义思析。一旦老成凋谢,失所瞻依,且叹后此地方有事,孰能如先生之小心持重,视民如伤者乎?此则某之闻先生讣,为之嗷然失声。盖上以为桑梓恸,而下以哭其私者也。呜呼哀哉,尚飨!

九月十一日(11月2日) 《孟子·公孙丑篇》"三里之城,七里之郭",据《晋书·段灼传》所引两言"五里之郭",似"五里"为是。当是篆书五作“×”，遂讹为“七”，亦犹《豳风》“五月鸣鶪”，讹为“七月鸣鶪”也。

十八日(11 月 9 日) 《俞烈女传》跋：根居江村，客有持邑中俞烈女事实示根者。烈女为上舍云卿君长女，生而婉婉孝顺，曾两刲臂肉以疗亲疾，两尊疾良愈。戚党咸称其孝。许字同里王氏子寿畬，行有日矣。无何，寿畬患滞下死。女志不复字二姓，于八月十六日迟明潜自经死，年二十有二。一时皆叹其贞烈，为诗文以表之者甚众。而李刑部古廉、张处士纬余所撰《传》，尤备烈女之事，其藉以传矣。客进而问曰：“闻之《礼记》曾子问曰：‘女未嫁而夫死，则齐衰而往吊之。既葬，释服。女死，夫亦如之。说者以为齐衰而往吊之者，重父命也。既葬释服者，为未成妇也。故女子已嫁，未庙见而死，则反葬于女氏之党。后世之以贞烈著者，古未之前闻也。”根曰：“然，有之。世有古今礼，有通变，非可执而论也。人之大伦有五，以天合者二，以人合者三。殷人五世而通昏姻，周人未庙见为未成妇。此岂可概之今时礼哉？礼也者，非由天降也，非由地设也。圣人合人情而立之中制，使贤者俛而就，不肖者跂而及耳。上古之世以为，以人合者，有可去就之理，故夫妇不见答则去。中古圣人慎之，于是制为问名、纳徵、纳吉、亲迎，至同牢合卺，犹必迟之三月之久。俟其夫妇好合，而后行庙见，以成其礼也。此《易》所谓‘物不可以苟合’也，所以慎夫妇而承宗庙也。未庙见，则夫妇之义，容有未合者。故圣人不以成妇责之也。不以成妇责之，所由不必其死与守矣。然而圣人道其常，贤者极其变。夫子删《诗》，既首《关雎》《鹊巢》，以为是后妃夫人之化之由始，而犹录《柏舟》于变风之首者，后世世变风移，夫妇道苦，一成而不可易，民犹有遁心。此贞女不见弃于圣人之旨也。当夫妇之道未合，虽同牢合卺，犹谓之未成。妇死，则归葬于母氏之党，及义之已合也。女子许嫁，笄而字，系之以缨，已有系属于人之义，即为之。死与守，二者亦视乎义而已矣。以合者三：君臣、朋友、夫妇一也。王蠋不为臣亦死，左伯桃、羊角哀亦不必死而死。圣人立之中制，贤者与其不及，宁过之，皆所以矫世厉俗也。有必不可以不死而犹不死者，则可以无死而死者，讵不谓之贤乎哉？云卿其刻两君之《传》，而附根《跋》于后。他日修志乘者，其必有所征信焉，而烈女其千古矣。”道光癸卯九月某日，同里潘道根拜跋。

吊俞烈女诗：后凋松柏待时知，玉折兰催更可悲。但识夫亡惟有死，不知亲在更伤儿。人心半死轻尘喻，浩气孤存“匪石”诗。慷慨从容两俱有，遂令巾帼愧须眉。

二十日(11月11日) 同西溪、问月往太仓吊叶涵溪尊甫漱香丈之丧，归舟已灯上矣。

廿六日(11月17日) 读凌次仲廷堪《校礼堂文集》《校仪礼郑注》。

疏林修竹纸窗前，身与琴书共坐眠。此福尚难消受得，药囊催上钓鱼船。

录《瞉音》一卷，东吴忍辱居士张光熊著。

学也如不及，汲汲犹恐失。得寸亦是寸，得尺亦是尺。嗟吾误踌躇，谋生无善策。

撚须须白矣，一字也不识。且将笔与画，为人粗解说。子弟识得字，自然耻且格。

人字加一画，此字尔应识。人为万物灵，一者心诚一。惟诚故有恒，有恒由无杂。

不失赤子心，两大可并立。尔试仰首看，苍苍者何物。天得一以清，人可不诚实？

脩脯脩从肉，与修有分别。修之为言饬，岂宜浑而一？尔宜饬尔躬，朝暮修厥德。

切磋更琢磨，自修勿自逸。仰首见天日，日乃阳之德。堕地作男子，耕田是其职。

职之为言业，习业须兢业。父兄饬子弟，饬其尽心力。谨饬免饥寒，不饬将何食。

九职任万民，王公任天职。欲期民知礼，先使民足食。食之为言殖，民所自生殖。

缺食求诸人，举债为人责。凡事求诸己，求人最下策。竭力耕尔田，耕田即报国。

觅之为言求，求焉未必得。富贵各有命，强求亦何益。求而即得者，惟此寸心赤。

奈何不诚求，动作任其出。觅字今从不，怪事呼咄咄。除却一心字，有何学问说。

《曹风·鸤鸠》诗，专美用心一。心一描不出，但言威仪一。次章三其字，低徊想欲绝。

纵不喜文术，应识六与七。凡数始于一，而终之以十。士字曾否识，推十以合一。

一为东与西，丨为南与北。四方中央备，一心贯六合。丨贯三为王，丨音古本切。

心从生为性，叔重如是说。然则此一丨，岂可形曲屈。人心本中正，直其心为德。

循理直如矢，心可神明质。敬字文从苟，苟字音不一。此从己力切，其音读如亟。

一音古厚切，聊且而急迫。亟音篆从口，兢兢不妄出。垢音篆从勾，草草不结实。

《盘铭》向读垢，乃知吾音失。偶然阅篆文，开卷便有益。德行皆从彳，跬步须踏实。

行远自迩始，登峰要造极。世儒谈学问，知行合为一。吾绎《说命篇》，毕竟行为急。

五十困泥涂，一辱至斯极。悠忽梦中身，韶华供漫掷。尔业不自修，尔亲将何食。

岂予力独少，只是不能竭。性虽无不善，终须日学习。学自弟子始，笃行无余力。

长者正容谈,少者当易色。色衰贤者去,言行失诚实。即读忠孝经,谁为尔解说。

曾子日三省,工夫如此密。三作再三解,说来校亲切。所习习所传,指上忠信说。

作德心日休,反是伪而拙。所以曾夫子,惕惕传不习。仁人与孝子,无有过乎物。

学人与孝子,无有不爱日。群居言性天,自谓贤博弈。毕竟是空谈,身心弗获益。

竭力耕且养,事亲仁之实。孔子罕言仁,但言行要力。《小宛》念先人,夙夜心惕惕。

《大雅》念尔祖,昭事心翼翼。名言兹在兹,念岂空空说。《谟》言念哉三,《伊训》念哉一。

卑论易有功,高论难几及。吾岂未尝学,爱博不专一。鼫鼠有五能,不成一伎术。

寻绎《鸤鸠》诗,广为众人说。恶恶如恶臭,好善如好色。夫是之谓诚,君子求自慊。

为善为不善,其为诚也一。自欺与自慊,方寸独明白。己且瞒不过,掩着又何益。

己心即天心,于此验得出。诸恶不可作,洗心自谨饬。及今图自新,人已成半截。

成人在积累,一日成不得。新须一日始,始即自今日。学行不尽同,儒行十有七。

吾今出易衣,家人并日食。愿学樊迟稼,区田务力穑。闲闲十亩间,此愿偿何日。

饿死是小事,大节不可失。宋儒尚节操,高论鬼神泣。《论语》熟弗熟,岂能说得出。

国步艰难际,去兵并去食。孔子大声呼,“民无信不立”。人心终不死,赖乎一呼力。

贸贸出北门，归来日已夕。饱饭昏黄后，皓月入吾室。呼妇同来看，人在水晶域。

多少离乡人，卜归归未得。低头诵杜诗，“露从今夜白”。且看月团圞，无米来朝说。

秋雨檐前滴，经旬不见日。屋漏夜移床，好梦何从得。忍寒同命鸟，比翼栖枳棘。

耻作不平鸣，足足复节节。大禹明德远，玉帛执万国。启贤无怠荒，游豫诸侯式。

洎乎太康荒，师行而粮食。荒亡民弗忍，后羿乃作慝。今指太康时，夏谚晏子述。

此说创而确，闻之夏兰白。世事益艰难，生路日隘窄。高隐愧陶潜，而却耻乞食。

谋生为急务，苦口向人述。学得屠龙伎，此伎售不得。何如学种菜，充饥免此色。

求饱亦人情，慎勿似余拙。欹枕不成寐，披衣弄笔墨。笔秃墨不良，耿耿向谁说。

夜长盗不来，怜我无蓄积。倘然穿我窬，与尔谈风月。明月与清风，我与尔同食。

西邻千斯仓，慎勿取一粒。继晷苦无膏，明月入吾室。讽诵《北门》诗，字字细细绎。

诗咏终窭贫，终字岂堪说。窭贫而云且，窭更甚畴昔。世事益艰难，怀抱开何日。

三字已焉哉，从古皆有没(案：以上各诗未注出处，疑即从《彀音》中录出，俟考)。

十月初三日(11月24日) 读顾亭林先生《日知录》之余二卷，郡人钱侗伯所藏者。

十一月朔日(12月21日) 录《续宅京记》毕。

初二日(12月22日) 作许餐霞《续宅京记》及《张浦遗闻》二书

前序。

初三日(12月23日)　题吴县汪蕙舫(世芬)《诵清图册》:前有元和吴棣华(廷琛),吴县董(国华)、戈顺卿(载)、高芾堂(翔麟),长洲沈铁如(元城),吴县潘顺之(遵祁)、潘补之(希甫)、陈小松(彬华),宛平韩子贞(一松),吴县叶调生(廷琯)、潘星斋(曾莹)诸题句:清门七叶守经畬,轹宋凌班誉岂虚。搜箧尚留范氏砚,指楹犹纳晏婴书。缃帘棐几真图画,红树青山好结庐。身处太平心述祖,似君清福有谁如。

初四日(12月24日)　怀故人方润千处士(见《隐求堂诗存》)。

十一日(12月31日)　巳刻,舟抵木渎法云庵,晤济宁孙信园、常熟王又新、吴县王韫斋。时同集者,汪石心、程述甫、杨藕樵、吴野樵、吴松斋诸君,皆旧友也。

十三日(1844年1月2日)　在法云庵月下,又与王又新谈字母反切之说,并及五行纳甲气化之理。学问渊博,与张眉叔、范引泉皆旧相识。全家归佛,次、三两子已披薙,长子在昌义局为义学师,又新现在七子山僧寮。

十四日(1月3日)　别虞山王又新(见《隐求堂诗存》)。

望日(1月4日)　戴东原《经义考》谓古诸侯摄位之礼,大概有三:有为太子幼而庶长摄者,鲁桓公幼,隐公摄立是也;有君出亡而摄者,卫元咺以叔武入守之类是也;有太子未生而冢宰摄者,《礼》曾子问"君薨而世子生",贾谊所谓"遗腹,朝委裘"是也。能知此义,方可解《中庸》"事亡如事存"句。

十九日(1月9日)　钞《潘澜笔记》竟日,雨亦竟日。

十二月初四日(1月23日)　祀先君以祔葬从伯母告文,曰:昔我府君,葬我祖考。府君于梅园之兆,谓从伯父士龙府君继嗣未定,治葬有待,因以墓之穆位,实维府君之兆权让。从兄友爱之忱,明冥共鉴。今从伯母钦旌节孝,陈孺人一棺久淹,不孝(根)久思继述先志,为之合祔。人谋未协,迁延及今。夙夜思维,不胜负疚。今天诱其衷，卜于翌日癸卯，勉举伯母灵柩合葬从伯父之域。尚邀祖宗之灵，庇其嗣人，俾无后艰。又从兄贲宏之柩，专俟先叔父卜地，得吉，亦思勉图窀穸。庶我府君地下之灵，少纾遗憾。不孝犬马齿索，区区之私，尚其鉴之。谨告。

初九日(1月28日) 灯下呵冻，钞《说文系传》标目毕。

十五日(2月3日) 钞《朱子学的》。钱绮，号映江，有《题张问月闭户著书图》(文长未全，不录)。

廿三日(2月11日) 坐纸窗下阅《朱子学的》。

廿八日(2月16日) 恭祀本家五祀之神，恭祭高曾祖考于寝，恭祀外戚诸亲，恭祀陶半帆先师，祀宅厉祀井。

除夕(2月18日) 窗下校点《戴氏经序》。恭祀灶。本年恤嫠赒贫、放生善愿，计用钱十二千四百十六文。

战没疆圉后，传闻仍议和。忠臣死国少，宵小误君多。碧血应难化，丹心终不磨。纷纷雉窜辈，公议奈人何(此诗无题，大约为夷祸而作)。

南梅心泾河东赵氏中为载德堂，凡两进，西有仓厅回廊小斋，亦两进堂，面场圃，屋后溪水环绕。乾隆某年分，赵君北成造分，授长子宏声。余年十九，旅寓此村，北成已前卒矣。见其子宏声家有业田三百余亩，有女一，而无子，未几死。嗣其弟汉云之子正益，娶于殷，亦生一女，无子。道光四年，正益夫妇俱亡，复嗣弟之子象明。明年十一月，余以钱四十千僦居焉。无何，象明死，又嗣次房。次房之孙容轩。余续找钱成百千，其族叔省三作中。余住此凡十几年，为拙儿两娶俱于此。道光某年，赵欲售余而不果。某年，拙儿去馆陈村。某年，余挈家馆茅厍。此房遂空。李畹余借为馆室，今年八月，容轩得钱三百五十千，卖于宋泾徐步庭，拆去。九月十四夜动手，十七日遂成废址矣。追思三十年前光景，及十余年居住之情，为之怆惋。余归钱百千，而仍以十千借给容轩，念其旧情也。噫！物之成毁，虽曰有数，然保守之难，岂不然哉！

卷　九

道光二十四年甲辰(1844)[①]

元旦(1844年2月18日)　作《募恤节妇朱氏启》：窃维镜鸾孤掩，钗凤分飞，匪石著《柏舟》之篇，无波垂古井之咏，并皆志可陵霜，形能化石，迹纪前徽，芳留彤史者也。至若陈孝妇之养姑无怠，曹令女之守义弥坚，或断指而表洁，或截发而矢贞。死亡接踵，终慷慨而誓心；膏沐永捐，长蓬葆而弗御。此则鬼神为之动色，日月助其悲凉者矣。伏见同县节妇朱氏，故儒童徐讳汶潮之妻，诸生讳晋之女也。家传诗礼，性秉肃雝。甄氏九龄，早娴笔墨；刘家三妹，尤擅才名。淑声久播于林风，懿行夙传于戚里。暨年及笄，作嫔名门。妇德无违，孝思不匮。风和柘馆，见孝鲤之频跳；日暖萱庭，验慈乌之不去。贤靡及矣，孝莫加焉。奈何生未逢辰，德艰食报。二十有一，俄称未亡；廿有五年，此心不二。静阖门而自守，块茕独以靡依。高堂发白，勉因侍膳以开颜；孤闼灯青，时抚遗雏而陨涕。犹复冰霜加厉，灾祸频臻。穷庐一夕以俱燔，姑氏七旬而掩逝。节妇则摒挡钗袿，赁屋牵萝；典质裙衫，筑坟营葬。寸心为之瘁矣，双眸由是眊焉。时则岁值饥虚，海多寇警。米珠薪桂，突过午而无烟；紫凤天吴，裳逾秋而犹葛。夏日冬夜，绝意偷生。啮蘖茹荼，何心乞活？徒以东海一支，继

① 原注："先生时年五十有七，是年始称徐村老农。"

嗣未立。荒原四尺，祭扫谁司？冀续宗祊，苟延视息。然而双眉镇锁，谁谋代匮之资；十指常皲，孰佐御贫之计？纫兰徒思为佩，煮石曷可充饥？念平居读节烈之篇，每欲百身为赎；道路见饥寒之辈，亦思解橐以赒。良以恻隐之心，人所同有。况此幽贞之操，尤足钦迟？比之放生戒杀，彼为爱物，而此则仁民。拟以礼佛烧香，伊尚虚悬，而兹归实济。发一救人之念，即为天地赞生；成扶一植节之人，便为圣贤续慧命。因此披沥，敬告仁贤，共念节义之在两间，岂可无人负荷？孤寡之为无告，尤宜加意矜怜。傥使颇頟而死，在节妇虽为自靖，未免伤仁者之心。幸其浩气孤存，于风化必有所裨，且足增乡闾之色。同此斗粟尺布，用之正大光明，勿嗤人微言轻，实关纲常伦理。幸垂怜悯，各发慈悲。谨启。

请奖节妇邵氏公呈：呈为穷嫠苦节堪悯，公吁给匾维风事。窃惟《易》著代终，《礼》言不改。盖谓妇人所重，节操为先；闺范所垂，古今一体。若乃遭际，艰劬僶勉，誓志始终一节，常变不渝。此则名教之所攸赖，旌异之所必及者也。伏见昆山县齐礼坊故民陆振先妻邵氏，幼侍亲闱，夙娴闺训，赋于归而相夫子；黾勉同心，体内则以事高堂，殷勤养志。鹿车共挽，宁辞拮据之劳；鸿案相庄，倍笃倡随之雅。结缡五载，悲鸾镜之旋分；截发长号，怅藁砧之永弃。哀深蹋地，誓九死兮奚辞；痛绝呼天，怅藐孤其谁托？支持井臼，备经岁晚。冰霜摒挡，丝麻常彻。宵分灯火，举两丧而归土；吉兆亲营，抚孤子以成家。好逑愿遂，将谓报施；不爽庭前，堪慰珠圆。讵知剥丧方殷，膝下更惊玉碎？两迎佳妇，相继沦亡。孪育文孙，同时毕命。行年七十，无时非哭泣之辰；孑守孤灯，有日见黄泉之面。嗟兹巾帼，足愧须眉。历四十年如一日，人是全人；合千百口无异词，节为完节。久合褒旌之盛典，竚待阐扬；尤为彤史之传人，先求宪奖。为此合词，公吁大宗师大宪大人，俯念穷嫠堪悯，风化宜隆，特予给匾，奖励风化，幸甚穷檐，幸甚有此！上呈钦命日讲起居注官、南书房行走、詹事府少詹事、提督江苏学政张(讳)芾，准给行勒贞珉匾额。

廿九日(5月16日)　叶涵溪先生附富香吏船来访问。涵溪、问月至娄县村观樱桃花,即送涵溪入城。

按“藜烝不熟”句,唐宋以后刊书及引用,往往误作“蒸梨”。此不考古之故。按《说文》“莱,蔓华”,《尔雅》作“厘蔓华”。徐锴以为“厘”与“莱”音同是也。《小雅》“北山有莱”,《齐民要术》引《诗义疏》云:“莱,藜也。茎叶皆似菉王刍。今兖州人蒸以为茹,谓之‘莱烝’。”此物贫者多食之。《庄子》所谓“藜羹不糁”,《韩非子》所谓“藜藿之羹”,决非梨也。《尔雅·释木》“朻者,聊。”此释《诗·唐风·椒聊》也。朻即“莍”,聊音“留”。何《玉篇》以为木名,诸家以为未祥耶?

二月初四日(3月22日)　入城,得薛文清公《读书录》十一卷、《刘后村诗集》一部。

初七日(3月25日)　为叶涵溪撰《诗经异文考》序。

初九日(3月27日)　补录《刘端临遗书》。

初十日(3月28日)　校叶涵溪《毛诗文字考》。

十三日(3月31日)　校点《春秋繁露》。

十四日(4月1日)　校《繁露》毕。向晚至澄潭浜,为王也楹四郎诊病,晤张雨香,游园中,牡丹将放矣。木兰正盛开,因移两株归。往年,余从椒翁丈园中徙来种也。初不盈二尺,今已高出墙矣。同雨香谈及向时文酒之乐,为之慨然。

十五日(4月2日)　校《日知录》,十九日毕。

廿一日(4月8日)　灯下校《贯珠集》,李挹泉所买活字印本,为定句读,并校讹字。

廿九日(4月16日)　校《白虎通》。

三月初一日(4月18日)　入城,叶涵溪借示《黄陶庵先生日记》,寄所钞《陈确庵先生内训日程》于石心丈。灯下阅陆桴亭先生《论学酬答》四卷。

初三日(4月20日)　以佣人言语错迕,不觉动气。虽秉性伉直使然,究由涵养未深。戒之,慎之!

"女子、小人为难养",孔子大圣已言之矣。虽一颦一笑,亦不可假借也。

初四日(4月21日) 读长洲陈奂《毛诗传疏》。

初十日(4月27日) 书示富香吏、张问月诸君:(一)颠毛我种种,始悔读书差。寄语诸年少,歧途早返家。(二)论文骛高远,高远欲如何?卑迩如能尽,文章已不磨。(三)垂名千古易,无愧寸心难。莫漫腾词说,三缄始寡患。(四)君心轻道学,只为力行稀。果尔知行一,应知不可讥。(五)近时文胜质,劝子莫论文。《小学》书今在,庸言尽可闻。(六)天生才匪易,用之亦无轻。好问康庄步,毋为捷径行。

十一日(4月28日) 从来干大事者,不可私,不可姑息。循私之害,甚于执法之伤。县邑漕事,至于如此。春秋责备贤者。我以为林少穆姑息之政,使之然也。夫以一抚军之力,当时又深得君心,何难严禁属员,不许过分浮收?至州县之亏空,何难奏豁其积年无征之欠项?何难严饬厨传,不许监司浸润下邑?此之不求,而徒议一办荒,以为息肩之计。利之所在,百病丛生。不思身不能常居其位,来者决不能似我之为。究之,泽不下逮,君民交病。——非用私之弊欤?

十二日(4月29日) 节钞《黄忠节公日记》。

廿二日(5月9日) 撰《嘉定孝廉宣君陈奎家传》。

廿四日(5月11日) 学者舍稼穑,别无治生之道。能稼穑,则无求于人,而廉耻立。知稼穑之艰难,则不敢妄取于人,而礼让兴。如此,庶可以复古矣。

廿七日(5月14日) 访叶涵溪,借《朱子文钞》二本回。

廿八日(5月15日) 阅《从政遗规》二卷。

四月初一日(5月17日) 坐南窗,录自著《徐村续稿》。

初八日(5月25日) 挽何蓼厓秀才诗:(一)廿载论交气谊长,乍闻哀讣倍心伤。回思谈笑真同梦,转叹人琴俱已亡。《栎社诗存》

看黯淡,《寒山图》在亦苍凉。笔床茶灶看如昨,不忍重过旧草堂。(二)早岁江村习隐沦,荷君父子最情亲。新诗每向愁中寄,古道真同纸上人。常怪善趋嫌俗热,却因自好重予贫。伤心说到知心感,重为存亡泪满巾。

夜中接石心札,言现办矜恤茕独事,宜仿倪鸿宝、高忠宪二公章程,以华山黄山穹窿、尧峰为界,乞余作募序。

十七日(6月2日)　代臬司郭公撰《同仁会序》:天地之所以生物者,理也;其所以有生有死者,气之聚散为之也。理无形,气聚则有形,气散则无形。人焉者,特万物中之一物,为其最灵者耳。圣贤者,又人中之最灵者耳。大凡万物之生,皆天地为之主,而人参之。天地之长久而不坏者,理为之。有成而有坏者,气为之。气不能翕而不张,阖而不辟。此则气之中自有理焉。再天地不能自为翕张阖辟,而必赖乎人。此则三才之定理。而人之所以赞天地者,亦自有大小强弱之不同也。人以气聚而成形,气散则魂升,魄降复归于自造化。此自然之理,儒家之所据以为说者也,故不愧不怍。天以清畀之者,仍以清还之。全其生,知之性,是全其理。全其赋,畀之形,是全其气。父母以全授之者,仍以全归之。此夭寿不二之说也。佛氏则以吾为主,以觉为性,谓虚明之我,贯彻乎去来而不敝,反指天地为顽空,乃谓天地有坏法身,无坏何其异哉?

二十日(6月5日)　午后,同西溪入郡,晚泊舟葑门。

廿一日(6月6日)　放舟至虎丘,泊沪渎侯庙。余冒雨独游虎阜,境象荒凉,非二十年前光景矣。

西溪访友返。晚与再游,泊白公祠下,虎阜花神庙片石山房、金太傅祠,俱被焚。仰苏楼为官封锁,欲入不得。

廿二日(6月7日)　放舟至木渎法云庵,访汪石心丈。值其在城,别买舟,嘱杨藕槎往寻。向晚,石心同藕[①]自城返,同宿庵中。

---

① 脱"槎"字。

廿三日(6 月 8 日)　同石心、藕槎、西溪游天平。先至来鹤庵，胥江旧游地也。入山，自中白云至上白云。饭，见通僧庵。别去，至寒山，游法螺庵，赵凡夫故居也。归途游德云庵，从小舟回，仍宿法云庵：僧房借榻息劳筋，愁愧尘颜礼白云。似此澄潭清似镜，也堪避世断知闻。

廿五日(6 月 10 日)　放舟归，至外跨塘桥。以风雨甚，泊舟竟日，不得归。舟中寒甚，惟看书消遣。时阅吕新吾先生《去伪斋文集》《安民实务》二书。

五月十六日(7 月 1 日)　午后，附富香吏舟入郭，同西溪避雨香吏家。管倚岩适来，为占其内弟病。续至者，李兰湄、顾青字。

廿八日(7 月 13 日)　钞《安民实务·民务卷》毕。

廿九日(7 月 14 日)　钞《武备卷》起。

六月初三日(7 月 17 日)　钞《安民实务》书毕。

初六日(7 月 20 日)　撰吕新吾先生《安民实务书》跋。

十三日(7 月 27 日)　午后，书贾湖州闵生来，以其触热而至，购《古诗源》一部、《西域闻见录》一部，凡三百六十文。

十八日(8 月 1 日)　入城访涵溪，借太仓顾王霖所撰《诗考》，并王伯厚《诗考》《诗地理考》《在官法戒录》。

廿二日(8 月 5 日)　花家浜任诊，得酬仪百文。有渔妇嫠而穷，即以赒之，并赠米一升、旧夏布裳一条。阅娄东顾容堂员外(王霖)《汉魏晋六朝诗话》。

七月初五日(8 月 14 日)　余坐北窗，为石心辑《儒门慎言录》稿。

十二日(8 月 25 日)　与友人偶谈今人所以不如古人处。友人曰："古风俗美，今风俗恶。"余曰："风俗因人而成。世有今古。其实未往之古，古即是今。将来之今，今亦为古。人才不如，非由风俗，亦非由今古。只为古人每事肯自反，今人只责备他人，不自认错耳。因此遂成风俗，遂分古今。乃人累风俗，非风俗累人也。"

廿二日(9月4日) 辑《昆山名贤冢墓碑志》始。

廿七日(9月9日) 写《昆山名贤墓志》。

八月初三日(9月14日) 寻厚斋,令舟入郭。黄昏抵郡,泊周通桥。

初四日(9月15日) 知石翁已返渎川,即解维。午刻至法云庵,晤南翔周葵生、常州杨藕槎。谈次,知石翁晨已入郡相左,令小沙弥入城寻之。同葵、藕厚礼佛,宿庵中。

初五日(9月16日) 凌晨,石翁来,会同葵、藕厚游钱园,晤主人杏圃。久谈,再游端园,饭东嵝草堂,故诗人盛青嵝锦旧居也。晤其曾孙守安(案:先生《隐求堂诗存》作"岩东草堂"。此处原本作"严草堂",下脱"东"字,不词。考盛锦诗名《青嵝集》。"青嵝""东嵝"义同,故据下文记云"饭东嵝草堂",定作"东嵝")。式蔡孝子坊,雍正间为乡饮宾,来游灵岩,揖诗人张永夫墓。永夫讳某,与归愚尚书结"葑溪诗社"。归愚达后,永夫谢绝城市,竟以饿死。其人可知矣。

至灵岩仙馆,坐画船云壑。久之,空山中但闻竹鸡啼,令人心空境净。出山访韩蕲王墓,至披云庵小憩。西行数百步,欲访汲云庵,借《蘖庵禅师语录》读之,以路迷而返。南行绕溪至顾氏废庵,桂花盛开,大殿已成废址矣。再西行,过桥,访辟谷高士吕毖桴庵,今为女贞观,荒凉殆甚。两女道士居于顾庵,一年七十许,一年二十余。吕先生墓庵中,上盖屋,有塑像在焉。有郡守吴道煌所撰碑,昏黑不可读矣。稍南,过城隍庙,至济善堂。时石翁养镇江,一颠病人在内,延余为诊视,商治疗之法,时已上灯。饭石翁斋中,仍归庵宿。

廿四日(10月5日) 灯下写《名贤墓铭》四卷毕。

廿九日(10月10日) 钞《名贤冢墓碑铭》第六卷起。

三十日(10月11日) 俞漱六同令郎拜墀自娄东来访,承惠《东冈诗文集》及佳茗,并携《千秋逸品》《槐榆交荫》二图见示。下榻草堂,谈至夜分始寝。

九月初一日(10月12日) 饭后,同问月、漱六乔梓往游顽潭。

小点后，漱六从古塘回娄东（见《诗存》）。

十六日（10月27日） 佛氏之学，以身为累，故《佛遗教经》有云："此是应舍之身、罪恶之物，假名为身。"然尚云："世皆无常，会必有离，勿怀忧脑。"若如净土法门，则系恋死生甚矣，何名解脱哉？一心不乱，自是妙谛。但古佛所言："汝等比丘，但当一心勤求至道。"若种种戏论，其心则乱，何尝有执着妄想？如何《弥陀经》所云哉！此亦如吾儒谈道，世愈远而愈失其宗也。

圣人教人，莫先于礼。《中庸》一书，论性论道，其极至于无声无臭，可谓高矣远矣。然欲其优优之大，则曰"礼仪三百，威仪三千，待其人而后行"。其言何等着实！故他日告颜子之问仁，亦曰"克己复礼"，告仲弓曰"如见大宾，如承大祭"。此博文约礼之实际也！后世诸儒，以礼为形迹之粗而高谈夫礼，亦异乎吾所闻矣。

天下之达道五，所以行之者三。虽不言礼，而礼在其中矣。

夫子赞《易》，始以穷理为言，甚矣。夫不达夫、子、臣、弟、友之道，未可空谈夫理也。

题桴庵（是吕先生毖修道处）：一间老屋覆残碑，野老犹能说炼师。寂寞何时归华表，年年春草没亭基。

拜诗人张永夫墓（见《诗存》）。

顾园废庵（见《诗存》）。

廿一日（11月1日） 问月从朱颖汀所借得诸庄甫先生《勤斋考道录》五卷、《朱慎关先生日记》一卷。

廿五日（11月5日） 录《勤斋考道录》一卷，坐南窗下，风日甚美。是日，课人种菜，孙女皆出，甚萧寂也。向晚，附舟至梅心泾，同李银塘查核赵庆增田数，宿晓峰西斋。

廿六日（11月6日） 晨起，附舟回，仍钞《考道录》二卷。

廿九日（11月9日） 灯下录《考道录》二卷毕。

录富香吏《秦溪渔隐图记》：九十九峰矗立于海上，或离或合，下自成溪，曲注旁流，有数十百里。南分苕霅，北抵吴淞。要其发源，实自秦望山始。居人男女，颇习风波，蟹簖鱼罿，沿堤不断。东吴水国，泽处者必多，而吾盐人以捕鱼为业者，盖往往族集于此云。此中人编篱成村，种树架屋，人生离别，至老不知。菱荡年年，荷乡处处。一时活计，大抵水滨。每当斜风细雨之天，际明月夕阳之候，桥心灯碧，树角烟青。汉港歌来，没腔成韵。菰蒲语响，隔岸堪听。以水为家，乐莫乐兮。虽雨雪孤篷，风霜短棹，在水中央，亦甚矣惫然。视夫婢膝奴颜，风尘奔走，其为劳逸，似有迳庭。余僦居其间，渔弟渔兄，时相问答。尝携蓑笠，具笭箵。舴艋中，全家俱在，无多虾菜；自适鸥凫，烟际啁啾，渡头容与。红阑射鸭，白港叉鱼。一件破蓑，残针密补；半床败叶，冷饭平铺。时止时行无束，一声欸乃和答随之。但载月归来，岂复有折橹摧篙之患？纵狂风吹去也，只在深芦短苇之间。或拟天随(潘注："当云真元。")，或称甫里，余则笑谢之。或呼蛮子，或唤浪儿，余则敬诺之。有好事者，为余作图。余即以"秦溪渔隐"题之，而或曰："渔则渔矣，隐何隐乎？"余乃赧然动色，默尔无词，顾影自惭，又不觉鱼筌两忘矣。是为记。道光四年甲申仲冬，香吏自记并书。

十月朔(11月10日) 钞《考道录》。

初三日(11月12日) 钞《勤斋考道日录》毕。

初四日(11月13日) 灯下录《归陶庵翁记》毕。

为养济院添买民房分别男女禀稿：为缕陈养济事宜，吁请核示遵行。事窃见国家命直省州县设养济院收养孤茕，正王政施仁必先无告之盛心也。本县养济院在新县治东孤老巷内，额设孤贫百名，每年给予恤粮绵布。院宇虽建自前朝，节经前政增修，尚可支持岁月。惟是某等经由是巷，见院内男女杂处莫辨。细询其人，俱系无靠孤贫，例应收养。但本非父子夫妻，井臼比连，嫌疑莫别，殊非事体。伏思国家建置，如义仓社，学养必兼之，以教男女有别，乃礼教之大防，为治之要务，不以贱贫而可废。既设院给粮以收恤之，有以免其饥寒，自宜别嫌明微，以条置之，更以养其廉耻。此仁政之所必尔，特前人偶未暇及耳。今幸遇贤侯，以保赤深仁，惠临下邑。风教所被，山川改色。凡在士民，均沾化雨。胡独螽尔孤茕，不在教养之内？是养济一所，男女必应分居，断断然也。今某等恭体贤侯以德化民至意，劝募集资于院之左近，契买民房一所，计若干间，以为分居女贫之地。如蒙恩准，恳赐给示禁约。某等一面命工修葺，择日禀请，分别送养。其应邀恩恤，仍于原编银内领给，庶几礼化之风，下逮贫里。而凡在士庶，以礼自防者，益增警惕矣。缘系地方事宜，未敢擅便。为此，具呈父师台太老爷府赐鉴核，批示施行。于风化治理，庶有裨益。地方幸甚。上呈。

十八日(11 月 27 日)　问月自城来，从涵溪所袖李二曲《四书反身录》见示。读之，心为悚惕。自读此书，余书不欲读矣。

二十日(11 月 29 日)　送还葛子京《梅花草堂集》一部(明邑先正张元长著)、《邑先贤行状》一宗，并寄与《昆山诗征》五本。

廿九日(11 月 30 日)　邑中故有洪武年孝子陆安烈妇钟氏墓，迷不知其处。前年，张潜之辈欲修复立碣，访问老成，皆云不知，因是止。秋间，郡友汪石心复理前说，亦以不得墓，不敢妄为。昨廿八日，余以事至东禅寺前，徘徊于邱姓宅前，有古冢在焉。遍生野菅，矿亦露出。正疑似间，忽一老妪至，年可七十许，谓余曰："君何徘徊于此？此乃洪武时代父典刑孝子墓也。"再欲访其详，妪已去。询之邱小朴，亦云然。然云坟上芊芒，乃胡观澜丈家年年收割。余前询之，观澜诿云不知。此曷故欤？当再访而立石表之(此墓非是。墓在七塔之南，乙巳岁已具呈学使立碑矣)。

十一月初一日(12 月 10 日)　重作《叶云瞿丈墓志》。

初二日(12 月 11 日)　钞宗忠简公文五篇，故友方小湘藏本也，惜只存下一卷。

十三日(12 月 22 日)　邱亦山寄《有怀堂集》来。

十八日(12 月 27 日)　方小薪寄《魏恭简公文集》来。

二十日(12 月 29 日)　余往论吴中先哲，长洲陈永之、昆山黄应龙，博学厉行，以一老广文为乡先生，没而祭于社，常想慕其为人。今读里中吴止狷先生文集，夷考其生平，则永之、应龙之流亚也。尝观明张宗海、吴思庵之文，称国初儒者沿袭宋元风流，幅巾褒衣，详步端视，进止庠序，风肃然出衣带间。有所撰著，必皆本经术，通道理，不为浮华靡曼之词。以今观于先生，行有坛宇，词尚体要，其犹有先民之遗焉。诗曰："虽无老成人，尚有典型。"乡邦之士友，抚先生之遗集，而流连慨想其人，尚有中郎虎贲之想乎？九京可作，"微先生，吾谁与归"？晋大夫之言质矣，无徒为流涕、太息而已也。

廿八日(1845年1月6日) 《中庸》一书，为卫道而作。异端邪说，未尝不妄言性道，而实非天命人心之正，故篇首揭明性、道、教三项。盖异端之言性道，每喜高远，故即继之以"可离非道"。而伪为儒者，又或虚假于外饰，故又申之以"戒慎不睹，恐惧不闻"。彼索隐行怪者流，正是离道之尤，而半途而废之。君子即是不能依乎《中庸》者也。然"道不可离"章，既昌言人之为道，而远人不可以为道矣，而即继之以忠恕。违道不远，即继之以子、臣、弟、友，即继之以"素位而行，不愿乎外"。而怨尤胥泯，悉归之于反求诸已。其修道工夫，事事着实，事事中庸。如此，何其平以实也。然而夫妇和、父母顺、先祖格者，皆由于是。由推之一国，则国宁；推之天下，莫不皆然。故云：仁也者，仁此者也；义也者，宜此者也。此天地位、万物育之极功也。夫焉有所倚，即是中立而不倚，其孰能知之？即是，孰能知天地之化育？知天地之化育，不外乎生成，不外乎孝弟，则知所以和夫妇、顺父母、格先祖之理也。天地以生物为性，然其所以生物不已者，即是情。人之受气以生者，虽秉天性，而所以和夫妇、顺父母、格先祖者，皆情为之也。情之极，即是诚王道，必本人情，故曰："人情以为田。"又曰："饮食男女，人之大欲存焉。"圣人设教，即是"礼仪三百，威仪三千"，特闲其情以复于性耳。彼之为教，必欲铲去人情，以饮食男女为害道。而后儒之谈性者，舍《中庸》"子臣弟友"之实际，而远究夫无声无臭之终、喜怒哀乐未发之始，离人事而谈天则，道则高矣，美矣。推其用心，与索隐行怪者流，相去何能以寸耶？读《内则》一篇，泚然汗下。

人生一世,未曾尽一日子弟之分,奈何言学道乎?摄放心则易,尽事理实难。

十二月初三日(1 月 10 日) 题唐君《铁耕诵芬图》,图为其祖香樵丈作:(一)漱六轩中侍坐时,翁方斑白我僮痴。而今我老如翁老,快读贤孙述祖诗。(二)人世光阴箭脱弦,名成一艺岂徒然。虚生如我真堪恸,寄语诸贤痛着鞭。(三)先德终期后起贤,丛残收拾为流传。东家夫子都删订,犹有《中庸》待伋编。(四)艺苑中间自隐沦,典型吾里有先民。苇斋范氏王安道,风概如翁有几人。

廿二日(1 月 29 日) "子张问善人之道"。此"善"字,宜读为"缮",盖子张问人所以自治之道也。夫子以子张务外而不切实,故以"敏行"勖之,践履也,迹行也。谓践履,古人之行如步趋也。谚所云:"脚脚踏实地做去,自然能升堂入室。"苟凭虚想像,以为道如何高妙,虽自谓有得,决不能入室矣。先儒以为善人,虽不能循旧迹云云,似与"之道"二字,不甚浃洽。

廿五日(2 月 1 日) 题《顾亭林先生遗像二十二韵》:腐儒竞词章,俗吏弄文墨。六经成土羹,治道日荆棘。煌煌圣谟训,足民先足食。正德与厚生,敷治有良则。敷教有明刑,百官务分职。是维大文章,君臣互相饬。苟无《麟趾》仁,周官亦虚设。苟无《关雎》化,御于岂能得。坐言起可行,读书乃有识。猗欤顾先生,金声而玉色。学问探其原,治道同一洫。著书已满家,老病犹自力。其意欲施之,惜哉日已稷。空抱三代思,想见愤填臆。余生嗟已后,怀之心为畫。风教不复古,江湖曷有极。经书利禄媒,吏治良苗蟘。典型日已远,何人缅在昔。今日北风凉,穷巷雪花塞。整襟展画图,敬此巾一幅。凤兮德何衰,斯贤不可即。再拜为题诗,掷笔三叹息。

廿八日(2 月 4 日) 恭祀五祀诸神;祀先祖,祀外姓诸亲长,祀先师陶半帆先生,根之外家顾氏、嵇氏暨汤氏,妻家吴氏,暨亡弟性安之妻家吴氏,俱无后,故每祀先人,必祀之。根从受业师凡六人,惟半帆先生无后裔。故根于岁终祀之。昔我祖松溪府君,事其师陶子仲先生。先生无后，祀之者凡三十年。根祀先生，犹先祖之意也(先生岁终祭祀皆如此，不尽录。偶录此者，见先生居心之厚也)。

录富山人诗:《秋试报罢述怀》:蓬庐岁月意蹉跎，翘首何年假斧柯？燕赵悲歌同调少，风尘短褐阅人多。秋深海国看牛斗，夜雨岩城长薜萝。八月浮槎空结想，黄河流不到天河。《卜将军庙》:昔闻唐将事，曾此遏倭夷。寒尽一尊酒，飘然万里思。楼船仍海上，去岁我流离。回首丰碑在，题名今共谁。《五人之墓》:选胜山唐赋冶春，衣香鬓影满河滨。我来别有消魂处，杯酒空山拜五人。《山塘怀古》:古木槎枒作虎蹲，一枝瘦塔压云根。神仙义侠皆尘迹，儿女英雄总墓门。箫管吹残生死梦，烟花消尽古今魂。十年旧事旗亭在，莫问罗裙旧酒痕。

道光二十五年乙巳(1845)[①]

戒多出门，戒多访人，戒多言，戒多费。誓编纂自著诸书。

元旦(1845年2月7日) 诵《孝经》一卷，校点《月令》一卷。

十二日(2月18日) 《周礼》"太祝辨六号"，一曰"神号"云云。今《曲礼》所载，牛曰"一元大武"云云。即四曰"牲号"，五曰"齍号"，六曰"币号"也。以其交于神明，不可同于人之称故尔，非有异也。彼青帝、灵威、仰南、赤帝、赤熛怒等，即所谓"神号"也。昆仑州，即所谓"祇号"也。太祖、太宗、艺祖、文祖、高宗、中宗，即所谓"鬼号"也。知此说者，亦不嫌纬书之诬。

十七日(2月23日) 校《仪礼经传通解》。

廿五日(3月3日) 《中庸》者，题下之小名。《礼记》者，当篇之大号。《中庸》如不言礼，何以附在《礼记》？其曰"性，天命之谓"，即《左传》所谓"民受天地之中以生"者是也。道，"率性"之谓，即《乐记》

---

① 原注:"先生时年五十有八，仍称徐村老农。"

所云"礼以节性"者是也。"修道谓教",道何由修也?即"礼仪三百,威仪三千"者是也。惟无忌惮之小人,但得其揖让进退而无敬以,将之则不诚无物矣。而且,诚伪之间,不容以间,"见乎蓍龟,动乎四体",如之何其可欺也?盖至诚如神也。故必戒慎乎其所不睹,恐惧乎其所不闻,乃得成其修德。凝道之君子,《曲礼》所云"毋不敬"是也。否则,是仪也,非礼也。惟其诚所以为至德,惟其事事循礼,所以为至道。然礼不虚设,待人而行,故曰"苟不至德,至道不凝焉"。然则所以成至德、凝至道者,何由而致?非学不可。故"君子尊德性,而道问学,致广大而尽精微,极高明而道中庸"者。欲其"成至德而凝至道"也,由其有尊之,道之,致之,尽之之功也。故继之曰:"温故而知新,敦厚以崇礼。"温故,所以知新,非学道而何?敦厚,所以崇礼,非致道而何?且也世知尊德性,致广大,极高明矣。而学问之有所未道,精微之有所未尽,则亦不能造乎中庸之域,患在乎温故未能知新耳。彼夫礼,本于太一,列于天,殽于地者,可谓广大高明矣。而孰知夫精微之至、中庸之极者,不过诚敬之一言。基之乎,敦之厚之,合此诚敬,以崇夫礼,使"三百"、"三千"者,实有致夫此心而不为虚文,则造端夫妇、顺父母、感鬼神者,举不外此。彼周公制礼,追崇先王。虞舜至孝,孙子克保,亦莫不由此。天下国家之"九经",所以其始起于亲亲,而其卒至于柔远人、怀诸侯者,亦惟此而已。且夫"文武之政,布在方策"者,非礼而何?仁也者,仁此者也。智也者,知此者也。勇也者,强此者也。斋明盛服,非礼不动,所以修身也。此一句统括《大学》"致知格物,诚意正心"。修身而言,所谓成己也。其至要,不过曰"非礼不动",则礼之关于身者,为何如哉!下文"尚贤亲亲"诸事,胡莫非礼之事乎?夫礼,莫重于"为上不骄,为下不倍"。当日圣人在下,故曰"吾从周"。"吾从周"者,圣人见身说法,为"为下不倍"而言耳,非夏殷之礼无可法也。是故"君子动而世为天下道",非礼何动?"行而世为天下法",非礼何行?"言而世为天下则",非礼何言?远之则有望,近之则不厌者,何莫非礼也。仲尼"祖述尧舜,宪章文武"。

“祖述尧舜”,即述不偏谓“中”,不易谓“庸”。两语为上祖尧舜,精一折中之训也。“宪章文武”,谓“定礼乐”,时守“从周”之训,存文武之遗制也。此《中庸》一篇,无不言礼。礼,莫重于祭。祭,莫重于郊社禘尝,故曰“明乎郊社之礼,禘尝之义,治国其如视诸掌乎?”举一祭而五礼统于其中矣,举治国而平天下在其中矣。故曰“致中和,天地位焉,万物育焉”。此行礼之极功,而圣人之能事也。

“王者禘其祖之所由自出”,郑君用纬说,以为祭感生之帝。唐赵伯循以为周推帝喾,而鲁禘则推文王。后儒多议其非是。今日读子夏《丧服传》,谓诸侯及其大祖天子,及其始祖之所自出。《传》是子夏所作,定有所指。周人当以姜嫄閟宫为所出帝耳,不得言禘喾也。《祭法》禘喾先儒以为东周后所定,或者然也。至鲁宗祀文王于明堂,见于《孝经》。鲁之郊禘非礼,见于《礼记》。至禘自既灌而往之,叹为夏之时禘欤?为吉禘欤?为大禘欤?未可定也。蓍之言“耆”,龟之言“久”。

廿六日(3月4日)　赴长墩浜金兆祥招,与也樵同席。也樵以令祖枚庵先生《与稽斋稿》及《墓志铭》见借。

廿九日(3月7日)　入城,访叶涵溪借《尚书大传》《逸周书》《汉魏古音》三书。

二月朔日(3月8日)　借录《吴枚庵先生墓志铭(并序)》:呜呼!世无处士久矣。今之人束发读书,达则为公卿大夫,否则困于科举之业,孜孜矻矻,以终其身。欲求夫修学好古、蝉脱声利之外,簪笏不动其心,箪瓢不改其乐者实难。其人若梅庵吴先生,其庶乎!先生讳翌凤,字伊仲,初号枚庵,晚岁又自称“漫叟”。江南吴县人,少禀异姿,读书五行俱下。既冠,以试院《旭升楼赋》,受知于曹地山祭酒。寻食饩于庠,贡入成均。所交者皆一时知名士,声华籍籍庠序间。先生视青紫若敝屣也,年四十即绝意干禄之学。唯仰屋著书,获未见书必手钞。所钞书盈筐箧,皆雠校精核,无一讹字。诗宗《唐贤三昧》,书法董香光。善写生,草虫花卉,落落纵笔,入徐熙之室。工篆刻,古雅有法。所蓄金石文字甚富，一一能道其存亡真伪。间作山水，亦高简无俗韵。故尚书姜公晟之抚湖也，远致羔雁，延课其子。先生遂作楚游。姜公既去楚，先生为楚中士大夫所扳留，坐皋比，教授诸生。凡往来于楚之南北者二十有七年，然后归老于故土。嘉庆二十四年夏，偶感暑疟。既愈复发，遂不起，以七月三日卒，春秋七十有八。父坤，以善画名于世，其殁也，先生哭之过其节，左目遂失明。母沈早故，继陶尚存，配沈先卒。子三：宝彤、宝芾、宝绅，殇其二，惟中存。孙一，之庆先生，性乐闲静，外通内介，家无儋石储，而口不言贫。后生与之游，视若和易近人，至非义之为，凛乎不可干也。所著书，有《与稽斋丛稿》《吴梅村诗注》《唐诗选》《宋金元诗选》《怀旧集》《印须集》，皆已刻行世。其未刻者，尚有二十余种，世未及见也。孤宝芾将以次年三月十七日葬先生于太仓山之原。先期乞铭，铭曰："儒家者流，贤圣为伍。励志诗书，抗心邹鲁。矫矫先生，性厌华膴。读书万卷，圭璋在府。蔚为文章，弗懈及古。诱掖后生，若被时雨。行必践绳，言必执榘。哲人云亡，斯文焉取？"同里石韫玉撰文并书，潘弈隽篆盖（案："蝉脱"疑"蝉蜕"之误）。

初六日（3月13日） 入城，访叶涵溪，以遗失《仪礼经传通解·礼丧》一卷，恐在涵溪所，因往检，亦未见，心怃然。略谈，借葛铁生《小尔雅疏证》归。猗竹所饭，同游马鞍山。余已十余年未到矣。光景都非旧时，独山容如旧耳。花神庙试茶，梅花山茶盛开。

初十日（3月17日） 复叶涵溪秀才书（见《晚香书札》）。

"致知格物"之论，从《礼记》郑注以后，有七十二家说各不同。朱子"穷理之说"出，洵为透顶议论，然以物为天下之物，致为尽天下之物，而穷其理不无太远。是以陆、王之辈有以议其支离。根谓"物"字，即《中庸》夫妇、父母、鬼神推之，万事万物皆在其中，非泛指而无统纪也。格者，"感格"之谓，谓诚能动物也。知，即知其理，知其事。致者，力行之谓。凡已知其事物之理，应当如此，便当极致其力，以感格夫所谓物者。至而动，而修齐之要得矣。若空空说个"正心诚意"

“自治功夫”,仅得一半。若泛穷天下之物,如阳明指庭前竹树而欲格之,则沦于异说矣。又曰:此节推言其本始,自修身而反之,正心诚意至矣。欲诚其意者,先致其知,则又从意之公私是非中别之。而知乃实功夫,至此蔑以加矣。其“致知在格物”一语,则又单提学者功夫,知行并重之意,而尤重于行。言“致其知”者,以能格物为极至也,非致知之后,别有格物一境也。今人以知贴内,指为知识,以物贴外,指为万物,谬矣哉!犹《论语·为政篇》,夫子自言其进德之功,至“知天命”已极则矣,后来耳顺从心,不过自己作止。语默之间,无一不与天命浃洽,聆之而即喻,从之而不逾耳。亦非知天命之上,别有有耳顺、从心两境也。夫子十五志学,即“博文约礼”之事。博文约礼,即大司乐[①]“春秋教以《礼》《乐》,冬夏教以《诗》《书》”之事。“三十而立”,即是能立于礼,初非有奇异也。后来讲章好为高论,说此章曰:“此圣人知天之学也。”又云:“圣人不幸七十五而死矣,使至八十九十,则更有进境。”此腾口说以诬圣人,不可惑之。大抵夫子之说,只是平常。宋之大儒,已疑其过高。明人之论,吾不知之矣。君子之中庸,以“时中”为中庸。大之,即《易》之“时进则进,时止则止”。夫子之可仕可止是也。小之,则晏子之所谓“君行一,臣行二”者,亦是也。小人之中庸,以无忌惮为中庸。乡愿之流,胡广、孔光之徒欤?

十六日(3月23日)　舟过南村,有怀亡友王小山:园林小隐路盘纡,曾记年时酒一壶。今日花开还似旧,春光能到九泉无?读《与稽斋诗》。

十八日(3月25日)　附舟入郭,访叶涵溪不值,徘徊东城,行菜花田中,望马鞍山色,苍翠欲滴,桃李杏树俱花,有“万物皆春我独老”之慨。至朱斐堂丈所,谈读其曾叔祖蔼翁,即雪鸿先生讳谨所撰《家传序》。

廿三日(3月30日)　题《了凡四训》:《六经》《四子》诸书,导人

---

① 当为“乐正”。

为善，不过教人节性闲情，归于无过。以父子、君臣、昆弟、夫妇、朋友为之伦，以恩、以义、以序、以别、以信为之纪，亦曰"尽我为人之道而已矣"，初无邀福避祸之见存焉者也。其曰"余庆""余殃"及"惠迪吉，从逆凶"之说，不过言其理之有然者而已，非以求福之故而俛焉以为之也，亦非以偶不如是而即谓天之报施有爽也。故福善祸淫者，天之道也。行法俟命者，人之道也。是以伯夷穷饿、颜子早夭，卒无怨悔。论者亦言性与命元不一致，明此理也。后人物欲太深，羡富恶贫，羡贵恶贱，羡寿恶夭，往往不由其道以求之，而富贵与寿终不可得，或更以取祸。于是著书之人，假"惠迪从逆"之说，以驱一世之人，而《感应篇》《功过格》诸书作矣。读书者能知劝善之书之作，专为世之冥行索途者而设，非古圣贤立教均若是也。圣贤但言为人道，后世专攻求福之术。同一言善，同一行善，而公私理欲之判若天渊矣。

三月十二日(4月16日) 自书十戒：一、勿妄谈古人得失。古人之所以得为古人，以至于今必有致之者矣。伊川先生曰："汝辈当取古人长处，勿但道其短处。"薛文清公曰："处今日之地议古人之事则易，居古人之位为古人之事则难。"细心一想，自然口不容妄发矣。且自居何等而轻议前人，何其妄也。毁谤圣贤，罪尤重矣。二、勿妄议朝廷政事。"居上不骄，为下不倍"。居草野之中而开处士横议之风，非"为下不倍"之道也。且所言是，亦可益于事？所言非，徒增哆口。他日居位自可建白，何待此日哓哓？且更恐一日得位，反喑默不一言矣。何无耻也。三、勿妄谈官长贤否。"君子居是邦，不非其大夫"。吾为士，果能恪守卧碑否？吾为庶民，果能谨行乡约律令否？一家未能治其家，一业未能守其业，为父兄不能饬其子弟，为师长不能督其弟子，回光自照，愧何如之？而妄谈官长之贤否，岂"君子责己厚"之道乎？且犯上之风，实基于此乎？四、勿参与他人词讼、家事。近人词讼，未必真有建白，直有冤枉，大都罔上行私之事耳。近人家事，大都争财竞产，兄弟阋墙，夫妻反目之事耳。丁宁不可参与者，一则身为谋府而为众怨之的，一则事涉武断而犯出位之戒。若事关戚友,偶出至言,为之排解,不在此例。五、勿雌黄他人文字短长。文以载道。文非见理明道,有关风俗,有系伦常者,本不足轻重。其长其短,任之而已。况乎立言者,或有所为而作。我之见识未到,岂能真知其是非?是以不可妄下雌黄也。若离经畔道之文,不可不为后生辈直斥者,不在此例。六、勿妄訾他人行止缺失。传闻之言,未必是实。细行之亏大德,有取正当,保护而曲全之,使之自新。况近人议论,每好雷同,入主出奴,岂为公论?徒滋轻薄,为有道君子齿冷耳。况自己之缺失,更不可悉数耶!七、勿及于狭邪、赌博。狭邪赌博宴游之事,下至荒湛于酒,皆为士之大戒,不特身不可犯,即附和之谈,亦不可及。他人有津津乐道者,可止则止之,不则引身以退,或默不与言可也。八、勿游谈无根,贻误后学。士君子一身,言为坊,行为表,一言一动,常欲使人可以则傚。故对同辈及后生于矢口之际,尤宜留心。如谈学问,宜引经据古,不可妄肆臆说;论立身之道,宜于理欲路头指点明白。盖他事之贻误,不过一时事,而学术之害人,乃甚于洪水猛兽,——奈何不留意而轻肆口实乎?九、勿厚弃实学,竞寻枝末。《四书》《六经》,实学也。文章词赋,枝末也。《四子》《六经》之有伦理,实学也。训诂句读,枝末也。此以学问言也。孝弟力田,实学也。博通今古,枝末也。善事父母兄长,实学也。广交朋友,寻盟逐社,枝末也。苟于言谈之间,弃本逐末,其为后生之害不小矣。故戒之。十、勿妄谈祸福。不论人事,祸福之事,修身者所不道。盖修吉悖凶,古人谓之天道。《易》言"余庆""余殃",亦不过阐明其理。至于行己之方,则舍"夕惕若厉",更无余事。尽人之道,吉凶祸福,听之而已。妄欲邀福,与妄欲避祸,皆非道也,愚之甚,妄之甚。十一、不可干人酒食。古人一饭之恩,终身不忘,翳桑之饿夫是也。若无故而干人酒食,以父母之遗体,降而为饮食之人,为人所鄙夷,殊可惜哉!古语云:"祸从口出,亦从口入。"此等虽不足以掇祸,然辱身贱行,祸斯烈矣。故附此条于口戒之末,而重为根惕也。以上十一条,仅举一隅,皆为根所易犯屡犯者。言之以自为检身之标准,非有所讽于人也。知道之君子，其亦鉴于是哉！

“静”之一字，在圣学为仅举一隅而施之，于今日则为吾人对病之良药矣。其尚思之。

十八日(4月24日) 秦汉秩中有中二千石、真二千石，凡四等。比二千石，月得粟百石；二千石，月得粟百二十石。真二千石，月得粟百五十石。其下三等，虽号二千石，其实数不至也。惟中二千石，月得粟百八十石，率一岁得粟二千一百六十石。然则古三石惟今一石耳。

五月十九日(6月23日) 访王文轩，以所藏书及目见示。凡六大橱，琳琅满目，借《经籍纂诂》归。又观崇宁某年《左街道录》、徐知常摹唐吴道子《王子乔吹笙引凤图》，上有王雱跋、明王世贞跋。又元大德年陈琳画《耄耋图》，五采陆离，真名作也。

廿四日(6月28日) 南驸马泾李诊。按：马泾河有《南北马泾鱼鳞册》，或曰“驸马泾”。里人云：其处有古坟，相传为驸马坟。有人发之，得古物甚多。其冠梁以铁丝为之，尚未坏也，惜不详其志石之文。

廿三日(6月27日) 接郡中汪石翁札，言表扬故明孝子陆安烈妇钟氏墓事，并赠《乾坤正气集》廿卷。

廿四日(6月28日) 哭范心畲妹丈：（一）空江潮落欲黄昏，含泪开船怆断魂。门巷依然人不见，冷风残雨郭西门。（二）与君异姓为兄弟，意气宁论杯酒宽。肠断病中相嘱语，孤儿无赖要君看。

七月十七日(8月19日) 公呈陆孝子墓请给额建碑稿：呈为表扬孝烈遗冢，环吁给额建碑，以垂永久，以杜侵蚀事。窃维褒贤崇德，自古而然。封墓式庐，于今为烈。信陵之坟守卫无旷，展季子之垄樵采有刑，皆所以垂劝将来，扶植风教也。况乎情殷，代父膏斧锧而不回；义切同衾，誓黄泉而偕赴。亮节传于异代，至性萃于一门。而佳城颓阤，马鬣摧残，何以慰彼幽魂，风兹来裔？伏见昆山县前明孝子陆安暨妻烈妇钟氏，一则代父典刑，一则殉夫自缢，成志于洪武之世，营葬在城东之隅。志乘昭垂,风徽未泯。而事隔前朝,年几五百。荆榛莫剪,丘封翳如。访古者叹墓碣之无存,哀逝者痛便房之欲毁。此而不为修复,将来必致沉迷,是使纯孝遗骸弃诸沟渎,孤贞白骨长伴狐狸。此傅咸有登芒之哀,陆机有感丘之赋也。恭读乾隆十八年高宗纯皇帝恩诏一款,凡前代忠臣孝子名贤坟墓处所,地方官查明,报部防护,湛恩汪涉,下贲九原。境内先贤夏太常卿昶、叶文庄公盛等坟茔,俱邀恩典。如安夫妇身任伦常,事同一体,而后裔式微,无由上吁,诚为缺典。伏遇大宗师大宪大人职掌文衡,主持风教。案临所及,首先体访孝子节妇,亟与表扬。有如孝烈,谅蒙垂恤。某某等瞻念荒茔,志殷修复,是以开具事实,沥情环吁。乞赐题额,冠于丰碑,永留神道,然后修营丙舍,整理荒阡。庶使秋霜春露,犹留洒扫之人;鸟篆云书,益炳丹青之节。沐宪德于不穷,励风规于无既矣。孝烈幸甚,风教幸甚。有此上呈。

修复故明孝子陆君修平暨妻烈妇钟氏墓表:国家崇重礼教,凡学臣案临,首先体访孝子节妇。符例者汇请旌表,余者给额奖励。所以表率之者甚至。道光二十五年秋,提督江苏等处学政、内阁学士、礼部左侍郎筱坡张公以科试事至昆山。昆山、新阳两学廪、增、附生员某某等,暨郡邑绅士某某等,合二十余人上书,言前明昆山故孝子陆安,字修平,本县道德坊人。父德甫素爱客,客有事在官,德甫为保出,初不知其罪犯大辟也。客既出,逸去。时国法最严保结,凡保人脱逃,罪坐保者。德甫因械至京师,将抵罪。时安年二十一,初婚未及半载,别其妇钟氏,刺血书“代父典刑”四字于衣,走京师伏阙请命。诏许之,赴市,神色不变。观者无不流涕。安既死,德甫囊其骨归。甫入门,钟见翁甚喜。亟问其夫,德甫指囊而哭。钟大恸。移时,遂自缢,时洪武癸酉九月也。合葬在县东城荐严寺南卅数步。嘉靖间,墓为邻人所侵。邑士诸永明赎而归之,因为修复。于时昆山县学教谕沈应奎题其碣曰“孝烈双修之墓”,而祀其主于学宫之忠孝祠。今事隔前朝,年几五百,荆榛莫剪,丘垅翳如,甚非所以仰称朝廷嘉予孝烈之至意。伏读乾隆十八年高宗皇帝恩诏一款，凡所在忠臣孝子先贤坟墓，地方官查明报部防护。皇仁湛濊，下贲黄壚。本县先贤如夏太常卿昶、叶文庄公盛等坟茔，俱邀特典。如安夫妇孝烈，宜在一体。伏恳饬令县学，所有遗墓出示禁约樵采，仍与建碑墓门，式扬懿行，庶俾来者有所观法，其于风教不为无补。报曰"可"，且手题其碑曰"孝烈遗冢"。于是，儒绅好义之士，为伐石，具纪其事而征文于某。某谓安之赴死救父为至孝，钟之捐生殉夫为至烈。而明太祖之能成安志，为至仁也。何者？使当日高皇不从其请，或安少濡迟，德甫已就刑。安于此时，势必抚膺呕血恸绝而不复生也，而孝子之心伤矣。惟高皇好生之仁、执法之义，并行不悖，君能体臣心，子克全父命。由此论之，岂独纯孝至烈为千古罕有哉？即君臣之际，亦两全而无憾者矣。夫君君、臣臣、父父、子子、夫夫、妇妇，人道之大者也。是不可不书之，以为世法。又念朋友，亦五伦之一也。孝子之父，初不问其友之所犯者为何辟，而毅然身出之？事虽不详，度其中必有不忍者矣。非笃于友谊者，能若是乎？是皆难得承命。为文独揭安与钟氏孝烈之大节，以为万万世为人子、为人妇而不遭者劝。若其英风浩气，蟠乎天而际乎地者，固亘古而常在也。式斯墓者，尚有感于予文(此文前半篇照日记初稿录，后半篇就先生晚年手定稿录，故小有不同。此文载《昆新续志·冢墓考》内，元和汪正石心出名，先生代作者也)。

八月初七日(9月8日)　题《娄东十老图》后：根读书至胜国之际，若《社事本末》《复社姓氏录》，未尝不废卷而叹也，曰：呜呼！党人之祸，汉、唐、宋可为殷鉴矣。惟独立之君子，超然远举，遁世无闷。若汉之申屠蟠、唐之司空图诸贤，于天时人事，未尝不撄其心，而明哲可以保身，祸亦不延于家国，可为处季世之轨范也。娄东，本昆山旧境。其人士素尚风节，盖沿宋元之遗风。顾根于胜国之际，复社之事，于二张先生不无遗憾。谓夫当贞元剥复之际，不处于潜，而处于亢，为龙德之有悔。至若安道、桴亭诸君子，潜居山泽，考道论德，世不我用，卷而怀之，相与著述论撰，以守先待后。吾思古人，窃有慕焉。时事迄今,前后二百余年,复社之姓氏熸焉尽矣。而十数君子者,名字落落,犹在人间。与申徒、司空诸贤,后先辉映,相提而论。声光之在当时,赫弈阛汶,不可数计。而终古长留者,顾在此而不在彼。道德之与气节,则固有间矣。根生也晚,幸处太平,为耕凿之氓。平居砥行,窃慕数君子之为人,而讽诵其遗书。盖尝再游顽潭,一登桴亭,徘徊想像其遗事,而如或见焉。今兹夏日,叶子涵溪以《十老图》见示。瞻拜之下,衣冠笑语,殆可仿佛,不觉叹息神往,而恨不身生其际,随其步趋,而聆其谈吐也。古人往矣。后之君子追慕前修,所以保身处世者,当何师法也。道光乙巳八月六日。

九月十五日(10月15日)　录吴门王汝玉《怀远诗赠潘晚香六首》之一:蛮触纷争举世忙,如君高隐似柴桑。多闻每自搜遗什,治病时还处药方。一卷诵芬新画本,三间留石旧书堂。茅庵往岁曾同宿,入社何嫌礼法王。

录张尔旦题俞漱六《槐榆交荫图》诗:江村枕流水,黄鸟吟春风。槐榆绿交荫,幽居构林中。名家有贤裔,耕读谁与同?一任世眼白,罔踏京尘红。我瞻环翠居,溯洄思往从。抗心希古初,落落骞孤踪。遗泽讵非远,怀哉昔巨公。

题漱六《千秋逸品图》:江干怀友日,风雨近重阳。知有高流集,东篱把一觞。逸品今谁继,陶公不可忘。追游吾未得,图画识清狂(此诗似亦张眉叔所作)。

十九日(10月19日)　接石翁手札,并《助修大濾塘桥愿》,及《修徐俟斋先生祠记》。灯下摹学使张公芾手书"孝烈遗冢"字,作札寄石翁,托其刊石(付去刊碑洋两元)。

十一月初四日(12月2日)　在郡,向晚石翁方来晤,谈及陆孝子墓碑已刊成,而署藩宪郭公欲托撰墓表,俟文成,专候刻石。且商修理徐俟斋先生墓,暨修复仁缘塔事。

初六日(12月4日)　至莫家溇访钱竹亭、金仲迁,留夜饭,雨甚,遂宿其家。草《重建大濾塘桥碑记》(里人顾宏业,字南桥,出名)。

廿五日(12月23日) 《吴门表隐》偶录:明处士吕熊墓,在梅隐庵傍。昆山诗人,为蔡忠襄公记室。明亡,隐避庵中。明义士葛贤墓在五人墓西侧,文文肃公震孟大书有"吴葛贤之墓"六字。陈继儒有《葛将军碑》。明瓯宁知县赠礼部尚书顾允元墓在邓蔚山陆家邬(隶吴邑十九都二十六图身字圩),孙礼部尚书、建极殿大学士赐谥"节愍"锡畴祔。明殉节生员管定墓在米堆山。明昌平巡抚何谦墓在苏州坝基桥,内子诸生事祔(因无后,娄关顾氏供祭税)。宝华山慈严智显殿楼有铜钟,铸"重和元年将仕郎前昆山县主簿王珏施净财一万铸造"二十四字("重和"下只二十二字,"四"字疑"二"字之误)。明松阳教谕顾其康墓在虎丘花神浜致字圩,子进士瀛秀祔,土人不敢樵牧(按:其康,王少湖先生敬臣高弟,祔祀仁孝祠)。明江西布政顾梦圭墓在唯亭乎字圩。明赠巡抚蔡允忠暨夫人徐氏墓在西碛山隶吴邑十九都廿一图赞字圩。蔡方燧,昆山人,徙葑关外,乙酉不屈死,母张氏投池死,妻张氏投河未死,苦节,终祀三节祠(《江南通志》)。顾瀛秀著有《雪园丛稿》。徐瑞,字勤宣,昆山人,徙居虎丘,以孝著,官浙江布政司照磨,退归构乐山楼。善写梅竹,工琴书。尝手录《先儒格言》,刊石劝世。

十二月除夕(1846年1月26日) 《十戒》中改一则(《十戒》见前,见前十五页至十六页):四、勿出主入奴,自立门户。学问之道,原为修己治人而设,非为立户分门而设也。故儒之真者,专在孝弟忠信上立脚,是为阍修,是为笃行。其慎独,致良知,求放心,名色皆本其入道之门,各就其资之所近者,以立言非有异也。至训诂词章,亦但取其有益于学问,资其辅翼耳。后人不求于子臣弟友上尽本分,但于党同伐异,处立门户,哓哓争辨,皆非为己之学也。

中国近现代稀见史料丛刊【第三辑】

张剑 徐雁平 彭国忠 主编

潘道根日记（下）

潘道根 著

罗 瑛 整理

凤凰出版社

卷　十

道光二十六年丙午(1846)[①]

正月初二日(1846年1月28日)　入郭，访富香吏山人。

十八日(2月13日)　寄札于王文轩，恳借《经籍纂诂》。午后，入城访涵溪。

廿一日(2月16日)　访唐爚斋，同至七塔傍，视所修陆孝烈遗冢，付修理洋三元，前后共付六元。

廿二日(2月17日)　录累年日记毕。

廿三日(2月18日)　录日记中诗。

廿六日(2月21日)　曷升谷先生《日鉴录》序：人有此身，便有所以为人之理。与生俱生，乃天之所付，而非人之所为也。但其间有气禀之殊，物欲之蔽，故必从事于学而有以克治之。圣贤之言，具在方册。其所以幸教天下者，不遗余力矣。而近世一二先觉，又为之指其门户，表其梯级。而先后之学者，由是而之焉，宜乎其易而无难已。然而，人材学问有不如古，何哉？盖古人为学，与今人异。孔门学者，于圣人一言一动，无不存心省察，而其有所请益，如问仁问智，一启发之间，终身事业已在此。今人诵读虽多，其于仁义道德，熟于口而达于词，而身心无落泊处者，未尝一日一事鞭迫近里，只当一场话说故

---

① 原注："先生时年五十有九，又称晚悔道人。"

也。故朱子有云:"士不患不知学。学矣,而知所择之为难能择矣。而勇足以行之,内不顾于己私,外不牵于习俗,则又难也。"根尝即此说,以观前辈之学问。吾邑惟朱孝定、诸闇斋二先生则然。其所著日记,体勘身心,处说极平正,义最严密。外此,或有间矣。然窃思"十室之邑,必有忠信",今去二先生之世虽少远矣,然幼时所见父师之间,一二前辈规言矩行,流风未泯,疑必有闇修于家,而未获见者。一日,得葛先生《日鉴录》而读之,而知世固未尝无人也。先生眇然儒者,生乎百世之下,于举世莫为之日,毅然以圣贤之言为必可信,古人之事为必可行,斯其为勇也。何似又能随事省察,于平日一言一动,务求心之所安,而不以世俗利害之说少动其中,可谓豪杰之士也。然其为书,虽甚绵密,犹以闇然无文,不甚为世所称道。又以知世之志于此者盖寡,而圣贤之门户莫或窥之者也。根生也晚,未及承事先生。而窃从君子之后,获闻先生之遗事,又幸忝姻契之末。与先生令子子京游,而得见是书,纂辑为卷,以附于孝定、闇斋二先生之书之后。呜呼!圣贤之言,因人而发,未必同也。顾其实只是一理。学者苟能就一处用力,则其余可兼摄不遗。譬诸堂室然,门户不同,其造乎中则一也。故夫子或言"四勿",或言"三畏",或言"九思",或言"一言",可以终身。孟子又言"求放心""养气""知言""存心养性",其究不过"克己"两字,于日用紧切处下手耳。读先生书者,当以是求之。

三月二十三日(4月18日) 扫墓作(见《隐求堂诗存》)。

三月廿六日(4月21日) 记明故难婿张玉妻周氏之墓,在翔字三十七图去字圩。邬驸马坟在方家港口,三年前已毁,中有水银及铁帽胎玉带,志石被毁。

廿九日(4月24日) 坐南窗下校字书。

四月初一日(4月26日) 应五峰丈来小酌,同黄紫蘅送入城,晤远亭。旋同紫蘅访叶涵溪。坐谈久之,归,同紫蘅游睦和庵。

题《文昌君神像》:文昌神,相传为梓潼张恶子。《太平广记》《蜀梼杌》《续搜神记》所载,洵灵怪矣。然以之祀于横宫,说者知其不安,乃援郑君注《周礼·春官·大宗伯》所祠司中、司命当之，谓斗魁戴筐，上有六星，曰“文昌宫”，主赏功进爵。又谓神为张宿之精，其降于世，则《诗》所云“张仲孝友”者，其一人也，并傅会为七十二化之说，则道家之言，诞谩不足信矣。萧山来集之谓张恶子与文昌君必是两神，以其俱在梓潼而误合之，其见韪矣，然亦未究其说。根为文昌君，非他人，汉循吏蜀守文翁也。汉碑传世者，有《周公礼殿记》，盖景帝末，翁为蜀守，始立学校。安帝永始中，以火灾被焚。至献帝时，太守高联重修立之，刻《记》于礼成殿之东南，柱凡六行，行三十八字。其称翁曰“故府梓潼文君”，且言其附祀礼殿。据此，则学宫之祀，非翁而谁？《汉书·循吏传》称翁庐江舒人，不载其字，而《蜀图经》记文翁石室，言其一名“党”。《郡国志》亦同。岂其有二名耶？按：“党”古与“昌”通。《尚书·咎繇谟》“禹拜昌言”，《今文尚书》作“党言”。赵岐注《孟子》引《尚书》“禹拜党言”、《逸周书》祭公“解拜手稽首党言”、《张平子碑》“党言允谐”、《刘宽碑》“对策嘉党”，皆“昌言”之假借，文昌君实“文党君”也。“府君”者，汉人称太守之称。曰“梓潼”者，岂君先为其县令耶？抑侨寓于是耶？是皆不可知者。《传》曰：“君在蜀，起学官于成都市中，招下县子弟为学官弟子……教化人行蜀地……学于京师者，比齐鲁焉。至武帝时，乃令天下郡国皆立学校，官自文翁为之始云。”据此，知秦并天下，尚武功，学校皆废。高祖虽以太牢祀孔子，犹不能郡县皆有学。后天下立学校，实君启其端。其有功于教化，视星辰之杳冥、神鬼之诞妄何如也。《传》又云：“君终于蜀吏，民为立祠堂。岁时祭祀不绝。”梓橦，其旧治，宜必有祠云。既作是考，爰倩友人吴郡吴之庆，敬绘其像，而题其上(案：《孟子校勘记》赵岐注，及《今文尚书》均作“禹拜谠言”。“谠”、“党”古通，见《荀子·非相篇》注。今《考》中直云“禹拜党言”，略有漏义)。

十八日(5月13日)　为台州海宁人古峤陈丹飏序所转辑《劝善书(陈号竹庵)》：古昔圣贤垂训之书，读之者盖有三等：上焉者用以自勖，次之用以警世，而最下者则用以求福。然而有道之君子举不废之者，世不皆贤智，欲其同偕于善也。独是人久溺于流俗，骤而语以圣贤之事。其始也，必将自馁焉，而不敢当已。而旧习牵焉，又必自眩焉，而不能决已。而外议夺焉，又必自沮焉，而或以懈。夫馁而求，有以胜之；眩而求，有以信之；沮而求，有以奋之：非卓然有志者不可。故人之为学，立志为难。立志为善事，虽未尽善，而不善已远矣，犹之立志为恶，恶亦未尽为，而善亦远矣。远不善，即所以迁善。此非有严惮之师、辅仁之友，不可也。古先格言者，亦清夜之师友也。譬之度江河者，不可无维楫；陟冈峦者，不可无策杖。苟无是焉，其不荡潏而颠蹶者几希。故奉一懿训者，道淫诲盗之书必屏焉，便辟善柔之交必斥焉，依违选懦、燕安沉溺之私必克焉。日夜孳孳以进于为善，庶乎不负是书矣。若夫"见善如不及，见不善如探汤"(用蔡氏节说)，则未有不能进于善者。故为学者必有独立千仞之概，而后乃不为流俗所靡。逮夫德之已成，而善气薰人，自然所过者化。而天人感孚之理，亦在其中矣。夫古人之一言一动，皆我人治病之药也。学术不正，则足以杀一世；方药不当，则足以杀一身。其始未尝不欲生之而终以杀之，由乎讲学之未明也。今陈君之辑是编也，以世人藉以邀福者以之自勖，而并以警世。福善祸淫之说，不必责之天；改过迁善之决，先以责之己，可谓馁而有以胜之、眩而有以信之者矣。其奋而底于成，吾知其无难也。是编之言，视之若浅近，然而不可易者。譬之于物，犹匠人之准绳规矩也。绳墨诚陈，不可欺以曲直规矩，诚设不可欺以方圆。执是编而循之，庶可读天下之书，交天下之士，而成天下之务矣。其诸为学之要领也夫！而陈君之知所持择，亦从此可见云。

廿一日(5月16日) 读《魏恭简公集》。

廿二日(5月17日) 终日摊书对古贤，有时携杖访林泉。道人胸次何空旷，安分从来是乐天。

耕田织布是治生本业。近来因钱粮紧急，遂以田为累。不知所以累之者，只缘身不自耕，付之顽佃，或多雇佣人，遂不能有利。甚则纳税愆期,以致追呼,或无端浪费,希图拖欠差钱,棒[1]费累斯重矣。若父子夫妻躬自耕治,科税如期完纳尚可为也。百姓之穷,多委曰浮收,其实何止一端?有好赌者,有好嫖者,有纳外妇者,有嗜酒者,有吸烟者,有游茶坊酒肆废时失业、游手好闲不事手业者,有好装潢衣饰、整饬饮馔者,有广为结交者,有婚嫁燕会不知撙节者,有不量己力、攀援求富者,有佞佛信巫者,有好阋讼者。如此之流,不一而足,讵皆浮收之罪耶?有心世道,有志保守者,盍早思之。

廿三日(5月18日) 未刻,王云帆来,以其尊人静斋讳培元《一草庐诗稿》嘱删定,将以付梓。忆予前廿年馆梅心时,静斋馆陈家浜徐氏,往来甚密。后静斋迁馆周墅,既而复迁庙泾,遂不能数见。未几,以疾卒矣。今阅其稿,多有与余昔时唱和之作,为之惘然。又喜其有贤子,为之表扬,因留小酌而去。

廿六日(5月21日) 辑《圣贤正脉稿》。

虞山张尔旦拙修《题晚香诗稿》:(一)寒士孤踪世莫知,焦桐音惜赏迟迟。荒江野屋吟声苦,一树梅花一卷诗。(二)烟霞气味得来深,愧我同苔宛异岑。把卷思君风雨夕,空山云碧暮钟沉。

廿八日(5月23日) 入城,访沈。写范氏女甥庚帖,袖至葛宅。适子京未赴馆,因谈近况,述昆甥之东人徐翁御天(住邵家村)盛德,为之感激涕下。后述其临没,嘱其令子鼎元待昆甥之处,曲折详尽,发于肺腑,为近世所希,惜乎昆甥之命蹇也。忆月前,昆甥有札来,言翁欲见我,而札为寄者沉搁,恨已不及。拟于旬日间往拜其几筵,致谢于冥冥耳。

五月初六日(5月30日) 作:(一)小筑精蓝似净名,入门一径绿苔生。空堂寂静无人到,但听茶垆沸水声。(二)尘世光阴箭似忙,十年未到赞公房。共提往事真如梦,一笑相看各老苍。

---

① 当为“捧”。

《医说》八卷，宋张景[①]季明集，绍兴壬子刊行，后有嘉定甲申星江彭方跋，有“鲜于枢伯几父收藏”印。

十一日(6月4日) 阅《医说》。

十九日(6月12日) 入城，访叶涵溪先生，借《参读礼志疑》（婺源汪绂号“双池”著）、《娄东杂著沈录》（赵以锟著，字凝甫）数种归。

廿一日(6月14日) 纪王烈妇事：县西北三十里，有水曰“尤泾”，左近有桥曰“摊石桥”；桥之近有村曰某村。村有王姓者妇，死于烈。其事秘，余微闻之言诸娄东友人，友人述之中丞钱公。钱公甚钦其人，属为体访，迄今未得。噫！岂可使妇竟无传耶？则卒就其所知者纪之，以复中丞，且俟异日考焉。妇不知其姓及年，为村王氏妇。夫某早死，无子，有一女，年少，拥厚资。其叔涎之。利其不能守，或再嫁。县中有金某者为其乡掌区税，往来其家，阴与某画策，策秘莫能知。妇竟不为动。一日，两人在景德寺茶肆中遇县诸生叶某，素桀黠，号有智计。金谓其叔，微叶先生莫能计此。因造膝许以厚酬，不敢负叶先生。叶为画策，令其叔属俊仆，匿仆妇榻下，而夜率人捕贼。既从榻下得仆，仆承非贼，实与妇有私。因缚仆而呼里长来，来啖以金，令并缚妇。里长者，素与金为左右手，既得金，谬为正言，谓妇若无颜在此矣，盍早自为计？妇心揣，若辈不过欲我嫁，据我产。我诚死，奈女若何？因不辨奸有无，但曰“家故农耳。诚累若颜面，我决他计可耳，何用是扰扰者为？第我有女子，许字某村某氏，当携之夫家，及我未去，后无累汝。”又云：“我适人，我自作主，不能强从若也。”议未决。天明，某恐妇有变，即潜之城，因与叶计。叶为画策，使伪为其叔已诉官者，令县黠隶土行孙矫官符以往。土行孙陈姓，忘其名，以狡健，人呼之“土行孙”云。土行孙得叶指，则驾巨舰，持伪牒、琅珰数事，与其党偕至村，径锁妇及仆去。金某者从中途邀归，佯为好言：“渠妇女顾惜体面，盍少宽之？官中事，我能承之，第须金耳。然此事

---

① 当为“杲”。

我不能独办,须求叶先生。叶先生者,能人也。”乃邀叶生至,诈为关说官吏,吓妇金五六百,五分之。叶以谋主,得金独多。妇既出金,因为事解,乃释归。归,妇闻人言各异说,心知已受卖,顾得污名。又金不尽,渠等心终不死,恐事出一旦,不能自主。因出橐中,装为一囊盛之,携女往所许夫家,以女托其翁妪。归,以尊酒盂饭奠夫灵筵,拜毕,卒亦不哭,仰视屋梁许久,径入房自缢死。既死,其叔出,不意出妇金,以己金佐之,贿上下。金多,竟秘其事。其日,道光壬寅十月也。时英夷适扰海上,制府提重兵退驻昆山。叶生者,以妇金及其叔行贿金结其营弁,且自以诸生晓兵事,饶智计,上书干制府。制府亦蛊其言,颇优礼之。会朝廷论海疆失事,状制府者,下诏狱。叶以是罢去。然犹与县城守及令、团练乡勇与分廷列坐,抵掌谈事,旁若无人。癸卯正月初,金某者以所得金制新裘服之,扬扬出贺岁。在人家饮酒,大醉饱,深夜归,命小僮持灯导前,入委巷。有风飒然至,灯忽青如小豆,恍惚若有所见。抵家,遂暴死。金某居城中,叶居城外,相去三四里,未及闻。其明日,叶在东城人家饮酒,酒阑,客多去,叶拉数客为蒲塞戏,客以乏钱辞。叶大笑揶揄,探腰包出大金,掷案上铿然,谓曰:“无穷鬼状也。”言未毕,家僮奔至,耳语。叶色变,纳金腰中,踉跄去。去之金家,唁其死。闻其死遇鬼,忽忽若有所失,灯下出腰中金摩挲之,喃喃自语。家中人共怪之。卧床,夜忽发谵语,言为妇所诉,金某已缚去矣。遂头大痛,寒热,两眼暴出,时时自扼其吭。延医三四辈杂治,或云时疫,或云伤寒,皆不效,宛转床第四五日死。死之日,其居在县南郭杨枝桥侧。邻人晨起,恍见衣白妇人,直入其居。少顷,便闻其家哭声。而其附近有城隍神祠,祠中道士夜闻神打鼓升殿,殿中传呼囚叶,囚检,俄闻鞭朴声甚厉。不数日,土行孙者亦死。县中人颇传其事。叶生者,余识之,一目微眇,长身赪面,声音高亢,嗜酒,酒后喜为大言。尝一日见余衔袖中有书,索视之,《颜氏家训》也。披阅不数行,即掷还,曰:“此小家数耳!”(此事载先生壬寅六月廿七日记中,为徐毅堂应简,并及上牛制军书。而此云叶生者,殆一人两姓欤？抑姑讳其人欤？）疑其故狂生，不意其恃智谋遭阴谴至此。生时得钱，即约客饮酒；颇购书，书有数簏。又有田一顷许，死未几，其子持其橐中金往倡家宿，陆博纵酒，不数月，金尽卖田，及书亦俱尽。中丞公既属余后，余每遇西北乡人，必询其事，颇能言之。一日，乘舟有所适。舟子操常熟音，问所居，曰："滩石桥人也。"言其事较详，然究不知妇父家姓，及其夫名字，但云其叔、其里长，皆以不良死矣。

野史氏曰：余识叶生，在其团练乡勇时。时在方君润千座中部勒子弟，令家出财若干，且云："有不率者，以军法从事。"余目摄之，私谓润千君："非若伍也，盍以病谢事乎？且若辈徒利人财耳。设逆夷诚至，此等拍手可走也。"润千以余言为然，竟谢弗与。座中人有以叶所上制军书示余者，其言殊无短长，但言宜以军爵鬻江南富人，所得赀数十万，以济军需。其后，领军大臣竟用其言，而叶已死矣。要之，何济于国？第为当局者利耳。烈妇之死，亦以拥厚赀故。呜呼！财用之误人，家国无君子小人均受其害，而世尚趋死如骛，如叶等辈者，可胜计哉！使幽无明神报赫赫若此者，我不知所极已。而如烈妇之死之冤，岂可以讳扬人恶而并没其事？是非天意也。

根作此文后，仅缄呈颐叟中丞，不敢出以示人。后中丞亦以一篇寄示，但书妇死烈，而余事从略，盖中丞书节以示劝。余则惩恶以垂诫，意各有为也。后咸丰某年，新阳学训介孙韩先生，中丞门下士也，与根善，闻其事，求余文。观之，因刻以传。邑中以书来，属访其详，词意诚挚。余因再至湖壖，遍访耆老，因知其夫名懋德。妇幼抚于舅母，冒母姓张氏，其死也年若干岁。其余不能详也。因与友人顾寅卿具结详情，汇题于咸丰某年。命下建坊，送主入节孝祠，春秋奉祀。时叶之子死亦久矣。韩先生升任甘凉前，并立石碣于烈妇之故庐，曰"钦旌烈妇故民王懋德发妻张氏之闾"。于是，妇之心，遂大白。噫！"民之秉彝，好是懿德"，天道昭然矣。丙辰七月十四日记（父执孙树滋云，烈妇夫小名阿土，其死自投于巴城湖内，与此异。余少时记其事。森注)。

廿四日(6月17日)　阅《大清通礼》《近思录》诸书,阅《圃史》及《明大事记》。

狄云汉,某科进士。今所居在乐输桥侧,尚名狄家衖。归震川先生与其家给事书,有云:“狄博士安贫守道,同榜中最为可敬者”云云,则狄君之为人可知,惜乎遗事莫考也。

廿七日(6月20日)　明太祖生杀予夺之权,不宜旁落。凡功臣之恃功骄恣者、武臣之不守纪律者,文臣之露才者,虽有功必杀之。其以功名终者,必其谦恭自守,闇然无文者也。惟其杀僇太过,故开“靖难”之惨。惟其锄骄恣恶炫才,有还淳返朴之意,故开成、弘之治。刑乱国,用重典,太祖得之。渐民以仁,靡民以义,未之逮也。宣德实仁君,继成祖威严之后,而煦之以仁慈,惜其历年不永耳(案:“太祖”下,疑有脱字)。

独游菩提庵:寺后疏篱接短墙,拳荷垂柳小池塘。倦游对此浑忘去,一半西窗无夕阳。

闰五月朔日(6月24日)　徐家太太述近有奸徒,暗遗食物,藏毒于内。小儿拾取食之,即时斃命。敛后,厝于中野,奸人启棺,取其腰脑。竟有伪为笔生,携笔包至书馆中。其毒却染于笔尖,买者含毫,尽染其毒。笔生去后,七八生一时斃命。其师不能辨,亦即自缢。从萧山河上镇一带至绍兴,枉害小儿不少。苏郡亦有远近传单警戒。噫,异哉!

初二日(6月25日)　阅《蔡文庄公集》。

十二日(7月5日)　柏庐谓“不能成物,即不能成己”。可知“成己成物”,有先后行底,亦有并行不悖底,亦有成物即所以成己底,亦有成己适所以成物底,亦有成物在前而成己在后底,非今年做完成已明年才好成物,亦非成己截然是为己,全无物底分。所谓先后行底,如“有诸己而后求诸人”是也。有并行不悖底,“修己以安百姓”是也。成物即所以成己底,如劝得朋友改过,即完我朋友之分是也。成己适所以成物底，“我无为而民自化”是也。成物在前，成己在后底，“瞽瞍底豫而后舜方为尽事亲之道”是也。分言之，则有物我，其实皆我分内。

十九日(7月12日) 今人用财，非鄙吝，即慷慨。慷慨似救鄙吝之病，而不知慷慨之极，即为鄙吝之根。其道相循环者也。“君子以称物平施。”呜呼，难矣！非泯人我之见，而又中有差等者，不足以语此。与常人共财，当自损以让人；与贤人共财，均平而已。此方是恕之极至处。严义利之辨，是守身急务；辟邪卫道，非初学之事，切莫妄谈。韩魏公生平虽与亲戚卑幼书，亦皆端谨严重，未尝一笔作行草势，盖其胸中安静详密，从容和豫，故无纤芥忙意。东浙、安徽皆有宗法，族长得以约束其宗人。故家不至于一起而即仆，而狱讼争斗之事亦少，以其有教有养，有以范围之也。惟吾吴，此法不行。虽有贤者，仅仅约束其子弟，而不能推之于阖族。从祖从父，无禀命而行之事。故贤者一亡，而衅隙即起。至于虽拥厚赀，而事不由正，其败尤速。余处乡邦六十年来，至有千亩之家，不转瞬而无立锥。虽子弟不肖之罪哉？惟无宗法，故至此。乃曰：昆无百年之家，而归咎于风水，岂明理之论乎！有千金之产者，亟宜务此。若我辈穷家，守正节用，寡交务畜，其庶几乎！

斋僧不如济贫，广交不如睦族。结识衙门权势，不如早完官课，安分守法。

事□数章，“诚意孚于未言之先，则言出而人信之”，何至以数而取辱哉？故事君交友，皆当先有爱之之实，则其言未有不感动者。大贤此章，是要人先有诚意恻怛，积中发外，自然言出而君友信从，非求免于疏辱也，数则非道焉耳。至有义当争者，虽明知其无济，虽疏辱而不顾，则此关纲常伦理之大，亦不当以数论矣。《集注》引某氏说，未尽善。进德修业，乾乾不已，须是进。其余世好，须步步是退，着着是退方得。

廿二日(7月15日) 耕田织布是治生的本业。近来因钱粮紧急,遂说道田为累事,不知所以为累的缘故。只缘身不自耕,却付之顽佃,或多雇佣人,广种薄收,遂不能有利了。甚至完粮落后,以致追呼,用度妄费,希图拖欠差钱,捧费交结吏胥。累,那得不重呢?倘若父子夫妻躬自耕种,按期完粮,省吃俭用,田尚可耕得也。至于织布,他并无差徭,一个人可织,三四人亦可织,亦不消雇人,得空便做,亦不消时候。只要认定是小百姓,本等营生,可以养家糊口,可以度过饥荒,不要妄想发财,耐心耐相,便自做了。据我看来,人会织布,有五种好处:身子有了拘管,决没工夫去赌钱吃酒,一也。男子织了布,妻小便去赶紧绩縩,小儿学摆纬子,老的去管那炊爨。承值一家,都务勤俭,二也。有了织布出息,自种者不难纳粮,佃种者不难还租,自然做好百姓,三也。哥子会了,自然老弟亦学。东邻会了,自然西邻亦习。使一村归于本分,四也。凶荒之岁,田中颗粒无收,不逃即饿。会了织布,便好支撑度日,五也。日计不足,岁计却有余。只缘近时习尚贪吃懒做,又遍处设了茶坊赌场,终日去混账。所学习者,无非诈人、吃白食的事干,便不肯做这营生,倒说"随你种杀织杀,不如我们一串"。请教诸公,到头算账,还是虚花的好呢,还是务实的好呢?所以,奉劝乡村上诸公有子弟年纪十五六岁时,第一摆布七八千钱买张布机儿,耐心耐意劝他,学会了这椿安身立命的正经勾当,万万不要蹉过了学习的日了,却教那不三不四浮浪子弟引诱他入了茶坊酒肆,误了他终身大事,后来又去引坏别人。这都是做父兄的要紧事务。若待他已经坏了,再去管教他,他脚又滑得狠,如何肯依你?你老来无靠,又多气恼,懊悔已迟了。俗语说得好:"桑条从小郁。"如何不要早早安排他?若是如此教训他,他肯低头去学,定然做个好人。我还有几椿好说话,细细与他说。

诸公听说在下此种讲究,不但是为你一家,实实看见天下被若千[①]尖酸刻薄人弄的坏了。要想整顿,再设个法儿。所以要培植一

① 当为"干"。

千八百个朴朴实实的人来，留些元气。若是诸公体贴在下一番苦心，依着我说，不但村坊出了些做人家的子弟，眼见得一二十年后那些浮浪的人，一个个死去了，便存了好几许耕田织布的好百姓，地方上好不好？

芝轩相国当轴最久，得君最深，而颇不满众人之口。即其相知，亦有以当归见寄者。读其所辑《正学编》，隐以箴贬彭氏之学。但既奉此书为圭臬，不应自己一身却蹈胡广中庸之流，颇疑其国家之事，必有潜移默夺而不露棱角者。此等隐微，谁其谅之？噫！君子居于位，道行则行，不行则洁身而去。自非大圣，岂能治亦进，乱亦进哉！虽假道学以自盖，又谁其信之！

廿六日(7月19日) 作：一雨大暑销，便有清风至。故人招不来，酷吏推不去。锄禾日当午，农夫苦复苦。何日烹弘羊，当知喜胜雨。

六月朔日(7月23日) 至枫塘访葛子京，借叶九来《锄经堂零稿》十本、《支太冲诗》一本、《归元恭文稿》一本。玉峰支守默，字太冲，号大山，诗名《啸古斋诗稿》。

初三日(7月25日) 晤葛子京甥倩，询及辰甥起居。子京谈其东人徐君之贤，知甥第四姊新适许信卿者馆香炉角金氏，乃于端阳节具豚蹄角黍，遣人以扁舟载甥至香炉角候姊安，以乡间风俗如是也。噫！辰甥孤露无知，抚养一切乃仆之责也。今得贤主人体贴至是，感佩奚似？不贻仆之愧哉！记此以志感。徐君，长字鼎元，次字启元。

自题像赞：岁在丙午，年五十九，写像一幅，以示我后：略肖野姿，何嫌貌丑？布袍楚楚，权为野叟。老来所娱，竹树一亩。圣贤事业，于我何有。

十一日(8月2日) 寄信于张石芸，商刻《昆山人诗》事。

十二日(8月3日) 向晚，大雷雨。黎明，地震有声。

十六日(8月7日) 与黄紫莼书(见《晚香书札》)。

录徐寅投赠之作：东出宾曦门，清流石齿齿。欲问隐君家，五株杨柳是。比邻石户农，柴门俛流水。容膝一亩宫，堆床满图史。乃有黄霸儿，耕读不求仕。以此乐余年，何暇问乱理？视余尘中人，于颡实有泚。不惮溯洄劳，一见消吝鄙。奉访晚香先生即题请政，娄曲徐寅。

三十日(8月21日) 录春日作：绿水湾环拍岸平，柴门处处钓船横。绝无一片桃花影，枉被桃花港水名。

七月初一日(8月22日) 录前作：游天平山白云泉，同汪石心丈作：云根离奇泉潺潺，悠然坐我林石间。身随流水到人世，回首白云何处山。

初五日(8月26日) 寄题渎川新建师贤堂(见《隐求堂诗存》)。

十三日(9月3日) 午后入郭，为故友王芝香令政邀诊，登积贻堂，门径如昨，不至者已十余年矣。见芝香嗣子研云，谈及家门多故，为之浩叹。问张君淡娱，则以秋祭故，晨解维还郡矣，留所著《淡娱笔记》《诚实言》等书付读，蔼然仁孝之言，令人雪涕。

七律四首(见《隐求堂诗存》)。

廿八日(9月18日) 俞漱六昆田堂成四律(见《隐求堂诗存》)。

八月一日(9月20日) 与弟子某书(见《晚香书札》)。

廿三日(10月12日) 新阳学训导宋泽山先生以六月二十二日卒于学署，其子庆昌等以讣来。

廿四日(10月13日) 体中欠佳，服药，钞《揭文安公文集》。

十月初八日(11月26日) 作《病中述怀诗四首》：(一) 萧寂流光似转轮，深秋一病又兼旬。与人何补真痴老，为学无成是惰民。未办青山埋骨地，早寻白社学禅人。昏昏空过承平日，惭愧昂藏七尺身。(二) 廉退家风敢暂忘，每思伛偻学循墙。传经愿负缘儿拙，偕隐言虚痛母亡。向晓晨星都化石，寥天宾雁不成行。抚躬循省心常痛，因甚中年鬓早苍。(三) 早岁求名念久灰，晚思学道老相催。一身未办先筹友，八口长饥苦散财。笃信圣贤为世迕，多繙史策召忧来。花晨月夕饶佳景，独我双眉展不开。(四) 长恨羁身少羽翰，胸中有事惬心难。闾阎风俗何由古，老弱饥劬甚自安。常想大裘遮万辈，也思恶竹斩千竿。纵饶死目何由瞑，莫漫轻言便盖棺。

自挽句：虎观传经儿不慧，鹿门偕隐妇无年。经世文章随火烬，草堂风月盖棺闲。

十八日（12月6日） 录《揭文》毕。

二十日（12月8日） 舟经顽潭作（见《隐求堂诗存》）。

虞山故友张眉叔仙逝，于月之十九日举襄。其戚友归君鸿诰、钱君敦礼等以讣来，日期已过，兼以抱病，不能往赴，怆然有作：曾奉清谈接素尘，后来会面永无因（自五年前于顾君计堂、方君荔汀处面晤两次后，不复会。今年乡闱后，叶君涵溪来访余，疾言闱中晤眉翁，暨寿州吕敬甫，俱寄声问我）。五年每怅云山隔（每约友为虞山之行，图访君，不果），数纸欣传妙句新（蒙题拙诗，今春尚有诗来）。白社于今谁佛种（君修净业甚严，过午不食），青山何处吊高人（但闻是日举襄，未知葬所）。漳滨一卧无由出（时余疾初愈），闻讣惊呼泪满巾。

廿七日（11月15日） 接石翁札有作：良友书来慰索居，《楞严》能读果何如？子臣未尽丝毫分，性命终疑点勘疏。惭愧沧浪凋齿发，虚承郑重惜居诸。空王亦拟皈依好，奈我雄心尚未除。

赠别吴也樵兄：长墩旅馆致清幽，每一相思便荡舟。供给频烦贤主惠，笑谈常为故人留。病余如我真虫臂，妙笔输君擅虎头。东去伯劳西去燕（明春，叶涵溪兄亦返娄东），海天浩荡独闲鸥。

十一月初四日（12月21日） 赠别叶涵溪：新交味无余，旧交淡弥旨。新交交臂去则休，旧交毕生念未已。自从投分结缟纻，寒暑于今凡易几。其间谈说杂经史，感动每在方寸里。相携记得顽潭游，小楼襆被为淹留。又记江村劳步屧，樱桃花坞斜阳收。君来我往喜不支，一见握手心先怡。尚想耦耕结茅屋，岂期一旦成睽离。感慨拟续《穷鸟赋》，惆怅怕作怀人诗。得一知己诚自慰，踪分两地增歔欷。我与君交亦云久，世事悲欢靡弗有。自惟性僻寡所谐，或藉微忱庶无咎。君钞一卷《志学录》，愿君服膺永相守。人非麋鹿常聚处，期待他年颇不苟。寒飚飒飒动林薮,帆挂空江重回首。空江鲤鱼卅六鳞,愿君音讯常相亲。青松白水结芳契,不是寻常行路人。

初七日(12月24日) 也樵为余写《小隐图》并题句:斜阳疏柳带柴门,橘刺藤梢荫短垣。植杖自耕供井税,掠钱作社赋鸡豚。大言已破群儒蔀,小隐方知布褐尊。如此溪山堪避世,须知吾道在丘樊。也樵亟于返郡,图未及作。

十二日(12月29日) 钞《玉峰完节录》竟日,三日而毕。

十二月初一日(1847年1月17日) 与季菘耘书(见《晚香书札》)。

初二日(1月18日) 先正刘公有言:人只有两样该做:第一是以义理灌溉,荡涤胸中渣滓;次一样是讲求天下古今世务,以经济国家。汝辈何为只要学两条醉汉?盖指李太白、杜子美也。夫李杜之诗,尚不满有识者之意,况下乘如金圣叹、袁简斋辈者乎?此等议论,焉得向吴紫莼诸君告之?

恭录诸名公题先节士像卷诗词入家谱中。

初四日(1月20日) 录顾亭林先生语入《圣贤正脉稿》中。

初五日(1月21日) 读杨升庵《经说》《潘澜笔记》。

初六日(1月22日) 游花神庙:千树桃花万叠山,绿云深处见烟鬟。不须更吃胡麻饭,已抵仙源一梦间。

初七日(1月23日) 录《吴江卫烈女传》,拟寄与石翁。寄《归震川文集》并信与叶君涵溪。陆孝子碑择吉初十日建立。

梦见梅花:翠羽翩跹度玉楼,香疏韵淡冷然收。巡檐索我还青眼,倚杖看君已白头。流水空山身外梦,长亭小店客中愁。垂垂何限低徊意,拟脱王恭鹤氅裘。

初十日(1月26日) 录叶笨庵《归恒轩诗》入《诗征》。

十一日(1月27日) 录柏庐先生诗。

十六日(2月1日) 题胡云樵秀才《陟岵永感图》序:尝读《晋书》至王裒痛父以忠死,后诵《诗》至《蓼莪》,必为之流涕终日。门人授读者为之废此篇，不觉慨然太息，曰："甚矣！诗之入人深也。夫父子之恩，天性也。世之称'具庆'者，寡矣。彼鲜民之生，特未之思耳。诚一思之，'欲报之德，昊天罔极！'其不为裒之流涕者几希！"然窃计之，诗作于周衰后千余年，始有裒，裒至今又千年矣。诗之为经，人人能诵也。人之性情，不以古今殊也。父子之情，不以夷险异也。裒之外，讵非人子也？《蓼莪》一篇以外，岂遂无言父子者也？然余年六十，少喜为诗文，所见贤士大夫述作多有，其以骨肉至痛衔哀没世者，盖无几人。因谓《诗》以导性情，三百十一篇何莫非忠臣孝子之作？然必其读者之性情与作诗者之性情，相为灌注，而后乃能感通。惟世无裒，则读《蓼莪》，犹之未读。世有裒，则无《蓼莪》，亦无不可流涕也。如此者，乃于吾友云樵见之。云樵，名文晋，宋文定公之裔。其先自歙徙县之蓬溪，早失恃，尊甫雪塘先生以父兼母，迄于成立。晚岁，雪塘撄目疾，文晋以养，故负米于外。雪塘之卒，骤不及亲易箦，终身之痛，固有深焉者矣。一日，读诗至《陟岵》之篇，父曰："嗟！予子三复其词。"追念曩者辞亲去乡时光景，而今何可得也。因倩友作《陟岵永感图》，以寄其痛。夫《陟岵》，魏风也。魏之为国南，西去河不廿里，北去首山可十许里。处河山之间，国迫而数侵削，役于大国。孝子在外，思念父母，而作此诗。今云樵处太平，壮岁补博士弟子，负书笈，客授乡邑，往来仅葑溪、娄水间。其劳苦，视"军事部伍"（自注"四字本《陟岵》郑笺"）何如也。然其父子之隐痛，固有同之者矣。裒之于《蓼莪》，文晋之于《陟岵》，非诗独能感人，诗必待其人而后入之深也。因此，知慈孝之性，人人具有。他人特境处坦夷，未由感发耳。而如文晋者，其心可矜，其事可以讽也。根不天，少遭闵凶。其于显扬之愿，丝毫未办。承命为文，泫然执笔。窃深瓶罍之痛云。

《陟岵永感图》述略（代胡文晋）：古人云："树欲静而风不宁，子欲养而亲不逮。"三复斯言，憬然于怀。文晋不幸，幼失慈荫。教养成人，惟先子是赖。年来先子病盲家居，晋以谋养之故，负笈担囊，往来葑溪、娄水，不获常侍膝下。望云子舍，心窃痛伤，犹冀鹤龄无算，庶几乌养有时。何图不吊，桑榆影迫？遽痛先民，泰山其颓，死亡无日。加以弥留日暂，易箦未亲，奔赴仓黄，摧心饮血。生既不能如曾子之养志于平时，没复不能如高子羔之执丧于此日。靦颜视息，日月逾迈。先君子音容笑貌，仅托诸想像之间。而菽水之欢，此生长毕矣。居庐衔恤，无以抒哀。爰绘《陟岵》一图，追维曩昔先人思子之忧，以志永感。晨夕展视，如见严颜，庶几战战兢兢，勉循遗训。异时得全发肤以见先子于地下，实所深愿。尚冀世之君子，赦其不孝，悯其颛愚，赐之教诲，则先子九原，亦当衔结。草土余生，五中崩溃。临楮涕陨，不知所云。

岁除(2月14日)　作：世态真成贱褐衣，终年牢落守渔矶。偶逢舍下田畴熟，细数樽前故旧非。投老渐同残历弃，得闲宁使壮心违。空山破腊梅花早，又见寒香到竹扉。

道光二十七年丁未(1847)[①]

桑榆暮景，非复玩愒之时。今兹限寻片地，迁亡弟之骨，并为身后埋骨之地。又所撰《伤寒论注》，颇有发明。欲录出一卷，并方枋未备者补之，以诏其人。

元旦(1847年1月15日)　为葛子京校《释名》八卷毕。撰《范心畲传》(文未录，见《文集》)。

初二日(1月16日)　作(见《隐求堂诗存》)。

昆山故实录：玉泉在马鞍山下，叶九来奕苞赠方尔清诗，有“茶鼎泉香飞绿玉”之句。贳园在马鞍山阳李氏园亭，为一邑之胜。徐愚谷以百二十金得之，名曰“贳园”。叶有《五课诗》，谓《葺屋》《删树》《补离》《刈草》《濬池》也。汉云上人于荐严寺讲《金刚经解》，期索赠诗，

---

① 原注：“先生时年六十岁，又称晚悔道人。”

亦叶作有“石已同人点，花仍似雨飞”之句。梵寿庵在荐严寺北，盛玉臣《伤神集》：玉臣三娶于太仓钱氏，淑婉静好，壬子八月病卒。玉臣适赴省试，未及诀，归而赋诗十二首，同人和之。雨花林在园明村，叶有《秋夜同无咎、舜玉宿桂上人雨花林》诗。小有堂前假山落成（顾苓）：（一）谁负藏山不出门，一番风雨过黄昏。全非融结当时旧，已觉烟云别有根。（二）倪瓒空亭今对客，关仝剩水欲穷源。晚来宿鸟迷高下，踏遍疏林认故园。小有堂前别葺一椽，九来有“庭深过月小，墙缺碍松低”之句。因树轩，亦茧园中屋芋香。九来割园之半为绀池，上人下榻，亦名“芋香涌”。塔庵在城北，《送邑丞朱肇岐署常熟篆》诗“心劳暂拄看山笏，口众应镌《堕泪碑》”。

张眉叔（尔旦）《怀旧摘句图十六跋》。

孙子潇师以“妙悟”作诗入门诀，常语尔旦曰：“凡一切草木萌抽甲坼，皆有形声。尝于晓枕，闻盆兰作开坼声。起视，果放一花。因得‘破晓静听花坼蕊’七字，然久无其对。一日，见少女顾影水中，不禁信口而得‘嫩春娇似女垂髫’之句。此中三昧，当非粗心人所能梦到。”尔旦志之，欲令他日诗家留此一重公案也。

毛寿君先生琛为尔旦大母之从弟，其自岭南归也，年七十余，而尔旦十三龄耳，极蒙知赏，有赠诗二篇，未几病殁于僧寺。此“春水”一联，乃其中年之作，颇极风致。时学渔洋，及晚年境愈穷，而诗亦愈悲慨。求如此之娟娟秀韵，转不可得矣。

方台山文夔以江右老诗人侨寓吴门，尔旦于戊寅春夏间过从最密。丈能悬腕作书，而诗好苦吟，稍乏神韵。窃以为议。及闻子潇师口诵其自题《鸳湖偕隐图》一律，俶傥风流，五六一联云“云深鸡犬应同听，松翠帘栊好对床”，则纯作烟霞气息矣。殊悔前此之论为失言也。

单师白秀才丈学傅遗稿十余帙，未经删定。范引泉属蒋子延、赵闇乡两君选存二卷。及两君先后卒，而引泉因亟谋付梓，俾予序之。今则已登梨枣矣。丈于诗，才富学博，而不喜蕴藉一种。然五古极多,戛戛独造,语如"云姿无定青,日出仍不出",非韦非柳,善写晓山景色。许为不朽,岂溢论乎?

嘉定毛生甫明经岳生,诗学山谷,曾于白门相值,书便面一律句见示,予甚喜之。及于蒋霞老处,得其自书咏物七律数章中《咏竹》一首,尤能字字清拔,如云"清风万古逸民国,戛玉半空韶护音",以之自评其诗,恰为允当。引泉摘其意为无声诗。惜不令生甫见之,相与把臂入林也。

季君尚迂士沂,以布衣客都门,无所遇而归,益困悴,性复不羁,使酒骂坐,人皆望而去之。然平生好填词,所存不多。世有知音,当为爱惜。忆其以《虞美人》词见示,初则云"更无人处夕阳红,如画仙楼,飞絮落花中"。后以"如画仙楼"四字未惬,改为"荡漾春愁",予亟赏之,谓空灵有味,殊胜原本。今检赵君闇乡所梓《问红词》中,尚仍元本,不解何故。然知此事者,或不以予言为谬尔。

镇洋周山樵上舍僖,著有《兰藻堂集》十余卷。君门第素豪,以赘婿来虞,遂尔寄托。中岁落魄,颇事出游。诗文根柢深厚,意气亦落落寡合。每自夸所作词,兼姜、张之能事。然向人辄诵少作《浣溪纱》二句云:"洗砚偶承梧叶雨,扫花还倩柳丝风。"人谓此非极佳语。予则知君少年豪艳,或闺房清课,多役女奴。及事往境移,不能无盛衰之感。想人情所同耶?

蒋伯生大令丈因培于乙酉秋赐环,自塞外归里,日娱文酒。嗣以其男宦楚,就养官舍,三年复归。尔旦往谒之。坐甫定,即口诵数诗,惜未一一记之。丈于诗,擅七律一体,才情横骛,藻采飞腾,如"曲折缘山一径斜,几间破屋露人家。残冬那有黄蝴蝶,小朵离根出菜花",钞写楚南风景,颇似仲则一流人语。其才洵可异也。

蒋子延宝龄,一号霞竹,吴中诸君皆称为"霞老"。庚子四月,棹舟返虞,以诗卷属为齿定,时则酉生、闇乡俱殁矣。予极爱其《重过金沙港观桃花》一律五六,云"烂漫易愁芳事了,低徊深爱夕阳迟",觉其意极凄婉,似有良辰难再值之感,然未欲向述,默识于怀。既而君以家人促行，不一月而讣音至矣。三复遗篇，怆然增慨。

吴郡钱子霞上舍瑶鹤《丁丑除夕感怀诗》一律云："天寒日暮罢吟诗，忽漫拈豪对酒卮。八口饔飧长饑在，十年涕泪短檠知。生涯与鲋将同辙，文字如蚕未尽丝。兀坐影形相问答，凄然鸡唱五更时。"子霞少习豪华，盖为葵园观察之季子。予因霞老识之，论齿则十年以长，乃辱折节论交。其诗自率胸臆，纯乎性真，视一时袁、赵及里中沈宗伯诸坛坫，皆有雌黄。故独吟独咏，无有倡酬。五十后，则又以佛学之故，尽焚所作，故身后亦绝无遗篇可问。予自丙申后，虽未能焚弃笔砚，然有作即弃，不复存稿，亦以子霞为师法也。《感怀》一首，系昔日互为商榷者，引泉摘三四作图。其一种萧瑟之致，则恰肖其为人。此图存而子霞不死矣。

邵阆风参军广鉁，壮气豪谈，须髯如戟，乃其作楷书，则明季研媚，不类其为人。诗不多作，而极爱予诗。尝以诗卷示余，既而索去甚急，讶而问故，曰："此不足观，徒资笑柄耳。"其虚怀如此。犹忆其中有《闲诗》一律，幽情艳语，恻恻动人，如云"人行竹下深深路，春在花梢小小楼"。全首不悉记，图此风韵可想。

元和朱酉生孝廉绶，著有《知止堂集》。予与君交，先后二十余年，始以论诗不合，君不能无愠。及乙酉后，予悔少作，见君诗辄首肯。蒋霞老以告，君乃释然矣。而予再以学佛之故，为君所深讶，盖始终不合。然予独服膺君诗独开生面，自足名家。庚子春，曾访君于墨池园，别未数旬，遽传讣告。予属引泉写故人诗意，随取集中《游石湖诗》"菱歌出水夕阳淡，塔影当堤秋树孤"二句为图，其他佳句不可胜摘。

赵闇乡孝廉允怀《春日客去有怀邵充有》一律，风神骀荡，五六云："池光淡淡花当镜，春气濛濛月在烟。"引泉苦爱其下字之空灵，即写为图，亦复一片神行。此图此诗，是称两绝。

闇乡族弟曼华詹簿奎昌，亦有句云"怪底水风凉欲绝，苇花如雪隔溪桥"，予极赏其无烟火气。

龙岩林远峰丈宝之从子研庄上舍，早卒，诗稿散落，惜未录。其佳句云“深院雨昏灯欲穗，送人归后独来时”，能言难言之景，恐远峰丈转当时敛手避之也。

胡庚生学博金瑞尝示予一绝句云：“烂漫西风吐嫩葩，卷帘消瘦比容华。而今霜雪催寒圃，秋剩一篱干菊花。”闇乡见之，讶其语意萧瑟。今则两君皆下世矣，读诗展图，为之酸绝。

辛丑春，余识虞山张先生眉叔，即索余诗稿读之。又承以学佛为属，既而以《怀旧摘句图十六跋》，属余书入册中。此稿乃先生手书，因留余处。丁未谷日，翻书得之。手迹如新，而先生已于昨秋下世矣。所著《种玉堂诗》，已刻行世。感念知己，手录于此，以备遗忘。后死友人潘道根拜识。

“曲巷小桥重到处，板扉深锁草萋萋。墙头不见桃花影，愁听春风好鸟啼。”故女士唐蓉江英，香樵先生之女，夙染家学，善画花鸟。仆年十六七时，读书城南，曾访香樵丈，呼为小友，承以女士画扇及小幅见示。仆去城居，遂不复相见。香樵游道山，蓉江适顾氏子，郁郁自经死。死后有感，因题其所画《折枝桃花》幅，盖在仆居梅心时。及去梅心，为赵瞻云太学所得。昨八日访太学，太学时卧病，一子已前卒。屏间谈读旧题，漫记于此。

初九日(2月23日) 六十诞辰偶作(见《隐求堂诗存》)。

十一日(2月25日) 入城，同猗竹游马鞍山麓。春光明媚，游人杂沓，人家梅花尽放矣。游龙王庙，禅堂中挂蒻林王澍书韩诗一轴，结构谨严；多野李豫得墨迹山水一幅，烟峦层叠，皆传作也。又有亡友王履斋秀才画《竹》、方小湘秀才画《兰》条幅，笔墨如新，笑谈不复，为之感叹。坐山足石上，追溯旧游，已念有余年。猗竹诵“输人名与利，乐我健而闲”之句。试茶花神庙，旋步出郭，附舟归。

廿四日(3月10日) 题《养之先生照》：(一)独坐幽篁弄素琴，溪流瀌瀌树阴阴。道人胸次何空旷，画笔萧槮亦古心。(二)彝鼎图书清閟同，词人谁不仰高风？野夫可当羊求侣，便拟携筇访竹中。

(三) 凉云满幽径，秋气日夕清。修篁万青鸾，风至戛玉声。流泉漱石罅，石发沿缘生。幽人坐竹下，横琴膝间鸣。披图发深羡，之子多远情。何当造竹间，酌泉与同倾。闻君读书处，清閟可抗衡。湘帘映棐几，文史杂飞觥。毛氏汲古阁，当日有盛名。君实继之起，南面拥百城。篆籀宗许学，清词协韶韺。谅为一世士，可与古昔并。图画以人重，视客慎勿轻。

三十日(3月16日) 即事(见《隐求堂诗存》)。

潭子土墙内看梅花：有花随意看，切勿匆忙去。五十余年忙，所忙竟何事？

二月初二日(3月18日) 有感：往事不可说，重来痛自今。存亡余涕泪，聚散恸人琴。衰祚当何振，孀嫠恐不任。莫将无鬼论，竟负托孤心。汝父诚忠厚，追惟益泫然。留诒原有地，鬋表果非天。谁起家门衅，终令骨肉捐。衰残余后死，尚可对黄泉。

咏味庸丈书斋瓶梅：绿萼红英各一枝，折来亲插胆瓶宜。影浓得月遮书见，香远无风隔户知。客座酒边侵琥珀，佛龛灯下隐琉璃。闲斋独坐时相对，为惜飘零满砚池。

初九日(3月25日) 忆法云旧游(在木渎镇)(见《隐求堂诗存》)。

十四日(3月30日) 携孙茅舍观桃：(一) 十分韶华九掩门，暂时还得到邻村。林花雨后添新艳，池水春来汲旧痕。暖气初烘衣觉重，晓烟未禁食犹温。当年人面归何处，惆怅春风不返魂。(二) 一溪碧水浸柴门，恍是秦民避世村。日下传杯依树影，沼边觅坐掩苔痕。不缘名利身常役，亦有园亭席未温。来岁看花人更老，可怜临去暗消魂(用坡公《女王城》韵。案："汉旧痕"句，"汲"疑"没"字之误)。

徐村携孙观桃(见《隐求堂诗存》)。

十八日(4月3日) 邀沈惺岩、黄紫蘅花前小饮：十日春阴兴索然，桃花如雨柳迷烟。清明去此才三日，贱子与君匪少年。千载垂名知是梦，百壶送酒莫论钱。座中后辈如无我，尚望鹏程万里骞。

睦和庵隔江西岸多荒塚。瞟城俞味庸丈岁捐钱为增土,诗以存其事:睦和庵畔有荒阡,祭扫无人埏道穿。只有瞟城俞拙叟,年年增土为输钱。

廿一日(4月6日) “曾点暮春”数语,已见到“素位而行,不愿乎外”地位,故夫子喟然与之,特行不掩言,故谓之狂耳。后人误认为放旷不羁,岂其然乎?

廿三日(4月8日) 携孙男坐石桥看菜花。春光向晚,桃李已尽矣。小圃中雀梅尚盛开,菜与蚕豆俱花。蝴蝶成团飞舞,柴门寂静,人无至者,心境为之一清。

仁之为用,不过欲万物各得其所。礼之为物,不过使上下各循其分。上下各循其分,自然能万物各得其所。此为仁之所以必由乎复礼也。世以煦煦为仁者,施之未免躐其等,推之不能充其量,岂能操礼乐刑政之本乎哉?

廿五日(4月10日) 读《蔡文庄公集》,见有托人访表兄郑某札,及祭萧山王表兄文与萧山嫂书,诚恳肫挚,令人涕下。古人于伦理中事,较然不苟如此。根母党无人,澧浦之墓不全者几二十年,有愧哉,有愧哉!

怀张柳人秀才:眠琴昔岁寄行窝(眠琴窝,张氏书斋名),群纪交深醉不诃。移榻对花春酒美,倚窗待月夜吟多。应怜聚散浮云似,自惜芳华逝水过。同是暮年须强饭,未知近兴复如何。

廿六日(4月11日) 入郭访叶涵溪,于方宅晤李叔通秀才。饭后,访范引泉,取所索画幅,晤应远亭、季崧耘。

录范引泉(巩)《题千秋逸品图》:冷烟疏雨殢江滨,高旷遥追古逸民。满泛一卮向篱脚,千秋几个祭花人。

三月初八日(4月22日) 《春秋》严夷夏之防,所以正君臣之分,大义千古凛然。《中庸》称“素夷狄行乎夷狄”,乃圣贤素位之常。其所云“素”,乃生长于斯,所谓“君子行礼,不求变俗”,非中夏可变为夷也。

初九日(4月23日)　钞《草庐先生文萃》。乌程邱生言，温相国之族，乃其母家也。相国九世单传，今已绝矣。今聚族居者，皆其从弟忠烈公之裔，尚有为进士者。呜呼，天道其可凭哉！

十二日(4月26日)　钞《草庐文粹》二卷毕。

十三日(4月27日)　"朋友攸摄，摄以威仪"。处朋友间，切不可嬉笑戏谑。侮人自侮，戒之，戒之！

十五日(4月29日)　新塘桥观社：画船载酒杂笙歌，两岸衣香尽绮罗。暗数少年都不识，旧人零落已无多。

十八日(5月2日)　钞《草庐文粹》五卷毕。

十九日(5月3日)　校《吴文正公文粹》。

廿一日(5月5日)　题《邵村邵氏谱》卷首：余尝读太原王氏、延陵吴氏两家世谱，一推至周灵王子王子晋，一推吴延陵季子，续续相传，无有间断，盖参合诸郡诸谱而成之。浅人每喜其备，余独疑焉。夫王之望有五，吴以国为氏，倘非其后，而或以改姓，以冒姓、以异姓为后，悉乱其族，则天下之凡为王为吴者，无不本于子晋、季札，不待世系可考而始信也。司马公作《史记》时，诸国谱系尚存，然《燕世家》召公九世至惠侯，已缺其传次名谥。彼有国之君也，汉初去古未远，尚有不考者。况国灭宗散，子孙降为士庶？而由周至今，寥寥二千余载，而欲一一谱其世次，亦妄且拙矣。昔南丰曾氏自叙其世，溯汉都乡侯，上接子舆、子皙。欧阳公不以为是，岂非重在传信乎？今观邵村邵氏之谱，以国初讳瑞林者为始传，至于今凡七世。虽有征，如青州太守仲和公者，以失其世而盖阙，谱其所可知，不谱其所不可知，最为得其实。邵村风土清嘉，其子侄皆贤。来仪之瑞，犹未替也。余嘉其谱之善，故为识其卷端。

廿四日(5月8日)　为我、类义、兼爱、类仁、执一之流弊，遂至无父无君，所谓"恶莠恐其乱苗"者也。而袁了凡辈，尚以游词乱之，甚矣。夫道之不明也久矣！

四月初七日(5月20日)　所谓"行所无事"，只是当理而行，不瞻徇私意。圣人无意必固我，即是“行所无事”。

十六日(5月29日) 灯下校戴田有《孑遗录》。

十九日(6月1日) 儿子问卢玉川仝事，叹其坐王涯党死甘露之祸，前人亦有“如何老坐添丁累，不住山中住洛中”之句，不知仝《月蚀诗》专斥阉党，以此掇祸。余每读是诗，便为叹息。视刘叉之强夺人金，反嗤谀墓者，不侔甚矣。其掇祸也，焉知非误认王涯辈为真能诛阉者，而因与亲近欤？

二十日(6月2日) “周元公庭草不除，云与自家生意一般”。此句人多误会。盖谓草之生，当任其生，长不可划除。与自己生生之意，亦须培养，不可划除，非谓草之生意与与自家生意正同，而留以悦目也。

廿八日(6月10日) 沈氏丙舍小记：由徐村迤西，过小溪，复东行数百步，有水环之。余友人沈君惺岩之祖墓在焉。丘封翳如，老树横斜。径术旁，皆植菽麦。春夏之际，野花丛蔓，杂然敷荣。惺岩结庐于左离门外，有沿半亩水澂然，白云蘋添，上下相映，时有鯈鱼出没其间。或天将阴雨，蛙声阁阁出草间，亦可当鼓吹。余时闭户无聊，则携孙往访。君拾堕樵煮名①，相与闲谈，或偃仰松下，或相羊溪旁。日中而往，薄暮而返。予乃谓之曰：“昔孔子乐以忘忧，颜子箪瓢陋巷，不改其乐。此皆圣贤乐天知命，不以外物累心，故无所往而不乐也。至于吾党，则不能矣。学焉而不足，养也而不充，纷然外刦之以忧患，而内扰之以私欲。二者相寻无已，其所不乐者，不既多乎？幸予与君无功名之累，无宠辱之惊，年皆六十，为世废弃，而独幽寻于荒江寂寞之滨，以谈谐为乐，或者为古人所取也。”沈子逌然而笑曰：“然。”乃为之记(案：“沿”疑“沼”字之误)。

《陟岵永感图》序：同邑胡君云樵，宋文定公之裔。先世自歙来，迁居县东蓬莱镇。早岁偏露，尊甫雪塘先生以父兼母，迄于成立。其

---

① 当为“茗”。

后，雪塘先生婴目疾。云樵以养故，负米于外。雪塘之卒也，骤不及亲易箦，终天之痛，有深也者。一日，读《诗》至《陟岵》首章，父曰："嗟乎！予三复其词。"追念曩者辞亲去乡时光景，因倩友作《陟岵永感图》以寄其痛，间以示予，求序之。予往读《晋史》，见王裒痛父死忠，后诵《诗》至《蓼莪》，必为之流涕终日。由是门人授读者为之废此篇，盖未尝不叹诗之感人深也。顾尝念之，诗作于周衰后，千余年始有一王裒，裒至今又几千年矣。《诗》之为经，人人能诵也。人之性情，不以古今殊也。父子之情，亦不以夷险异也。裒之外，讵非人子也？《蓼莪》一篇以外，又非无言父子者也。然余年六十，少喜为诗文，所见贤士大夫述作多有，其以骨肉至痛衔哀没世者盖鲜。岂伊人者，皆境处坦夷，未由感触欤？抑予之固陋，名不出闾巷，足不至州郡，而因以未遇其人欤？今得云樵而知仁孝之性不以古今殊，而世果大有其人也。然予窃有感焉。《诗》三百篇者，古人所以道性情，而圣人存之以兴起后人者也。顾古人诚有助于今人，而今人正不必专求助于古人。即以孝德论，大舜而后，莫如曾、闵。然舜当日者亦自尽其为舜，而不必有所仿效，曾、闵亦自成其为曾、闵，非必舜使之为然也。彼王裒者，胡莫不然？然则诗篇具在，《诗》、《书》诚不能无感发鼓舞。然人之生也，厥有恒性。夫固有今人之自为今人，而仍可无愧于古人，抑亦有今人之自为古人，而足以兴起夫后人者。正不必谓"我之为我"，仅类乎此而已。云樵其勉以此念，而求致夫显扬之实。异时者，安知世无孝子，不又披《陟岵》之图而慨然兴起也。

五月初二日(6月14日) 次韵答何蓼厓秀才(顾烓)：俛仰韦布宽，麦饭可饱食。萧然陋巷中，胡为有忧色？吁嗟一世人，迷茫昧黑白。孰从尘网中，自奋凌风翼？繄余自守愚，荒江聊引匿。读《诗》复《考槃》，玩《易》识隐德。忍饥抱遗经，翛然颇自得。聊免世所疵，敢言行可则。感兹后来彦，学通遇何塞。退之赋《二鸟》，卢仝咏《月蚀》。草茅天下忧，尔我性天植。叹惜鸾凤栖，犹然在枳棘。吾怜三世交，此不复默默。学海固浩茫，贤峰亦嵂崱。此身何位置，勉旃各尽职。

东城桥有感(见《隐求堂诗存》)。

廿二日(6月15日) 观叶文敏公书“道心蕉叶雨，文思杏花天”楹帖，与朱竹香嗣枕霞久谈。观所藏明刊本宋卫栎斋《礼记集说》，惜不全矣。

六月十七日(7月28日) 钞《九经古义》起。

七月初二日(8月12日) 校所录《九经古义》一卷。

初三日(8月13日) 校《九经古义》。

二十日(8月30日) 录王韫斋汝玉赠诗：闻声差喜有同声，交谊吾侪淡以成。果否诗篇邀独赏(数年前，张君淡娱述及君见拙作《周鹤臞先生诗卷题句》，深蒙许可)，可能心迹许双清。尺书怀袖真三载，秋水蒹葭只一程。毕竟汪伦异殷羡，瑶函到眼倍分明。晚香词丈先生以诗见寄，逾年而始从汪君石心处展读，因和原韵奉答。韫斋王汝玉呈稿。

八月三十日(9月8日) 病中作：病中百味变，惟甜乃弥甚。独有松子仁，芳香齿牙沁。缘为君子人，所以有本性。他日睹龙鳞，竦然当起敬。

录俞漱翁《见怀诗》：秒霖浃旬，百感蝟集。夜不成寐，因得诗见怀：(一)霪雨凄凄风怒号，愁肠触拨倍牢骚。不徒望岁虞薪桂，岂独惊秋感鬓毛？寥落晨星歌笑系(谓悼蕙圃季君)，溯洄带水梦魂劳。遥知作赋闲居客，定有新诗写郁陶。(二)记从病榻拜文渊(去秋来访，乃八月二十八日)，话旧悲秋各惘然。别思那禁蛩语夜，凉风又逼雁来天。大裘十丈襟何阔，浊酒三升愁未蠲。葛帔西华寒澈骨，不知君外有谁怜。

九月初六日(10月14日) 观《方矫亭文集》。

初七日(10月15日) 观《日知录》。

初八日(10月16日) 观《汪钝翁集》。

初十日(10月18日) 观《思辨录》。

十四日(10月22日) 观《曝书亭集》。

十七日(10月25日) 观王研云《旧香居文草》。

十八日(10月26日) 观《通俗编》。

廿一日(10月29日) 观《困学纪闻》(按:先生自八月中旬至此,皆在病中)。

十月十一日(11月18日) 校阅段《说文》。

廿二日(11月29日) 借子京经训堂刻《道德经考异》,录之。

十一月初二日(12月9日) 写《仪礼古文今文疏证》毕。

病中自述诗(余索居荒村,知交寥落。今秋一病几死,即死,宁有一人为余作一小传,能道我心隐曲者?故作《自述诗》廿六首,聊以道其仿佛也):

读书幕[①]古人,季次与原宪。后代有陶潜,三贤我所羡。
梅心意终焉,避人弃之去。徐村亦偶居,所以轩名寓。
乡无君子者,松竹可为友。座无君子者,图书与为耦。
醯鸡不知酸,蓼虫不知苦。物物具天性,人各有所取。
架书千卷余,水田半顷足。谈[②]饭日三瓯,饭罢把书读。
国政非所豫,大夫莫轻毁。收取数斛租,勉力输井税。
贫家祭无田,春秋荐于寝。鱼菽虽自菲,追远必诚敬。
孙男明七龄,贫不能赴塾。手授必当严,《孝经》急取读。
禀性恶人笑,笑巧我愈怒。我亦有笑时,麦熟饼饵大。
经训夙所嗜,词章非所宝。无关劝与惩,何事较丑好。
学道愧躬行,说经亦拾沉。一事差强人,辟佛见能定。
能说不能行,出位亦未是。何人订我文,一为洗余耻。
心不忘饥溺,何为老农圃。世既弃君平,百钱廉于取。
规矩守高曾,衣冠只朴鲁。性非故违俗,聊以存先古。

---

① 当为"慕"。

② 当为"淡"。

对客无寒暄，当食即饮啭。粗率诚可笑，我宁为太简。

平生畏要人，遇之引身避。客或谈名利，鼾鼾隐几睡。

学既耽阇修，友亦尚笃志。素心三两人，此外固无几。

衣食端在勤，农圃夙所爱。所以晚年来，低头学种菜。

此乡多竹林，猫头每成束。淡煮味何长，无肉也不俗。

呼儿植百卉，纷然满阶砌。绿葵与紫芥，亦自有生意。

少日有天戒，老来思饮酒。适兴一蕉叶，醉去无何有。

王家有痴叔，如今死也未？骨肉尚不知，外间乌足异。

陶公挽歌词，旷达固为最。他人亦已歌，世情亦参透(案:下“亦”字，疑“未”字之误)。

儿孙各有命，既生欲其可。慎勿厌虀盐，我言好记取。

赞叹与嘲讥，任人自位置。谁操董狐简，写我心中事。

屋旁百竿竹，下有古时井。抚竹照寒泉，萧萧见我影。

孔子十九代孙“河东太守彪之子鸿胪义，义三子冀州刺史郁，郁子太子少傅潜，潜子豫章太守竺，竺子湘东太守恬，恬子余不亭侯愉，愉子建安太守訚，訚子侍中靖，靖子著作郎灵运，灵运子吴兴太守琇之，琇之子尚书三公郎臻，臻子无锡令幼孙，幼孙子宫卫尉奂，奂子秘书监绍安，绍安子苏州长史桢，桢子季诩，唐时官左补阙，流寓华亭”①，即今孔宅是。

林放，字子丘，鲁人。泰安崇礼乡之放城集，相传为林放故里，在郡城东南一百八十里。

沂水发源于尼山之智源溪，西北流经县城南，又西流至兖州府，乃入于泗水。《经》谓出尼丘山，西北流经鲁县故城南北对稷门，又西经圜丘北，又西右注泗水。

傧，导也，古只作“宾”，与“摈相”字异。《周礼·司仪》注曰:“出接宾曰摈。”《聘礼》:“卿为上摈，大夫为承摈，士为绍摈。”《士冠礼》:

① 本段录自清孔继汾《阙里文献考》卷三十。

“擯者请期。”此宜从“擯”者也。《聘礼》“宾用束锦儐劳者”，又“儐之如初”，又“儐之两马束锦”，又“无儐”。凡言“儐”者九字，当从作“儐”（案：无儐，今《仪礼》误作“无擯”）。

题《升谷先生文稿》（姓葛，讳常旭，字孟晹）：升谷先生晚年进德，几造贤关而上之。读其《日鉴录》所记，其于“省身克己之功”，言之详而为之密矣。是皆从读书涉世，造次颠沛中得来，非偶然也。根服膺之深，为辑而存之。二三友人借录以藏者，亦复赞叹不置。自非有德之言，能入人之深如是乎？世之人不务进德，而蕲至乎立言，吾知其无能为也。他日，令子基兆以根企慕之殷，复出先生《从吾馆稿》见示，读诗赋诸作，气息依仿先正，皆中正和平，不为诡奇纤仄、可喜可愕之语。黄鲁直论书法，所谓“宁朴无媚，宁拙无巧”者，先生有焉。其叙先君事实，以至与从学之简、子姓之书，皆本仁依孝，不为过高而立言，一出于正，为世所不肯言、不能言者。即偶然简札，及题后诸篇，亦皆有至理存乎其间，读者慎取之可也。我意先生一生好学，手不释卷，以迄耄老。其著作谅不仅此，岂无他人所视为平常，而实先生意之所在者乎？自非知言之君子，恐不能知之也。异时，基兆更裒辑之，以质诸有识之士，而摭其尤者以传焉。吾知百十年后，如《日鉴录》者，当犹在人间。彼世之寻章摘句，哗世取宠，一时号为能文者，灰飞烟烬，不直剑首之一吷也。

十二日(12 月 19 日) 为，伪也。《大学》“彼为善之小人之使为国家”十一字作一句，下“之”字训“是”。《左传》“郑人醢之三人也”，“之”亦训“是”。

十九日(12 月 26 日) 何淡然来，谈半日，借《困学纪闻》《吴文正公集》《揭文安公集》去。

廿二日(12 月 29 日) 人各安其分，而天下平矣。然欲使人各安其分，非礼乐教化不能。欲用礼乐，非先自克己不能。然则不难于天下之平，而难于用礼乐。不难于用礼乐，而难于先自克己。故曰：“一日克己复礼，天下归仁焉。”一日，如果能一日之一日，非谓一日才克己,而天下即归于仁也。颜子,王佐之才,故夫子说如此。至下章答仲弓之问,则诸侯之事矣。

廿四日(12月31日) 写《昭忠集》。

十二月朔日(1848年1月6日) 写《昭忠集》毕。补钞《裴氏儿科方》。

初二日(1月7日) 补钞《儿科方》。

十二日(1月17日) 点《虞氏易义》。

廿一日(1月26日) 装菊生所治《毋欺录》一卷。

廿五日(1月30日) 与何淡然秀才札(见《晚香书札》)。

廿八日(2月2日) 余幼时见乡俗丧中谢简,惟孤子称"子",余皆称"生"。此"生"字,即"甥"之古体。古人于异姓之尊,皆称为"舅"。谓我舅者,我谓之"甥"。称"生"者是也。近时多称"期服父"、"期服舅"之类,此起于刑名之家正名定律,故律谓之"名例"。然以之定服制则可,以之书于简帖则不可。岂有稽首谢宾,而俨然自称为"父"与"舅"者哉?亦悖甚矣!或曰:"然则如何而可?"余曰:"古者丧主,惟嫡子或长子一人。然则谢简,今姑列子孙一行可也。余有服,同居者则皆列于夹单,而去其'父'与'舅'及'夫兄''夫弟'之称,庶乎礼矣。如父主子丧,夫主妻丧,此父与夫之名,宜书在正帖者也。夫兄夫弟何为也哉?礼虽同居,兄弟各主其妻之丧,则夫兄夫弟之不必列名,可知已。"

卷十一

道光二十八年戊申(1848)[①]

元旦(1848年2月5日) 即事(见《隐求堂诗存》)。

沈惺岩寅今春将授馆皋桥方氏,穷村又失一老伴矣,送之以诗:《五噫歌》成鬓早苍,却寻皋庑寄行装。尘中莫怅无高识,只是芦帘欠孟光(君尚未娶)。

初二日(2月6日) 纪梦:自咏关山马骨高,便将壮志托弓刀。而今髀里都生肉,却梦提兵出虎牢。

《论语》言"死生有命",此是谓大贤以下人语。若不循理处置,而委之于命,圣贤无是孟浪也。汉儒言立命,亦只是理气,术数家言"非圣人罕言"之指,程子言"命之理微"四字,盖有深意,读之者自不察耳。《易》言"穷理尽性,以至于命"。吾处置此事,理已穷矣,性已尽矣,然而不能者则是命也。若不会处置便放下,是无义无命也。"义"、"命"二字不可分,故曰"命之理微(孟子"行法俟命"一语,理最精)。哀公问有若以"年饥,用不足,如之何",而有子对以"盍彻乎"者,有子是圣贤,公天下之心,以"用不足"为"民用不足"也。民用不足,虽各有撙节之道,而大要在上之不贪,故先以"薄赋敛"为言,盖不敢以不以尧舜之道待其君,而以私意揣之也。至哀公不知不觉吐出

---

① 原注:"先生时年六十有一,自署徐村老农。"

"吾"字,此"吾"字是私见,为人上者但知"有吾",而民命其不堪矣。故正言以晓之,曰:"百姓不足,君孰与足?"此与孟子对梁惠王"不夺不厌"之言,大略相似,意在格君心之非,非但止君之厚敛也。

《论语》首章,圣人言学,纯乎天理而已。其"学而时习之"者,自强不息,犹天之"于穆不已"也。"有朋自远方来"者,所过者化,所存者神,天之生物不息也。"人不知而不愠",达而兼善天下,犹天之为而不宰,功成而不居者也。"穷而独善其身",犹龙德之遁世无闷,不见是而无闷也。其体用工夫,浑然一天之运,深味之可也。

初九日(2月13日) 录徐洪生《跋徐村文稿》:尝闻文章以理为主,以气为辅。而其为说也,尤必有益性情,有功名教。斯真为能立言者。我昆潘晚香先生,笃行士也。其貌温然而古,其言蔼然而和。跧伏丘园,惟以修德行善是务,是岂欲以文章名世者?然"有德者必有言",夫子固言之矣。今读《徐村文稿》,择精语详,如布帛菽粟,然所谓有益性情、有功名教之作非欤?余不敏,乌足以窥先生之学?而平日景仰私衷,有不能已于言者。环诵数四,爰缀数语于末简,以明先生不欲以文名,而文之不徒作也。如此,未知先生许为知言否也?道光丁未十二月望后一日,彝卿徐家畴谨跋。

十四日(2月18日) 录季菘耘《书王静园诗后》:昆山王君静园,隐居教授,好读书,间为小诗,抒写性情,多安贫味道语。与余友潘子晚香为莫逆交,稿中多唱酬之作。晚香饬躬媚学,所交多贤士,而不遗君,则君之为人,可知已。惜所作不自收拾,令子云帆掇拾剩余,将付剞劂,属晚香寄余乞一言。余谓诗以人重,不在字句之工拙,况有贤子缵诵清芬,是可敬也。爰书数语而归之。道光二十有七年涂月既望,太仓季锡畴书。

十七日(2月21日) 录杨宫师锡绂《节妇传》(号兰畹,江清人)。

杨嘉樟妾王氏。氏昆山人,年十四为休宁杨嘉樟继妻吴氏副。嘉樟商于松,初娶汪,再娶金,俱无出,且夭。至继吴而三,得王佐中馈，情欢分肃。吴生子克诚及一女，遽以疾没。逾数年，樟病危，以客居子幼嘱氏。时氏年止二十四，屏粉黛，守儿女子长为援例，入成均。及年二十余，始同子扶樟夫妇柩回籍。守节年例符，里族欲上其事。氏以出身贱，不可以辱令典，力辞之。

朱三辰妻王氏。氏昆山人，年二十一，适同里朱斗垣之子三辰，举二女一子。三辰病不起，氏年二十七，号恸几绝。姑垂涕，谕以抚孤。氏泣受命。衣缟食粝，事姑益恭。姑病，乞减算以代姑病，果痊。夫兄德纯无子，征之堂从子弟，无可嗣者。惟三辰子攀龙昭穆相当，而未忍以言氏。请于姑，言以大宗为重。告庙日，祝攀龙多男，遂随伯姒同居，垂五十年。后攀龙果举五男。氏年七十余，犹康健云。

余庞讴妻葛氏，孝廉鼒女，年十九，归同县进士余国柱子庠生庞讴，二十三岁而寡。老翁在堂，遗孤之憎在襁，氏强活以任事育，年八十四卒。学使胡以“松筠劲节”四字旌之(案:之憎，“憎”字疑有误)。

葛贞女名安，孝廉葛鼒孙，铜陵学博继曾女，年十五许字徐编修忍斋子德符，未婚守节。金坛王罕皆有传，女卒时，年二十三。

徐鸾，长洲徐建庭女，年十二，许字昆山葛凤，未婚而夫亡。女时年十九，力请守志卒。

吉氏名松，昆山人，父洪先，沈氏世仆也。许字同里叶三官，未婚而夫夭，女时年廿一。父母将改字之，女泣告曰:“儿生虽微贱，然廉耻之心尚存，且主妇之贤，岂不能成儿志耶？如徐家娘子，矢志不嫁，母女依托，主母爱怜特甚，岂不能分瓯饭以活我乎？”沈氏母闻之，执手嘉叹，遂相依三十余年。沈母年八十余卒，女亦年五十五矣。里人钦其节，延为女师，以修脯养父母及为弟娶妇，而于翁姑家尤馈省无缺。求夫侄为嗣，训育婚配，竟成其志。

朱荥妻张氏，昆山张之栋女，诸生予燮妹，年二十一，适朱陛良次子荥。七年而寡，孤乐英甫六岁，又遗腹将免身，堂上姑先逝，翁且耄。夫兄孝廉永谒选京师，仰事俯育，皆氏赖。翁以丧子哀甚，致疾。氏谨事汤药，已而翁殁。夫兄归营葬，氏出十指所积助之。后乐英入成均,需次州丞,遗腹棠任奎文阁典籍,皆氏教训云。氏受旌,年七十三卒。

张予燮妻孙氏,昆山孙彭年女,年二十,归予燮为继室,侍舅姑孝谨。三年,姑遘病,夫亦中患咯血。氏一身两顾,憔悴殊甚。姑亡,夫疾益笃。弥留之际,嘱以堂侄坦为嗣。夫亡守节操作。夫妹适朱者,亦早寡,迎归相依。洽婚葬殚力,年六十九卒。同里孙检讨倪城有赠诗。

张大业妻冯氏,明季冯通之女,年十八,适同里张世荣子大业,十载而寡。子天祐才六岁,女亦稚,舅姑垂老,无兄弟可依。世乱岁祲,殣殍相望。氏抱儿哭夫柩前,啮指出血,誓以身代夫终子职。未几,舅姑即世,家故无寸土。氏以十指所积,营葬地。冻饿自甘,年六十而卒。卒后二十余年,制军阿宫保题其庐曰"宠贲泉扃"。

孙有凭妻张氏,昆山张大业女,母冯氏以苦孀育氏,年十七,适同里孙有凭,家亦无恒业,且继姑严急甚,御之寡恩,昕夕惴惴。六年夫殁,遗一子汝荣,甫四岁。翁姑继亡,益困不支。子长佣菜卖屦以给,未几亦卒。氏终始伶俜,年七十五卒。后三十年,苏抚顾公奏旌。

顾升明妻朱氏,父挺柏,新安徽国公裔,明万历间徙昆山。氏适昆明经顾尔常子诸生升明,俶傥有奇气。甲申,流贼陷京城,升明闻之,焚生平著述,中夜狂呼,诵"英雄泪满"之句,呕血死。时氏年二十五,欲同殉。同产兄晋和以抚孤勗之,乃强食守义。乙酉,城中风鹤,奔徙一空。氏犹守夫柩,不忍去。忽见梁间群鼠号咷,有衔雏而窜因堕地者,氏乃惊曰:"物犹如此,我为夫存孤,安得延颈待也。"亟移夫榇,厝园中。挈儿依同产兄,避兵淀山湖畔。城果陷,尔常以不屈死。事平,母子归城。夫榇无恙,而家产萧落,仅存芜田数十亩,以养姑课子。不给,则机杼佐之。姑病,日夕吁天求代。复鬻田以具丧葬。子需诚亦弱冠知名,弗坠家声。氏卒年五十六,卒后被旌。

周氏,昆山人德章女。幼字同邑李圣传之庶子应俊,未婚守志,不再适。李氏难之。氏依寡嫂,纺绩相资,凡十八年。应俊之嫡母怀氏,年七十余,良具在室如苦,为李门守节,迎之归,立夫兄子德载为嗣。甫两月,姑卒,哀毁尽礼,更谨事庶姑。学使者李旌其门曰"贞心训俗"。

廿二日(2月26日)　"饮食男女,人之大欲存焉"。人情之所弗能止者,圣人勿禁,故因人情以制礼,以节性防淫。故礼之为用,"饮食男女"为最重,故曰:"人情者,圣王之田也。"二氏之学,屏斯二者,是并人情而拂之。其贤者固能俛而就之矣,其如愚不肖何?《王制》("建天官先六太"节)"天子之五官曰司徒、司马、司空、司士、司寇,典司五众"。按《周礼》六卿:太宰为天官,司徒为地官,大宗伯为春官,大司马为夏官,大司寇为秋官,大司空为冬官。此六卿也,今太宰如何与太史、太祝为列?且太宗、太士,《周礼》亦无此官。天官之属,止有司士。岂司士即"太士"耶?而下五官又有"司士",则"太士"与"司士",截然二官矣。太宗事鬼神,似下大宗伯一等。及考太史礼官之属,而太祝、太卜俱下大夫,又不宜与太宰、太宗为列。至五官有"司士",考《周礼·司士》,乃天官之属,亦下大夫为之,又不宜与司徒等为列,志之俟考(案:《王制》建官,先儒多以为殷制,先生引《周礼》以相考,宜其不合)。

赵盾"弃人用犬,虽猛何为"八个字,其不惮弑君之心,跃露齿颊间。其使穿行大事也,真可谓能用人矣。盾虽诡秘,乌能逃弑君之诛耶?

圣人不言命,然曰"不知命,无以为君子",又曰"君子坦荡荡,小人常戚戚",可谓善言命者矣。此"为"字,乃训"做"字。惟知命之有定,而绝无丝毫瞻顾,方能做得一个君子,而"坦荡荡"也。若小人,则不知命,多所觖望而"长戚戚"矣。坦荡荡,从战兢惕厉,做到乐天知命来,非庄、列一辈所云也。

《檀弓》"人喜则斯陶"一节,正以人喜之有舞,对举哀之有踊,皆是情在于斯,而有不自觉者。制礼者特为之品节焉尔。"陶咏"等字,乃过文不重。

祭以天子诸侯，尸以士服，殷制也。周行追王之礼，则不然矣。殷尚质，周尚文也。《大传》谓“追王之礼，不以卑临尊”。此属后儒之说。《仪礼》传曰：“父至尊也，天子至尊也，君至尊也。”父与天子、人君，其尊等尔。太王、王季、文王，乃武王之祖、父，何待“追王而后尊”哉？至云“王迹所由”，亦非本意。若尔乃是酬功之典，等祖、父于望、散诸臣，岂礼也哉！意者，武王不自以为功，而推本于祖父，则有然耳。

《论语》“至于犬马”，“犬马”言微贱者，犹《史》之所云“牛马走”也。《坊记》云：“小人皆能养其亲。君子不敬，何以辨?”正是此意。

下学上达，知我其天，从不怨尤，而自尽子、臣、弟、友之分，到得妻子好合，父母其顺，郊焉而天神格，庙焉而人鬼飨，四时玉烛，天下太平，所谓“知我其天也”。

二月初三日(3月7日) 禁民为非则尚刑，而非礼义之治也。然欲驱一世之民，而悉归于义礼，则民将骇而不服矣。“民可使由之，不可使知”者，为之以渐，使其不知而趋也，可也。孟子所谓“使民菽粟如水火，而民焉有不仁”，亦是此意。

十五日(3月19日) 录邑侯蔡公诗简：仆以去秋七月权南武事，及今半载余矣。初膺民社，吏治未谙，正惭愧之交加，忽讴歌之四起。邑人士善善从长，形诸笔墨(邑人“廉明公恕”四字见诒)，而余愧益深，爰作是律以志感：(一) 治谱无功枉读书，虚声纯盗愧何如。恩承凤诏新颁日，志在牛刀小试初。仕路艰危车易覆，官箴清白玷难除。衙斋独让山阴好，尽日垂帘乐有余。(二) 玉山淞水旧因缘，宦辙流连节序迁。报政那能三日后，读书恨不十年前。臣心可问原如水，民口难防恰似川。抚字催科无两得，傍皇终夜倩谁怜。(三) 媚我休称父母慈，讼庭终未息鞭笞。不堪回首苍鹰号，无限伤心《硕鼠》诗。宓子琴声真寂寂，河阳春色尚迟迟。赧颜坐读《循良传》，何福能消去后思。(四) 此邦人士太多情，吉语颁来百感生。起舞中宵思祖逖，甘心下考愧阳城。何妨甑上尘如垢，只恐堂前镜不明。留得书生真面目，人来休说县官清。

十六日(3月20日) 写《和蔡邑尊诗》：(一) 为政风流在读书，鹰鹯搏击待何如。即看条教颁春日，已识廉明莅治初。士气一培礼让立，民生稍遂怨咨除。讼庭寂寂帘栊静，卧治知君自有余。(二) 僻县偏多廉吏缘，政声不与迹俱迁。聂樊去思留身后，郝李清名照眼前。好励冰霜追往躅，未妨忠信涉危川。屏间好写如伤语，《硕鼠》频歌剧可怜。(三) 草野咸知杜母慈，仁心终欲省箠笞。双歧麦秀行书瑞，《五袴谣》成早入诗。百里颂声如一口，三年报政莫嫌迟。舆情爱戴原非媚，尚有攀辕无限思。(四) 返朴还醇有下情，可能长此注苍生。弦歌指日来深巷，桃李迎春满县城。称物平施皆可恕，置心公处自生明。愿言他日登三事，长似娄江澈底清。

廿二日(3月26日) 咏樱桃花：忆昔年同涵溪娄县废城蹋春，写怀却寄：(一) 不嫌萧寂不繁华，幽淡偏宜处士家。我住荒村无伴侣，心头将尔当梅花。(二) 夕阳小坞近城闉，记得携朋蹋晚春。此日对花增感叹，更无人似旧时人。

廿八日(4月1日) 点《小学》一卷。

廿九日(4月2日) 默《小学》二卷。假朱少愚家族谱，时余正撰集《昆山名贤墓志》也。

三十日(4月3日) 赠俞味庸丈：味庸每岁清明捐资，为掩骼之举。今岁见太平庵侧多败棺，谋为葬之，来商其事，故有赠：(一) 殡宫颓败骨生苔，寒食谁携麦饭来。惭愧道人怜暴露，呼僮具锸为深埋。(二) 悭囊那有许多金，即此聊存一片心。但愿世人从薄葬，莫教枯骨散寒林。

三月初一日(4月4日) 录《昆山名贤墓志》卷八起。

渎川法云庵，汪丈石心募资修葺。戊申春日，招集同社为散花大会，因思昔年尘蒙佛面，草没庭阶，风景大殊。叹羡久之，敬用壁间小浮居士《春雨诗》韵，以志其事：自别禅堂岁月迁，重来光景胜从前。竹中梵呗龙吟水，饭后钟鱼日似年。金碧影流斜渡口，梅檀香袅夕阳边。分明庐岳莲花社,好种西方净业田。

初二日(4月5日) 与辰甥札(见《晚香书札》)。

西溪仁兄近以《小学》书分赠学者,用意良厚,惜乎能承其意者之少也,作诗喻之:人生无贵贱,力行素当先。守身最为大,孝弟必勉焉。苟能由此理,可以希圣贤。风俗所由厚,太平所由延。事长庶能顺,事君忠以全。孝弟岂伪为,勿欺必拳拳。人苟昧乎此,余事奚足传?煌煌《小学》书,《敬身》《立教》篇。徽国昔采辑,家可置一编。皇化以孝治,敕士此勉旃。奈何儒习陋,但鹜词藻妍。文字苟悦目,行己尽弃捐。吾友能好善,推解逮颠连。复购渤海注,赠人置讲筵。意在敦实行,勿为异说迁。嗟余老未学,读之颜赧然。内省实多疚,誓将疵纇镌。庶承良友意,驽马或可鞭。吾老尚须励,子过幸自悛。作诗题卷首,敬告诸少年。

初三日(4月6日) 礼部儒士陆献之墓,在茜步泾。

初四日(4月7日) 季菊翁锡康自蔚村来,寄札于令兄菘耘。

初五日(4月8日) 写《朱氏墓志卷》毕,校《玉山名胜卷》。

刑部云南司主事朱而锜墓,在吴县一云山十二都二图南投字圩主位,封孺人颜氏袝(字信昭,一字信旃,号凡山)。

秉彝,字植梅,邑前辈朱萱孙隆熹子。虽居阛阓,质直不欺。素喜佛事,每里党有法会,必先趋赴。年五十余,念身世无常,从德休禅师薙染,法号"随缘",其妇亦相随出家。居东郊僻静处,精进念佛。忽若有悟,矢口成偈:(一)蒲团敷坐五更初,才得胸中万虑磨。无奈月沉天渐晓,敲门又恐吏催租。阶前草长客来疏,偶见相知竹外过。问起生涯应笑杀,桂薪珠粒玉为蔬。(二)禅关静掩寂无喧,独对空庭只自怜。转眼不知花影去,午余忘却爨朝烟。检罢《楞严》日未曛,隔林遥唱蹋车声。携筇欲向溪边去,犹恐相逢是故人。

右禅关即事:(一)忽闻啼鸟树头喃,唤醒迷人醉梦间。堪叹市朝名利客,浮云富贵不如闲。(二)一句弥陀省得清,轮珠历历最分明。本来万法皆虚幻,何事当场苦认真。(三)识得禅机玄又玄,青山绿水自依然。乃知佛法无多子,茄子三觔六个钱。(四) 芒鞋竹杖旧生涯,南北东西莫浪夸。好把脚根牢踏住,不离方寸是吾家。

初六日(4月9日) 与季菘耘锡畴书(见《晚香书札》)。

录柏庐先生《寿朱恬野六十》:健笔凌云旧赋才,泥涂簪绂隐蒿莱。百年计有书千卷,万古消愁酒一杯。碧玉案听鸾曲举,丹霄路待凤毛开。从今直上延洪祝,海变桑田知几回。

初七日(4月10日) 雨后桃花尽放,招友人小饮,作此(见《隐求堂诗存》)。

荒园中桃李盛开,独赏无聊有感:(一) 寂寞荒园不当春,花前扶杖立逡巡。朝来闻说笙歌地,堕水沾泥更怆神。(二) 尹姑风流世共传,临风一笑更嫣然。虽无檀板银尊赏,且与诗人结冷缘。

初九日(4月12日) 园中雀梅、棠棣开。

碧桃正盛,惜无人至,因忆南河泾俞家梨花(见《隐求堂诗存》)。

庄渠先生曰:《大学》定、静、安、虑,煞有功夫不可,说得太轻了。此是过来人语。定、静、安只是一个境界。其初用执持,谓之"定"。其既忘了执持,谓之"静"。最后自然而然,谓之"安",安则能虑矣。盖所止,若此之难也。"知止"只是知一边。知不足重,故但着"知止"二字已足。然不知止,如何下手做?行行之力难,故叠下"定"、"静"、"安"三个字,才得于"知"字上有须立脚,非定、静、安别有三个境界,只是言其工夫次第耳。下"物有本末"四语,即是说"虑"。

娄东季蔗川汝明谢赠酒资诗:(一) 廿年回首叹生涯,风味何曾一日佳。虚愿彩毫干气象,长贫绣佛忏心斋。闲中故态寻诗趣,意外飞蚨入酒怀。解赠情深将伯助,不歌爰莫喜能谐。(二) 平生风雅羡诗篇,欢会神交两得缘。未领笛音亲奉座,先施花兴买春钱。渔樵天地君能狎,日月行藏我暗怜。此际晴峦新笑雨,书签药裹坐飘然。

十六日(4月19日) 撰邑侯蔡公《德政诗》序:古人有言:士苟得位行道,不为宰相,则为县令。盖以宰相近君,县令亲民也。若汉循吏诸公,其得民之深,沦肌浃髓,民爱戴之如父母,形诸歌谣,传为美谈。宰相与县令，官虽不同，其于行道济时，岂有异也？况夫天下者，由县而积者也。使亲民之官尽得如古人者而治之，则天下已平已治矣，何遽道之行不如宰相哉？故古之君子，不计官之大小，而惟期行道者以此也。吾新阳为昆山分县，地瘠而民贫。地瘠则上不乐居其官，民贫则下不克供其上。加以比年以来，事之多虞，官困于催科，民疲于输将，而官民遂为睽隔。由皆尚束缚拘迫，而无以廉明公恕之治治也。蜀东蔡侯吉堂，以名进士来莅吾邑。甫下车，颁条教，即以培士气、遂民生为亟亟。盖不为束缚拘迫，而一出于廉明公恕，未期月而颂声作。士民一日以为庶见古之循吏也。而侯不自满，假为诗以示。其言温厚深挚，恤恤乎有忧民之隐。此何如心哉！惟贤侯居官政求平实，欲使县之人，士诵于室，农耕于野，吏息追呼，庭无留狱。此侯之素志，而亦吾士民私愿报效于侯者也。一时绅士辈敬和大制，斐然成章。虽不足以步武后尘，及称扬善政之万一。然其依慕之私，叹谁嗣而歌来暮？实概于中云。即辑为卷，推余为之序。余谨述侯学道爱人，不卑小官，合乎古圣贤之所为。为来者告，且冀侯异时侯居盐梅舟辑之任，亦本此四字以行之，而泽遂被于天下也。

十七日(4月20日) 谷雨节。午后，携儿孙陪黄紫蘅兄泛小舟，从北郭入泊相里桥，同登马鞍山东岩，经旷如奥如之亭，则已圮矣。坐东岩远望，川原如画。至古上方，徘徊妙峰塔，塔建于治平二年，后毁重建，有刻记，亦模糊矣。足力不胜，遂下山，游花神庙，试茶，沈猗竹亦至。读湖石上顾(原本有“笋洲”二字，复自圈去，不知何故)先生诗刻：“紫芝瑶草白云边，正是人间小洞天。一曲道情春昼永，相逢俱是地行仙。”盖今花神殿前数峰，俱“乐彼之园”故物，故有是题傍。荼蘼架下有一石，文无首尾，想亦园中物也。欲登四美亭，以关锁故，不能入。遂解维，由东关出回村。枕上得诗二首，呈紫蘅(见《隐求堂诗存》)。

廿三日(4月26日) 草《新阳县城隍庙志》稿起。

廿四日(4月27日) 录邑前辈《茧园杂诗》入庙志。

廿六日(4月29日)　类，戾也。孔晁《周书·史记解》“昔谷平之君，愎类无亲”注。

四月初六日(5月8日)　周康僖公赐茔在珠区六图北海圩。写《昆山名贤墓志》第九卷。

初七日(5月9日)　周羽仪，字元方，康僖公八世孙。兄元直，弟元亮、元方为博士弟子，所著有《学庸精义》《周易汇解》。元直名燮元，研田自给，哦诗自娱，有《存笥草》。元方卒年五十四，元直卒年五十二。徐蒿庐有《传》。

录朱叔鸿作《雪岩周先生传略》：呜呼！鸿束发事先生，垂三十年。既学，为先生之文，于先生行事尤悉。而先生卒，遗孙方幼。族子澧为之经纪其丧，属鸿撰次生平大略，附之家乘，庶通德君子能传先生者有取焉。因洒泪而叙之，曰：先生姓周氏，讳开先，字梅占，一字眉瞻，晚又自号曰雪岩。周氏系出姬姓，靖康之末，始来居昆。永乐初，有讳瑮者，由进士乙科起家，至御史，而周氏始显。八世祖讳伦，刑部尚书，赠太子少保、资政大夫，赐祭葬，谥曰“康僖”，崇祀乡贤名宦祠。康僖公三子，次讳凤起，历官太仆寺丞。太仆子九人，其次为龙门公，讳汝化，生一子，讳本宏，字元祐，是为先生高祖。曾祖讳耀元，祐季子，学者所称“和定先生”者也。祖讳兴遇，和定长子。父讳香，号兰谷。中丞陈榕门先生表其闾曰“世济其美”。自六世以下无显官，然皆为名诸生，并以文章节行见重当世。先生少岸异，刻志自励。兰谷公游粤西，母黄太夫人勤苦佐读，日就外傅，夜归习复。老屋数椽，读书之声同与纺绩之声相间也。既长，工制举之业，峻杰廉悍，矫绝流辈，以县试首选，入乡校第一。值省试，既荐不售，益锐于学。北平尹公题其卷曰“格律浑成，波澜独老”。东昌刘公首拔之，谓有古大家气息。其他学使者至，悉第先生高等。先生既以文噪于时，品望尤著。乾隆乙酉，会稽梁公议举先生大优，先生以亲老辞。戊子，兰谷公卒。既释服，遂贡成均，需次三十年不与选，可哀也已。家素贫，绨衣蔬食，晏如也。性严毅，举止端谨，虽造次进退，必以礼。

与人言,刚直不可挠。造就英隽,率皆成材。及门之士,多至数十百人。为文邃于理法,考论经义,洞见本原。虽先儒已有成说,必反复其所以,不为苟同。吾邑多能文之士,四十年来,卓然名家无如先生者。先生卒于嘉庆六年正月廿四日,距其生康熙五十六年九月二日,享年八十五。配徐氏前卒,侧室陆氏。子男一人之纲,邑增生,少与鸿同研席,夙称能文,先一年卒。女二,长适庠生吴凤苞,次适候选县佐叶企庄。孙男一人和三;幼女一人,适王学淳,学淳早卒。受业门生朱叔鸿百拜述。

初八日(5月10日)　咏荼蘼花:端居偏自感流年,触景分明见翠钿。盼断梨云人寂寂,飘残飞絮思绵绵。一庭幽草闲长昼,半架繁花入暮天。香梦醒来银烛冷,月光花影写婵娟。

十二日(5月14日)　录朱右曾《归有山房记》:出西郭不半里,循项泾而北,得妙音庵,里之人祠社神于此。右有隙地数弓,从道光庚子葺屋三楹间。前后缭以回廊,庭立双石,玲珑荦确,系前明徐宗伯归有园旧石,因颜其室曰"归有山房"。余惟宗伯之园,以为归而后有耶?是知进退之说,慨簪绂之羁,犹之可也。以为归于我而为我有耶?是矫老庄之弊,而昧盈虚消息之常也。夫无者不可为之有,犹有者不可谓之无。然而,忽焉无而有矣,忽焉有而无矣。盈虚之无一定也。数也即理也,不可以私智测,不可以大力争也。凡园亭之兴废,近或数十年,远或数百年。当其时,岂不居然以为己有哉?然安知指顾之间,鞠为茂草?迨其后,高台倾矣,曲池平矣。惟此一二顽石转徙于他人之手,令人怃然叹息而已。如归有园,其一也。惟幸其石、其树,归于梵祠神宇,则人不得而有之。远者千百年,近者亦数百年,绀碧相望,竹木成林。然则归于有者,正不必常有,而归于无者,乃所以归于有也。宗伯之意,或以为我仕有官,我归有园,为无妨于去位耳。余恐后人昧于"归有"之义,故述如此,且庆兹石之遭也。道光丁未小除,里人朱右曾述。

十四日(5月16日)　抽条元似旧,吟赏感偏新。含笑如迎我,低枝欲傍人。院深虽得地，开晚不逢春。犹胜路旁植，风飘踢作尘。邱少岩以近作《蔷薇》诗见示，有怀旧之意，故余作亦云云。

邑志《冢墓》一卷，载志铭者甚尠，亦有并其墓失载者。此考古所以难也。根家贫无书，前年与张君彦孙搜辑邑中先辈诗为《昆山诗存》，四处搜罗，多见前人文集，然当时意在于诗，而不暇录其文。墓志一种，交臂而失之，迄今不能再睹，可惜也。老病侵寻，年已六十，就所见者录之。今得十卷，以备后来之读，亦有搜访于荒榛断梗而得之者。戊申春暮，于城东草庐晤周君关洲，访问其家谱，承以此卷见示。读之，见其家先御史鲁斋先生之亮节，及康僖公父子继起，皆以直道不阿，进退以礼。乡之耆旧，国之蓍龟。追念前修，有深慕焉，岂独以名位哉！拙斋、雪岩诸前辈，即不以文论，其言其行，皆可为后学法式。既慨想其人，为录其墓志入十卷之内，以俟排编，并识高山景行之慕。再拜书之末简，而敬归之。时四月初九日。

十六日(5月18日) 以笋豆新酿，祀先人、亡弟有作：春来樱笋一番番，思念先人在日言。饮啄谁非叨祖荫，鸡豚那得逮亲存。摩挲手泽心余痛，想像音容泪积痕。为子何人无此意，欲思报德总难论。

十七日(5月19日) 或问广东、广西“广”字之意。余曰：“古义有训‘险’字者。《孟子》‘兽之走圹’，亦谓险。子书‘地不以人之恶险而废其广’，广亦训‘险’。险亦古‘岩’字。古书傅岩有作‘傅险’者，盖广亦‘岩’也。”

录张石芸《病马诗》(石芸元名国琛，后改名潜之。昆庠增生，所著有《榆轩未定稿》《蘧庐杂记》等诸书)：万里风沙百战心，雄姿未合老山林。昂藏曾踢横门道，憔悴真惭伏枥吟。自信空群当一顾，人疑待价惜千金。龙文虎脊知相忆，不是孙阳感已深。

廿一日(5月23日) 写《新阳县城隍庙志》。

廿二日(5月24日) 录盛青嵝诗。青嵝诗经归愚老人点定，为《遗稿》二卷，余藏于家。有宦淮阴者与先生有旧，欲刻其诗，携之去，以移调不果，稿遂遗失。嘉庆辛卯，黄止观丈馆洞庭，晤先生门下士李昌阳，得一编，凡若干首。止观稍汰之，录为一卷，流落东黄泥泾李白夫家。白夫，止观弟子也。白夫已卒，其家不读书矣，而是编与白夫诗二卷同藏弃焉。根搜采邑人诗，并得之。忆昔年游渎川，曾登先生堂，晤其曾孙守安，殷勤留酌，实有因缘。念是稿之几亡，因再录为副本。

廿三日(5月25日)　晨起，录青嵝诗。

廿四日(5月26日)　写青嵝诗毕。

廿五日(5月27日)　点定《青嵝诗稿》。

录虞山张尔旦《壬寅十月题晚香诗卷》诗：(一) 寒士孤踪世莫知，焦桐音惜赏迟迟。荒江老屋吟声苦，一树梅花一卷诗。(二) 烟霞气味得来深，愧我同苔宛异岑。把卷思君风雨夕，空山云碧暮钟沉。

五月初五日(6月5日)　"疾没世而名不称焉"者，疾没身无善可称云尔，非谓疾无名也。名者，可以励中人，"君子所存，非所汲汲"。

后世以史视《春秋》，主于褒善贬恶而已。至于经世之大法，则不知也。故欲于一事一义，知圣人之用心，非上知不能。

初九日(6月9日)　写杨致轩、徐桂门、李谈圃三家梅花诗入《国朝昆山诗存》，商刻之。

十一日(6月11日)　《东林党人榜》第三十八名蔡懋德，一百七十四名顾锡畴。天启五年十二月辛亥朔，刊示此榜于天下，禁锢诸贤。生者削籍，死者追夺，或逮问追赃，凡三百另九人。首李三才、叶向高，末何吾驺。又有"前锋"、"后劲"二榜，皆载清流姓名，颁示天下。宋寿、曹于汴等为前锋。

《七录》，曰《天鉴》，曰《雷平》，曰《同志》，曰《薙稗》，曰《点将》，曰《蝇蚋》，曰《蝗蝻》。又有《续点将》《续蝇蚋》二录。

《东林点将录》"四方行探邀接来宾头领十二员"：地阴星母大虫顾锡畴。

和吴县紫莼《三十述怀》诗：(一) 堂堂去我是青春，愧尔芳年绩学人。豪兴渐销同槁木，萍踪无定叹劳薪。高天何处无穷鸟，涸辙频经足困鳞。寥落徐村侪老圃，萧然锄笠寄闲身。（二）研北栖迟计未讹，方当盛岁岂蹉跎。飞腾指日看君便，鞭策无时奈我何。忧患玉成从古说，风流自命误人多。儒生大有应为事，莫便昂藏但啸歌。（三）欲高眼界上层楼，天地方圜极四游。饥溺要为天下计，米薪肯替室人愁。读书异日期能用，力穑穷年乃有秋。文正当时秀才耳，浩然已不为身谋。（四）出门蒿目虑交萦，半以长檠弃短檠。触事何能将酒遣，述怀敢诩以诗名。立身道义如山重，浮世豪华比叶轻。力挣上流思共勖，因君高咏有余情。

十四日(6月14日) 入郭，借何芝房《刘屏山先生集》。

十五日(6月15日) 因子京言其长女病，因晨起附舟至子京家，则其令爱患齿舌大痛，已厥数次。子京恰下乡，惟令弟逊斋在，欲买舟到乡，以农忙无舟。余念处馆人每有此苦，因定方为求药，亟回村，令佣扶舟同到关王庙许家。至辰甥馆，承其主人徐鼎元兄殷殷款留，余以有事辞之。同辰甥访子京，小饭，即同子京夫妇从大澞塘入西郭，以更许抵子京宅。喜其爱痛已缓矣，药已服一剂。子京留余夜饭，携书十余卷归，已二更余矣。是日，计舟行四十里，灯下披阅《魏光士(宗灏)日记》，上有柏庐先生朱笔批。

十六日(6月16日) 读魏光士先生日记，钞杜存斋诏诗入《国朝诗存》。

录柏庐先生朱用纯诗：(一)《缥缈峰》：岧峣万古青，独立云物表。众山既培嵝，环湖亦池沼。犹在寰区中，如何跻攀少。此如行百里，九十终未了。奋身出峰头，直讶乾坤小。帝座呼吸通，极目何瀰渺。但产五色芝，曾无一飞鸟。自处苟已崇，遥遥仰缥缈。（二）《怀止白和尚》：寻幽每忘倦，相对惬襟期。花气穿云细，泉流出竹迟。心空山更静，句妙世常知。岂为晴湖眺，春风几度思。

十八日(6月18日) 钞葛朴存、葛抱朴诗入《国朝诗存》。

二十日(6月20日) 写徐筠拂、吴修龄诗。

廿一日(6月21日) 同鸿生先生谈,观其高祖果亭先生《培林堂集》。

廿二日(6月22日) 钞吴修龄《吞乌集》竟。

廿四日(6月24日) 张问月自城来访,留宿草堂,谈至夜深。

廿五日(6月25日) 晨,同问月入郭,访娄东黄雪樵(錞)于叶氏,以拙诗呈政,并求题《娄东十老图卷》。阅《亭林先生像卷》。

六月初十日(7月10日) 钞信天居士诗入《昆山诗存》(葛信天名正笏)。

十一日(7月11日) 草《夏忠愍公祠堂碑记》。

录何顾绚字淡然《和蔡邑侯诗》:(一)拜手彤廷昨献书,雄文共荐似相如。科名占尽华年早,县谱翻来筮仕初。猩户网堪罗鸟雀,讼庭草久长阶除。文章事业原无二,展得经猷诵读余。(二)不将簿领染尘缘,佳传谁能续史迁。循吏直追千载上,好官争忆卅年前。岂徒清节持砭世,直要狂澜独挽川。釜欲生鱼尘满甑,怜人盍亦自先怜。(三)汪洋胸际贮仁慈,常祝斯民免箠笞。研露春风晨展帖,焚香明月夜哦诗。官声自说吴中好,乡信休嫌蜀道迟。不见桐乡崇俎豆,啬夫千载有遗思。(四)别有怜才万种情,宰官元是旧书生。沾来化雨依文党,沛到春风满武城。好士高怀天样远,论文具眼月般明。悬知来岁罗贤日,《冰鉴》今时一例清。

十三日(7月13日) 国朝赐谥忠愍夏公祠堂碑记:国家崇奖忠贞。世祖章皇帝既定鼎,即命廷臣访求故明殉国诸忠,凡二十人,赐谥立祠,所以示大公,励臣节,与民更化。世宗宪皇帝御极之初,又敕天下府、州、县建忠义孝悌祠。逮至高宗纯皇帝纪元之四十一年,既敕史臣纂修《明史》。复念甲乙殉事诸臣未尽表扬,申命廷臣广蒐入奏,特予易名,且许后裔建祠立碑,薄海内外,凡得一千六百余人。吾昆山以海隅下县,予谥者十人,江西布政使夏公葵南与焉,猗欤盛哉!谨案:公讳万亨,字元礼,号葵南,又号石愚,万历戊午举人。由婺源教谕,迁西平知县,改知夏邑。以功升劝农副使,分巡南瑞道,擢本省布政使。乙酉夏，南都陷，人兵下。江西巡抚旷昭弃南昌遁，列城皆溃。公与分巡道王公养正，起兵建昌拒守，守三日而城陷。公与养正等械至武昌，矢志不屈，八月二十八日死节。同死者，养正及知府王公棫、推官刘公允浩、南昌推官史公夏隆，其一人不详名氏，或曰施以略，或曰鲁忠省。公首函知江省士民，拥之哭者数千人。有故吏窃之，束藁以葬。遗体在武昌城下者，遗民并收葬之于沌砦河，题曰“六君子之墓”。公夫人顾氏，子妇陆氏，孙男祥生，孙女瑞姐、翠姐，皆先公赴水死。仆婢死者十数人。公既殉国，入国朝，于康熙五十六年，以士民请崇祀公乡贤。雍正元年，复崇祀公及祥生忠义孝悌祠，而专祠未建，犹未称朝廷轸恤遗忠至意。道光二十七年，公九世孙邑庠生玉华承其先人某志，以四十一年诏书，从事择地于县之绣衣坊(《玉华志》作“德基”，未知即玉华否)。为公特祠建堂三楹，写公之遗像，垂绅正笏，俨若生存，而摹临难手书于壁。神厨门庑，秩然有序。经始是年之某月，落成于某月，凡糜白金几百几十余两，其费一出于华及族之贤而有力者。而华之嫂席氏守节食贫，亦捐纺织资以助焉。祠既成，率子姓及邑之绅士行告祭礼，而命根文其丽牲之碑。根惟忠孝，二者天经地义，所以纲纪人极，万古不易者也。惟得人以负荷之，而义始昭揭于天下。有明末造，流寇肆毒，民生涂炭，大命已讫矣。而为之臣者，当历数有归之后，犹且奋不顾身，屡蹶复起。计穷力竭，卒以死殉。此其心，真可以动天地，感鬼神，廉顽立懦，万代瞻仰者也。宜乎圣朝崇奖之隆，至再至三。九泉正义，咸与伸雪。此岂第为一时劝哉？实千万世为人臣者之大坊也。而华者以忠臣之裔，守《诗》《礼》之遗，穷不自恤，而亟亟以奉诏旨，承先志为务，而其嫂席氏又以一女子而知大义，岂非忠孝节义萃于一门，后先辉映乎哉？是可书也已。夏，故邑中巨姓，在昔太常公昶与兄中书公昺及公子文振，以文章气节踵起永乐、弘治之间，自后簪缨不替，至烈愍公而以忠节显，炳炳琅琅，照耀史策，可谓邑之世族、国之世臣矣。于以承圣朝之盛典，而垂声光于无穷。夫岂偶然者欤？后有过是县而谒祠下者，拜公之遗像,摩挲公之手笔,激昂慷慨,以作夫忠义之气者,当必有人。而夏氏之子孙,春秋扫除,兴废起坠,有以承华之志,又不待言已。根生也晚,尝及公从曾孙应鹳先生之门,得读公之家传,故不以无位不文辞,僭为之记,俾刻诸石,以谂来者。道光戊申六月日,邑后学潘道根顿首撰文(案:此文与光绪初所修《续志》校之,大异。《志》中所载,寥寥数语,恐人改窜。又《志》载九世德基与此异,且不及其嫂席氏。应鹳之"鹳"疑误)。

十四日(7月14日) 附船入郭,访瑞卿,寄《碑记》文于夏研云秀才。访黄雪樵丈,携《顾亭林先生像卷》回。

十五日(7月15日) 题《亭林先生像》。

十八日(7月18日) 录葛见素诗入《国朝昆山诗存》。

祝应远亭丈六十,用前祝五十寿诗韵:穷经莫谓计全非,僻路应知少祸机。栽菊自忻三径足,抢榆宁羡九霄飞。半龛佛火供茶净,一箸香蔬摘菌肥。共说子云箴绣补,著来何似旧莱衣?

廿三日(7月23日) 庄泾王菊如令弟来,袖致季菊生(锡康)丈信,并《陆桴亭先生诗集》。

廿四日(7月24日) 钞《陆桴亭诗》,廿九日钞毕。

七月初二日(7月31日) 录国初人许旭作:(一)中秋后五日,同万季野、钱础日、徐季重,集九来茧园之庴亭,次础日韵赠九来:先生养鹤栽松地,细草丛丛绿满庭。鹤喜在阴看子和,松似偃盖作龙形。朝廷未必收遗逸,岩壑居然重典型。如此风波满京国,何如尽醉在庴亭。(二)二月十九日,集叶九来半茧园留宿:漠漠春寒梅渐稀,樱桃放遍雨中肥。梳翎鹤向松阴立,转吭莺从柳浪飞。极望野烟生雉堞,忽吟花影上渔矶。清樽又属词人会,烂醉今宵便不归。

十三日(8月11日) 接叶涵溪札,并王研云先生所惠书数种:《濂洛关闽四先生传》《国朝从祀三先生传》《朱子文钞》《呻吟语钞》。

八月初二日(8月30日) 为季菘芸订正《淩边志》。

初六日(9月3日) 钞《淩边志》毕。

初七日(9月4日) （一）旧事寻如梦，春船载绮罗。白头酒伴尽，重向鸭泾过（《过鸭头泾》）。（二）犹忆何泾畔，桃花开半村。前年偶重到，无复一株存（《南何泾即事》）。（三）清绝梅泾水，临流有讲堂。不堪回首处，一片夕阳荒（《忆梅心旧居》）。（四）访旧多为鬼，荒原吊殡宫。春光还似昔，照眼野花红（《过时庵省三殡宫》）。

初八日(9月5日) 娄东张璆，字文玉，别号森庄，善篆、籀、八分及山水花鸟，最嗜酒，醉后得纸笔即书，亦颇为诗。年五十不娶，得钱即付酒家。尝戏谓：我一妻一妾。妻，大砚是也；妾，小砚是也；诗文，我之子孙也。尝醉后堕楼，夷其右肱，又尝附邻舟堕河，皆不死。手辑友人闻元鸿（葭汀）、陶金润（敬堂）、郁金式（宽涧）、朱继云（旷如）、施清泰（履斋）、陈大玉（辉岩）、浦景槐（映山）、陆泰（餐石）、季锡畴（菘耘）、施璠（戒庵）、王凤翙（梧巢）、俞谔（鹭洲）、陆志（超亭）、张铎（焦卿）、张应麟（借堂）、许育艺（春畲）、陈起凤（叩桐）、毛灏（古愚）、嵇琮（黄玉）、邱丹秀（凤巢）、陆烋（梅圃）诸君所赠诗文为《留真集》，而自画《清和酒徒小像》于简端。一日，游凤里，为细人所侮，发狂赴水死。余廿年前，曾得君所书楹帖，初不详其为人。今年七月三日，季菊生寄所藏《留真集》来，方悉其事，为记于此。

管湘，字瀛洲，号雪泉，娄东布衣。明刑部志道十一世孙，流寓邑之杨文庄，有诗录后。《自题玉峰寄隐图》：夙昔慕向禽，山水最眷恋。中年抱微疴，腰脚苦疲顿。寄迹杨文庄，橐笔事耕砚。所喜近玉山，开窗穷睇眄。兹山虽一卷，佳境倏忽变。每当雨霁时，朗朗露其面。云影隐禅林，钟声递僧院。斜阳霞际明，微径烟中见。策杖时一登，羁绪藉排遣。惜无买山钱，结庐空艳羡。亟招画师来，为我图尺绢。非敢希古人，聊以偿夙愿。《寓斋闲居，有怀娄东诸友》：萍踪到处恣勾留，小小村庄景亦幽。即此田园耽啸咏，底须山水费遨游。地多修竹堪医俗，瓶供时花足破愁。翘首娄江烟树里，旧交何日话绸缪？《雨后春郊散步》：出郭逢新霁，春光分外鲜。和风轻偃草，野水淡连天。杨柳绿疑滴，桃花红欲然。武陵何处所？拟问捕鱼船。《春日偶成》:晓来微雨正廉纤,为怯春寒不卷帘。莫道幽居太岑寂,一双紫燕话呢喃。《秋夜》:山茗呼僮煮,挑灯坐夜分。棂疏常透月,径密欲藏云。诗句闲中得,钟声静里闻。年来淡尘虑,鸥鹭狎同群。《寓舍即事》:马鞍一角列窗前,隐几闲看暮鸟还。记得悔余诗句好,钩帘落日在西山。钓舟东下致和塘,一片歌声唱夕阳。莫道水乡无好景,尽多蟹舍与渔庄。

初十日(9月7日)　代吴野樵题所作《顽潭再泛图》:(一)人家傍水涵虚白,野树经霜染浅红。记得扁舟同到此,单衫小帽怯溪风。(二)计堂画笔欲生埃,眉叔留题不世才(顾计堂,昆山人,善山水,王椒畦弟子。张眉叔,虞山人,工诗)。一度浪游留一画,此生那厌百回来。

忆沈惺岩馆郡中:朱门鼎鼎厌粱肉,何似家园乐且闲?一楪黄虀两瓯饭,推窗终日饱看山。荒江无客可过存,赖尔频邀笑语温。一自新村分手后,半年不复到徐村。

初八感事:(一)负郭田芜生事疏,况兼衰老病难除。遣愁漫读《高僧传》,行药闲过野老居。草冷虫声嗟杼轴,霜欺蕉叶碎缄书。黄花素发相将暮,独立苍茫忆古初。(二)江水东流西日飞,此身四顾欲何依。尘埃扑面枯蓬鬓,霜露侵肌透补衣。河决宣房淇竹尽,鸿飞中泽稻粱微。书生空负平生志,无奈衰迟计已违。

廿一日(9月18日)　写九灵山人《吴游稿》十四卷毕。

廿二日(9月19日)　校《九灵山人集》,写《九灵诗文》二集。

赠邵练师抑斋号序(邵名爝,字廷选,居果老巷):异时,吾昆多经明行修之士,盖不独儒绅士夫为然也。即山林隐逸,及遁迹方外者,亦皆博闻多识、潜修自好,与古人颉颃。根生也晚,已不及见之矣。然束发以来,喜从邑之前辈老先生游。每闻称道其人,如元之余复初、明之李鹤瓢,流风余韵,犹有存者。既而读书田间,益蒐罗宋元以来文章纪载,则见所谓博闻好修,可与古人颉颃者,愈可征信。始望古遥集,而叹今之不如古者,盖不可道里计矣。屈指方外之士,可以追配前人者，闻而知之，则有孙高士鼎；见而知之，则有周丈愚翁。二君之博闻好修，孚于士林，善誉者不能为之溢美，善毁者不能为之加损，盖有其真矣。孙君于元教之秘，则得之娄近垣真人；于书法，则得之王箬林给练。又善咏诗，能画梅，翛然绝俗之士也。愚翁之为人，踽踽凉凉，状貌如枯禅老衲。书法遍参诸家，晚入晋人之室。旁通音律。言行一归于儒，"口无择言，身无择行"，盖余所深敬者。惜乎如孙君者，既不及随侍杖屦，一闻其绪论，仅从残笺副墨摩挲赞叹，以想像其为人。至如愚翁，幸不鄙弃，许为忘年之交，而早已羽化矣。自是以后，每遇巾褐之士，未尝不虚心延访，而终莫能遇。及晚而得一人焉，则我邵练师抑斋先生也。先生康节公之裔，禀性冲淡，委心道门，年长于余六岁而矍铄，无衰老态。平素安贫乐道，一室之中，左右图书，披览不倦。暇则徐步山林间，与清修博学之士谈论今古。其学一依于儒，盖尝读《史记》，前、后《汉书》，《资治通鉴》，至四五遍方已。其好学如此。吾不敢知，曰"视古人何如？"然以之比肩孙、周，则有过之无不及也。余与先生交契，在识亡友方小湘之年，顾相违衣带，不常叙晤，平居无事，常有一抑斋往来意中。今秋八月，抑翁以事至余村，因得剪烛谈心，间及学问深浅、人才升降之故，为之慨然久之。吾闻孔子曰："十室之邑，必有忠信。"讵可谓世真无人？顾或者曰："千载而一圣，犹接踵而起也；百里而一贤，犹比肩而立也。"才难，不其然乎？先生之髦而好学，非独为博闻也，而阇修尤笃。余欲进之，故有取于睿圣武公之《抑戒》，而题其斋曰"抑斋"。《诗》不云乎"淑慎尔止，无愆于仪"，"相在尔室，尚不愧于屋漏"。余与先生俱老矣，其以是交相儆，庶其可乎？今而后，惟以《抑》之义勉之而已。其如古人与不如，又有所不计也。

九月初七日(10月3日) 东城桥晤叶涵溪：秋江渺渺抱城流，衰草寒烟一片愁。半载相思才一面，西风吹日下城头。

十月十三日(11月8日) 赠别丁生：穷家少客过，径每为君扫。儿童喜牵衣，茶饭出草草。回首卅年来，岁月疾如鸟。同时好友朋，存者亦已少。旧游不可思,如梦难了了。余今已成翁,君发亦就缟。所喜各安贫,菜饭犹可饱。余久居穷村,布衲为至宝。年年补绽完,苟完已是好。昨岁吾病剧,劳君为持抱。深情出涕洟,祝余长寿考。今年重相携,欢乐殊不小。可惜旬日留,仓黄便返棹。明宵吾寂寥,此情曷可道。

录《赵氏墓记》:赵翁讳恕,字希仁,苏之长洲人也。父江,迁居昆山为业。治金,以工廉名,昆山宦家与有金者,咸礼敬之。于嘉靖壬戌岁,从太学生莘野王君游帝畿,仲夏六日暴疾,卒于中途,贻室包氏,在昆抚孤儿三子三女,伶仃□,仁人君子共优之。氏勤谨□立,事纺绩,清苦自营,抚育遗孤,日渐训之。□□长子讳应旸,时方年十七岁。次子讳应时,方十五。又次子讳应爵,方年□岁,□□训至□家成立。长娶李氏,次娶萧氏,又次娶张氏。三女咸配。孙男三,文华、文贵、二大;玄孙一,阿桂。奉养母氏,友爱兄弟,乡里宗族以孝弟闻,而年止□十,悲夫!生不得反乡而共穴。凡生死如寄旅,何须归故乡?应旸筑墓于玉峰之汉浦塘,以父配葬。痛父游魂不返故里,哀母劬劳,孑守孤帏,□□非一朝一夕。呜呼!入土而朽,一朽而灭,何以诒后?惟得一言可以垂久。是故书始末,刻石以纪之,婉然二亲虽死而犹生也。大明万历二十五年岁次壬辰菊月庚戌吉旦立石,里人施夏撰。

十一月初一日(11月26日) 写《昆山名贤墓志》第九卷。

初二日(11月27日) 录江都汪容甫中《述学》,初九毕。

初十日(12月5日) 写《律吕论》毕。

十一日(12月6日) 钞张隐庵《侣山堂类辨》起。

十五日(12月10日) 写《侣山堂类辨》竟。

十七日(12月12日) 入城,为富山人复诊,病已愈矣。承留,同李兰楣秀才饮,借《汗筠斋丛书》归。

十九日(12月14日) 写《医学真传》《易氏医案》。

廿三日(12月18日) 写《九经补韵》起。

廿八日(12月23日)　吊朱斐堂丈，访富山人谈。

廿九日(12月24日)　撰《斐堂先生家传》(无稿)。

代朱确生丈作《祭斐翁文》(名启房)：呜呼！房尝观前史论人才于郅隆之世，每叹天之生夫耆硕也，关气运之转旋。盖国家当重熙累洽之后，元气之敦庞，与仁风之浃洽，往往有重德伟度者出于其间。此不特朝廷为尔，虽乡邑而亦然。盖其来也，钟灵乎山水，毓秀于星缠。盍观乎明德之家、诗礼之裔？其垂庥委祉，必笃生夫醇谨之儒、魁磊之贤。以为世风日降，巧伪日滋，非是不足以惩其薄而救其儇。是以"张仲孝友"，播之雅诗；万石谦谨，垂诸史编。自古皆以此障百川之东注，而求人于兹日，惟叔父其庶焉。方叔父之游庠序，事丹铅，方拟云扶乎百万，水击于三千，乃屡蹶不振，终老家衖。既崎岖以获息，遂委蛇以自全。施孝友于家政，聊乐志于林泉。综毕生之实行，追芳躅于《渊骞》。耽天性之至乐，等外物于蹄筌。繄浮云之变幻，既不足以撄叔父之怀，故人世颠危之辙，亦不能贻以尤愆。岂非学道而有得，而乌能人情之弃捐？乃夷险之一视，匪刓方而为圜。惟精白夫一念，遂终日以乾乾。故德足以庇夫一族，道足以传夫学者。而自守之节，比介石而尤坚。是以舆论有清流之目，乡评有淳谨之褒，而至行足以传。既言处之优裕，宜福履之绵延。守《困衡》之家训，佩箴铭于韦弦。惟吾昆素称诗礼之邦，而吾沛国之祖若考，又令德之蝉联。自叔父之继起兮，恒卑牧以相先。案有诗书之积，庭无貊貉之悬。是恭靖之流风未沫，与先进比肩。宜杖朝而备夫更老，庶受笃于有定之天。胡为未及百龄，而遽溘尔上仙？邻巷哭而舂不相，士掩袂而声呜咽。况若房者，谊则同姓，居则同闬。平昔过从，能不荐生刍而哀恸，奠絮酒而涕涟？呜呼！叔父德足绳祖武，庆足庇后裔。是亦既千古兮，特房之心焉如捣者。痛忠贤之忽没，而后之子姓莫为之先。椒浆在御，侑以兹篇。述德未能，中心悁悁。尚飨！

斐翁(字振华)自挽句：泉路迷茫诗境少，冥资重叠酒钱多。

十二月初一日(12月26日)　阅《培林堂文集》(国朝昆山徐秉

彝著)。

初二日(12月27日) 钞《培林堂文集》起。

初八日(1849年1月2日) 作:曲廊小槛路纡回,容我无心蹋径苔。芳讯密传初破蜡,春光漏泄却先梅。冰姿只合溪流影,嫩蕊那容雀啅开。珍重东君须护惜,繁枝莫放出墙来。

十八日(1月12日) 灯下写《培林堂文集》第四本毕,计三万三千字有奇。

十九日(1月13日) 还《培林堂文集》。与徐洪生书(见《晚香书札》)(案:光绪初年,洪生先生将《培林堂集》副本付梓。梓人家遭回禄,副本毁。闻尚有原稿,今在其婿余申甫处)。

灯下读《胡庄肃公集》。

廿九日(1月23日) 除夕。记余住梅心日,值一岁除夕,柴门静掩,寂若深山。午后,赵省翁来坐谈。烹茶相对,自谓享人间寂静之福。今忽忽已十年余,省翁已作古人,旧居仅余废址,忆之嘅然。今岁值阴雨,坐南窗下,览魏先生日记,自叹进德未能,年已逾艾,齿发凋落,良友都往,未知后日竟何如也。所望为子孙者,勉思勤俭,以承先泽,庶乎可以久延矣。

卷十二

道光二十九年己酉(1849)[①]

元旦(1849年1月24日) 喜晴:万物有生意,郊原喜见晴。江流生活态,园鸟变春声。访友提壶去,探梅策杖行。丰年知有象,相劝事躬耕(噫,岂知其为大荒年也哉!)。

补《灵枢注》不足本。录《国朝诗存拾遗》,编自著诗文并杂著。

人日(1月30日) 校《诗存》至十三卷。

孔子曰:"躬自厚而薄责于人,则远怨矣。"朱子注,谓:"责己厚则身益修,责人薄故人易从,所以人不得而怨之。"朱子之意,以怨自外来者言之也。若曰:"设自责者厚,而责人者薄,庶乎怨可远矣。"是言也,近理而实浅。何者?以远怨之故,而始薄责于人,则其为念亦甚卑矣。我意孔子言此,单重"躬自厚"三字。其"薄责于人"四字,只是带说。"怨"字亦指我心之未免怨人而言,盖不能厚责于己,未有不厚责于人。此怨之所以萌也。假如父子兄弟间,吾为子而但怨父之不慈,我为弟而但怨兄之不友,皆是也。此念一萌,则触处皆碍,而怨之蓄于中者,无由远矣。由是而子怨父者,父亦怨子;弟怨兄者,兄亦怨弟。夫至于父子兄弟交相怨,岂非人伦之极变?而其始则根于一念之差耳。何差乎?则差于责人者厚而责己者薄耳。盖天下事,未有

① 原注:"先生时年六十有二,仍署徐村老农。"

不由于己者也。老子曰:“同于得者,得亦乐得之。同于失者,失亦乐失之。”然则同于怨者,怨自然亦乐得之。依古以来,无有己无取怨之道而人忽怨之者也,亦未有己不先怨人,而人即怨之者也。此其隐微之间、言动之际,盖自有不可掩者。其感人尤易而深,而人自不觉耳。然而,“不尤人”云者,非漫不加省,鄙夷置之之谓,盖有自修之道存焉。吾尽吾孝,而因以化父之慈。吾尽吾恭,而因以化兄之友。尽吾孝,尽吾恭,而兹、友之未致,则愈自刻责。如大舜之号泣呼天,缪彤之闭户自挝,其前鉴也。《中庸》云:“在上位,不陵下。”今之挟贵挟贤而自为尊大,即居上而陵下之一端也。居穷守约,而以人不见知为愠,即居下位而援上之一端也。后世如宜臼、伯奇之伦,必有以除去之而后已。可正责人之念,庶几其薄矣。夫大舜、缪彤以诚感之,虽以瞽瞍之顽嚚,而亦竟化,则“责己厚而怨远”之一证也。后世如宜臼、伯奇之伦,责之己者未尝不厚,而终不见化,则是命也。君子亦安命而已矣。《小弁》之诗,所见收于夫子也。夫先之以自责,而终之以安命,所谓“乐天知命而不忧”,何怨之有?若未能正己而先厚责于人,则天下之大,夫人可怨而欲远人之怨,不亦难乎?

谷日(1月31日) 钱中丞(宝琛)来诗《寒夜怀季菘耘、黄雪蕉、叶寒[1]溪,兼寄玉峰潘晚香》:呻吟不学蓼虫号,涂抹东西秃管毫。颇有逢迎来故旧,那无关白到儿曹。天寒小圃疏苗老,岁晚荒城酒价高。好待阳春回淑景,顽潭联袪泛轻舠。

廿三日(2月15日) 凡人之矫矫自负与沾沾自喜者,其学问必不沉潜,其福命亦必不厚,盖志自满而无虚以受之也。其与人交也必不终,何以然?大凡面从者,退必后言。此交疏之由也。《易》曰:“吉人词寡。”《书》曰:“谦受益。”夫“寡词”,非匿藏之谓,“执谦”亦非貌恭之谓。盖自有不敢烦言,与“卑以自牧”之诚存焉耳。儿辈凡遇矫矫自负、沾沾自喜之友,极当慎之又慎,以沉默待之。其有著作,不可加

---

① 当为“涵”。

言评泊，又当少与之接。此自全之道也。记之，记之！

廿八日(2 月 20 日) 用钱中丞见寄韵示菘耘、雪蕉、涵溪：空林风急似鸱号，醉后乌知有二豪。韩愈文章嗤藉湜，孔明经济失萧曹。诗怀自诧天来大，米价无端日以高。盼断春和花柳候，故人谈笑泛渔舠。

涵溪书来，垂示中丞公见怀之作，并述讯及故友王逸畴令嗣近况，感步原韵奉谢：西华群帔类寒号，谁肯垂仁损一毫(客岁连承中丞钱布之惠，故云)。已荷高情怜孺子，更蒙好句赐吾曹。微吟如坐春风暖，即景还愁米价高。我若独贫何足道，花时正好纵轻舠。

春阴：午后书声寂不闻，墨声纸声兼笔声。空斋兀坐若僧院，风雨连日春寒生。风是春风雨春雨，绿我轩前墙几堵。泥痕满屐客不来，日日春阴阁春午。诗书不饱先生腹，新雨一瓯茶煮熟。童子何知馁在中，朝《诗》夕《书》抵死读。先生老矣尤疏狂，破琴破砚生古光。闭门终日不一出，溪头狼藉梅花香。

三十日(2 月 22 日) 写自制文稿起，以娄东王研云先生(宝仁)索观故也。

二月初一日(2 月 23 日) 检旧箧，得前年七月廿四日来园弟来书，云"兄有两事，蒙当道者采访"云云。其一，因郡中绅士董国华、高翔麟等遵奉皇太后万寿恩诏，采访孝子、顺孙、义夫、节妇，汇齐阖属上请。邑中绅士以根妻亡不娶，欲同故生员周芷以义夫汇详，辞之不克。一，邑侯蔡公欲举邑中耆硕讲读乡约，有举根者礼科吏。陈杏庄已具稿，力辞乃止，为记于此(案：来园，疑"春园"之误)。

初三日(2 月 25 日) 写自制文毕。

初九日(3 月 3 日) 作亡友王小山(惠元)小传(见《文集》，不录)。

十一日(3 月 5 日) 嘱儿子：我家衰微极矣，而后辈作事又复若此，岂君子之泽五世而真斩耶？愿儿子触目惊心，勉自淬厉以成人，勤苦节省以成家，庶我暮年苟延残喘。孙男女辈得渐次婚嫁，慎勿妄想迁城及费用无度,以致狼狈。若某某者,倘不知回心悔过,生也有涯,而知也无涯。我不知其税驾之所也。

刘元城先生云:“人家子弟,宁可终岁不读书,不可一日近小人。”

唐宜之先生云:“惠我者小恩,携我为善者大恩;害我者小仇,引我为不善者大仇。”

寄怀,何文叔时馆洙泾:(一) 洙泾一水想清涟,东望遥村但抹烟。方叔旅贫资斗粟,阮孚酒渴问囊钱。英雄未遇多如此,流落如君为怅然。寄语客中须自遣,舒眉还仗孟光贤。(二) 课余著作复何如,莫以穷愁把卷疏。自古风云出寒饿,岂真衰晚弃诗书。即看淑景三春半,已似离情半载初。暇日扁舟远相访,好营卮酒与枯鱼。

十三日(3月7日) 与娄东王研云先生书(见《晚香书札》)。

与钱中丞(宝琛)书(见《晚香书札》)。

《南武舆歌集》上、下两卷(上卷和者五十二人,下卷和者四十人),为新阳摄令酉阳蔡侯世佑作,潘道根后序(无稿)。录蔡吉堂邑侯(世佑)元倡:幸周花甲,辱承远惠赠言,因叠前韵奉谢,兼请斧裁:(一) 玖佩遑期富册编,聊将巴里纪流年。岂知斫月吴刚手,都惠《观涛》枚叔篇(贱辰在八月)。远道庚邮驰络绎,深情甲算致缠绵。鸿词四出喧人耳,姓氏应堪附骥传。(二) 中年孤露此心寒,补读遗书借一官。时过知非来日少,学真求是古人难。已成骨相丹谁换,偶草芜词字未安。须发渐教凝众目,自家揽镜却愁眉。(三) 蹀蹀名场亦几经,非无知己眼垂青。卑枝假沐三霄露,息辙将周两岁星。侈想征文搜坠简,穷思继武纂遗铭。年来忝坐皋比席,敢说春风旧有亭(前任吴云士先生曾署“春风亭”额)。藻奖荣如受大名,几曾实地课知行。葑菲谬采轺车录,梨枣徒资瓮牖评。生际三朝时累洽,年登六十学无成。报章莫笑仍砂砾,磊落襟期近已平(案:葑菲之“菲”,本上声,此作平声,疑误)。

珠江韩介孙先生《贤侯歌》:贤侯歌,歌贤侯,贤侯未来吾民忧。追呼鞭朴何时休,辛勤卒岁无良谋。贤侯歌,歌贤侯,贤侯既来吾民乐。输将络绎殊踊跃，亩有余粮饲乌鹊。贤侯治平未半载，佥称贤侯好邑宰，侯之化民有神解。贤侯廉，公庭不受一文钱。贤侯明，邪正立剖无遁情。贤侯公，一邑并坐春风中。廉明与公尚可寻，惟侯之恕无古今。以人之心为己心，贤侯治民事无废。催科抚字两不背，余事论文及我辈。侯曰我秉节母教，廉明公恕原于孝。孝子方能做好官，广种甘棠节母看。只恨瓜期旋已代，慈云移荫向江濑，卧辙攀辕无可奈。伫见贤侯开府到吴会，恩波近接玉峰外。贤侯之歌歌未艾，贤侯为谁酉阳蔡。

“一诚足以消万伪，一敬足以儆百邪”。所谓先立其大者，莫切于此。

非礼勿视，则心自静。

常沉静则含蓄义理，而应事有力。

今人不去学自守，先要学随时，所以苟且不立。

心在人欲上，便是放心；在天理上，便是收。

一念反求。此反求之心，即是道心。

慎言动于妻子仆隶之间，检身心于食息起居之际，这工夫便密了。

伊川先生每见人静坐，便叹其善学。此一“静”字，是从濂溪先生“主静”发源。生平忙者，此为对病之药。

小人只是无忌惮，结果了一生。《大学》只言闲居为不善耳，闲居时有何不善可为？只是一种懒散精神，漫无着落处，便是万恶渊薮。

存其心，养其性，存得恰好处，便是养。

问三教同源否？曰：莫悬虚辨三教异同，且当下分人禽两路。

屡省穿衣吃饭，犹有许多未中节处。此圣人于庸言庸行，一豪[①]不敢自恕。

《乡党》一篇，为圣人从容中道写照。“师冕见”一章，足该括《乡

---

① 当为“毫”。

党》全篇,而其点睛在末节中之“固”字。会得此一字,圣人从容中道气象,宛然在心目间矣。

赠张铁翁:三径蓬蒿依旧贫,怀中花管尚生春。酒阑欲别频回首,老辈凋零剩几人。

舟过六桥有感:人同花影寻无处,境共年光挽不留。记得昔时相访地,小桥垂柳重维舟(此诗为倪葛磊岩作。磊岩卒已数载,闻其为南乡里社神)。

周之则受,与小人怀惠,其势相似,而理实天渊。通财振乏与竭欢尽忠,其事相因,而义则霄壤,不得不深切著明之。

真能任事者,必无喜事之心。此二条乃有感而发(晚香自记)。

叶上人以云林竹石画帧见赠,即用云林自题韵奉谢(见《隐求堂诗存》)。

三月初一日(3月24日) 钞盛玉臣先生《东菑草堂诗草》(盛玉臣名琰,昆山人,柏庐先生门人)。

知足说:知足之说,是圣人之言乎?曰:非也。此老氏之曲说也,圣人之言则异乎是。盖天之生是人也,作之君,作之师。即下至农圃医卜,无不代天宣化,何一不在忧勤惕厉之中?方将惟日不足,而胡云“知足”哉?昔者尧战战慄慄,日慎一日。舜耕稼陶渔,历试登庸,其劳比于监门闾里。夏禹一馈十起,成汤昧爽丕显,文王自朝至于日中昃,罔敢暇逸。可知严恭寅畏,不敢怠遑者,乃千圣相传之心法也。夫子与曾子论孝,敬姜诫子文伯。自天子下达,莫不由此。何有泰然自恣,诧为已足哉?老子之说,盖起于末世攘夺之见,而谓之“姑徐徐云尔”,非真能推本以立言,为对病之良药也。是以其言不能无弊。若古之圣贤,所思不出其位,无不孜孜汲汲,以济世安人为已任,以检身约己为先图。即下至士庶,亦莫不各有其职。自有知以至于盖棺,尚有未毕之性分,未了之事业,而乃以“知足”二字尽之,岂理也哉?或曰:否,非若此也。老氏之所云“足”者,乃饮食耆欲之谓也。曰:若是,则愈不可训矣。盖民生在勤,天之所命也。弃天之命,而肆为自足，虽与穷奢极欲者有间，而心则固已泰矣。此敬肆之辨，理欲之分，不可不慎也。自此说一行，而人皆以仅足为我自为，且视身为懒散之物。其极至于违君父、弃妻子而不顾。虽茅茨土簋，而心志之侈与万户侯等，以浮谈玄虚为得圣之清，以灭理废教为得道之本，以浪游山水为高人，以耽情曲蘖为达士。晋以清谈亡国，梁以佞佛亡国。又开后世登临倡酬之习，长惰慢偷肆之风。追原祸本，皆“知足”之一语开之也。古人以巢由、庄、列为名教之罪人，有由哉？曰：子言诚然，然归狱老氏，得毋已甚乎？余曰：然，有之。昔者孟子“息邪说，拒诐行”，而以杨墨之教为“无父无君”。为我兼爱，何至若是哉？亦为其流弊言之也。是以君子慎立言。

初九日(4月1日) 作：(一) 流水春堤没旧痕，淡烟疏雨足销魂。荒寒别是闲风景，寒食徐家江上村。(二) 春江闲泛钓鱼船，欲访离人已隔年。怕见短扉临水岸，桃花绰约柳蔫绵。(三) 晴日看人赛社归，衣香鬓影总依微。东风挑拨春无赖，吹得双双蝴蝶飞。

二十日(4月12日) 开船径至渎川，抵汪石翁宅，司沧洲来谈，宿石翁西斋，晤其令侄心芸。

二十一日(4月13日) 晨，同司君沧洲至师贤堂。石心所设，以养废疾处。中有慰幽龛，供无后者所遗神主，岁时设祭。观石心所造二菩萨像。杨君藕槎来，饭后同游潜园，晤主人征君杏圃(名炎)，年七十七矣。时新丧其配，谈良久别去。后游灵岩山麓，仍宿石心斋，寒甚。

廿二日(4月14日) 杨藕槎来晤，即别去，以往潜园，为杏圃夫人礼佛故。饭后，同沧洲、西溪游紫石山云隐山房，吕氏别业也，岩石甚奇，为徘徊者久之。

至法云庵。夜中，藕槎复来，谈至夜分始寝。法云装罗汉挂帧，笔法奇古，言是灵岩寺中物。

廿三日(4月15日) 蒋知三自城来晤，知石翁以事羁身，遂同西溪解维。至跨塘桥，与石翁舟遇，遂回渎川，谈三年别况，且以《儒门慎言录》稿见示。藕槎、沧洲俱在座。天甚寒,石翁解裘衣。余仍同西溪宿西斋,得火炉,烘之,卧甚适。

廿四日(4月16日) 晨,同石翁、藕槎、西溪入郡。藕槎、西溪别去。余同石翁至西城桥,为朱锦堂令侄女诊。至刘家浜,访江星轩二尹,值其他出。留其斋,与周谷贻秀才谈。石翁携沈小宛《幼学堂集》见示。俄星轩回,谈至半夜始寝。为星轩夫人诊。石翁以三松老人遗墨见示,题者为石琢堂、吴棣华诸先生。

三十日(4月22日) 钞朱节孝先生《观复堂稿》(此书余旧借邱云侣藏本写过,后遗失,今再写)。朱润之来,以雪鸿先生诗文稿见示。

四月初一日(4月23日) 钞《观复堂稿》。

初二日(4月24日) 钞《观复堂稿》毕,写《儒门慎言录》稿,灯下读《雪鸿先生集》。

初三日(4月25日) 钞朱雪鸿文入《昆山名贤墓志》。

录太仓王研云学博谢诗:确潜先生辱和《述怀》拙句,叠韵寄谢,并摅向往之诚,录请郢政:(一)阿连寄示《隐求》编,翘想高风已八年(尊著《隐求草堂文稿》,于壬寅岁族弟漱六寄示属序)。祖德思源康乐咏,朋情感旧士衡篇(中多述祖、叹逝之文)。表微信是繇肠热,振懦何曾谢力绵(孝弟廉节过人之行,多藉表章)。巽着佛头心窃愧,芜词还冀藉君传。(二)冷斋花信滞春寒,忽见瑶章胜拜官。乡国名高求岂易,江山路邈得弥难。只嫌藻誉词多溢,自审樗材意不安。洛诵数回逾十赉,欢欣无寐倚灯看。(三)曾记顽潭胜迹经,须眉图画入丹青(先生曾与叶子涵溪同泛顽潭,余为之记)。蔚村老屋荒风雨,安道新词焕斗星(吾娄近建安道书院)。同辈让君能绍述,它时许我共题铭。东莱忽已骑鲸去,绝学同谁说考亭(寿州吕敬甫,向辑《朱子文钞》,先生见之,曾为之说。敬甫近已作古矣)。(四)读书真不为求名,后学师资在力行。鱼跃鸢飞都妙谛,鸡群鹤立匪虚评。文章岂侈琳琅富,志行原从砥砺成。娄水玉峰相咫尺,得归当即访延平(仁与先生尚未谋面）。道光己酉仲春下浣，太仓愚弟王宝仁拜稿于六安学舍之十二竹斋。

廿一日（5月13日） 游渎川顾庵，佛像重整，移供后楼。僧外出，仅一司香火等守之，境颇幽寂。登楼而望，远山合抱，气象雄阔，殊壮人心意。楼左版扉，有归愚老人书“苔壁三年墨，蔬园十亩青”句，书法浑厚，不类其平时所作。里人盛韵樵（守安之侄）为余言，其曾祖青嵝先生与礞村黄子云丈曾读书于此。当时盖有厢楼及静室，归愚老人亦尝下榻于此。扉上所书，乃其时手迹也。子云丈为吾邑人，有《长吟阁集》行世。昨见其题《青嵝遗像》，书法晋人，有静逸之气，名不虚传也。

《青嵝先生遗像卷》，其曾孙守安出以见示。乃其四十许时作，神气潇洒，真有山林气息，题咏如林，中惟沈归愚尚书、黄野鸿布衣、王西庄光禄、钱竹汀詹事、潘榕皋光禄所作，皆杰构也。惜同游者迫促，未能细读，珍惜久之。

娄东王研云先生六十寿序（名宝仁，官六安州学训导）：戊申仲秋，娄东研翁王先生以《六十述怀》诗四章寄示，述祖怀人，抚今追往，慨岁月之不居，恐修名之未立，蔼乎有德之言也。根不敏，承先生谬爱，于今八年矣。虽未获抠衣请教，而属序其文。岁时殷殷垂询。既赏其和诗，又别制诗四章见诒，词旨婉挚，所以勖根者至厚。根何以得之于先生哉？闻先生之在官也，以文行，敦勉多士，课艺而外，必以濂、洛、关、闽为根底，为士子谆谆道之。日以官守为事，夜一灯荧然，手儒先书不倦，尝谓人曰：“吾儒终始于学者也。昔卫武公年九十有五，犹箴儆于国，作《抑戒》之诗以自儆。古圣贤一息尚存，此志不容少懈。盖敬肆之防，体例甚真，持守甚密如此。若至老而怠荒，徒以遗形玩世，如香山九老之流，非所以为学也。”盖先生之学若此。根往读先生《旧香居文集》，而有以信先生也。先生读经，不为臆说，必以诂训为据，依其为人孝友廉悫，持躬平实，不为过高之行。而于桑梓之利弊、祠墓之守待、前辈之述作，孜孜弗及。引掖后进，敦厚风俗，如嗜欲焉。文章温醇典重，有董生、贾傅之遗，自非学道有得，乌能若此？根往论吴中先哲，若长洲陈永之、吾邑黄应龙，绩学厉行，官不过司训，而人仰之如高山景行。以今观于先生，行有坛宇，词尚体要，其视二先生为何如也。根虽晚进失学，然而窃有以窥先生之一二。即其平日之言，而知其于道为有得。孔子曰："仁者寿。"《衣带之铭》曰："戒慎必恭。"恭则寿，以先生世承清德，奋自孤童，以孝弟为之基，诗书为之辅，德劭言立，蔚为君宗。于以承前修而迪后进，乃一代之醇儒，非并时之文士也。寿序之作，古人鲜有。然《诗》《书》所述，重其人，必祈其寿。盖其亲爱之，而因以致其无已之词。《雅》不云乎？"乐只君子，遐不眉寿？乐只君子，保艾尔后。"既祝其眉寿，而又以保艾后人愿望之。此古人无已之情也。根之娓娓于先生者，盖不独为知我致其私，实欲以前所称者，望先生年益高，德益进，如睿圣武公以后所称者。望先生为灵光，为硕果，庶后辈有所矜式。彼《都人士》之诗，其不作乎？此根区区致祝之忱也。因为之序，而求教焉。

十一日(5月3日) 刘猛将，讳承忠，元时吴州人，勇于捕蝗。康熙五十七八年，东省屡遭蝗孽。总督李维均曾默祝有应，因题请，令各州县建庙，春秋奉祀，永为民佑。特神以类从，故肖其像于八蜡云(见《邢志》)。

邑人工如潜，字甫瞻，镀之子，有《还江南后诗》《东客诗》，邑人朱用纯、戴颖昉序。有《吊李孝贞诗》三首，惜不全。孝贞，浙西邑庠生李梦康女，名凤，生时，父梦大士投玉凤一枚而生，时万历癸未腊月八日也。四龄失母，恸绝而苏，矢志云："不能养母，必终事父。"遂誓不嫁。父卧病，凤祷天，有青鸟衔朱丸，坠药炉中。父饮之，立愈。崇祯己巳季夏朔，凤疾笃，抱父大恸，曰："始以母逝，愿终事父，今已矣。"即含泪而绝，年四十七。一时士人题咏甚多。岳虞峦曰："孝贞纯乎儒，安得以女目之？"题其碑曰"孝贞李先生之墓"。

(一) 淑质童真天性贞，终身一决不须更。塞翁秋老悲残月，杜宇春深叫落英。丽水妙贞陈孝女，嘉禾风化李先生。堪嗟晚季为儒者,几个能如果断明?(二)断落深秋机杼鸣,青灯午夜读书声(史云:每值深秋,父读书,女机杼,听相应,尝彻夜)。满庭风叶红颜瘁,四壁蛩吟白发生(四句阙)。(三)遗丸仙鸟莫如仙,至孝忘躯自感天。漏永梦回疏雨夜,春归魂断落花前。空悲失母当婴岁,殁恨遗亲正晚年。旷世成人非有意,虞皇孺慕女儿传(见先辈黄山馆巡检葛依竹峻道日钞)。

廿二日(5月14日) 题《春园弟蟹肥菊瘦照》:(一)我年六十已颓唐,五十看君亦老苍。贫贱弟兄余两个,相期晚境共徜徉。(二)蟹肥菊瘦暮秋时,把笔题诗有所思。螃蟹横行能几日,菊寒终有傲霜枝。

闰四月朔日(5月22日) 题《陈杏庄(厚德)独立图小像》:独立由来人所难,如君生计本非宽。直方逢世常先左,高论惊筵乃不刊。尽室清斋非佞佛,一生古处幸无官。布衣何有苍生责,老把双眉苦自攒。杏庄之尊人,忘其字。余从半帆师时,见其设书肆于县东孤老衖口,为人恂恂长者,而家贫甚。杏庄,小字杏生,幼读书,后以贫故,从事会计。与余亡弟道原相好。三十年来,余既居乡,往来遂稀。乃今岁相晤城东学庐中,则须鬓已斑白,年且六十矣。承以《小像》属题,故率胸臆书此。

初四日(5月25日) 雨竟日。夜,各处未坝者不及坝,水骤涨数尺,中下田尽没矣。自塘而北,秧苗俱在水中。岁竟大无矣。闻系吴项桥一带海啸,故水陡涨。

初五日(5月26日) 雨尚竟日,坐闷阅书。

十一日(6月1日) 题《仰榆侄花竹小照》:花竹映缭垣,青山正对轩。摊书宜静坐,携幼好应门。室具天伦乐,身餐道味尊。吾家世清德,勉尔素风敦。

十四日(6月4日) 题草堂壁:雨余众绿散微凉,空谷音稀昼漏长。心定不嫌蜗角小,齿疏犹爱菜根香。迹怜老骥终推磨,身比枯僧病退堂。同学故人多宿草,幸存敢谓鲁灵光。

寿张铁翁六十(见《隐求堂诗存》)。

苦雨:(一) 愁霖欲赋少情悰,麦烂秧沉计已穷。初意一旬才破块,岂知千室尽漂蓬?林迷白雾鸠巢湿,堤溃黄流蚁穴空。如此漏天如此酷,纵能炼石亦何功?(二) 苍赤同声叹倒悬,偏罹井灶尽沉年。分栽禾黍嗟无地,变幻风云别有天。浊浪平田翻白鸟,荒林茅屋断青烟。皇仁纵有蠲租诏,民命那能保十全?

十六日(6月6日) 入城,义学中晤诸君。今日乡民报水者甚多,邑尊往石牌镇看水。今日发帖,请众司事议平粜事。

十八日(6月8日) 入郡,与石心同宿,谈县中水灾事。

十九日(6月9日) 与功甫舍人书。

廿一日(6月11日) 舟过长洲界,稍高有插莳者。入新界,一望汪洋矣。

廿二日(6月12日) 夜中雨甚,水后添四五寸。

廿三日(6月13日) 午前雨甚,水又长三四寸。

闭门学道,与世无关,上也。布衣疏饭,苟全性命,中也。竭蹶颠仆,思以济时,下也。我非不知,然而为之者,诚不忍穷民之就死,而思有少济耳。况我前年遇病几死,今已余生,岂堪顾恤?求人之事,廉介者所不为。然往闻王文肃公,以靳 刺之役,致十七人皆死,遂以老年抱丧明之痛。彼为宰辅,犹罚如此。我家世福薄,常存仁厚之念,犹恐先泽卒斩。若顾惜身家,有可告之人而不为之所,负我良友,其事小;忍心害理,其事大。至于成与不成者,天也。

与汪石心丈札(见《晚香书札》)。

为苦节久湮汇旌格例:仰祈赐奖,以慰贞魂,以励晚节事。窃维国家褒崇节孝,有专旌之例,复有汇旌之例。使蔀屋穷檐,凡苦心守志,郁而未彰者,咸予表扬,所以扶两间之正气,扇阖县之贞风,诚圣朝之盛典也。然其间有事迹仅存,时日已沫,或见前人之记载,姓氏空留,或播他邑之风诗,里居已泯。亦有孀守在三十以内,而卒时未及十年,与守节在三十以外,历数十年而其节不渝者。其间或代夫以隆孝养，或抚孤以立家园，备历艰辛，志同冰蘖，总以事迹不全，年例未合，即不得仰邀旌典。生忍终身之苦，没无一字之褒。其遇益屯，其情倍惨，似宜另为采访，给予匾额。所以推广皇仁，激扬风俗，拾遗补阙，莫急于此。伏遇老师台大人秉铎，邑庠化雨所沾，士风丕变，而又矜恤孀闺，广为体访，储为汇请之地，实深锡类之仁。凡在名教之中，孰不翘足以企？某等窃念，有苦节之久湮者，事虽□征，而莫阐其微。有年岁之未符者，节在所钦，而或疑于例。然一则盖棺论定，清操如存，一则茹苦终身，冰心不改，皆足以维持闺范，激励人心，与事理合符者，实无少异，为特细加察访，开列事实，具有不扶甘结。仰祈师台大人俯赐按名，给予匾额，庶使蓬宇生辉，幽光尽阐，仍汇编存案，以俟志乘之采，抒和风甘雨之慈祥，标皦日清霜之志节，为造物弭不平之恨，为风教助激劝之权。其于风俗人心，不无裨益。外有朱某，系某区某图人，四世同居，克敦友爱，易衣而出，居然仁让之风；共釜而炊，不替手足之好。为薄俗所稀有，实奖励所宜先，亦望一体给予匾额。为此联名具呈，伏乞师台大人俯赐施行。上呈。

五月初二日(6月21日) 写《救荒医案》毕。管倚岩寄昭文姚古愚先生(齐宋)《狎鸥轩校书图照》来索题，并寄《狎鸥轩诗文集》四卷来。

初四日(6月23日) 阅累年日记，改吴也樵自作《倚樵吟小序》。

李贞女者，昆山李君纯礼女也，许嫁同邑张学诗。嘉庆辛酉，学诗遽以病殁，时贞年十九，犹未行。闻讣哭泣，请于亲曰："愿归张氏守。"屡请之，而后许，遂服斩衰。适夫几筵前，伏哭尽哀，因留事舅姑有加。礼夫弟学林，迨壮，为之授室，及生子瑚，立以为夫后，教之读书，虽寒暑不辍。道光辛丑，大吏闻其事于朝，旌其门。时去夫之死已四十年矣。邑中人皆钦其难得。纯礼有妹，许嫁娄东张氏。张氏子殇，亦往守，不改适，以贞女旌。李氏为兴化文贞公后，诗礼之家，宜其女子皆能守礼。余书其事，为后之修志乘者采焉。

初七日(6月26日) 草《顾氏族谱序》(见《文集》,不录)。

题姚古愚先生《狎鸥轩校书图照》(见《隐求堂诗存》)。

初十日(6月29日) 草《澜溪梁氏续谱序》(文未录)。

叶涵溪诗《听雨不寐奉怀》:斗口星芒水气涵,沉沉梅雨暗江南。屋梁饥燕愁无语,灶釜沉蛙噪不堪(茧园地洼,悬釜炊者三日矣)。一片痴云连汉浦,几时废社吊顽潭。共怜束缊如孤妪,愁对松明火一龛。

叶涵溪赠序:予性迂拙,所交皆乡之质行而朴学者。岁丙申,馆昆山方氏,交方君确困、张君纬余。因二君得交吾潘丈饭香先生,年齿吾父行也,乃辱收为忘年之友。居停去先生所居徐村三里,而近往来綦密也。先生之学,喜于泛览,深于训诂,晚乃寝馈宋元明诸大儒书,一以其乡之诸湛庵、朱柏庐两先生为准的,慨自圣学榛芜(新)。其间高明奇杰之士,愤俗学之卑陋,悯功利之溺人,归心二氏之教,而出入于孔孟之言,创为"三教同源之说"。先生尝闻而疑之。既而决然舍去,求之人伦日用之常,谨之于持身接物之际。其用意之诚恳,时露于语言气象间。每与先生语,退必内愧于心,不能企其为人也。先生隐于医,以大术济其乡之人。戚党故旧,死丧疾苦,出死力救之。而家贫甚,茅屋数椽,俯汉浦之濒,西南望马鞍山,若在檐际。登其堂,父子祖孙怡怡如也。架上手钞书数百卷,与农具药裹相杂厕。所著说经之书,及杂著、诗文稿,亦不下数十卷。予过先生所,先生出笋蔬粳稻饭款谈,率竟日不倦。予自丁未岁授徒家衖,鱼雁往来,殆无虚月。今先生以书索一言为赠。古之赠言者,必有益于其人。予何能益先生乎?自顾十数年来,幸奉教先生,而学无寸进。确困久归道山,纬余家庭多故,不得一意于学。而先生刻苦自厉,好学不变,语所谓"年弥高,德弥劭"者,于先生而益信。抑近世称隐逸者流,类以文酒自娱,乐山水,亲鱼鸟而已。先生乃刻意于改过迁善之学,绍乡先正之遗绪。身虽在畎亩,而民生之休戚,时事之得失,无不恫瘝乃身,发之于诗文,而其志可知矣。先生虽老,异日所诣,当有不止于是者。

予其拱而俟之。道光己酉闰月，镇洋叶裕仁拜序（案：此序与卷首所载大同小异，存之不没其真）。

十一日（6月30日） 昆令余公龙光欲为亭林先生建祠。前月十五日，曾与同人商议，就福济道院之后楼修葺为之。地势亢爽，基址完固，且附于玉山书院，名亦甚称。右偏李氏家祠，中供李中丞晴原及封翁怀石提学。元仗三公神主，亦议新之。另设一门启闭，今同人已具呈两县，创始为之矣。呈中，余亦与名。然具呈时，余初不知也。

十三日（7月2日） 应五峰丈以今春病卒。令嗣稚泉先病，复丧其配，从学者皆辞去。其居又为水湮。五口食贫，真无为计。幸吾友实翁分资赠之，感而有作：邻笛悲深岁复荒，颓波两处浸篱墙。赠言愧负人千古，挂剑空余泪几行。白发孤儿支病骨，青山妖梦破流光。相怜幸有心交在，愧我无钱贮阮囊。

十四日（7月3日） 烛理明则无惊惧，惧只是气不充，亦是敬不立。内省不疚，则自无忧惧。忧惧之来，皆是不能知命。始学之力，在学处患难贫贱耳。于此得力，处富贵自易。处患难第一是谨慎小心，处贫贱第一自甘守本分。此中自有得力处。学之益在求变化气质。今人不能变化气质，又纵恣之，使益甚。奈何言学，君子所以感人者惟诚。人只为不知命，故才有事，便生劳攘。有素位而行之劳，此劳不可畏；有非分妄想之劳，此劳当自节。莫大之祸，起于须臾之不忍，不可不谨。俗语云："忍字敌灾星。"不能忍，由于量之不宏。能忍横逆之来，方云是量。若事事顺适，吾意焉得云"量"。人须于一切世味淡泊，方好以"反求诸己"为要法，以"言人不善"为至戒。此二语，是处世第一要诀。读书闲暇，宜于静室中安坐半日或半晌，庶几心平气和，可以思索义理。逐日应接事物之暇，亦须得一时宁静，以养卫精神，使事愈繁而心愈暇，彼不足而我有余也。静坐自得至乐，不可乘喜而多言，不可乘快而易事。有公天下之心，方可行公天下之事。

廿二日(7月11日)　圣人云:“素患难,行乎患难。”今屋中积水,荒连数省,可云患难矣。一意节省用度,勤俭治生,勉强支撑前去,切勿生一毫怨恨之心。有更苦于我者,加意扶持,使延残喘。亦不可但做自了汉,当思水旱之灾,虽云气数,亦由人心之感召。省躬改过,是为第一。若萌丝毫怨尤,是逆天也。

录钱伯瑜中丞(宝琛)复书:晚香先生阁下:涵兄来,捧诵赐示,往复谆切,比于古人赠言之美,甚盛,甚盛。仆与先生素阙班荆之雅,兼疏尺楮之敬,不图俨然辱而教之,得毋清听之过。不以衰癃耄悖见视,故欲开其至愚,诱之至道,不自觉其爱之深、期之厚,语重心长如是。虽然,非仆之所敢任也。夫古来贤士大夫,当海内殷盛,上下恬熙,以其敷奏余闲,或领祠官,或随书局,然后仿前贤故事,选林泉之胜,修槃敦之欢,作为诗歌,蹈咏天性。此巨儒之高致、旷世之美谈。以昔方今,断非所及。至为善乡闾,敢不自勉?然形势易难,各判事力,优绌迥殊。即以折漕、筑城两大端言之。昔以白金七钱准米一石,今天津官收石米,多至二两六钱。况今之白金一两,逾于平时之二两乎?昔之兴筑,专藉民力。今鞭朴责夏税,膏血竭秋粮。卖鬻典质,不能尽副有司期限,而谓能以极蹙之生涯,作不时之备御乎?夫以至难之形势,加至绌之事力,虽阁下亦知其不可也。敝地连年差获薄稔,仅足糊口,略无盖藏。自本月初,霪雨两昼夜,平地水高数尺,至今未涸。禾、棉被淹浸,亟需补植。赀本荡然,老弱颠连,殆无人色,抚时度力,只益惭惶,未识知我者何以益我也?临楮牵缀,语无伦绪。稍暇当寻旧约,冀图良晤,以慰区区。雅什循复再四,愧弗敢当,感荷感荷。早晚薄寒,惟道体珍摄不宣。

三十日(7月19日)　同西溪陪查翔区四十二图灾户(以后数日查灾,不尽录)。

六月初四日(7月23日)　陪朱一斋巡司分查灾户,舟中谈近事有作:凭舷一望水周遭,况又阴风日怒号。吴越千村沉比屋,江淮万斛罢连艘。民情那复年时旧,米价无端日以高。孰为至尊纾旰食,小臣忧国独贤劳。

七月初二日(8 月 19 日)　感愤:痴心一念为苍黎,谁料身居厝火危。得丧谁非隍下鹿,世途吾笑剑头炊。漏卮难挹千江注,大厦谁将一木支。倘得此身逃劫运,闭门永谢世人知。

初五日(8 月 22 日)　怀范甥邵村:日望浮云向北飞,沧江何处觅渔矶。稽天大浸艰谋食,蓦地轻寒孰授衣?晚岁艰虞我已怕,早年流落汝何依?残冬解馆携书卷,伫候扁舟径自归。

十一日(8 月 28 日)　城中粜常平米滋事,局事大坏,司其事者可恨。

十二日(8 月 29 日)　荒民聚众,掠方家衖王家,竟日始散。

十六日(9 月 2 日)　感事:(一)心惊豺虎剧纵横,秉轴何人责厥成?负乘致讥元不免,财才兼绌实公评。(二)两字无私抵万金,己饥己溺恁胸襟。词林台阁皆虚望,要辨真诚一片心。(三)草泽何人更上书,抚膺但有泪欷歔(数次致书郡友,绝无音耗)。忍饥只有应夫子,闭户翻书悔不如。(四)羡杀双林老导师,空林寂坐谢闻知。纷纷蛮触争雄长,一任西风过竹枝(指叶舟、芳谷二上人,及藕槎居士)。

太仓王研云先生五月中自六安所寄札:接奉惠书,并承鸿著,再三洛诵,愧不克当,惟期以之自励而已。别赐大集一册,幸甚。因邮筒不便,涵溪先钞寄三篇(《十老图跋》、《考道录跋》、《续宅京记序》),立意俱有关系,而议论之精、气魄之大,更不待言。虽仅一斑,已足令人心服。俟全本寄到,再行细读也。《利病书》现有刊本,价昂未购,闻讹夺尚属不少耳。尊撝万不敢当,幸勿见外。肃泐复谢,即请迩安。临颖不胜驰溯,愚弟王宝仁顿启。

二十日(9 月 6 日)　访郑新甫:(一)偶逢萍水结心知,数载追随乐不支。如此奇荒话分手,相看能不泪双垂。(二)扁舟同泛话艰难,两字伤心饥与寒。广厦大裘空有愿,此时使我愈心酸。

廿三日(9 月 9 日)　阅《晚村四书讲义》。

放心者,心之仁放失也。求放心者,以学问求之也。故曰:“学问之道无他，求其放心而已矣。”“心”便指仁，“求”便指学问，言人为“求放心”，故有事学问。而学问之道，总所以求此心之仁而已。此一节，惟勉斋说得最详。

廿八日(9月14日) “人之患，在好为人师”，意重人之自为计，非指数人师之弊也。盖欲学者不自足，而求进于圣贤。好为人师，则志浮气躁，而满假浅隘，不复可以成人。故为人师者，道在而人师之，犹之可也。好为人师，则为人之大患矣。好为人师之人，不能成己，焉能成物？两俱失之，故谓为人之患。

自责诗：古人重守贫，不愿乎其外。所以柳下季，外和内必介。阿衡耕莘野，一介揆道义。后来相业隆，夫岂偶尔致？战国策士流，每谈管商术。捭阖与钩距，事功必灭裂。而我迂腐徒，平素怀恻隐。出门失所随，由此致诟病。论此固已伤，原心谅无愧。虽闭门可也，五字良足喟。苦节不可贞，剥庐□何许。知止者不殆，此言好记取。

“克己复礼为仁”，是指点为仁之方。“一日克己复礼，天下归仁”，是指点为仁之效。一日乃极至之一日，非偶试乍为之一日也，犹言到得一日耳。能“克己复礼”，则事事皆仁，故天下归仁。

“躬自厚而薄责于人，则远怨矣”，说此章书，勿以“远怨”作主脑，盖“躬自厚”三字是一章之主也。能责己厚者，其责人必薄。责人薄，则己不怨人，人自不怨我，且有见我自责之厚，而怨自泯者矣。此“远怨”之道也。若俗人之见，谓以礼法律人者，不曰“何必如此”，则曰“责之太过”，此乃不以人待人，薄之甚矣。由其责己者薄，故责人者更薄耳。

记月中米、麦、豆、鱼、肉价：上白南粳每石三洋七角零，上白籼米每石五千六百，次白籼米每石五千二百，黄豆每石三千，庙斛蚕豆每石三千五百，高粱子每石三千八百，番麦子每石四千二百，穬麦每石四千二百，砻糠每挽四十文，切面每斤三十二文，麸皮每斗一百文，豆饼每斤三十八文，南瓜每担四百文，藨豆每石两洋八角，加长惠安夏布每匹五百廿文，鲜肉斤六十四文，后至一百文，鲜鱼大者每斤廿文，小者十文。稻柴每斤六文，洋价每圆一千五百廿五文(按：晚香记此，以见兵荒交迫，物价腾贵也)。

廿九日(9月15日) "不知命，无以为君子"，命即天理之当然，理即天。天命必以正，知其正理，一切死生祸福、成败利钝，一齐放下，勇往直前，故可以为君子。我之当为君子，命之固然也。为君子而有死生、祸福之不同，亦命之适然，不可辞也。信命不真，则气有不直，而道有不能尽分者矣，故"无以为君子"。

八月初四日(9月20日) 夜与敬斋小酌：皓月出西天，流光照东墙。今夕是何夕，共此灯烛光。主人具盘飧，有酒实中觞。为我解闷怀，此情不可忘。而我忽思家，惄然沸中肠。虚名乌足恤，实意良自伤。今年夏五月，水涨田已荒。慇然念良友，泛舟至金阊。欲商恤邻举，友谢今空囊。况兹祲数省，宁止嘉湖杭？废然为返棹，痴念犹后望。陡然奉官檄，勘灾东北乡。东北素荒瘠，民风亦强梁。官言勿遍恤，资贫待赈粮。蚩蚩百千人，觖望为抢攘。我家汉浦滨，老屋无盖藏。倘竟蜂蚁聚，岂能为周防。儿子为我虑，劝我游四方。四方何所诣，周亲暂留将。如彼惊弓鸟，不能抢榆枋。如彼漏网鱼，不能为游翔。为念故居中，儿女心惶惶。我岂命应尔，何为似逋亡。出位古有戒，负乘致寇戕。自责还自悔，高歌意傍徨。平生谢外务，萧然农圃旁。麦饭苟自饱，亦足云徜徉。奈何先几失，将无数适当。妄意或倖免，庶几有彼苍。多谢当轴人，从此栖山冈(时先生入城，寓顿丘宅)。

新阳共一百八十八图。极贫，大口七万一千二百五十一口，小口二万一千一百三十三口，共计折实大口八万一千八百十七口半。每大口一百八十文，小口折半，共应钱一万四千七百二十七千一百五十文。次贫，大口四万五千一百五十口，小口一万五千七百五十四口，共计折实大口五万三千二十七口。每大口一百八十文，小口折半，共应钱九千五百四十四千八百六十文。统共极、次贫折实，大口十三万四千八百四十四口半，应共钱二万四千二百七十二千零十文。

人当识其大,无论极、次之当否。际此奇荒,一月中得二万四千钱。沛于下邑,必有蒙其惠者。至于爬梳弊病,乃有司之事,非士君子所当置怀。余惟昧于先见,过聆官中之言,致有烦啧,悔之晚矣。故余之过,自有其实,不敢讳也。

初六日(9月22日) 洪生丈出所藏立斋公手书徐干《中论·治学篇》卷,书法清挺,乃付子树本者。又果亭公所书孙兴公《天台山赋》册,书法秀逸,得晋人笔意。又王素岩先生手书徐君德慎字升大《字说》册,及其令先祖对舟公小像,令先尊人省斋公《四时行乐册》,题者甚夥。

初七日(9月23日) 《尚书大传》与《古文尚书》所载不同。《大传》谓周公死,王诵欲葬于成周,天乃雷电,以风禾尽偃、大木斯拔,国人大恐,王乃葬周公于毕,示不敢臣也。梅福、张奂等皆引以为言。据今《尚书》言,"大电雨以风,禾尽偃,大木斯拔",见于周公居东之日,而非其死葬之时。以此一事观之,则知《大传》与《经》牴牾者多矣。岂惟《大传》如此?今之《尚书》,与汉本亦多不同。王嘉奏对,引皋陶戒舜之语曰:"无傲佚欲,有国,兢兢业业,一日二日万几。"师古注,谓"《虞书》咎繇之词,言有国之人,不可敖慢逸欲,但当谨戒危惧,以理万事之几"。"敖"字与"教"字,意甚相远,而"敖"谊为"长"。元城先生谓,恐"敖"字转写作"教"字耳。仆又观陈蕃疏,曰"皋陶戒舜,无教逸游",则于今本"教"字,亦有本也。不特是也,如《尚书》"天齐于人,俾我一日",而杨赐则曰"天齐乎人,假我一日"。《尚书》"上刑适轻,下刑适重",而刘恺则曰"上刑挟轻,下刑挟重"。"黎民于变时雍",阳朔二年诏,则曰"黎民于蕃时雍"。"方命圮族",《蜀志》《晋书》皆曰"放命圮族"。"平章百姓",《史记》曰"便章"。徐广注:"便,平也。"《刘恺传》曰"辨章",引郑玄注曰"辨,明也"。似此之类甚多。汉人各习其师,往往不同如此[①]。

---

① 本段录自宋王楙《野客丛书》卷四。

载籍之间所言地理，讹舛甚多，不可胜述，姑举数端。汉文帝封淮南王长子阳周侯赐为廬江王，应劭曰“廬子国”。按：廬子国，即廬戎之地。《左传》“廬戎自在，宜城山中”，劭误以中廬之“廬”为廬江之“廬”矣。楚熊绎所封丹阳，正南郡枝江之丹阳，而《西汉志》注乃以曲阿之丹阳为楚所封。舜渔雷泽，正城阳之雷泽，而周处《风土记》乃以吴之太湖大雷山、小雷山为舜渔之所。子胥之胥山，在嘉兴东南，而张晏乃以太湖之承、胥二山为子胥之山。李白读书于匡山，正绵州大匡山小匡山之处，而《寰海记》旧注乃指江州匡庐山为白读书之所。楚之云梦，跨江南北。《左传》曰“王以田江南之梦”，则知云在江北，而郭璞注《尔雅》，乃以岳阳巴丘湖为楚之云梦。后汉樊丹封谢阳侯，正《诗》所谓“申伯番番，既入于谢”也，而《传》乃以为射阳。按：射阳在山阳西，即高祖封项缠之地，非丹封地也。《樊毅碑》曰“谢阳之孙”，此可验也（按：廬戎，《左传》作“盧戎”，“廬”、“盧”古通也。惟盧戎之地，在宜城山中，与中廬相近，汉属南郡，与廬江相隔。应劭混而为一，故先生正之。“盧戎”见《庄十三年传》，其字作“盧”，不作“廬”也）[①]。

唐高祖武德初用隋制，天子常服黄袍，遂禁士庶不得服，服黄有禁。自此始，天宝间，因韦韬奏“御案床褥，望去紫用黄”，而臣下一切不得用黄矣[②]。敕旧用白纸，唐高宗上元间以施行之。制既为永式，白纸多蠹，遂改用黄。其学士制，不从中书出者，为白麻。

汉人专门之学，各习其师。所传经书，不无异同。观汉碑中引经书语，略疏于此。《灵台碑》曰“德被四表”，《张公碑》曰“元亨利正”，《蒋君碑》曰“遵五屏四”，《刘修碑》曰“动乎俭中，鬼神富谦，乡党逊逊如也”，《祝睦碑》曰“乡党逡逡，朝廷便便”，《孔彪碑》曰“无偏无党，遵王之素”，《费氏碑》曰“导齐有礼，有耻且格”，《王君庙碑》曰“庶绩咸

① 此段录自明顾起元《说略》卷二。
② 本段至此出自《野客丛书》卷八。

喜”,《张表碑》曰“畔桓利贞”,《范氏碑》曰“徽柔懿恭,明允笃恕”,《薛君碑》曰“永矢不愃”,《严发碑》曰“镌坚仰高”,《费凤碑》曰“泥而不滓”。此类甚多[①]。

晋王氏最盛,然数派,非一族也。仆不暇尽数,姑就其显然者疏之。浑济坦之蒙、修之属,太原之裔,后汉隐士霸之后也。祥、览、敦、导、羲、献之流,皆琅琊之裔,前汉御史大夫吉之后也。浑、戎、衍、澄、祥、览,别派也。肃、恂、虔、恺,兰陵人后,汉良之后也。仪,阳城人魏修之后也。浚、彝、矩、暚,弘农人。晋王氏,无虑十余派,惟琅琊派为最盛[②]。

《容斋随笔》有“张良无后”之语。仆考之,后汉司空皓,晋司空华,唐宰相嘉贞、延赏、弘靖、九龄,皆良之后。……《后汉·张皓传》曰:“六世祖良。”余考世系,皓正良九世孙,非六世也。良生不疑,不疑生典,典生默,默生金,金生千秋,千秋生嵩,嵩生睦,睦生嗣,嗣生皓。……《吴郡图经》亦云:“良七世孙睦,后汉为蜀郡太守,始居吴郡。郡张氏皆其后。”白居易作《张公碑》曰:“良后睦,避地渡江,始居于吴。其子孙称吴郡人。”……《容斋》之说,止与刘梦得谓“张曲江无后”同[③]。

避嚣顿丘宅,与洪生丈、敬斋、子京晨夕相聚有作:(一)老我如今悔也无,识人两眼太模糊。已经覆辙难为智,尚欲移山计更愚。古有斩蛟投尺璧,近无抵鹊弃明珠。满枰败局何须论,梁燕江鸿趣本殊。(二)避俗惟宜对古欢,小窗兀坐颇相安。床头蚁斗何萦听,匣底龙吟好拂看。垂老须眉留我易,奇荒口腹累人难。友朋接席书堆几,刺促胸怀暂许宽。

初八日(9月24日) 洪生丈出先集见示,钞《果亭先生奉使草》

---

① 此段录自《野客丛书》卷十。

② 此段出自《野客丛书》卷十三。

③ 此段录自《野客丛书》卷二十一。

一卷起。

初十日(9月26日) 闻郑起岩讣。起岩名庭桂,前年领陈忠烈先生祠,曾扁舟访余徐村。后见之,每蒙推挹。今骤闻其讣,心窃叹伤,以赤贫之士,又遇凶岁,将何料理?亟以银二枚,托淡然袖去,一赙起岩,一赠远亭。淡然好善,欣然袖而即去。此为善之念,人心所同也。后闻王萍香、吕既齐为醵,分得十千。其所馆唐市,亦醵分十千,乃能成敛。寡妻弱子,尚思有以济之,惜恨贫耳(案:"领陈忠烈先生祠"句,疑中有误,俟考)。

余前年六十时,囊稍赢。儿子入郡,为余置椑,计用番银二十四枚。余以其太费,心不惬也。既而追念先君先慈之卒,值家甚贫,周身之具,皆猝办于市。每念之,常为蠹然,即萌不欲之意。所置椑故有副,匠人估其值,亦不下十千文。余自念,诚得十千文之槥,死便埋我,自分已足,何用多为?又念从嫂戴氏,年亦几六十,倘一旦不讳,从子瑞卿苦无力,不如以其副者赠之,亦足以为预备。一日,偶与言及之,而嫂氏之意,以副为嫌,遂置此念。然终恐其多病,卒有变故,或值暑月,必有备,乃无患。因以副木阁贮之,不以售人。今年五月大水,堂中积水二尺。余幸有椑木借作阁版,及水益涨,木皆渍湿。六月初,戴氏嫂以病卒,值暑月,欲急敛。从子瑞卿又无力,不能治具,因寻前语,微特木已渍湿,不可用。即强取去,尽室皆居水中,且非仓卒可取。因入郭,与从弟春园商议,仍以十一千文置木赠之。至七月中,陆宝堂亡,其配欲治具。余欲以所置椑售之,为补苴今岁亏空,既而不果。及八月,宝堂之妇翁李君锦明病亟,宝堂知余意,来与余商。小儿劝余,姑置其说,且家中亏空亦可渐理。余实念两先人周身之具,为子者何德何功,乃加厚焉?死必有不瞑者。故毅然为之,以其大半补苴春间亏空(以岁荒不可以负人债故)。余以济朋辈之贫者,庶慊吾志耳。噫!人无贫富,以能行其志为乐。棺之厚薄,何足计哉!稍暇,当嘱儿子取副斫成,而俟目瞑焉。

十一日(9月27日) 读孝定先生未刻稿。

十二日(9月28日)　凤九苞，一曰口包含，不妄鸣也。二曰心合度，进退精也。三曰耳听达，居高明也。四曰舌诎伸，能变声也。五曰彩色光，文彩呈也。六曰冠距朱，南方行也。七曰距锐钩，武可称也。八曰音激扬，声远闻也。九曰腹文户，不妄纳也(《论语铎》)。

邑有秦某者，为县胥，著名凶悍。然喜为诗，诗亦胡钉铰之流耳。其所居半茧西小弄中，喜叠盆山，植花木，皆与平日相反。每催租至，人家鸡犬皆惊，无可理喻者。惟俟其至，即与之谈诗，秦遂娓娓，终日不倦。临去，或以公家事不能偿为言，秦反辞曰："子毋庸挂怀，我为若任，敲扑决不再至也。"其癖又如此，可笑也。

十三日(9月29日)　录徐果亭(秉义)作《朱雪鸿卜居》诗：买山无计且容身，蓬荜粗看结构新。巷有弦歌宁觉陋，家余藜藿不知贫。梁鸿寄庑终求伴，靖节移居亦择邻(与张子汝霖同居)。却喜一畦墙外地，读书兼作荷鉏人。

题殷彦来《岁寒吟卷》后：绨几香篝一事无，岁寒吟就破工夫。仲圭梅树丹渊竹，好谱君诗作画图。

十四日(9月30日)　新阳发抚恤，凡分五处七日。今日已讫，幸无哗者。凡此，皆前令徐君介岩之功也。邑本穷瘠，民情又不喜靖。自藩宪责成董事，而吏胥失其权者。然所以唆民之不靖者，狡莫狡于地保。大凡灾年办赈，靡不先饱其壑，少有爬梳，即唆饥民吵扰。亭林先生谓天下之不能治，由保正始，亮哉！今七日之中，得二万四千钱，布于县中，岂不小济？彼矫为能干，辞多受少，阴以形同寮之短，而实以屯圣主之膏。盗窃虚名，膜视无告，真罔上行私之罪人也。其意欲以冀升迁，其如头上有天何？

廿二日(10月8日)　富香吏遣舟来候，因赴其招。同席者，湖州徐君西山(有林)，即广东运使(有壬)之弟，暨王心安诸君。送《野古集》二本于徐洪生。

跋《徐氏诗存》尾：曩与友人辑邑中人诗为《娄曲诗存》四十卷，因得见东海徐氏诸集，披而读之，叹其人材之林立，文章之富有，曰："盛矣哉!”是时,徐氏诸孙,余最先识者为懒云先生之仲子椿舲。懒云丈雅善诗词,有盛名当世。当世诸老先生,如王述庵侍郎、洪稚存太史、袁简斋大令,皆甚重之。椿舲与兄蘋洲、弟竹香能世其业,俱以才名,推重艺林。六七年前,先友张君若木馆椿舲于眠琴窝,有花木泉石之胜。若木喜交游。余时至其室,因与椿舲连榻,谈及君家风雅为邑中领袖。诚得自刑部公而下,至于君家父子,合其所作,撰为一集,以诏后人,讵不甚善?君深然余言。别后以书来,凡数百言,大略谓寒家族大支繁,散在四方,微特集之未刊者名存而实轶,即已刻者亦不多得见。余复之,谓就君所知者辑之,安知族姓中无闻风而起之人也?后几年,若木捐馆舍,椿舲亦迁居城南之溢渎。盖其家,交河公之故里也。余以诗贺之,而君所集《徐氏诗存》适成,以其书来谂余。余为搜集中未具者补之,为书六卷。因记其书之缘起于此。惜乎!如若木者已不及见之也。若夫集中之诗之可传,及可以考见当世之得失,与夫人才之消长者,具在集中。余不及赘也。道光辛丑夏六月下旬,邑后学潘道根拜手跋(敝箧中检出,因录存之)。

廿八日(10月14日) 寄汪石心丈:(一)处世难辞六凿攻,晨鸡夕磬苦匆匆。推迁不住如行旅,潦倒相看共秃翁。蒲柳易雕偏着雨,篱花迟放恰经风。白头笔墨犹驱使,愧尔参禅念久空。(二)蒲寒草阁偃江滨,废食抛书动及旬。永夜回肠嗟涸鲋,常年病骨叹劳薪。大裘何计遮寒士,小技徒思养谷神。想及息斋收视听,三田气下暖如春。(三)淫潦频年少盖藏,那堪垂老遇奇荒。疮痍未复嗟谁补,凋瘵重加剧可伤。粗饭忍教我独饱,薄寒先念客无裳。嗷嗷邻舍思何计,那有仙家辟谷方?(四)欲障狂澜费斡旋,蜩螗人事日纷然。可宜任氏藏囷日,已属温恢破产年。极目乌鸢方掠地,关心虮虱转忧天。先生风谊关胞与,那得扃门稳晏眠。

九月初五日(10月20日) 舟行至东南门外须浦,为顾子云孝廉令爱诊。闻朱确士生(启房)丈讣。

十一日(10月26日) 入城,访徐芑沚孝廉,不值,晤其令似小艺。

十五日(10月30日)　阅《子夏易传》，录入《经典释文》。

廿四日(11月8日)　泊舟茧园紫藤桥下有感，口占：家住城南小巷幽，饭余携屐每来游。繁华倏尔看凋敝，少壮几时已白头。屈指旧人多逝水，惊心此日独维舟。敝袍草履无人问，只有清溪似昔流。

廿六日(11月10日)　装《大愚老人遗稿》(山阴黄介子毓祺著)。

平原宅有黄梅花一株，花时甚繁。今夏为水所浸，根株卒斩矣。今日薄寒，忆此作(见《隐求堂诗存》)。

再题半茧园：白泉遗迹已无存，城市萧条似破村。故老犹传朱氏宅，林泉空说叶家园。数株丹槲邻荒冢，一径苍苔锁断垣。仿佛云林枯树帧，夕阳归鸟近黄昏。

廿九日(11月13日)　作：(一)四明有菜名雪里，瓮头旨蓄珍莫比。雪深诸菜冻欲死，此菜青青蕻尤美。肉食吾无卿相腹，血食吾无贤圣德。不如且啖雪里蕻，薄粥一盂暖有益。(二)歉岁粒米无一取，园有蹲鸱馁不忧。小者如拳大如盎，地炉榾柮煨悠悠。须臾清香户外出，剖之如肪甘且柔。芋魁芋魁满载瓯，老我数颗鼓腹游。(三)香椿香椿生无花，叶娇枝嫩成杈枒。不比豢庄大椿树，当春掇采怜萌芽。青盐淹后香味在，豆荚芸薹皆后辈。清茶一瓯春满颊，风味分明似方外。

先友南条徐君哀词：讳王宾，字贵宸，瑾圃先生成志子，新庠生。己酉九月十六日卒，年七十一。寒雨空江，穷村落木。凄风怒号，掩户踢缩。长须递简，哀赴忽传。开缄卒读，老泪泫然。呜呼哀哉！忆根追随，庚寅秋杪。贤郎又孺，媚学静好。有客鸿城(元和陈架，字木痴)，假馆授经。酒边论学，君眼为青。五经纷纶，四时波委。鹏路初抟，鹊声行起。忽埋玉树，长弃金环。仙都可讯，谁叩玄关。书简尘埋，穗维风飐。君痛西河，同学遂散。菸邑于裒，两鬓俱凋。友朋晤对，觞咏都抛。岁月既遒，倏逾十载。我穷依然，君犹健在。琅邪授粲，携屐每寻。剪蔬留客，披豁素心。浣我尘襟，贻我卷轴。毋欺一书，至今佩服。从此往来，遂缔石交。春秋佳日，访我衡茅。聚散靡恒，岁月如骛。君滞家园，我依钓渚。前年我病，君走慰余。君今游岱，吾适索居。修名未立，寡过无能。仰君硕德，有愧良朋。呜呼哀哉！君之先人，夙有令望。君之立身，金玉其相。亦有少子，直上干云。为女相攸，秀羸多文。寿登耆耋，德并珪瓒。亦有何求，可无叹惋。贫也非病，死亦安常。怡贫守道，死而不亡。独是老成，忽焉没矣。念我独兮，悲曷能已。南望停云，颓光载倾。安得促席，陈说平生。想君草堂，庭有丛桂。梅花修竹，宛在人外。想君斋居，左图右书。披帷人在，于于徐徐。想君德配，贤侔鸿案。白首相庄，彤史所罕。想君令子，教有义方。青年博学，接武胶庠。謦咳疑闻，音容如睹。如何分手，竟成千古。回忆前事，梦境迷茫。天不憗遗，失此灵光。有酒在尊，侑以杞鞠。长跽陈词，嗷然一哭。呜呼哀哉！

十月十一日（11 月 25 日）　钞宋程正思先生《字训》六章，共一卷，凡一百八十四条，毕，即以课孙。

十一月初四日（12 月 17 日）　作《亡弟妇赵孺人事略》（文未录）。

初七日（12 月 20 日）　戌刻，叔母彭太君卒，年八十一。先叔父梅坡府君配。

初十日（12 月 23 日）　宿蒋昌期妹婿宅：渐渐风生树，荒荒月隐墙。会疏须尽白，话久漏偏长。病叶因霜坠，寒花只旧香。谁知今夜雨，共此一灯光。

十一日（12 月 24 日）　草《叔母彭太君事实稿》（文未录）。

十三日（12 月 26 日）　杜诗“礼乐攻吾短，山林引兴长”，当以“礼乐攻吾”四字为读，言“礼乐攻吾”，其情已短；“山林引兴”，为味乃长。言下有归休之意。“关塞极天惟鸟道，江湖河[1]满地一渔翁”，鸟

---

① “河”字衍。

道本非处处,今则"关塞极天",惟有鸟道已耳。渔翁业在罗网,今则江河满地,无非网利之人一渔翁已耳。"名岂文章著",言名当以功业著,今不能成功业,而仅托诸文章,悲如何也。"官应老病休",言老病乃应休官,不当以建言罢斥也。

徐村老农自挽:传世文章覆瓿尽,草堂风月盖棺闲。又挽:贫思济物真痴想,病不求生是觉时。

十四日(12 月 27 日) 为彭太君持诵《金刚经》《心经》各八卷(以后共七日,兼诵《弥陀经》《往生咒》)。

廿二日(1850 年 1 月 4 日) 为也樵校《小戴记》。

作八股文一篇《求三年之艾也》(金邑尊复试题,拟作):有不能以时日取者,即物亦有然者矣。夫苟有其病,而不待迟之久,斯易言求矣。而不然者,即微物亦或难之。大贤所以借艾为喻也。今夫大业,不可以幸成,奇效不可以捷取。世之悠忽,坐视者大抵皆苟且之一说,误之也。岂知天之生材,固非轻易?夫固有迟之,久而始获其用者。使皆如取如携,夫亦不必作此郑重矣。水之就下,兽之走旷,理固然矣。为丛殴雀,为渊殴鱼,亦既有征矣。今更何以譬之?吾试以病之需夫艾者譬之。夫病之需夫艾,固尽人而知之者也。人物之菁英,为间气,为名世,几百年而始生,固皆操旋乾转坤之具;草木之根荄,为严气,为正性,阅四时而始备。夫亦挟拨乱反正之能。有如艾者,非病者之所恃,为命而亟欲求者哉!顾吾思之,使彼艾也,随在俱有,应时敷荣,亦若茈胡桔梗之可以捆载而无虞缺乏。此亦天地之至仁也。又使其春生夏长,秋杀冬成,一若牛溲马勃之无甚贵重,而可以立致,何独非需材者之一快也。既欲世之治,何难世世出辅治之人?乃天地之精灵有尽,一若有限于数,而不能如意者,正造物者之所以厚其基,而老其气也。天下所望于是人者何若?而乃以浅根薄植当之乎?必不然矣。既欲病之差,曷弗在在有疗疾之药?乃种植之得气有时,一若有先其时而弗为良者,正药石之所以专其性而擅其能也。物之藉于天者奚似?而乃欲颐指气使致之乎?亦必不然矣。

若是乎艾之必三年乎？必三年而后得艾之用。艾无如此病，何也？用艾必于三年之后乎？有三年之艾，然后可治七年之病。病亦无如此艾，何也？待艾于三年之后，用治七年之病，则十年矣。悠悠岁时，何堪坐此颓废？况乎病者之久为痼疾而求者，犹托悬想也。吾乌得不为世之医师者告也。即储艾于三年之前，而治病于七年之后，则亦既七年矣。区区草木，虑难起此沉疴。况乎七年之日，愈引而愈长；三年之日，愈坐而愈失也。吾乌得不为世之求治者计也？天下有必效之艾，而奈何无必求之人。日月逝矣，犹尚意在若存若亡之间。有三年之艾而难乎为三年之求，危急如斯，岂真等诸可有可无之数？不急之三年，遂失诸终身。天下事讵独求艾为然哉？勿思焉耳（先生不应试，不以时文名。偶尔涉笔，必有寄托。其用意精深，训词醇厚，要非时手所能办。王德林[①]谨志）。

《道诫》一篇，为赵练师中一作。玉泉道院住持，号建庵。

原夫道判鸿濛，生天生地。邃古之初，敻乎尚已。洎乎轩辕，访道远驾。崆峒七圣，俱迷罔象。独得洎乎老氏，著书五千。孔叹犹龙，化胡西逝。强名曰“道”，教斯肇矣。班氏分别九流，以为出于司徒之官。逮其末裔，支分派别。上清、灵宝、正一之箓具在，方策所不赘焉。念夫人身易失，至道难闻，托迹玄门，多生庆幸。陆法师有言：“凡道士者，道德为父，神明为母，清宁为师，太和为友。大诫三百，杜未兆之祸；威仪三千，兴自然之福。”仪文尚焉，法诫昭焉。夫儒有九思之训，释有四分之律，皆以严束身躬，节闲情性。非礼必勿，垂东鲁之雅言；摄念在心，勒西方之遗教。用能六通四辟，希圣希天。何独道门礼为桎梏？盖初学入德，必以谨饬为先。悟道通真，尤欲卑谦自牧。刍言可采，幸垂听焉。夫簪笏非散筵之容，宫观非逍遥之地。接宾客犹思正色，对神明能勿改容？况乎旌幢，所以竦目；钟鼓，所以饬听；跽拜，所以展虔；笺奏，所以达信。自非庄严镗鎝，端谨肃恭，何以

① 当为“森”。

对越昊苍,忏除罪垢耶?又闻《礼》著夙兴,《诗》惩晏起。吐纳则朝餐沆瀣,寂静则夜守庚申。故右胁著席,释迦有训;闭关静养,道法所崇。四威仪中,幸时留意。若夫经典科苑,弥可得言。元始所说,号曰“洞真”。道君所说,号曰“洞元”。老君所说,号曰“洞神”。三洞所综,三十六部,共一百八十七万六千三百八十卷。诸家符箓,鞭龙劾鬼;道园所述,凡八十二家。太上普摄群生,则有二十四门。修真则有九戒,炼魄则有九斋。道岸宏生,所宜津逮,岂徒六丁六甲?当知姓氏,九霄九炁,必辨谁何。已哉!爰至动止、语言、服食、器用,守朴守真,务俭务素。酒为腐肠之药,色为戕身之斧。既归至道,谅能戒矣。至于三元、五腊、八节、六辛,酌水献花,持斋行道,务于遵守,不可废也。又,传必有师,学必资友。经师、籍师、度师,号曰“三师”,高功、都讲、监斋、侍经、侍香、侍灯,号曰“六职”。受法即同鞠育,同门已属金昆。勿妒勿狎,必严必敬。以振兴三门为继述,以宏宣道化为肖子。上之可以澡心雪性,超化通神,下之亦能保寿延年,积功累德。天上则书名丹籍,尘世则纪绩贞珉。号为有道,不亦休乎?夫明道若失者,老氏之遗诫;不材自全者,蒙叟之寓言也。道言:“吾有三宝,一曰慈,二曰俭,三曰不敢为天下先。”凡吾同学,尚敬听之。

题吴也樵《江村寄读图》:扁舟每记访江干,村径萧条竹树寒。良友论文联坐榻,主人款客出盘餐。驹阴漫浪佣书过,鸿爪苍凉入画看。同作寓公我更老,可知前路各艰难。也樵道兄为枚庵诗老文孙,抱才不遇,流寓邑之长墩。与予称莫逆,常拿舟往访。主人金君兆祥,亦复好客,往往款谈竟日。既而也樵迁馆陈村,益复密迩。尝作《江村寄读图》,以识鸿迹,而以素纸索题,鹿鹿未果。己酉岁,值大祲。仲冬中浣,与也樵相晤。理及前诺,枕上作此数语。俯仰身世,有重慨焉。

廿三日(1月5日) 入城,访张铁翁。渠以外症,将就医锡山。因出《昆山诗征》稿,托为补辑:补人、补诗、流寓、方外四卷,以付剞劂。

廿四日(1月6日)　为彭太君持诵《金刚经》一卷、《心经》一卷、《往生咒》三遍。如此又六日。

廿七日(1月9日)　接娄东叶涵溪札,并王研云先生所赠《旧香居续稿》四卷。

十二月初二日(1月14日)　校点《戴记》毕。

初七日(1月19日)　编《昆山诗存流寓稿》,两日而毕。

廿三日(2月4日)　已时立春(见《隐求堂诗存》)。

廿四日(2月5日)　草《娄曲诗叟小传》(后改"诗叟"为"逋叟",见《文集》。其时张彦孙先生潜之犹未殁,盖为作生传也)。

廿六日(2月6日)　张子渊寄来畷川黄樗父鋐《西溪诗文稿》。

廿九日(2月10日)　富香吏馈岁。

三十日(2月11日)　录今年诗。每年,余以视诊之劳,岁底来馈赠仪者,虽薄,而多辄以之移送亲友。至今岁,绝无矣。邻曲相识,求恤者纷纷接踵,苦于无以应之,伤哉贫也!余壮年时,处世之盈,自谓独贫无害,故生平不作殖产之想,但经营数千卷书而已耳。至今兹,殊叹"煮"字之不可饱,然已无及已。

本年恤贫项下,计付出足钱一十一千二百四十八文。

本年入医酬一百三十一千九百六十七文,共用去钱三百五十二千三百零二文。

梦中得句:饥荒年岁欢娱少,迟暮光阴感慨多。

赒贫,美事也。能赒人,是善行,然至今日而难之矣。因是而思圣人"亲亲而仁民,仁民而爱物"之言之有序也。彼佛氏之言"博施",言"空诸所有",特以破悭吝之心,殊非事实耳。

饭后,坐南窗下,读昔年所钞《梅花笔谈》,有云:"人生男女之恋,寒俭乃笃,至老益挚。"倍[①]哉言乎!夜中,恭祀本家五祀之神,荐先于寝,祭外姓诸亲长,祀先师陶半帆先生(先生岁终之祀,常年如此。

---

①　当为"信"。

偶再录之,以见其至老不衰也)。

遣兴诗:遣兴抒怀一卷诗,长年寂寂负清时。文章于道究何益,恬淡为名亦自欺。事到眼前愁易积,方留肘后老难医。此生穷达应随分,对镜空嗟两鬓丝。

除夕诗(见《隐求堂诗存》)。

庭诰(见《晚香书札》)(案:《庭诰》即书札中《戒子书》)。

人家有子女,便不能无嫁娶。与日用饮食正同,本非非常可喜之事,必要格外加隆,过为繁费也。嫁娶之重,重在于择妇、婿。古人有见识者,往往于至贫贱之中,而得贤妇与佳婿。书策载之,人艳称之。今纵不能,然亦当择其中行决无败理者,以为配合。庶几异时可富可贫,可贵可贱,而皆有赖也。最可忧者,今之子弟,皆可富而不可贫,可贵而不可贱。要知不能处贫贱者,其处富贵亦决无道理,其富贵亦终不可保。乃近世论婚姻者,惟问其家之富否,而不问其人材之何若。不知纨袴之儿,骄奢败坏,较之赤贫者更甚。又有因彼家之富有,而典产揭债,与之角胜。其后,卒致俱贫,愚孰甚矣。故我家后日婚嫁,不可以一时好看之故,而竭其力。一女用百千,三女已三百千。设负债为之,何以料理?是中有道理焉。勿争他聘金。彼之聘也,任其为之。勿动彼一钱。吾为父母者,就百力之所能,制布衣裳及绸衣数事,钗环数事,箱笼襆被遣之,无不可者。至如陪衬之事,如延宾及使用下人,我辈贫儒,慎勿效世俗之为,但邀三党至亲、佣仆,取给用而已。宾筵勿夸多品,皆要策也。长孙女他日城乡迢隔,可嘱其预日扁舟候去,切勿索其聘财。三孙女尚幼,异时未知力量何若,亦须以省为贵。当思尚有两孙男事,尚重也。二孙女及孙男,其受聘与结婚,万万不可更望富家,择小家清白勤俭者,方是计策也(案:“三孙女”,“三”疑“二”字之误)。孙男注苍,资质甚笨,汝又不肯督责使他读书,将来作何计较?读书明义理,自然能继承先志。若但知穿衣吃饭,而不读一书,不明义理,即以万金之产付之,犹不能保,而况并无薄产乎?此由汝自不知读书之乐,而因以误其子也。为之父者,奈何如此(案:以上两条,皆庭中语,误编在此)!

句句皆至理名言,从心窍中发出来,而且平易近情,令人易于遵从,无如世俗之见,牢不可破。即有治命,往往为不明大义之亲友所劫持,为子者不能自主,宁违亲训,而不敢违俗情之浮议,甚至弃产揭债、丧志辱亲而不顾。先生之时,去今又七十余年矣。民穷财尽,而争为豪奢;婚嫁丧庆,互相角胜,漫无限制,真不知伊于胡底。愿吾子孙读此《庭诰》,不啻如我之训诫,而不为流俗所转移,则庶几为我之贤子孙矣(德森识。案:此跋书札中不载,编时存之)。

附录:挽何蓼厓句:(一) 廿载论交气谊长,乍闻哀讣倍神伤。回思笑语浑如昨,浩叹人琴遽已亡。栎社诗存成绝调,红闺画在剩苍凉。笔床茶灶应依旧,那忍重过旧草堂。记昔江村习隐沦,君家先子最情亲。(二) 诗筒每向愁中寄,古道真如书上人。每以善柔嫌俗热,却因自好重予贫。于今枨触知心感,自愧无成泪满巾。八月廿九日,检得录于此。确潜记(案:此诗已见第八卷,与此字句小有同异)。

卷十三

道光三十年庚戌(1850)[①]

长安米贵,居之不易。光阴奋迅,日亦未堪。多得春和,拟撰集往岁所批《伤寒论》诸书,别录为卷,以诒后人。又数十年来,承良友投赠之作,亦拟录为一册,庶不孤其盛心。尚自勉之。

元日(1850年2月12日) 即事(见《隐求堂诗存》)。

坐南窗下,录《茧园东禅寺诗》,拟撰《新邑庙志》,及补《东禅寺志》。

初二日(2月13日) 装《郡斋读书志》,补写《东西禅寺志》。小斋自爱纸窗明,日日钞书作课程。纵使钞成无所用,也胜尘土负平生。

余频年每于今日延客,为春盘之饮。昨岁大无,斋厨索然。余既懒出,客无一人至者。民老死不相往来,真为太古之风矣。平时,吾每叹世风浇薄,烦费太侈,使能守此十余年不改。今日岁复连稔,民力不稍苏耶?

初四日(2月15日) (一)青旗卓处已终旬,开岁曾无一日晴。寒勒早梅犹是可,莫教苦草岸边生。(二)隔年风景太荒寒,俭岁还如恶岁难。草草春盘聊自慰,休夸邻舍酒杯宽。(三)城东沈老镇萧

---

① 原注:"先生时年六十有三。"

闲,约我新春共入山。筇杖乌巾差办了,只愁风雨暗柴关。(四)空庭寂寂只荒苔,书卷无憀镇日开。不碍斋厨杞菊尽,泥深一尺没人来。

初八日(2月19日) 坐南窗,结集《诗存》稿本,草《娄曲逋叟小传》(张彦孙先生潜之也。见《文集》,不录)。

初九日(2月20日) 九日才能一日晴,今朝喜见纸窗明。厨无汤饼宾朋绝,只有天公不世情(今日余初度)。订《王羌重年谱》,补写《萧斋春唤诗》十首。

十三日(2月24日) 有赠:荒园一径路欹斜,小屋如船正煮茶。怜尔清贫还有福,移家处处傍梅花。

十五日(2月26日) 写季菘芸所撰小传、叶涵溪所赠序于余像上。吴门吴也樵所画也,为范甥删润所辑家谱补。

十六日(2月27日) 写《老农小传》于谱尾。

孔子曰:"贫与贱,是人之所恶也。不以其道得之,不去也。"此知命之学、处议之方。于中有多少坚忍,多少策厉,并非故意矫情作此非情之举,正是一口咬定"仁"字,看得天理人欲,极其亲切。假如生与义不可兼得,尚且舍生而取义。何况非道之贫贱,乃欲违道而去之?君子必不尔也。乃今人所谓贫贱,正是分所应得,并非不以其道。在君子处之,宜有"素贫贱行乎贫贱"之道,乃非惟不思而欲枉道以求去之。吾恐贫贱不能去,而徒为烦扰耳(案:"处议"之句,"议"字似误)。

先君子素贫,无余资,从未曾与一银会,人亦无有以银会来纠者。遇有至戚好友,有急则量赒之,不责其还,亦从无账目发记也。故捐馆之日,萧然无未了事。根居梅心日,为人所娆,不能遵先训,往往与人银会。然细思之,从未获其少益,徒增烦扰。拙儿综理家务时,其事益重,乃年际奇荒,又遭无妄,将来何以支撑耶?吾甚为歉,会诸君不取,而责己之不能,仰遵先训也。

三千湾季平庄田顾、强巷蒋俱为饥民攒食,每聚千人。西澜漕陈斜泾吴亦复如是。

记月中粮食价:陈白南粳每石六千四百文,新白南粳每石五千六百文,白籼米每石五千四百文,次籼五千二百文,蓖豆每斗三百四十文,米皮糠每石九百文,小豆饼每片三十六文(当年每片十八文),高粱子每石四千文,豹儿米与蓖豆同,惠安布高者五百廿一匹("匹",疑"文"字之误),下者三百二三十文,家麻一百文止六两,树柴每斤二三文,稻柴好者每斤五文四文不等。

贫家将家伙出售:朱红漆衣橱价止二千,朱红漆大箱并箱橱每副价止七百,《文选》一部价止二百。破缸旧甏悉已换钱。田中所种菜秧,挑取一空。嗟哉!民不聊生矣。

十一日(2月22日) 访吴广斋秀才东城,因得拜止狷先生遗像,苍颜古貌,宛若生平。计先生之没,已十有几年矣。念在时提命之殷,为生平知己第一人。盖当时某诗名特盛,先生见其《述怀》诗有"世味无如骨董羹"之句,意甚不慊。而极赏根"独酌清泉见古人"一语,于座吟讽再四,从此结忘年之契。有数书见寄,至今藏箧中也。先生临没之前一日,呼根至床头,握手叮咛,嘱以自爱,且云某人可惜,盖其知人之明已在十数年之前矣。

十七日(2月28日) 重装《袁氏世范》,忆嘉庆丁丑仲秋,雨窗,在陈村装订是书。今已三十三年矣。并录顾磊庵惇香旧跋于后。

十八日(3月1日) 装柯韵伯《伤寒论注》八卷,装《东禅寺志》,读顾雍里《疣赘集》。

十九日(3月2日) 装《人心录》一本、《幸存录》一本。

二十日(3月3日) 装旧冬郿城俞味庸丈所赠《食戒编》一卷、《寓意草》一卷、《本草歌诀》一卷、《经验集方》一卷。午后,坐南窗,钞《孝经》《弟子职》各一篇,至昏而毕。

贫家十约:居恒不服绫罗,男女俱用布素;延客只四簋,勿夜饮;家常以鱼蔬为率,非宾祭不食肉;疾病止事医,勿惑巫觋祈祷;丧中勿作佛事,勿饮酒食肉,勿久停不葬;国课宜早完纳,不可拖欠,以烦追呼；嫁娶勿骛华美，宜守清素，使可传继；儿女宜约束习业，不可任其顽钝；储蓄以粮食、柴薪、布帛为急，勿购不急之物；债负银会店账，扫除杜绝为上。以上十端，举其大者言之，余可类推。如能依此而行，日计不足，岁计有余。虽欲不富，不得也。反是，虽欲不贫，亦不得也。所谓富者，非人之所谓富也，临事舒徐而已矣。所谓贫者，急遽苟且而已矣。而其要皆在于"早起晚眠，耐心吃苦"八个字。又要阅历深，见识高，不为俗说摇动，不为纷华变更，则庶乎能行已。

《十约》注：昨岁大无，隆冬有赤体而冻死者。彼独非人哉？布素御寒，已是大福。彼暴殄天物，惟骛外美者，安保异时之不冻死耶？不然者，彼盖有福堪享，而我则不能也。　　近时子弟惟务饮食，亲朋相聚，不说道理，不讲文字，饮酒高会而已矣。不独口腹造孽，而学问之途，亦由此断绝。"肉食者鄙"，吾闻其语矣，吾见其人矣。

不明乎死生之故，而谄事鬼神。鬼神若有知，当笑人之愚。士大夫家，亦有行之者，则愚之愚者矣。　　作佛事是诬其亲，饮酒食肉是忘其亲。二者皆为不孝。　　停棺不葬是弃其亲，若于风水之故，以为邀福之具，以亲骨为孤注也。　　早完国课，是草野中尽忠之一事。抗欠钱粮，烦父母官之追呼，即是不忠。故布衣无致身之地，安本分做好人，早完国课，此即草野中之《忠经》也。　　嫁娶为人生必有之事，本极平常，但宜预为措置，照《会典》《通礼》上仪节，省穑行之，何等守礼，何等妥当。　　不约儿女，非儿女之败家，乃已之自败也。　　珠玉锦绣，完好之物，谁不爱？直至如昨岁大荒，方知盈尺之璧，不如斗粟之可贵矣。甚矣哉，积储之为国家第一要务也！

处家做人，于银钱上省一分纠缠，便于心体上增一分受用，非过来人，不知此语之意味。

廿五日（3月8日）　周琢甫自城中来，携《多宝塔圣教序》，及葛信天、李补樵、孙征凝及伊尊人愚堂丈书来观。

二月初四日（3月17日）　草《春晖课读图叙》（为徐洪生家畴寿母七十之作，见《文集》）。

春和入郭偶维舟，老友相携立步头。野兴荒荒寻竹径，闲情草草上茶楼。遥村雨后眠闲犊，浅渚芦生狎晚鸥。蓦地胸怀来枨触，终南澒洞不胜愁。

初十日(3月23日) 装《国朝昆山诗存》二十一卷。

严者，君子自守之常，而小人自不能近，且先收"放心"。如心不在，无下手处，整襟危坐，可以见性。人最怕以物欲陷溺其心，才枉其小，便害其大。读古人书，便觉平日之气浮，人须是逐一理会。身上许多病痛，都要关防。生平亏得一"穷"字，受了无穷之益；亦亏得一"病"字，惜了无穷之福。矜孤恤寡，敬老怜贫。此是切实事，更莫高谈性命也。然即此，便是性命。当下不尽驰思无益，古人终日只在礼中，欲少自由，亦不可得。惟勤俭者，能济人正谊，未尝不利明道，岂必无功，但不先以功利为心耳。

恭读大行皇帝遗诏，挥泪敬赋：(一) 吾皇惠爱百年深，草野咸知望治心。已见三时周蔀屋，亦闻六事责桑林。远依北极瞻尧座，近拂南风感舜琴。遗诏普天同洒泪，仰思王度式如金。(二) 江淮昨岁遍狂澜，宵旰时闻仄席叹。早降德音宽赋税，便输帑藏恤凋残。心殷苍赤渊神瘁，恩重慈宁补报难。百姓何辜留御笔，煌煌天语忍重看。

十一日(3月24日) 入城，访张匆庵，则病益加，以所嘱令嗣语见示。前余所撰《小传》，则已付刊矣。张问月寄札，并魏恭简公四世孙名天贞字元贯录《松窗芜言》一卷。

十四日(3月27日) 草《史论》(论秦穆公，见《文集》)。

十七日(3月30日) 实之所在，名必归之，理也。有其实矣，而名不彰者，命也。人虽不能与理争，亦不能与命争。况实者由我，名则由人，本非我之所主者乎？故君子蕲尽乎实，而不必汲汲于名。凡以此耳，近见吾友好名之念，至死不舍。此虽读书人，往往有此病痛。然岂知杀我身者，乃是物乎？而犹不悟也，哀哉！

十八日(3月31日) 入城，同西溪游一宿，禅院中有柏庐先生为门人吕德焕书"严心斋"额，不知其何以在此院？碑系葛太常锡璠撰。铜钟一，上铸《金刚经》，系太常之子肃洎善信造。现有上海人叶憩亭捐钱六百缗，设粥厂于此。

二十日(4月2日) 校《诗存》二十四卷。（一）借得枝头几点春，翛然姿致绝风尘。恐教明月书窗静，聊当君家伴读人。（二）雪压霜欺非一时，东风著意到南枝。只应春浅寒犹勒，不耐繁华别样姿（案：此似咏梅）。

廿一日(4月3日) 检校《诗存》草稿。

廿二日(4月4日) 篱角海棠花放。水灾之后，桃李都尽，因赋：（一）秾桃艳李尽成尘，园叟年来觉更贫。只剩淡红花一树，尚留幽媚慰诗人。（二）二十年前旧板桥，空余离思柳条条。朝来如睹春风面，惭愧衰翁鬓已凋。

廿三日(4月5日) 今皇上登极诏到县，开读，以明年为咸丰元年。

廿四日(4月6日) 扫墓，舟过杨庄郑岵瞻表兄故宅有感：清溪依旧屋欹斜，不见篱边杂种花。头白重来无可访，东风吹雨过天涯。

三月初四日(4月15日) 作：老屋沧江隈，绳床可息偃。孔孟书尚存，读之每忘饭。乐饥侣古贤，尘事喜渐远。努力守素常，慎勿耻卖畚。衣食在勤劬，此言出诚悃。贫者士之常，登枝莫忘本。狷者守有余，斯人吾所取。志大言大流，彼哉奚足数？譬诸跛牂软，而外蒙以虎。见草悦乃心，见狼栗厥股。何如谨守人，绳尺严步武。所以圣门贤，传道得之鲁。实际不求深，空言竟何补。

三月初七日(4月18日) 寄《昆山诗存稿》于郡友周尚文，兼致札于王韫斋丈，求其校字。

初十日(4月21日) 阅《伤寒论》。

一刻不慎独，此一刻便是违仁。所以工夫要严密，平时于天理上养得到，则语言动静，自然从容有礼，周旋不乱。　　读书易，有结束难。昏惰时肯提撕、警觉其人，亦便可取。　　长恶在于自恕，不是不顾是非义理，方唤做恶。起念处不纯是天理，便是恶了。　　凡事慎之于小,然后大处可立。应事有差,当求平日病根潜伏何处。以慢易之心处事,未有不倾败者。 读书不可生立名心,浩然之心生于自慊。意念一慎,则事事皆有根据。缄默可以养德,亦可以养气。凡事只宜自责,去情欲之偏,则理义之心油然自生。见得到,行不到,只是私心未净。犯而不校,其胸中浑然天理可知。 勉强事决不可为。虚以领受,则随在得益。几十年辛苦读书,尝为一事之失,遂致终身受玷,君子所以有临深履薄之惧也。可愧、可悔处,皆从妄心中出。 介然自守者,可以与之共学。出位之思,断不可有。

望日(4月26日) 录余《读伤寒论》。

廿一日(5月2日) 舟行见杨花,有感近事作:如尘如梦复如痴,撩乱春光不自持。薄命可怜无主惜,浮踪到处使人疑。定因雨后因风后,未见开时见落时。化作浮萍犹有蒂,天涯此去竟何之(案:"浮萍"之"浮"疑误)。

四月初二日(5月13日) 写《安民实务书》跋、《日知录》之余跋,以研云丈索书,装入《集锦搜奇》册故也。

初三日(5月14日) 草《三义士传》(改范辰生甥作)。吾昆山为东吴下邑,而胜朝之季,抗忠殉节者不下千人。有经圣朝表扬列祀瞽宗者,有见诸士大夫之文字载于志乘者。至若穷村僻壤捐躯殉义,后嗣零替没没者多矣,可不悲哉!幸而流传于农夫野老之口,虽颠末不备,而事为有征,安得不亟录之?恐后此益无闻也。余于邵村得三人焉,作《三义士传》。

徐良志,居大澞塘,有勇力。明季盗贼,所在窃发,杀其人,掠其赀,甚者火焚其室,庐人不敢捕。一夕,良志闻其女兄子被杀,即手鸟枪,与老仆俱驾小舟追盗。至阳城湖滨,天已明。及之,击盗,杀数人。盗弃舟登岸,良志与仆亦弃舟登岸。火药尽,即以枪杆击之,仆持橹助击。至日午,盗俱受伤死,余遁去。因焚其舟,挈所劫资归。后大兵陷城,徐守城,死于难。今其裔犹存,家藏石鼎一。其重百钧,相传良志手举之,过其顶云。

孙某，业冶铜，丽泽门外人，与良志俱以好汉称，力尤胜良志。尝于郡买铜，铜不良。晨负以入郡易之，仍负以归。铜重数百斤，往返二百里，日尚未晡也。其勇而善走若此。大兵南下，孙守西门，战驷马桥下，杀数百人，以无援死。

邵百步，以善射得名，邵家村人，力逊于良志，而胆略过之。大兵至，邵守北门，城破，力护百姓出，己竟不去，死于难。其家得其尸，葬之邵村口。道光初，墓坏，骨犹未朽，其首大如五升斗云。里人云：当时好汉之称，孙第九，良志第十，邵第十三。不知当时共若干人，其人后皆何若，而今不可考已。噫！

题王研云先生(宝仁)《坐看云起图》：吏隐似居山，尘事日以屏。读书高斋中，修竹弄清影。有时抛书卧，曲肱还自枕。疏水何足忧，味道得隽永。

初五日(5月16日) 作《与六安州训研云先生札》，求题先六世祖像。

初六日(5月17日) 作牛羊下来久，柴门忽已闭。带月叩柴门，篱中犬迎吠。天寒树色短，地白人影细。小桥无行迹，静与此舍对。一尊但常满，百事秋豪系。造化悭此乐，何幸及我辈。醉酣卧短榻，清梦空尘累。鸡鸣桑树颠，日出飞鸟外(访吴彦钦、季松芸不值)。

初七日(5月18日) 草《昆山诗存》跋：根廿年前村居多暇，浏览先贤文集，因取诗之佳者杂钞之，聊以自娱耳。张子彦孙雅有著述之志，遂相约共辑，先后得诗以万计。后根读儒先书，见伊川先生言“诗非学者之急务”，因辍去，不复省录，而以稿归之彦孙。时彦孙迁居留晖里。根隐徐村，灌园自给，城市罕至。此事亦久不在念。彦孙两以书来，促根结集，谢未能也。彦孙遂手为排编，人系以传，以付手民。顾念根前者甄录微劳，列名同订，殊用为愧。道光己酉岁遭大无，《诗》刻至三十卷而止。彦孙亦老病，乃以《流寓》《补遗》两卷见托。念其郑重诿诿，因勉成之，今以问世。噫！古人尚已。其磊磊轩天地者，终不待是而传。即幸留数行，亦何当立言之数？又况综缉微劳,乃足多乎? 盖古人之流传不朽,必其人之精神自为呵护,而又各有命在也。彦孙之于是书,可为尽心焉耳矣。不敢掠美,用识缘起若此。道光庚戌四月,徐村老农潘道根识。

静里流光忽坐驰,繁华如梦费追思。荒园草绿飞蝴蝶,小槛帘垂缀网丝。剩有鬓霜添点点,更无幽艳折枝枝。牡丹芍药俱尘土,不分荼蘼独擅时。

十二日(5月23日) 草《升谷葛先生传》(见《文集》,未录)。

余在东禅寺,偶晤顾巷李君,年四十许,方静坐读《近思录》。与坐谈,沉静而和蔼。惜匆卒,未请其名字,当再访之。临行,直送余至总持法门,可念也。

题娄东王研云先生《坐看云起图》:峨峨山大肚,云气自吞吐。泄此肤寸微,遍作九州雨。亦有无心出岫闲,随风舒卷去复还。道人对此心与谈,跏趺坐看松篁间。世事白衣复苍狗,变幻于吾复何有? 灊霍之山古南岳,日落山光在窗牖。先生吏隐兼山居,官闲日事琴与书。偶然写作为云卷,心迹亦与孤云如。哦诗旧爱王摩诘,读书今为岚气入。茶香药熟许相从,便办枯筇与草笠。

十六日(5月27日) 附陶隐村舟入郭,至富香吏家,为宝山蒋剑人诊。访叶涵溪,晤其令弟雪来,坐谈半日。得常熟薛孝穆熙《依归集》,留涵溪所。出郭,附舟归。

廿九日(6月9日) 补邑志《孝友传》:葛李琦,字与常,号献斋,明赠太常卿锡璠元孙,郡增生。天性孝友。父松,郡廪生。吴升患心疾,医药罔效,琦乃中夜吁天,刲肉煎汤,饮父,父病寻愈。子修龄,字兆九,号松崖,官高阳典史,有惠政。尝佐其令保障官堤,免水灾,民咸德之。后令浦君湘者,同邑人,以孝行著。居官清素,两人最相得。后湘卒于官,贫无以敛,修龄为告同寅助丧,不足,典衣若干金。湘丧乃得归。修龄子峻道,字际天,号依竹,以登州府经历署莱阳县丞,借补黄山馆巡检。所至有廉谨声。乾隆甲午,逆匪王伦聚众滋扰,山东骚动。峻道奉檄剿捕,凡六昼夜,目不交睫。贼平,搜缉羽党附近数州县中。古寺荒村，山巅水涯，靡不亲至，卒不陷军民一人以邀功赏。生平清谨自守，常恨官卑，无惠爱及人。然宅心忠厚，居官处家，人咸信之。修葺家谱，外著母党源流录一卷，由母溯之五世祖母，详考无遗。张观察凤孙为之序，谓为仁人孝子之用心也。长子常旭，字孟旸，号升谷，邑增生。绩学好善，晚为程朱之学，自有传。次子常吉，字景陆，号六皆，诸生。性纯孝，两次割股疗母疾。兄弟友爱无间，惜早卒。人以葛氏为世有令德云。

忠节补传：葛用砺，字乾伯，庠名，錝运使纶曾孙、太常锡璠从子。素负豪气，游邑庠有声。乙酉大兵薄城下，家人劝其少避，砺曰："我身列黉序，且世受国恩，分当死，敢偷生以负义乎！"乃悉散家财，犒捍城者。城陷，不屈死。时七月六日也，年三十二。

哭应远亭：岑寂柴门绝履綦，隔旬一面竟长辞。病余皮骨生原苦，典到琴书事可知。客岁《蓼莪》余涕泪，他年风雨费寻思。抚床一恸无余泪，半世交情是尽期。

见其大则心泰，泰则无不足，无不足则富贵贫贱处之如一矣。

"居处恭，执事敬，与人忠"。此是彻上彻下语，圣人原无二语。

所欲不必沉溺，只意有所向，便是欲。

智数或能施于一朝，然有时而穷。至诚，与天地无息。

穷理只是寻个是处。事固不胜，穷理则一也。

学者常以"志士不忘在沟壑"为念。某观今人，因不能咬菜根，而至于违其心者众矣，可不戒哉！

惟王道能使万物各得其所，老安少怀，杀有实事。岂事空谈？

访勿庵卧病：冷交余此叟，独赏异时人。樗栎甘余分，芭蕉叹尔身。浮名原是累，早计莫如贫。归去徐村里，萧条榻有尘。

五月二十日(6月29日) 古君子村吴耕云太学好善乐施，因地方多病，贫者乏药赀，为之送药济之，真善举也。彼处数村，皆愚父子熟识，延诊者多，因亦送诊，以副其意。蘧伯玉耻独为君子，余独何人？记于此者，冀不没吴君之名，且以卜"为善必昌之报"云。

廿一日(6月30日) 昆邑尊王省山、新邑尊薛焕敦请施诊。三月五月十一日始,八月十一日止。预简来,至敦善堂医局,晤李椒堂。复至碧梧道院公局,晤漱汀陵余。

廿五日(7月4日) 饭后,同醇生至睦和庵张挂粥厂告示。向晚,巴城巡司李公(宝琛)及郡中沈云卿,城中胡粹如、陆漪塘、夏春霞俱至,传各图保正谕话。该厂分任十图,以廿七日开粜。

廿七日(7月6日) 睦和庵粥厂给放荒区廿一图等五图粥米,共计一千一百五十七碗,计米五石七斗八升五合。同事吴醇生、陆西溪、黄紫蘅(区图详载日记,今节去之。下同)。

廿八日(7月7日) 睦和庵粥厂给放宙区十七图等五图粥米,共计九百六十碗,该米四石七斗八升,未到各户,准其逐日补给。

六月初二日(7月10日) 给放六月初一日粥米,迁厂在西溪家。

初三日(7月11日) 给放粥米。饭后,往西溪家监粜。

十三日(7月21日) 在睦和庵给放荒、宙、翔等区贫户粥米,每口米二升、麦二升。郡中桃源教谕张咏仙、沈云卿诸公来,分巡厅李公汀香监放。夏春霞携杜陵余所托《火林负母图》求题。未刻,散讫料理,归家浴。

七月初七日(8月14日) 草《祭张君勿庵父》(见《文集》,不录)。

十五日(8月22日) 草《旌孝乡饮宾广斋杜先生像赞》(见《文集》,不录)。

廿六日(9月2日) 复张咏仙学训书(见《晚香书札》)。

八月初九日(9月14日) 附录六安州学太仓王宝仁《昆山诗存序》:吾太仓在明宏治间,割昆山之地,合常熟、嘉定所分而为州。故宋元名人之在州境者,半出昆山,而诗人尤多。顾仲瑛草堂诸友,如陆良贵、郭羲仲、盛季文、秦文仲、袁子英、殷强斋及卢氏伯仲,各擅风雅。《昆志》与《州志》,并载其人。先辈程迓亭大令辑《鳥吟集》,汪静匡宫庶本之，为《娄东诗派》，著录其诗。而此外之产于昆邑者，犹复不少。近日之以诗名家者，更接踵而起也。宋龚立道集唐宋人诗为《昆山杂咏》，明王秋堂益之。俞仲蔚搜采愈广，勒成二十八卷之多。至周木泾《玉山诗纂》，则诗以人次，与俞例别。今张君彦孙、潘君确潜，又用其例，以辑《昆山诗存》也。夫以其地之人，辑其地之人之诗，宜若易易。然非别集专行，则沉晦榛莽之中，艰于摭拾。收之既博，若非精于识别，则去取失当，不足以扬先喆而示后来。昔余与同人辑《琴人诗集》及《娄水文征》，所以兢兢从事，而不敢自信者也。今以两君之学识兼备，又不惮摭拾之勤，宜于斯事无憾，视龚、俞诸先辈而轶之矣。以之行诸，远近靡不服其意之笃、鉴之精。矧以余之所居壤接，又略识此中之难易者哉！两君俱未谋面，而潘君则诗文往还，习知其素蕴者也。刊未竟，而张君抱恙，潘君急谋成之。书来索序，尤见其克全友志云。

八月初十日(9月15日)　同西溪、紫蘅棹舟至太仓，访叶涵溪于水缺口，新居方在修理。晤其弟雪来，同涵溪游南园。复至茧园钱中丞别墅，涵溪所寓居也。承留点，送至西关，携《汉书》《尚书后案》，及所借《经义述闻》《经传释词》二书归。

十四日(9月19日)　卦变定例：卦始《乾》《坤》。《乾》《坤》之升降，即诸卦之升降。《乾》《坤》之旁通，即诸卦之旁通。《乾》初、三、五，《坤》二、四、上，譬诸北极不动，以其各正也。《乾》二之《坤》五，四之《坤》初，上之《坤》三。《坤》五之《乾》二，三之《乾》上。则如日月交食，必求定朔、定望。或失之先，或失之后，不可也。是故“二”与“五”通，“初”与“四”通，“三”与“上”通。又如合辰之建在子，而躔在丑，自然对待。二五先行，初、四、三、上从之，为上下应，否则不当位而失道。此过宫用中气之法也。

虞仲翔卦变：凡卦变，本卦不可易，则旁通于他卦。《大过》，过以相与。虞仲翔谓“初”与“五”应，“二”与“上”应，则交非其偶矣。《大过》二之《颐》、五成《咸》。《咸》之取女，非老夫取女子之象乎？仲翔又谓,《巽》以行权,《家人》三变受上,是变已正之爻为不正,无是理也。不知《家人》上之《解》,三成《恒》。《家人》曰“行有恒”,旁通之义也。

勿用 此“用”字,即用九、用六之“用”。《易》重卦变,故于第一爻发之,言初九至正,不可动也。

乾乾 《乾》二变成《离》,至三而《离》体具,《传》与《说卦》赞云:《离》为《乾卦》,《乾》成《离》,《离》仍有《乾》。是《乾》而又《乾》也。故曰“乾乾”。

直方大 直方大,可以西法线、面、体解之。凡数自一点始,以此一点引而长之成直线,则谓之边,四之成方。由平方而立方,由立方而诣乘方。愈乘愈大,句股割圜之祖也。

十六日(9月21日) 诗《无题》(似与友之作):(一)结交何幸托清流,廿载相看共白头。剡曲时寻真有兴,草堂未到得无尤。苔岑结契难为别,云树关心易感秋。共有平生“胞与”念,那堪心事未能酬。(二)人居雪北望香南,菊宴风流入麈谈。雅量醺人心已醉,词源倒峡手能探。三年袖底书犹在,两载床头泪欲含。共有牛腰书卷在,何时亲手为驱蟫。(三)偕隐常思骨肉团,独行踽踽为吟叹。秋砧断后风偏急,布被单时梦早寒。君有菊松娱晚境,我无琴酒博清欢。哦诗枨触常花感,不觉低徊手拍阑。(四)玄谈是处有人同,寥寂天涯引领中。剪烛西窗荒旧雨,披襟竹坞恋清风。梦魂杳渺常迷路,踪迹漂摇类断蓬。近学息交同栗里,只拼枯坐托墙东。(五)黄云遍野颂时清,拟筑茅堂扁耦耕。鹏击长风翻海水,萍浮大地痛遗氓。眼穿果腹嬉游世,想到中天击壤声。芹曝有忱阊阖远,终然扶杖望升平。(六)功名尘海共能抛,老作痴顽无口匏。睡境最贪萧寂画,野情终爱竹松交。难为朱草荠苨似,任执神龙蝘蜓嘲。从此望洋逢海若,也同杯水置堂坳。

九月六日(10月10日) 梅花墅主人张子渊丈以画《梅》见赠,并题长句帧端,捧读之下,感谢无既,赋此奉谢:(一)椒翁书画逐云烟,好句犹看集里传。不料高人偏有兴,寒香亲见墨痕鲜。(二)未嫌绢素色苍凉,隔岁相思愿已偿。仿佛江村曾见处,短篱兼水淡斜阳。(三)繁花乱插欲迎风,不尽含情点墨中。名姓无闻谁记忆,感君着意慰飘蓬。(四)传闻书屋似营丘,频岁花时拟泛舟。难得岁寒花在眼,老翁六十复何求。(五)疏疏冷艳破烟痕,自见丰标在小园。如此传神真绝世,相看倚杖淡忘言。

与汪石翁书(见《晚香书札》)。

初七日(10月11日)　入郭,访富香吏,为其令郎诊,借顾亭林《音学五书》归。接张柳人所寄焦里堂《易话》、《易广记》二书。

补录张子渊泉画《梅》题赠诗:东园岁岁梅花开,花开期君君不来。款门拟索梅花句,疏慵未到君家去。神交十载长相思,相思只有梅花知。梅花主人老卧病,支离欲与寒梅竞。君似坡仙能解医,方书寄我琼瑶贻。感君雅意共君语,欲以笔谈笔难举。束发论交五十年,邮筒充栋多瑶编。开编如握故人手,天际真人渺搔首(近检理亲故旧札,独未得君书)。空山契合吹芝兰,伊人相见难乎难。伊人品格最清绝,一树梅花倚冰雪。连朝郁暑炎如焚,我忆梅花还忆君。无数梅花开笔底,夫君家在云深里。写梅寄君君对梅,梅花为对东园栽。画逋既了诗债来,我将排闼来相催。晚香先生品学超隽,心仪已久,相去不卌里,顾未一谋面。每晤管,君索予画梅,皆迟迟未报。庚戌长夏,病初起,庭无客至,又褦襶不能出门。忽忆宿诺,援笔应之,并题一诗抒悃。木瓜之投,琼瑶将至。吾当以云光洗眼,伫读佳章也。三十六峰喜道人张泉并记于玉照园之碧云深处。

答喜道人:生平最爱林居趣,拟种梅花三十树。卌载蓬飘计不成,纵对春风无好句。槐榆林中有故人,酒边谈论殊嶙峋。为言东畽有梅墅,风廊月榭无纤尘。主人好诗兼好酒,酒入诗肠诗脱口。屋后栽成百树梅,一一横斜出窗牖。花时佳客来停船,主人置酒相流连。哦诗作画竟日夕,阶前玉树尤鲜妍。我闻此言眉色舞,安得樵青便摇舻。岁寒之交花共反,握手一笑忘宾主。惜哉相知十载余,但从客座闻兴居。缃囊检点故人札,懊恨从无尺一书。庚戌新秋凉雨歇,叩门却喜来佳客。放杖一揖出画帧,万萼千花见妙迹。新诗况复开胸襟,感子论交却以心。墨痕宛是东园树,一枝能压千花沉。月色烟光如可借,风光清杀小茅舍。沉吟读画复哦诗,如到君家听雨榭。

十六日(10月20日) 邻家旧植蜡梅,花时每折浸胆瓶,为案头之玩。旧岁水灾,树已化去,所浸胆瓶,亦已损坏。今日雨窗薄寒,坐南窗下,忽忆此花有作:参横月落梦中身,曾讶仙姿似曲尘。冷艳淡薰三月露,道装遍具十分春。也知宫样宜金屋,未许顽仙近玉真。从此回廊成寂寞,扣门惟剩缟衣人。

廿二日(10月26日) 题吴梅庵先生《借书图卷》:(一)钟谭灰烬后,正始说梅村。妙笔徐庾并,典型元白存。莼羹淡有味,羚角挂无痕。笺说丛残在,谁能细细论。(二)朱弦一朝绝,俚耳悦筝琶。月地云阶遍,倡条冶叶夸。何曾关讽喻,只是竞妍华。从此百川倒,颓波未有涯。(三)枚庵相继出,有意为东之。望古同遥集,深心相与规。但知前辈慕,宁顾后生嗤。三复丹铅处,文章实起衰。(四)牛平阅万卷,因有《借书图》。事往留鸿爪,人亡痛酒垆。文孙吾所畏,述祖手为摹。感叹留诗句,伤余研已枯。

题《春园弟蟹肥菊瘦图》:照幼读《棠棣》篇,泪尽"孔怀"句。题彼脊令鸟,急难畴能赴。衰门鲜兄弟,况又弱一个。从弟小十龄,五十亦衰暮。示我以小影,微意颇有寓。菊羡傲霜存,蟹切横行惧。即此亮直怀,披襟见情愫。自嗟乾荫失,余亦叹孤露。食贫赖母慈,岁月辛苦度。荏苒四十年,踯躅犹故步。共有平生心,那能一展布。黾勉守遗训,晚节颇自护。草草办先茔,亦复毕嫁娶。共拟迟暮年,得少优闲趣。如何时运乖,漏屋雨偏注。连岁遭大祲,死丧亦以屡。析薪荷无人,似为天所妒。我穷知俟命,守道必无仆。愿弟且自宽,乘除自回互。人自献先人,盛衰随所付。

廿九日(11月2日) 寄吴也樵:(一)暮云江树碧于烟,西望湖田一怅然。寥落今年无可诣,陈村虽过不维船。(二)丹铅书画杂然陈，想尔萧闲独立身。谁是常年居砚北，同侪漫说几才人。（三）漫窥千卷总模糊，容易宏通作大儒。近日偶寻《焦氏易》，又从比例反三隅。（四）追思驹隙一为叹，四十如君莫放宽。灯下写诗无别语，一先勤学二加餐。

十月初二日(11月5日) 草《赠张子渊先生序》(见《文集》，不录)。草《俞漱六先生五十寿序》(见《文集》，不录)。

十一日(11月14日) 改友赠人诗依韵：(一) 长想江村笠屐身，萧然风味异时人。功名计左偏宜隐，松菊园荒却称贫。曾为寻诗过野寺，可能学道叹迷津。客中寥寂承相访，况复新诗惠我频。(二) 自叹浮踪若转蓬，却欣空谷赏心同。人嗤性僻反云傲，天为诗工故与穷。物外看云携好友，墙头过酒唤邻翁。贫来亦有闲消遣，坐拥书城意自雄。

宋龚鼎臣《东原录》，元胡一桂《周易启蒙》，杨万里《易传》，明崔铣《读易余言》，明刘濂《易象解》四卷，朱谋玮《周易象通》八卷，吕怀《周易卦变图传》六卷，赵振芳《易原》二卷，徐在《汉易》二十卷，来集之《易图亲见》七十二篇、又《读易隅通卦义一得》，宋杨简《易传》二十卷，林栗《周易经传集解》，明蔡汝楠《说易记》，明张振渊《周易说统》十二卷，杨廷筠《玩易微言》，唐鹤征《周易象义》四卷，苏濬《易经生生篇》七卷，周满《周易象义》，倪元璐《儿易内仪》十五卷《外仪》十五卷，刘石闾《周易八卦解略》，宋郭雍《传家易说》，明黎遂球《周义爻物当名》六十四篇《总论》一篇《传例》一篇，王介山《易翼述信》十二卷，吴乔《他石录》(昆山人)，程易祚《周易通》，张绶佩《睡余易编》十卷，吴鼎《易堂问目》，郜重光《周易理解》六十四篇，孙中伯《读易揆方》，万年茂《周易图说正编》五卷《杂编》一卷，方绣《周易显微》四卷，王淑《易一说》十二卷，简仪亲王德绵《周易补注》十卷《易图解》一卷，查慎行《周易玩词集解》十卷，张问达《易经辨疑》，徐淑《周易参解》二十四卷，周渔《加年堂讲易》十一卷。

十八日(11月21日) 哭张淡娱：清白传家守研耕，一经犹见鲁诸生。箧中手迹偏珍重，为尔交情不世情(案：上“情”字疑有误)。

廿六日(11月29日) 再哭张淡娱：江城遥望草萧萧，木落天空静泬寥。北郭有人挥涕泪，南村无伴托渔樵。莫刍何日来悬剑，剪纸难成□续骚。肠断一篇《思旧赋》，山南重到更魂销。

十一月初六日(12月9日) 作《畴人家言叙》(见《文集》，不录)。

初七日(12月10日) 钞《经传释词》一卷起，廿九日毕。

廿六日(12月19日) 入郭，为王慕英诊。晤其兄荫槐(慕英，余季父。荫槐，余伯父。德森注)。

廿八日(12月21日) 为王慕英复诊。同朱冠山、王荫槐谈，承留酌。借《吴中水利全书》归。

廿九日(12月1日) 钞《经传释词》十卷毕。

十二月初一日(1851年1月2日) 入郭，为王慕英复诊。同朱定山、王荫槐、王与卿饭。

初二日(1月3日) 南门王氏伻来，复舟行入郭，为慕英复诊。

初四日(1月5日) 入郭，至东南月城湾，为王慕英秀才复诊，病不可为，辞之(后又复诊五次，至廿六日夜间去世)。

初五日(1月6日) 草《乡饮介宾干敷园墓志》，并《树立塘神祠额跋》(《墓志》见《文集》，不录)。

十八日(1月19日) 草《唐母张太君家传》(文繁不录)。

十九日(1月20日) 接汪石翁札，并寄《贞孝节烈文编》。

廿一日(1月22日) 入城，访张氏女甥，在案头见《列朝纪事本末》一书，是叶白泉先生批本，暇当为借读。《岁除诗》：小撷园蔬为祀先，中怀枨触一怦然。物情稔岁犹凶岁，老境增年实减年。过访衡门无旧友，伴残灯火有新编(近借得武进邹闰庵《本经疏证》一书读之)。送穷如愿徂闲供，且博深宵一晌眠。

草《娄东应远亭事略》(见《文集》，不录)。

咸丰元年辛亥(1851)[①]

元日(1851年2月1日) 与石翁:半为名驱半利驱,劳劳白尽数茎须。自知身世了无益,又笑声名同翳如。未识余生当有几,可能进步稍窥无。良朋久别还相忆,暂负频频一纸书。隔岁劳倦,感冒未起。

初三日(2月3日) 葛子京自城来贺岁,坐床头谈近况。

人日 始强起。何淡然秀才自城来贺节。酒间,言有陆桴亭先生《八阵图说》,许以借读。叶涵溪正在编辑《桴亭全集》,因借去,录出副本。

十一日(2月11日) 阅陆桴亭先生《八阵发明》八卷。

十二日(2月12日) 节钞《本经疏证》起。

廿一日(2月21日) 乌镇胡德升(书堂)来,商二小孙下苗种痘,留酌去。

三十日(2月30日) 写《本经疏证》第十二卷毕。

二月初一日(3月3日) 与张咏仙学博书((见《晚香书札》)。

初五日(3月7日) 依韵和鹿辀徐丈《六十述怀》四首:(一)高斋暇日每相过,酒后雄谈记已讹。老去彩毫头共秃,贫中绮岁墨同磨。飘零书剑知交少,跌荡文章感慨多。晚岁无成期学道,撑胸芒角渐能和。(二)欢场如梦散何频,检点浮生各怆神。北郭履穿偏遇雪,南村酒熟不逢春。鹓鸿得路翩翩逝,鸥鸟忘机故故亲。大有江南好山水,青鞋藤杖欠随身。(三)老知食力羡农尊,抱瓮萧闲掩华门。坛坫看君心已冷,亲交如我语能温。寓轩寥寞梅分植(丈元倡有"梅从冷处意相亲"句,今年小圃中恰移种一株,故云),祖泽摩挲石尚存(丈小庭中有司寇公湖石一,是憺园故物)。努力相期全晚节,清门振

---

① 原注:"先生时年六十有四。"

起有来孙。(四)蓼虫辛苦惯经尝,竿木随身总戏场。花鸟多情知我素,风云作态任人忙。且栽修竹延求仲,便爇清香读《老》《庄》。如此襟怀堪自寿,不妨佳日共衔觞。

初六日(3月8日) 三友亭观梅有感(见《隐求堂诗存》)。

过瞟城三榆堂设斋(此诗上一行记无歇,名戒恒,张立廉女,归戴氏,明亡为尼,创胜莲庵,诗似其作):箬笠蒙头著草鞋,偶然行脚练塘涯。休题带水沾泥话,剩有行尸走肉骸。家国恩仇愁已歇,儿孙生死愿常乖。吾宗居士还留念,消受清厨一顿斋。

十七日(3月19日) 钞《本草经疏略》毕。

二十日(3月22日) 灯下录亡友张勿庵诗,欲谋付刊,未知能如愿否? 为之三叹。

廿二日(3月24日) 写勿庵诗毕。

廿五日(3月25日) 和瞟城张更翁《却荐举诗》四首。承示《却荐举诗》四章,深情高致,并集毫端。捧读再三,不胜钦仰。谨步原韵录呈,伏赐郢政:(一)数行心事见平生,恨缔苔芩未合并(根与先生神交有年,俱未一面,每以为怅)。栖岫云看行雨卷,在山泉喜濯缨清。天衢有客龙骧骤,空谷何人鹤梦惊。闲却经纶一双手,且携蓑笠事躬耕。(二)立身何恤俗情嗤,炳烛还嫌老学迟。饥溺胸怀难愸置,人风凋敝要维持。君真磊落古贤似,我愧迂疏国士知。受宠若惊遗诫在,真能不忘"德隅"诗。(三)东园乐事有琴樽,一谢荣名笠屐存。病入春和知药力,诏传宽大感君恩。花时只有僧邀社,税足从无吏打门。天与清高还与健,世人谁识布衣尊。(四)闲中岁月去骎骎,尘梦醒来别有今。近见高人辞荐牍,古闻知己识鸣琴。闭户已抗千秋节,誓墓谁传一片心。除却梅花堪作伴,只应山水有清音。

有忆(见《隐求堂诗存》)。

改吴修龄《无题》诗:(一)不施朱粉也妍华,碧玉年时正破瓜。花为雨多低槛入,柳因烟重隔墙遮。五铢衣卸闻芗泽,六曲屏开露鬓鸦。一自东堂相见后,不将画里向人夸。(二)纸窗棐几墨床横,容膝还兼心太平。开卷圣贤相晤对，啜茶清苦见平生。凌晨好鸟千回啭，向晚斜阳一晌明。最是老人心快处，孙儿琅琅读书声。

三月初八日(4月9日)　接娄东叶涵溪札，约观桃。

十一日(4月12日)　借涵溪《经义述闻》，留经年矣。因冗未及细读，将携返焉。坐南窗下，录《仪礼经》数条。俄而厚斋来招，同富香吏、陆西溪、黄紫蘅同集其斋，谈竟日。夜饭归。

十二日(4月13日)　约同黄紫蘅往娄东。夙兴风大作，却顺遂。由清水港出大塘，至太仓入城。同紫蘅访涵溪，谈近况，并出《陆桴亭先生诗文集》见示，系徐秋士丈手校者。承留饭，甚设。饭后，同步城南，过弇州先生祠昙阳观。至梅村，谒梅村先生祠，访烈尼周凤墓。一路桃李盛开，谈及故明胡虚谷先生故后为神昆山事。承赠点，送至河头而别。借《方言》《逸周书》《学蔀通辨》《陆清献日记》归。

录涵溪《题陆西溪照》：溶溶汉浦塘，历历徐村树。中有素心人(谓确潜潘先生)，扁舟自来去。握手登君堂，鸡黍咄嗟具。对酒话桑麻，力耕办租赋。读书教子孙，富贵非所慕。门前钓艇横，屋后平畴护。日夕呼牛羊，溪深狎鸥鹭。野趣足田园，高怀托缣素。逝将把犁锄，耻为章句误。会当风日佳，重访桃源路。

十七日(4月18日)　接张咏仙学博复书。确潜尊兄先生有道阁下：奉到损书，籍承道履安善，为慰为颂。惟过承宠饰，非所敢当，徒令汗愧。摊荒一节，昆新现在漕务岌岌一至此，屡为大吏言。究因灾重，民力实不能给，然亦惟有束手浩叹耳。弟或入都，当与谏垣诸君言之。然如何办理之处，需有妥善章程，尚望有以示之。许示大制，及钞《勿庵遗稿》见惠，幸甚幸甚。弟学无根柢，近十年来为事驱役，弥形荒落，未知此后尚有杜户读书日否？阁下韬光匿采，闇修日积，固不恃文章为事，而研精究及，自然流露，不必《太玄》出而知子云之千秋也，翘企何似？《诗存》刊赀，已交范利宾处，尚有睦和收埋一事未审，已为购地□。尚祈拨冗，早了此愿，甚幸。拙稿昨岁侄辈漫刊二百册，冗中尚未检点，已深悔之，尚俟汰存。春深向暖，能命扁舟？略扫敝庐以待。草此布复。顺候馔安不具。弟张肇辰顿首。附缴大谦，惶恐惶恐。

十八日(4月19日)　接吴广斋秀才札，言今岁郡中顾湘舟丈延伊选《吴郡诗录》，因向余索前所录昆山人诗，携所刻《诗存》之半借之，复许以钞录寄往。

入城，至文会局，晤吴漱汀，商于福济道院，改建亭林先生祠，并于后堂供乡先贤木主，并及先贤坟墓保护事。

瞟城张子渊丈，都人士欲荐应孝廉方正。子渊坚辞，有诗四首纪事，余为和之，有“誓墓谁知一片心”之句，乃昆邑尊沁州松坪王先生省山，与根从未有文字之雅，谬采乡评，亦欲以根应诏。商之邑人士，承漱汀以余赤贫，难为其费辞。心甚感激，因记之。

立心不欲负累人，尚恐一不周到，致有负累人处。若自以为我已穷了，只好拖累他人，方好过去。噫！如此存心，其行事，岂可问哉？然亦何救于命之穷耶？适自成其若人而已矣。故君子当时时节省，不可使一毫负累人，方为有守。

同黄紫蘅访娄东叶涵溪，同游城南四绝：(一)入春不雨定风沙，落尽桃花剩李花。寥寂韶光谁管领，城南风色酒人家。(二)长春桥下绿波平，柳踠柔条似送迎。指点诗人旧时宅，版扉约略不分明(指诗人施颠颠)。(三)平潭钓渚水迷离，诗老梅村尚有基。人代渐遥诗卷在，斜阳蔓草吊荒祠(访梅村先生词)[①]。(四)一坏[②]黄土瘗深龛，说是当年香象庵。剩有断碑遗址在，孤松修竹影毵毵。

廿九日(4月30日)　写《性理字训》。

四月初二日(5月2日)　写《小学》《诗》《礼》，付朱洪达。孙婿敦善堂船来，同张敬岩、李兰楣往大牛、肠泾诸处收埋，计收骨二十余具。

---

① 当为“祠”。

② 当为“抔”。

十五日(5月15日) 入城，访唐少桐，谈。以韩学师有荐举之说，嘱爚斋为余致意，坚辞之。访徐洪生，借果亭先生《宋儒学案》九卷，承留点。洪生家清素，而为人恂恂，有侍奉庭闱之乐，甚羡之。

廿一日(5月21日) 与张柳人、唐爚斋二公书(见《晚香书札》。案：书后有跋云“此书不载自订稿中”，足见先生不欲以却荐沽名也。录之，不没其实。森又记)。

述怀呈诸公(见《隐求堂诗存》)。

廿五日(5月25日) 吴郡顾湘舟沅选《吴郡诗录》。友人吴广斋佐其钞写。余为写昆山人明朝一册，凡四五日而毕。是日，雨窗，写竟日。闻湘舟于八月故，此事遂废矣，惜哉！

五月初四日(6月3日) 入城，访唐少桐爚斋，言所致辞荐之札，已致韩学师。而昆邑尊松坪王先生有“当官而行，吾知荐贤而已”之语，促两学俱牒，而徐椿舲、王徵瀫两秀才又殷殷推举，殊败人意。虽少桐昆仲代为力辞，恐不能止也。

初六日(6月5日) 读晦庵先生题跋。罗文熚，号梅亭，其父振玉，充新阳民壮。余儿时识之。梅亭充柳园庄庄书，兼充荒区二十一图保正。茅厍村有庵，水灾破坏。梅亭收庸租，除纳税外，为之修理，不私一文，可敬也。记之。

初九日(6月8日) 写释慧帆诗，往年寓仰苏楼所得诗也。又写郡先辈郑桐庵《云游诗》，系门人徐枋手录。又写周同谷《霜猿集》诗二十首，杜陵余副贡录，似叶白泉赠杜弢武诗(案：“似”字疑有误)。

初十日(6月9日) 录张子渊来札：前接瑶椷，久未奉报。老病疏慵，定邀垂谅。比审道祺康吉，著作益多，曷胜羡颂。弟自揣凉薄，不堪自信，何敢求信于人？乃蒙大君子殷殷奖掖，锡以大文，申以佳什，有加无已之词，真有不啻若自其口出者。何福何德，足以当之？拙作继声者已逾四十贤人之数，序跋亦几及十人。夫惟大雅卓尔不群，无出尊著右者。每一披读，辄以“不见我叔度”为憾耳。尊论风痺之症，原原本本，晰经分肌，洵乎儒者，无所不知，出其一技，已足惠济无穷。所憾盈盈衣带,不获搴裳相就。幸倚岩兄素闻绪论,所定方药,皆在范围不过之中。阁下则如古名将,拨乱反正,而谋不必自我出,功不必自我成。旂常钟鼎,则不得不先屈一指也。迩来眠食,托芘稍安。足胫麻痺沉重,依然不减。或谓黄梅时节天气潮湿使然,理或然欤? 先君《东园诗钞》一本、先岳方陡冈先生《耕心堂诗存》一本、《题画草》一本,附呈钧鉴。草肃布谢,顺颂节祺。诸惟朗察不具。教弟张泉顿首。

十五日(6月14日)　娄东王醉山令弟来,言今岁株守家园,无以为计。会余亦急,遽小赠之,留点去。

十八日(6月17日)　寄札于吴广斋,乞载六世祖及先高祖诗入《吴郡诗录》中。

二十日(6月19日)　周庄郭晓山先生,不详其名,隐于医,而好施贫,见有匮乏者,典揭以赴之。朔望买鱼鳖放生,寒月为衣以施贫者。先生卒,其门下士某能继其志,其于医亦不责人酬。昨于客座中闻其事,因记于此。异时遇周庄人,当细询之(余于光绪十六年馆陈墓时,得书数种,上皆有"晓山鉴藏"印。陈墓毗连周庄,盖郭氏物也。德森注)。

廿三日(6月22日)　"七十而从心,所欲不逾矩"。道根断"从心"为句,用以破儒者心学之弊。盖夫子之学,博文约礼而已。志于学,即非礼勿视、听、言、动是也。"三十而立",即如有所立,卓尔能立于礼也。"四十而不惑",行之而无所疑,知其所当然也。"五十而知天命",施之而无不当,知其所以然也。"六十而耳顺",声入心通言耳,包目、口、手、足,五官之用俱在内。至七十,则终身范围于礼之中,心与之习,无有出入于其间焉。圣人于此,非谓至是可以舍夫礼也。谓此心之纯粹,以精所欲,皆不逾矩。如是而从心,乃所谓"声为律而身为度"也。迹夫子一生,终身由礼,可知后儒未能立礼,即曰"从心"。吾见其为狂禅而已矣。

廿四日(6月23日)　接娄东叶涵溪札:晚翁仁丈我师:暮春杠

过敝庐，简慢过甚。台驾又匆匆返棹，为不怿者累日。续奉存恤之赠，即行致去仙洲，嘱笔鸣谢。石翁远在郡中，岂能波及远乡，前恳代求？亦有激使然耳。前两月晤潄翁，稔吾丈力辞制科之举，可否中止？敝邑绅士，谬采虚声，滥及贱名，辞之不获。具呈之后，裕作禀投县，坚辞，又谒邑尊面辞，皆未蒙应许。势必具详各大宪，幸藩司必有驳正、索费等情。裕只一文不使，事可中寝。此乃不辞之辞也。无论"孝廉方正"四字，万不敢当。君子闇然潜修，当无此谀闻动众之事。甚悔，平日不能鞭辟近里，深自韬晦。学问无成，实皆坐此。吾丈于此四字，实无愧色。然于君子优勤惕厉、寡过未能之心，当亦不乐有此举措也。课读之余，作何功夫？裕埋没于烂时文中，不能展动分毫，恨甚恨甚。便中时惠德音，慰我饥渴。敬请起居不宣。愚侄叶裕仁顿首。

体立然后用行，用行更难于体立。趋向不正，如何读书？本心不纯，发用必偏。先儒谓格物之外，无致知工夫。此言有味。盖舍格物而言致知，惟有良知耳。良知不可恃，惟有主静耳，然主静亦不可恃也。保养于未发，省察于几微，力行终之。救穷无奇策，惟上不怨天，下不尤人，是救穷良方。敬则无己可克，是预先做了闲邪工夫。果斋言："读书如销铜……作文如铸器。"人心若仁，则万物皆在。吾生育之中，人做得切己工夫，自无许多闲思虑。人之心，皆理所为也。舍了此理，如何做得人？如何处得事？志不可一日坠，心不可一时放。有一分利欲，便蔽一分天理。利欲长一分，大本便亏一分。

胡节妇事略：节妇胡氏，新阳天区三图胡大观女，生于乾隆廿七年某月某日，年十九岁嫁同里邱三星为妻，生三子某某。乾隆五十三年正月初六日，夫故，氏年二十七岁。上侍舅寿观。纺绩苦度，舅卒，为具殡葬。为子娶妇，白瓯自保，邻里无间言。氏于道光二十三年四月某日故，年八十一，计守节六十二年。具报，属邱永祥（即氏嫡孙），里汪云邻、吴省山，亲胡锦芳，族邱大观。

潘子晋先生遗像记：有明一代，养士之典，至优且厚。及乎国变，中朝仕宦殉节者多人。虽岩穴一介,亦激于忠义之气,与国俱亡。昆特东南小县耳,而累累著在史乘。其湮没无闻者,更不知有几。有谓躬登贵显,禄厚恩深,固应尔尔。若夫青矜之子,名不出于黉校,籍未隶乎庙廊,即令隐忍苟安,终老牖下,亦谁以大义相绳?乌乎!此其说固无足论,然非有真纯之性、深沉之识、果决不回之概,而以一诸生慷慨就义,难矣。潘子晋先生,居昆之妙花泾,有声庠序,兼工于诗。甲申闻变,恸欲自尽,母止之。乃披发佯狂,行歌四野。越岁遭丧,既殓毕,遂焚其生平著作,阖户自经以死,可谓烈矣。尝闻其《题竹》诗,有云"虚心直节影亭亭,带雪摇风立晚汀",亦有"孤臣千点泪夜深,风雨泣冬青",其素所树立可想知。惜乎其人其节,仅仅传之邑乘,而不得上之朝廷也。确潜为先生六世孙,邃于理学,善集乡邦文献,尤切诵芬扬骏之思,图其先人遗像,乞题友人。书来及余。余笔荼弱,奚足以効阐扬?然读其传,想见其为人,安得不以一言抒钦仰之意?因思当日同时以殉者,其姓名事迹,或传或否。而确潜于二百余年之后,为先人力事表彰,信乎"盛德之尤藉贤子孙"也。先生讳康侯,子晋其字。有子碧,字炜玉,痛父殉国,晦迹村僻,布素终身。生子选后,即夫妇异室。所为诗多幽愤悲感之作,视名父为无愧焉。敬仰先生者,当并及之。道光庚戌仲秋,太仓后学王宝仁谨撰于六安学舍之十二竹斋。

六月初三日(7月1日) 向晚微雷作阵,忽西南至北,红光从地起,彻天上,有烟焰,宛似焚烧房屋之象。特延蔓半天,渐望东来,为可畏耳。俄黑风作,雨从东来,红光始收。或曰"火龙",与"水龙"战,或曰"火祥",未知果何征也(古读祥如"羊",今俗云"火祥",音亦如"羊",盖古韵也)。

重哭应远亭:垂老浮名悮鬼才,修文九死有余哀。问天是泪都凝碧,斫地何心付劫灰。身后友朋伤寂寞,衰时文笔付沉埋。城东一水依然绿,携酒奚从问字来。

六月十一日(7月9日) 阅《吴中水利全书》。

孙征君曰："骨肉之间，多存一分浑厚，便多留一分天性，是非正不必太明。"又曰："处人之道，心厚而气和，不独待君子，即待小人亦然。"

十二日(7月10日) 送还王荫槐《吴中水利书》(荫槐公讳逢源，为森伯父。录之以见吾家曾有此书也。森记)。

廿二日(7月20日) 草《复顾子云孝廉言义仓事》(见《晚香书札》)。

乡先生崇祯已卯副贡孟博徐先生讳开宏，长君茂才存赤讳履恂，与弟履恪、履慥，以乙酉城守，父子兄弟同时殉节。邑志、家乘既详载其事，裔孙凤翼复画公及存赤遗像，系以小传，将求海内名人赐题咏焉。以根同里，有世契，远承寄示，命为糠粃之导。辞之不获，敬系以赞，盖不胜仰止之思云：常山之发，侍中之血。日月韬光，山河改色。忠不负君，孝不遗亲。国亡史灭，大义终伸。明之季世，皇纲解纽。扶危持倾，颠覆奔走。昆维岩邑，乃亦称兵。匪力克争，众志成城。猗欤伟哉，先生父子。但知杜户，抗节而死。神器有归，守死有箴。难回者天，不易者心。不辨风云，乌知天地。吾死吾安，吾完吾事。生而为英，殁而为灵。至今浩气，郁为风霆。干将莫邪，或寄良冶。出世则神，入土不化。堂堂姓氏，照耀简编。大常斯系，三纲以全。粤有文孙，述祖扬骏。绘像勒铭，綦严綦慎。敬瞻遗范，飒爽须眉。再拜题赞，为臣子规。

初四日(7月31日)[①] 阅葛铁生(其仁)《味经斋文集》。作《与季菘芸札》，言姚春木先生撰《国朝儒林学案》事。与叶涵溪札(见《晚香书札》)。

十二日(8月8日) 赠罗生：何人饮水辨渑淄，不道孤高却笑痴。身肯安贫先有品，境能知足断无危。齑盐俛就监门贱，菽水欢承将母私。醉后高歌聊自慰，只应心迹我能知。

---

① 初四日：当为"七月初四日"。

有感而书:天下无不死之人,死亦不必定有日子,岂可不预为撙节限制,以防死之一日哉?若任心适意,惟愎自用,以一己为是,而以天下人为非。顺我者则喜之,逆我者则恶之。爱之则欲其加诸膝,恶之惟恐其不队于渊。如此,则未有不阽于危亡者。陶靖节有云:"仲父进诚言,姜公乃见猜。临没告饥渴,当复何及哉?"败国亡家,千古一辙。痛哉,痛哉!

我前年积二十余千,为佣人溺死用尽。上年再积十余千,又为瑞侄亡用尽。有意预防,天尚败之,况其他乎?

祸福无不自己求之者,如何却怨天尤人?以口腹之故求全责备?此念先自差了。我之财,固可惜。他人之财,尤当代为之惜。若妄用他人之财,以恣我一日之快意,求之忠恕之道,岂应如此?我,他时即死而无棺椁,宁弃沟壑而不恨也。儿子识之!从来畏高明者,未有不虐茕独。又如此之人,未有不喜人阿谀而拒人正言者也。卒之,茕独之怨未消,而高明之援已绝。前此之阿谀之者,且转而深讥之矣。其正言以导之者,始则拒之而远之者,终且以为异己而不之服。虽至死亡,卒亦不悟,悲夫!

涵溪复札:前奉教函,以辞谢为高,亦属巧于取名,慎勿存此想。此言深合鄙衷。又接尊谕,惠训谆谆。非知我爱我,岂肯如此恳至?何感如之!睫下抚军批,有"饬县核实,申详备卷,送部以俟朝试"等语,藩司书吏向里中相识关说戚友,或劝或止,总不出"名利"两字圈子,特笑而颔之。裕只守初念而已。《考道录》一卷,已致崧老,但春木先生高年晚境,颇恶其《学案》之役,只属吴江沈君南道为之,未知能溃于成否?《移居诗》二首呈政。《弇南老圃诗》,望慨赋为幸。七月十日,裕仁顿首。

涵溪《移居》诗:稍稍远市尘,得此半晦宅。浊酒请比邻,犹及中秋夕。弱女携筐笼,稚子执劳役。纵横散书帙,转昃布床席。少憩南窗荣,眷焉念畴昔。零落小山花(时茧园木樨盛开),何以慰离析。徐村有老农,索我《移居诗》。老农与老圃,臭味实同之。才力自不逮,世荣遑复思。蓬蒿满三径，剪薙良及时。种竹幸已活，成林待来兹。托业贵循分，高语徒自欺。弇南老圃裕仁初稿。

和涵溪《移居》，和陶之作（见《隐求堂诗存》）。

为叶涵溪作《弇南老圃诗》四首：（一）幽僻如村墅，真成老圃居。牵萝心已倦，抱瓮计宁疏。竹色连书幌，花姿明夕墟。晚年夸致富，种植得奇书。（二）植杖成吾事，扃门谢俗喧。春秋供采掇，把菊具盘飧。人苦夏畦病，吾知食力尊。弇南与汉渚，心事好同论。（三）老觉世缘淡，闲知逸兴长。提壶随野眺，开卷纳窗光。引蔓除瓜架，分畦莳菜秧。秋园门径好，草木有真香。（四）与尔同寥落，幽居岂厌寻。就园开小径，依树听鸣禽。荷畚宁辞相，挥锄莫问金。看君归计决，种竹早成林。

七月十六日(8 月 12 日) 邵抑斋杖今年七十，夫妇齐眉，子妇亦循循修门内之职。庭宇寂静，小有花卉。抑翁暇则读书，谈吐之间，无非欲人为善。有道之士，固是不同。同巷之人，已判天渊之别矣。嗟夫！

八月初二日(8 月 28 日) 自昨夜半，起大风潮，向午尤甚。篱墙尽仆，水骤长二尺，至申刻始息。城中屋坏，有压毙人者。

太仓王研云先生（宝仁）和诗：确潜先生坚辞孝廉方正之举，有诗呈之，当时传诵一时。余亦得见其稿矣，次韵奉赠，即候斧裁：至行固云难，盛名亦宜惜。之子我神交，素未共游屐。曰诵圣贤书，研心蕲实获。家近玉山居，策谢金门射。前人未析疑，茧丝恣抽绎。道明词自宏，守笃善弥积。穷居温饱资，辄为桑梓掷。朝廷下明诏，硕士奋鸿翮。邑宰暨儒官，应举为逢适。君顾怫然辞，返躬还自责。为献诗一篇，聊以表心迹。非欲矫末流，亦岂坐他癖。知君抱道怀，方事探幽赜。留此一乡型，于国亦有益。

廿四日(9 月 19 日) 能于天地阙陷处致力，才是仁。忮病最深，其根仍自求来。“无求于人则品贵，有济于物则行高”二语，并做尤难。盖有济于物，或不能无求于人也。

"南望家园，有怀谁诉；东瞻丘墓，无涕可挥"。挽从弟春园之联。

廿五日(9月20日) 作：天道有盈虚，人岂常得意？緊余早孤露，白首尚旅寄。中间岁月长，草草失交臂。妻亡已卅年，弟逝亦两纪。平生心血衰，为洒骨肉泪。前岁岁大无，无妄灾洊至。囊空甑亦倒，饥容益憔悴。甫能出此险，家祸日以炽。从子春告殂，孤寡遗三四。不仅庚癸呼，置足尚无地。黾勉为僦居，兼办衣与食。为尽一寸心，敢云我高义。料理未及周，从弟世遽弃。闻讣心为忉，奔驰至丧次。空囊无一钱，安希赙与襚。典衣为具棺，贫薄滋自愧。吁嗟势利交，死生分轩轾。古道有张、吴，高情曷可儗(谓张香畦、吴耕云两太学)？闻讣仓黄来，钱粟遣使馈。赖之具殡敛，此情世世记。伤心负荷难，后起无贤嗣。前人有遗物，弃掷如敝屣。思彼后一时，心岂不惴惴。念我家素寒，祖父悉有志。虽居布衣穷，每为君之器。如何不向上，而乃甘居次？吾老活几时，此心无可譬。安得忘忧枕，萧然掩关睡。

毅豹蕲生汝苦促，祝宗祈死我嫌迟(似亦挽春园之联)。

姚春木《题潘子晋先生遗像后》：尝读史至武王伐纣，观兵孟津，不期而会者，盖八百诸侯。而伯夷、叔齐两匹夫，独叩马谏阻，且直斥之，宜乎？后人之论，以为若而人者，特立独行，穷天地，亘古今，而不顾者也。有明末造，非有商辛刳剔之虐，特以天命既讫，率土分崩。而一二遗臣故老，独深故君旧国之思，岂不痛哉！鹿城潘子晋先生，一布衣诸生耳。其势位非如孤竹君之子也，徒以祖父三百年来践土食毛，身在胶庠，侧闻道义，有概于中，而决不肯为不忠不孝之臣子。视夫有地方城社之责，不可不死，而死者立志尤卓矣。其清风亮节，足以惊世励俗，视夷、叔固未易以同日语。而一念之烈，行而不顾，历三十年如一日，岂非韩子所谓"千百人乃一人"者欤？尝读先生《题竹》之作，哀思苦节，缭绕行间。即留此二十八字于天地间，亦足以惊风雨而泣鬼神矣。视西山薇蕨之歌，又何异焉，又何异焉？娄后学姚椿拜题，时年八十有四。

闰八月初三日(9月27日) 作：卜得城隅最僻幽，梅花修竹似沧洲。门前月静山俱睡，静听书声出竹楼。工夫必到得十分，方可言命在己。有未尽，便是妄想。人须自立，不可轻受人恩。“勤俭”二字，不独治家宜然，立身处世，在在有益。

初五日(9月29日) 题朱文卿上舍《秋水寄怀图》(见《隐求堂诗存》)。

题吴紫莼诗稿后：(一)几身修得苦吟身，玉骨翛然迥出尘。富贵神仙两无着，清才天遣作诗人。(二)眼中有子继谟觞，醉后怀人醒未忘。十载江村流寓稳，画图应写小潇湘。(三)马鞍山色郁青螺，师网泾头泛绿波。北望停云每回首，烟村衰柳夕阳多。(四)人生难得是萧闲，绝胜摊书昼掩关。秋意渐归残暑退，知君每把近诗删。

初八日(10月2日) 谨言乃为学第一工夫，言不谨而能存心者鲜矣。戏谑甚，则气荡，而心亦为所移。不戏谑，亦存心养性之一端。言而阙疑，立诚之道也。

初九日(10月3日) 为南翔袁小园(铎)题《南垓草堂图》：南垓有芳兰，采采忘日暮。幽香袭襟袖，泫露湿衣屦。眷恋我庭闱，嗟身在羁寓。游盘则岂敢，温凊得无误。夕膳与晨飡，怅兹岁月度。有獭在河涘，鲂鲤亦能捕。睇彼林间乌，嗷嗷犹反哺。束装赋遄归，良为爱日惧。旧读《补亡诗》，沉吟每回顾。天伦实至乐，珍膳力可具。敬厚养斯隆，亲心欢若素。兹披循《陔图》，孝思自流露。陔草何油油，斯言善讽谕。胡独彼灵芝，乃使慈颜驻。即兹《南陔》兰，春晖永布护。君看老莱子，七十犹婴孺。

鹿城书感(录沁洲王省山诗稿)：丙年遭水患，到处听哀鸿。十室九逃亡，墟里少人纵。去年秋禾好，可望岁时丰。岂知风雨败，转瞬成灾凶。况兼疫疠作，死者为沙虫。有田无人耕，满地生蒿蓬。江南财赋地，军储有正供。峨峨粮艘来，连樯泊城东。运丁肆诛求，谁敢撄其锋。将军下严令，催输何匆匆。开行逾例限，获谴在我躬。哀哉民力竭，搜括四壁空。夺彼釜中糜，饥肠何由充。势将填沟壑，哭声干苍穹。我来莅孱邑，三度见玉峰。催科与抚字，所愧两无功。那禁千结肠，重教百忧攻。不才甘废黜，吾道原固穷(咸丰辛亥三月作，时王为昆邑令)。

廿八日(10月22日) 寄札郡中，与汪石翁言女养济院事，并校正《儒门慎言录》讹字。

题管倚岩《授经图》：人生堕地作男子，要学圣贤明道理。山下出泉可放海，蒙养必端古有以。大经地义丁复宁，曾氏所传惟《孝经》。始于事亲终立身，儿曹读之须敬听。朱子所编曰《小学》，稽古敦伦觉后觉。洒扫应对谨且悫，儿曹履之志必卓。《学而》开卷时习宜，古贤不愠人不知。入孝出弟敬而信，亲仁爱众余文词。《孟氏》岩岩词畅达，崇正辟邪七篇括。富贵贫贱不淫移，儿曹读之胸襟豁。由斯循序六艺通，一言一行返诸躬。《诗》导性情《书》政理，《易》参造化明始终。玉经琱琢方成器，人不学时乌识义。读书容易立身难，此语儿曹好好记。雪葭泾水清且涟，中有书堂罗简编。我友有儿玉雪妍，传家十叶惟青毡。抱书上学事佔毕，子其勉训时弗失。大之可入圣贤室，次亦春花蕲秋实。东溟先生著述留，子今绳绳为孙谋。六经四子为箕裘，肤寸云可弥九州。

书示辰甥见《晚香书札》。

简倚岩：(一) 西风江上又重阳，对酒怀人天一方。揽镜自嗟衰鬓白，衔卮永负菊花黄(先慈以九日弃世，终身无登高之作)。霜凄雁语悲空馆，水落渔梁剩钓航。多谢故交频问讯，深情如许几时偿。(二) 斜阳衰柳映柴门，神往东头河鼓村。岸抱槐榆知有径，庭留松菊敞开轩。主人爱客应如旧，稚子摊书静不喧。何日与君同放棹，清谈竟日共琴尊。

九月初四日(10月27日) 入城，至同升坊书肆，得抱经堂校《白虎通》二本。又邑前辈王素岩先生《懿言日录》。余前有是书，为石心先生携去，欲再读不能得。《家韵樵节录》一卷又非其至者，忽见是书，得之仅钱七十文。灯下阅之，如见故人矣。

初四日(10月27日) 晤里泾周九经，得知王烈妇之夫名敦，又号满德。烈女幼抚舅母张姓，从张姓，出嫁，人称张氏。其母家嫡姓不能详也。自经之年为廿一年十月廿九日，年二十五。住居名东南村，与厍车圩相隔一水。

初六日(10月29日) 草《与韩介孙学师书》(见《晚香书札》)。

脱除俗见，方能勉强为善。凡事退一步，多少受用。尽分，正未易言，必处事纤毫无遗憾，方可委之于命。不能刷除旧习，徒以道理话说，思之可耻。有求于人，便失良贵。毁誉动心，便是信道未笃。只应自食其力，舍此而有求于人，皆妄也。宽则人与己各得：地宽则不挤，时宽则不忙，心宽则不乱。宽之时义大矣哉！从本原上用功，才救得气质之遍。任事者以不妄言为主，道理岂有尽境？存一毫自是，便非虚受之量、救荒之术，始终以平粜为主，而参之以捐给。若以捐给先之，则人多财少，而终不得施矣。"诚实"二字，通天彻地，万事根本，全在于兹。利者，人之所以生也。圣人许多设施，无非求利于民。圣人亦何尝不言利？但所谓利者，自有宽平正大之路使人由之，终身向用不尽，是真利也。今人舍之不由，别寻蹊径。凡世俗所云"求利"，无非求害而已。

初九日(11月1日) 饭后，挈长孙注苍、孙婿朱洪达入城。登马鞍山，憩旷如奥如之亭，晤周关洲、何芝房、张调伯谈。注苍、洪达相率登百里楼，试茶观。八月初二日，大风，吹堕塔顶。

十四日(11月6日) 入城，至集街，过书有堂书林，见新出《慎斋遗书》，翻阅一过。得《元诗选》不足本。

苏松减赋后议(见《晚香书札》)。

秋花(见《隐求堂诗存》)。

东城杂忆诗(见《隐求堂诗存》)。

题娄东周杏圃先生《视稼阁诗》：(一) 诛茆偶此傍岩阿，空谷何妨长绿莎。路隔郊垧人迹少，窗临田野稻香多。功名息念耽躬稼，风月澄怀托醉哦。自是高人眼界旷，正同樵斧与渔蓑。(二)至今食力有东阡，话到先畴已百年。阁外远山宛屏画，床头流水入琴弦。簪缨累叶清风在，耕读传家至乐全。疏水由来儒者事，浮云看处曲肱眠。

十九日(11月11日) 竟日在家读亡友蒋胥江所惠《功过格汇纂》，中载先儒说甚多。前有仇沧柱序，亦佳。

廿一日(11月13日) 入城，访叶涵溪绣衣街寓所，送还所借《方言》一本，送《儒门慎言录》一本。至集，得《逊志斋集》不足本五本、《医方择要》二本、《白鹿洞规条目》一本、吕新吾先生《实政详要》。拙来，又得《慎斋医书》六本，计十卷。

《张勿庵西鹿城旧事诗》跋：亡友张君勿庵，学问淹博，喜为诗歌，所著有《蘧庵诗文稿》，总若干卷。又有《西鹿城旧事诗》一百廿首，较之徐先生梅逊之作，真可抗行。勿庵临殁，嘱其子鈛别为梓行，而微嫌其注之繁，欲手删，而已不逮也。往者，《昆山诗存》之刻，根与闻其事，鈛因以是稿属根。会根遭从弟犹子之戚，奔走不遑，留案头者几半载。鈛以书来促，因念君在日，与根论诗，最称莫逆。方冀投老，得谢尘事，共为山林之游。一病经年，遽称昔者。思念旧好，能无伤感？因略为删次如右。勿庵性迂执，与物多忤，不幸往矣。其诗文之可传者，虽世之善毁誉者，不能为之增损也。昔欧阳公序苏子美之文，以为子美虽屈于生前，必伸于地下。今人之视子美果如何？文章之传，自有定论。彼悠悠之口，亦何为哉？

廿三日(6月22日) 由澜漕至关王庙访范辰生甥，讯其购范氏谱事。先是，其家有旧写本四，盖国初人所辑，遗失其二。心畬翁在日，觅之不可得。昨余过集肆，见有义庄刊本，共三十二本，盖已大备。往问之甥，托余往购，啜茶即归。

廿五日(6月24日) 入城，访叶涵溪，以朱柏庐先生《大中讲义》、吕新吾先生《乡约保甲事宜》赠之。

十月初四日(11月26日) 录《陶情集》，集六卷，邑人易恒久成著，乃嘉庆某年陶文毅公澍从京师寄郡人黄君荛圃者，外间无有也。

友人季君菘芸寄示，乃录之。

十六日(12 月 8 日) 复义仓公局诸公书(见《晚香书札》)。

廿三日(12 月 15 日) 撰葛升谷丈《自省编》序(未录)。

“慷慨于所不当慷慨，便争竞于所不当争竞。”此我深叹于今之用财者也(《自治录》语)。

命非在外。人事尽处，命即随之。

十一月初七日(12 月 28 日) 写《识小录》下卷起(孙苏门天祺著。因先借得下卷，故先写也。按《青衿录》，孙天麒入道光五年昆山县学)。

十一日(1852 年 1 月 1 日) 钞《识小录》下卷毕。

十四日(1 月 4 日) 管倚岩寄《识小录》上卷来。钞《识小录》。

十六日(1 月 6 日) 钞《识小录》毕。

初九日(1 月 9 日) 送春园弟葬有感：宰树凋残夕照黄，忍看丹旐赴高冈。只鸡絮酒宾来少，匣砚囊书业已荒。寥落雁汀余我在，凄凉琴调叹人亡。浮生若个逃坏[①]土，衰晚扶携黯自伤。

有感：山南老屋菊松荒，安定桥头日色黄。满谷寒冰惊晚岁，一声凄笛又邻墙。苍凉地下凭谁吊，寥落人间黯自伤。欲抚孤琴无可诣，子期偏早伯牙亡。

道光戊子己丑间，根从椒畦王先生所得见孙君《苏门停云馆医问》，仅喉科一种。读之，叹其辩证明晰，处方有法，知其于斯道三折肱矣。欲从而识其人，一质胸中所疑。东西迢隔，未获所愿者几二十年。椒翁游岱后，根久不至山南，书亦未知存亡。然时时有一“苏门”往来意中。咸丰纪元之岁，读娄东友人俞君漱六诗稿，中有《题苏门图画》之作，因介以访其书。至冬，而徐君少霞以君所著《识小录》二卷寄示，问苏门起居，则以前岁捐馆矣。噫！根之于君，景慕二十年之久，而终不获一面邪！然幸身未死，得读其遗著，蒙其启发，未可谓

---

① 当为“抔”。

无缘也。则就其录中诸说论之。“经训”、“正讹”诸条,类能驳正前人,为青出于蓝。惟“厥痛论”条,以厥训“其”,以心训“中”,尚有疑义。盖厥之为“其”,虽本雅训,然以厥痛论为“其痛论”,实不词。以肾心痛为“肾中痛”,亦未惬也。伏暑之与湿温,终属两症,不可傅会。先民天行异气,则为疫证,亦不可与温并论矣。至论西昌所改经字,终当以长夏伤于湿,秋伤于燥,冬为咳嗽,两者并提,方无漏义。此则根之所窃为献疑者也。其余诸说,类皆不刊。《咽》《喉》两篇,剖析精微,与《医问》相发明。温热之证,不可与伤寒同治,尤开唐宋诸公之聋聩。君之有功于来学,为何如哉!医虽小道,实贯天人,非可以苟为者。如君之原,本《灵兰》,穿穴刘、李,抉千载之狐疑,抒一己之心得,可谓不苟作矣,尚得云“识其小者”邪!欢喜赞叹,为书其后。惜乎君之已亡,不能面叩其学。当必有出乎书之外者,而今不可得也(苏门先生为余妻之外王父,昆山安亭镇人。道光中,医名颇著。子曰璜,号淞渔,武庠生。孙曰飞熊,号子渔,廪贡生,皆以医行世。森注)。

岁暮怀旧诗十首(见《隐求堂诗存》)。

后怀旧诗十首(见《隐求堂诗存》)。

廿八日(1月18日) 乡俗旧时妇竖之帽,有所谓“乌兜”者。竖则穿其顶以颡门,宜泄热也。妪则否,以老人畏风寒也。背后有帷垂肩,以人身风池、风府宜护暖也。两太阳亦有护之者,以太阳亦不宜风露也。余幼时,妇孺无不戴之者。曾几何时,而不可睹矣。惟金珠装饰之是尚,而此则弃之如弁髦也。所蓄之菹,有所谓干菜者,盖即《诗》所谓栖苴以莱菔,甲风干之,煮以淹菜之汁,藏久不坏。此有四善焉。宜于产妇,一也;不伤脾,二也;利咽喉,三也;可以阅数年而不坏,为不时之需,四也。即是两者,而古人于节省之中,具有深意。今人于干菜一物,特为产妇所需,而不知其犹有三善焉。至乌兜,则惟深村极贫之家尚有作之者,余则嗤以为陋矣。噫!古人作事,事事求其节省,求其有益。今人则惟求爽口悦目。此乌兜、干菜所以不入于时也。风俗人心，尚可问哉！

同沈猗竹饭，谈近事有感：乌兔东西逐逝波，劳生若个不蹉跎。蜗涎粘壁嗟奚及，象齿焚身感已多。花下几回开口日，尊前其奈白头何。因知渔父行逃世，一棹沧浪自唱歌。

十二月朔日(1月21日)　答倚岩问(见《晚香书札》)。

初二日(1月22日)　黄紫蘅自娄东来，携叶涵溪札，并寄《顽潭诗话》来。

初六日(1月26日)　录陈确庵先生《顽潭诗话》。

初八日(1月28日)　写《顽潭诗话》上卷毕。

十五日(2月4日)　写《顽潭诗话》毕。

十六日(2月5日)　托黄紫蘅寄还涵溪《顽潭诗话》，并复札。

廿二日(2月11日)　钞《何元长医案》起。此书从故友郑憩岩家借得，已阅一年，拟钞出，还其乃郎文焕，至廿五日还讫。

廿五日(2月14日)　写《何医案》毕，共计一百页。

除夕即事(见《隐求堂诗存》)。

嘉庆己未、庚申间，先君居后市宅中。十一月中连雨，贫甚，有“除夕光阴能有几，回肠情绪不甚[①]提”之句。盖先君素廉介，非义不取。每岁除，又有赒给之项，故见于词者如此。余年三十时，时去陈村馆。妻亡贫甚。除夕，宿后市宅中，以敝羊裘覆背而卧。取亡妻镜奁鬻之，得钱二百四十文，以供杂用。夜不寐，偶吟有成“愁眼不眠非守岁，穷途暂寄岂云归”之句。当时贫况如此。今稍给，伏腊而用度不支，殊自恨也。

---

① 当为“堪”。

卷十四

咸丰二年壬子(1852)[1]

元旦(1852 年 2 月 20 日)　喜晴，谒中霤灶神，拜祖考神主，读《孝经》一卷，录辛亥年诗。

即事(见《隐求堂诗存》)。

初四日(2 月 23 日)　阅《经传释词》。接娄东叶涵溪札，并寄《离忧集》来。

初五日(2 月 24 日)　写《离忧集》起。

初九日(2 月 28 日)　余六十五初度偶作(见《隐求堂诗存》)。

十二日(3 月 2 日)　写《离忧集》毕。

二十日(3 月 10 日)　往娄东访叶涵溪兄，承留点，饭。观其斋中所悬随庵墨迹山水，溪山静肃，有云林笔意，赏叹久之。架头有《李安溪全集》，因卷帙多，未借，仅借《许鲁斋先生集》、陆清献公《三鱼堂集》二种。承步雨送至河干，可念也。

廿一日(3 月 11 日)　与甥范辰生札(见《晚香书札》)。

廿四日(3 月 14 日)　写《济阴万全书》。

廿五日(3 月 15 日)　写《调经十五论》《逐月养胎法》。

廿六日(3 月 16 日)　写《郑氏女科书》。

---

① 原注:“先生时年六十有五。”

三十日(3月20日)　写《薛氏女科书》。写《寿汪石翁五十初度诗》:(一)道风莲社仰前贤,今见高人似觉仙。《龙藏》遍探真智慧,虎溪频过亦因缘。杯中妙理何须酒,琴上佳音岂在弦。他日著书经岁月,手栽松老不知年。(二)息斋幽傍好山宜,学道今过半百期。孔思周情存梦寐,佛心仙手见施为。闲论风月三生石,净涤心神八德池。但祝白头俱健在,年年初度为题诗(论,疑"谈"字之误)。

二月初一日(3月21日)　冒雨同西溪入郡。风逆开维,已午候泊舟,外跨塘宿。

初二日(3月22日)　晨,泊舟周通桥。饭后,即往渎川,祝汪君石翁寿。不见者已三年矣,起居颇健。晤吴也樵、李听雨诸君。读王韫斋寿石翁诗,有"名比韩康宜少避,非如蘧瑗愿同知"之句,为之慨然。

初三日(3月23日)　石翁诞辰,宾客云集,如王韫斋、施君山、蒋知三辈,皆旧友也,快谈。午后,同西溪、也樵听雨,步灵岩山麓,游披云禅院。梅花数十株,正盛开。山僧供茗,坐花下者几半日。重返石翁斋中,与徐椿舲、唐爚斋相晤。

游披云庵作:(一)潭影天光得静观,石阑点笔且盘桓。山僧自种青梅树,却怪游人当雪看。(二)重到灵岩已十春,僧雏怪客白头新。青鞋布袜还依旧,莫怪青山冷笑人。

廿四日(3月24日)　写《薛氏济阴书》毕。

廿五日(3月25日)　写《先贤墓志》。

廿七日(3月27日)　韩师(印)撰《祭吴漱汀训导文》:呜呼!吴君抱卓立之识,具有为之资。方冀其得一官,任一职,以毕抒其所学,而胡竟至于斯?自夫世以儒为诟病久矣,必坐而言,起而行,胸怀粹白,乃克免夫世之謷訾。往者,胡安定之设教也,以经义、治事分斋,诚以有体有用者儒者是期。余忝秉铎斯土,每进青衿而诏之,亦欲以先贤之倡率为后进之规随,而因以留意其人也,则惟吴君可以当之。始,余之延访人材也,众以君为列眉。迨听言而观行,知言者之非欺。

非君学之有素,焉众口之交推?盖自君之先世,及先赠公昆季,皆以醇修懿行,为后学之师。君既夙承夫庭训,又充之以设施。其所举动,类非拘拘自守之所为。故议论开辟,若决藩篱。昔贤论陈同父之为人,谓“开拓万古之心胸,推倒一世豪杰”。虽未能至,而气象要有似之。乃年才逾艾,一病云徂。余乌能为之不悲!君一试于修頖宫,再试于董赈饥。頖宫之绩茂矣,赈饥之局伟而。维时有感有谅,或毁或诋。君一切不问,而惟以吾行吾事者,期上以体皇仁,而下以拯穷黎。谓吾诚尽吾心,而遑知其谁?饥者予食,病者予医,亡者予棺,处者予茨,濒死者生矣,而君乃告疲。君之卧疾也,淹床笫阅岁,时伏枕嗟叹,犹以未竟事为憾,而系心于文会之局、亭林之祠。友朋握手,言不及私。盖君于斯事也,感而谅之者,为两邑之大夫与四郊之茕嫠。而诋諆之者,则悠悠好事之词。明珠薏苡,贤且见疑。豫章不辨,七年为期。果坚果白,孰磷孰缁?正衾今日,垂橐无遗。盖棺论定,庶无贬辞。余所痛者,为夫儒之有用者常少,而惜君之莫追。然使君诚得位行道,我恐任之者弥重,而责之者弥滋。乃天若限之,仅以乡邑艰巨,试其牛刀,使人少知其梗概。而旋以一穷可谅者,洗夫众口之瑕疵。若是乎,天之所以成全之者,不为不厚,而况乎仁者有后?振兴光大,以大慰君者,不在乎彼,而在乎兹。萧条繐帐,飒爽灵旗。幽魂不泯,式此一卮。尚飨!

韩学师芥孙先生函:承晚翁代拟漱翁祭文,直举蒙心所欲出,而藉晚翁之手以书之,非晚翁能心蒙之心也。蒙与晚翁,皆能心漱翁之心也。岂特蒙与晚翁心漱翁之心?凡夫或感或谅,或诋或諆,心若不同,而久之无不能心漱翁之心也。其即觅好手书之,仍以草稿还我处,而以蒙此纸寄谢晚翁心。稍暇,蒙当为漱翁立一小传,祈晚翁订之。韩印肃。

廿八日(3 月 28 日) 发念辑先贤安贫之语为《贫乐巽言》。

朱子语:“人须有廉耻。有耻,则能有所不为。”今有一样人,不能安贫。其气销屈,以至立脚不住。不知廉耻,则亦何所不至?吕舍人诗曰“逢人即有求，所以百事非”。某观今人不能咬菜根，而至于违其本心者众矣，可不戒哉！穷须是忍。忍到熟处，自无戚戚之念矣。

许文正语：(一) 祸福、荣辱、死生、贫贱，如寒暑昼夜相代之理。若以私意小智妄为迎避，大不可也。(二) 人处富贵贫贱，如天之春夏秋冬。天行春夏，令人有春夏衣服。天行秋冬，令人有秋冬衣服。冬裘夏葛，即其义也。天有命，人有义，虽处富贵贫贱，各行乎当为之事，即义也。只有一个‘义’字，都应对了，随寓而安，便是乐天知命。(三) 欲淡则心清，心清则理见。(四) 不怨天，不尤人，理当如是。(五) 虽富累千金，而心为物役，寒冰焦火，犹不乐也。颜子虽箪瓢陋巷之窭，而举天下之物，不足以动其中。俛仰无愧，胸次洒然，乐可知矣。(六) 一为外物所诱，则心无须臾之宁矣。(七) 谨防外好以夺志。(八) 心地干净，自然宽平。(九) 寡欲，省多少劳扰。(十) 寻思千能百巧，都不济事。只无欲是高处。(十一) 外慕者内不足，守约者心自足。(十二) 有所自乐，则不为外物所移[①]。

与俞漱六诗：十载为君友，今日登君堂。相思不相见，怅各天一方。人生异麋鹿，道义为扶将。此心苟直契，千里犹连墙。夫君娄水彦，耕读隐兹乡。孝友述《庭诰》，流风继青箱。昔披《槐榆图》，今荫槐榆凉。摩挲思祖德，葱郁一何长。主人欣客来，开轩罗杯觞。把酒不能饮，有怀感中肠。束发读书史，古人如抗行。用世既无术，归园亦踉跄。荏苒岁月暮，不觉鬓有霜。儿曹催我老，婚嫁何苍黄。岁月共余几，丘园得徜徉。且尽一昔欢，况此春天长。桃李各舒笑，柳花亦飘扬。咬咬黄鸟辈，飞鸣园畔桑。对此且大笑，君当恕我狂。娄江何逶迤，鞍山郁苍苍。握手复言别，夕阳在东塘。归途无卅里，离愁听鸣榔。寄言君亦老，强饭各自当。黾勉策令德，不逮为予匡。乔松不孤植，鸿鹄多双翔。愿言结素契，白首共行藏。

三月初三日(4月21日) 晨，驾舟至荷花浜，同俞幼龙至娄东

① 序号为整理者所加。

河鼓村访其尊人漱六丈。承其下交,每年顾我,已十余年,而从未登其堂。念我老矣,倘一旦不讳,便为终身之恨。因命佣操舟以往相见,握手欢然。出意外,适瞟城虚舟陈丈(大受)在座,十余年前,亦曾一晤。置酒快谈,并其二令似三如方从田间来。是夜,与陈丈连榻含誉斋。

初四日(4月22日) 晨起,与虚翁谈,并问子渊张丈兴居,则近已患中风,不能下楼矣。耕云(亲仁)近况颇好。惟虚翁年七十六,以笔墨营生计,意况颇不佳。然矍铄精神,犹能日行七十里,可喜也。

漱翁置酒环翠书屋,出其先世太常公(俞本姓王,盖烟客之裔)手迹卷命题。谈片时,虚翁别去。余同漱翁步至织女庙,少憩,颓废已甚。即《中吴纪闻》所载,为吾昆故迹也。徘徊久之,东出,即盐铁塘。前某年开浚,积土如山。土人皆耕种其上,时已谷雨,方下棉花种矣。天气炎甚。行六里许,入城。至税务桥,访涵溪叶先生,坐谈久之。涵溪挽留,余更约秋时。二君送余至船头。风已大作,遂同幼龙解维,挂帆而西。日晡,抵荷花浜。承幼龙留茶。抵家,才昏黑耳。

初十日(4月28日) 入城,欲至仰庾侄处,路经青莲庵。承芳谷上人邀入留茶,观书画,谈。庵中寂静,庭花盛开,牡丹亦欲放矣。约再过看花。

十二日(4月30日) 写《女科寻原》始。

十三日(5月1日) 寄《昆山名贤墓志》十卷、《邑志补遗订讹》三卷于叶涵溪。

十七日(5月5日) 午后,闭门独坐,写《女科寻原》至第四卷。寂静如深山,一乐也。

廿一日(5月9日) 写《女科寻原》至第六卷。

廿三日(5月11日) 写《女科寻原》毕。

四月初五日(5月23日) 王先生游花山,至快也,而死之机,即于是伏,可不畏哉!况甚于游山者哉?吾深为世之暱于耽乐者惧也。毋为不可语人之事,毋行懊悔不及之事。与其巧持于后,不如拙戒于初。

十四日(6月1日) 灯下写张同父《昆山诗存》序毕，怅然题此：(一)亭林绝学余何敢，别有深衷世莫传。老屋荒江今白首，读君笔札一潸然。(二)鲟溪一水似沧浪，春晚曾经系钓航。痛杀古人泉下去，此生无分抱经堂。

廿一日(6月8日) 悼王韫斋先生：五言久仰谢宣城，白社连床识性情。诗札隔年蒙记忆，酒筵把手见平生。春波喜宿诗人宅，秋菊终寒处士盟。玉麈寂寥谈客散，一追前事泪纵横。

廿四日(6月11日) 《续食色绅言》序：将欲执涂人而语以戒杀放生之事，心非不仁，亦且甚恕。然一有物我之见，隔之则知有我，而不知有物者有矣。甚焉，同为是人，而漠不相关者有矣。夫戒杀，好生也。放生，恶杀也。吾恶夫杀万物，孰不恶夫杀？吾贪夫生万物，孰不欲遂其生？然而言之者谆谆，而听之者藐藐，则仁恕之用，有时而穷。于是为之转一术焉。即以其私己之心，而实致其天理之公者。与之言之，其言维何？曰“毋以货财杀子孙”，“毋以学术杀天下”。后世则“食”、“色”二者，苟过中焉，即为戕身之斧矣。是不可不先有以告之。而世之人，蒙不察也，惘惘然相牵率而蹈于罟获陷阱之中，颠倒迷惑，至陨其身而不悟。《内经》有云“高梁之变，足生大丁”，《左氏传》所云“女惑男，亦为《蛊》”者，是杀夫身者尚不知戒，遑云“戒杀”？放吾生者，尚未尽善，何况他生？噫嘻苦哉！夫芸芸者，一吾之积也。世界者，芸芸之积也。苟人人悟夫尊生之理，而由“食”“色”之近，推而致之，则道家所云“积精致刚”，儒者所云“淡泊明志”，胥是物也。古圣贤全受全归之道，亦不外是。曷不观之《论语·乡党篇》乎？其言圣人在朝廷、交邻国之礼无论已。至衣服、饮食两节，养生之理，靡不该焉。子之所慎、斋、战、疾之道，舍“食”、“色”，其谁务？于是汪子有取焉。仿前人《食色绅言》之例，采辑遗言，凡有关于养生者，为之劝导之。夫由天地而言之，吾亦天地间之一物也。遂吾生焉。而毋阏吾性，是亦体天之仁也。由一己而推之芸芸，使各尊其生，岂非事之至私,而实理之大公欤? 于其书之成,为告天下之凡有生者。若曰:“吾向之劝人戒杀放生,非特为物计也,亦以养吾心之仁也。”儒者不成己,不可以成物,然成物亦所以成己。不明乎此,遂人是人,物是物。形骸之隔,遽以千里。又有不揣其本,而徒齐其末。博爱物之名,而昧葆身之哲,均失之已。

廿五日(6月12日) 写州志,备采。

廿九日(6月16日) 钞《启祯列女传》始,有诗(见《隐求堂诗存》)。

五月初二日(6月19日) 写《节妇传》。

五月初三日(6月20日) 阅许文正公《鲁斋遗书》。

初五日(6月22日) 写《读四子偶说》,至《里仁篇》。

十一日(6月28日) 写《读论语偶说》竟。

十八日(7月5日) 草题王奉常《烟客先生手迹》跋(稿未录)。

廿二日(7月9日) 写《邑志补遗订讹》。

廿八日(7月15日) 写《邑志校》毕。座中闻青浦近事:昆旧令俞为其民閧殴。噫! 民之父母之谓何? 而乃仇寇视之也。彼桐乡俎豆者,果何人哉? 俞旧令昆时,值道光己酉大水,新令徐介严先生轸念民瘼,至怀印叩监司,以去位恳求多给赈银。俞则刻扣赈户,以奉承上司,固知其有今日矣。

廿九日(7月16日) 闻城中断屠求雨矣。然烹弘羊,天乃雨。今安得尽弘羊而烹之哉!

六月初三日(7月19日) 曝书,检得亡友方小湘手札,为之泪下。直谅多闻,今亡已夫! 录方小湘手札:晚香有道先生,久未把晤,正在悬念。令郎来,接大教,欣慰之私,非言可罄。承谕“仁孝”二字为学者用力根本,至哉斯言! 学者终身用之不尽矣。吾人之患,莫大于本根之地撇却一边,而别寻路径做工夫。假饶持斋戒杀,亦多是务名起见。而于切近之处,却隔远千里。其病,正先儒所谓“麻木不仁”者是也。唐君恂恂儒雅,好看善书。晚正恐其于务名一念,或未净尽。先生单提元本以“仁孝”二字，令其醒悟，使其于家庭之内、事亲敬长之间，步步挨实做去。即此便是修行，可谓言之无弊矣。晚持此二字自问，此中不堪为长者告，然承教实多矣。令郎还，草此奉谢，余容面白不一。廿九日午前，晚方步瀛顿首。

新泾里社，祔祀前昆令曾侯、新令来侯木主记（曾侯荣科，陕西兴宁人。来侯汝缘，浙江萧山人）。

令之职，于民最亲，其感之也亦最易。吾昆山自设县以来，其清廉最著者，曰聂侯、樊侯。至今虽隔数百年，而民犹尸祝之，为流涕追思之不置。呜呼！彼二公者，在当时一穷令耳，曷尝有财贿气力使之然，而能至今然哉？根年六十余，虽足迹不出田里，然阅书传多矣。当明之季，风会斯流，州县官之有财贿气力者，民往往为之立生祠碑版，照耀耳目，真若可传久。顾其始，特出于一二人之私，号于国中。不知也，未几而鸟鼠穴其中。又久之，夷于丛棘矣。遗民故老过其下者，微斥其隐事，指数之，将以博美声，而恶名滋茂也。甚焉者，冤家戟手指而痛詈之，以巨绳系象颈，推置泥淖中，取悍石磨去碑上文字。其人虽现在为高官，知之不能禁。噫嘻乎哉！吾不知居官何所恃，而不加德于斯民也。聂、樊之祠，在马鞍山颠与西麓者。民过其下，虽村里妇竖，莫不持瓣香搏颡以去。而樊侯之在官也俭，其食仅糕饵一盘，间佐以二鸡子。至今民祀侯者，犹持二物，以将其意，若思侯之所嗜。然异县之氓，有越百里而至者，所谓三代之直民不能忘者，非欤？根年三十六时，当道光癸未，三吴大潦，新阳尤甚。是时，萧山来侯汝缘在位，轸民疾苦，星夜赴诉监司，得蒙蠲赈。又访治群不逞之攘夺者，民得安辑。顾侯体素弱，每进食，有兼味，辄投箸不食，出涕曰：“民方咽糠粃，吾何忍食此！”其哀民如此，竟以劳瘁卒官。殁之日，几无以殓柩归。民送之者，俱为出涕。其后二年，邑中修县志，竟不书其事。岂其无财贿气力，故莫为之地欤？抑近在目睫者，反不及见欤？将侯之冷面寒铁，不与一时森然槐柳并列者相交际也。吾以为善善之公，当不如是。既而读前纪，又得昆令曾侯荣科，侯陕西兴宁人,康熙丁巳进士,十四年莅任。频年旱蝗,一意抚循,以催科不力为上官所劾,与嘉定贤令陆清献公同时去位。当时,邑前辈叶弈苞有诗颂其冤,而志亦不之详也。然赖叶之诗,至今犹得知侯去位之故。一日者,根与同里陆太学灿言及之,深为太息。因仿古人乡先生设而祭社之义,为置二侯木主于新泾之里社祠,俾吾人之居是里者,世世子孙奉尝之,如桐乡焉。呜呼！吾吴固东南一都会也,异时邑屋殷振,人民饶给。凡吏于其土者,皆欲窃其膏以自润,而无有真情恺恻如聂、樊与二侯者。其下不胜其上之求,则睊睊之容,以作不自思而反怨其下。由是,吾吴民常受刻薄猥巧之号,盖至今而民之盖藏益绌,吏之诛求益无厌。欲求如二侯者,并不可得,而况聂、樊乎？则夫今之为此举也,非特庙夫有位者也。而所以致慨于风会之日下者,其有焉。惜乎荒江断岸,祠宇凄凉。虽余文在壁,无由使大冠如箕者一读之也。

初四日(7月20日) 有客东乡来,言彼处小港俱干,牛只已租赁于人,弃田不耕矣。昨夕,雨未沾泥。本县阴阳训术,逢迎县官。报雨寸余,仍追呼如故。天之降旱,人为之邪？抑天为之邪？吾不知所置足矣。

初七日(7月23日) 求雨行(见《隐求堂诗存》)。

初八日(7月24日) 阅《吴梅村诗集》。是日得雨,作《喜雨诗》(无稿)。

十三日(7月29日) 钞《疫痧一得》书始。

十七日(8月2日) 钞《疫痧一得》书毕。

十八日(8月3日) 阅《户部则例》。

十九日(8月4日) 复吴彦卿书(见《晚香书札》)。

读《长吟阁诗》有感:山园十亩可躬耕,学道由来轩冕轻。可惜巉村头白尽,只将诗句博浮名。

廿五日(8月10日) 礼无见小君之礼,而南子请见。即夫子之道不行处,故贤者为之不悦也。夫子自陈之曰:"此某德否之故,故天厌之耳，故天厌之耳。”盖臣下无抗君之礼。违礼而行，圣人之不幸也。君父不可以委罪，故引为己德之眚，而天若弃绝之耳。

廿六日（8月11日） 秋祭，邀亲友享馂余。陆西翁乔梓、黄紫蘅、高月波及厚斋令郎、孙婿朱洪达来赴。

复俞漱六丈书（见《晚香书札》）。

七月初七日（8月21日） 钞魏光士先生《迁改录》起。

初十日（8月24日） 接新阳训导韩师尊手札，嘱题《亭林先生神主议》。其议曰：尚德者，天下之公。属辞者，《春秋》之义。乡先生殁而祭之于社，以追溯其风徽，使后学有所观感。此天下尚德之公也。而彼乡先生之立心制行，卓乎不可磨灭者，必有所为而为之：或本忠孝，或崇清修。论世者必表而出之，而不没其实。此《春秋》属辞之义也。缅维乡先生正亭林顾先生，以命世之才，具盖代之识。其胸怀抱负，实有旋乾转坤、扶衰救敝之略。此无论已。然自以祖父以来，世食君禄。当改革之际，虽灼见天命有归，而抗志林居，坚拒征荐，守其先贞孝“勿仕二姓”之嘱，与首阳之穷饿何异？此其为明之遗臣也明甚。至于福王之以兵部司务征，唐王之以兵部职方司主事征，皆会事未赴。虽当日者，先生之心，或以国事之已不可为而不往，然决非拒之。国家海涵天覆，诏纂修《明史》，诸臣于明季诸藩遗事，直书不讳。夫固以蜀汉、季宋之例视之，而初不以为伪矣。故于诸臣之事，如吾邑蔡公懋德传中则云：“福王时……谥忠襄，赐祭葬。”顾公锡畴传中，亦备书其事。福王为礼部尚书，议追尊追谥之事。又载其间关赴闽，唐王命以故官之事，是国史固未尝斥为伪而削之也。当时，先生尚隐曲沃。设其已亡，吾知其必列传于《明史》中无疑。此议者谓为先生之祠之主，必书其前官，及能原先生之心合属辞之指，可谓得《春秋》之义者也。说者又以两藩遥授，于本朝似有违碍，欲讳而不书。此亦臣子尊王之义，以建祠作主，实本朝之臣庶也。然根伏读乾隆四十一年追赐胜朝殉节诸臣专谥、通谥一款，凡山林韦布忠于所事，俱准列祀瞽宗。先生虽肥遁山林，与抗节致身者少异。然其耿耿不忘故国之心，固久已在本朝在宥之中矣。愚以为先生之祠之主，若但书“乡先贤某先生”，则与凡为乡贤者何别？书“授兵部司务，又授兵部职方司主事”，则文叠而不词。书“某藩遥授”，则固执而失之凿矣。就根鄙见，宜仿《朱子纲目》书“晋征士陶潜”之例，拟题曰“国朝崇祠乡贤前征士亭林顾先生之位”。著“前征士”三字，则已表先生愿为遗臣之心，而亦不失今时臣子尊王之义。盖两藩之职，皆遥授，实未拜命，可以谓之“征”。不书某官，亦犹朱子不书陶为彭泽令之义也。如此，则与前此所悬祠额，亦隐隐而关合，而毋事更张矣。夫尊之曰“乡先贤”者，吾人尚德之通称也。曰“国朝崇祀”，则国家之令典矣。冠以“国朝”，而继之曰“前明”乎？其为明之征士矣。不书官者，未食其禄，无死难之责。愿为遗臣者，表先生之节之大。此鄙陋之见，未审有当否也。原高明更议之，而折其中。谨议(夫一官，固无足为先生重轻，而没其始终为明之心，则非先生意也。原注)。

十二日(8月26日) 写《迁改录》毕。

廿二日(9月5日) 为紫蘅点《读书分年日程》。

廿五日(9月8日) 校点《读书分年日程》毕。

廿六日(9月9日) 装《程氏遗书》。此书乃往年寄于故门人李挹泉处，遂忘失焉。昨廿二日携归，如遇故人，因为装面。

牧牛庵畔路，不到又三年。岁月行如此，江湖兴渺然。浮生催渡客，贫况钓鱼船。相约弇南老，归欤事力田。

徐烈妇传略：烈妇李氏，父名向初，昆山人。幼有至性，事亲能得欢心。居闺中，动止沉静。年二十四，适嘉定徐钦南。钦南以废居为生，独身，无父母兄弟。氏既归，以不逮事舅姑为憾。念嘉定无可倚者，有外祖家昆山蓬阆镇姓周钦南，赁其庑居焉，仍旧业，谋什一。氏相夫勤俭，著贤声。咸丰二年春，钦南遘疾，俄笃。氏侍汤药，夜吁天，求以身代。既而疾亟，私自誓曰：“不幸无子，无可继者。当生与俱生，死与俱死矣。”钦南竟卒。氏痛绝复苏，视含敛毕，潜入闺，自经。周觉，解救之。明日复欲自尽，邻妪有慰解之者。氏佯谢，且曰：

“我一时沉痛耳,后不尔矣。”周氏察其言非诚,防护甚严。氏不得间。越十余日,守稍懈,竟自缢死,四月四日也,年二十九。论曰:昔刘长卿妻桓氏、曹文叔妻夏侯氏,俱毁形全贞,流芳彤史。此皆世家大族,平素佩服《诗》《书》之训,故临变毅然,卓能自立。然皆有迫之而然,其毁肢体,断肌肉,非初志也。若烈妇之慷慨从容,至以身殉夫,谁迫之者?视古烈有加焉。古有云:“十步之内必有香草,十室之内必有忠信。”正气之所钟,固不以蓬门而或异矣。烈妇守“三从”之义——夫死从子,无子又无继者,不殉夫而谁从哉?盖断之于志,决矣。

书唐竹筠所撰《徐烈妇传》卷首:圣人之道,中而已。中则庸,庸则无可称述,故曰:“有非,非妇人也;有仪,非妇人也。”三代以上为人妇者,不以节烈称。孔子删《诗》,录《柏舟》两诗以为变风者,盖以世变风移,留为砥柱耳。然王者厉世摩顿,恒取于过乎中者以为之防,非以为劝也。乃如唐子所述徐烈妇之事,有舍死而不可者。观其当夫病革,心口相语,以死自决,宛转从容,卒成其志。诚虑夫不此之死,后虽欲死,而有所不及也。呜呼,其诚烈已!夫死生之际,岂不大哉?顾其取舍向背之几,则尤微而不容以忽。士君子读书谈道,犹或临变而忽之。况乎闺门稚弱之质,非有《诗》《书》之训诫、君父之忧辱,而毅然出此,岂不綦难乎?夫天地之赋形也,人无男女,同禀正义,其廉耻羞恶之心一也。何以一朝之忿,不惮于自经沟渎,而大节则靡焉。岂其血气之勇常有余,而道义之配则多馁欤?无乃有所帅者,其气伸于正,无所帅者,其气激于偏欤?是故志不可以不持也。烈妇惟生有定志,故其事亲能孝,为女克贞,相夫以礼,食贫知义,守死能勇,一志之所为而已。唐子竹筠重妇死之烈,既为《传》以表之,又征士之乐道人善者,为诗文以赞扬之。好德之懿具有同心,义烈之风足以兴起。彰善维风,非士君子之责而谁责哉?辱以相示,因为序其卷端(案:“摩顿”疑作“摩钝”)。

廿八日(9月11日) 钞《郑氏女科》(曼卿本)。

三十日(9月13日) 钞《女科万金方》《贞集》毕。

八月朔日(9月14日) 钞《检庵本》毕。

初二日(9月15日) 写高朗溪写本《女科》。

初九日(9月22日) 写《易堂百问》。

初十日(9月23日) 入城,访柳翁,借《温热论》一卷。

望日(9月28日) 西溪于昆庙玉泉道院修醮,邀往。晤赵见庵练师,承以续修庙志见托。富香吏来,同饭。

十六日(9月29日) 西溪挽入城,访富香吏,借黄梨洲《今水经》一卷,仍至玉泉仙馆,与见庵、香吏谈竟日,归已晚。

二十日(10月3日) 写《易堂问目》乃毕。

廿三日(10月6日) 借《龚氏日钞》十九本于澜漕金姓。

廿四日(10月7日) 复顾勖斋书(见《晚香书札》)。

九月初二日(10月14日) 清真观玉皇殿之右,为遇仙所。内道房,即北廊第二房也。其住持有翟玉、杨宗晟、袁汝器,皆知名观中,领观事。由三门入,南向有屋三楹,先供真武像。崇祯八年,邑绅王忠愍公焘、少参王公永祚、孝廉朱公元桢,就建文昌殿于此。道士杨志元因重构真武殿,而文昌之殿重恢廓之,内有楼五楹,亦南向。前此嘉靖壬寅,观遭回禄,所仅存者,雷殿及此楼耳,岁久颓敝。崇祯七年,亦杨志元修葺。楼供玄元道君及司禄诸星官。

初八日(10月20日) 写《吴医汇讲》二条。

重阳日(10月21日) 写所借张柳人写本《医书》粗毕。

廿三日(11月4日) 作:夜睡何曾著,宵长不肯明。短窗延月影,虚枕漏虫声。衰病三秋逼,穷愁百感生。那堪迟暮景,豺虎剧纵横(时九峰、三泖间有警)。

廿四日(11月5日) 复韩学师尊介孙先生书(见《晚香书札》)。又与韩师书(见《晚香书札》)。

廿五日(11月6日) 写今年所著文入《文稿》。

与友:我衰君病未须颦,但可随缘莫损神。唤作马牛能顺应,梦为鱼鸟定谁真。于陵不愿为卿相,荣叟偏夸老贱贫。满眼瓠肥罗鼎食，可能检点到缁磷。

廿七日(11月8日) 寄札于徐洪生，借《亭林年谱》(平定张穆著)。

半帆唐先生家传：古君子之为人也，闇然而日章，故其道谈而不厌，简而文温。而理其所事者，乡党宗族取与辞受、寻常日用，世之无识者，或且夷然，遇之不以屑意也。迨夫身殁之后，笃论之君子，为之综其始终用意之所在，而后夫人之真乃出。是盖所谓"庸德之行，庸言之谨"、"素其位而不愿乎外"者。岂犹是今之君子耶？我于邑前辈半帆唐先生，盖有意乎其人也。先生姓唐氏，讳秀章，字锦文，半帆其自号也。先世嘉定人，明时避倭乱，徙居昆山县东南之蓬阆镇，遂为县人。曾祖讳尧智，祖讳重虞，考讳禹绩，妣孙氏、施氏。先生幼，出为世父。后十岁，就外傅受经艺，前辈方以远大期之。乃以家事，不能卒业。因一意以继志述事为事，曰"是亦为政也"。时年未胜冠，早起问安堂上，即洒扫庭内，应接宾客。举凡晨昏滫瀡，春秋蘋藻，及养生送终之具，先事预备，秩然有伦脊。又皆出于一诚，期无所憾，未尝以贫乏为辞也。家自高、曾以来，世修儒素，无植产。先生守清白余绪，绳趋墨守，不敢少愈尺寸。居恒，布衣蔬食，与家人共甘苦。然奉所后与所生，甘旨不阙者，四十年如一日。丧葬咸尽礼意。又治丧，遣嫁两女兄弟，抚同怀弟某，俾有成立。先人手泽，收罗装池，敬谨什袭。为从祖母张请旌节孝。先茔之在某圩某圩者，手为封植，春秋祭扫，瞻仰松楸，慨然陨涕。其笃厚于本原者如此。为人无少长，皆待以至诚。下至臧获之贱，咸感其德，无间言者。遇意有不合，即义形于色，必俟其改而后已。既即，淡然忘之。任事不辞劳勚。适有盘错，以情理剖析之，皆怡然理顺。其明白洞达，皆从阅历世故得之。至其中怀粹白，纯实不欺，盖其天性然也。生平朋好，不过数人。交与之厚，不以存亡少异。岁逢旱潦，烟火几不继。然遇有亲故不能存者，犹多方给之。人或以为言，先生忍饥诵经，浩乎自得，曰："吾道固如是也。"子彦槐以辛卯中乡闱，人咸为先生喜。先生欿然不自满，更以守分为戒。故诸子皆守清节,毋敢越先训者。配胡氏,同里处士某之女,有贤行,食贫励志,事先生者三十年。先生之贫而能施,亦赖有贤内之助也。先先生七年卒,年五十五。先生年六十又二,道光庚戌八月十一日,其卒也。乾隆己酉十月二十七日,其生也。葬以某年月日,在某区某图某圩之兆。子四,长即彦槐,次彦林、彦栻、彦模;女二,镇洋庠生张寿基、同里胡钟和,其婿也。孙男十一人、孙女七人。先生年五十后,始勅断家事,与一二故人,春秋佳日携榼扶杖,徘徊僧房道院中,萧然忘返。人方欣为太平人瑞,期以上寿,而疾作,遽殁矣,伤哉!自先生殁,而古道古风陵夷益甚。论者不独为哲人其萎慨,亦且为世道惜也。先生居恒,周穷恤困,及桥梁义冢,修举废坠,不可胜书。独其一生,笃厚本原,教训子弟,实有培之以厚,而遗之以安者。综其梗概,诚不愧乎"素位而行"之君子也。非然者,乌能处贫能乐若此哉?彦槐曾从六安州训娄东王先生宝仁游,以王先生与根有文字之契,书来求为先生作传,固辞不获,为著其大略如此。闾史氏曰:先生制行,当在耆旧孝友之科。所谓"不言而躬行",诚哉古之君子也。根行年六十有五。当乾嘉之际,束发从诸老先生游,见当时衣逢掖而束韦带者,摩[1]不饬躬孝友、口无择言。下之闾里之老,皆有先民之遗焉。荏苒四十年,人风凋谢,里俗为之一变矣。独居不乐,块然无徒,安得起先生于九原而从之游哉!寒村木落,灯火凄其,俛仰畴昔,为之投笔远叹也。

十月初四日(11月15日) 写《顾谱》毕。承黄紫蘅为代写一本,感极。灯下写《与韩介孙司训札》,以亭林《宅京记》、柏庐《毋欺录》二种赠之。

初五日(11月16日) 因树庐即事(见《隐求堂诗存》)。

初八日(11月19日) 阅《日知录》,以《年谱》互校之。

十五日(11月26日) 写《临证指南》,批数日而毕。

---

① 当为"靡"。

廿四日(12月5日) 昆山县胥殷鹤鸣,充某庄庄书。道光某年,奉旨濬吴淞江。鹤鸣私派庄中殷实之户,悉已入己。林少穆先生为抚军,悉革旧弊。殷以事发问军,例派军,妻随往。而其妻有异心,不欲往。有一女及笄,未受聘。念父独身行千里,愿随往。殷以女弱女子,有邻某生者,年相若,无父母,差可相配。因招其人,面许以女配之。而令其随往。其人许之,乃偕往。年余,殷逃归籍。其女与其婿虽未成婚,受羁绁之累。殷抵家夜归,其妻方与所欢者樗蒲。妻佯笑迎,匿之。其人逸去,密禀官,即殷缚去,复发配。未几,遇赦归。归而夫妇厌其婿,不肯以女与之。女不可,旋病。人有劝殷者,殷怒逐婿,不许入门。女病遂剧,而殷以女别许人矣。女闻,密嘱侍妪,夤夜导婿至床前,与之诀。脱腕上钏一与之,是夜即绝。殷夫妇俱不足道,然是女之节,不可没也。灯下偶忆,因记。

廿六日(12月7日) 写《辞协理义仓经董禀》,未录(按:其时,昆令王、新令陈以义仓经董金载基仓无颗粒、不纳钱漕斥退,别谕举人顾之楷为经董。顾则议举先生为协理。两令谕,先生以病力辞之。森记)。

廿七日(12月8日) 闲居咏怀:(一)任天而动合闲居,偃仰西窗把卷舒。置我敢希《独行传》,观人已广《绝交书》。事因贫境疏无几,言过中年简有余。百不关情真长物,此材差幸得全樗。(二)返朴还淳意素存,宽然环堵自和温。馈来村景新棉絮,煮出畦香熟菜根。梦境常清安睡榻,俗情多谢静敲门。何缘消受平为福,一炷炉香酒一尊。(三)脱开绊利与羁名,默溯襟怀历半生。寻乐思参孔颜意,葆真欲契葛怀情。年丰每好谈秔秫,世阔何劳虑棘荆。并喜家人能喻此,坐围灯火话盈盈。(四)一室原通千里开,无须枨触重徘徊。风尘许我抽身出,云水凭渠着眼来。景象太平门外柝,心期此老座间梅。安闲且欲推胞与,众物熙熙乐共台。

廿九日(12月10日) 附舟入城,以《亭林先生黄陶庵先生小像》付店装潢作帧。

瞟城姚灯基赠诗:正气摩穹盛,先生仰斗南。道心坚允执,经术贵沈酣。囊括《春秋》远,纵横《易》《礼》耽。笙簧扬典五,金玉拟坟三。巨制鸿文恣,和声凤哕参。词源方浩浩,书味自醰醰。束帛辞登篚,安车却驾骖。浮名奚足慕,庸□实无惭。继术家声振,褒崇祖德涵。情多风木感,像有画图谙。肹蚃英灵见,精神赜隐探。卷而怀理学,高卧对江潭。

瞟城黄宗文题《潘子晋先生像卷》:铜驼荆棘哭冬青,义魄忠魂炳日星。为有白头老母在,西山薇蕨也含馨。气节真堪百世师,丹青凛凛古须眉。妙花泾上如霜月,犹照当年画壁诗。

十一月十三日(12 月 23 日) 入郭,途遇西溪自渎川来,述汪石翁自徐州回,言桃源、宿迁、邳州、丰砀一带,城中水深一木篙,八州县设厂七千余所,留养饥民。徐州府城中,亦深一二尺。时五六月,人死者以万计。石翁到彼时,水势甚大。逆水行舟,日行不过廿里,竟有一日仅行五里者。跋涉甚艰,荒凉之象,不堪触目。石翁到彼数月,只吃酱姜一物,豆腐亦无卖处。此方离吾乡不远千里,同在一省,其惨苦如此。吾辈居乐土,尚自以为不足,或竟妄作耗费,于天何如,于心何如?

望日 点《天机会元》一本。

十八日(12 月 28 日) 接娄东俞漱六札,知研云先生十月二十三日岱游之耗。千里神交,未谋一面,伤如之何!

十九日(12 月 29 日) 入城,往孝慈圻辻瑞卿从侄柩,西北风寒甚。又往州厅巷,迁从嫂戴氏柩于德基宅设祭。四侄女来会,夜宿德基宅。霜月入窗,夜不成寐。

二十日(12 月 20 日) 寒甚,扶二柩至梅园。申时登位,葬贲宏兄嫂暨瑞卿柩于墓之辛位。事毕,抵家已晚。

廿六日(12 月 26 日) 写《曹乐山先生方案》。

十二月朔日(1853 年 1 月 9 日) 接季菘翁虞山馆中所寄信,并寄所刊黄梨洲《明夷待访录》,及《黄仲则年谱》来(时季馆罟里村瞿氏）。

初三日(1月11日) 上某公书（见《晚香书札》）。

集善庵在茅厍村，本陈氏家庵也。傍为顾太保祠，祀故娄令、吴丞相醴陵肃侯雍。前年水灾颓废，僧弃而逃。罗君梅亭掌其区之税，庵仅有田六亩。罗收其租入，完税外，即修理，丝毫不苟。今冬罗又以租余，合里中募银，为修盖一新，将延请高衲以居焉。梅亭之廉而不苟，不可没也。亟识之，为后劝。

初三日(1月11日) 漱六、涵溪书来，惊闻研云王先生岱游之耗，哭挽四首（见《隐求堂诗存》）。

望日(1月23日) 阅武进邹闰庵（澍）《本经续疏》。

十六日(1月24日) 防堵江宁炮位过境，闻寇氛已近瓜洲，江阴、镇江戒严。

逼除坐雨，忆黄梅花有作（见《隐求堂诗存》）。

贪与酷，皆居官大戒。然贪而酷，人皆知恶之。若自恃廉谨，而刻以绳人，人慕其风节，竞相仿效，祸不可言矣（陆清献公封翁元语）。

居官不入党，秀才不入社，便有一半身分（海盐吴忠节公语）。

廿四日(2月1日) 高邮州有村曰“朱园庄”，有王师山者，父母独生一子。家有田百亩，钟爱之及。长任气，虽父有违言，亦呵詈之，甚至挥以拳。众莫敢谏。其家屋后有高柳，乌巢其上，朝夕鸣哑哑。师山缘树，取其卵玩弄之，抱以家鸡。其老乌既失卵，哀鸣不食，居巢中几死。而鸡所抱卵已能飞矣，纵之去，两两啄虫蚁，往饲其老乌。老乌目已枯矣，复活。师山复缘树伺之，见两雏反哺状，心有所触。即从树投下，捶胸大恸，自言“我非人也，乃不如一乌鸟”。言毕，复恸。其父母闻其如此，疑其有所苦，奔往视之。即跪父母前，叩头数百下，自悔前罪。后改行为孝，一步不离其亲云。此事乃州人史某所说。史同村人所说近事甚多，惟师山事为难得，故记之。

“透得名利关是小休歇，透得生死关是大休歇”。闻小浮居士西归之信，为之赞叹。平素读书，纵博通今古，下笔千言，至此时总用不着。即看破死生，亦只成一个自了汉。乃知古今为学于史鉴、地形、兵书，无不讲究，盖以待此时之用。今人绝无此等学问，上负国家，下误苍生。此儒者之责，盖不但长国家务财用者之罪也。噫！科举之败坏人材，匪伊一日矣。

廿七日(2月4日) 寅刻立春，新春有感(见《隐求堂诗存》)。

春朝，山中人携梅栽，及桃、桂数株，来植圃中，因作：(一) 偕隐终须世外人，茅檐对此可忘贫。欹风映雪看无厌，冷蕊疏枝画岂真。渔父桃源思避地，淮南桂树欲留宾。老来那具清闲福，先抱梅花过一春(亡友何蓼崖赠余句，有"冷抱梅花过一春"之句)。(二) 梅梢破白香清切，雨意含情不成雪。瑶池瞥见玉妃游，雾縠冰绡色何洁。偶行竹中忽照眼，烟淡参横见斜月。年年看花人自老，白首(原空二格)更愁绝。(三) 多情欲伴晓云飞，有恨只教啼鸟说。荒村酒薄不成醺，三杯那佐霏谈屑。巡檐索笑兴未尽，远郢笛声奏呜咽。所嫌篱落不成遮，愁绝儿童为攀折。年光逝水(原空三格)，才见花开又花歇。

廿九日(2月6日) 接新学训韩介孙(印)书。晚香先生阁下：昨自郡归来，接奉手缄，并季菘翁书函。敬聆，一是现在亭林先生题主，已恪遵宋先生所议，改题刻木。释奠口之期，俟诸春仲。宋先生据亭林谱系，及全谢山先生所作《墓表》题名。谢山先生不妄落笔者，似可据为蓝本。菘翁，太仓人，论亭林学问之大，非一乡得私，自是正。论印与阁下，一为昆山布衣，一为昆山广文，为亭林桑梓立祠，大有"亭林为我家亭林"之意，稍涉于私，于理似无碍。至他日改题"先儒顾氏之位"，跻于两庑陆清献、汤文正之次，必能大慰。菘翁持论之心，而亦印所乐于捧爵以从事者也。贵先贤蒿民先生堂额，敬谨题就，同年陆殿撰(增祥)书成("笃行垂芬"四字)呈上，即希赐鉴。天寒风雪，伏冀道履珍摄不宣。弟韩印顿首。(按：亭林题主字，日记未载。考全谢山《鲒琦亭集》，有《亭林先生神道表》一篇，殆即宋议所据欤？森注。又，亭林先生于宣统年间，朝廷允廷臣议，与黄梨洲、王船山两先生同祠两庑，惜诸先生未及知其事也）。

二十九日(2月6日)　恭祀本家五祀之神，恭祀先祖于正寝，祀外家诸戚，祀先师陶半帆先生。以先师无后，祀已三十余年矣（先生年终之祀皆如此。偶录之，以见先生孝敬之心数十年如一日。即此非吾辈所能及矣。森注）。

卷十五

咸丰三年癸丑(1853)[①]

元日(1853年2月8日) 谒祖先神主，暨本家五祀神。毕，坐东轩，录师友手札竟日。

元日(2月8日) 漫书：(一)宜春写就笔纵横，好句无心取次成。病里恋身还恋世，花时怜雨更怜晴。南瞻烽火长江隔，东望楼船海水清。安得普天销战伐，尽抛金甲事农耕。(二)千家爆竹夜将阑，晓色曈昽雪渐干。梅树吐花刚破腊，春风吹面不知寒。愁来忧乐关天下，兴到江湖走笔端。欲借深杯浇块垒，呼儿为整五辛盘。

初三日(2月10日) 孙婿朱被表来。

初五日(2月12日) 录《周礼今古文疏证》起。

初六日(2月13日) 儿妇携孙婿洪达、注苍往陈村，恭祀祖先神主。

十一日(2月18日) 阅字书。

十四日(2月21日) 题吴紫莼《匡庐小影》：(一)清吟自与俗尘疏，抱膝翛然兴有余。悟得此生皆幻寄，一拳便可当匡庐。(二)开先瀑布有清音，他日偕君挈杖寻。展画摩挲先有约，孤松同此岁寒心。

十九日(2月26日) 挽吴竹溪襟丈：少日追随老未忘，韦家子

---

① 原注："先生时年六十有六，仍署徐村老农。"

婿忝前行。而今回想都如梦，老屋谁寻玉镇坊。人家雏凤尽清声，月旦频移旧日评。婚嫁未完身已没，看君垂泪却心惊。

新阳陈侯筑围植桑纪绩碑记：农桑者，衣食之本，固小民之所自为计，然上之作兴劝导不可少也。夫“一夫不耕，或受之饥；一女不织，或受之寒”，饥寒并至，而禁其为非，晚矣。此古之善为治者，端本澄源，必以农桑为首务也。伏读圣祖仁皇帝上谕十六条，其四条曰：“重农桑以足衣食。”大哉王言！岂非以衣食足，而民始可教化？裕民之本，即致治之原。而县邑大夫身膺民社者，所宜承宣者欤？吾新阳为昆山分县，民事水田为业。自三江失故道，始病在水旱。故地瘠而民贫，厥田下下，厥赋下上上，错而吏兹土者，因以为难治。此无他，不探其原而徒事其末故也。咸丰纪元，江右陈侯来，莅政逾月，讯民疾苦，知大潦之后，民庶艰食。既班春劝农，即督绅士率郊之民，培围岸而坚高之，纪工者以万计。官不知费，民不惮劳，岁以有秋。又因劝农，遍观原野，见其多旷土也。其明年又督之，以植桑，亦以万计，俾妇女事蚕功，以补田畴之不逮，曰：“庶几哉！”其交相为养，而民益知务本乎？庶几民衣食不阙，而吾教化可施乎？于是，绅士父老咸知大夫之意，因欲使吾民沐浴于圣化之中，而偕之仁寿也。固不菲薄吾民，而保若赤子也。盖尝读《诗·豳风》及《孟子》书，多言田里农桑畜牧之事。知先生所以致治，而至比屋可封者，端在于此。侯当凋敝之秋，而殷殷如此，其知治本者哉！然则吾民当如何而为善承侯意也？佐侯谋其事者，为士友徐凤翼、夏庭芳等。一日来谒，余文曰：“将以纪侯之绩，且为斯民劝。”余观侯之仁心流溢，有可概见矣。异时，黄云栖亩而桑柘成阴，童叟熙熙，而妇子竞劝。伊谁之赐哉？知必有纪侯之绩，而垂之永永者，余文其为嚆矢矣。夫侯讳某，号月湖，江西某县人。前后董其事者为某某，例得附书（陈侯植桑之政，在吾未生以前，旋遭洪、杨大乱。未闻父老言及此事，而碑文亦不知勒于何处，桑固未尝有也。及乱平，新令巴江廖侯纶亦以蚕桑劝民，捐助桑秧，而领者不种，种者不培，卒以枯死。光绪季年，新令镇海陈侯绍唐又劝民植桑，捐买数万株，领者益少，种者不多。今皆销灭矣。岂因吾乡低洼，不宜于桑欤？抑民多游惰，不自治生也？吾闻廖侯移任无锡，振兴蚕桑，至今富庶。吾民闻之，其亦慕而生愧耶？森注)。

匡庐峰高高插天，紫翠朝夕随云烟。上有拿空隐日之长松，下有奔崖走壑之飞泉。何当与子住廿载，如此山林夙所爱？吟声恰和松泉声，五老苍颜日相对。东林社，开先寺，我独胡为尚泥滓？还君画图心茫然，布袜青鞋何日始(此诗无题)？

廿二日(3月1日) 有忆：南园久已断经过，遥想梅花落渐多。野屋荒凉谁管领，酒尊期会正蹉跎。韶光二月已将半，乐事一生能几何？赖有邻家春可惜，胆瓶斜插在行窝(此诗当是前数日作，补录于此。故有"二月将半"之语也)。

廿五日(3月4日) 读《儒林正论》《顾阿瑛选元人诗》，亦号《玉山雅集》；刘璋圭甫《书画史》、昆山人龚贤《诗遇》、郭翼《林外野言》二卷。

廿六日(3月5日) 惊蛰节：融融淑气遍郊原，已见东风到到荜门。鹊侣弄晴喧独树，鸡雏趁暖啄颓垣。芜痕绿未匀葭渚，柳色黄先摇酒村。蜡屐安排追逐队，好将笑语慰惊魂。

廿七日(3月6日) 将以来月初旬具木，题曰"夕可庵"，因赋怀：百年波浪汨迷津，桑扈何时却返真。载板聊为赓旧咏，饰巾行且见先人。贱贫难慰澄清志，老病徒伤饥溺神。闻道未能身待死，此生终古叹沉沦。

二月初三日(3月12日) 闻贼兵围金陵，夺龙潭驿，一股入凤阳，一股至镇江。

初六日(3月15日) 有怀梅心旧居傍桃花：清江一曲抱书堂，旧种桃花恰傍墙。开处记当风日好，赏时还觉酒杯香。此身作客无归计，异地逢春欲断肠。白首回思人已老，同时酒伴尽沦亡。

题席晨生丈《海山缥缈遗照》，令子松乔少府属题：(一) 吟梅仙馆小淹留，一隔仙凡又几秋。展卷须眉浑似昨，怜余添白几分头。

(二)飚轮此去侣飞仙,水鸟山花不记年。梦里要寻君住处,海天何处觅成连。(三)十洲大有好楼台,回首人间洵可哀。不忘三生留纪莂,尘缘一尽也随来。(四)仙山闻说但烟霞,水石槎牙去路赊。可有避秦人住处,相烦洞口指桃花。后二诗自改,并录:(一)幔亭高会隔尘寰,自堕虹桥路莫攀。一唱人间可哀曲,羡君生死太平间。(二)仙山太古足烟霞,煮石餐芝别一家。尘世那寻避秦处,空闻洞口有桃花。

道光丙午年,采访孝子一人,节妇无事实十八人、有事实者二人,贞女一人。系根经手查报,廿八年出详,十二月奏准旌表。

孝子赵时,字敏来,昆山人,有至性。甫能行,知伺父母颜色。十岁读《礼记》,至"视于无形,听于无声"二语,废书而叹曰:"古人之事父母于无形声者尚如是,况其征于形色者乎?"自是益孝谨。一日,邻家失火,延烧其居。父升屋救,几及火。时孝子年十一,耸身升屋泣阻。父下,火亦寻灭。又尝侍父行舟过泖湖,风急帆侧,父立船头,堕于水,舟人大呼。忙迫间,帆不得卸。孝子已跃入水中,舟人骇极号叫,而孝子从洪波中抱父而出矣。邑人杜纲有《孝子传》。

贞女某氏,叶二妻,新阳县盛泾村人。氏为二养妇,翁士祥及姑甚怜其淑慎。二年十八岁病故。士祥无他子女,泣谓女:"盍改适他姓?"女曰:"我已许叶氏,且翁姑年老。我去何所恃?"卒留,养其翁姑。食贫励节,养生送死,年五十余卒。

十九日(3 月 28 日) 扫墓作(见《隐求堂诗存》)。

廿一日(3 月 30 日) 立志,所以植其本;居敬,所以持其志;穷理,所以致其知;躬行,所以蹈其实。《大学》只是诚意,诚意之至,便是至善。《中庸》只是诚身。诚身之至,便是至诚。善者,天地本然之意,所谓正命也。为善则适得其正,命何不顺之?有福之有余,非余也,亦天地生生之心也。惟君子为能导迎善气焉。尔中人之于分也,则已不足。不善人则又逆而背之,故孟子不但以顺受为"顺受",而必以尽其道为"顺受",不但曰"夭寿不二",而必曰"修身以俟之",而后可立命也。溺心于邪者，必有鬼附之。专心于正者，必有神依之。管子曰："非鬼神之为也，精诚之极也。"

《诗》不必篇篇是美刺，《春秋》不必字字著褒贬。《诗》贞、淫并采，而其教归于正人心。《春秋》善恶并书，而其教主于存天理。

萧疏篱落净无尘，宜此幽闲对野人。但约松筠同晚节，任他桃李媚初春。新诗似我三分瘦，清梦寻君五夜频。憔悴梅妃今在否，亭亭素影若为真(此诗无题，当是咏梅诗)。

廿六日(4月1日) 作：一生佳日几淹留，况是衰年抱百忧。残梦故园花树会，旧游灯火酒家楼。岁华投老多增感，节物惊心少倡酬。闻说芳园还似昔，只无佳伴可同舟(此诗复"佳"字、"家"字、"园"字，而"家"字在上下两句中)。

廿七日(4月2日) 入城，至集街得顾亭林《左传杜解补正》一卷，仅青蚨六文(时何桂清为江苏学政，岁试案临昆山。森注)。

豆花深紫菜花黄，红是桃枝绿是杨(潜之《旧与澄源登东城闲眺》句)。今日登临成一慨，可怜依旧好风光。

圃中紫荆盛开偶占：风鹤惊心鬓更华，一春不雨定风沙。连枝棣萼凋零尽，愁见田家旧种花。

桃花：愁眼看花不当春，任他开落在风尘。干戈满地今何世，可有仙源好避秦？闻风鹤已抵常州，故有是作。

归子骏(叔永)著《通鉴类编》《灌畦余录》《字学放要》。

二月初七日(4月14日)①　节录程香轮《吸洋烟诗》：送穷难去剩烟藤，缠账年年解未能。丹粒日分颜巷米，兰膏时续董帷灯。放怀自作非非想，入定应超上上乘。我是现身来说法，莫从故纸漫钻蝇。茫茫如梦误于烟，错入圈中已廿年。不觉渐成长命债，岂知早授一灯传。本来面目今何在，耗尽资财更怆然。骨立肩寒原自取，溅溅清泪有谁怜。一嗜香烟变性情，吹残休问短长更。如花妻妾空怜爱，知己

① "二月初七日"：当是"三月初七日"。

亲朋失款迎。好月好风全不管，学书学剑两无成。渐教形瘦同孤鹤，对镜偷看暗自惊。烟场游荡日神驰，自困牢笼不自知。始错路头终错路，得便宜处失便宜。胡为贤者亦乐此，翻怪乡人皆好之。失足遂成千古恨，丈夫气馁断肠时。追悔从前爱若狂，为烟痴处为烟亡。噬脐回首嗟奚及，坦腹终身转自伤。玉质炼成黧面目，冰心染就黑肝肠。平生情性难更改，似入温柔老此乡。勇退曾谁向急流，香波日夜任沉浮。只图行乐终难乐，为爱消愁反买愁。无药可医心里病，有钱仍惜赘中疣。人人多道烟当戒，几见吞钩得脱钩。美饵贪时是祸胎，心乎爱矣自为媒。金钱浪费知无益，烟火缘深折不开。卜夜有人且待旦，寸心未死总难灰。怜香须立怜香品，莫把斯文扫地来。黄金铸得终身错，色化香销顷刻空。不过烟云供眼底，何曾渣滓在胸中。消除火气徒添腊，瘦损孱躯渐鞠躬。生纵百年醒日少，床头埋没几豪雄。闭户相吹到夜阑，自甘自弃自摧残。明明绣榻生埋玉，隐隐寒灯送盖棺。头角倾欹非故我，田园萧索付长叹。况兼不及中人产，纵是河流亦易干。引类呼朋若弟兄，联床风雨夜三更。虽凭臭味为投分，似藉吹嘘始得名。日在梦乡忘觉路，时空阿堵困愁城。烟花本是迷魂阵，何必贪痴误此生。莫教烟引渐成魔，日月牵缠却奈何。田地吹完空复尔，衣裳烧尽竟无他。早知鸡肋抛难得，谁肯猪肝累最多。幸勿世人轻错爱，一经错爱苦中过。一吹烟矢被人嘲，万苦千辛不肯抛。坐到场完鹅引颈，分来掌上燕归巢。指头搯破方成粉，津液揩干始得胶。草荐半张灯一盏，鸡鸣风雨话穷交。深入人心分外奇，不知不觉渐难支。量增似蔓随时长，兴发如潮有信期。晨纵闻鸡谁起舞，夜非爱月也眠迟。于今孰是中流柱，磨不磷兮涅不淄。

香轮广宁，名诸生也。工诗文，尤精指书，性嗜烟，既而悔之，因作《洋烟诗百咏》，一寓欣羡，一寓劝惩，见者称佳。因摘录十之一二云（“指”疑“楷”字之误）。

“君子居是邦，不非其大夫”。时事之不可为，由积渐使然，亦非一人之罪，岂可以旋乾转坤之事概责之者？且草野中，既无其责，亦不宜为出位之论。若以圣贤之道绳人,无论庶民至宰相,何人无不尽分处?孔子曰:“躬自厚而薄责于人,则远怨矣。”圣人立言,原不为远怨而设政,欲人“躬自厚而责己严”耳。盖大凡开口便责人者,必其不曾自责者也。吾辈宜为切戒。

前人规垣宿野之理。北极周回七十二度,常见不隐,谓之“上规”。南极七十二度,常隐不见,谓之“下规”。二规之中,相去一百余度。其最中为天之纮带,纮之内外三十度许,为日月五星之行,谓之“中规”。三垣者,北极为紫微垣,在尾者天市,在翼者太微。紫微为宫寝位,盖本居所之义。太微为朝廷位,盖取向明之文。天市为明堂位,盖因出震之理。此或其意之可推者也。若曰某星为相,某星为将,某星为后、太子,则吾不知也。二十八宿分四方者,盖以云汉升降定之。云汉,阴气也。列宿,天中也。云汉之气,与列宿始交于申,势极于亥,降交于寅,沉化于已,潜明于午。阴气循环,于是为著。故四维之限,因以定焉。阴气之升为西为北,阴气之降为东为南,天之道也。故今知列宿之分,而不知其所以分。或者乃以日躔所次而目之,不知轨辙东差,斗分易位,即或南至,长在虚危。而祖冲之所谓“春躔义方,秋丽仁域”者,亦不可得而强说也。宿象分列,则东者发生之象,南者文明之符,西者兵刑之属,北者空亡之乡,抑或其理之可求者也。若曰某星为箕中之糠,某星为房中之键,则吾又不知也。星土之文,见于《周礼》,杂出于内外传诸书。其说茫昧,不可究穷。至一行,而始有“两戒河山之说”,盖水土之精,上为云汉。云汉之经乎天,如山河之经乎地也。故以河山为限,而后区域可分。以云汉为章,而后分野可名。列宿之在天中,犹九州之在地中也。列宿者,日月五星,光耀经焉。九州者,礼乐五常,人文萃焉。故列宿者,九州之配也。江河之首,发于岷蜀秦陇之虚,尾没于勃碣扬吴之境。故云汉升气,交于井、鬼,为秦蜀分。云汉降气,交于斗、箕,为燕吴野。此又或理之可通者也。然至于晋、鲁、卫、齐,以负海而跨河,得乎云汉之升。宋、郑、楚、周,以四达而宏衍,位乎云汉之降。语其凿然者,固不可得而尽知矣。又况南疆日辟，而宿度不移。河道既改，而星土不迁，则分野之书，吾又安敢以殚而信之哉？是故观察天地，而为理之所不可推者，君子阙如也①。

十七日(4月24日) 偕友睦和庵看牡丹即事：(一) 娄城废迹剩桑麻，一带荒林噪晚鸦。佛殿有人携杖履，影堂无竹挂袈裟。题梁字在悲尘劫，访旧春残感岁华。惟有翩跹双蛱蝶，春深还逐短篱花。(二) 避地荒郊感寂寥，偶寻古刹话前朝。老僧化后钟鱼寂，莲社人稀佛火销。剩有砌花娱俗眼，了无好句写经寮。晦堂山谷因缘在，太息岩阿桂已凋。

十八日(4月25日) 咏僧房牡丹：雨足庭空树影斜，春光小驻野僧家。荒村野店难逢友，禅榻茶瓯忒负花。谱欠名人为品藻，诗因尢物让风华。彩云过眼真如梦，著意追摹与客夸。

同人过睦和庵：闲踏春泥步屟来，佛香一缕出经台。寺门流水清如旧，又见墙花绕院开。慈竹林中一径微，记曾携伴叩禅扉。香溪莲社如能续，来借西天坏色衣。

陈杏庄(厚德)、罗梅亭(文烇)，不得以其为吏胥也而忽之。杏庄为新阳礼曹掾，言谈间，每以风俗人心为念。梅亭掌区税，临财不苟。是二人者，虽士人亦难之。杏庄已亡，梅亭亦老矣。

二十日(4月27日) 入城，即往西寺前取所裱黄陶庵、顾亭林二先生像。访叶舟上人，则往沙家村庵住矣。

题《钱松庵姻丈照》：偕隐桑麻有古风，高情不与世人同。过从每在春秋暇，感旧都忘笑语中。阅世看君真有道，衰颜似我亦成翁。一杯桑落心无事，午后携筇入梵宫。

廿四日(5月1日) 坐雨杂书：(一) 西粤惊闻斗虎豺，军烽不道逼南来。星缠牛斗妖氛恶，江绕淮扬幕府开。李广旧传飞将号，班超终仗定边才。捷书未奏明光殿，斫地长歌壮士哀。(二) 三载连兵乱

---

① 此段录自李光地《榕村集》卷二十。

未戡,诸公窟室醉犹酣。犬牙相错防宜密,狼子难驯性岂谙。烽火又延瓜步北,挽输久绝大江南。何人帷幄筹先定,会见奇功虎穴探。(三)海角咸田废不耕,萑苻此日尽饥氓。牢盆分逐锱铢利,鱼釜真偷旦夕生。并用恩威非下策,能安反侧在先声。蓼斋议在偏高阁,硕画终当念老成。(四)何人洒血誓勤王,封事稀闻敌忾章。缚炬几曾驰北漠,借师翻欲仗南荒。金绘有策甘居下,团练无谋孰用良。提醒终须忠孝字,非关旗鼓怯戎行。(五)东南运漕役夫劳,一线河渠达万艘。改任朱清只召乱,分权徐凤岂功高。黄头古有占奇梦,赤帻今须慎此曹。麾散未能留不可,颇闻亡命作逋逃。(六)休论风鹤久传讹,百里偏隅政太苛。符下贫民方鬻女,讼停健吏正催科。穷村凋敝余粮少,邻郡流亡入境多。上策最先民志固,世无召杜欲如何。

题《黄陶庵先生像》:两间正气,光岳列陈。人曰浩然,塞乎无垠。先生于道,守领神契。发为文章,鲸铿春丽。义利之介,剖析豪芒。与不义而生,宁义而亡。运际阳九,亢龙有悔。日月虽沦,而斯心不昧。堂堂遗笔,血痕犹青。至今浩气,为风为霆。仁者必勇,非为气激。撑拄纲常,铜墙铁壁。百世之师,道义干城。遗像有赫,于虖先生!

题《顾亭林先生像》:三代而后,王霸杂糅。道统治统,划若鸿沟。理学经济,亦歧而二。吾道斯湮,谁职其志?千载著作,纷似牛毛。先生后出,天挺人豪。内圣外王,囊经括史。坐言起行,合乎道揆。圣有作焉,其言宜庸。胡存其说,道莫之宗。《利病》有书,《日知》有录。经纬天地,曾不三复。徒令儒生,训诂是争。比彼清谈,几于好名。何关道治,识者兴慨。买椟还珠,纷纷几辈。先生有知,能不嗟而?道无终晦,五百是期。

四月初五日(5月12日)　借《天下郡国利病书》读起(共一百二十卷)。

初六日(5月13日)　入郭,至新阳学署,访韩介翁师,坐谈。

初七日(5月14日)　钞顾亭林先生《日知录》之余。

初八日(5月15日)　钞《日知录》之余竟日。以韩介孙师欲观故，写本赠之。

十二日(5月19日)　跋《日知录》之余：昔者孔子因鲁史之文，作《春秋》，盖以明王道，垂世法，非如史臣之专以纪事迹，寓褒贬也。读者罕明此理，而顾以史策视之，谬矣。孟子曰："孔子成《春秋》而乱臣贼子惧。"孟子之云，乃谓后世人主，诚明乎《春秋》之义，则经事知宜，变事知权，一切功利苟且之说，不能炫惑其志，而有以销夫乱贼之萌，亦非但谓《春秋》诛意原情，而乱贼知惧也。三代以后，至治鲜臻。命世亚圣之才，亦不世出。亭林顾氏具王霸之略，遭逢世故，身废不用，以其抱负，起而著书。其论道也，为往圣继绝学；其论治也，为万世开太平。《日知》一录，不徒托之空言，而欲见诸行事。故多引前史，具载得失，为有国者之炯鉴。历数立言之士，如司马之《资治通鉴》、真氏之《大学衍义》，指不多屈。是当前后刊行者为若干卷，世已共见之矣。兹五卷，乃先生诠次而未经论说者，亦有刊时删去之者。然而当时立言之指，固有在也。往年得之先生之后裔，久藏未出。咸丰纪元，江浦韩先生介孙司训吾邑，课士实学，追慕前修，建亭林祠堂于玉山书院之左。尝以书来，议先生木主题字，盖诵法先生者久矣。一日，晋谒讲堂，询及此书，乃手录以赠。漫书数语于卷后，盖亦曰顾先生成《日知录》用，而后天下之至治可得而几也。世多阎潜丘其人者，故僭为著明之，以谂读者。咸丰三年癸丑夏，孟邑后学潘道根确潜氏拜跋。

十六日(5月23日)　录《节烈题名》，于邑志《补遗卷》中。

一生佳日几淹留，况是衰年抱百忧。残梦家园花树会，旧游灯火酒边楼。岁华投老偏增感，节物惊心少倡酬。闻说芳园原似昔，只无清兴棹兰舟。

十八日(5月25日)　绿阴成幄鹁鸠啼，荒径幽寻独杖藜。浩荡春光成一梦，荼蘼开尽剩虞兮。

圃中植桃数株，四月方开，有作：麦黄天气尚余寒，欣见绯桃开未残。近夏几忘三月过,余春似备隔年看。自怜穷老抛吟兴,不信花神出化权。倘植满蹊无别树,避秦有地足盘桓。

廿四日(5月31日) 程巽隐,名本立,字道原,伊川裔。远祖裔自开封徙杭,曾祖鹏自杭徙秀水崇德。父德刚生公于凤鸣里。公少有大志,闻金华朱彦修兄弟得考亭之学于许文懿公,乃往就学,造诣日深。洪武丙辰,举明经秀才,擢秦府引礼舍人,召见奉天门下,赐马匹楮币。在任五月,以母丧去。庚申服除,补用府礼官。从王之国大梁。丁卯,从王朝京师被累,谪云南马龙他郎甸长官司吏目,留家大梁,以一仆之任。部夷叛逆,单骑深入,谕以祸福。诸夷感悦,边事以息。戊寅,奏计京师,皇太孙即位,府尹向瑶、学士董伦荐入翰林。纂《高宗实录》成,调江西按察副使。靖难兵入,遂自尽死,追夺恩典,并籍其家,无余赀,时称清御史。昨读《程巽隐集》,无序文,不知其人始末。兹从《拊膝录》节钞(案:下"裔"字,疑因上"裔"字而衍)。

廿五日(6月1日) 钞《从亡随笔》(程济)。向晚,朱鉴泉秀才来,携诗稿、《续宅京记》去。

廿六日(6月2日) 写《拊膝录》(刘琳、玉海子),阅史翰林《致身录》。

廿八日(6月4日) 写《逊国逸书》上册毕。

廿九日(6月5日) 写下册起。

五月初一日(6月7日) 舟行入城,访徐蘋翁于娄曲新居,盖客冬迁居于此。开屏间自撰"友嫌三径僻,我喜一枝安。书室楹帖有,少不如人何。况老衰犹作,客只因贫之"句。谈十年别况,丈年已七十矣,而丰采如故。承留饭,别去。入城,至罗汉桥、众安桥两处探亲友。出郭,附刘麦舟回。天气甚暄,归家浴。

初二日(6月8日) 写《拊膝集》毕。还《逊国遗书》《贝清江集》《程巽隐(本立)集》三种。借《杜樊川集》,灯下阅之。

十五日(6月21日) 借书,移植秋葵。《汉宫秋》《雁来红》,录《昆山艺文考》。

《四时读书乐》诗，据《仙游县志》，县人翁森作。森字秀卿，号一瓢，宋亡后隐居不仕，著有《一瓢集》。

十六日(6月22日)　撰《昆山艺文志考》。

十八日(6月24日)　借读《郭氏家传》、《易说》、张淳《仪礼识误》。

"君子得舆"，言《剥》变而为《复》，"小人剥庐"，言《剥》尽而为《坤》，皆以象变言。"硕果不食"，以上九阳爻言。

十九日(6月25日)　读《郭氏家传》《易说》。

二十日(6月26日)　录《昆山艺文志考》毕。

廿四日(6月30日)　访西溪，借桐城方中履(素北，以智之子)《古今释疑》十卷。

廿六日(7月2日)　读宋叶大庆《考古质疑》。

廿九日(7月5日)　喜疁城姜秋农见过：荒江老屋几人寻，喜子扁舟泊柳阴。匿影田间头总白，论交世外语偏深。风尘澒洞此时泪，云树相思异日心。珍重千秋留著作，不愁牙旷少知音。

六月初三日(7月8日)　为俞幼龙钞崔紫虚真人《脉诀》。至荷花塘访俞幼龙，致与尊甫漱翁书并菲物，及借钞本《医学读书记》，取薛一瓢《湿热论》归。

初四日(7月9日)　读《易象意言》(蔡渊)、《胡文恭集》四十卷(胡宿)、《敬斋古今注》(元李冶)、《春秋传释例》(刘敞)、《五经算术》(北齐甄鸾)、《岭表异录》(唐刘恂)、《古今质疑》(宋叶大庆)。

初五日(7月10日)　读《刘氏遗书》(端临)。

初六日(7月11日)　阅《日知录》。《洪范》"于其无好"下，"德"字衍文。《史记》无"德"字，《集解》引郑注亦无。《乐记》"然后圣人作，为鞉鼓控揭埙篪。此六者，德音之音也"(按：此节当在"君子之所好者，其溺音乎"之上。因上文亦有"此之谓也"字而致错简)。

初八日(7月13日)　作：四年七十欠平头，学道空名老可羞。自笑一生同蝻蝂，了知万事等蜉蝣。寡欢元亮惟逃酒，老病长卿久倦游。白饭两瓯书数卷,此身天地托虚舟。

东郊小步(见《隐求堂诗存》)。

初九日(7月14日) 出诊,抵家已晚。接关王庙来信,知甥范辰生患衄病亟,儿子往东来,要亟添力往关王庙,则甥已于申时弃世矣,痛哉!成婚仅九十四日,族无可嗣者,年仅二十二。余乃留,遣舟回,与梁梓溪商办丧事,竟夜未寐。

十四日(7月19日) 绿阴:(一)斜照依微映短墙,浴蚕天气日初长。楝花落处低金钥,梧叶生多覆井床。乳燕书堂帘雨润,睡鹅池馆午风凉。旧时独凭阑干处,又见螟衣上书廊。(二)柳絮如花扑眼前,群腰一带更芊眠。林皋黯黯连三月,门巷愔愔又一年。流水有情还似染,飞花无主但随船。携尊遮莫钩帘赏,不放斜阳到酒边(此二首似录旧作)。

录辰生遗诗《初夏村居》:(一)团蕉护短樊,无事掩柴门。花落鸡惊舞,人来犬惯喧。竹深添瘦影,水阔涨新痕。既赁皋通宅,先颜百可轩(今年下榻梁氏)。(二)一曲水围村,莳花学灌园。胸中无俗想,门外脱嚣烦。案积书千卷,宾携酒一尊。士能名百世,直可小乾坤。(三)远山青对门,窗绿竹低翻。雨过庭阶润,晴开钓石温。梁泥增燕垒,村社散鸡豚。莫笑村居僻,萧然布素尊。

涵溪来诗(近刻《归庵诗稿》,查此十首不在稿中,想以粤乱遗失,录之。森注):(一)何事趋炎热,幽居遣兴长。丛篁分北舍,疏柳出西墙。野藿朝充馔,溪风饱纳凉。农歌四野出,景色胜他乡。(二)中宵汗如雨,愁坐向檐楹。灭烛流萤入,排窗黠鼠惊。烟尘正辽阔,参伐不分明。极目林昏黑,迢遥北斗横。(三)窄径疏篱绕,居然老圃家。剪余高士韭,乞得故侯瓜。室陋巢无燕,林深暮有鸦。但逢沮溺辈,款款话桑麻。(四)海上天如赭,空中火转轮。无因呼日御,一念荷戈人。梦忆风吹垢,狂思雨洒尘。何方能却暑,桦桰自轮囷。(五)林樾前朝寺,菰蒲十亩池。烟斜野鸟度,风定白鱼嬉。觅径探孤往,逢僧说乱离。且寻莲社约,好与远公期。(六)门巷没蒿莱，庭阶上藓苔。灌园生计薄，开卷古人来。爱日培萱草，防饥壅菊荄。腐儒粗粝外，野马与尘埃。（七）晓起科头坐，轩窗也自凉。争枝纷燕雀，聒耳沸蜩螗。小草空沾露，葵花独向阳。静中参物理，执卷问农黄。（八）日夜江河下，临风感索居。注《骚》沉饮后，种豆放歌余。老至思年少，时危悔学疏。行将谢时辈，风雨闭茅庐。（九）避世我何敢，劳劳愧此生。携藏飞鸟翼，转侧候虫鸣。市侩求王烈，经书事管宁。中林有同调，漆室岂无情。（十）褊性宜樊圃，吾师有老农。著书悲俗薄，一饭愿年丰。世变离忧积，言真道气浓。孤村环带水，云树望重重。

十七日(7月22日) 哭范甥辰生：（一）人生谁不死，痛汝是英年。有妇穷难活，无儿经莫传。空闻仁者寿，徒使路人怜。白首余年几，凭棺为怆然。（二）寒宗已衰弱，外戚亦凋零。同辈皆黄土，汝曹各泛萍。谋生嗟涸鲋，授读聚乾萤。只有空山柏，霜柯依旧青。

十八日(7月23日) 借刘原父《春秋权衡》、张洽《左氏集》、刘氏《春秋传》于西溪家。

二十日(7月25日) 写《春秋权衡》。

廿一日(7月26日) 书辰甥六月六日来书后：晤期空说要秋初，一病谁知尽属虚。不是数行偏爱惜，此书来后更无书。

廿四日(7月29日) 入城，得《贤弈琐词》十二卷，价仅八文。

廿八日(8月2日) 写《春秋权衡》第六卷毕。

（一）连村桑柘起炊烟，父老长年绝县前。春夜看灯秋饮社，仁宗皇帝太平年。（二）乡农背上书军号，商贾船头插战旗。六十余生成噩梦，不知今日是何时。

七月初六日(8月10日) 作：沧洲偕隐未能酬，烽火音书只百忧。岸草江花还刺眼，好风迟日又从头。已知出处由天定，且拟登临写旅愁。试看邛山碑碣在，何人勋业不公侯。

廿四日(8月28日) 和漱六《秋日感兴》韵：（一）愁病昏昏寄茗柯，秋来旅思竟如何。乱中谋食生涯少，江上怀人风雨多。自拟此身同蒲柳，那知满眼足干戈。遥遥丹旐无消息，望断皋城渺逝波。（二）莫觅安居卧一丘，言愁如我岂无愁。九阍虎豹深谁叩，下里征徭竭尚裒。鹏鸟抟身风未怒，桂枝撑破月难修。饥无民食寒无褐，总为苍生廑杞忧。（三）烽火饥荒祸恐连，海潮一怒竟摧坚。穷氓抱布虚宵织，修士长饥但昼眠。（四）餔啜何能随渔父，箪瓢且自守颜渊。近闻大将思歼贼，奈此纷纷遍海壖。（五）宋玉悲秋意深酞，新诗快读豁心胸。君真吟咏追前辈，我已钼犁托下农。壮尚输人今并老，勤犹莫补况成慵。但余气味相投在，上下相随云与龙。

廿六日(8月30日)　接叶涵溪来札：久疏笺候，殊深轸结。生逢斯世，忧何可言。三城未复，终有不测之虞。敝邑劝募助饷，应者寥廖，半由无力。然此举奉有谕旨，君父有急，岂容漠视？苟有人心者，自当量力捐助。此即畎亩间君臣之义，不知贵邑已行捐办否？去年漕米，邻近停搁不征，粮户亦竟抗然不纳。虽系从前不肖有司浮收勒折，以致尔尔，诚属可愤。然国家正供，何尝颗粒多取？当此军需紧急之时，理应陆续输将，不可愤地方官之浮收，而有责于国家也。十三日，畹民啸聚，几致不测。赖汤学师李尉劝令解散，州牧又檄镇令郑侯赴畹慰谕，给以钱文，始尽行散去。养痈以涂目前，必有溃决之日。思之可为寒心。敝地木棉每斤不及卅文。花仓伊迩，佃户殊无意纳租。今冬漕事，如何措置？弟之臆见，惟清漕一著，可以济事，可以弭乱。且此时有司贪懦，渐知中少味，或以图安为志，未始非漕政之一大转机也。诚得苏、松、太三郡绅袍号呼大吏，动以祸福，以情度之，当亦有俯从之者。否则，巨挺白棓憪然假漕为名而起，外寇未殄，内衅又作。此时虽有智若良、平，勇若贲、育，将何以施哉？阁下与石翁乐善好施，心存利济，弟素所钦慕。愚以为救济之事，当今急务，莫有急于清漕弊而安反侧者。虽事体重大，非草野所与知。然如人得危疾，苟有奇方，亦可以献诸病家，不必身自为医也。石翁屏迹山中，久不得其消息，心尝念念。其于郡中绅士，相识甚多，岂无高识前见？灼见其事之可行，阁下盍一访之，与为商榷，为阖郡绅士剀切言之？许抚军(乃钊)生长浙中，目击其弊，为人素号贤明，谅不以此言为河汉。或能允行，则数十年之积弊，一旦蠲除，弭将乱之形，苏数百万垂毙之民，为国家培数十州县之元气，且民心欢悦，和气致祥，么髍粤寇，何难殄灭？敝地绅士，循谨而巽懦，未尝不以此为私语，而终然坐视？此某之企望于石翁与阁下，不避劳怨之君子也。若以为出位妄言，缨发乡邻之斗，则某亦甘受其咎矣。惶恐惶恐(案：札中“绅袍”，疑“绅衿”之误)。

八月初二日(9 月 2 日) 题唐邃洲先生《墨菜卷》(见《隐求堂诗存》)。

八月初七日(9 月 9 日) 复善堂诸公书(见《晚香书札》)。

初十日(9 月 12 日) 偶过柴巷访旧，入门审视，乃四十年前从先师东田先生读书处也。轩窗、竹石依然如故，为之怃然：四十余年此地违，重来芳径尚依稀。嗟予似化辽东鹤，城郭依然众尽非。

十二日(9 月 14 日) 闻太仓戒严，即嘐之乱民滋事。夜中，紫蘅来。

十三日(9 月 15 日) 接叶涵溪八月十一日札：时事至此，夫复何言？裕仁现在轮司小西门管钥，不得脱身，家眷今在凌家浜。破屋数间，已分抛弃。流离辛苦，饥寒切身，亦在所不免。惟以“义命”二字，牢牢把住，“素患难，行乎患难”，志气尚不至颓丧耳。城中大局，已成瓦解，不胜愤叹，脱有不虞。虽不能杀身成仁，亦不至乞哀求活也。

廿三日(9 月 25 日) 一函谅达紫蘅兄。过舍后，久不得吾丈消息，念念。八月初十灯下。

十七日(9 月 19 日) 体中不佳，服药。黄昏，叶涵溪翁同其令亲陈君自凌家浜拿舟来访，余以病躯不能展待。承至床头谈时事，同为扼腕。是夜，西翁同来，因邀涵翁、陈君宿其家。

九月初五日(10 月 7 日) 病中偶作(见《隐求堂诗存》)。

廿五日(10 月 27 日) 痢止，两日夜睡安适，卧阅《医碥》。

廿六日(10月28日) 阅《温飞卿集》。

廿七日(10月29日) 卧阅顾亭林先生《菰中随笔》。

廿八日(10月30日) 阅《菰中随笔》竟。

廿九日(10月31日) 阅《施愚山集》。

十月初一、二日(11月1日、11月2日) 仍阅《施集》。

初三日(11月3日) 阅《南宋杂事诗》。

偶见芄兰即事:入夏劳劳事有程,荒园仄径未经行。孙儿偶向床头弄,又见芄兰结子成。

瓶内供芙蓉有感:荒园叶落渐堆黄,剩有幽花发拒霜。折得一枝扶病看,频年多负好秋光。

伏枕看书:病眼看书只暂开,江村收获少人来。正愁长日难消遣,且向陈编看一回。

初四日(11月4日) 仍阅《南宋杂事诗》。

初五日(11月5日) 阅《韦苏州集》。

初六日(11月6日) 祀先感赋:寒衣节过露霜濡,东望松楸涕泪俱。家业渐如黄叶落,弟兄痛杀雁行孤。穷居那遂山林愿,老病偏增药石须。追远聊陈鱼菽祭,酒卮到得九泉无。

悼李兰舫:汝父中年逝,萧斋我怕过。床书留墨沈,窗竹蔓藤萝。有子崭头角,惊心又折磨。白头大母在,痛绝欲如何。

初八日(11月8日) 阅《曝书亭外集》。

初九日(11月9日) 阅《明纪遗闻》。

初十日(11月10日) 病中忆马鞍东岩:夕照苍凉石角稠,山坳谁结小亭幽。何当此日携筇去,饱看千林黄叶秋。

十一日(11月11日) 复阅《菰中随笔》。

十二日(11月12日) 借阅《海国图志》起。

十六日(11月16日) 即事:农家收获罢,云水但空村。鸦阵催寒信,山容敛夕昏。兵戈连海岱,赋税及鸡豚。两月漳滨迹,有怀谁与论。

十七日(11月17日) 阅唐说斋《原病集》,成化刻本,叔达先生五世祖也。

十九日(11月19日) 阅《病原集》。

二十日(11月20日) 阅《考古质疑》《水经注》。

廿一日(11月21日) 始起坐,栉沐,作《陈安道先生木主记》,书崇德报功额:胜朝末造,娄东安道陈先生瑚避地于此,与同志讲学祠中,以孝悌、力田、为善三章约其乡人,风俗丕变。复以下田多潦,作筑围书,兴举岸工,培其田而高之,若偃虹之堤。郭母漤、大浜诸堰,皆其遗迹。至今亩收三钟,民食其利。先生既没,当国朝康熙丁巳间,邑人建安道书院于祠旁,徐相国元文为文其碑。未百年,书院废,碑亦毁泐。而蔚村"顽潭"之名,读先生书者,无不知焉。咸丰壬子,祠不戒于火。其明年,里人率钱,作而新之。以时之多艰,书院之复,姑俟异日。谋于祠之侧室,立先生木主。岁时展礼,于以妥贤灵而垂后范,亦乡先生殁而祭社之义也。主成,俾根颜其额,且纪其事。根尝再游斯潭,叹其风俗近古,私幸里中。诸君毋忘先生三章之约,则书院之复,其易易矣。因书以为左券。咸丰三年癸丑仲冬之吉,徐村后学潘道根拜题,蔚村里人某某公立(祠祀尉迟公敬德为土地之神,故因以名村)。

廿三日(11月23日) 强起,录《医碥杂方》。

廿四日(11月24日) 录唐说斋《原病集》起。

叶涵溪癸丑八月避兵水乡,拿舟奉访晚翁丈及西溪兄归赋奉寄:(一)解缆千鸡鸣,秋潦陂塘长。轻风吹我舟,柔橹压菰蒋。禾黍被沟塍,地偏俗熙穰。社散村翁归,野店聚三两。此去溯顽潭,高风属吾党。誓将载八口,蒹葭径孤往。(二)青山落篷底,汉浦苍烟深。烟中辨村舍,日夕柴门扃。丈人病暑泄,客至喜复惊。呼儿具肴簌,云子钞香杭。殷勤愧一饭,感激衔深情。时艰亲戚弃,世乱性命轻。何意出兵间,重此话生平。徘徊不忍别,将母心屏营。稻粱何所谋,且逐孤鸿征。(三)北村桑苎翁,下榻招我住。愁霖烂百草,终日雨如注。既忧秋禾伤,亦忧办租赋。秉烛话更阑,一一倾情愫。缅想桃花源,渔人久迷路。但愿早休兵,良辰数相顾。暮雨催行人,孤帆入烟雾。秋深棹扁舟,重系门前树。

廿七日(11月27日) 写《复韩介孙师书》。

挽蘋洲丈:(一)花时常得接清尘,一别南徐倏十春。才赋归欤寻旧约,那堪老病各缠身。(二)春初约我试新茶,来值清斋礼释迦。放下数珠成一笑,故人两鬓各霜华。(三)徐村附郭一鸣牛,为约相思便放舟。戏语齐颜题二老,余生来往亦风流。(四)秋深同病患河鱼,前事重寻愿已虚。地上蜩螗听已怕,不知地下果如何。

廿八日(11月28日) 写《临证度针》,凡七卷。又《女科》《儿科》《外科》,写至十二月初十而毕。

廿九日(11月29日) 写《度针》,录拙著《亭林祠主议》寄韩师尊,以韩欲付刊也。

十一月初六日(12月6日) 向晚,石翁自畷城来访,宿西溪家。

初七日(12月7日) 乘小舟往西溪家,与石翁谈,夜分始归。

石翁以身教,不徒以言教。其推根上坐者,示敬老之义也。次推紫薇者,示隆师之道也。薙发挥颒面不用重汤者,示崇俭也。食枣核皮命弃之僻处者,恐蝼蚁攒食,人或践之,伤其生也。言南翔某氏之子弟居丧,对尊客而饮酒自如,以有一于此为诫,示教子弟也。呜呼,奈何不之知哉!

十二月十二日(1854年1月10日) 写亭林先生《菰中随笔》起。

十四日(1月12日) 写《菰中随笔》第二卷。

十八日(1月16日) 出诊归,灯下写《菰中随笔》毕。

十九日(1月17日) 写《吕氏儿方》起。廿一日写毕。

除夕(1月28日) 瞥眼年光又岁除,惊心世事竟何如。销寒有味赊村酿,遣日无营校箧书。鬓改追思髫岁乐,时违敢说故交疏。天教多病饶清暇,斗室婆娑意自舒。

咸丰四年甲寅(1854)[①]

元旦(1854年1月29日) 谒祖先五祀木主毕,补录《郑氏女科书》。陆仲和、陆西溪、高厚斋、陆心兰、富香吏令郎先后来贺节。遣孙注苍谒里社祠烧香,遣拙往拜诸公节(此先生常年所行事。偶一录之,以见其概。森注)。

初二日(1月30日) 钞《女科书》。邀里中诸君为辛盘之饮,来赴者为富山人、陆西翁、黄紫蘅、陆仲仪、高惇五。陆缦卿来贺节,夜赴缦卿招。

初三日(1月31日) 钞《女科书》。夜赴富山人招。

人日(2月4日) 立春,阅《类症活人书》,并《雷公药性》。

初八日(2月5日) 读《活人书》,录二十、二十一两卷《小儿方》。

初九日(2月6日) 六十七初度有感:六十光阴箭脱弦,频逢初度益凄然。授诗久废《蓼莪》卷,招客谁登汤饼筵。匿迹穷庐逢此日,舒眉花底待何年。痴心尚拟千秋业,兀兀寒窗校一编。

初十日(2月7日) 写裴氏、赵氏、陶氏《小儿方》毕。

十一日(2月8日) 阅《集韵》。

十二日(2月9日) 校阅《集韵》。

王叔和《伤寒例》云:"冬夏二至,阴阳合也。春秋二分,阴阳离也。"成氏注:"阳生于子,阴生于午。是阴阳相接,故曰'合'。阳退于酉,阴退于卯。是阴阳相背,故曰'离'。"《内经》曰:"气至之谓'至',气分之谓'分'。至则气同,分则气异。"

十六日(2月13日) 钞《名医类案》卷之八起,廿二日毕。计纸六十三番,凡写七日。

---

① 原注:"先生时年六十有七,仍署徐村老农。"

廿二日(2月19日) 日新斋始见梅花：夕阳小径净无苔，取次携筇得得来。清气乾坤撑铁干，幽姿松竹露芳腮。人怜瘦影池留照，我惜春心雀啅开。旧与梅君有平素，临行树底重徘徊。

廿五日(2月22日) 校所钞《类案》，两日而毕。

廿七日(2月24日) 录《类案上方》讫。

廿八日(2月25日) 补写《女科方》。

廿九日(2月26日) 阅长洲汪苓友(琥)《伤寒论辨注》起，凡四日。

二月初三日(3月1日) 雨窗读史有感：九十春光晴日少，千年史册乱时多。

初四日(3月2日) 写癸丑年所作诗。

《朱子家训》有云："三姑六婆，实淫盗之媒。"淫泆人心志，亦是淫，不必女色也。耗费有用之财，亦是盗，不必穿穴逾墙也。《书》曰："不贵难得之货，不作无益害有益。"斯言当凛。虽在承平，犹宜守清素，况此时世界乎？

"天下之至宝，一曰修德，二曰力田，三曰读有益之书，四曰友直谅多闻之友。舍此，皆无益而有损。"此等语，粗看极似迂阔。至水穷山尽之时，方知言之有味。

灯下读《薛文清公读书录》，真似冷水浇背。此等书，有福分人方能读。

初八日(3月6日) 自古圣贤及有志之士，无不早起者。盖早起则志气清明，精神强固，读书易于领悟，作事易于成就。故相士之道，观其寝兴之早晚，而其人可决矣。昔成汤、周公皆坐以待旦。康王晚朝，则《关雎》作讽；宣王晏起，则姜后请愆。人主犹然，况于士庶？故朝而受业，士之职也。夙夜浚明，卿大夫之训也。历观纪载，当自警惕。

春雨连旬小霁，村中野步有作：(一) 春来游兴极飞腾，病怯余寒出未能。烟径竹深惟过鸟，石桥泥滑不逢僧。寻诗贯酒愁囊罄，访客敲门畏仆憎（新正从未谒客）。任兴独行还独返，床书正可结良朋。（二）雨多墙角长苔衣，病后无人叩竹扉。蕙带长年宽沈约，茅斋竟日忆王微。儿挑野渚芹偏嫩，邻饷澄潭鲫正肥。薄醉自吟还自赏，野鸥何处不忘机。

十一日(3月9日)　阅《东垣十书》。

普济消毒饮，治大头天行。如咽已痛，则僵蚕不可用。

枇杷叶主呕逆下气。今人以治咳嗽，盖误以咳逆为咳嗽耳。

芍药，古方用以破结。白者破气结，赤者破血结，令人以为酸收。

桔梗开肺气。后人以为舟楫之剂，载药上浮。考古方甘桔汤，其载药缓中者，甘草也。白虎汤，恐寒凉直达下焦，故亦以甘草缓之，更覆以粳米可见。

茅根治肺气逆，今人误以为解表药。

人参，《本经》"补五藏"。五藏，阴也。而东垣以为补气，景岳以为补阳。

石决明，眼科药方也。古方内伤外感，无用之者。今人用以平肝。

瓦楞子，消痰破血。今人误以治痛（又有谓补血者。森注）。

豆豉，阳明表剂也。今人误以为能发汗。

豆卷，治湿痹、筋挛。今人误以为汗剂。

郁金，走气中血分，盖破结之药。今人误以为舒郁之品。

瓜蒌枳，实主治痰饮结癖。今人误以为消食之品。

柴胡，少阳，和解药也。其性凉平少阳，主春升。少阳无热邪，则行春升之令，非柴胡之性升也。今人误以为升剂矣。

十六日(3月14日)　阅架上书竟日。

雨窗检簏中，得涵溪书有作：此身安处苦难寻，长羡昏鸦却满林。失路真成广武叹，得书空学洛生吟。逢花便作寻源想，坐雨还殷望岁心。想得弇南梅正放，一篙春水抱城深。

春日偶入郭，东城逢故人偶语补作：迂老百为懒，筋力况非故。

城中望青山，一水亦畏渡。今朝川原静，偶然展衰步。如鸟脱樊笼，一啄百回顾。城隅逢老友，握手话情愫。历历数故交，宿草已覆墓。乡闾非旧时，感叹触平素。枌榆一二存，零落多霜露。珍重故人情，临分尚延驻。奈此夕阳何，徘徊下城去。

十八日(3月16日) 三家村：村园泥滑径犹存，雨积苔深破屐痕。数艇笭箵都傍岸，三家篱落自成村。龙孙影长云侵牖，凤字留题客过门。闲课儿曹供夜读，纸窗篝火欲黄昏(此诗无题。上但记拙下午冒风至三家村顾诊，则此诗当是先生子守拙所作。玩“儿曹”句，语气亦合)。

友人张柳人前年尝以“医方中用薑者，多书‘姜’，岂字通耶”为问。当时，但以如“杏仁”之为“杏人”音同假借答之，而未有证据。今日翻书，得明人朱孟震所撰《浣水续谈》中有一条，言《陶靖节集》内《读山海经十三首》，宋姚宽以今本差讹，多为之注释。惟“仲文薑公”注曰：“未详。”余以为“仲文”乃“仲父”之误。薑公即“姜公”，谓齐桓也。后读颜氏解其详云云。当时惜不以此答柳人，聊记于此。《毛诗》“雀之彊彊”，《韩诗》作“姜姜”。

廿二日(3月20日) 录自撰《昆山艺文志考》。邑志于艺文有目无录，殊为漏略，故作是书(凡录四日而毕)。

廿五日(3月23日) 厚斋来：荒径何人踏破苔，感君问讯札频裁。寒暄不作世情语，真实都从心坎来。生计城东三亩菜，吟怀墙角一株梅。随园过日寻常话，闲与邻翁立一回。

廿六日(3月25日) 午后，往沈巷村陈诊。旋往北，访娄东友人于蔚村，夜饭归。席间，晤茧园主人，及闻少谷先生、弇南老圃诸君子，夏蓉生先生亦在坐。茧园主人今年七十，为避寿出。

三月初三日(3月31日) 同富山人、陆西溪赴厚斋招，流连竟日。

初五日(4月2日) 出诊，由北大濾塘，一路春光明媚，折桃花数枝归。至关王庙梁家诊。梁系亡甥旧馆，思之慨然。

初六日(4月3日) 赴西溪招，与香吏、紫蘅诸君流连竟日。

初八日(4月5日) 香吏来，以其令祖观澜先生(灏，又号半痴)所藏《司马温公书仪》索序。午后书就，同《四库书》十二本送去。

题富香吏所藏令祖《司马公书仪》后(节录其后半)：富子出一编曰《司马氏书仪》者，曰："此予先大父观澜府君之所遗也。吾家守之有素矣。子其为予一言。"根何以序是书哉？则取富子之所常言者，以为世告。若曰是礼教者，非司马氏与富氏一家之私言，乃千万世可行之常道也。富子行四方，博闻多识，晚自韬晦，盖其学问因阅历而深。其事先人也，于木主，出必告，反必面。其时祭也，必诚以洁。家庭之内，和气薰蒸。其潜移默化之功，得于礼教者为多，宜其言之有本也。其先世勺园藏书甚富，后俱失之，独是书存。以为先人之手泽在焉，箧而藏之，出入必偕。冠昏丧祭，循是而行，如守先训焉。祖父以训其子姓而可遵，岂正人君子以训其里俗而不信？吾以卜之，富子知道之可行。惜乎富子既萍踪无定，根又耄老，不复能推行之也。承富子之请，姑书卷后，以俟君子。

十一日(4月8日) 访也樵于西溪斋，同饭，富山人亦在坐。闻溃兵入村，掠舟仓黄去。子京自城来，谈范氏家事，留酌去。子京以录成亡甥辰生遗稿见示。

十二日(4月9日) 录辰甥诗。

十三日(4月10日) 录辰甥诗。

十六日(4月13日) 春祀湖州施莲塘，嘉善富香吏，吴县吴也樵，娄东黄紫蘅，同里陆西溪、高厚斋、钱达斋、阚云亭、朱洪达馂余酒毕，诸君往新塘桥观剧。

十七日(4月14日) 也樵将入郡，来辞，同富香吏诸君送之。

十八日(4月15日) 写辰甥遗诗毕。

二十日(4月17日) 饭后，挈拙儿、注孙拜扫梅园银杏旱泾西夕先茔。舟中阅《夷坚志》。忆幼时父叔扫墓，舟过杨庄，必至郑表兄岵瞻所。时表兄、嫂俱无恙，必出酒食相款。其后，余弟兄每年来，嫂已不在，兄犹烹茶小坐。乃不转眼，而中外兄弟俱作古人。今岁仰庾侄以病不至，独余父子携纸钱来一拜。舟过杨庄，追惟前事，心为怃然：桃花流水故依然，荒陇重经又一年。兄弟沦亡亲故尽，更无人访便回船。

题画二绝：(一) 绰约风神号水仙，凌波罗袜影娟娟。风标合是梅花伴，不入《离骚》亦偶然(水仙)。(二) 早年曾读"在原"诗，忽见飞鸣傍竹枝。流落天涯兄弟尽，岁寒风雪欲何之(鹡鸰)。

廿三日(4月20日)　借《徐批医案》校补毕，反之。复借《宝刻类编》四本、《苏子美文集》二本回。

廿四日(4月21日)　入城。余久不至城，经后街，家家闭户，草生阶砌。六门俱设团练局，旗枪森竖，宛如儿戏，可笑亦可叹也。

廿七日(4月24日)　钞杨升庵学士《金石古文》。

四月初三日(4月29日)　写《金石古文》十四卷毕。借方以智《通雅》五十二卷读之。

纪事：(一) 落花芳草掩重门，惟有邻墙鸟雀喧。人立小桥闲伫久，夕阳流水去无痕。(二) 有客论时事，相看各惨然。红巾扰郡邑，白水涨民田。扼腕肠空热，抚躬志自怜。何人同国耻，余愤落樽前。

初五日(5月1日)　写《金石遗文》毕。

初六日(5月2日)　春暮有作：只看一片已堪嗟，万点徘徊又日斜。最是年年春尽日，落人红泪是飞花。

初八日(5月4日)　春晚，富山人过舍(见《隐求堂诗存》)。

初十日(5月6日)　写《棘林萤耀卷》起，吴县友人汪石心诗稿也。

十二日(5月8日)　写《棘林萤耀》毕。

十三日(5月9日)　写先友张淡娱秀才《縠音》一卷。

十四日(5月10日)　司徒通作"申徒"、"信都"、"申屠"。司徒以官为氏。《史记》项梁立韩成为韩王，以张良为韩申徒。《潜夫论》"张良为信都"，又曰"信都者，司徒也"。《楚汉春秋》作"信都"。古

“信”、“申”通。

《周公礼殿记》云:“甲午年,故府梓潼文君。”《华阳国志》“文参,字子奇,梓橦人。平帝用为益州太守。”文翁名党,字仲翁,见张崇文《历代小志》。张璲,即僧一行,见《续博物志》,剡国公谨之孙、武功令檀之子,嫉武后则天,出家嵩山,至天台国清寺,得算术。元宗迎入光泰殿,辞官出华严寺,定《大衍历》。从幸新丰,端坐而逝,年四十四,谥“大慧大师”,建塔铜人原。始安张鸣凤《西迁注》曰:“新安西三十里阙门镇青龙山,有薛敦礼一行大师塔铭,为张曲江公季子”。盖唐有两“一行”,皆姓张。此则没于元和间(案:张鸣凤上有“安”字,疑“案”之误)。

(一) 苔花深处锁重门,胡蝶翻飞过短垣。恸杀人生都是梦,不烦栩栩点春痕。(二) 板桥流水鸭雏浮,茶熟香清记小留。今日重来人不见,好风帘幕绿阴稠。

游西村:秧叶浮针野水浑,野人篱落散鸡豚。湿烟淡抹筼筜谷,夕照微明桑柘村。世事艰虞何日定,故交零落几人存。近时一懒宁堪笑,莫怪经春不出门。

即事:雨过溪头鸟篆沙,溪山深处有人家。门前桃李都飞尽,又见春光到栋[①]花。

凝晖阁诗(女史葛鹤仙著,卷首有“接读晚香舅祖书,夜月偶成之作”):极目遥天净,林端一镜明。夜深花露重,庭晚竹烟轻。诗思虫吟急,幽情鹤梦清。高人应不寐,览札若为情。

募建花神殿启:鸥波亭下,赵松雪文采犹存;鸭渚栏边,陆鲁望风流未沫。竹深花密,当时蹊径依然;石泐泉湮,此晶感慨斯在。盖圣贤遗迹,端资踵事之增。而神明奥区,尤赖布施之力。访兰亭之旧址,如游永和之春;寻柴桑之古居,恍睹羲和而上。况兹半茧,缔自名流? 水部琴樽,全携胜侣;征君缟纻,尽属高人。若烟鬟,若霞笠,陈

---

① 当为“楝”。

安道诗句如新;若樾阁,若庴亭,刘湛庵留题犹在。读施愚山春及轩之记,比斯人于谷口子真;吟顾云美小有堂之诗,想胜概于云林倪瓒。凡兹往躅,已足低徊;况在今兹,尤资搜览。登山亭而追思贤令,恍披《岘首碑文》;拜石丈而想像丹丘,如到玉山佳处。萧闲神宇,实邑人春秋佳月所嬉游;窈窕名园,尤过客凭吊流连所莅止。近因岁月滋深,因致园亭寂寞。牖不设以,何松棁非雕?而奚藻青袍,草短乱欲承茵。红绶桃僵,枝偏妨帽。阻陟彴寻蹊之兴,灰哦诗钓雪之情。今拟缭曲径以东遵,徼周廊而右转。堂开绿野,塑风姨月姊之容;窗辟文纱,种五鬣三歧之树。横石梁于碧涧,接复道于崇台。庶可游目郊坰,揽稻畦之一碧;豁眸林际,接娄典之千帆。从此幽人胜士,行乐相羊;词客文人,窥园徙倚。红么一曲,年年歌舞之场;绿醑三升,旦旦绮罗之会。此则园中花神殿之所由建也。十寻楼阁,璀璨花间;六尺阑干,回环竹里。激濑则晴檐拂雨,飘飔则燠馆凝霜。繄揆度之方新,奈观成之有待。盖凌云大厦,非一木可成;却月高台,岂十工所就?匠石虽巧,嘘蜃难成;钟离不逢,点金无术。如酿万花而为蜜,终需采掇之勤;譬集千腋以成裘,曷惮工夫之细?所冀林泉主宰,风月总持。念此巢父巢中,地当偏而益妙;台公台内,境以僻而弥幽。诚一邑之游观,快千秋之仅事。或捐木石,或赉金钱。同中峰之结屋,名士皆为运砖;如南枝之赁居,胜流咸为助米。庶见嵌青墙于铁藓,篁遮皂荚之稿;浮红榭于绿波,花隐葡萄之馆。成此胜因,载明庙志。莫谓花神虚诞,不闻柳汁弹衣;伫看云路飞腾,荣与杏园春宴。定叩神佑,所望心虔。专此启闻(此前年为春园弟作者。于仰庾败簏中得其稿,录存之。原注)。

十九日(5月15日) 校《金石遗文》,凡四日而毕。

廿一日(5月17日) 读《汉隶字原》。

五月初五日(5月31日) 撰《隶释疏证》。

初七日(6月2日) 写《隶释疏证》。

初八日(6月3日) 和贝润荪孝廉《述怀诗》:(一)春秋花月并

吟鞴，丘壑盘桓且岁年。踪迹孤同栖树鸟，心源静似在山泉。风雨一榻怀苏老，书画扁舟学米颠。鹤涧剑池幽兴满，便将身世谢尘缘。（二）五言劲敌诧长城，息影行窝结数楹。吟兴近因焚砚懒，闻根先为听松清。山留桂树歌《招隐》，路出槐柯梦不卿。斗酒赌茶聊寄意，推枰早已敛心兵。（三）羊肠世路叹时艰，澒洞风尘催鬓斑。为爱松风催解带，便携藤杖稳居山。心游天表云归岫，影匿岩阿鹤守关。竹上留题谁好句，姓名未许落人间。（四）桐桥东畔白祠西，嫋嫋垂杨绿一堤。拄笏看山开画障，低头种菜拓蔬畦。溯洄溪曲船频放，散诞花间酒每携。笑我江村无伴侣，水边林下独扶藜。

附录俞宥生昆田和诗：（一）懒向长安为跨绣鞴，言寻丘壑了余年。家移七里山塘路，心似千秋丹井泉。明月一楼怀玉局，白云半树祀茶颠（山有茶，宋人呼为"白云茶"，为天下第一）。崇祠古刹双清绝，好寄闲身谢俗缘。（二）披芸自诩拥连城，检点曹仓凿晏楹。家有藏书贫亦乐，人无尘累福真清。一庭梅鹤娱逋老，三径宾朋狎蒋卿。休道山斋寥寂甚，诗为旗鼓酒为兵。（三）宦海茫茫世路艰，逃名感叹鬓毛斑。纯牺方悔前披绣，远志从来却出山。农具未销金锁甲，边庭谁入玉门关。剑池好隐龙泉气，莫放宵腾牛斗间。（四）避人我亦遁村西，手种垂杨绿满堤。早怕风波收钓具（曾作《维舟收钓图》），老甘淡泊拓蔬畦。名心久冷书偏废，儿债粗偿屐要携。访旧他时经虎阜，登山临水共扶藜。

初九日（6月4日）　撰《娄东俞西塘先生（廷英，元名兰佩）小传》（文繁不录）。

依韵和漱六丈《见怀》原韵：（一）何人远道思绵绵，揽镜萧骚各惘然。匣剑雄心灰昨梦，絮泥往事堕枯禅。要回沧海愁无策，欲买青山恨少钱。侬辈书生真白面，只应矻矻守陈编。（二）看山终日坐南窗，望断轻桡泛碧江。良觌偏因行药阻，新诗喜共手书双。年过蘧瑗非还懒，才尽江淹气已降。何日连床同听雨，论文重与剔银缸。

附录原倡（俞漱六名昆田）：秋风一榻话缠绵，雪散沙抟各惘然。

短桨横塘连夜梦,药炉茗碗六时禅。时危趋避均无策,世乱文章不值钱。算是名山计还得,《活人书》卷病余编(前书来,有"钞录医方,可以拯人疾苦"云云)。积雨沉沉暗绿窗,半篙新水涨沧江。野航拟约人三两(曾约倚岩同舟造访,雨阻不果),蜡屐虚移足一双。兰友忘形能恕懒,诗心逢敌未全降。何当共剪西斋烛,重与论文倒玉缸。

十二日(6月7日) 傍晚,承季菘翁同吴式如自斜塘枉访,不见者二年余矣,欣喜无似,各谈别况。适黄紫蘅自娄到馆,持叶雪来乞书便面来,因同夜饭。式如归城,菘翁留宿,谈至夜分,始就寝。

十五日(6月10日) 饭后,送菘翁往斜塘,晤其令嗣少菘。承借《遗民阅清录》一本、《四明钱忠介公集》一本、旧《太仓州志》四本、《柳边杂记》一本、《切问斋文钞》八本、《旧香居续著》二本、《董文友集》六本。

十六日(6月11日) 阅张寅《太仓州志》。

禹鸿胪之《鼎遂园修禊图》,名人题跋甚多,在姑苏葑门内小府前东里许夏侯桥(俗呼"下河桥")东堍黄汇珍斋古玩店内。主人字受益,太仓人(此图于粤乱后,归苏城潘志万。潘殁后,太仓闻孙容以二十银圆得之。余见其在装池家。题跋原文已失,潘录存之。今尚在闻氏,末由复睹矣。森附志)。

十七日(6月12日) 钞《遗民阅清录》,至廿三日录毕。

季菘耘兄丈信宿村居有作:良朋寻旧雨,话别喜开樽。月下琴书静,灯前笑语温。多闻缘好古,考事必穷源。后辈资余论,先师忆及门。漂蓬双鬓白,遭乱数编存。老境骎骎至,雄心拉杂繁。乾坤容啸傲,身世任奔浑。勉就千秋业,他年与细论。

《乡师》"巡其前后之屯"注:"故书屯,或为'臀',郑大夫读屯为'课殿'。""课殿"之文,贾氏未审所出。按:古文"尻殿"字,本作"屍殿",从"属"得声。臀又从"殿"取声。人之一身,臀居其后。军后曰"殿",亦取斯意。汉时,课吏有"殿最"之法,亦以居后为"殿"也。《汉书·宣帝记纪》地节四年诏"丞相、御史课殿最以闻"。杜子春读为

"在后曰'殿'",与"课殿"之义同。后郑以"殿"既为后,则上文不应更著"前后"字,故改从"屯"耳。

《牛人》"军事,共其犒牛"。《说文》无"犒"字。张有《复古编》谓即"镐"字。经典无以镐为"犒"者。《玉篇》云"犒与镐同",亦无明证,不足据也。《牛人》疏云:"将帅在军枯槁,赐之牛,谓之'犒牛'。"又《大[1]行人》职云"若国师役,则令槁禬之",注:"故书槁为槀。"郑司农云:"槀当为'槁',谓犒师也。"《左传》"公使展喜犒师",服虔注"以师枯槁,故馈之饮食"。然则"犒"本从木,后人因此犒牛,妄改为牛旁耳。

问"守祧,掌先王先公之庙祧"注:"故书祧为'濯'"。《说文》无"祧"字。今以"濯"代之,(新)曰《集韵》。祧,古作"濯"。"濯"非古字,盖本作"濯",后以偏傍相似,改从"示"耳。古书从"兆"从"翟"(新)之字,多相通借。《诗》"佻佻公子",《韩诗》作"嬥嬥"。《书·顾命》"王乃洮颖水",郑训洮为"濯",则濯亦有"洮"音。

《玉人》:"天子用全,上公用龙,侯用瓒,伯用将。"《说文》龙为"駹",将为"埒"。(新)先郑读龙为"尨",与许谊协。惟将当为"埒",玉石半相埒也。

《小人行》"若国札丧,则令赙补之"注:"故书赙作傅。""赙"字,《说文》所无。傅者,附也,助也。

娄东王宝仁《顽潭秋泛图记》:《顽潭秋泛图》者,叶生涵溪以道光壬寅偕昆山潘君确潜、方君小湘游顽潭而作也。其地为陈确庵先生隐居之所。先生生丁末造,学务体用。方举于乡,旋遭国变,奉父窜徙,最后居昆山之蔚村。村有七十二潭,所称顽潭者尤胜(按:先生名其所居之地曰"顽潭",以拟柳州之"愚溪",即在七十二潭中)。先生心焉乐之,买田躬耕,所学不辍。同志时时造访,相与讲论。其间圣朝鼎兴,诏征逸士。当事屡欲起之,而先生匿迹固辞,若无可表见于

---

[1] 当为"小"。

世者。然以今考之,先生《典礼会通》《治纲》两书,成于其地。其后,虽未施行,而治平大略具在。又创为周急法、社仓法、筑堤之书,孝弟力田,为善之约,教养兼济,众利赖之,至今犹系人思。其一时托迹之区,亦为之重过,而游者流连不置,如晤于苍葭白露间也。小湘倏已殂谢,确潜、涵溪安贫乐道,心仪先正也。久宜其为此图,著此游,以寄慨慕之意,岂徒乐其风景云尔哉!余家居时,欲访不果,然读先生之书有年矣。因涵溪之请,为之记,益想其人焉。

廿五日(6月20日)　灯下写《钱忠介公遗稿》(廿九日写毕)。万元斋书坊得《愧内集》《论语疏》。

六月初一日(6月25日)　阅《切问斋文钞》,向晚写《安道先生年谱》(初三日写毕)。

初三日(6月27日)　得《陆宣公奏议》四本。

初五日(6月29日)　答徐吉卿(升元)秀才问丧礼十三条(五月五日作,至此录清)。

承问:有已故陈某,妾死,正室在堂无子。妾所生一子先亡,长、次二孙治祖庶母丧。

答:孙为父所生庶母,《礼》无明文。《古今五服考异》云:"始于唐开、宝,礼服齐衰不杖期。"《朱子家礼》有"庶子之子为父之母,而为祖后则不服",即此条也。《孝慈录》"庶子为所生母斩衰三年;孙为祖父母及父所生庶母一同,皆齐衰不杖期"。按:《孝慈录》所云,包适室有子者而言。今陈某正室无子,长孙应承祖后,不应为祖庶母服齐。此《文公家礼》意也。宜遵道光近例:遇适祖母在,其父早故,父之生母病故,如无伯父及伯父之子者,令其治丧一年之例,长、次两孙分别书之。长孙据近例,仍服衰,与朱子时异也。遵例治丧,(齐衰)期服,孙某人泣稽首拜;齐衰不杖期,孙某人泣稽首拜。门状上宜写"适祖母在堂不敢成礼"字样。

又问:此嫡祖母之胞侄出帖护丧,宜期降为功否?

答:古者妾之丧,家长不为主,命所生之子主之。《会典》:"凡妾子贵而请貤封者称某氏，乃某官所生母，不言某人之箎室。”《传》所云“母以子贵”，严适、庶之大防也。故凡妾亡，惟有子者，家长为之服缌，其子服齐衰，不杖期。《明孝慈录》乃服斩丧三年，然适妻亦无为妾服之文（《礼》有“同爨缌”之文，即包此等）。讵有适祖母之胞侄而为伯叔父妾服之理？此条似宜删。

问：某甲正室无出，妾生一子，承嗣长房。今正室亡，其夫治妻丧。

答：按某甲上无父母，夫服杖期，礼也。如夫年六十以内，妻虽亡，妾尚在，可以有待，不必称“兼祧子”。其出嗣之子，称“降服子”可也。盖妾子为嫡母服斩。此为人后，宜服期从从子例。如夫年六十以外不能生育者，宜从乾隆四十八年兼祧例。兼祧子之服，有道光九年例。又按：“兼祧”之称，宜在所后所生父俱亡之后，非从母丧而起。世有一子外嗣，本生父尚在，遇母丧，即称“兼祧”。其意以杜绝他房之夺产，不知其自陷于死其父也。

问：庶子出嗣，遇本生父及嫡母殁，而有嫡子治其丧者。

答：适子称“不肖孤哀子”，而服斩衰，礼也。出嗣庶子宜称“降服子”，其孙宜称“降大功孙”。

问：庶子出嗣，其本生父及嫡母已亡。今遇所生母丧，嫡子及庶子之兄弟治丧。

答：生母之子治丧者，“斩衰子某人泣稽颡”。适母之子，“齐衰杖期子某人稽首拜”。出嗣庶子，“降服子某人稽首拜”。庶子兄弟之子，“期服孙某人稽首拜”。出嗣子之子，“降大功服孙某人稽首拜”。适子之子，“小功服孙某人稽首拜”。

问：两祧小宗遭本生父丧，百日内又遇嗣母丧。遵例兼祧，“不孝哀子在苫某人泣血稽颡”，“齐期孙（在期）某人稽首拜”。

答：按古遭两丧变除之节，惟期以下可以重服掩，如两遭丧，服皆重，则于前二十五个月行除服礼祭。祭毕，再易重服终丧。

问：小宗子兼祧，小宗嗣父母无故，而治本生父丧。遵例兼祧，

"不肖孤子某人泣血稽颡"。

答:近例有各申其尊之例,此宜遵也。又按,"兼祧"之称,必嗣父或母先故,无可援嗣,乃称"兼祧",决无嗣父母无故而即夺人之子者。世或有之,儒者所不许也。

又问:此帖护丧,可兼祧之父出名否?

答:按司马温公《书仪》:护丧以子弟知礼节者为之。世俗乃以长行及近房同行为之。从宜从俗,亦无不可。但既为兼祧之父,于死者之服虽有期功之差,而临子而言,则以父之重而匍匐为其子应接宾客,以子勤父,恐为不可。

问:小宗子前已出嗣,小宗为嗣父持服尚未及期,今遇本生父丧。

答:此条若遵道光九年例,嗣父持服尚未及期,原可归重本生为嗣父,服期为本生服三年。凡丧服变除三年为重,即期亦不税服,帖拟称"孤子在嗣制某人泣血稽颡"。闻近例,又有各申其尊之例(未知在何年,俟查),即同称"孤子",旁注"遵例兼祧"字样亦可。至道光九年例,内有"自应照《礼经》不贰斩之义"云云,此语颇有疑。按《礼经》"不贰斩"之文为妇人而言,不为男子。故各申其尊,亦自有意。又例:虽有已为嗣父母丁忧持服者,后遇本生父母丧,只许服期年。此为居官者而设。盖人之精力有限,既入仕途,或不能无一于两祧,甚至三祧之事。若概令其丁忧持服三年,则一人之身竟有居忧十年者矣,故断制之如此。以为已持嗣父母三年服者,仿妇人"不贰斩"之义。既嫁,降其父母服期,以欲伸其舅姑,不得不降其父母。所降者服,而初非降其父母之名。出嗣之子犹是也。然出嫁女反而在室,或被出,或无依,则仍为父母服三年。此义可推。今据为嗣父持服尚未及一年,自应照小宗子兼祧小宗,则以所生为重,为所生父母服三年矣。即无"各申其意"之例,而此之持服三年,断断然也。又按:《礼》"别子为祖,继别为宗,继弥者为小宗"。此古者诸侯大夫之制,以别子为祖者,《记》所云"诸侯不敢祖天子,大夫不敢祖诸侯"故也。今封建不行,宗法亡矣。士大夫之家之有谱谍者,不得已推始迁之祖之后为大宗,其余则为小宗。然古者大宗不绝,必有宗子以统族也。小宗则不必皆为立后矣,以可祔食于祖也。后世宗法亡,而无真大宗。即小宗庶子,一皆立后,甚至兼祧。此因时制宜,固不可以执一。愚意小宗子兼祧两房者,如长房所生,则以所生为重,次房所生,则以所后为重,庶几合理矣。愿与知礼者商之。

问:庶子之生母死,嫡母在堂,而治生母丧。嫡母在堂不敢治丧,"斩衰子某人稽颡拜","期服孙某人稽首拜"。

答:庶子之生母死,虽嫡母在堂,其服斩衰丧,乃沿《孝慈录》制也。庶子之子为其所生祖母,一皆齐衰不杖期。其"齐衰"字,或可省书以避尊。

问:妾有二子,正无出。妾死,家长与正室俱在,而长、次子已有孙者。

答:家长不为妾主丧。正帖上"斩衰子(某人某人)泣稽颡","期服孙(某人某人)稽首拜",夹单上"缌服生某人拭泪稽首拜"。正室无子,妾有二子,长子宜为父后。此不分列者,家长夫妇俱在,安见不能生子?故不心遽立庶长,须待其父死。家长不为妾主丧,故拟帖式如此。然今人决行不去,家统于尊,亦是一说,即以缌服生一条首列亦可。又按:旧时父为子称"期服生",夫为妻亦然。此生乃古"甥"字,外姓尊长俱谓之"舅"。《传》称异姓之国为"伯舅"、"叔舅"。谓我"舅"者,乃我谓之"甥"。帖本施于外姓,故总称为"生"也。近人不知"生"字之义,而以"先生""晚生"字当之。而刑名之家,则泛引律文,称为"期服父""期服夫"矣。夫必称"子",必称"孙"者,犹循庙中祭称"孝子""孝孙",丧称"哀子""哀孙"之文。而乃俨然自谓为父,与夫者何居?刑法之家,以礼制名,以名定辟故尔,初不谓可施之简帖也。如此条只可称"缌服生",决不可称"缌服家长"及"缌服夫",明矣。

问:小宗二子(长前母、次继母)所生长子出嗣降服,今遇继母故,次子主丧。

答:长子所迎之位,宜书"本生显继妣某氏"。次子所奉之位,宜亦称“显继妣”。盖“妣”之为义,对“考”言之。考者,成也。妣者,谓媲美也。继者,对元配而言也。初不以子立义。今以次子系所生,似不宜称“继”者,非也。乡俗遇此等处,亦有但书“显妣”者,然铭旌上必要书“故某公继配”方是。屏式可写“皇清例赠孺人故某公继配某氏之丧”。

问:某本有数子,又恩抚他姓子。今所抚子死,宜何服何称?

答:此本无义例。近律:恩抚子为恩抚父母服斩,则报服似宜服期,然经与律皆无明文。揆之过继之父母亡,子称“恩抚子”而不称“孤”,则所抚之父,宜称“义服”。而不去其父,以“三父八母”之条有“养母服斩衰三年”之文。养既称母,抚亦可称父。然《元典章·三父八母图》无养父,《读礼通考·五父十三母》亦无养父。以母可二三,父不可歧出也。嗣子昭穆相当者,伯父、叔父本有父名,谓他人父,我不知之矣,拟称“义服”(按:《元典章》,元疑即“原”字),“义服主生某人”,“义服(兄弟)某人”,“义服侄某人”。

问:小宗二子,长子应嗣,长房未嗣而卒,后以次子嗣长房。今遇本生父母丧,而出嗣之治丧者。

答:如独子例,应兼祧矣。小宗二子,长子应嗣长房。若已嗣而夭,同长房嗣,殇而立孙可也,不必兼祧矣。今云未嗣而亡,已成人乎,未成人乎?如已成人而亡,则嗣孙而承重可也。如未成人而殇,则次子即为长子。虽曰小宗,亦有长房、季房之别。其兼祧持服,自应遵道光九年之例:出嗣之子未为嗣父母持三年服者,则为本生父母服三年,嗣父母服期年。

复除[1]吉卿书(见《晚香书札》)。

初六日(6月30日) 装谢龟巢《怀古录》三卷。

初七日(7月1日) 翻阅《昆山殉难录》。

初九日(7月3日) 晨,大雨,午后水已平岸矣。天之阨我,如

① 当为“徐”。

不我克，奈何？

初十日(7月4日) 晴，水势稍退。

十一日(7月5日) 大雨如注，势复涨，远近围岸有岌岌难保之势。闷坐无聊，翻阅《邑志》。

十二日(7月6日) 晨，复雷雨，较《邑志》。午后晴，水已浮岸矣。

有感 （一）久困浑忘日息难，寻常谁解两眉攒。名心淡后人嫌冷，世故疏时我觉安。易罄陶瓶储粟寡，将穿管榻坐毡寒。鸢鱼已悟升沉理，胸次年来似较宽。（二）翻覆波澜那可论，胜人差有道常存。本缘不屑甘长困，只愿无求得自尊。半亩荒苔栖老屋，一庭疏竹掩衡门。好书良友周旋我，知足时怀造物恩。

十三日(7月7日) 阅《列朝诗集》。

十九日(7月13日) 为西溪题《行乐图》(文长未录)。

廿一日(7月15日) 校《汉书》。

廿四日(7月18日) 点《汉书》。

廿六日(7月20日) 校《汉书》。

廿七日(7月21日) 仍校《汉书》。

廿八日(7月22日) 仍校《汉书》，至闰七月初九日毕。

廿九日(7月23日) 为故友徐鹿钠作传(文长未录)。

七月十二日(8月5日) 以仰庾侄三七，因入城。至仰庾宅，与徐雨翁、蒋昌期、萧二山、赵杏村会，议以德基兼祧仰庾后，不但两侄妇有照应，且俾德基亦多一扶掖。因即日成服出帖。

《诗》异文考：《周官·大司马》贾注引《诗》“以谨欢哓”，今《诗》作“昏怓”，韩愈文作“欢呶”。《周礼注》引《诗》“执僨”，僨又为“僵”。《荀子》曰：“可吹而僨也。”《左传》鬷假即“奏假”。《史记》引《诗》“卑滂池矣”，《说文》“滤池北流”可以互证。《白虎通》引“韎韐有赩”。“竹闷绲滕”，《周礼注》作“竹柲”，《仪礼注》作“竹秘”。《广韵》引《诗》“勿剪勿扒”，《韩诗》“勿刬勿伐”。《广韵》引“誐以谧我”，《仪礼疏》引

《诗》“钹陟”,《释文》引《诗》“二矛重鷮”,《石经》“子衿”。“武王载旆”,《荀子》作“载发”,《说文》引作“载坺”。《孟子》赵注引“七月鸣鴂”,《旸之水》《菉衣》《螽》斯,皆子贡传。《汉书》,《小卞》即《小弁》。《释文》引“如食仪饇,胭睍聿消”。“颜如渥沰”(《释文》),《韩诗外传》作“渥赭”。又《释文》“民虽靡腜”,犹言无几何也。又“烝在蓼薪”。《诗考补遗》引“三岁官女”,《石经》“三岁宦女”。《申培诗说》窥台即“新台”。《五经文字》引“秉心无倞”,董子及《韩诗》引“古之人无择”,《楚辞章句》引“肆筵设机”。《卫风》“绿竹”,《韩诗》《释文》作“绿藩”,《文选注》作“绿蕃”。《后汉书·段颎传》引“至今为鲠”,《周礼注》及《集韵》引“其镈斯捆”,《列女传》引“王室如焜”,《韩诗作》“锢饥”,《楚辞章句》注“侁侁征夫”,《国语》亦引“侁侁,诜诜兮”,《说文》作“辡辡”。“骍骍角弓”,《说文》作“弲弲”,亦作“觲觲”。左思《魏都赋》注引“周原腜腜”。《说苑》引《雄雉》“遥遥我思”,古人“繇”“犹”两通之证。“淇水悠悠”,《集韵》韵[1]或作“滺滺”,《尔雅注》引《诗》“攸攸我思”。《毛诗》:“偈偈,疾驰也。”《汉书》王吉解此诗曰“揭揭者,是非古之车也”,字作“揭”。《韩诗》引《诗》“愔愔夜饮”,《列女传》引《诗》“愔愔良人”,盖“愔”有“懕”音。“墫墫舞我”,《说文》“墫从士”。监本《尔雅》《王氏诗考》《陈氏九经考异》皆从“土”。《广韵》引“大车噋噋”,《诗》“雝雝鸣雁”,《楚辞》“雁廱雝而南游”。郭璞引《诗》作“肃雍和鸣”,《诗考·版篇》一作“敖敖”。《诗》“藐藐昊天”,又“既成藐藐”,皆芒角切,与“邈”通。“邈”为新附字,古通用“藐”。藐从“貌”,亦有“莫”音。韩愈用“貌貌”。《陈氏考异》“忧心如惔”,《韩诗》作“炎”,《字书》作“焱”,《说文》作“天天”。“蕴隆虫虫”,《韩诗》作“烔烔”,《尔雅》“爞爞”。周应宾考云,《韩诗》作“烱烱”,非是,盖“烔烔”也。《群经音辨》引《诗》“维石岩岩”,《汉□□□碑》引同。《说文》引《诗》“岐嶷”作“嶷”。前《食货志》引《诗》“黍稷儗儗”。《尔雅》《音义》引《诗》

---

① 此“韵”衍。

“祎祎它它”。《释文》引《诗》“新台有泚，河水浘浘”，《释文》“浘浘”亦作“浘浘”。《诗集补》曰“其鱼唯唯”，亦作“尾尾”。“垂辔沵沵”，《释文》作“尔尔”，《毛》“六辔耳耳”。嵇叔夜诗“咬咬黄鸟”，《诗经疏》作“溲溲”。“烰烰”，《尔雅》“溞溞”，《疏》引“释之叟叟”，正作“溲溲”。《诗》“君妇莫莫”，《尔雅》有“慔慔”，《说文》有“慕”“慔”字。《说文》引《诗》“仳仳彼有屋”，《石经》作“仳”。《汉书》引《诗》“方灌灌兮”，《后汉书》引“方洹洹兮”注，疏《韩诗》作“洹”。《韩诗》引《诗》“蓁蓁者莪”，《文选注》薛君曰《集韵》“蓁蓁者莪”。《韩诗》“威仪皈皈”，《后汉书》引《诗》“速速方毂”。《艺文类聚》引“夫栘之华，萼不炜炜”，《说文》引《诗》“萼不韡韡”。《说文》引“烝然鯙鯙”，《初学记》引《诗》“硕人扈扈”，《释文》引“硕人個個”。“麀鹿麌麌”，《说文》引作“噳噳”。《说文》引“痑痑骆马”，《汉书注》作“驒驒骆马”。《释文》引《诗》“檀车张张”，音“惮惮”。《石经》“啴啴”。《韩诗》作“缕缕”。《白华》“英英白云”，《韩诗》作“泱泱白云”。《周礼疏》“畇畇原隰”，即“禹甸之畇畇”、《文选》“原隰畇畇”。《楚辞章句》“苕苕公子”，《释文》引“嬥嬥公子”。《释文》引《诗》“踧踧山川”字作“蔋”。《说文》“蔋，草旱尽也。”《诗》“蔋蔋山川，踧踧周道。”《尔雅注》“儵儵”。“跃跃毚兔”，《韩诗》《史记》并作“趯趯”。《韩诗》“鹊之姜姜”，《韩诗》“鳣鲔鱍鱍，庶姜辙辙”。《释文》同。《后汉书》注引“纠纠武夫”，《常武》诗“绵绵翼翼”，《韩诗》作“民民翼翼”。《礼记》《汉书注》“威仪逮逮”。《说文》引《诗》“无然呭呭”，《荀子注》“无言詍詍”。《尔雅》“泄泄”注引此诗。《集韵》作“詍詍”。此恐因避唐讳改。《中庸注》引《诗》“诲尔訰訰”，《王伯厚诗考・抑篇》作“訰訰”。“营营”，《说文》作“謍謍”。《伯厚诗考》“维音憢憢”。《后汉・儒林赞》“譊譊之学，各习其师”。伯厚盖因《尔雅》“捷捷”，《广韵》作“諕諕”，《说文》：“辞之卙矣。”今《诗》作“缉”。《说文》引《诗》“禾黍穊穊”，孙愐作“穲穲”。“劳人草草”，《诗异》同《补遗》，引作“慅慅”。“其耕泽泽”，《尔雅注》“郝郝”引此。《诗异》同《补遗》。《正月》“忧心瘐瘐”，《尔雅》“瘐瘐，病也”注引此诗。“赫赫宗周”,《考异》引《读诗记》作“燚燚”。按:邝氏依《说文》作“燚燚”。《采薇》诗“平平左右”,《左传》引作“便蕃”,《韩诗》作“便便”。“有狐绥绥”,《齐诗》作“夊夊”。《内经》“随随然”,亦即此字。夊,楚危切,本训“行迟”(案:第十六卷十月二十五日记有摘录涵溪《诗异文考》句,则此为涵溪著作,可知矣)。

闰七月初十日(9月2日) 至西溪斋还《汉书》,借《史记》两函归。

十二日(9月4日) 校《史记》起。

十八日(9月10日) 钞《女科验所验方》起。廿一钞毕。

廿一日(9月13日) 晨,为邵抑斋练师书扇。

廿五日(9月17日) 写《医方》毕。

廿六日(9月18日) 还《管医徧》六本、《验所验》一本、《经验方》二本。

廿七日(9月19日) 钞《遗事琐谈》。

廿九日(9月21日) 写《琐谈》毕。写《破梦闲谈》起,八十老人沉颐仙辑,亦吕莼香物。

八月初三日(9月24日) 灯下写《闲谈》毕。

初四日(9月25日) 复为徐洪生校《汉书》。

廿三日(10月14日) 写《傅青主诗》起。

廿四日(10月15日) 长墩浜吴诊。晤其西宾陈根荷,上社塘人。借吕晚村《四书语录》回,灯下录《傅诗》。

廿六日(10月17日) 灯下录《傅征君诗》毕。

廿七日(10月18日) 迂道至斜塘,访季菘翁,为其令媳诊,病不减。还其所示《双红毚集》,借常熟吴立峰《卓信文稿》。

廿八日(10月19日) 校点《后汉书》。

九月朔日(10月22日) 遣拙儿吊睦和庵松禅上人。斜塘访季菘翁,为其令媳诊,承留饭。借《魏恭简公质疑录》《毛文简公遗稿》《黄野鸿古文》,并《朱柏庐先生像》归。

初七日(10月28日) 写《含经堂集》起。

廿八日(11月18日) 钞《含经堂集》毕。

廿九日(11月19日) 入郭,至徐洪生丈宅送还《含经堂集》。

十月朔日(11月20日) 校高邮王念孙《读书杂志》。

初四日(11月23日) 课佣种菜。

《柏庐先生像》赞:伟哉夫子,荷道厥躬。学醇德茂,克绍前踪。濂洛关闽,渊源贯通。《羲易》《语》《孟》,阐发性宗。《蓼莪》矢志,攀柏高风。惟忠惟孝,土室身终。疾革吟诵,心追放翁(廷章候疾侍侧,先生朗吟剑南《示子》诗句)。先生遗像,气粹貌冲。其中浩浩,孰测化工。悯予小子,则效靡从。肃然瞻仰,鄙吝潜融。伟哉夫子,百世钦崇!时著雍摄提格重阳日,门人吕廷章百拜。

初五日(11月24日) 以王念孙《读书杂志》再校《汉书》。

十一月初一日(12月20日) 校两《汉书》毕。

初二日(12月21日) 写《毛文简公集》起。

初五日(12月24日) 写《毛集》竟。

初六日(12月25日) 校《毛集》。灯下写《庄渠先生门下质疑录》起。

初十日(12月29日) 写《质疑录》至《孟子》。

十一日(12月30日) 写司马公《潜虚》一卷毕。

十二日(12月31日) 校《史记》。

十三日(1855年1月1日) 饭后,往斜塘访季小菘,送还《毛文简公集》二本、《庄渠质疑录》一本、《菘翁手钞》二本。溯风以往,寒甚。抵家,灯上矣。

《太平御览》引《论语》"觚不"章,注云:"孔子曰削觚,而志有所念,觚不时成,故曰:'觚哉!觚哉!'觚,小器耳,心不专一,尚不时成,况于大事乎?史游《急就章》云'急就奇觚与众异',注云:'觚者,学士之牍。或以记事,削木为之。或六面,或八面之,皆可书。觚者,棱也,有棱角也。'"

十五日(1月3日) 写苏郡孝廉贝润孙《述怀诗笺》,写涵溪丈信。

十六日(1月4日) 草《和蓬溪胡竹隐幽居诗》。

十七日(1月5日) 装吕用晦《四书语录》。

《吴紫莼诗稿》序:古人谓诗必“穷而后工”,余谓不然。诗者,性情之所发也。其情舒者,其气冲以和;其情戚者,其声哀以怨。而人之性,或随以流。圣人为之惧,于是示以“无邪”,闲情节性,使乐而不至于淫,哀而不至于伤。而诗之为教,遂为“六艺”之一。诗果若是其重欤?“穷而后工”,特词人一偏之说耳,非笃论也。余幼好为诗,才拙不能成家。中岁读儒先书,遂辍笔不作,而远近往往有以诗见示者,其人娄东为多。娄东本昆山旧境也。我邑自徐桂门、丁璞存两先生殁后,音沉响绝,盖未尝不叹风雅之沦亡。而娄东坛坫特盛,其残膏剩馥,几于人握隋珠,家传和璧矣,猗欤盛哉!友人紫莼吴君,生长娄东,而寓于吾邑者也。雅负俊才,闻甘亭诸君之余风,下帷之余,酷好为诗。其为人沉静恬退,不骛外名。奉母闲居,菽水自乐,有古隐者之风焉。故其为诗,不矜才,不使气,恬吟密咏,婉以出之,其乐也不至于淫,其哀也不至于伤,盖一读之,而其人如见也焉。君授馆在蔚村之东,去余徐村十余里,时一会晤。尝以诗稿见示,缠绵悱恻,能使人矜心平,躁心释,而无有嗟卑叹老之言。动乎其中,此岂非君之性情流露,自有其真,而非必其“穷而后工”也。其可传何疑?君之友黄君紫蘅,亟传君命,索余作序。余文乌足以序君诗?君之乡有季先生菘芸者,博学多识,善古文,余之畏友,而君之所知也,盍往求焉?姑以余文先之,何如?(案:“如见也焉”,“也”字疑衍。)

廿一日(1月9日) 写癸甲两年诗。

廿二日(1月10日) 写墓志二篇。

廿四日(1月12日) 阅常熟吴立峰《澹成居文钞》。

廿五日(1月13日) 阅《朱子学的》。

廿九日(1月17日) “目空一世”,近日小有才学人多以此四字自负。其实以道理勘断此四字,恰与圣贤立心相背。圣贤虚心从善,不骄不吝。虽刍荛贱言,听而勿忽。纵已有得,亦不敢自是。彼目空一世者,长傲饰非,不特为圣贤之罪人,亦终为人所弃绝而已矣。此皆由于自负聪明,不善为学,故至此。古语有之:"傲,凶德也。"《书》曰:"象傲。"又曰:"无若丹朱傲。"小子戒之!

十二月切[①]三日(1月20日) 读《潜研堂诗集》。下午阅《本草述》。

初四日(1月21日) 读《本草述》。

初七日(1月24日) 录《本草述》内验方。

初八日(1月25日) 录《本草述》方,凡五日而毕。

廿五日(2月11日) 预题遗笔:到此时痛念吾躬,有愧承先启后;愿异日勉循祖训,毋忘睦族亲贤。

---

① 当为"初"。

卷十六

咸丰五年乙卯(1855)[①]

箧中检得往年复陈梅村棻札,附录于此(见《晚香书札》)。

正月初三日(1855年2月19日) 阅《四书语录》。

初八日(2月24日) 沈翁名寅,字宏先,一字惺岩,其先方之后也。祖父颇有赀。叔字文瑞,庠生,以训蒙为业。惺岩亦处村馆,性孤僻,人少亲近者。壮年家落未娶,以先墓在徐家村之南,寓居于徐村之唐氏。继而庐居墓上,墓下有田六七亩,课人耕之以自给。嗣一侄耀祖,为娶妻郭氏。道光己酉水灾后,耀祖遘病死,有一子两女。时惺岩馆郡中,处境颇适。以嗣子亡,不能出,乃归。未几,郭氏亦亡,一孙女继死。今年翁已七十有四矣。初五日,祀五路神失火,草庐衣物俱成灰烬。余以近邻往救,不及。翁被火伤须鬓手足,步履不能。西溪命佣以芦席遮盖,余命儿往太平河,呼其从侄金来,谋为赁屋。同人赠米及钱,为购衣被什物,资其往尚,当谋其后事云。

初九日(2月25日) 为富山人校周世昌《昆山志》,四日而毕。

十二日(2月28日) 沈金来,知惺岩已于昨晚辞世矣。因访富山人、西溪,谋为具后事。囊空仓猝,伤哉!前初八日,余往送翁,心甚惨戚,拟乘便往访,今竟不果。记此潸然。

---

① 原注:“先生时年六十有八,仍署徐村老农。”

十三日(3月1日)　闻叶涵溪鼓盆之耗。

十八日(3月6日)　为乌镇胡柳堤校《种痘书》。

《种痘藏苗法》序:时痘必乘冬春温暖之气而发,亦新邪引出旧邪之义。故时痘之出也,或邪盛而阻毒出路,或元虚而不任两邪,皆作以致毙,故时痘之治为难也。种痘之法,乃乘儿未挟时气之先,以苗塞窍,引毒外出。儿苟血气和平,不必服药,其力自足以送毒,使之灌脓结痂,而种之事已毕矣。故种师之能者,在能辨儿之有无感邪。先天之毒,或重或轻,可种不可种,决之于未栽苗之前。使种痘,而症或棘手,其自出未有不毙者也。即药之也,或温煦,或平解,务在托毒使出。故不专以解毒为重也。然种师之难,辨可种与可不种,其一;识症之顺逆,其二;投药之的当,其三。而藏苗乃为其首,盖苗之可用,不逾旬日。故时师以传苗为难,而辨症处方次之。胡君柳堤,浙之乌镇人,虚心好古,精于医理,寓吾昆者久。尝为余孙种痘,处方投剂,不失绳墨。曾从崇川茅先生得藏苗之法,试而有声。其用药五色五味,隐夺天地之化工。曾书以示余,欲刊之,以公诸世,其用心为何如也。世之擅艺术者,往往据一得即私为己秘,胡君反是。手著《种痘藏苗揭要》一书,凡封护之方,择用之要,以及视症辨治之法,一一罗列,而并采解毒、灌脓、结痂诸方,及天行时痘杂证并治之剂,附于后焉。其意盖欲使种痘者得其术,而穷乡僻壤有患时症者,亦可按方以为治。其为益于世岂浅哉?咸丰乙卯春仲,过余村居,出以示余。余素喜岐黄家言,而于治痘不敢云知。独喜胡君之存心有可重者,敬跋而归之(此序作于仲春,而载在正月十八日日记,不知误否)。

十九日(3月7日)　录《左萝石诗》。

二十日(3月8日)　写太仓诸先生《题先六世祖像卷诗》入册。竟日在家阅书。

(一)笑余生计亦何谋?但得团蕉便可留。五岳梦游神早往,一丘身老宅如浮。高情明月千峰入,快语清风半榻收。从此过从称二老,柴扉竹屋且休休。(二)萧然远引为逃名,欲约长沮事耦耕。闲语豆棚聊说法,扶筇野陌当经行。读书倦后方闻道,多病衰来学卫生。桑柘前村闲眺久,夕阳淡似老人情。

廿一日(3月9日) 为次孙写《弟子规》。

廿四日(3月12日) 吊沈君旧居:扶杖访遗尘,莺声泪湿巾。藏书随火尽,废宅与坟邻。宿草风悲夜,荒村月吊人。凄凉岸边柳,今日为谁春?

圃中梅树全无一花,新竹却有数千竿,漫题:(一)别家花蕊一番新,偏我荒园不到春。不是花神全冷淡,此间原少赏花人。(二)数丛修竹傍坡陀,亦有清风拂面多。但得此生能免俗,干云梢日待如何?

廿五日(3月13日) 阅《潜研堂集》。

廿七日(3月15日) 季菘芸又寄手札,并《归之恭未刻稿》二卷来。

廿八日(3月16日) 钞《归之恭未刻文》起。

二月初七日(3月24日) 钞《归恒轩集》毕。

初八日(3月25日) 舟往娄东,至黄姑村访俞漱六疾,石尤风急,抵村已薄暮矣。漱翁疾则从旧冬十一月起,胁肋刺痛,结有痞癖。痛现虽稍减,而胃纳甚少,脉弦细数,面红舌红,身有热。此肝郁所致。余为勉拟《柔肝方》,未知其合否也。谈次,以墓志、家传见托,且以遗嘱见示。十年之交,年又少于余(年五十六),而遘疾如此,当奈何?临分恋恋。

宿含誉斋记:壬子春,与疁城陈虚舟(大受)联榻于此。问拜墀、三如,则虚翁已老病,不能出户矣。谈间,又闻季二堤(准)和耕云之亡。耕云讳亲仁,方泰人,椒翁弟子也。

初九日(3月26日) 管倚岩来谈,饮环翠书屋,盆梅盛开。午后,欲入城访叶涵溪先生,因天色阴寒,恐再雨,又无雨具,因以楮分并札,及所还季菘翁《归恒轩文集》一封,托拜墀转致。入别漱翁,即解维归,抵家已灯上矣。

初十日(3 月 27 日)　钞叶石农《昆山人物传》起。

十二日(3 月 29 日)　钞《人物传》毕。

十三日(3 月 30 日)　钞顾伊人《违竽集》。

十四日(3 月 31 日)　钞《违竽集》毕。

十五日(4 月 1 日)　钞《高子节略》起。

十七日(4 月 3 日)　春祀先祖考于正寝，祀外戚诸尊亲，祀半帆陶先生。

十八日(4 月 4 日)　圃中紫荆花开，钞《高子节略》毕，钞《左忠贞公诗》一卷。

手写书籍存目：《九经古义》(一本)，《邑志补遗》(一本)，《日记节钞》(一本)，《徐村文稿》(一本)，《李白夫诗存》(一本)，《揭文安集》(二本)，《盛青嵝诗》(一本)，《东华录》(四本)，《绿阴府君遗诗》(一本)，《违竽集》(一本)，《新阳县城隍庙志稿》(一本)，《邑志补遗订讹狭本》(三本)，《顾亭林年谱》(二本)，《春秋权衡》(一本)，《临证度针》(八本)，《遗民阅清录》(一本)，《陈士兰医按》(一本)，《昆山殉难录》(一本)，《玉峰完节录》(一本)，《陶仁节先生稿》(四本)，《朱节孝文略》(一本)，《经传释词、述闻》(五本)，《培林堂集》(四本)，《无欺录》(二本)，《朱孝定未刻稿》(三本)，《勤斋考道录》(二本)，《归元恭文集》(二本)，《左萝石先生诗》(一本)，《测海集》(一本)，《凌边玉峰志》(一本)，《易恒陶情集》(一本)，《含经堂集》(四本)，《说文新附考》(一本)，《九灵山房诗文集》(二本)，《三潞斋文集》(二本)，《昆岫遗文》(一本)，《吕氏小儿方》(一本)，《毛西河四书辨正》(一本)，《鸿瓜[①]集补》(一本)，《张履成医案》(一本)，《毛枫山所刻方》(一本)，《陆桴亭先生诗》(一本)，《诗微》(一本)，《徐村老农手钞方》(一本)，《潘澜集》(一本)，《戴氏经说》(二本)，《升庵经说》(一本)，《安民实务书》(四本)，《高子节略》(一本)，《朱子学的》(二本)，《左忠贞公诗》(一本)，

① 当为“爪”。

月 15 日） 舟至贾家村，为方憩女诊。观矫亭太常五
亭正续稿》十六卷见示。

日(5 月 17 日） 补录《咏春草》旧作：人是无根尔有
欲销魂。踏来青遍埋香冢，寻去芳迷买笑门。漠漠望乡
出塞嫁乌孙。关情偏在忘情处，曾为何人渍泪痕？《徐
，未及奉访有赠（名凤翼，号椿舲）》：（一）复郭临流境
月兴无边。归禽明灭山横晚，渔艇空濛水接天。闭户著
囊驱犊我无缘。新居许作邻翁否？溢渎村中好买田。
传有古坟，高风千载播遗文。土中碣断名难灭，乱后碑
废址残阳空落木，荒丘流水共寒云。少年我亦频游此，凭
君。

检旧箧得之，因记于此）（见《晚香书札》）。

(5 月 19 日） 长孙女静宜于归阚氏（婿号芸亭）。

(5 月 25 日） 在昆邑庙西道房，为赵建庵草《续修庙

(5 月 26 日） 同赵建庵炼师至清真观，并谒张孝友先生
阁下。

(5 月 27 日） 饭后，再至清真观仙人殿，观明人所题诗，
作梅竹。啜茶毕，别建庵出郭，附舟归。

(5 月 28 日） 草《庙志》，至五月望日写清毕。

5 月 30 日） 汪石翁从郡中来，以洞庭山佳茗及诸仪

日(6 月 1 日） 石翁下榻平原之榆轩。清晨奉候，畅谈竟
庆堂中。下午，承同西溪、紫蘅枉过草庐，命儿剪蔬瀹茗，
观感录稿本》见示更动。掌灯而归，仍宿榆轩。

日(6 月 4 日） 送石翁、王璞臣回郡。石翁携《练子宁集》
读四书偶记》去。

日(6 月 10 日） 草《赵建庵羽士传》（无稿）。

《疫痧一得》（一本），《续温疫论》（一本），《瘟疫节要》（一本），《史忠贞公集》（二本），《钱忠介公集》（一本），《伤寒贯珠集》（四本），《留石轩经验方》（一本），《沈敬亭先生家训》（一本），《阮虞再先生家训》（一本），《马鞍山纪略》（一本），《昆山名贤墓志》（十本），《苏门集》（一本），《述学述古节钞》（一本），《弟子规》（一本），《笃素堂家训》（一本），《迁改录》（一本），明季逸史（二本），《名迹录》（一本），《归文休诗》（一本），《南阳叶氏诗存》（二本），《叶涵溪诗》（一本），以上共一百廿六本。

慰叶涵溪悼亡：（一）娄江风雨泊溪船，访尔弇南记昔年。书卷纵横知子令，杯盘齐整识妻贤。词人偏厄天何忌？好事多磨世总怜。最惜短墙村一树，依然开落好春天。（二）红巾扰攘遍郊坰，尚忆前年风鹤惊。负母苍黄扶短艇，携孥匆卒出江城。常思乱定图偕隐，谁料时清失耦耕。翟妇溘先陶令去，东皋禾黍倍伤情。（三）药炉灰烬雪窗寒，此日回思剧苦酸。病里遗言都是泪，穷家作妇自来难。先时稚子常留念，后此高堂孰博欢。说道日常浑欲恸，当年寡鹄我先弹。（四）空闺帘幕昼愔愔，遥想藁砧痛不禁。胡蝶昼飞春似梦，鳏鱼夜卧漏方沉。牛衣对泣生前恨，马鬣营封死后心。从识荀郎吟兴懒，桃花开日泪痕深。

二十日(4 月 6 日) 扫墓杨庄作：（一）芦芽短短水差差，历乱桃枝与柳枝。骨肉沦亡亲故尽，杨庄临去立移时。（二）辛夷花落燕初飞，寒食家家昼掩扉。挂罢纸钱无可访，东风催送客船归。

题画《渔翁》集唐：横塘南北埭西东（陆龟蒙），已学严滩下钓筒（司空图）。纵酒放歌聊自得（白居易），青山明月不曾空（王昌龄）。翩翻雪鸟争投浦（曹唐），泼刺霜鳞对掷风（胡宿）。更拟结茅临水次（陆龟蒙），谁能相伴作渔翁（元结）？

附录涵溪悼亡四首：（一）西风一夜鬓毛星，种种秋声不忍听。托命庸医成大错，乞怜村觋本无灵。药炉灰烬天难晓，布被寒增梦易醒。记得病深犹强起，异时婚嫁细叮咛。（二）酒阑灯炧眼模糊，风

动空帷雪片粗。伏枕支离伤往事，拥衣烂漫睡诸雏。不胜丝竹中年感，欲慰桑榆百计无。此夕哭君无别泪，忍抛儿女累慈姑。(三)散雪抟沙总偶然，看看缺月又重圆。亦知好事多磨折，不道中途便弃捐。海燕营巢劳乳哺[1]，春蚕到死致缠绵。贱贫夫婿难为妇，辜负辛勤十八年。(四)伤心节物见春盘，眨眼光阴赴急湍。岁月逼人还自惜，寻常劝我强为欢。男长女大裁衣费，亲老家贫负米难。此后有无谁黾勉，一生怀抱几时宽。

廿七日(4月13日)　灯下作《挽俞漱翁诗》：(一)床头絮语及平生，说到铭幽泪欲倾。别后盼书无雁影，闷中听镜有离声。沉思一面还疑梦，痴拟千秋亦至情。老病每言君哭我，岂期君早赴蓉城？(二)梅心识面记当初，屈指流光廿载余。风雪连江常泛棹，春秋佳日数移书。雄谈眇论能惊俗，奇字高文实起予。三过竟成老病死，素车重过痛如何？(三)频年水潦复干戈，何处安居有薜萝？贷粟监河如愿少，避兵同谷感怀多。连床各痛荆枝尽，招隐常愁鸥梦讹。地上也知情绪恶，不知地下果如何？(四)槐榆一径未荒凉，小隐还留农庆堂。谢砌联行皆玉树，孙枝绳武有青箱。颜君心事留《庭诰》，陆贾生平少宝装。两字诒安胜富贵，知君含笑白云乡。

三月初二日(4月17日)　落花有感：(一)怪杀芳心不自持，花开已过艳阳时。蜂狂蝶逞何曾惜，月惨烟迷意可悲。攀折儿欺无主树，飞扬鸟踏出墙枝。漂红堕白酸心甚，可惜东皇总不知。(二)芳园惆怅一丛花，次日临流为叹嗟。玩赏只宜簪鬓发，漂零可奈污泥沙。窥枝禽合金铃护，扑树风应锦幕遮。可惜扶持无好事，东风如梦送年华。

初三日(4月18日)　挈孙注苍舟往太仓织女庙，吊俞漱翁丧，方知其亡在前月二十一日。门径依然，故人何在？为之泪下。饭环翠书屋中，管倚岩来陪，谈别后事，承令子昌言等，以遗命托作小传。略坐谈，顾视庭中，前日盆梅盛放，今已落矣。与倚岩约秋凉相访，托

---

① 当为"哺"。

寄涵溪信。

俞漱六病中自挽句：南

初七日(4月22日)

(未录)。

初八日(4月23日)　撰

十二日(4月27日)　雨

手札。璞臣茂才以所刊自著

源，近寓渎川，与汤雨生诸君

汪家湾，为杨筠溪太学复诊。

署"弘治中为郑直豸中丞书"。

乌。同柴子谷茂才饮。

十三日(4月28日)　写《

十四日(4月29日)　写《

十七日(5月2日)　为石

十九日(5月4日)　俞幼

撰行述。

二十日(5月5日)　村人

稿》五本来。

廿二日(5月7日)　写《俞漱

文长未录)。

廿三日(5月8日)　写《先

感录》。

廿四日(5月9日)　写《周忠

廿五日(5月10日)　写《忠介

廿六日(5月11日)　写《徐御

作《后[1]观感录序》(未录)。

---

① "后"疑衍。

三十日(5

代像，并以《改

四月初二

根，每逢春到

羁汉使，离离

东郊移居溢渎

悄然，草堂风

书君尚健，荷

(二)三烈相

焚迹少闻。

吊如今赖有

与儿札

初四日

初十日

志稿》。

十一日

祠，仍宿冲

十二日

及庄灌园所

十三日

望日(

见遗。

十七日

日，同饭余

承以所辑《

二十

《愧内集》

廿六

五月初二日(6月15日) 午后,入郭,送阚家端阳节礼,因往四柱坊访叶涵溪先生。至集街,以钱六百文得朱伯庐先生删订《易经蒙引》十二卷,为先生及门柴士侃艺循手写者,前有乙亥年先生自序并跋。又顾桂轩《鳌峰集》四本未曾得,怅怅。又得吴江王锡阐《晓庵遗稿》一本。渠亭山人张杞园贞《半部稿》二本,枵腹而归,此行为不虚矣。

初五日(6月18日) 入郭,欲寻吴芸台觅《顾桂轩集》,则已归矣,得《孙可之文选》本。

十六日(6月29日) 题《王贞女卷》:有女寒窗舒素腕,单纶独茧丝抽乱。回文待织不成章,欲寄重泉冥路断。女贞之木旁无枝,孤凤引吭鸣声悲。援琴欲抚泪如雨,心繁绪复难为词。忆昔芳闺方待聘,鸩鸟通媒约先定。筲里黄金双指环,玉碾鸳鸯钗股并。郎家百两未有期,女儿刺绣窗前嬉。忽地红巾海角起,阿娘挈女潜江湄。鸳鸯分散钗股拆,闻讣惊啼悲欲绝。自探金环一口吞,生不同衾死同穴。耶娘当此摧肺肝,忍看一树花枝残?千回百转苦相劝,许尔终身守影单。女向耶娘屈双膝,自誓此心皎天日。何来灵药胜还丹,下咽俄时环自出?从此蛾眉长自颦,泪痕界破双颐新。绣裳香袿无心理,叠在空箱任作尘。媒妁传言住口近,素装惨淡抛脂粉。侍女旁观亦泪垂,椒桨亲奠非合卺。形影空闺只一身,黄泉会面永无因。年年岁岁花争发,岁岁年年他自春。君不见有节秋竹竿,冰摧雪压叶不干,凌云百尺何团圞。又不见无波古井水,独照儿心清到底。贞女之贞亦如此!贞女,王君士超女,名端贞,母李氏。许字同邑朱菘长子承黼。癸丑春二月避兵于乡,女随母往。未几,承黼以瘵疾卒,讣于王士超,秘之,不使女知。俄母女自乡回,值士超具祭品往奠其婿。女恸哭,手探金环吞之。父母泣,谕以守贞。朱以四月十二日迎女,往时女年二十四。初,女从兄王寿畲聘俞君光晏女,闻寿畲死,愿往守。父意不欲,遂自经辛夷树下。事在道光中,时女年十四,闻之嗟叹不已,曰:“为人须如此!”盖其秉性如此。

玉柱朝霞：朝暾开处海云生，突兀浮屠入眼明。人在长春桥上立，迷离烟树送江声。

金潼夕照：孤城一角抱弯环，桥在渔庄蟹舍间。最是晚晴天气好，人烟墟落映鞍山。

淞舟春涨：吴淞江水远连天，来往风轻估客船。雨后岸痕添几尺，风帆叶叶似空悬。

娄馆秋潮：问潮古馆对菰蒲，秋后潮声夹岸趋。为问唯亭今过否？前朝谶语得占无？

甫里风湾：天随鸭渚已成尘，斜照西风卷钓纶。我昔经过无所访，但携杞菊吊诗人。

安亭月渡：重寻畏垒旧亭荒，剩有前贤古讲堂。闻说近时多作手，几人文笔继欧阳。

巴城敲雨：巴城潮水绿沄沄，上有巴王旧日坟。曾记扁舟湖上过，雨余一片淡斜曛。

薛淀曳云：传闻薛淀水云宽，水涨云浮亦大观。可惜山人今已老，不能来此把渔竿。

廿二日(7月5日)　写先友《俞漱六诗稿》起。

廿三日(7月7日)　写《漱六诗》。

廿七日(7月11日)　作《俞漱六诗稿》跋（文长节录）：根与君自道光庚子初夏，以诗文缔交，迄今计十有六年。根尝三至君庐，识所谓槐榆交荫者，而君每年必访余三四次。月必有书问安否，书必侑以诗。予倡汝和，疑相质，善相劝，盖直谅而兼多闻之益友也。君初无班荆接席之雅。一日，从友人所见余诗，遂偕其门下士管子倚岩冒风涛，不远卅里而来视予，尊酒订交，遂成知己，盖兄弟不啻也。君可无憾于地下矣。独念余年垂七十，齿益加老，读书寡效，学道无成。方幸得君为同志之友，为空谷之足音，而先我而逝。回思梅心定交时，宛如昨日。自此之后，春秋佳日，即有泊舟河干而递简长须者，然非我漱六也。展读遗编，故人焉往？他时谁为定我文者？此所以下笔

《疫痧一得》(一本),《续温疫论》(一本),《瘟疫节要》(一本),《史忠贞公集》(二本),《钱忠介公集》(一本),《伤寒贯珠集》(四本),《留石轩经验方》(一本),《沈敬亭先生家训》(一本),《阮虞再先生家训》(一本),《马鞍山纪略》(一本),《昆山名贤墓志》(十本),《苏门集》(一本),《述学述古节钞》(一本),《弟子规》(一本),《笃素堂家训》(一本),《过改录》(一本),明季逸史(二本),《名迹录》(一本),《归文休诗》(一本),《南阳叶氏诗存》(二本),《叶涵溪诗》(一本),以上共一百廿六本。

慰叶涵溪悼亡:(一) 娄江风雨泊溪船,访尔鼻南记昔年。书卷纵横知子令,杯盘齐整识妻贤。词人偏厄天何忌?好事多磨世总怜。最惜短墙村一树,依然开落好春天。(二) 红巾扰攘遍郊垧,尚忆前年风鹤惊。负母苍黄扶短艇,携孥匆卒出江城。常思乱定图偕隐,谁料时清失耦耕。翟妇溘先陶令去,东皋禾黍倍伤情。(三) 药炉灰烬雪窗寒,此日回思剧苦酸。病里遗言都是泪,穷家作妇自来难。先时稚子常留念,后此高堂孰博欢。说道日常浑欲恸,当年寡鹄我先弹。(四) 空闺帘幕昼愔愔,遥想藁砧痛不禁。胡蝶昼飞春似梦,鳏鱼夜卧漏方沉。牛衣对泣生前恨,马鬣营封死后心。从识荀郎吟兴懒,桃花开日泪痕深。

二十日(4月6日) 扫墓杨庄作:(一) 芹芽短短水差差,历乱桃枝与柳枝。骨肉沦亡亲故尽,杨庄临去立移时。(二) 辛夷花落燕初飞,寒食家家昼掩扉。挂罢纸钱无可访,东风催送客船归。

题画《渔翁》集唐:横塘南北埭西东(陆龟蒙),已学严滩下钓筒(司空图)。纵酒放歌聊自得(白居易),青山明月不曾空(王昌龄)。翩翻雪鸟争投浦(曹唐),泼刺霜鳞对掷风(胡宿)。更拟结茅临水次(陆龟蒙),谁能相伴作渔翁(元结)?

附录涵溪悼亡四首:(一) 西风一夜鬓毛星,种种秋声不忍听。托命庸医成大错,乞怜村觋本无灵。药炉灰烬天难晓,布被寒增梦易醒。记得病深犹强起,异时婚嫁细叮咛。(二) 酒阑灯灺眼模糊,风动空帷雪片粗。伏枕支离伤往事，拥衣烂漫睡诸雏。不胜丝竹中年感，欲慰桑榆百计无。此夕哭君无别泪，忍抛儿女累慈姑。（三）散雪抟沙总偶然，看看缺月又重圆。亦知好事多磨折，不道中途便弃捐。海燕营巢劳乳晡[①]，春蚕到死致缠绵。贱贫夫婿难为妇，辜负辛勤十八年。（四）伤心节物见春盘，眨眼光阴赴急湍。岁月逼人还自惜，寻常劝我强为欢。男长女大裁衣费，亲老家贫负米难。此后有无谁黾勉，一生怀抱几时宽。

廿七日(4月13日)　灯下作《挽俞漱翁诗》：（一）床头絮语及平生，说到铭幽泪欲倾。别后盼书无雁影，闷中听镜有离声。沉思一面还疑梦，痴拟千秋亦至情。老病每言君哭我，岂期君早赴蓉城？（二）梅心识面记当初，屈指流光廿载余。风雪连江常泛棹，春秋佳日数移书。雄谈眇论能惊俗，奇字高文实起予。三过竟成老病死，素车重过痛如何？（三）频年水潦复干戈，何处安居有薜萝？贷粟监河如愿少，避兵同谷感怀多。连床各痛荆枝尽，招隐常愁鸥梦讹。地上也知情绪恶，不知地下果如何？（四）槐榆一径未荒凉，小隐还留农庆堂。谢砌联行皆玉树，孙枝绳武有青箱。颜君心事留《庭诰》，陆贾生平少宝装。两字诒安胜富贵，知君含笑白云乡。

三月初二日(4月17日)　落花有感：（一）怪杀芳心不自持，花开已过艳阳时。蜂狂蝶逞何曾惜，月惨烟迷意可悲。攀折儿欺无主树，飞扬鸟踏出墙枝。漂红堕白酸心甚，可惜东皇总不知。（二）芳园惆怅一丛花，次日临流为叹嗟。玩赏只宜簪鬓发，漂零可奈污泥沙。窥枝禽合金铃护，扑树风应锦幕遮。可惜扶持无好事，东风如梦送年华。

初三日(4月18日)　挈孙注苍舟往太仓织女庙，吊俞漱翁丧，方知其亡在前月二十一日。门径依然，故人何在？为之泪下。饭环翠书屋中，管倚岩来陪，谈别后事，承令子昌言等，以遗命托作小传。略坐谈，顾视庭中，前日盆梅盛放，今已落矣。与倚岩约秋凉相访，托

---

① 当为“哺”。

寄涵溪信。

俞漱六病中自挽句:南亩向秋收早秫,西斋深夜读遗经。

初七日(4月22日)　为张尔炽撰其尊慈郎太夫人七十寿序(未录)。

初八日(4月23日)　撰《亡友俞君漱六家传》(文长未录)。

十二日(4月27日)　雨中,渎川王君璞臣(名炳)至。接江石翁手札。璞臣茂才以所刊自著《阇然居诗钞》八卷见诒。茂才原籍婺源,近寓渎川,与汤雨生诸君相善。惜小坐即去,未及细叙也。舟至汪家湾,为杨筠溪太学复诊。观所藏祝枝山京兆所书《醉翁亭记卷》,署"弘治中为郑直豸中丞书"。又董宗伯《临十七帖册》、王忘庵画花鸟。同柴子谷茂才饮。

十三日(4月28日)　写《明季逸史》至《泣鼎传真录》。

十四日(4月29日)　写《逸史》下卷。

十七日(5月2日)　为石翁辑《观感录稿》起。

十九日(5月4日)　俞幼龙伻来致其令兄札,求为其尊人漱翁撰行述。

二十日(5月5日)　村人自郡回。接江石翁札,并寄《观感录稿》五本来。

廿二日(5月7日)　写《俞漱六丈行述》,并与拜墀兄札(《行述》文长未录)。

廿三日(5月8日)　写《先世祖传》及《钱忠介公传》入《观感录》。

廿四日(5月9日)　写《周忠介公年谱》入《观感录》。

廿五日(5月10日)　写《忠介公年谱》及遗札。

廿六日(5月11日)　写《徐御史(吉)揭帖》入《忠介公年谱》后,作《后[①]观感录序》(未录)。

---

① "后"疑衍。

三十日(5月15日) 舟至贾家村，为方憩女诊。观矫亭太常五代像，并以《改亭正续稿》十六卷见示。

四月初二日(5月17日) 补录《咏春草》旧作：人是无根尔有根，每逢春到欲销魂。踏来青遍埋香冢，寻去芳迷买笑门。漠漠望乡羁汉使，离离出塞嫁乌孙。关情偏在忘情处，曾为何人渍泪痕？《徐东郊移居溢渎，未及奉访有赠(名凤翼，号椿舲)》：(一) 复郭临流境悄然，草堂风月兴无边。归禽明灭山横晚，渔艇空濛水接天。闭户著书君尚健，荷蓑驱犊我无缘。新居许作邻翁否？溢渎村中好买田。(二) 三烈相传有古坟，高风千载播遗文。土中碣断名难灭，乱后碑焚迹少闻。废址残阳空落木，荒丘流水共寒云。少年我亦频游此，凭吊如今赖有君。

与儿札(检旧簏得之，因记于此)(见《晚香书札》)。

初四日(5月19日) 长孙女静宜于归阚氏(婿号芸亭)。

初十日(5月25日) 在昆邑庙西道房，为赵建庵草《续修庙志稿》。

十一日(5月26日) 同赵建庵炼师至清真观，并谒张孝友先生祠，仍宿冲虚阁下。

十二日(5月27日) 饭后，再至清真观仙人殿，观明人所题诗，及庄灌园所作梅竹。啜茶毕，别建庵出郭，附舟归。

十三日(5月28日) 草《庙志》，至五月望日写清毕。

望日(5月30日) 汪石翁从郡中来，以洞庭山佳茗及诸仪见遗。

十七日(6月1日) 石翁下榻平原之榆轩。清晨奉候，畅谈竟日，同饭余庆堂中。下午，承同西溪、紫蘅枉过草庐，命儿剪蔬瀹茗，承以所辑《观感录稿本》见示更动。掌灯而归，仍宿榆轩。

二十日(6月4日) 送石翁、王璞臣回郡。石翁携《练子宁集》《愧内集》《读四书偶记》去。

廿六日(6月10日) 草《赵建庵羽士传》(无稿)。

复阁,泪尽而继之以忾者也,云云。

廿八日(7月12日) 重过徐鹿镈丈书斋:(一)雨后留晖步屐回,高斋重访此徘徊。九泉路隔人何在?三径苔深客又来。生计城东三亩菜,吟怀墙角一枝梅。白头自叹知心少,邻笛凄其听更哀。(二)菊花时候忆分笺,晚节留香着意诠。相识到头经十载,一旬分手竟重泉。尊前说剑空豪气,灯下论文断昔缘。同是清贫吾更老,秋风回首一凄然。

题《汪孝子焚香夜吁图》:人禀天地仁,纯孝乃至性。为子孝而诚,鬼神亦生敬。是有转移权,人定天必胜。孝子吾党贤,自幼敦至行。奉侍无过愆,晨昏慎温凊。奈何阴阳沴,一旦严亲病。奔走事医祷,中心忧怲怲。刺血秘缮疏,祈天为延请。愿减己寿算,速赐亲余庆。人善天必从,理感事斯应。亲愈孝子亡,自非天懵懵。修短偶然事,天心但以正。得正而毙焉,尽性斯正命。亦有孝子配,妇德相辉映。夫亡旋亦亡,言夫远相迎。临去留遗言,翛然如梦醒。至行播乡闾,词坛赓芳咏。吾老拙于词,何以为子赠?但述天人理,理全人事竟。误疑仁必寿,寿莫逾贤圣。全德与全躯,轻重当细评。成仁与苟生,二者亦径庭。死而有不亡,老氏言可证。此事道光间庚戌,斗未柄。吴郡大儒巷祎章,汪其姓(字圣生,号燮卿。烈妇陆氏)。

元和王璞臣(炳)寄呈诗:(一)老屋荒江上,萧然隐古人。栖迟观物化,歌咏见天真。野鸟亲情话,溪花解笑颦。旷怀谁得似,只有葛天民。(二)烟雨孤篷晓,溪南问讯初。门临修竹院,案有《活人书》。古道存三径,春风满一庐。德邻如可卜,我出混樵渔。(三)出处何堪说,风烟满眼昏。时危清素贵,道在布衣尊。香草自幽泽,贞松留古原。只应绝尘听,长日闭柴门。(四)老去文章富,愁来感慨多。陈编研服郑,佳句敌阴何。天地贞心固,风霜健骨磨。不材樗共散,聊学楚狂歌。

六月十三日(7月26日) 腰楼俞友兰家诊,观方正学建文元年墨迹。有陆清献公跋、钱竹汀记。

廿九日(8月11日) 酬元和王璞臣:(一)出处虽云命,行藏端在人。道随时共卷,节以苦方真。林鸟堪求友,溪花亦解颦。自知康济绌,安分作山民。(二)烟雨沧江上,推篷会面初。开怀见真率,推榷到诗书。延客留三径,容身剩一庐。知君近踪迹,亦欲混樵渔。(三)独鹤去何适,归鸦林已昏。长贫心自富,守贱道犹尊。臭味心相契,往来礼可原。怀君高隐处,修竹隐柴门。(四)读君诗一卷,触我感怀多。身世行如此,吾生奈若何?文怜瓿欲覆,墨已岁同磨。相对难为说,聊为劳者歌。

七月初九日(8月21日) 灯下写《手臂录》。

八月十九日(9月29日) 同黄紫蘅往太仓。叶涵溪疾时已小愈,同坐谈,留点而归。借《黄忍庵州志》二本,并钱氏《字学海珠》等书。以钱七百文得叶白泉书《归去来词》一卷。

廿三日(10月3日) 题《某道士读书图》:道书一卷手披寻,吟啸都成鸾凤音。奇石便为修士侣,苍松同此暮年心。科头静占溪山乐,放眼闲看岁月深。欲共析疑嗟我晚,读书未得老先侵。

廿四日(10月4日) 入郭,至新学署,访韩介孙师。俄闻皇太后遗诏至县。稍坐谈,因取《城隍庙志》归。读《乡饮宾虹亭先生家传》,敬题其后,以志景仰("乡饮宾"上一字为虫残蚀,似是"吴"字):法云庵里昔频游,未接清晖恨莫酬。盛德饱闻朋辈述,高风合向古人求。金还莶篋惟留扇,花满山塘不系舟。两事真堪侪独行,况传儒佛又兼修。

九月十五日(10月25日) 写《龚氏日钞方》,雍正间龙丘龚浩辑。前年借诸澜漕金家,今其人来索,因节录而返之。

十七日(10月27日) 季少菘自蔚村携《名迹录》一卷来,留宿。

十九日(10月29日) 入郭,饭后至后浜访顾寅卿秀才谈,借《宗忠简公集》及《归假庵昌世诗稿》。至万元斋得《陶诗》《文公家礼》《新序》(三书共钱二百三十文)。

二十日(10月30日) 钞《名迹录》。

廿八日(10月7日) 钞《名迹录》毕。

晦日(10月8日) 灯下钞《归假庵诗稿》。

十月初三日(11月12日) 晨起,钞《假庵诗》。

读韩昌黎诗漫题八首:(一)一篇《原道》扫荆榛,辟佛崇儒识最真。可怪澄观与文畅,不随瘦岛反冠巾。(二)岣嵝山碑未易求,事严迹秘费冥搜。何如石鼓腾光价,赖有公诗太学留。(三)苦为关中惜此民,遽遭放逐岂无因?殷勤远寄江陵字,未忍分明斥故人。(四)驿骑匆匆赴贼营,诏无径入惜公行。谁知谈笑重围解,直抵三千袭蔡兵。(五)当代骚坛孰主监?子昂高踏已希声。文章李杜光芒在,未许低头拜孟生。(六)痴绝轻生谢自然,浪传白日忽升天。何来红颊青眉女,又假仙灵惑少年。(七)窜逐南荒老更穷,从来箕口簸扬工。伤心摩羯缠生命,又困才人玉局翁。(八)孤灯照壁透凉飔,正是江村落木时。瓶插菊花如我瘦,可堪扶病读君诗(案:摩羯又作"磨蝎")。

初五日(11月14日) 录顾勖斋所借诗毕。读《宗忠简公集》撰□,买纸写之。

初六日(11月15日) 西溪自渎川回,携汪石心丈复札,并王璞臣秀才札,并寄其尊人睢园居士《烟波垂钓图册》索题(讳世筠,字竹均)。灯下录《摘录伤科方》。

初九日(11月18日) 写《三国志辨疑》始。

十三日(11月22日) 写《三国志辨疑》三卷毕。

十四日(11月23日) 创举弧南寿会。根为会总,首举即摇集亲友,人每出钱二千,以为置办寿亭之用。五个月一举,计闰。凡有急用者下举,即坐收。诚以物力艰难,预为筹备。故会中有力而预者,乃成就善缘,圆成其事也。集凡七人,摇色根应得,以会中陶受翁孤孙年幼而翁已老,让与之。

十六日(11月25日) 校所钞《补续汉书艺文志》《三国志

辨疑》。

亡友漱六，其孤卜以今月廿六日葬。余以老病不能往送，怅然有作：(一) 灯前挥翰泪星星，老病难为故旧铭。半世交情存纸墨，百年心事付丹青。酒杯花社秋来忆，临笛山阳雨后听。二十余年鸿爪在，陈顽潭水寄扬舲。(二) 携手鸡坛尚妙年，山河一梦酒垆边。袖中书札情犹在，海上琴声听渺然。旧雨曾无知己赋，新诗偏积悼亡篇。柴门夕照浑如昨，望断娄江访我船。

廿四日(12 月 3 日) 过叶文庄墓作：南武城南溢渎路，流水苍葭莽回互。行人下马读残碑，知是前朝侍郎墓。侍郎名德姓氏香，至今史册垂清光。名臣景泰数忠肃，偻指应推叶侍郎。上皇北狩九门闭，拥立亲藩实大计。是时给事佐黄扉，白简锄奸闻者悸。驱车持节镇北门，联络营堡成雄藩。王师自古有不战，至今奏草留边垣。大星陨后人咸惜，未展经纶十之七。易名考行谥"文庄"，帝赐佳城表绰楔。石马翁仲苔藓深，千株松柏阴森森。烟晨雾夕偶至止，灵旗飒沓如公临。事历两朝年百载，柏孕灵芝松偃盖。俨然正笏立朝端，词客经过皆下拜。我年弱冠喜游观，曾读公碑松括间。煌煌高庙敕防护，樵采有禁谁敢干。咸丰乙卯垂七十，偶过城南惊且泣。旧时松柏一无存，但见残碑雨中立。传闻赐第通德坊，大书"菉竹"题华堂。华堂片瓦亦无有，一片斜阳草色荒。吁嗟名德尚如此，万事由来有成毁。天家敕谕等弁髦，守土何人不禁止？君不见有元偰侯人所传，为钦词客题新阡。至今人过龙洲墓，不说刘豪说宰贤。

赠娄东叶涵溪：友朋难得两心同，萍梗无如西复东。却聘辞官能守道，灌园养母惯安穷。谢公哀乐中年感，杜甫文章乱后工。犹有竿头吾未办，愿言寡过要加功。

《聘礼》记"凡庭实随入，左先。皮马相闲可也"注云"古文闲作'干'"。《毛诗》"考槃在涧"，《韩诗》作在"干。"

廿五日(12 月 4 日) 摘录涵溪所撰《诗文考》(已录在十五卷)。

廿九日(12 月 8 日) 摘录前年所钞《叶文庄公诗稿》。

十一月初一日(12月9日) 钞《文庄公诗》毕。灯下写南昌彭躬庵所撰《重刊文庄全集》序。

初三日(12月11日) 钞邑前辈诗。

初四日(12月12日) 仍钞邑前辈诗。

初五日(12月13日) 录叶白泉诗。

初七日(12月15日) 写叶太常及水修秀才诗。

初八日(12月16日) 写《叶氏诗存》。

十四日(12月22日) 写《名迹录》中墓志入《名贤碑志》卷中。

十五日(12月23日) 写娄东毕华珍文诗,附《弇南老圃诗》后。

十六日(12月24日) 冬祭本宗合族诸先,顾氏、嵇氏、汤氏、吴氏、吴氏、范氏、邱氏诸外戚,先师陶半帆先生。

十七日(12月25日) 作《与渎川汪石翁札》《复王璞臣札》。

(一)睢翁清兴旧如何?此日追题拓醉哦。乱后文章欢境少,衰年踪迹感怀多。长镵短笠嗟身世,流水桃花忆钓蓑。大有江南好山水,团蕉何处托烟萝。(二)浮家泛宅自年年,舒卷纶竿一水仙。皓月襟怀留句写,海鸥心事托图传。何时侪辈几人在?异代流传赖子贤。我有扁舟无可系,芦花浅水境翛然。

二十日(12月28日) 青莲庵僧宗元,号芳谷,能书画。闻春间为余画《隐居图》,余未及见。今闻其圆寂矣,惜哉!

廿一日(12月29日) 失去手钞《郑氏万金方》四卷。检点架上诸书,竟勿得。是书编元、亨、利、贞四集。先以友人管倚岩所得不足本为主,复向郾城姜秋农借《万金一得》,方挨辑,续得吴氏、范氏、徐氏、王氏借本补入。拟于来春稍暇,当为编辑,置之案头,时常翻阅,不意失之。惜哉!惜哉!

廿三日(12月31日) 读书而志在圣贤,立身孝友,为后进风俗表率,上也。建立功业,有益于世,次也。自分不能,而谨身守法,为政于家,门户不坠,抑又次也。若徒作为文章,弋取功名,以哗世取宠,已不足道,而况更下于此者乎?吾深有望于立志之士也。

廿四日(1856年1月1日) 写《女科杂方》,从葛子京借本也。

廿五日(1月2日) 史松心(字景山,故慰儒翁之子,今秋卒,年七十又三)治李姓者耳痛匝月,外不肿,内无脓。李自知医,服表剂不效,清火与平肝亦不应,反增四末冷,胸中不舒,左侧则汩汩有声,且昼耳痛稍可,夜间加甚,不能安枕。饮食顿减,舌白不渴,脉细。自拟服附子理中汤。商于史,史作真阴亏损治,以其日轻夜重也。以二冬、二地、龟甲、鳖甲、知柏、芍丹、泽泻,大剂与之,三剂痛定。以前方加秋石作丸服之,诸症皆愈。

退步思量,切忌骛外。读书贪多务速最劳神,何曾是学问?直玩物耳。只要熬得淡泊,无往不可,所谓"足乎己,无待于外",多言使人心志流荡,而神气亦损。幽暗之中,衽席之上,人或狎而漫之,则天命有所不行矣。凡少年时,只要想我现在干些什么事,到头成个什么人,这便有多少愧恨心,人品自立。德不怕难积,只怕易累。千日之积,不敌一日之累。是故君子防所以累者,不逐物,是大雄力量。学者入圣工夫,先在这里。做肯替别人设想,是学问周到处。所贵乎刚者,贵其能胜己也,非以其能胜人也。

廿九日(1月6日) 校《国朝昆山诗存》刻本讹字。

三十日(1月7日) 写《郑氏女科方补亡》。

十二月朔日(1月8日) 写《女科书》,凡四日而毕。

初八日(1月15日) 读《方改亭先生集》。

十二日(1月19日) 阅《大学思辨录》。

廿一日(1月28日) 写自著诗一卷讫。

廿三日(1月30日) 又写自著诗一卷毕。

廿九日(2月5日) 小除。《太素脉诀》出于蜀之青城山王朴仙翁,而歙人张子元、子发尝校。其书传之杨上善,后婺东阳人张去非号实堂得之。去非官江浙医学提举,精于此术,人号"张太素"。录旧作于日记簿后。

春晚招友人小饮:贫家无节序,草草出杯盘。知己笑谈畅,居乡礼数宽。茶烟窗外飏,诗卷袖中看。况有花盈架,经旬尚未残。

集陶:草屋八九间,绕屋树扶疏。贫家依稼穑,新畴复应畬。饥寒饱所更,未忍言索居。田父有好怀,过门更相呼。披草更来往,时时见废墟。邈然与世绝,政赖古人书。一觞聊可挥,少许便有余。虽未量岁功,栖迟固可娱。此事真复乐,此意真不虚。遥遥沮溺心,君情复如何?

咏燕:细雨上帘栊,春光淡碧空。喃喃轻絮月,故故侧斜风。柳染微翎碧,花黏小喙红。画楼人散后,双舞夕阳中。

赠友:风麈嗟项领,共卧北林幽。扫径花在地,推窗山入楼。五休君早咏,一壑吾何求?待作卖田计,长陪植杖游。

新秋:小轩一榻傍茶寮,枯坐摊书暮复朝。山鸟寂时殊可意,林花落尽却无聊。寻常瓜果贫犹具,随分邻翁喜共邀。门外红尘深几许?打头凉叶又萧萧。

喜雨:(一)砌花迎节放,窗雨送凉来。物候欣相值,清樽聊一开。息躬调寝食,闭户绝氛埃。差慰三农望,新诗好为催。(二)虚馆俄生爽,檐端过户微。枕凉惊露气,窗低识云围。圃润知蔬性,林疏认果肥。池塘增水色,侵晓亟添衣。

野翁饷皂荚:奈此庾公辈,衣尘尔许黄。正思相科理,野老赠盈筐。

食蟹:左手持螯日,狂吟思拍浮。只愁勤学死,那怕有监州。

接若木札:接得城南札,邀参木樨禅。陶公容入社,破费杖头钱①。

题何二我《寒山寻梦图》:(一)夜雨空斋滴短檠,试看遗挂泪纵横。卷中画与屏间句,枨触红闺旧日情。(二)艳质文心弱似莲,尘缘一尽便生天。他年老泪今宵梦,尽托词人绘事传。

---

① 《野翁饷皂荚》《食蟹》《接若木札》三诗,在道光十二年八月二十六日日记中已出现。

水仙:(一) 此是泉石旧,偶来尘世间。卷帘惟皓月,隐几即青山。顾影独清照,凌波数往还。杳然云水外,高极自成闲。(二) 岂必辞金屋,依然集涧阿。山林宁待隐,丘壑不须多。淡与泊相受,冰将玉作窝。永朝斯永夕,无奈此花何?

咸丰六年丙辰(1856)[①]

删节傅青主《女科方论》,编辑《应验良方》,编辑《明朝昆山人诗》。

元旦(1856年2月6日) 作:乌巾筇竹称闲身,婪尾杯行忝末巡。灯社喧阗容入队,辛盘贫薄亦留宾。经过北里南村旧,入咏江梅岸柳新。老去追欢应自力,少年谁喜白须人(里俗灯社有老子灯,明人所云"形容憔悴,不堪描者",故云)?

初二日(2月7日) 写《含经堂集》。此本亡友鹿轫所藏,以令嗣训常来札见索,故急钞之。

初三日(2月8日) 富香翁□适张问月至,同酌。

初四日(2月9日) 写《含经堂诗》十五卷毕。

初五日(2月10日) 作《与徐训常秀才札》,并还《含经堂集》一卷。

初十日(2月15日) 校旧日记。

十四日(2月19日) 入城,访徐椿舲丈,不晤者已一年余,谈别况,出王素岩(喆生)徐果亭(秉义)赠朱雪鸿(谨)《移居诗》二幅、徐匏叟(履忱)诗手迹,并观所刊《昆山殉难录》新本,因征助刻赀。承留酌。

补录《岁暮怀旧诗》六首(见《隐求堂诗存》)。

廿三日(2月28日) 节删傅青主征君《女科方论》毕。

---

① 原注:"时年先生六十有九,仍署徐老农 炳烛轩日记。"

廿四日(3月1日) 录《慎斋遗书》中作科方。

廿五日(3月2日) 阅《含经堂集》:老去无心逐伴行,春寒镇日掩柴荆。已嗟好友音书断(久不得菘翁消息),况复连朝雨雪并。游水空花悲往事,虚仓饥雀悟浮名。溪桃岸柳应依旧,回首流光百感生。

廿八日(3月5日) 写《昆山名贤墓志》。

廿九日(3月6日) 作《旌表节孝严节母张儒人传》(文长不录。儒人渡头里严似香,讳纯五妻,年十七嫁,二十六寡。嗣子曰济和,孙钟英、钟华。道光辛卯请旌,卒年五十有四,计守节三[①]十有七年)。

惑事(见《隐求堂诗存》)。

三十日(3月7日) 阅《诸儒讲义》。

二月初五日(3月11日) 装《诸儒讲义》二卷,明嘉靖戊午汉东书院刊本。

徐春舲赠诗:晚翁丈枉过草堂,酌酒纵谈,快何如之?赋此呈教:(一)巍然东国鲁灵光,来访城南旧草堂。落落交情原似水,萧萧短鬓各凝霜。匡时未吐胸中气,济世长留《肘后方》。怎奈故人容易别,相逢即欲泛归航。(二)衰病连年惯闭门,药炉茶灶度朝昏。千秋风义铭师友,一室摧残泣弟昆(蘋洲兄、竹香弟,俱以下世)。收拾遗编怜我老,商量旧业幸君存。光阴此后须珍惜,何日重来对榻论。

和徐作:(一)暮年最惜是流光,寂寂何人过草堂。功课六时惟食睡,襟怀数载足风霜。知音未许琴三弄,息影真成水一方。幸得渔郎堪避世,纶竿早已插轻航。(二)春寒踏雨访闲门,别后空林雨复昏。酒社花稀思旧友,萧斋尘掩痛贤昆。驹阴已叹年华逝,鸿爪犹怜著述存。珍重病余须料理,寥寥此外不须论。

初六日(3月12日) 钞方矫亭、改亭文。

---

① 当为“二”。

初八日(3月14日) 作《与顾勖斋秀才札》(见《晚香书札》)。

十三日(3月19日) 入城,访徐春舲丈,以拟补殉难义士姓名示之,嘱其刊入。又以《隐求草堂诗稿》一卷呈政,于其斋饭。访吴省山翁,取顾桂轩先生恂诗集四本回,计《鳌峰稿》五卷,前有邑人朱存章题词;《西湖纪游》一卷;《百咏天香集》一卷,有自序及李桓题词;《啖蔗余甘词》一卷,有秦向春序;《斯文会图诗》一卷,有沈鲁序,后有朱隆栋、黄云、方鹏、许腾蛟等跋;《永思录》一卷,前有应山王府教授、同邑陈翊及恂自序,后有夏昶、郑文康、叶盛、朱萱、徐容、朱经、周复俊题后,前有遗像及李东阳所撰墓志铭,张大复所撰传,九世孙易所撰年谱。

十五日(3月21日) 钞《何又蓼先生文稿》。

十七日(3月23日) 钞《何又蓼文稿》毕。

十八日(3月24日) 钞吴景岳先生《昆岫纪闻》。

十九日(3月25日) 钞《昆岫纪闻》毕,接写《青洋日记》。徐洪生秀才有丧明之痛,作札奉慰。接顾寅卿秀才札,以韩介孙师尊以四月初将赴甘肃府幕之任,托撰送序也。

二十日(3月26日) 王晋,字日接,号南山老人,居邑之迎薰里。性恬退,敦孝友,不慕荣利。画山水,摹乌目山人王翚,几于乱真。兼善写真,解衣盘礴,纵笔淋漓。经其点染,无不酷肖。晚结庐道堂桥之北,屏弃世缘,日以琴书自娱。当事见其书画,欲物色之,不可得也。与吴之玠为忘年交。乾隆甲戌秋卒,年八十一。何镠,字金式,家贫好学。善词赋,兼精于医。性沉静,不慕荣利。与徐尚书乾学为外戚,尊属数以简招之,辄以故辞不往。后流寓嘉定之南翔,以医术自给终其身。卒,归葬城南祖茔。顾宓,字寅清,号友山,幼聪敏好学,为文下笔立就。弱冠,出游南北,与外兄李炳丹俱。晚居州厅巷,萧萧数椽,樵苏不给,浩然自得,有古人之风。善书,工篆刻,仿古逼真,一时推重。甲戌重游北直,卒于旅次,年七十余。

廿三日(3月29日) 陆西溪自郡还,接汪石翁信,并寄示杨全甫天民《掖垣草》四本、《邹南皋语录》、《邓文洁文集》三书来，并寄还《史忠正公集》、吴修龄《纪效达词》二书，并接王璞臣札。

送司训韩先生介孙之甘凉序：朝廷之设官也咸有职，而可尽君子之行道也，盖随在而皆宜。闻诸古人有成进士选词林而愿就吏职者，如明之刘忠宣是也。坐言起行，期于自见，盖各有其志也。珠江韩先生来训吾邑，九年于兹。始至，则延访士之有学行者，晋接而优异之。士皆相率而励于行，风丕变矣。既以近世学者束于章句，不知有经纶参赞之事，则娓娓焉以《郡国利病》《日知录》诸书为从游开导，而营建吾乡先贤亭林顾先生祠于玉山书院之左，以为多士劝。尝拟改院名为"兴材院"，其期望后进为何如也。又以风教之端自闺门始，访女妇之贞烈节孝者，请于朝，建坊设祠，以型风俗。而于其中秉贞蹈死、负屈不申者，必申之而后已，以扶天地之正气，而雪神人之公愤。何其用理之正，而守道之勇也。至于修理文庙，整饬学规，卓有成绩，又其余事矣。盖综先生之为教，大率以维风俗，正人心，导源先正，奖励后学为事。以此推之，使其都显位，行道济时，为效当何如？今年正月，朝廷嘉先生功，叙晋阶六品，借补府幕。大部檄至，将有甘凉之行。邑中人士，以先生教有成效，冀其久留于兹。而简书严迫，浩乎有行色矣。惟先生之抱负，固不可以一儒官限之，而藩府倅佐，亦不足以尽先生，殆先生行道济时之发轫也欤？根以布素，幸得承教先生。回忆己酉大潦，地方议捐济事。根谒先生，数言而决，先生即引为己任。其后，克有始终，全活万众。先生之经济，已见一斑。今远宦甘凉，其土风俭朴，民情质直，固有胜于吾郡者。因地制宜，坐啸画诺，其有成竹也。独是先生行矣，后之来者，不皆先生也。异时有事焉，得不重念先生！根之友顾子寅卿，先生之弟子也。承先生知爱，一日以所绘《玉峰八景图》者，求先生题。先生赋诗简端，徘徊唱叹，有不能忘情于余辈者。先生之教思无穷为何如哉！吾昆设县以来，数千年矣。校官之列名宦者，盖不数人有如先生。他年操志笔者，宜有公论。先生虽远去，其教泽长在也。三年报最，幸过吾邑为问。宫墙手植繁花照彻，依然如故。闾里之间，户弦歌而家诵读也。吾侪二三子者，犹安贫守道，不坠儒风也，而先生喜可知矣。先生功业所被，当不止两地大书特书。敬执笔以俟是行也。诸生多为诗以赠先生。寅卿书来，命根作序。辱先生知，不辞而为之书。

廿五日(3月31日) 接季菘芸丈札，并惠示《梅花草堂》《卧龙山人》二集。

《三叟诗》为邑前辈王日接（晋）、何金式（镠）、顾寅清（宓）作：（一）三叟号南山，写山得真趣。翛然外荣名，幽抱于此寓。时亦貌路人，而不营世务。结屋傍寒潭，萧萧惟竹树。（二）同时庐江老，雅好在文史。亦复攻医方，如饮上池水。朱门多上宾，匿迹不肯履。长往寄江乡，甘抱一经死。（三）顾翁喜薄游，踪迹遍南北。倾囊结豪雄，才不限尺幅。晚住陋巷中，萧然数间屋。篆刻逼古人，惜哉未寓目。

即事：（一）梨花堕白海棠红，九十韶光次第工。小阁卷帘午睡倦，一双蝴蝶过墙东。（二）春光淡淡日迟迟，正是东园扑蝶时。却忆小桥流水路，隔墙红露杏花枝。（三）静掩柴扉客不敲，陶泓毛颖旧贫交。痴名自少甘王湛，诗意多寒学孟郊。（四）开卷蠹争先食字，谋生鸠许共营巢。行年七十垂垂老，久拟将身等系瓠。

廿六日(4月1日) 写吕浮三先生《严心书屋文集》，柏庐先生门人也(讳廷章，字德焕。此书今藏余处。先生写此文在丙辰三月，而余即生于是年之十二月。写书之人与藏书者，后先若接，岂亦有缘在耶？德森注)。

《玉峰八景》，录韩介孙先生作(晚香先生《八景诗》见前)。《玉柱朝暾》：塔影江光在眼中，宦游东海又偏东。年来砚匣尘埋尽，难写朝暾一柱红。《金潼夕照》：金潼桥下水潺潺，离思俄生转盼间。他日暮云如忆我，清秋驱马出潼关。《淞舟春涨》：廉纤小雨湿轻舠，客思羁愁苦未降。昔梦吴淞今泛棹，吴淞江上梦邗江。《娄馆秋潮》：文笔如潮数当家，由来吉语自无差。春风一一簪红杏，莫忘门墙手种花。

《甫里风湾》:甫星先生何处寻? 丛祠竹树自森森。湾头一抹如钩月,共照诗人万古心。《安亭月渡》:震川手笔冠当时,讲院花繁薄采之。一别邹阳谁把臂(昔与邹小石同游),旌旗影里系相思。《巴城敲雨》:蚕丛那似巴王国,螺黛还如西子湖。着个诗人画图里,巫云浙雨总模糊。《薛淀曳云》:忽漫移封向酒泉,甘州苦调听缠绵。从今重作江南梦,夜夜湖云到枕边。玉峰前无八景。有之,自寓[①]卿始。玉峰岂啻八景? 八景者,寅卿举其尤。八景,玉峰固有,迥非自寅卿,而寅卿表而彰之,绘图题咏,即谓始自寅卿也。可我友徐村老农先有诗,吾起而和之,答寅卿之请,即酬老农。且吾有甘凉之行,即以是留别玉峰云尔。珠江韩印介孙甫稿(案:啻疑"第"字之误)

敬依韩师尊《题玉峰八景图》韵,即以志别:(一) 柳色河桥一望中,骊歌唱罢各西东。难忘讲舍平生话,茶绿深杯烛影红。(二) 致和塘水响潺潺,渺渺离愁分手间。他日去思留短碣,西郊驷马旧时关。(三) 前年细雨泛轻舣,沪渎烽高寇未降。好记雪泥鸿爪迹,我家老屋傍清江。(四) 介堂文笔旧名家,学有渊源路不差。今日门墙桃李盛,春来满县似潘花。(五) 征士祠堂何处寻? 几株榆老影森森。祠门潭水清如许,长照先生一片心。(六) 文章特出冠当时,孔思周情似退之。老我平生知己少,巫云峡树费相思。(七) 石门山色淡如无,古渭桥边涨满湖。倘过草堂寻杜甫,凤台古迹想模糊。(八) 临分樽酒送如泉,古调甘凉离思绵。讲舍有梅如赠我,春风长在草堂边。

汪石心来札:西溪来舍,获展手函。伏稔颐养之余,钞录诸集,甚善! 承问《碧血》诸稿,鄙意将《胜朝殉节诸臣录》中诸贤,就耳目所及,编汇而成。然现钞无几,须埋头数年,可望成功。顷徐介甫、胡心耘意欲向杭州文澜阁钞副本,以补金山扬州之缺坏。去冬已具呈学政,无如学政卸任,未知此事如何。倘能从事于此,亦属机会。闻季

---

① 为"寅"之误。

菘耘先生居停之家藏书最富，未知许就钞否？乞先为道意为感，天暖当一棹奉访。今奉上邹南皋、邓文洁《语录》《文集》二部，又奉上《杨全甫谏草》一部。此书外间甚少，能钞，妙甚也！闻新刻《昆山殉难录》印好，望先寄示。晚学汪正顿首（菘耘居停，罟里村瞿氏铁琴铜剑楼藏书也）。

贺逢圣《致亲友》，刘熙祚《绝命诗》，范景文、王家彦、许直《上父书》，倪云璐、李邦华《绝页命诗》《自赞》，施邦耀《题几诗》，凌义渠《上父书》，附茅曦蔚《述略》，马世奇《答成德书》，刘理顺《手书粘壁》，吴麟征《绝笔》，周凤翔《绝笔》，汪伟《题壁遗子》，吴甘来《绝命诗》，王章《家信》，陈良谟《遗诗》（《殉节诸臣录》，现钞目录）。

王璞臣来札：久疏笺候，契阔良深，比维道履安和。去冬接奉手翰，并承赐题先子遗照，深情逸韵，俛唱遥吟。令读之者，俯仰欲绝。自惟梼昧，何以得此于先生耶？感激之私，曷可名状？炳自去秋大病后，精神疲薾，兼之尘雾牵扰，坐诵时疏，故我依然茫无进境，惭负箴教，悚惕何如？月前有事吴淞，道出娄江，满拟趋谒，奈为同事者牵掣，未能如愿，怅怏而已。曾有句云："贪看马鞍窗不掩，鹿城东去更无山。"意以举似先生，未审长者一笑颔之否也。兹因西溪丈之便，肃函奉候。伏维为道自爱不宣。教晚王炳顿首（二月二十日）。

三月初一日(4月5日)　写吕孚三《严心书屋文集》竟。

初三日(4月7日)　作徐椿舲《粟香庵诗稿》序：咸丰丙辰正月，闲居无事，访徐君椿舲于城南之草堂，不见者已数年。握手相视，行步蹒跚，两鬓俱苍老矣，为慨然者久之。因留饮酒，酒后出诗一卷，揖谓余曰："余自髫岁，喜为有韵之言，悲伤愉乐，悉于是寓之。平生踪迹，大都在焉。今老病杜门，友朋略尽。子幸无恙，其为我序之。"余感其言，取而读之。其诗之流丽芊眠、含情旖旎者，如春光之骀荡，晴丝之摇曳，殆君之少时也。雄伟顿挫，声情激烈，如夏日之赫曦、秋风之震荡，殆君之壮时也。至于时过而悲，遇塞而懑，如泉鸣峡，如木吟风，呜咽衰飒，而感可知矣。因思吾两人之相好，在城南张氏始。主人若木翁贤而好客，家有图书、园榭之观。凡客之能文酒者，咸以翁为归。花晨月夕，飞觥击钵，往往连昼夜不倦。君适馆其家，余时参末座。酒阑烛跋，君每述髫年侍其尊甫，与郡中诸先达论文结社事，意气甚盛。乃不二十年，微独中吴吟社如前尘影事，即城南诸旧雨，亦且墓木多拱矣。昔时流连徙倚之处，薪木毁而池台陁矣。四方多故，人事升沉，骨肉沦亡，田畴改易。倏少而壮，壮而老。流光七十，而我两人已交臂失之也，能无感乎？虽然，盛衰者时也，遇不遇者命也。以我两人所见，岂无朝而泥伏，夕而云翔者乎？岂无朱丹其毂，而一跌赤族者乎？以牂羊之质而蒙猛虎之皮，为世所姗笑者，抑何多也？余与君虽不一遇，犹得保其区区，读书灌园，以守平生之素。春秋佳日，酌酒赋诗，以自喻适志，未始非天之有以与我也。水边林下，扶杖行吟，共话童时钓弋，用相娱乐。视彼驰驱名利之途，计较得失之数，营营无已者，又孰与仲多乎？然则是诗也，固吾人之自乐其乐，有未可遽以语人者。盍箧藏之？他时必有读之而神往吾两人者。虽百世之下，犹将旦暮遇之也。

晚翁仁丈以《隐求草堂诗稿》属题，因仿表圣《诗品》四章呈教：(一) 诗以言志，胚胎性情。厥风高古，元酒太羹。如云之淡，如水之清。一真孤照，万籁息鸣。不去糟粕，安见精英？徒矜侧艳，终非正声。(二) 城□逸老，郭北幽居。非仙非佛，亦樵亦渔。瓶无储粟，架有奇书。手披口诵，日居月诸。笔补造化，气涵太虚。一编示我，其言蔼如。(三) 空山鼓琴，弦弦写心。秋籁韵竹，春煦藻林。天风忽吹，琅然古音。江潮海涛，鱼龙夜吟。哀感顽艳，如将素襟。鸟啼花落，妙悟能寻。(四) 两宋三唐，流分派别。而翁低首，乃在靖节。卓然名家，懿矣词伯。丹已九还，肱经三折。淡远清微，留此正脉。一瓣心香，再拜谨爇。春舲弟徐凤翼。

检书得旧作，附记于此：(一) 难说胸怀且赋诗，杨朱歧路欲何之？身闲自笑翻缘病，性懒人嗤不可医。旅食何堪征雁似，穷交赖有菊花知。江边林下独来往，已分栖迟不自疑。(二) 落落人嗤画足蛇，闲窗漫啜几杯茶。世情久冷姑推病，交友无多乃借花。老阅穷途心欲碎，闲翻青史泪如麻。输赢毕竟偶然事，休认残枰一著差。

邵君抑斋传：君讳燝，字廷爵。抑斋，余所赠号也。先世自河南来，余幼时尝游其族子家，见其谱牒，盖出自康节先生，后求阅之则亡矣。君家自故明寄迹道门，而退让有儒者风。居恒，闭户读书。与余亡友方小湘秀才最善。小湘耿介，不妄交，独推让君。余之交君，以小湘故也。家贫无书，从小湘借书，如《史记》、前后《汉书》、《资治通鉴》等，读皆三数通。间与客谈，举数千年事，无错谬者。花晨月夕，往来茧园及竹溪禅院，与二三知己谈说今古，竟日忘倦。其于世味，泊如也。有女兄适兴贤里陆氏，夫亡守节，抚一子，为之娶，既而皆亡。君念及其姊，言发涕零。余感其意，为请于学使公给行勒贞珉额。君闻之，感激诣余徐村，为致谢。其笃友爱如此。为人外和内介，无疾言遽色，喜亲贤者，而不忤于物。其品为尤高云。貌清癯，长身玉立，幅巾深衣，白须飘然，即之而知为有道人也。其于道家之说，自黄、老、庄、列，下及科典符录，皆通其说。识者以为近所罕觏云。子某某，孙某。闾史氏曰：“余交方外之士，自释叶舟、芳谷外，寥寥不数人。叶舟落落莫莫，不可远迩。芳谷雅自修饬，以书画自怡，皆近世稀也。邵君之为人，盖墨名而儒行者，故余尤重之。其所居委巷中，老屋数间，纸窗棐几，书砚秩然。庭中花竹萧森，静无人迹。余每访之，为清谈移晷，皆非人世间事，而今不可得已。”

芳谷上人传：芳谷上人，名宗元，住东城之青莲庵。其上二世为南山彻实创是庵，有花木竹石之胜。虽在城市，人迹少至。元掩关谢客，禅诵之余，喜临书及绘事。书法清润，山水学董香光。间作花鸟猕猴，皆有士气。尝临镜自写小影，为《坐禅图》，嘱余题咏。余因识上人。咸丰初元，友人娄东应远亭秀才寓居一枝园故址，去上人庵一牛鸣地。远亭居穷失职，性方板，人无延致者。元扫一室下榻，俾僧雏从学焉。伊蒲之供，情文兼至。远亭嗜饮，上人不能一蕉叶。每对酌清谈烛跋，无倦容。客有为远亭来者，烹茗迎送，不以为烦。其性情异人如此。时王雪蕉镦寓叶氏馆,雪蕉喜为诗。其赠远亭诗,有“书声遥出梵王宫”之句,正此时事也。远亭死,上人惘惘,如有所失。余亦久不至其庵。一日,偶访之。坐有王某者,颇能画,自负名士,卒问上人,闻有夏太常仲昭画《竹》,能相示否?上人言:“久失之,无有也。”王去,乃出箧中帧以示余,风枝雪干,各极其致。因指示其分枝布叶处云:“此得某法某法。”余素不知画,然知上人于此事有传授也。余因询,顷王某所问是此帧否?上人言:“吾佛门,固戒妄语,但此人心不净,故诡辞之耳。”后途遇之,其意殊恋恋。顾余性素僻,亦未尝请其书画也。乙卯夏,余偶入郭,泊舟宾曦门外。上人适坐船来,见余停舟,问讯,且言某近为居士,写《高隐图》已成矣,当以奉寄。其意若甚郑重者。余诺之,因放舟去。余懒不至城,未及见画,而上人寂矣,未知其画今落何所。此生平一恨事也。余与上人交日浅,未及详其族姓、僧腊。姑就所见知者,为书如此。徐村老农曰:“西郊有金氏子,其先以赀甲里中。尝来庵作佛事,后其家落,惘惘无所之。上人延之庵中,供养之不异曩时。同袍或以为言,上人不之改,养如故,逮其死云。呜呼!方袍员顶之上,游族姓而希檀施。过此以往,未之或知也。若不趋承显者,而顾与山林落莫者亲近,如上人之于远亭与余,已可异矣。至其笃故,旧忘世态,施恩于不报,独何心欤?独何心欤?”

三月初九日(4月13日) 较吕茶村所录《内经》。

十二日(4月16日) 为训常补写《内经》。

十三日(4月17日) 补写《内经》。

十四日(4月18日) 写《方改亭先生集》起。

十五日(4月19日) 写《改亭集》一卷毕。

十六日(4月20日) 《内经博议》跋:根于道光己丑居南村时,得钞本书六卷,曰《内经博议》,盖新安罗氏东逸之所著也。前四卷为论五十篇,皆发明天人脉法、针刺病能之微。中论太阳,不主膀胱,而主心火,为柯氏韵伯之所本,盖说有自矣。书为前人所写,有“怀玉氏珍藏"印,亦不识为谁何?惟"丘陵"字尚未从"邑",则定之者,当是世庙以前人。其间多讹脱,恨无别本可校,藏诸箧衍者几二十年。咸丰乙卯,以友人徐子训常客授郡中,得见抱冲先生所刊《茶村吕氏伤寒寻源》一书,知其学有原本。又读先生所为《吕传》,知其所著,尚有未刻者。书以求之,既获而读之,则罗氏所著五十篇论也,盖经吕君删节云耳。而尚多阙轶,因取箧中本补录如右,并写旧序一篇及原书目次,以复于先生。夫书以明道,道苟明,其书要为可传,为罗可也,为吕亦可也。此读书者之心也。知其为罗而不是正,讹以传讹,使古人有遗恨,不可也。此校书者之心也。独念是书,余藏之二十年,不读茶村之传,则无由见茶村之所录。不见茶村之所录,则罗氏之书亦何由而白之于先生?是训常之惠我以书者,其中盖有物也。意者罗氏之书,将终传于后世乎?倘先生怜百年湮晦之书,为刻而行之,不独以传罗氏,亦所以慰茶村也。其后二卷,为《述病篇》,文虽未备,而中多发明。异时当细为校正,更就质焉。咸丰丙辰春三月清明日,新阳潘道根确潜谨跋。

廿二日(4月26日) 写《改亭集》卷四毕。

廿五日(4月29日) 写《改亭集》卷六毕。

廿七日(4月31日) 留梅小记:梅之为树,倚巉岩,凌冰雪,而能开天地之春。君子之待时而动,与夫伏处岩野,遁世无闷者似之。世论重之者,盖意有所取,不独以其花之悦目已也。珠江稼翁先生,来训邑庠,课士之暇,植梅数株于讲堂之前。每腊尽春回,冰融雪霁,根尝谒先生,值花盛开,未尝不顾瞻徘徊,留而忘去也。乃丙辰之春,先生以高擢郡佐,将有甘凉之行。先时,尝谓根曰:"某之居此,九年于兹矣。冷署无聊,履綦罕至。读书之余,惟此数树者相与晨夕。今远去,此不胜离索之感。惟君子之居,远去尘市,于梅为宜。竹篱茅舍,或者其甘心乎?当以为赠。"既而先生书来,言"我将以五月行,子其以伻携鸦钼来践前约乎?"根展书窃喜,既而思之,不敢也。盖先生设教于兹,士之沐浴化雨者多矣,而根尤甚。惜先生之去,末由留也。

惟兹讲堂，清风穆如。凡我人之肄业于斯者，屦相接也。先生虽远去，而手植依然。因相与摩挲嘉树，敢忘封殖？异时当与状元之松、郎官之柏，并传佳话。即以此当先生之甘棠，岂不甚善乎哉？尝读欧阳子《志菱溪石》云，后之好事者，抚摩此石，一览足矣。何必携之以去，以为己有哉？其言深服其达，故心念先生之爱，而未敢承也。曰：庶不为欧阳子所讥乎？先生当喻此意。作《留梅小记》。

四月初二日(5月5日) 写《改亭存稿》毕。

四月初四日(5月7日) 写《改亭续稿》起。

初八日(5月8日) 写《方改亭先生诗文续稿》竣，凡二十余日。

初九日(5月9日) 写罗东逸《内经博议》，以郡中家抱冲遵祁索观欲刻也。

十一日(5月14日) 写《内经博议》。

十三日(5月16日) 钞归文休先生《假庵诗稿》起。

十九日(5月22日) 写《假庵诗》毕。

廿一日(5月24日) 入城，吊吴广斋之丧，致兰轩札，为搜集止狷丈诗文事也。

廿三日(5月26日) 徐洪生丈寄所撰送韩师尊赴甘凉序并诗来，点定徐作送韩序。

廿四日(5月27日) 撰《新城隍庙志》起。

五月初四日(6月6日) 撰《新城隍庙志》毕。

初五日(6月7日) 撰《吴广斋秀才家传》(未录)。

初十日(6月12日) 校《归太仆集》。

十二日(6月14日) 校《归太仆集》。

十三日(6月15日) 补写《归太仆文》(至廿七日写毕)。

十五日(6月17日) 接徐缉梅秀才札，家抱冲寄家刻四种见赠(抱冲，即潘顺之太史遵祁之别字也)。

再跋《内经博议》：《黄帝内经》十八卷，《素问》九卷，为医书之祖。虽未经秦火，而历世久远，多有阙轶。前代无阐明之者，唐太仆王砯始为之注，而增润其文，别以朱墨。传至宋世，欹劂之本，犹有区别，及久而失之也。世之读《素问》者，知檃括天人之理，明六气之运，以施调治之而已。其文字之孰为古经，孰为今补，亦不之深论也。凡以明夫道而已矣。后世之书，非出一手者甚夥，如《史记》之有褚少孙、《汉书》之有刘昭，指不胜屈。即以医书论，《儒门事亲》为麻征君所文，而不尽出于子和；钱仲阳《小儿直诀》中附阎季忠之方；《丹溪心法》为方广庵所补辑，盖前人作之，后人述之，青出于蓝而青于蓝，冰成于水而寒于水，古有之矣。读书者，要当以理胜为主，而有以探夫天人之奥、施疗治之术，斯已矣。其孰作孰述，岂顾问哉？根经史之暇，喜涉方技。凡前人著作与后人之所述，有所闻，必求观之。盖尝得国初新安罗东逸氏所著《内经博议》一书而读之，阐理精详，而恨其未备。其诸未成之书欤？抑钞写者讹夺欤？然其论太阳之经，不主于膀胱，而主心火，则柯氏韵伯之所本也。太阳阳明病云云，谓为是六天之气化，则张氏隐庵之所本也。非深明《内经》之旨者，不足以与此。然窃叹其书之多阙。至咸丰丙辰年六十有九矣，乃得宁波茶村吕氏所定之本于郡城。潘氏读之，比旧为详备焉。其诸茶村作之，而暗合者欤？抑以罗为权舆而润色之者欤？要其明道以诏来世。其心同，其功同也。罗氏他著作未之见，吕氏则有《伤寒寻源》书，以经旨阐发长沙，实有胜于诸家者。抱冲先生夙与交契，为序而刊行之，其传后无疑。念此书经两贤之手，虽不能分别朱墨，过为区画，然终不欲没其实也。书来，嘱根述其源流如此，将以并付剞劂云。罗氏名美，字东逸，一字淡生，徽之新安人。尝流寓琴川，柯氏韵伯实问业焉。吕氏名震，字建勋，号茶村，自徽迁杭之钱塘。道光乙酉举人，署湖北荆门同知，其行事详抱冲先生所为《传》中。咸丰丙辰夏五，新阳后学潘道根跋。

十六日(6月18日)　海盐富山人，娄东沈丹生(翚)、黄紫蘅同县陆西溪来小酌。

六月初二日(7月3日)　点《左传》毕。

初三日(7月4日)　草《葛舒园(绥兆)家传》(文长未录)。

初五日(7月6日)　《新阳县城隍庙志》缘起:余从弟春园为县刑曹掾,晚年谢事,司邑庙筦。因览《昆山县城隍庙志》,思有记载,欲以委余。余念昆庙自洪武初移建,事阅两朝,岁滋久矣。若檀护,若道流,若题咏,卓卓有可纪载,而文又出于元长先生之手,其传久无疑。新庙作于国朝之乾隆间,为日也近。绅士之题咏,羽流之去住,文献无征,何能为继?既而思之,庙初设于昆庙之宾馆,后徙建于此。《春秋》纪邢卫之迁,可纪也。寝宫、宾馆、门屏、池榭,相继有作。《春秋》书筑郎囿之例,可纪也。茧园为明叶水部旧墅,当时如鸥波、白泉,俱有倡和,今轶不传。失此不辑,后将无闻。此前人之迹,可纪也。园入庙后,屡有改作,亦间有题咏。此后来之迹,可纪也。因略为搜辑,未及成而弟已逝矣。是时,赵建庵羽士中立自昆庙玉泉房来,住持新庙,与余弟为同事,意气甚洽。建庵于两庙俱有鼎新之功。前岁,念《昆山庙志》之作已二百余年。本朝自白源张先生之后,无有继者。嘱余缉而读之,为新志。娄东钱忠丞颐叟、新阳学训珠江韩介孙为序之矣。丙辰夏五,建庵复以新邑庙志为请。余念如元长先生之笔,世或有其人而不可待,姑搜旧辑,稍整齐之,以复建庵,用以成亡弟未竟之志,存庙中故实云尔,非云作也。书成,聊引其缘,起于卷端。

初六日(7月7日)　为葛怀蓼点《礼记》。

初七日(7月8日)　晨起,访张晤见澥,承留点,借余起霞《立三堂文集》四本。

初九日(7月10日)　节钞徐椿舲,以存鸿爪,向晚写毕。

初十日(7月11日)　草《迎春图册跋》(稿长未录)。

十二日(7月13日)　寄赠怀蓼《礼记》并札。

十三日(7月14日)　写《迎春图册跋》,并题《竹�养性庐诗钞》。

十四日(7月15日)　晨,写《卫氏双节》跋。午后,写《吴塘小隐图记》。富山人以诗笺来。

十五日(7月16日) 黑云蔽天天如墨,将星尽落太白蚀。风号雨泣神鬼哀,猰貐磨牙攫人食。呜呼吉将军!逐贼乃中贼。不知何人伤臣腰膂,使臣不得报国。侧身望帝阙,帝阙遥在北。呜呼吉将军!将军竟中贼(此诗无题,当是挽吉尔郎阿)。

十六日(7月17日) 写《余丹舒文集》(写三日毕)。

十九日(7月20日) 作《节孝樊孺人传》(节孝,绍兴宦家女,归太仓王氏。澳门同知讳淦子,名观垲,以副贡就职训导,卒于陕西延安之和鸣书院。子元鉴、元鋆。孺人早寡,年六十六卒。元鉴求文于先生。文甚长,不暇录。德森附识)。

廿一日(7月22日) 写自著文。

廿四日(7月25日) 连日坐富山人书斋,同娄东沈君丹生快谈,口占写简:(一)赁得萧斋似岸船,大藏山海小游仙。平生痴愿无多想,共尔谈天一百年。(二)风飐瓶花满笔床,昼长童子侍焚香。旧时朋从稀还往,剩有衰翁与沈郎。(三)无恙清江漾柳丝,山房枯坐日迟迟。野人怀抱宽如海,淮角烟尘总不知。(四)书堂人静日初斜,坐听蜂声闹晚衙。最忆山居无个事,品茶独对海红花。

富山人和:(一)陆辞车马水辞船,炎夏安居即是仙。风鹤不惊双鬓白,生来只忆太平年。(二)卷轴纵横尘满床,风来陇上稻苗香。吾衰力作凭儿女,拟学笔耕从沈郎。(三)徐村老农两鬓丝,东轩静寄夕阳迟。名心已逐浮云尽,乐处休教流水知。(四)日落篱边笠影斜,叱牛戽水走衙衙。羡君屋外多余地,开遍无名四季花。

富山人《苦旱诗》用前韵:(一)河渠水涸阻行船,敕社飞符术未仙。兵燹东南民力竭,那堪吴地不逢年。(二)绿蓑铺地当眠床,河底风来荇藻香。七十二潭成沸釜,水租愁杀摸鱼郎。(三)田妇何心刷鬓丝?五更戽水尚嫌迟。关情只在青苗底,足茧龟纹坼未知。(四)松毛棚漏日光斜,廨角风高吏散衙。听说官河尘欲起,雇人卖水养荷花(卖疑是"买")。

徐村和:(一) 拟呼庚癸断来船,待望飞霖少地仙。学种租田为谋食,朝朝渴水奈今年。(二) 秧针织荐胜匡床,饥后风吹麦饼香。似我老农无过分,几曾纨绔学儿郎。(三) 杞国忧天鬓更丝,兵荒连结祸非迟。笙歌潭府方称寿,燕雀梁间竟未知。(四) 夜占星斗只横斜,牛典车停似散衙。老我御寒愁褐敝,东乡干杀木棉花。

廿七日(7 月 28 日) 补《荐严景德二寺志》。

廿八日(7 月 29 日) 校《杨全甫(天民)奏稿》,拙钞其半讫。予为校之,惜缺一页。灵岩山人所借示也。

廿九日(7 月 30 日) 钞自著文稿起,以狭本一本遗失故(七月十四日钞毕,计三本)。

七月廿一日(8 月 21 日) 借富山人惠氏《后汉书补注》,节写于书之眉间(写至十月初五日毕)。

廿六日(8 月 26 日) 与张柳人秀才(见《晚香书札》)。

八月十二日(9 月 10 日) 蝗集长墩更楼桥一带。

九月初三日(10 月 1 日) 遣孙注苍入郭。叶涵溪以试事来昆,寓集街,寄信并惠物来。

十四日(10 月 12 日) 草范吉生《五湖泛舟图》序(未录)。

廿九日(10 月 27 日) 叶涵翁寄王伯申《字典考证》四本、《两汉书考异》二本并札来。

十月十六日(11 月 13 日) 写唐竹筠《养性庐诗》起。

二十日(11 月 17 日) 夜中,写竹筠诗毕。

廿二日(11 月 19 日) 点窜《养性庐诗稿》。

廿五日(11 月 22 日) 草《处士张君见瀞家传》(未录)。

廿七日(11 月 24 日) 写《字典考证》起。

录娄东黄晓园(昊)诗《夕阳》:扫地焚香习宴清,萧萧长日废将迎。坐移白昼华阴榻,静听幽禽竹外声。心远自应人境断,道深殊观世缘轻。问奇尚有门前客,却怪青山不掩名。

十一月初一日(11 月 28 日) 写《字典疏证》毕。

初八日(12月5日) 《后汉书考异》毕。

哭葛子京甥婿:(一)以我稀亲串,多君相倚依。漂蓬分手易,逢世觉心违。鬼伯何催促,浮生多是非。重将思妹泪,一一为君挥。(二)昔岁吾甥逝,前年令弟亡。孤嫠乱心曲,骨肉重悲凉。丘墓风霜改,田庐松菊荒。樽前偶意及,齿发各沧浪。(三)令子方童丱,吾孙亦幼痴。成材要严父,上学少经师。每念前人训,深为后辈危。九原应不瞑,此意独余知。(四)《日鉴》编成卷,言言味道真。何年付梨枣,慎勿弃埃尘。知命无颠踬,由天有屈伸。老夫真灌灌,第一耐艰辛。

十三日(12月10日) 同拙儿入郭,归家日晡。写韩介孙学训托书《玉峰八景图册》,未竟。

十五日(12月12日) 写韩《八景图册》。

廿四日(12月21日) 写钱詹事《汉书考异》毕(凡五日)。

廿五日(12月22日) 补写《考异》。

廿七日(12月24日) 赴富山人汤饼饮。陆西翁、张问月、陆小梅同席,还所借《后汉书补注》。

富肖芗来,为阅厕屋修理(按:肖芗,即香吏子,以得孙,故有汤饼之饮)。

《席洁人九峰游屐图》记:吴越诸山,以松之九峰为幽胜。其山不甚高峻,便于登陟。而幽岩曲涧,古仙人隐士之遗迹,往往在焉。按《国[①]志》,九峰一曰"凤皇",二曰"厍公"。厍公,秦时人,有《亢桑子》三卷传世。三曰"佘山"。东汉时佘将军封地,史轶其名,不可考矣。四曰"神山"。神山一名"细林",彭仙翁炼丹处,有丹井存焉。五曰"薛山",以道人薛道约名。六曰"机山",亦名"大陆山"。晋陆士衡生于此。山麓有村,曰"平原"。平原,陆郡望也。七曰"横云",旧名"云山",以陆士龙名之。高人黄子久亦卜居焉。八曰"天马"。天马一名

① 当为"图"。

“干山”。古干将铸剑处。元杨铁崖筑草堂于此，而昆山为二陆读书处。地旧隶吾邑，故我县以“昆山”名。盖以二陆譬诸“玉出昆冈”，故云，非指马鞍山也。尝记宋淳熙间，华亭县民濬河得《唐天宝六载黄池县令朱府君墓志》，称“葬昆山县全吴乡孔子宅之西南，今孔宅在华亭县北七十五里海隅乡”。据此言之，则九峰在唐时大都皆吾昆县境也，与吴越诸山备在本郡者异矣。其山相去不廿里，幽人逸客，杖履所经，两三日间可以遍览。故四方游士过斯地者，往往流连不舍焉。忆余二十年前，与茸城尹小华秀才潞相善，曾约往游，而未果。今老矣，力不能济胜，贫不能储粮。马鞍卷石，近在城郭，犹且岁不一至。即至，亦仅登其半而止，气息惙惙焉。每坐流憩之亭，当风日清朗，南望九峰，若烟若黛，泖塔矗立云际，为之翛然神往。后得明董尚书香光所为赠陈征君麋公诗，极道其山居闲靓之乐，盖未尝不羡其林壑之幽闲、亭馆之阒寂，而转恨前游之不果也。岂山林落莫之观？当世所弃置而弗慕者，亦必留待其人欤？席君洁人，出身清华，妙年媚学。余向慕其名而未见。一日，介友人以《九峰游屐图》见示，盖其昔年游迹所经者。披览之下，烟云如接，心目为爽。君先世居洞庭湖山之胜，宜不减九峰，而特为是图者，盖以纪一时之鸿爪耳，然已令人叹羡若此。余闻君善读书、为歌诗，喜为山水之游，而年方壮。他时吴越诸山，当必尽历其胜，纪游之作当不止此。世不乏才人，每逐逐名利之场，似君之以游览为乐者，盖少焉，故乐得而叙之。是为记。

十二月初七日(1857年1月2日) 拟自寿四律：(一) 行藏自笑两蹉跎，已送流光七十过。作茧少年心并呕，著书晚岁墨同磨。名惭孝友难为士，学愧知行焉足多。还累旧交怜老病，抱琴远道访烟萝。(二) 中年心事怕重提，欲话平生浪①泪湿衣。母在犹虚绵上隐，妻亡谁断乐羊机？欲攀庭树荆枝尽，回首先畴蚱蜢飞。广夏万间裘遍

---

① “浪”字衍。

覆，抚衷每叹素心违。（三）岩阿小隐此盘桓，深闭柴门怕俗干。立命未能聊且俟，长贫已惯渐成安。田间流水当琴听，墙角青山作（去声）画看。茅屋残书村店酒，野鸥身世颇能宽。（四）《儒先语录》每谆谆，一隙微能悟道真。直欲瓣香留后辈，敢夸窥管见前人。无言砌下菊花淡，有味尊中桑酒醇。大好避人还避世，江村梅竹自成邻（案：第三首中二句"安"字韵与《六十五初度作》中二句同）。

十九日（1月14日）　撰《夏贞女纪事》跋（未录）。

与徐洪生又（家畴）书（见《晚香书札》）。

廿八日（1月23日）　坐小轩，写旌德江上舍国屏所撰《惠氏周易述补》。斜泾吴闻斋太学同一客来，其人沈姓，号卓人，住余杭绣埠镇南栅，以钱店为生（店号"永源"）。其父士驾在徐州宿迁开茶铺，以家失火，弟为火所伤死，将往访其父，缘常州寇阻。欲往上海泛舟而往，舟行至县境，被寇劫其行李。惘惘至周市，遇邱姓者留之，宿庵中。继复遇吴，携之来，因留饭，以敝袍布衾赠之，兼醵同人钱，遣舟送入城，嘱其附舟至苏，自苏附舟至杭州云。

卷十七

咸丰七年丁巳(1857)[1]

正月初二日(1857年1月27日) 招富芗里山人，陆西溪，仲仪，李一山，张问月，为辛盘之饮。

初八日(2月2日) 承蓬溪唐竹筠孝廉，娄东管倚岩太学、王丰斋枉临，为根祝延，小酌去。

初九日(2月3日) 根七十初度，承陆西溪，千侯令郎心兰、仲仪两太学，徐洪生，胡云翘，徐缉楣，金仲瑜，何淡然，朱存园，王菊如，徐子青，夏蕴珊诸秀才，王留芸、赵春园、陆曼卿、许春泉诸太学，赵晓峰秀才暨诸亲皆至。唐爚斋副贡三君，以放生期奉斋，啜茗即别。沈猗竹、朱香泉、葛怀蓼、陶受天、赵金锟、张懋卿、黄茂君昆仲、吕纯乡、张云轩、张衡漳，暨孙婿阚季奎、朱洪达，弥孙陈亮采曰连，门人陈右年、士年姻侄，钱达斋叔侄，姚仲鹤昆仲，小门生陈锡堂俱至。是夕，夜分始寝。

初十日(2月4日) 吴闻斋太学补祝。拙至本村诸家叩谢，并分桃糕。

十一日(2月5日) 拙至娄下诸家，及吕莼翁处拜谢。饭后，至六行桥洙泾拜谢。

---

① 原注："先生时年七十，仍署徐村老农　因树庐日记。"

十二日(2月6日) 写《周易述补》。拙入城，谢来寿诸公，二鼓方回。风雨未息，衣履沾濡，操舟者冻甚。

十四日(2月8日) 晨往蓬阆镇，谢唐竹筠孝廉，晤其令弟耕云，饭一树青松馆中。回舟向晚。拙入城，补谢诸公。

十五日(2月9日) 张问月来。拙往娄东雪葭泾谢管倚岩，留酌。复往黄姑村，谢拜墀昆仲，回舟更深矣。托倚岩寄札，致谢张诚斋丈。

附录诸家祝寿诗文：

晚香潘先生七十寿序：晚香潘先生以咸丰丁巳正月九日，为其七十诞辰。同邑唐君竹筠预谋，所以为先生寿者，征诗于先生之戚友及畴。畴既赋七律四章为祝。然窃谓平日景慕之私，有未尽者，更为序一首颂之。畴昔初识先生，见先生貌古而朴，接其容温然，听其言蔼然，即心仪为非常人。既而先生奉其六世祖明殉难诸生子晋公遗像索题，并携所著古文词相示，因得悉家世之忠孝、学问之渊源。自后，过从加密。盖知其存心与物、行事立言，有甚异乎世俗之人之所为者，而后断然推为仁人君子也。孔子曰："仁者寿。"董生曰："寿者酶也。自行可久之道，其寿酶于可久。"合二说观之，先生所以行可久之道者，其在仁乎？平居耻谈人过，而乐道人善。言及古今节烈事，慷慨悲歌，辄至涕零。见人有失，未尝显斥其非，徐而劝之，务使之改而后已。此其立心之仁也。和光以同人，虚怀以接物，交友久而益敬。有犯之者，绝不与校。素精医。人有疾者，请无不往。贫者有所馈遗，坚却弗受，曰："我惟恐药之弗效。既效矣，曷谢为？"此其与物之仁也。宗族之困乏者，亲党之孤寡者，与夫邻里之颠连无告者，必设措周恤之。尝谓施济我力不能，但使日用取给有可推解，便当以补不足。人疑家非素封，何能周急？不知其皆节缩衣食以为之。此又其行事之仁也。好表彰先哲，每搜乡邦轶事有裨世教者，补入《邑志》。近辑《昆山先贤墓志》，行经古冢，必搜剔碑碣，详考手录，裒然成集。其作为文章，渊懿醇厚，俾读者咸油然生善心。此又其立言之仁也。

今上登极，诏举孝廉方正，有以先生荐者，固辞不起。高风介节，尤世所难。则先生之为人，必有见乎其大者矣！抑又闻之，仁为天地生物之心。人所得以生者，天地以其仁绵不息之化育人，即以其仁裕无疆之寿耇。先生奉先以诚，持躬以约，治家以俭，裕后以勤，而一本于仁。所谓行可久之道而合乎“仁者寿”之旨，舍先生其谁与归？畴尝绘《春晖课读图》，先生为之序。岁在庚戌，母氏七帙寿言，又先生为之。畴之受贶多矣。今逢先生诞辰，故不敢效世俗之祝词，辄取孔子董生之言敬奉一觞，庶几许为古之善颂者乎？同里姻世晚徐家畴顿首拜撰，同里世再晚顾业伟顿首拜书。

献岁梅争发，交春日渐迟。青山明几席，绿水枕茅茨。鸡黍家风旧，儿孙乐事滋。颂君宜老寿，论学即吾师。笑貌含真意，衣冠识古时。养廉勤课塾，济物慎为医。犊背吟常缓，蝇头写不疲。群经劳纂辑，颓俗力扶持。蘧瑗知非学，陶潜述祖词。思亲伤负米，不娶念遗著。寡弱分财恤，穷交裹饭贻。《考槃》甘独寐，好爵漫相縻。虎板衡门郤，羊裘大泽披。冥鸿违篡弋，斥鷃笑抢篱。微尚差交契，顽躯赖切劘。灌园齐仲子，露宿晋王尼。得丧参《齐物》，浮沉赖《抵疑》。一灯惭顾影，双鬓暗添丝。窃叹蹉跎甚，频劳顾盼垂。蓬庐樽酒共，水驿寸缄驰。攘攘兵荒至，骎骎岁月移。草芳嗟晚莫，时世望雍熙。花底巾车出，书堆皂帽欹。相逢谈稼穑，无疾到期颐。人事浮云改，天心硕果遗。私为吾党庆，未许后生知。正值暄萋候，争看矍铄姿。屠苏倾宿酿，萱面佐新炊。介寿聊从俗，同侪合赋诗。斜川风日美，命驾慰离思。愚侄叶裕仁呈稿。

家庆儿孙福，儒风里党淳。秀灵钟此老，学行有全人。任道非违俗，依仁不去贫。隐求伊吕志，熙乐葛怀民。捷径功名淡，名山事业真。郑樵书产富，董奉杏林春。兰友知交广，梅妻处士亲。桑麻三亩宅，花月四时宾。御李情殊切，瞻韩契尚新。赋诗欣祝嘏，珍重草堂身。世愚侄唐彦槐顿首。

（一）绕屋梅花启寿筵，草堂爱日正无边。掀髯请饮辛樽酒，低首同尊亥字仙。卅载著书忘岁月，半村高隐占林泉。驻颜不藉乔松诀，始信人间有偓佺。（二）插架牙签夙好敦，先生镇日闭柴门。名山业早千秋定，济世心还一片存。淡泊襟期高士许，文章声价布衣尊。谢庭玉树森森立，莱彩承欢笑语温。世教弟徐凤翼拜稿。

（一）瞻韩犹记郭东郛，请益从容侍坐隅。鄙吝忽消黄叔度，坦夷争识邵尧夫。阐幽竭力搜碑志，利物存心恤寡孤。自古仁人多寿耇，荥阳佛子竞相呼。（二）舞采欢承柏叶樽，含饴一笑弄诸孙。家传忠孝承先泽，业裕农桑勖后昆。速客有时开草径，钞书终日掩衡门。亭林经史庄渠学，效法前贤道自敦。（三）朴素衣冠古性情，高年劭德与时亨。感怀每作《潜夫论》，遁迹难逃隐士名。行本孝廉辞荐牍，身兼文献称乡评。春回妙手施仁述，寿世犹能济众生。（四）昨夜刚逢月上弦，新正献岁敞华筵。侑觞邻里携肴榼，祝嘏亲朋寄彩笺。坐拥百城真富贵，扫除万虑即神仙。佳章惠赐慈亲寿，相报惭无锦绣篇。姻世晚徐家畴拜稿。

（一）高隐梅心里，消摇七十春。衣冠钦古道，名教属斯人。腹有千秋业，胸无半点尘。先生真迈俗，鱼鸟自为邻。（二）交结多名士，诗声远近驰。呼僮栽圃药，款客剪园葵。有梦皆恬适，无书不览披。翛然名利外，耕读即生涯。（三）夙有忘年好，琳琅满帙题。谢安原有子，和靖久无妻。好义囊金助，怜孤斗粟赍。活人还有术，红杏指春堤。（四）我辈皆同志，称觞旧谊申。梅花人日过，椒酒草堂陈。斑彩娱亲志，分甘乐事真。扶藜花自种，黄菊与长春。世晚胡文晋拜稿。

（一）恶岁骎骎去，新年鼎鼎来。系船春水碧，扶杖野梅开。暖拨松盆火，香斟柏甕醅。遥知茅舍里，清早拂书堆。（二）屈指论交日，平头二十年。故人如雨落，别梦又春前。介寿能无酒？吟诗或短篇。课耕还课读，须鬓忆苍然。愚侄叶裕仁拜稿。

（一）是处高人宅，疑来罟里村。溪流清绕户，竹影绿当门。阶草栽香品，畦蔬劚雪根。扶床脚不袜，嬉戏有童孙。（二）记祝先生寿,《台城》一阕词(丁未年先生六十,予曾赋《台城路》词,云"脉望书丛,神页仙千万岁")。(三)劳生殊草草,长日自迟迟。采药携芒屩,看花漉酒卮。自来松与柏,独具岁寒姿。(四)述德怀前辈,情亲盛唱酬(先祖劭庵公赠先生诗"与君饱吃桃花粥,尽读人间未见书",先君子赠先生诗"缘知避世林和靖,冷抱梅花过一春",尚存箧中)。订交联两世,赠什各千秋。姑射神人远,灵光古殿留。桑田更沧海,冷眼看迁流。(五)萧闲人事外,最爱是吾庐。庭种千头橘,床堆万卷书。避烦曾却扫,祛吝惯焚车。别有延年术,怡情托太虚。(五)混沌刚分际,飞来蝙蝠精(俗以正月九日为天诞日,盖本于《方朔占年书》)。卧云成大隐,看月证长生。地是高阳里,人怀向子平。传闻太史奏,斗度得星明。(六)风度云般逸,襟怀海样深。殷忧恋民物,寄迹托山林。避俗陶潜操,忧时杜甫吟。荒江岑寂外,常厪杞人心。(七)别有人间世,真成太古春。生年忘甲子,降日记庚寅。玉洁无瑕品,金刚不坏身。似闻八千岁,刚要茂灵椿。姻世晚生何顾烓。

河阳有客卧烟萝,心似潮平更不波。名世文章知遇少,闭门勋业著书多。闲情久逐沙鸥梦,济物终伤《硕鼠》歌。记取称觞好时节,老梅花发共婆娑。世再侄陆宗云拜手。

十六日(2月10日) 夜赴富山人招,同徐郑张问月饮,归已晚。灯下校所写《周易述补》毕。

十七日(2月11日) 还富山人《周易述补》。

十八日(2月12日) 书张柳人《虞氏易义补正》毕。

跋胡竹隐(廷镳)《怡香书屋诗钞》后:根性僻,寡交游,一二知心,多散在四方,一年十数晤。荒江老屋,衡门静掩,以书卷自娱,出门无可诣者。素不工诗,而友人以诗作合者,亦有数人。其称神交而未获见者,于吴江则俞先生桐伯,太仓则王先生研云,嘉定则张先生诚斋,而蓬溪竹隐胡先生亦其一人也。平居私念,每叹友朋会遇之难。往者既不可追,而存者又牵于事。故徒于暮云江树,寄其暇思而已。桐伯音问久断,诚翁亦老病,王先生与先生则都游道山。王先生赠余诗，有“得归当即访延平”之句，遂成虚愿。此根所以读《旧香居文集》，而不禁慨然者也。乃胡先生前年读余《感遇诗》，承步韵见寄，词旨肫挚。蓬溪仅一衣带，先生亦有相访之约，终艰一面。此研云先生后，又一恨事也。丙辰冬，贤甥竹筠孝廉以先生所著《怡香书屋诗钞》见示，其德性之和平，情谊之肫笃，胥流露于笔墨间。先生之声音笑貌，犹可想见。而惜乎文字之缘，仅止乎此也。空村落木，展卷涕零，因书其后。

十九日(2月13日) 校所钞《虞义补正》。

廿一日(2月15日) 寄候函，并娄东故州庠生杨梦昊、陆普诗稿于叶涵溪，求其选入《沧江续韵》中。

廿三日(2月17日) 坐因树轩，钞张柳人所撰《开方明正负术》。

二月初一日(2月24日) 访芗里，同徐辛翁谈。

初四日(2月27日) 嵾城张萼甫(棣华)来，携其尊甫诚斋(文诠)所著《定川草堂文集》索序。诚斋今年亦七十，诞辰在七月十三日，并求作寿序。

初十日(3月5日) 徐辛翁同富香吏来就诊，留蔬饭，纵谈快甚。

十五日(3月10日) 写《张诚斋先生寿文》(未录)。

十八日(3月13日) 读张子渊《定川草堂文集》，作序(未录)。

廿一日(3月16日) 晨，束装，扶舟至嵾，至望仙桥，夜泊马门，在望仙桥之后村。

廿二日(3月17日) 凌晨，至望仙桥。先晤张萼甫，俄诚斋扶曳下桥，握手快谈。再登楼，以其十世祖西潭公手泽及夏桂洲札见示。留酌，见其从子少仪秀才，为其伯侄定方。借《荀子》《韩非子》二种。同拜墀游东园，梅花已落矣。崙甫以便面委书，遂解维。

廿三日(3月18日) 午后同芗翁乔梓往嵾，泊钱门塘西。

廿四日(3月19日) 午前，至嵾城，访姜秋农先生，为芗里诊，承留饮。晤锡山尤拙斋克勤,宿秋农可琴轩。

廿五日(3月20日) 汪子威、葛后卿暨令嗣飞千来谈。阅《嘉定县志》。与拙斋论诗。夜中听秋农琴操《秋江夜泊》《梅花三弄》二调。复操《昭君》九段,则余已睡,夜将半矣。

廿六日(3月21日) 秦少园寅生昆仲来游城隍庙园,晤娄东沈丹生(翚)。午后游秦氏园,园中有史忠贞公书楹。

游秦氏园,依尤拙斋旧韵:名园今始到,苔径喜清幽。佳客忻多侣,雄谈顿释愁。堕梅疑点雪,新柳类残秋。所喜吟眸豁,山高尚有楼。

廿七日(3月22日) 早晨,复游庙园。夜中,葛铁生(其仁)、俞味庸(大樟)来访。午后,汪子威、罗慎庵来访。味庸丈不见者已五年,今年七十八矣,矍铄如旧,方于城隍庙讲《劝善书》,善哉!

廿八日(3月23日) 晨,别秋农,解维,抵暮到家。

廿九日(3月24日) 候香翁,知病未减,将往吴江就徐虞亭先生医。双林徐辛翁亦暂回,因同饭其斋,陆西溪亦在,送其登舟,因往西溪宅。

三月初一日(3月26日) 钞《仙蠹室方歌括》起。

录锡山尤拙斋《咏画梅》:(一)剑南风貌托冰纨,十亿梅花画里看。平淡文章真越俗,雪深三尺不知寒。(二)流水今朝第几桥?若为看去总魂销。乡心不共春心乱,休向离人赋落潮。

初五日(3月30日) 钞《方歌括》毕。

初六日(3月31日) 写《甲乙经》毕。

初八日(4月2日) 校《韩非子》。

初九日(4月3日) 访富山人。

初十日(4月4日) 校《韩非子》。

唐园探梅,登叔达先生读书台遗址,还憩西隐寺:(一)山意冲寒水波暖,梅花欲谢枝犹满。偶然散步城西隅,自笑孤踪游兴懒。(二)荒园瘦影来相迎,低含笑靥如有情。香气濛濛扑人鼻,僧雏导我花间行。（三）褰裳为访高人迹，尚有崇台高百尺。《苔径》《卷阿》题字留，举眼风光尚犹昔。（四）竹影梅花冷带云，禅关寂莫少尘氛。入门小憩长松下，一坞茶烟带夕曛。（五）笑折高枝携在手，零落花香满襟袖。归来暮色渐阴阴，回首斜阳在林薮。

游秦氏园：（一）为爱林泉卜筑幽，竹间小阁俯清流。就中别景无人会，槛外烟林似虎头。（二）话旧曾经两度来，重游添得好亭台。老夫游兴阑珊甚，且就楼头坐一回。

十二日(4月6日) 姜秋农自畴来，余自城回舟，同饭日新堂中。旋同至敝居，富香吏、陆西溪来，会同酌。秋翁下榻东间，谈至夜分而寝。

十三日(4月7日) 同秋翁访西溪，饭余庆堂中。饭后，同西溪陪秋翁再往娄下，为金凤翁定方。小坐，秋翁返畴。余同西溪步回，小憩和睦庵，啜茶。

十四日(4月8日) 赴富芗翁招，同陆雪山、西溪、张问月饮，谈久始回。

十九日(4月13日) 卧床未赴。

二十日(4月14日) 强起，书对贺南村陶振和寿。饭后，富山人、陆西翁来谈。客去，体中不佳，即睡，夜中仍寒热。

二十一日(4月15日) 未起。

廿二日(4月16日) 未起，服药。

秋农待访书目：《博济方》五卷，宋王衮撰；《寿亲养老新书》四卷，前一卷宋陈直撰，后三卷元邹铉撰；《脚气治法总要》二卷，宋董汲撰；《旅舍备要方》一卷，宋董汲撰；《伤寒微旨》二卷，宋韩祇和撰；《全生指迷方》四卷，宋王贶撰；《小儿卫生总微论方》二十卷，宋嘉定丙午太医局刻本，不著撰人名氏；《卫生十全方》三卷《奇疾方》一卷，宋夏德撰；《传信适用方》二卷，宋吴彦夔撰；《卫生[1]宝书》二卷，东轩居士

---

① 当为“济”。

撰;《针灸资生经》七卷,宋王执中撰;《妇人大全良方》二十四卷,宋陈自明撰;《济生方》八卷,宋严用和撰;《产宝诸方》一卷,不著撰人名氏;《仁斋直指》二十八卷附《伤寒类书活人总括》七卷,宋杨士瀛撰;《瑞竹堂经验方》五卷,元沙图穆苏撰;《世医得效方》二十卷,元危亦林撰;《普济方》一百六十八卷,明周定王朱橚撰;《古今录验方》五十卷,甄立言撰;《内经训解》全元起撰;《云歧家秘》《医林黄冶》,盛启东著;《女科方论》,周季芝著;《要济众方》五卷,周应简著;《灵苑方》二十卷,沈存中括撰;《产宝方》二卷、《食医心镜》二卷,俱昝殷撰;《子母秘录》,张杰撰;《医史》十卷,季濂撰;宋徽宗《圣济经》十卷;《资生经》,王执中撰;《医学启原》,张洁古撰;《阴证发明》,王海藏著;《杨珣丹溪心法纂要》三卷,杨楚玉著;孙真人《千金月令方》;《继洪澹寮方》;初虞世《养生必用方》;李仲南《永类钤方》;《医学集成》十二卷,傅滋撰;《臞仙乾坤生意》;《臞仙乾坤秘韫》;吴球《活人心统》;吴球《诸症辨疑》;孙真人《千金髓》;张三丰《仙传方》;《海上仙方》;王永补①《惠济方》;史堪《指南方》三卷;王璆《百一选方》三十卷(王实斋);李廷飞《三元延寿书》;《三十六黄方》;韩祇和《伤寒书》;吴绶《伤寒蕴要》八卷;赵嗣真《伤寒论》;郭稽中《妇人方》;熊氏《妇人良方补遗》;胡氏《济阴方》、《妇人明理经验方》、《明目经验方》;《宣明眼科》;华佗《内照经》;吴梅坡《医经会元》一册;陈文治《广嗣全诀》二十本;梁学孟《国医宗旨》四卷;王怀隐《太平圣惠方》一百卷;钱乙《伤寒指微论》;王海藏《医家方法》;前人《斑疹论》,又《光明论》,又《伤寒辨惑论》,又仲景《详辨活人节要歌》;赵以德《医学宗旨》;刘伯温《经效医方》;卢志《医学百问》、《脉家典要》二种;程介②《松崖医经》;王寔《伤寒证治》、《简要济众》五卷;何塘《伯③斋三书》;高铭《医学指南》;寇

---

① 当为"辅"。

② 当为"玠"。

③ 当作"柏"。

宗奭《摄生方》;《臞仙寿域神方》;黄仲理《伤寒类证》;李楼《怪症奇方》一卷;吴焯《伤寒大全》;李东垣《食物本草》;王执中《伤寒正脉方》《贤奇效良方》二十册;殷仲春《医藏》;孟诜《补养方》三卷;孟诜《必效方》十卷;史堪《指南方》三卷;盛启东《伤寒六经证辨》;董宿《良方》七十卷;陆丽京《医林新论》。

廿五日(4月19日)　强起,为畹城俞味庸撰《家传》跋(未录)。

廿六日(4月20日)　点定张诚斋丈《定川文集》,接畹东周约之文綮、文札。

四月初一日(4月24日)　入城,吊朱存园弟养圃秀才名映钊之丧。养圃以前年正月卒于广东永安县署,今三月中始闻讣,年四十一,生一女(后其嗣孙朱康哉出资五十银元,交其叔斐然秀才名成章者航海至粤,检其骨归,盖已经粤匪平后二十余年矣。森注)。

初四日(4月27日)　校阅张诚斋丈文集毕,访西溪,与香翁谈。

初五日(4月28日)　写沈朗仲《病机汇论》,始接吴兰轩札。知韩介孙学训于三月初已北上矣,惜哉!未及一面,承留札,以堵、何二公祠记文嘱根删润,然后上石。又堵公已有《去思碑记》,欲根撰《何先生去思碑记》,惜先生政绩未详也。

初六日(4月29日)　钞《病机汇论》。诊病回家,复头痛身热,卧床,竟夜倦怠。

初七日(4月30日)　灼热昏倦,卧床服药。

初八日(5月1日)　服药。徐洪翁来,袖还《张诚翁文稿》。

初九日(5月2日)　服药,热稍淡。

初十日(5月3日)　服药。

十一日(5月4日)　体热渐减,始稍食粥。

十二日(5月5日)　辰刻立夏。饭后复小热,痰欬甚盛。

十三日(5月6日)　体热稍凉,注苍入城薙发。孙婿阚芸亭附舟来候,承携物见饷。

十四日(5月7日)　午后强起,写《复徐缉梅札》。

十五日(5月8日)　体中稍安,倦睡颇浓。承富香翁、陆西翁来候。

十六日(5月9日)　体中稍健,痰咳亦少。承徐洪翁,陆西翁、仲仪乔梓,李一山兄、钱立斋、达斋昆仲,赵晓峰小门生,黄茂君世兄来候。

十七日(5月10日)　体中渐适,咳亦少。饭后更衣甚难。承陆西翁、心兰乔梓,富山人来候。

十八日(5月11日)　体中渐佳,胃纳稍增。富山人、陆西溪来。

十九日(5月12日)　胃纳渐增,啖物有味。陆西溪、高醴泉、陆曼卿、李一山、朱洪达来。

二十日(5月13日)　思食肉味,饭尽一瓯。承姜秋翁枉诊。西溪为余作札招之,余不知也。与谈。俄富山人至,邀秋翁饮,赴之。顷之,西翁遣两郎招秋翁饮。秋翁又往赴之。余以病不及相陪,命拙儿掌灯相候。秋翁来,因坐榻前,为余复诊。诊毕,辞去,留之宿,不可。拙以微物馈之,送之登舟而去。约朋试时再来。承徐洪生先生、富山人、陆仲仪昆仲来候。

廿一日(5月14日)　服姜秋翁药。富山人坐榻前畅谈,因留便饭去。

廿二日(5月15日)　服秋翁药第二剂。葛怀蓼来候。

廿三日(5月16日)　服秋翁药第三剂。富山人、陆西翁来。

廿四日(5月17日)　服秋翁药第四剂。朱景翁、陆西翁来,借富山人《惜抱轩文集》。

廿五日(5月18日)　停药。徐洪翁、何淡然自城来访,承俱携物见惠。陈亮采甥孙亦携物见惠。富山人、陆西翁、朱香泉、高远亭来候。

廿六日(5月19日)　改方,服第五剂药。葛怀蓼来,陆西溪来。

廿七日(5月20日)　改方,服第六剂药。陈汉槎来,袖还《名医汇粹》六本。

廿八日(5月21日) 改方,服第七剂药。富山人、张问月、陆西溪来。郭近兄来,承以物见惠。

廿九日(5月22日) 停药。张问月、富山人、陆西溪来。

五月朔日(5月23日) 徐洪生、张问月、富香吏、陆西溪、千侯、钱达斋来候。

初二日(5月23日) 钱芳浦来候。

初四日(5月25日) 晨,强起,作答札《与吴兰轩茂才》,即卧。徐洪生先生因放假回城来晤,以微物答之。陆西溪来,李媚峰、李畹余茂才来。

初六日(5月28日) 强起,撰《邑教谕定远访亭何先生遗爱碑记》:吾邑庠自唐大历中迁建今所,至今垂千余年,往往多名师儒以善教称。以故,前代及本朝人才科第之盛,甲于郡邑,盖其来有自焉。如明义兴堵先生,其一人也。入国朝,则有梁先生于淇、王先生世枢辈。其见而知之者,则惟我定远何先生访亭,为近今所希云。先生盛德在躬,以道光辛巳科举人来教昆庠。其在官,不异家塾,集随任子弟而训诲之。弦诵之声,彻于宫墙。其训多士也,月有课,岁有程。凡士之以文就正者,必为之阐发圣贤之微指。命题制文之成法,赏其合者,而刊正其非是。既又谆谆以躬行君子为勖,由是一时人风丕变,骎骎乎有邹鲁之遗焉。吾昆自乾嘉以后,读书者多有,而科名稍绌于前。先生精形家者言,以为学有泮池,为采芹撷藻之区,而污莱已甚,为浚而深之。又以为水必有源,江南诸水,以乾亥来龙为最贵,因相卜山之麓。旧有河曰龙须,已湮为平陆,则命工疏凿之,俾清流环绕,而通于泮池。又辟论堂,前为义路,礼门由之,升堂入室,俾诸生顾名思义焉。其外,如迁武庙,增宫墙,又其余事矣。先生秉铎七年,有所设施,而邑人士遂多联捷入词林者,乃不幸以劳瘁卒官。讣闻之日,邑士大夫咸走哭于位。士林悼丧硕师,相率具列其教泽,吁请大吏为之入告,崇祀名宦。时与先生同寮协恭者,为新阳学训江浦韩先生印。韩先生建议,以为堵先生与先生,其教思无穷,后先一辙也。因并祀一祠,而手为文,纪诸祠壁,且及两先生之皆有令子,以为是善教之报。既又大修学宫,以继先生之烈。呜呼,盛矣!咸丰丁巳三月,韩先生擢官北上,念何先生之殁将及十年,而多士思之不少衰。堵先生有《去思之碑》,具列庑下。而先生无有,无以慰多士之心。以根夙有文字之契,临行,以书见托,为《遗爱之碑》,将刻诸乐石,以示来者。根不能辞,既喜何先生教育之善,又嘉韩先生相与有成也。因征实而书之如此(案:记中"论堂",疑为"讲堂"之误)。

题姜秋农《松下横琴图卷》:山翁有琴名响泉,斫自名手留铭镌。百金得之若性命,制锦作囊醉为枕。有时宾退神萧间,垂帘静坐为一弹。山翁妙得颐生旨,垂老精神少年似。与余结交无世情,著书传道非传名。偶来春水船中坐(秋翁寓轩名),茶热香清客两个(时同海盐富山人在坐)。开囊为弹风入松,使吾如坐松风中。有道形神无累器,弦指两忘声自寄。翁居海壖屋藏书,种松皆作龙鳞舒。时时松下横琴奏,松和琴声坐清昼。我披画图心惘然,交朋寥落各一天。相期著书贻老友,为仿此图留卷首。

题富山人《渔隐图》:君不见楚狂接舆歌凤衰,已而已而来可追。又不见王尼身宿牛车里,自叹横流安所止。二人寥邈今千春,当世乃有嵚奇人。不衫不履俗所怪,放言自废全天真。余谓先生曷如此,身世两君不相似。君亟摇手令且止,吾自吾行吾意耳。余闻此言心骨悲,穷年兀坐终何为。济时行道非有日,目昏齿豁霜毛垂。男儿千丈擎天手,会取黄金印如斗。杀贼中原赋凯旋,弓刀挥霍遮前后。不然宁随鹿豕游,草衣木食轻王侯。纶竿舒卷吾自由,何取占毕声咿吮。人间何处无沧洲,桃花深处还夷犹。会须尽捻书籍卖,与君散发弄扁舟。

初九日(5月31日) 晨起,钞《病机汇论》。

国学生凤山金君传(未录)。

初十日(6月1日) 娄东管倚岩、俞拜墀来。葛怀蓼来,求草令先慈陆氏请奖呈稿。王留芸袖甫里顾少竺简来候。少竺原名锦,字母著，今更名惺，字涤庵。

十一日（6月2日）　午后，山西直隶定州人轩辕祁，字退思，号逊志，系某科举人，同镇洋毛叔兰名宜信来访，叔兰借《文简公集》一本去。

十二日（6月3日）　课人缫丝打麦，写《病机汇论·暑门》毕。

十三日（6月4日）　课人缫丝，写《病机江论》甲卷毕。

十四日（6月5日）　课人莳秧，写《汇论》三卷毕。

十八日（6月9日）　题富山人《泛宅图帧》：（一）樵兄渔弟尽佳宾，自署头衔帝外臣。潦倒三春妨病酒，声名四海笑劳薪。溪山游览惟筇杖，烟艇生涯托钓纶。一笑披图正痴绝，桃源拟作避秦人。（二）笔床茶灶共囊琴，泛宅浮家岁月深。雾豹看君成大隐，冥鸿如我负初心。桃花杨柳谁家树，短笛呜榔出世音。共说吴兴好山水，可能携我一追寻？录他人题句：（一）世路崎岖共畏途，不如枯坐学僧趺。生涯能著几两屐，此意还须问阮孚。（二）行爱云限坐水限，旁人漫作散仙猜。老夫绝少阴符计，莫向圯桥进履来（虚舟徐有年）。（三）脱屣风尘内，乾坤入冥搜。癖非轻富贵，傲不到公侯。流俗争青眼，江湖易白头。沧浪歌一曲，散发弄扁舟（张金禾）。

十九日（6月10日）　徐辛翁（有生）同富山人来，承辛翁赠羽扇及君青方伯（有壬）赠联："传家学行无欺录，名世文章有道碑。家弟辛舟自玉峰回里，携《子晋先生像卷》属题，并述其裔孙晚香有道先生学品文章。爰书数语，以申景仰之私。咸丰丁巳春，乌程君青徐有壬拜识。"

二十日（6月11日）　晨，访徐辛翁，承富山人留饭畅谈。娄东叶涵溪先生自城来，留便饭，谈别后况。同访富山人，与辛翁谈，别去。同访西溪不值，返敝居，留宿（案：前条"徐有季"，"季"即"年"字。此条"有生"，疑即"有年"之误）。

廿一日（6月12日）　富山人来，答访西溪。朱景翁来申候。拙儿送涵溪入郭，携确庵诗一本去。徐洪翁自城来访，携《晋树堂诗稿》

来索序,并顾勖斋募刻《训蒙书启》来。

病后偶至近村:病余两足苦疲曳,出处常携短杖随。溪水深于前涨日,园林净胜有花时。村村门巷团飞絮,处处新篁叫画眉。一笑舒眸风景换,夕阳淡与老人宜。

廿三日(6月14日) 夜中邀乌程辛翁、海盐富芗翁小酌谈。

廿八日(6月19日) 晨起,腹痛呕吐甚剧,卧床不食,承西溪来访。

廿九日(6月20日) 腹痛未止,仍不食。自服左金丸,方承葛怀蓼、西溪、徐洪生、朱景玉来访。

三十日(6月21日) 承富山人来访。午刻,嘐城姜秋农来为余诊,因强起。西翁、富山人亦至。饭后,拙陪秋翁携次孙入城访医书,更深始归。

六月初一日(7月21日) 拙儿伴秋翁往洙泾为钱诊,旋入城。秋翁回嘐,富山人来谈。

《士虞礼》"尸饭播余于篚",古文"播"为"半","半"则古"拌"字,谓弃余饭于篚也。《方言》:"拌,弃也。楚凡挥弃物,谓之拌。"拌之言播弃也。

《少牢下篇》"二手执挑,匕枋以挹湇",郑注曰"今文挹为汲"。"扱"、"挹"相近,故古或通用。《说文》:"扱,收也。"《广韵》:"挹,取也。"义相近(案:原文在《仪礼·有司彻篇》。此云《少牢下篇》,乃先生误记也)。

古冠礼注云:"古文啐为呼。"《广雅》:"乎,极也。""乎"训为"极",义无所取,盖"卒"字之误。卒,余或作"卆",因讹而为"乎"。

《士虞礼》"刌茅长寸",《特牲馈食礼》"刌肺三",郑注云:"今文'刌'为'切'。"《汉书·文帝纪》"分刌节度",韦昭注云:"刌,切也。"

《乡饮酒礼》"众宾辨有脯醢",郑注"今文'辨',皆作'遍'"。《乐记》"其治辨者,其乐具",郑注云"辨,遍也"。定八年《左传》"子言辨舍爵于季氏之庙而出",杜预注"辨,犹周遍也"。

初三日(7月23日) 密云不雨,蝗蝻尽起。

初五日(7月25日) 李兰楣秀才嘱题其先君筑岩太学《城东小隐》《入山采药》二图。作《济贫征信录》序(未录)。

题《龚心轩诗草》后:根心僻,少交游。其在同里,惟徐先生洪生为最契,时时过从。既而先生客授吾村,踪迹益密。每燕闲,辄言晋子之为人也,曰:"晋子不涉世趣,居穷自守,以研耕自给。居恒,恂恂然,与二三知己饮酒赋诗,翛然自得,忘其身之不遇也。"根心仪之。既而徐先生携一卷示根,曰:"此晋子之诗也。"喜而读之。其体不拘拘于唐宋,而自抒己得,清新俊逸,两者兼之。虽时亦有感慨之语,而出之以微婉,洵乎儒者之言也。根不能诗,而喜读诗。其最所服膺者,陶与杜耳。少陵当天宝离乱,身备位侍从。其于家国之事,寝食不忘,固其所也。然"水流不竞,云在俱迟"诸作,悠然淡远。其心几于忘世者。陶公弃官归隐,托迹田园,希踪沮溺,与世远矣。而《荆轲》《述酒》,此中五岳,耿耿不灭,以是知古之君子身在江湖,而心殷魏阙。读其诗,兼以论其世也。今晋子际承平,未尝出仕,周旋于庠序闾里之间,守其遗经,间与二三知己看花酌酒,触事兴怀,正陶公所谓"读书有微尚,即事多所欣"者。思无出位,言婉多风,而晋子之为人远矣,不胜钦佩。为书而复之徐先生。先生读之,以为是称心之言也。

十七日(8月6日) 张问月同江宁程子骏来访。时子骏奉抚军命,图画阖郡水道。子翁精算术,博通中西诸家。其于训诂词章,亦皆博览,一时淹雅士也。故旌孝姚君桂林家以《先德集》六卷、福唐薛镕《南窗草存》六卷、尊闻居士《罗台山集》□卷、《戴东原先生文集》不足本见售。

廿一日(8月10日) 写《病机汇论》至十八卷。

廿二日(8月11日) 灯下写《汇论》毕。

廿三日(8月12日) 以朱笔校《汇论》。

廿四日(8月13日) 校《汇论》。日晡,访徐洪翁,借徐臻庆字阆斋《玉山阁诗选》八卷回。

廿五日(8月14日)　校《汇论》讫。

题亡友李筑岩丈《城东隐居图册》:(一)君住城东似水村,清谈当日记开尊。即今养老潭中水,绿染春痕尚抱门。(二)书堂重到网虫丝,棋局书签宛旧时。手泽犹怜庭树好,逢春喜放两三枝。

廿六日(8月15日)　作《题瞟城李慎庵看剑引林[①]杯图》诗,作《与瞟城葛铁生先生札》,作《复城姜秋农札》(无稿)。

题《瞟城李慎庵看剑引杯图》:月明雨霁秋宵凉,主人置酒罗华堂。嘉肴四五坐两旁,高烧银烛山肴香。中筵客起翻缥缃,吴歈越倡吟兴长。亦有挥豪草圣狂,绕榻注视如堵墙。主人独立神傍徨,主人何为神傍徨?丈夫有志在四方,我剑有匣流晶光,龙渊巨阙不可当。何时天马真腾骧,左龙右虎出中央,七尺可作周身防?我行持此奉君王,龙身宁肯终埋藏?众宾闻此亦悚惶,欢言劝主飞壶觞。有酒何惜千万行,莫负此夕秋宵长。杜陵诗句亦慨慷,龙信蠖屈安可常?主人有愿殊莫偿,按剑独立神苍茫。

与瞟城葛铁生先生书(见《晚香书札》)。

闰六月[②]初一日(6月22日)　写《识病捷法》起。

初三日(6月24日)　徐洪翁以诗来。

初九日(6月30日)　作《与娄东叶涵溪札》,以亡友吴广斋(良济)遗诗寄之,乞选入《沧江余韵》也。

十一日(7月2日)　作《与汪石翁札》(无稿)。入城,访唐爚斋副贡,同访杜陵余学训,商修邑志事,承留饭。爚斋有事先别。适骤雨,雨后别杜。至万元斋书坊,得《容斋三笔》六本、王炎午《吾汶稿》钞本一本。再至徐氏侄妇处,取所寄雨盖,并付钱氏侄妇斗米价。踉跄出城,附舟归,疲甚。

---

① 此“林”字衍。

② “闰六月”当为“闰五月”。

十二日(7月3日) 接郡中汪石翁札,言汇旌节孝采访事。接娄东叶雪来秀才札。承以《老子》一本、《仪礼节读》一本、王同祖《东吴水利通考》一本、《况太守集》四本见惠。作札于蓬阆镇唐竹筠孝廉,言采访节孝事。

十四日(7月5日) 写《识病捷法》毕。

十六日(7月7日) 为杜陵余学训校《昆新志》,数日而毕。

十八日(7月9日) 接唐少桐札。

十九日(7月10日) 接唐竹筠孝廉札。

廿八日(7月19日) 钞汇旌节孝名氏。

廿七日(7月18日) 写《先贤墓志》

廿八日(7月19日) 接杜陵余、唐爚斋、阚云亭札,皆以采访节孝事。

廿九日(7月20日) 校董志稿,数日毕。借《王素岩编年诗稿》于徐洪翁。

七月七日(8月26日) 晨,冒风入城,同徐洪生先生赴杜陵余学训招,顾勖斋、唐爚斋、李芹香、王阳叔、王征黼、王剑霞、张问月、张调伯诸君同席。余忝首席,议修《邑志》事也。席散,洪翁疟作,遂同出郭。舟适至,归已晚矣。

十一日(8月30日) 秋祀阖族祖先,暨外戚尊长、先师陶半帆先生(先生祭祀皆然,偶录之以见其诚)。

十六日(9月4日) 江阴六君严(字德只)来访。德只为方正学先生后裔。革除间,改姓为六。时奉抚军命,绘《苏属水道图》。乘舟见过,留点而去。

二十日(9月8日) 未出门,写《邑志》。

八月初二日(9月19日) 写祝畻城俞味庸丈八十寿对。

初四日(9月21日) 望仙桥张萼甫来谢寿,并携其尊甫文稿来。寄俞味庸丈札并寿对,托畻城姜秋翁转致。

切[1]八日(9月25日) 接汪石翁札,言其家被劫事,并谢前送令嫒出阁礼。

初十日(9月27日) 往娄下,遇疁城姜秋翁来,因回,同访西溪。秋翁为心兰诊,饭其斋。同席者,富山人、徐洪生丈。旋同访朱香泉,为诊。夜饮,余斋中宿。

十一日(9月28日) 陪秋翁至西溪宅竟日。

十二日(9月29日) 拙陪秋翁往娄下,为香泉诊。秋翁解维回疁。

十三日(9月30日) 富先生来,为小儿占病,因畅谈。夜饭后,掌灯送回。

十五日(10月2日) 写邑志稿。

十六日(10月3日) 写邑志稿。

十七日(10月4日) 因西溪往渎川,作《与江石翁札》《与工璞臣札》。

廿一日(10月8日) 西溪来,拉往郡城候石翁,夜泊周通桥。

廿二日(10月9日) 同西溪步至大儒巷,访汪恂如,不值。往西城桥善书局,访周翁尚文。俄汪石翁至,谈别后况。同访吴彦钦丈,承留饭,流连竟日。石翁有洞庭之行,遂分手。仍宿周通桥。

二十三日(10月10日) 承唐竹筠孝廉枉访,不值(令侄同来),兼惠物。同西溪出金阊门,复至专诸巷。归舟已晚,往返几二十余里。

二十四日(10月11日) 至临顿路买零星,同陶瓒昆试茶。

廿五日(10月12日) 晨,解维回。遇石尤风,抵家已上灯矣。

廿六日(10月13日) 徐洪翁来,访富山人不值。陆西翁来。双林郑小帆同其表兄徐晓峰来。夜于富山人斋,同小帆、晓峰饮。

廿八日(10月15日) 写《昆山先贤墓考》。徐晓峰两君以《温

---

① 当为"初"。

氏母训》一册见惠。

廿九日(10月16日)　双林郑小帆(训慧)、徐晓峰(兆均)同富香翁乔梓来辞,西翁同来。

三十日(10月17日)　写《先贤墓考》。

九月初二日(10月19日)　草《修志启》稿,应杜陵翁嘱(未录)。

初六日(10月23日)　写《先贤墓志》。

初八日(10月25日)　写《先贤墓志》。

初九日(10月26日)　接郻城姜秋农丈信,并寄《祝氏医印》一卷,及所惠紫雪丹来,并接望仙桥张萼甫札。

初十日(10月27日)　写《先贤墓志》。

十一日(10月28日)　写《先贤墓志》。

十三日(10月30日)　设醮玉泉仙馆,同拙儿、愿孙往赴之。同沈猗竹游崇功祠,读《宋刘龙洲墓后记》。步山麓,觉力疲矣。

十五日(11月1日)　赵松寿携《顾文康公集》、韩慕庐《有怀堂集》来,并馈物。

跋张榜云《砚田楼诗》:余少游城南,与张氏交三世。先是,从东田先生学,与漱六先生令嗣礀筠明经同研席者三载,最称莫逆。其后,余携家入村,礀筠亦捐馆,久不至城南,然时时忆其居,及所历钓游处,形诸吟咏。及后二十余载,始登椒畦先生之门,与今榜云之令祖若木丈,叙同门谊,盖丈之执谦。其实,余之年与丈令子柳翁相若也。方是时,年皆不甚老。邑屋方全盛,而四五老友,如钱秋生、徐蘋洲、椿舲、杜希斋辈,亦皆健在。春秋佳日,常聚丈斋中,以诗文谈论为乐。柳人翁亦厕在其间,烧灯饮酒,乐甚。曾不十年,若木丈先逝。同时之侣,惟椿舲与余在耳。柳人翁以重听谢客。余亦老,居荒墅,岁或一二见,无复有曩时之乐。顾柳人翁虽杜门,而精畴人之术,著作多有,而令子问月及榜云,或以经术古文词,或以诗,能步其祖武。此诚可喜事。然读榜云之诗,悲歌慷慨,与眠琴窝之作,细腻熨贴、恬吟密咏者,何不相似也。此则时为之,而作者亦不能自主矣。故读书者,又当论其世也。余既伤若木之早逝,与柳翁之病废,乃问月兄弟又落落不为世知,而徒以经术诗歌自吟自倡,亦可哀已。虽然,世固有赍志而晚遇者,二君之才与学如此,宜不终落寞。独余与柳翁老矣。书其诗之末简,以为后券也。咸丰丁巳重阳后三日,雨窗灯下书。徐村老农潘道根,时年七十。

十九日(11月5日)　写《冢墓考》竟日。接暻城葛飞千起鹏札,为本年八月十七日暻邑虞氏不戒于火,有虞氏锦堂,女贤亭,浙宁慈溪人,侨寓暻城保赤坊。父无子,女能书算,将赘婿而未果。会父病,女侍奉惟谨。火作,女掖母张下楼,复从烈焰中登楼掖父。楼崩,与父俱死,年二十一。飞千之尊人锡祚,为孝女征文及诗,因寄札来。

十月初二日(11月17日)　入郭,至万元斋,得明人《张白斋琦诗文》二本、戴未堂《尚书涉传》四卷。

初八日(11月23日)　三孙女受朱家聘,延宾。

初十日(11月25日)　写《曹仁伯医案》起(五日毕)。

廿四日(12月9日)　书葛先生锡祚所撰《虞孝女事述后》(未录)。

廿六日(12月11日)　撰《曹仁伯医案》序:原百病之所生,则昉于《灵素》;辨草木之性味,则始于《本经》。汤液制自伊尹,传变明于仲景,皆古圣人也。自时厥后,医经、经方,汗牛充栋,令人有望洋之叹,势不得不据一家之所辑,以应世求。如《忠州集验方》者,此医案之权舆也。倪维德之《锓东垣试验方》也,表其所学,以为世法,无医案之名,而有医案之实。薛立斋之集二十四种也,附其所撰,有医案之名,而实不止于医案也。至如宋太宗之编《圣惠方》,而以亲验之方千余道附列其间,则又一集中而兼人与己之医案也。惟沈存中之《灵苑方》与许叔微之《本事方》,皆取己之所已试验者。而丹溪朱氏则直以"医案"名书。是三者或名或实,皆医案之属也。而其最始,则莫如《史记》之《仓公列传》。前人有作,后人述焉。迄于今,先河后海,可按而知也。班孟坚之论医经曰:“犹磁石取铁,以物相使。”其论经方也,曰:“通闭解结,反之于平。”旨哉言乎!而又谆谆告诫于失理失宜者,至谓“有病不治为中医”。呜呼!此盖有惩于习之者之望洋,而未能博学返约,取方治病之道也。苟取古今贤圣之作,穷源探本,观其会通,又就正于当世之通儒,扣击辨难,而确然得其指归。《易》曰“化而裁之,神而明之”,则治今病,何尝不可用古方也哉?忠州以下诸书具在。后人之论,亦有得有失。然达权通变,因时制宜,固不可一律论矣。顾其效何如耳。故曰:上工十全,中工次之,下工又次焉。吾吴故多名医。其原始,明初王仲光宾得之浙人戴原礼,衍丹溪朱氏之传而小变之。入国朝,而薛征君一瓢、叶先生香岩,皆有著述行世。及乾嘉间,则何元长、薛公望两先生,其表表者也。曹先生乐山,夙受业薛公之门,其于古今圣贤医经、经方,固已博览旁通,尽“化裁神明”之用矣。而又请益之勤,凡有精是术者,则不惮周咨博询。医案之作,乃自述其会通,自运其指归也。上可以考四圣之精微,下可以征诸贤之经验,以为后学仿,岂师心自用与泥古不通者可同日而语哉!观其所述之案,必列脉证经训,而所处之方,必有据依。其学问之有原本,可知矣。予友秋农姜君,笃志好学,游先生之门,得其指授。尝博蒐古今医籍至千有余种,推衍《内经》,拾遗《宣明论方》,续为一书,盖吾党之畏友也。一日,以先生《医案》见示,根得录其副而弁其首简。若此以告世之学此术者,为之准的。慎勿师心自用,或泥古不通,而蹈“学医人费”之诮也。

十一月十二日(12 月 27 日) 目疮溃。钞《串雅》竣(十月三十日写起)。

十八日(1858 年 1 月 2 日) 写《明清昆山名人著述目》六十三种(文繁未录,就日记中拆出,另订备查)。

十二月初十日(1 月 24 日) 写丙辰年文稿。西溪自郡来,携石翁信件,并《胜国朝殉节诸臣录》、《东林同难录》二书来。

十一日(1 月 25 日) 写丙辰文稿。

十二日(1月26日) 徐洪生先生假馆来辞。

十五日(1月29日) 为张芸轩较字书。富香翁乔梓从双林回,承候携还先六世祖像卷。

(一)江南戎马后,夫子叹何深。意气成千古,艰危独此心。高堂愁白发,天地老青襟。日暮昆山下,如闻采蕨音。咸丰丁巳冬初,君青徐有壬敬题(案:"襟"、"裣"、"衿"古通。)。(二)一介书生浑不信,心肠似铁。想当日,歌残正气,唾壶敲缺。闭户坐忧天下事,东南王气终销歇。慨娄江无数暮潮来,声呜咽。 堂上发,看如雪。心上恨,愁如结。问男儿何用?只吟薇蕨。攀得龙髯随去后,千秋犹洒苌宏血。试披图剪纸替招魂,留遗烈。右《调寄满江红》,后学乌程郑训常敬题。(三)儒生贵立志,临变志不回。丸熊遵母训,和鹤仗儿才。手泽山中蕨,心香阁部梅。维亭千载水,凭吊几徘徊。归安后学沈清藻莲史拜题。

十六日(1月30日) 作《贤孝张先生继配陈儒[①]人传》(为望仙桥张诚斋作,未录)。

十七日(1月31日) 写同人寿我诗文。

廿五日(2月8日) 西翁来郡,友汪恂如以所印吾昆先辈周安士先生《自怡轩文》一卷见赠。

廿八日(2月11日) 校《昆山艺文志考》。

病中悼东宅:(一)秋深穷巷雨如尘,最好高人是对邻(指邵抑斋)。今日门前一回首,风烟惨淡旧松筠。(二)东厢一树出墙梅,是我当年令弟栽(系弟性安手植,十余已出墙矣)。犹记春灯放街市,那时烂漫正花开。(三)弟兄高会岁如流,元夕清明放学游。婚嫁死亡人散尽,只今剩我雪盈头。(四)重提往事四十(叶陈)年,叔父新从西宅迁(在嘉庆庚申)。一树杏花遗券尾,主家还索十千钱(东宅,旧系沈氏居叔父旧宅。时券中失载杏树一株,沈欲移去,更偿钱十千,

---

① 当为"孺"。

乃不移。花时秾艳夺目，结实甚繁，不十年化去）。

怀畻城俞拙叟：兵戈江海少宁居，落日穷村掩敝庐。知否故人秋卧病，如何不见一行书。

孙苏门（天骐）《医林杂俎》《司命元龟》《识小录》《疡科参变》《停云馆医问》《诚求心法》《箴灸节要》《增补奇疾方》《单方集腋》《桐门经验方》《医学探珠》《经训订讹》《脉案连珠》。

卷十八

咸丰八年戊午(1858)[①]

元旦(1858年2月14日) 恭谒祖考神位，拜中霤灶神，遣注苍诣里社祠进香、洙泾三官堂进香。贺富芗翁节。承陆西翁暨令郎、令孙来拜。曼卿令郎来拜。富肖芗来拜(此先生常年岁首所行之礼。摘录于此者，见其始终不懈也。森注)。

(一) 常记春阴好种田，岁朝今黑四边天。老夫心事无多祝，只望农家庆有年。(二) 兀坐空斋听雨声，更无爆竹闹柴荆。探梅爽约浑闲事，安得天河洗甲兵。

初二日(2月15日) 为注苍孙行纳徵礼。晨答拜富芗翁、陆西翁节。

初四日(2月17日) 棹舟至娄东，诣叶涵溪宅。值外出，遂访季菘芸丈于铁猫衖，不见者四年矣，承留饮。向晚，涵溪至，拉余及菘翁诣其斋。夜饮，谈至夜分。余留宿涵溪斋。

初五日(2月18日) 涵溪招，同季菘翁饭其斋。午后，同访张耕霞经历、王子菁孝廉，俱不值。余与涵溪归。夜饭毕，菘翁复来谈，夜分始散。王子春贡士来访。王心斋来访。

初六日(2月19日) 菘翁见招，同涵溪往赴，与俞竹君茂才同

---

① 原注:"先生时年七十有一，仍署徐村老农《因树庐日记》。"

饮。观菘翁所得先师王椒翁画帧十二幅，及所书楹帖。又以周羊子之矛头见示，斑驳陆离，真古物也。畅谈竟日，夜饭始回涵溪宅。王子菁孝廉、王心斋茂才来访。

人日(2月20日)　钱颐叟中丞招，集南园观梅。集者六十人，余忝首座。坐中闻少谷学训(维堉)、夏榕孙学正(宝全)、黄雪樵茂才(镦)、王子菁贡士(荣年)、张护航孝廉(元培)是旧识。新缔交者，为邵伯扬学训(光烈)、张耕霞经历(焜扬)、殷霭人茂才(瑞玉)，谈甚乐。不见颐翁已三四年，承以《春帖子诗》见示，嘱和。临分，送至园门而别。时日未晡，乘兴同雪樵、菘芸、涵溪、赵竹屿贡士(兆熙)游桴亭，萧然物外，流水回环，坐谈甚乐。一路多梅花修竹。徐步归，仍宿涵溪宅。

初八日(2月21日)　诸友来访，菘翁携《陆式斋文稿》来。俄陶佣至，遂与菘翁、涵溪、雪来别。步出城，解维。石尤风甚急，抵家已上灯矣。

初九日(2月22日)　余七十一初度。

初十日(2月23日)　访富芗翁疾。亭林先生有《宋史稿》九十余册，归其甥徐氏。《年谱》未载。见全谢山《与李临川绂札子》中，俟考。

十一日(2月24日)　入城，访张柳人。柳翁以所撰《算小学》一卷见示。适戴吉卿同其两甥来。故莳塘张先生(吉安)曾孙莳孙，二尹令嗣也，从江右回，因谈时事。别后，访范氏甥妇于昆署西，以钱二陌赠之。归途访释叶舟于竹涵精舍，谈别况，年已八十一矣，尚健饭，欲托予撰小传，意甚恳挚。留宿其庵，以《滑氏脉诀》写本见赠。

十七日(3月2日)　三孙女遣嫁郁国，承诸亲友来贺。

廿二日(3月7日)　赴富山人招，晤陈友梅、夏桴亭、张问月。

廿四日(3月9日)　山人邀，同郇雨、洪生、西溪酌。

廿八日(3月13日)　为富山人诊，承留饭，谈。

廿九日(3月14日)　写《后乐集》起。

二月初一日(3月15日) 饭后,富山人来。

初四日(3月18日) 富山人来谈,携《孑遗集》去。

初六日(3月20日) 圃中樱桃花放,千叶红桃亦开。写《后乐集》毕,撰《后跋》。

初七日(3月21日) 写与钱中丞、季菘芸、叶涵溪、王心斋札。

《后乐集》跋:天于贤才,必数百年而笃生一人。其用之也,又有遇不遇。遇矣,或不能尽其才,是岂天之降才尔殊哉?天为之也。然是贤也,其挺生于世,无论遇不遇,必有忠清亮节,特立独行,进不负君国,而退不负所学者,如吾乡先贤文节卫公。知其人,论其世,为重慨也。公少承家学,从名师,登上第。上欲观其政事,御笔亲注,特与添差之遣。公以对策,曾言添差之弊,立请待次。迨初任满,又以执政非人,不肯循例通谢,以此淹滞。其始进之,不苟如此。既官秘省,上殿轮对,谓"陛下二十六年,始则痛愤,欲图恢复,继而英气消沮,苟安无事。坐此因循,天下之患,恐有出于意虑之外者。愿陛下坚自强之志,振纪纲以张国势,作气节以励偷惰,则静可以强根本,动可以复土疆矣"。光宗初立,又言当奋发英断,规恢远图,卧薪尝胆,不忘北乡。是公之于国仇,何尝一日忘哉?及后以起居舍人使金,还奏,则劝上为自治之计,毋探近利以开祸衅,言若与前异者。由此失意权臣,十年放弃。逮开禧改元,始召还朝。应诏论北伐事,犹守自治之说。是时,侂胄枋政,与时宰陈自强辈谋国不忠,希图徼幸。躁进之徒,如邓友龙、易祓等,傅会邪说,朦蔽圣聪。倾国出师,几同孤注。遂令万姓肝脑涂地,府库为空,丧师辱国。使元恶不诛,宋之为宋,未可知也。然则公之持重体国,深谋远虑,由后视前,可谓洞见本末,有大臣之度。若《书》称"绳愆纠缪,格其非心"者,非公孰与哉?惜乎天不祐宋,一奸始除,一奸复进。弥远当国,炀灶益甚。虑公见嫉,乃讽言者劾去之。自此不安朝著,远迹江湖。虚位虽隆,赐环无日。未几,而公亦骑箕尾往矣。贤者孤立无援,宵小拔茅连茹,古今之通患,读史者所为掩卷而太息也。迹公历仕三朝,出入内外四十余年,忧国忘家，始终一节；谋深虑远，不骛近功；进退之际，必以义断。至今读所论奏，一一可按也。是岂非名世大贤哉？公集名《后乐》，盖深契文正之语。其居在县东南石浦。根尝游其地，土厚而广，江流回抱。其笃生异人，有以也。公之裔，多散居四方。欲求其遗集，不可得。读先辈沈鲁所为公祠堂碑记，激昂慷慨，至于泣下。咸丰戊午，根年七十又一，始获此卷于娄东友人季丈菘芸所，知为公几世孙少芝（某）所藏，喜出望外，篝灯疾读，议论英伟，如见公垂绅正笏，侃侃廷对时也。呜呼！齐桓公复九世之仇，《春秋》与之。公何尝一日忘是言耶？特以谋国非人，太阿窃柄，虚托报仇之名，遽忘度德之谨，故不觉孤愤激切，属形奏牍，合前后事而观之，而公之心事，昭如白日矣。愿读是集者审之。

戊午人日（2 月 20 日） 颐叟中丞集客南园，为看梅之宴。根偶至娄东，得厕宾末。酒中，承以大著《春帖子词》六章见示，勉步原韵，愧不成语，末章并怀旧事，录呈台览。伏冀恕其谫陋，赐以郢削，幸甚。（一）江天鱼鸟共生成，皇路清夷庆太平。一自和门闻捷报，衢歌都作（去声）凯旋声。（二）三军奋武阵云开，蚁贼心惊破柱雷。君在江湖心魏阙，当筵一喜笑颜回。（三）竹西歌吹久湮沦，指顾风光又斩新。自是圣朝雨露广，诏书宽大驻军驯。（四）烽烟铁瓮与瓜洲，半壁江山一夕收。指日秦淮流水净，秋风联袂赌棋楼。（五）春城箫管杂鞀鼙，梅放繁枝出户低。此日南园赏花罢，东郊扶醉看轮蹄。（六）蔚村访古践苔墀，记泛澄潭与惠施。垂老重为仙馆集，酒阑更看壁间碑。

十九日（4 月 2 日） 为长孙注苍行姘结礼，承诸亲友光临竟日。

廿五日（4 月 8 日） 接吴也樵札，有《见怀诗》：鹿城旧事梦常萦，云树想思岁几更。范叔到门难免愧，韩公待士最多情。杨花质弱凭风力，星斗光微借月明。自惜流光增白发，漫游到处负鸥盟。

廿八日（4 月 11 日） 作《与王璞臣札》，写《孤灯夜访图记》（为唐竹筠孝廉所亲陈炳堂作，未录）。

廿九日(4月12日) 草邑志《著述目》。

三十日(4月13日) 寄郡信,托汪石翁转寄王璞臣茂才(写《邑志著述目》)。

三月初二日(4月15日) 访吴步青,托摹《张元长先生小像》。接汪石翁札,并《吴下冢墓遗文》正、续一本。徐洪生先生来,携《朱氏谱》一本至,借王炎午《吾汶稿》一本去。

初三日(4月16日) 午后,注苍入城,送还杜陵余学训《梅花草堂稿》,并《人物传》。写《吴下冢墓遗文》起。

初五日(4月18日) 写《遗文正编》毕。

初十日(4月23日) 写《遗文续编》毕。

十三日(4月26日) 校《遗文》讫。

先贤名印记:右宋丞相信国文先生印一,曰"文文山";明逊国忠臣方正学先生印一,曰"方希古",国朝赐谥"忠端",明督师少傅黄先生印一,曰"阙下完人"。方、黄二印有款识,一曰"后学宋荦珍藏",一曰"吴门顾苓作"。为歙友寓吴王君璞臣炳所藏,盖得之于其族祖香田先生者。炳重三贤之臣节,兼以先世之手泽,摩挲郑重,将谋筑屋而居之,颜曰"三印草庐"。适毗陵杨君蕉隐来吴,为作《三印草庐图》,装池成卷,闲以印文示根,篆皆质古朴茂。展纸审视,夷考三先生之行事,为慨然叹息焉。盖自季宋以来,三印者,近者二百年,远者五六百年,天步屡易。当时之王侯将相,或行事湮灭,什不存一二。而独此三贤名氏,磊磊轩天地,至妇孺皆知钦重,亦独何欤?"兑之戈,和之弓,垂之竹矢,离磬崇鼎,三代传以为宝,非赖其用也,亦云尚古而已矣。"若此三印,年祀虽远,其不独以古重,可知也。三贤之行事,昭在史册。其学问文章,垂于箸述,有不待后人之称扬者。独是兑弓和矢不可得。秦彝汉鼎,世或有之,璞臣皆不之贵。而独珍夫三印,其意深可思也。异时有过灵岩之麓,见虹光夜射牛斗之间者,必是印之所在也。而草庐与图,亦藉之以传矣。因为记之。

十四日(4月27日) 寄《胜朝殉国诸臣录》,并《吴下冢墓遗文》

于汪石心丈。

廿二日(5月5日) 写《毛文简公集》一卷毕。

廿六日(5月9日) 写《毛文简公集》。

廿八日(5月11日) 写《毛文简公集》毕。

廿九日(5月12日) 校《毛文简公遗稿》。撰《徐艺沚孝廉太夫人寿七十序》(代李古廉提学,未录)。

四月初五日(5月17日) 托吴干臣画陆参政式斋像及地图。

初六日(5月18日) 写《陆式斋稿》起。

初十日(5月22日) 写《陆集》至四卷。

十八日(5月30日) 写《陆集》至八卷。

廿一日(6月2日) 写《陆集》十卷毕。

廿九日(6月10日) 写《陆集》第十五卷,写墓志。

五月初八日(6月18日) 写式斋《浙藩诗稿》第一卷起。

十四日(6月24日) 写《浙藩诗稿》第七卷毕。

廿一日(7月1日) 写《浙西文稿》。

廿二日(7月2日) 写《浙西文稿》。

廿四日(7月4日) 写《归田集》。

六月初五日(7月15日) 写《式斋稿》竟,校之。

赠张柳人秀才:(一)芒鞋踏不到黄尘,罗雀门荒宁守贫。有与疑年但多笑,手书亥字应时人。郑庄宾客散如烟,花下昏昏只醉眠。何限山阳邻笛感,剩余末座亦华颠。(二)绿暗红稀村路长,鼻中村店酒瓶香。年年每负南来约,却读新诗忆草堂。(三)曾向千墩一泛船,旧游回首故依然。何时携得羊毛笔,重写蓬溪访友篇(补录五月十六日诗)。

初六日(7月16日) 钞张序均秀才《算小学》起(初八日钞毕)。

十一日(7月21日) 撰《补方言疏证》起。富山人自双林返,来访,谈别况。饭后,答访山人于平原所,同徐洪翁复畅谈。

十四日(7月24日) 撰《邑志·方言》稿。

十五日(7月25日) 托阚云亭送还张柳翁《算小学》。

十六日(7月26日) 送《名迹录》《算小学》于洪翁。

十九日(7月29日) 入城,访杜陵余学训,携还所借《确庵集》,旋借《马鞍山志》、《淞南志》、郭频伽《金石补例》归。

二十日(7月30日) 瞟城姜秋农(问歧)来,承以《医说正、续》见赠,并携葛铁生先生书至。富山人、陆西翁同集。饭后,秋翁入郭。

廿一日(7月31日) 钞《邑志·职官续》竟日。

奉题《椒畦先生携杖图照》:(一) 易画轩中侍坐时,看描小影看题诗。荒江今日重开卷,草草劳人双鬓丝。(二) 钓舫矶头数树梅,酒尊诗卷属追陪。花如有意应怀旧,亲见扶筇得得来。(三) 奉母闲居绝宦情,萧然床榻有余清。寻常绡素人争重,不道先生不近名。(四) 交游四海尽名公,韦布门墙亦偬容。想到虚怀延纳处,不禁洒泪向西风。

韩介孙先生手札:访翁入祠立碑,实皆昆山原议,印未赞一词,都人士具在,可证也。晚翁所著《遗爱碑》,后半篇文字,只因爱印之深,欲其附。访翁以传,不知公义已涉私情,且似何、韩二先生《遗爱碑记》,有乖金石体例矣。僭为更易,付诸石工,晚翁或不以为非乎?过玉山匆匆,未能徐村访友,歉甚。留笔以当面晤。拙著《堵、何二公祠记》补入"堵公有子"一层,甚周密。谢谢。印顿首。

七月朔日(8月9日) 寄书于叶涵翁,寄书于沈子复。

初二日(8月10日) 赴西翁招,同富山人、徐洪翁盘桓竟日。山人说:在湖州山中遇一捕蛇者,言蛇之中,惟寸白蛇最毒,其余不及也。大凡人被蛇螫时,未有不心惊者。惊气归心,则毒随以入,故多不救。若能定心不惊,则毒亦不致攻心矣。又蛇螫时,宜任其自放,一拨掉之,则蛇之齿必陷于肉中,此腐烂之所由。又凡蛇螫,必在早晚。若啮处一犯草露,则其腐烂益深。宜于临时随地拔草,得半枝莲、酸莓、鳢肠草等尤妙。揉碎擦之,不痛者擦至痛,麻者亦擦之至痛为妙,以布扎之。觅蜈蚣二条,干者亦可。于瓦上煆,防雌者有子,则入腹必生小者。故必煆至成灰为妙。如毒处黑烂，同煆穿山甲一片，研末服，则毒化水从啮处出矣。

初三日(8月11日) 复寄涵翁信。于沈子复兄，富山人来招饮。是晚，体中不佳，浴毕即睡。

初四日(8月12日) 勉赴鳗鲡湖倪诊。中途畏寒。至孝顺塘，故门人梅亭借绵絮，易舟以往。舟中作呕数次。先至晁村，访徐鼎兄。继至倪处，诊后即归。抵家便卧，即灼热困顿。承西翁闻信来候。

初五日(8月13日) 秋祀本宗及外戚，以病未与，令拙摄之。暂迁榻于南厢。陆西溪、富山人来问疾。徐洪翁以七夕解馆来辞。

初六日(8月14日) 卧床未起，服药。富山人来，承携糕饵相馈。

七夕(8月15日) 体热倦怠，服药第二剂。富山人、陆禹三、曼卿来。陆西翁来。

初八日(8月16日) 体热稍减，服第三剂药。复迁榻于堂，以避暑。富山人来。饭后作札，遣注苍入城，请姜秋翁为余诊。秋翁以今寓期之始，求诊甚众，约明日到村。

初九日(8月17日) 停药，候秋翁至。富山人来。未牌，秋翁自城来为余诊，定人参、竹叶、石膏汤加减。富山人、陆西溪亦至，因留点。秋翁回瞟。夜中服秋翁药。

初十日(8月18日) 体热稍凉，勉饮稀粥。承富山人来，以参贝、陈皮见惠。陆禹三来候。服秋翁第二剂药(日记至此而止。先生以十三日卒矣。德森注)。

晚香书札

卷　一

新阳潘道根确潜著，邑后学王德森、赵诒琛编录。

一　答顾邵庵丈书道光六年丙戌(1826)

村中人自城回，接老丈十三日手书，读之感忻交至。根枌榆晚,荷蒙老丈弘奖风流，接之如朋友，勖之如子弟，谦光下逮，迥异寻。循览之余，感矶五内。

根自早年孤露，即绝意功名，徒以少年时，勇于为人，不自贵重。出身微贱，并时流辈无有高明特达如丈者流，因见根踽踽凉凉，又论好为过高以矫激流俗，动与世违。自以比年以来，铲迹韬光，更字曰“确潜”，颜其庐曰“因树”，用以箴砭俗骨，起其膏肓，未免歧路伤，拟收桑榆之效。闭门却扫，有同颂系。即相知如老丈，犹且抠阔疏，非敢自外，诚欲洗刷眉目，掏擢肝肾，以庶几大易之，补过也。影自惭，终恐为大君子之所吐弃。

伏读尊札，勗以自爱。自非老丈知根之深，爱根之切，谁复为此者？自今以往，愿守生平之素，穷居读书。幸身未老，假以岁月，与渐忘，谗焰息矣。然后收召魂魄，出其胸中所有，著为一书，庶几不草木同腐，有辜老丈勤勤恳恳之至意。然此事非可与世俗语，徒滋耳。

恃老丈见爱，故狂率及之，勿以为罪。年来卖药自给，诚自问歉。乃因愚堂周丈，谆谆勗勉，故决意行之。但根于此道甚疏，虽时虚心体认，终恐功不掩罪。老丈何以教我？月间即拟放舟登堂。

晚香书札序[①]

昆山自古多贤士。其名闻当代,垂著述于后世
而闇然自修,不求闻达者,亦实有其人。岂非山川灵

溯自乾嘉以来,老成凋谢,后起无人。大率沉
一第以为荣,不以读书为事。独晚香潘先生生平
外,无他事。足不出闾里,名不闻四方,每遇善本,
事及读书有得,必记诸册。撰述、序传、碑铭、论议
勤勤恳恳,老而弥笃。此真闇然自修,不求闻达之

自光绪以来,其藏书颇散佚,而日记稿十余巨册
城所。翰城方欲据以为先生编年谱,不幸病殁,其
王君严士所得,摘录成书六大册,出以示予。予读而
真实学问,躬行实践,不蹈虚声,不慕浮名。"其为文
动人。其所论说,敦厚笃实,坐言起行。而耿耿在
方利病,水灾筹振,坍荒减赋诸要事。可见先生己
而在上,必有设施,造福吾民者也。而世往往以穷达
壤穷儒,曷足称扬? 或闻其名而嗤之以鼻者,然于先

诗文甚夥,刻行非易。今先编书札二卷,授诸
竣。校读一过,印行流传,俾当世士林稍知先生品学
山当科举风靡之日,仍有闇然自修,不求闻达之士
为之表扬,遂致湮没无闻耳。庚申仲春之月,同邑后
城赁庑。

---

① 本序后原有《确潜潘君家传》,已见日记卷首,故删之

晤言在即,先此鸣谢。惟恕狂妄不宣。

二 与周愚堂丈

先生静居山中,有性命可究,有书可读,有山水可游,适安所往。而不乐天地间高人逸士,放得十余年间,便为千古点出无数奇言妙义,开拓无限心胸,为天地挽留几许元气。

所恨仆株守荒村,不能时聆玉屑,一夕当十古耳。

三 与顾邵庵先生书[①]

根顿首。邵庵先生,顷因贺正,曾一拜清重。扁舟遄发,迫于同行,不获款听绪言,以厌所愿,徒增怅悒。比日春寒,伏维尊候动止万福。

根受性愚昧,与世异驰,匿迹穷村,橡栗自给。理之,当然无足怪者。顾因循废学,惭负嘘植。自顾头颅,不无堙郁耳。此外,亦复何恨?

惟先生不弃,时时教之以书,俾无聊之中有以自慰。幸甚,幸甚。未缘侍坐,万望为道自颐以副鄙愿不宣。

四 与陈淞英孝廉书戊子(1828)

钦迟有素,未面自亲。沟水云泥,邈然绝迹。形留神往,怅焉如何?

仆穷薄寡谐,罕事修襮。少匪通慧,长益瞀蒙。夙好丹铅,困于作辍。不意彦孙,耆同昌歜。前辈顾、吴,亦蒙延揽。阁下大雅弘达,

① 原注:丁亥(1827)。

游心竹素。仲宣、公干，翔集文囿。承盖扶轮，辉映一时。

仆才同窥豹，学愧全牛。渔钓余闲，不忘夙习。比岁濡毫，辄成卷轴。思尘左右，为之指迷。自献怀惭，愿以异日。侧闻阁下，欲荟萃群才，甄别风雅，远追竹垞，近媲述庵。百尺选楼，岂异人任。吴、顾与张，足下斯在。

仆前与彦孙颇事捃拾，露钞雪纂，匪伊朝夕。徒以饥驱，断手无日。慨昔令蓉《诗乘》，书轶而不传；子籲《诗纂》，事简而未备。踵事增华，端在今日。迩闻顾丈有事征求，但投缟赠纻，标榜为多。

仆昔所收，限以既往。庶声华已寂，独存作者之真；毁誉都捐，乃见斯民之直。前侍吴丈，颇契斯语。此真褊衷，无当大雅。又仆舌耕糊口，年丰啼饥；卖药货畚，偶然寄迹。天性所耽，常思研北。倘推乌爰，为谋一枝；咫尺清光，时相过从。灯凉酒温，谐笑间作。庶几商榷，以果斯愿。

仆天性嵇懒，不好诣人。胡无一日之欢，遽有由衷之请。徒以文字因缘，友朋契谊。磁箴珀芥，古也有之。倾盖定交，奚必古昔。故斯削牍，一抒鄙衷。伏维留意不宣。

五　答吴银帆先生书

自尽室入村，渐与世忘。所往来于中心者，惟先生与邵庵丈落落数君子而已。自念菲材薄植，永无志节。徒以性之所嗜，与世异趣，屡遭挤排，几陷世网。迩年震悸之余，收召魂魄，键户课儿，暇辄搜邑中人诗，录为《昆山诗征》三十余卷。凡得五百余人。俟排纂稍定，当求椽笔，为一发挥，谅亦先生所乐为也。集中凡例，大抵以人存诗，微示流别于甲乙间。孤臣志士之作，或有关劝惩者，皆广为收录。其余流连光景之词，都置之外集。昉自胜朝，迄于既往。所谓“发潜德之幽光”，“摅怀古之蓄念”。与一时通声气、联缟纻者，固自不同。

世徒见根踽踽凉凉，饿死是忧，而露钞雪纂，若甚勤者，则相与目笑，而诋諆之。古人所云："亲见扬子云禄位容貌不能动人，故轻其书。"根虽不足以当此语，其感慨岂不然耶？根奚足道？先生高文大册，必传无疑，而一时蚍蜉撼树者流，犹有吹毛之论。悠悠流俗，何足深怪？惟望先生早早勒成大集，传之其人，俾后生小子得睹文章之指归，风雅之流别，于以箴其膏肓，发其聋聩，使之废然而返，瞿然而寤也。在昔子云著作有待于侯芭，昌黎诗文结集于李汉。根虽非其人，而窃有斯志。先生岂无意乎？

根生平虽好谈诗，其实于风雅一途，茫无所见。近又托迹于医，不敢自菲薄。欲稍窥灵兰之奥，辄有论著，弃诗不作者久矣。乃蒙椒翁先生辱奖鄙制，锡以赠言，欲引之门下。虽弘奖后进之道宜尔，终恐布衣下贱，不足以辱高贤之青睐也。见时，祈为代致鄙忱，并谢不敢辄见之意。所乞拙稿弁言，实以并时诸公，更无一人知根之深如夫子者。故渴欲得一言，以自慰藉，亦因以少见平生之素。

哲嗣果生仁兄所赠画扇，以山人张谔见期先生赐书，又称谓谦挹，俱不敢当。闻果兄重作一扇。如未果作，希为作一横帧，写根村居水竹寥历之况，求知己题咏，以为清玩，庶可传久。此非敢请以门下父子嗜痂之爱，故敢尔尔。

入夏毒热逾常，万万为道自爱。草草执笔，未罄白一。入侍有日不宣。

六　报吴止狷先生书

小儿踵谒，深承教诲，谢谢！拙稿荷正，法眼点定膏肓，真有起色。内岫微挽诗三章、子延题画一首，皆应酬牵率之作，且持论不无欠平，今已削去之矣。

根与岫微生平从未往还，所有云云，皆据友人口述者，不无过情之誉。若存之集中，以疑误来者，诚哉不可也。

至于子延，其诗画颇名噪一时，但纯是虚憍之气。曾于王履斋斋头菊谳一叙，竟席未交一谈。即子延意中，何尝有根在耶？所作图歌，尔时趁手涂抹，思与石耘辈争先斗捷，故烂漫无稽至此。门下所论，并非与两人意存轩轾，两人实欲根持论平允，为传后之计。其待根为过厚矣。主臣，主臣！

椒翁先生所惠赠言，推挹过当，非小生所敢承。然足征前辈弘奖后学之怀，自当励志食贫，以报知己。未敢通书，辄图抠侍。草草走笔，未罄鄙怀不宣。

七 与邵庵文书

《有正味斋续集》今先奉上，余书尚欲留览，俟阅毕续送至也。近人书非不佳，然使人一览而尽。古人虽未有文名者，其集中必有一段不可磨灭之处。特瑕瑜不相掩，或气骨不甚开张，或少涵蓄，一往无余，所以不名大家耳。然其真处，固不可掩也。今人所作，非纤侧其体，则艰深其词。乍视之，若可喜。细按之，乃无一物。杜陵所谓“下笔如有神”、司空表圣所云“味外味”者，真乃不可多得也。

尊架上定多闳深肃括之作，或诗或文。尚望发一二种，以餍老饕。即希检付为荷，余不宣。

八 与止狷文札

西窗剪烛，遂如梦中。追溯绪言，形留神往。酒间谈及《黄丹岩文集》及《梅华草堂文集》，迫欲一览。希为检付，以慰渴衷。所恳拙制弁言，前论已有次第，未知能脱稿否？

又，丈之向来所制诗文极多。不揣冒昧，欲乞一览，并令小儿录一副本，钞胥校订。弟子之职，幸鉴其诚，勿坚拒也。余不宣。

九　与陶若水同学书

同里同学，与君最亲。儿时嬉戏，如在目前。忆弟十八九时，遭家君之变，将母流离。当时西华葛帔，瓯倒囊空。平时故交，无一至者。独仁兄裹米相送，依依可怜。及癸未大无，弟又抱鸰原之痛。家门讧溃，独仁兄为弟揞拄剖白，多方慰藉。恩逾骨肉，何时可忘？弟迂愚戆拙，与世龃龉。而幸仁兄不弃绝我，又恋恋爱我。此诚感恩、知己，合为一人也。

弟自辛巳寄迹南村，乙酉冬又迁居梅心。托一尘以蔽风雨，藉医药以糊数口。而时命不辰，期功不断。中间情事，何所不有？极欲把手，以罄宿衷。而每过旧庐，追念先人，胸中辄生惨悼。荆庭多难，亲故萧条。一至故里，为之数日作恶。以故相知如仁兄，亦复趋候阔疏。非敢自外，职此故也。

犹记前年判袂之时，兄临分谆属，以弟若到城，当下塌高斋，兄为东道主人。此言犹在于耳。弟实以摒挡衣饭，无一刻之暇，不获一践宿诺。与仁兄连床细语，追叙少年光景，常为恨恨。苟非仁兄相知之厚，得无诧弟为不情乎？

霁亭姜君，与兄夙厚。弟每相晤，辄问仁兄起居。及今春小儿授室，城中人来，述仁兄念弟之殷，并辱厚贶。感泐之私，匪伊朝夕。而弟穷愁既极，疏懒随之，经年不来城市。遂不能泥首台阶，叩谢百一。仁兄聿新堂构，弟又不能效张老之祝，抱歉何似。

伏计仁兄，荣问休畅，盛业日新。贤郎骎骎向上，云程发轫，指日可期。独弟偃蹇穷庐，终老农圃。追思当年，不胜菸邑耳。水国早寒，伏维加餐自爱不宣。

十 与王椒翁书

根材识弇鄙，而志不肯苟阿于世，以故匿迹农亩之中。当世所谓名卿大人者，无由望见颜色，而亦不敢有意于求闻。不意前者以诗文小技闻于左右。荷门下拂拭教诲，辱以赠言，称奖过当，愧甚愧甚。

门下道德尊重，巍然乡邦之望。当世名卿大夫得其一言，足以为光宠。而猥自抑损，加礼于草茅之中，振拔于孤寒之末。即日匍匐门下，望见舄履，何足以称谢盛德之万一。然伏思门下以鸿才硕望奔走，一世之士岂犹有不足之叹，而有取于根欤？得非如韩子之与吕翳山人，有嘉其朴茂之美意，而欲讲去其非，以趋是耶？用是愈不敢率然叩门，以蹈于靡靡者之所为，非敢一日而忘拜赐也。

根少贱无能，其于灵兰之奥，曾未窥其藩篱。特以一无所长，聊以藉手。而门下谆谆督诲，有曲为裁成之意。故敢以读书所记，献诸左右，正欲门下指示其非，以成其是耳。又辄拜教之辱，殷勤传谕如亲子弟，何以克承？伏以门下清修直谅之节，好贤下士之怀，施于乡国，而孚于士林，锐于学问，而不倦于耄期。当今上自朝著，下至岩野，醇儒硕士，林立棋布，必将揄扬盛美，布之册书，追配古人，传诸后代。固非末学小生浅闻眇见所能称说，而增益毛发也。

根年已四十，气血日衰，而饥寒、人事交迫。其中即欲鞭策，虑无所施。然尝窃读古人之书，欲仿佛其一言一行，以自乐于环堵之中，而不挫于贫贱之境。即不足以仰希盛德之万一，庶几不为大贤所唾弃，非以为能，而窃有志也。怀区区之忱，辄介银帆先生而致之左右。亦以门下欲见之殷，庶几以是而知其人也。言词愚戆，不知所裁。水国早寒，万惟为道自重。入侍有日不宣。

十一　答邵庵丈书

日者，根辄恃顾遇之厚，敢以鄙忱，上渎台听。以六世祖忠孝之节晻晦不著，惟执事道高德重，足以征信来者。又惧以耄期大年，过费精力，故敢略具事状。芜陋之词，望加绳削，使可上牍。乃蒙㧑抑，曲垂采取，重损精神。庄书成卷，使先祖久抑之忠，一旦披露，子孙珍袭，垂为世宝。泥首九地，岂足云谢？

根顿首顿首。所寄示文集数种，皆经国大业，与腐儒空疏无用者迥殊。惜根废弃之人，有辜来教耳。王阳明、凤洲二集系选本。今并《槐野》《鹿门》《南溟》诸种，及黄梨洲《明夷待访录》一卷，送往奉览。邺架检有佳集，望不吝寄读。

拙著诗文极丑恶，承谕欲为元宴。此不敢当。然鄙陋小文，犹望知我者一祓濯也。何时脱稿，以慰悬悬？前年曾见大集，未及细读，亦望寄示。当勉撰数言，附名末简，以垂不朽，谅不拒也。即日踵叩函丈，先此状白。余不宣。

十二　与银帆先生书

自违大教，岁已云除。系恋之私，非笔能罄。新正稍闲，望为六世祖子晋府君制一像赞。俟脱稿后，当送笺纸，求椽笔也。

近有腰疾，不能趋候。如见椒翁丈，乞转致想念之意。窗禽、滴醋二物，乞哂存。入侍有日不宣。

十三 与邵庵丈书[①]

二月中，以视诊屡至城，皆即日旋返，遂末由一叩高斋。跂仰之私，积于梦寐。提学按临，欲陪杖履，访一二前人文集，又为俗事败兴，仅遣小儿购来《苏集》一种。闲中因将方、喻二说，较其离合。俟阅竟，当送览也。谈间索及张长沙原序，今录一通奉览。《李杲堂文钞》曾收览否？近日曾得一二好书否？幸不吝见示也。吴江张春水兄，晚曾见其张莳塘大令挽诗，亟为叹服。闻下榻高斋，乃无缘一面。友朋合并，固自有时数耶？

根碌碌庸庸，学问之途，无丝毫长进，以故久弃笔砚。又年来读古人之书，稍知其深浅离合，故愈不敢妄作。门下何以教督之耶？春和万万，为道自颐。入侍有日不宣。

十四　答李穆卿孝廉书

根顿首，穆卿先生阁下：前侍坐易画轩中，蒙讯《虞道园集》，昆山有刻本，闻藏荐严寺中，何以未见流传？根一时未有以对也。归家检诸箧衍，乃知《虞集》旧藏淮云寺中，非荐严寺也。

景泰中，昆山令襄阳郑侯达得之淮，云以原纸粘板刻之。盖干克庄建本，前有欧阳圭斋序，非刘诚意所刻大字原本也。各卷后有附刻数叶，亦是郑令所增。郑酷好虞文，收拾真迹甚多。今《郑平桥集》中《送侯子完回籍》诗，有“道园稿本，君家刻之”句可证。侯字叔通，号尊生，在官与龚安节、沈诚学诸老往还，盖亦贤而文者，天顺二年闰月卒官。板为其子橐归襄阳，盖久不在江南也。外，《道园遗稿》板为吴江虞堪之孙湜典在陆子道家，事在天顺间。江南未有另刻者。湜未

---

① 原注：己丑(1829)。

知有后否？承下询刍荛，辄录奉复。希照不尽。根再拜。

十五　与银翁丈书

前小儿自城回，承手简篆幅之赐，开缄展读，所谓“古权倚物，力敌万夫”者，犹可想见。再拜祗受。将以传示子孙，岂徒为斋壁之华已耶？

明圣湖光，根亦思[illegible]览。欲结伴同行，而境与人每不相值。来春倘有行赀，当偕仗履，遍览湖山，一洗尘壒面目。吾辈有发头陀，杖头之供，谅不甚费也，特未知天意如何耳。

承撰《亭林先生年谱》，此乃有关系之作。断手后，求借录一卷为幸。来便面一幅，系舍弟懋嘉所托。伊久钦盛德，故不欲求之他人，而必欲得手笔以为荣宠。郑重再四，属为转恳，幸勿拒为荷。入侍有日，余不宣。

十六　复陈梅村札[①]

闭户江村，久与世绝。独仁丈殷殷不弃，惠以好音，兼示佳什。奉读之下，太息弥襟。仁丈安贫乐道，有古贤之风，而且虚怀若谷，不嫌卑鄙，许以同方，感何如也。

根今年多病，正、二月间，伏枕者兼旬。病余无事，惟以书卷自娱。入郭之日甚少，正如醯鸡之处瓮天，不复知有宇宙之大矣。然藉以远谢尘氛，颇用自喜。独恨相知如仁丈，亦复趋候阔疏，为怅仄耳。别来知植菊、课徒，有自得之趣。羡甚，羡甚。

根居常喜诵孟子“穷不失义，故士得己”之语。以为士何所有，所有惟此身耳。倘一失义，连此身都非其有，岂不大哀？今仁丈来诗所

---

① 原注：癸巳（1833）。

云“心宽昼永非”，所谓得已者耶？日贮壶中，粟藏世界与？《衡门》《泌水》，遥相倡和。何遽今人不如古也？当今世道江河，惟以富贵荣华相竞逐，殆不复知有余事矣。然“东邻杀牛，何如西邻之禴祭”，此意知道，眼早觑破也。尊什率步元韵，录呈博粲。

秋凉，当来作竟日谈。仁丈倘能过我，布被脱粟，亦可留宾。世外之交，当不以形骸计也。匆匆率复不一。

十七　与张若木札

根闻之前人曰：“士大夫不可有忧民之语，不可无忧民之心。”私尝以为确论。然当今之世，以根见闻寡陋，求其“有忧民之语”者盖少，其有“忧民之心”者，抑又少矣。

伏见国家财赋仰给东南，而东南之利无过围田。围田所赖，莫如水利。宋郏亶父子尝著论数十万言，朝论议欲行之，竟亦不果。迄今又数百年矣。土日以满，水日以湮，而田赋日以益重。根身居农亩，目击其事，盖未尝不殷然有意于其间也。然而事体重大，非特无其学问，并无其事权，但为之蒿目已耳。

前年，邑侯德公曾有圩岸之举。惜吏民奉行故事，未能实心办理，但官塘一带稍为增筑耳。然而，某某两年之水，北乡低田，赖以不没。根每遇里党有气力者，必谆谆言及此事。欲其踵行，而莫有应也。盖其所见者，不在此故耳。今仁丈读书学道之余，慨然有志于斯事，搜罗往籍，讲切详明，真所谓“忧民之心”不易得之于今日者也。而仁丈又能料其物穷则变，而欲同侪后辈卓然为有用之学。此其识见、期待为何如？

惜乎根之愚昧而不能学也。昔顾亭林先生论儒者，必“为天地立心，为生民立命，为往圣继绝学，为万世开太平”。如仁丈此心，可以当之矣。顾根窃有说焉，又有愿焉。谓挽近风俗窳弊，事功浅陋，欲如《书》所云“濬九川距海，濬畎浍距川”，老子所云“民咸安其居，乐其业，鸡犬相闻，至老死不相往来”，“俟河之清，人寿几何”？然而规恢远图，吾人不可无此心，而不试其端，亦救时者之所乐得也。方今县邑之政令，如束湿钱谷，如救火追亡，民穷财尽，莫可为计。一遇水旱，不转于沟壑，即豺虎咬人。吾知其不免矣。而当轴者，方媮为一切，莫以为虑。今岁梅雨适中，秋间倘不亢旱，可幸有年。然比屋之民，犹且称贷以食，岌岌乎朝不谋夕。况年荒，亦何可恃也？

根之至愿，欲约同志于今岁秋成之后，公吁邑侯踵前令之绩，为挑筑之举，业食佃力，计圩兴功，不必假手吏胥，庶乎有成，为十年之备。此目睫之至计，而仁丈所喜闻者也。奈居下位，不能为顺风之呼。朋侪中惟仁丈有此心，惟瀛、芝二丈胸有经济，可以行此事。仁丈倘相晤，为道此意。如谓可行，祈力行之。此为德于桑梓者甚大，而亦儒者分内事也。以仁丈殷殷有济世之心，故冒昧言之，勿以出位叱之。幸甚！幸甚！

十八　与周用霖札

前日奉访，未罄所言。尊兄以少年时无明师益友，故学问无所成为言。此则尊兄之谦词，非实事也。然弟以为，人之患莫大于自足一念之歉。然则学问之进步，田夫野老，身有至行，即是异人；俚言俗谚，有当切磋，即为至言。何患无明师益友乎？

迩来士子气习，大都流于骄矜。下焉者以富贵凌人，上焉者以学问凌人。虽所挟不同，然其为病痛则一。若学者能先主以忠信，日检点于语言、动止之际，读书择其有益身心，身体力行之，行得一寸即是进得一寸。事父母则如仲由之菽水尽欢，待兄弟则如姜肱之布被足乐。俯仰不愧，何快如之？正不必以博闻为尚，况富贵乎？穿衣吃饭，日用所必需，亦人生所最苦。然亦有道以得之，善哉！

古人论农有云：“是穮是蓘。虽有饥馑，必有丰年。”此数言颇有意味。吾辈既处馆训蒙，则尽诚以待主人，尽心以训子弟，不可以其愚鲁,而先有鄙夷不屑之心。即此,亦求食中之学问也。凡事如是,积此诚意行去,自有回天之事。当此时世,除闭户读书,检饬身心,并无可为之事。

尊兄性静情逸,又得于庭训者深,卓然懿美之器也。根与尊甫丈有忘年之契,故不敢以世俗相与之说为应酬。伏冀尊兄不以人废言,深思鄙语。

十九 复张若木书

递中屡损书,知道候胜常,且嗜学靡倦,晨夕披省,虽应奉之五行俱下、邢邵之一览无遗,无以过也。欣羡,欣羡!

承询《横云山人史稿》,何以不置《二臣传》,及忠臣已有《列传》外,何以复有忠义花云等传,且开卷无累朝本纪之故?弟学愧老泉,何由窥见?然承尊丈谦光下问,不敢不竭其愚。惟足下裁之。

根闻之,刘知几论作史者须具"三长"是已,然又须论其世。盖儒生自撰之史易,史官编纂之史难,何者?撰录于家,则笔削在我,无有迟徊顾避之事。若司马温公之书唐朝之事,则太宗见形而不顾;陈桱书陈桥之禅,则霆击其案而不惧。此以予夺在我,故得伸其直笔也。若夫史馆论撰,则宰相监修、巨僚总裁,类有迟徊顾避之嫌。故前人论宰相监修国史,则史臣失职,良有以也。又,修隔朝之史易,修胜国之史难。隔朝之史,岁月已遥,人代屡易,于本朝无回互之嫌,如欧阳公之于《唐书》是也。若《五代史》,则接近本朝,而韩通之不为置传,已为刘贡父所讥矣。岂非修胜国之史难于隔朝之验乎?我朝开《明史》馆,设鸿博之科,招徕天下之贤俊,以充其选,甚盛典也。然当其时,明代党人之子弟犹在朝端,门户之风,尚未尽泯。一时通人如顾亭林、王山史之流,又以旧朝遗老,或拒不受荐,或荐而不至。其中膺选者,如潘稼轩、朱竹垞诸君,皆卓有识见。然稼轩之辨隔朝事也,谓史彬非从亡之臣,严震无吞金之事,几为乡人侧目。竹垞欲不置道学之传，而并于儒林，贤如魏敏果，亦为之不悦矣。庞霁公欲备列隆武、绍武、永历三行朝于弘光之后，仿宋末帝昰之例，则调官工部矣。又靖溪书案之祸，仅以一言婴宰相之怒，而大狱纷起，且尽禁天下之书矣。当此而欲排众议，犯众怒，立二臣、三臣之传，如《五代史·杂臣传》之例，其孰肯为之？又况洪九一、龚芝麓、王觉斯诸公，当时功名甚伟，或隆佐运之勋，或负人伦之望，朝廷方为之赠谥赐祠，何敢訾议其臣节也？故史局诸公，每以启、祯两朝之事难书，往往诿于崇祯之无实录而不肯为，其以此也。其分撰之文不忍废弃，多列其稿于文集中，如《汪尧峰集》。《明史稿》亦类是。夫既谓之"稿"，自不能画一详备如成史矣。

逮我高宗纯皇帝，圣度如天，大公至正，钦定《明史》一书，俱禀自睿裁。凡与本朝交涉事迹，莫不详确备载，毫无忌讳。上自辽东死事，下及福、唐、桂诸臣阳兵拒命者，一一备载。复命儒臣增修辑览于福、唐、桂三王事迹，铨次厘订，褒诛笔削，一断宸衷。而后"二臣"之传，从此定矣。盖事阅三朝，人更数手，必得圣天子出，而后彰瘅以明也。

根尝伏读乾隆四十年十一月，钦奉上谕，崇奖明代诸忠，有云"钱谦益自诩清流，靦颜降附，及金堡、屈大钧辈，幸生畏死，诡托缁流，实属丧心无耻"云云。而后在朝之臣，始敢昌言。若辈之丧节，则以恩怨胥泯，而流品始定故也。《横云山人稿》之无《二臣传》也，其以此。夫至明代忠臣，既有传矣，而复有忠义花云等传，则以明太祖于鄱阳之战，命置忠臣庙于康郎山，以祀死事之臣。后又建庙于鸡鸣山下，初亦名"忠臣"，后更"功臣庙"，祀徐达等二十二人。其起兵之时，招延二十四人，除徐达等已入功臣庙外，花云、陈德、顾时之流，不在庙食之数，故另列《忠义传》也。至于《本纪》之作，昉于马迁，而惟班氏为得体裁。当《明史》馆初开，有欲请累朝《实录》、《宝训》备载《本纪》，而议者不一。迄今，《明史·本纪》之文，大抵如《春秋经》之例。而一代王言，不见于正史，可为深惜。议者或以诏令之文多有四六之体，不可入于史。此所谓因其细而失其大也。《横云山人稿》之无《本纪》，虽以君上之事非臣子所宜擅书，岂亦因其未尽睹《宝训》、《实录》，而不肯苟作欤？

弟家贫无书，学问弇陋，率略臆见，未知然否？惟教正为幸。余不具不宣（查刻本《横云山人明史稿》，第一至十九卷即《本纪》，岂张君所见本与此异耶？抑本无《本纪》，而后人增补也？俟考。德森识）。

二十 与应稚泉秀才书

根白。昨至尊斋，见案头有张百川《四书辨疑》一书，乃根与友人少年时抄录者。其间脱讹，容所不免。经同学也山前辈细为刊正，甚善。

然昨偶翻阅至"禹，吾无间然"章"黻"字条下，也山批云"非此'黻'字，当作'韨'"，因引《礼·玉藻》"一命"、"缊韨"、"幽衡"三句以证之，其意似欲并改条端"黻"字为"韨"，而以"黻"与"韨"为若不相通也者，恐不然也。

古人字多叚嗜。"韨"为蔽膝，"黻"为绨绣，二义似别。盖"韨"，《说文》本作"市"，又作"芾"，篆文从"韦"，"犮"声，即《礼记》所谓"韠"也。韨，《说文》："黑与青相次。"《尔雅·释言》："黼、黻，彰也。"郭注："韨文如两已相背"，《疏》谓"以青黑线刺绣，为两'已'字相背形"。《考工记》亦云。然说者谓其文如ㄗㄗ，古'弗'字。"故"韨"字或作"袚"。《周礼·司服》注："黻，取臣民背恶向善，亦取合离之意、去取之理。"《疏》谓"黼韨，绣于常在命服九章之数"。此"黼"、"韨"二字，义各有所别是也。然《左传·桓二年》"衮冕黻珽"，杜预注"黻，蔽膝也"。《论语》此章"而致美乎黻冕"，包咸注："蔽膝也。"字皆从"黹"，则古者字多叚借，不可执一也。缘上古佃渔而食，因衣其皮。先知蔽前，后知蔽后。后世圣人易之以布帛，而犹存其蔽。前者重古道，不忘本也。名之为“韠”，以衣常。既毕，后系之耳。士服爵弁，以韎韐配之服冕者，以芾配之，故祭服谓之“黻冕”。其制：上广一尺，下广二尺，长三尺，其颈五寸，肩革带博二寸。其色：君朱，大夫素，士爵韦也。易“韠”为“黻”者，尊祭服，殊其名耳。至方俗之名，盖不一考之。《方言》《释名》《博雅》诸书，江淮之间谓之“袆”，或谓之“绂”，关西、东谓之“蔽膝”。魏、宋、南楚谓之“大巾”，齐鲁之郊谓之“袡襦”，西南蜀汉谓之“曲领”，或谓之“襦韠”，又谓之“襜焉”。陈、楚则谓之“袶”，其字或作“绂”，或作“袚”，或又作“袆”。盖字多叚喈。名随俗异，非一故也。今《论语》此条，经文字既从“黹”，《辨疑》于此当云“黻”本作“韨”，《说文》作“市”，又作“芾”，篆文从“韦”，“犮”声。又名“韠”，蔽膝也。古人与“黻”通用。《左传》所云“衮冕黻珽”是也。如此义乃周备。若条当题字，自当从经文作“黻”，岂可因《汉记》《玉藻》之文，而擅改圣经乎？也山之批，恐未确当。故敢质之高明，幸裁教之。

二十一　复顾寅卿秀才札名本敬

根草野迂儒，农圃为伍，何敢与知当世之务？日前水利之说，实以目击时艰，不觉肆口出之，岂谓遂达左右也。

两奉惠书，皆在病中。伏枕读之，抚床三叹。嗟乎！仁丈所陈，固仁者之盛心，捄时之切箸。而根妄以为当世之要务，莫先于返朴还醇。欲民之返朴还醇，则莫如人人先尽其在我。而其人要，则归在正人心而已。方今弊病百出，如乱丝棼绪，莫可卒理。求其致此之由，皆一念人欲之私，中于膏肓，遂举古人所云“大法小廉”，又云“士尚志”，又云“工用高曾之规矩”、“农服先畴之畎亩”者，一旦变化已尽，无如何也。始焉，因于人心之不正，而卒焉，家国受其敝。此亦何可深谈耶？有识者必为之浩叹者矣。

吾人欲挽当世之风俗，宜先从自尽始。贫士有何功业？然幼也循子弟之职，长也修父兄之教，闭户读书，坚守廉退，以为坊表。平日，见富者劝其宽仁，见贫者勖其勤俭，多方引导，苦心热肠。此亦吾辈分内事也。孟子所云“尚志”者，不过如此。

愧根能言之，而不能行也。世果能人人自尽，则风俗之兴未必不由于此。若欲户说以眇论，恐即诸佛世尊说经八万四千，亦不能救此五浊恶世矣。足下以为何如？

所示佃户给米说，为策甚良，敷陈甚备。根已令小儿抄录多纸，广为传播。倘有一二人能行其说，岂不甚善？诚恐说而不绎，有孤盛意耳。忝同桑梓，尚未识荆，何图向晚得此同志？根前与银帆三丈投分最深，尝谈及风俗之媮，欲与同志数人仿《吕氏乡约》，躬行节俭，善者嘉与之，不善者砥砺之，有无相通，患难相救。一切婚姻交际，即于此数人中是求，庶可谢世俗华靡之习。行之久久，必有慕而效之者。银翁深叹赏其言，惜乎今尚未能行也。欲行此举，必须将名誉标榜不置于心然后可。然非有老成直谅之友，亦莫为之表率也。欲谈者正多，笔不能尽。何时得把手，一罄此衷？书来，承谬誉，甚不敢当。仁丈今岁授馆何许，有制作肯垂示否？匆匆奉复，并候近祺不一。

二十二　复倪磊岩札名葛贤

世风不古。为朋友者声誉标榜，酒食游戏征逐而已。弟素性迂愚，自分非趋时人物，以故独抱遗经，块然无徒。前辈幸与接席者，如椒翁、银翁、邵翁诸先生，落落不数人。今风流顿尽，惟邵庵丈仅存，如鲁灵光耳，然老病重听，远馆巴湖，不能时相会晤。

正苦无如水之交，以足下萧然市隐，抗心希古，喜读书，喜与士君子游。又家庭之间，恂恂孝友。此正弟所愿从者，而惟恐其不吾与也。忽枉来札，盛有称誉，以吾家稼堂相况，此何敢当，亦非所望。至“不为良相，愿为良医”之语，弟所服膺。然“良”之一字，谈何容易也。足下又云“自伤贫病，不能遂读书之愿”。弟以为，惟贫与病乃可读书。若身享富贵，而加以血气方刚，则好货、好色之念，纷然杂至，何暇读书？即读，亦不能深入也。“贫病”二字，世之所苦，我之所甘。何也？缘弟一生，早年孤苦，未老先衰，耕砚所入，仅供饘粥。然因“贫”之一字，攻苦食淡，免了无千罪过。因“病”之一字，息交绝游，讨了无数便宜。稍知安分守己，读书寡过，俱从两字中来。若依来札，弟当为叔向之贺也。

世风不古若，吾辈自可古若。穷达自有定命，儿孙有儿孙之福。一日未死，则一日是做我应做之事，《诗》所谓“夙兴夜寐，洒扫庭内，维民之章”。道岂在高远也？如吃一饭时，当知稼穑之艰难，思父祖之留遗；念穷黎之冻馁，则贪饕之念自然不生，而疏水足以自乐；咏“不忮不求”之诗，则衣敝缊袍，何惭与衣狐貉者立。与人言语，对富厚者劝其宽仁，贫穷者勖其勤俭。即处一草一木，一虫一蚁，各自有一种道理。人自不体切耳。即此便是为学，存此心而读书，而处世，头头是道矣。语不云乎“孝乎惟孝，友于兄弟。是亦为政，奚其为为政”也。足下，今之古人。弟故敢以迂腐之谈相与知。足下读之，必为之首肯也。渴欲一面，恨相隔一水。弟又性懒，不耐步履，以此不能与足下数数相见。然神交有道，亦无庸以形迹论矣。

天下耐吃者菜根，耐著者布素，耐读者四子六经。圣贤之书耐久者，道德性命之交。能择此数者，一生受用不尽。冷淡中极有意味，富贵声华毕竟有尽，特患道眼不能早觑破耳。先正陶仁节有言“人不能于喜怒哀乐未发时探讨一过，即揭地掀天事业如大海发一沤耳”。弟向读此言，如水浇背。足下学道人，病中试参及之，则大行不加，穷居不损，定有以自乐也。

尊体迩日何如？惟珍摄自爱，余不尽不宣。

二十三　与张若木秀才札

借示《水经注》，循览数四，美不胜收。自来志地理者，大都详于近事，而古事为略。此书采汉魏以来，兼多考据，所以可贵也。昔范氏撰《后汉书》，自谓“体大思精”。此书可以当之。非足迹半天下，胸罗万卷书者，不能成此书也。

根少时曾见天都黄氏刊本，舛讹至不可句。今此本经馆中校定，经注焕若神明，然寻其讹字，尚复时有。以此见校书之难，而古本之为可贵矣。

根性好读书，天分极薄。中年以后，气血渐衰，展卷再四，辄便遗忘，诚有如柳州所云者。第掩户江村，块然无伍，不得不借此送日耳。所恨家贫无书，友朋中能以书借人者甚少。仁丈独不以为拒，虽古人之谊，何以加之？感佩，感佩。

明永乐时，撰《大典》一书，罗古今书籍，割散分裂，系于韵下，颇失体裁。且闻当日成书之后，所有之书，概付之一炬，其意欲掩古人之长。我朝《四库》之书，大半于此书掇拾，可谓难矣。然非高庙朝化日舒长，物力盈阜，曷克成之？闻书库之役，肇端于朱竹君翰学，而馆中若纪晓岚诸公，皆胸罗浩瀚，故能仰副圣天子隆文之盛心，且俾古人遗书赖以不坠，岂非千古盛事哉！闻书成之后，命各省分刊以行，江、浙尚在近省，然书之经见者已少。根案头但有苏省所刊六七种耳，乃邺架兼有。浙省所刊之种，其中必多佳书，为世所未见者。阁下十行俱下，包罗巨细，以根俭腹校之，能无愧死。然未始非家无藏书，有以限之也。倘蒙再发数函，广所未见，不胜仰企，第不敢请耳。

承寄示佳什，兼荷注存。秋间，小有感触，卧床旬余，便已平复矣。病后，但拥书自娱，吟咏都废。以此，尊制尚未能奉和。天台之梦，事非偶然。仁丈处朱门紫闼，而萧然有山林之气，非此中再来人乎？小史阿金闻喜绘染。颖士之奴、康成之婢，谅为名士，固当如此。当索一纸，以诧友朋也。

今岁邻封多无年，吾邑虽稍有收，而井里萧然，迥非往年光景。令长但事鞭敲，民风日趋浇薄。腐儒过虑，常为蒿目耳。阁下谅同此慨也。

天寒懒出，相见当在梅花时。此日天公正少黄绵袄子，蠖缩斗室中，如寒号虫，得过且过，输君拥炉清咏耳。一笑不具。

二十四　与徐春亭秀才札甲午(1834)

迩日，村中人方种秧，版扉昼掩，如住深山，科头把卷，颇有以自乐。想阁下吟榻风清，高怀茂对，当更出羲皇上也。

承借示令从祖《石帆轩集》。细细读之，觉意象空明，天机濬发。工如新桐乍引，淡月流空，别具一种境界。弟已抄数十首，朝吟夕讽。原书特封题，奉还邺架。乞珍收为荷。

梅逊先生怀旧诗，谨祗领。谢谢。君家自来多才，海内共推，惜家集流传者甚少。即同县之近，犹恨不能尽读。若得从胜朝以来，如刑部、太仆诸公，下逮尊甫老先生，摭其佳什，裒为一集，流传艺苑，乃大胜事。足下亦有意乎？幸与令兄先生商之。尊甫丈《玉辉编》，弟前未卒读。若得慨示其全，则幸幸也。赵盾可畏，相见当在秋凉时矣。诸维葆摄，不尽欲言。

二十五　与吴县张澹娱秀才札故余姚知县莳塘先生长君，名光熊

澹娱仁兄足下，无恙。忆前年在翠碧山房，得挹清晖，便知足下抗心希古，非复今时之人。荷蒙不弃，赐以教益，并询及乡先辈周同谷先生著作。临分，复以令先君行状属题。仁孝之念，溢于言表。顾根何人，得胜斯任？坚辞不获。回村之后，敬草跋尾一通，用识敬慕之私。脱稿后，即欲奉呈，而掩户江村，不获与足下相晤。然忆念之私，实惓惓于怀抱也，痛哉！

两年以来，山颓木坏，伥伥乎失所依归。每忆先师教诲饮食之恩，时时抚躬呜咽。然尚望嗣君克承厥绪，衍先师之泽于无穷。而今已矣，夫复何言？芝香身殁之时，根以伏枕江村，不及与之永诀。追

既殁之后，嗣续重事，又非外人所宜与闻，独为之頫首浩叹而已。惟是先师生前名闻四方，而恃以行远而垂世者，莫若诗文，乃鼠蚀尘埋，廪廪乎有“莫为之后”之惧。斯则根与仁兄及若翁三数人，深为痛心者也。

先师存日，根亦曾微讽及之，未果编录。及梦奠之后，根即致书芝香，搜索遗制，稿凡十册。粤游另作一卷，浙游稿已失去。先是，荣先辈山屏已录七卷，根补录戊子以后为十卷。甫及断手，芝香即索以去。自后请之，莫可得矣。今根处惟存选诗一卷，乃根于编录时撮取菁华，留之家塾者。初意百才取一，未惬于怀，而今为吉光之羽矣。先生之诗，或藉是以传，未可知也。

残年风雪中，若翁以短札见寄，道及足下留意师门，并郡中石山长先生及尤榕老诸公，皆殷殷垂访，故特录前卷，托若翁奉寄足下，幸转呈之。山长诸公求为作序以行，并谋之同门之有心者，醵金刊行，则先师地下所有望于仁兄者也。行状一通，乃根所僭述。词虽不文，然先师一生行事，略具于此，故录附集后。幸大笔为之删润，幸甚。根所撰令先君行状跋尾，尚存橐中。今录一通奉去。文何足道，欲令足下知弟非无心人也。

荒村匿迹，出门为难。何时把晤，再罄欲言？仰睇暮云，临楮神溯。

二十六　与郡中张仁叔书[①]

伏处田间，声销影绝，不获与当世大君子相见，孤陋寡闻，殊深惭恧。

前年于先师椒翁座上，幸挹令伯澹翁清芬。揖别以来，常切停云之想。无如性畏，出门且懒，笔札以此。岁月虽积，未曾一通音讯。

① 原注：莳塘先生令孙。

旧冬，若翁传语，为令伯转索椒翁遗稿。弟曾抄一卷，并附候函，托若翁致之。令伯未知曾收入否？鳞希鸿杳，常切悬悬。

兹者辱损瑶华，猥蒙过誉，奉笺肃读，恍挹芝眉。所论周君鹤臞诗文，适有歆阙之便。百年湮没，藉以表扬，何快如之？今特封题，奉上记室所惜《松庐》一集，稍已残阙，诗稿亦前后倒置。往者，同县银帆吴丈藏有刻本，首尾完备。弟与银翁有忘年之契，惜其久归道山，哲嗣远游，不能借校，可慨也已。

阁下克承祖武，掉鞅词坛。弟虽未识荆，吾兮已订，何时把晤，藉慰生平？

诗文抄毕，希便寄还。弟久钦郡先达彭仁简、南畇两先生著作，邺架倘有副本，希示我以未见。令伯澹翁，前乞叱名道候，不另作函。泽国早凉，万维珍重。匆匆不具。

二十七　答人书

承询大衍之数五十，其用四十有九之说。

弟经术素疏，何以承大问？然此句自来诸儒说各不同。谓十日十二辰二十八宿，凡五十虚一，不用以虚承实者，京房也。谓太极为北辰，太极递生两仪、日月、四时、五行、十二月、二十四气，北辰居位不动，其余四十九运转，而用者马融也。谓天地之数五十有五，五行气通减五，太衍又减一，故用四十有九者，郑玄、朱震也。谓艮数三、坎数五、震数七、乾数九、兑数二、离数十、巽数八、坤数六，其用四十有九，法长阳七七之数者，崔憬也。谓卦各有六爻，六八四十八，乾坤二用，凡五十。初爻潜龙勿用，故用四十有九者，荀爽也。谓天地之数五十有五，其六以象六画之数，故减而用四十九者，董遇也。其余诸儒，人各异说。惟近世俞石涧、焦弱侯之说为近，似盖通太极之一、两仪之一、二四象之一、二三四八卦之一。二三四五六七八为大衍之数。五十，太极体也，故用四十有九也。

然以余观之。五,天数也;十,地数也。大衍之则五十也。然十为成数,不可变;惟九为老阳,之老则变。故揲蓍之策凡五十,而揲时则去一,而用四十九也。其说不过如此。正不必多其词说也。

二十八　上邑侯言北乡水灾书

为谨陈北乡被灾情形,叩求转申宪鉴事。窃照本县地方,在苏州一府,最居低下。而本县之北三保诸区,在合县尤为洼瘠,实缘地滨湖海,西接阳城、昆承诸湖。东限以太仓、冈身之高仰,一遇霪雨,则常、嘉、湖三州之水,尽汇太湖。湖不能容,便东灌阳城、昆承诸湖,而县之北鄙,尽为泽国矣。兼以太仓高仰之区植花豆者,雨后尽泄其水,水势不能东流,反从西泻。二水合流,汵漫浩瀚。虽有吴淞一江可以宣泄,奈远至数百余里,又有海潮上壅,形势迂缓,如七年之病求三年之艾,药至而病不可为矣。此新阳一县,所以每年被灾,常廑宪怀之故也。

今年春间,幸遇皇仁宪德,轸念民瘼,不忍使小民为鱼鳖,特发大帑,开濬刘河,以助吴淞之不逮。东作以来,民情踊跃,私谓自今伊始,岁其有矣。自播种耘耔,禾苗繁茂,幸冀有秋。然自七月以来,亢旱者兼旬,农民昼夜戽救,所费不赀。计一亩之田,自耕耘粪溉,费必二千文有奇;大都业田一十亩者约费二十千,业田百亩约费二百千。此等工费,在有力者或可勉支,其无力者不免借贷,全在秋成以后料理官私。乃七月二十三日至二十五日,昼夜狂风骤雨,势若奔涛,低洼之乡,并灶俱沉。

雨过之后,田畴一白。比因过时无雨,堰闸尽撤。风雨陡至,人力难施。终岁勤动,一朝捐弃。民情皇遽,莫可为策。盖缘北乡之田,较之本县东南高仰者,其地低至二三尺不等。而又西接湖荡,东受太仓西来之水,水挟风势,浩若江湖,反出塘岸之上。上流雨势一止,水即渐退。下流水涨,乃在雨止之后。盖别县所退之水,即本县北乡所积之水，故所伤比别县为多。即比本县稍高之处，亦属不同。此实地势使然，非天灾有特异也。况常年水灾，每于梅雨之际。此时甫经插莳，易致淹没，然而戽救可施，坝堰可阻。水势稍退，报淹没者即为游青，报游青者便立科脚。今则非此之谓矣。早稻已秀而未实也，晚稻含苞而未坼也。正如妊娠之妇，临月调摄得所，则分娩之时，自无灾害。今正当孳育之候，忽遘重疾，其何以济？用是已秀者风威震叠，欲实者不实矣，含苞者化为臭腐，欲坼者不坼矣。自不谙播种者观之，非不弥望皆青，而满畴盈圩，仅足供爨薪之用。甚者，并根叶亦浥烂矣。夫苗而不秀与无苗等，秀而不实与不秀等，理易明也。高仰之区，旱受其灾，低瘠之乡，水受其灾，理易明也。甫插莳而即淹没者，均之无收，尚省穷年竭蹷之费；将刈获而忽淹没者，工本俱丧，几同沉舟破釜之为。此今岁之灾，形似轻于往年，而情实重于往年者，又理易明也。

何以言之？盖往年之灾介于屡丰之后，今兹之灾际于重歉之余，加以苏郡土风浮薄，民鲜盖藏。自道光三年被水以后，疮痍未复，元气日漓。虽蒙皇仁宪德，惠泽叠施，尚不足以补苴罅漏。穷郊僻墅，十室九空。其间卖田拆屋者，不知凡几；抛妻弃子者，又不知凡几。特以城市之民，足不至郊垧；赢余之辈，目不睹蓝缕，无自而知之耳。饿死即在目前，何暇计及国课？救荒倘无善策，势必至于流亡，在有识者方忧。夫意外之多虞，在当轴者乌得不为预防之早计此？今兹之灾，必不可不为申请。而本县之灾，又必宜独坐荒区，而不可摊及一县者也。然其中有难言者：一者以租赋为朝廷正供，国家经费自有常经，奈何一县之地年报荒而岁请蠲也；一者以本县通计所荒不过十之四五，出郭一望，万宝垂成，奈之何以灾报，当委员踏勘，何以登答也；一者谓通县衿耆，或置不言，而何独北乡之民呶呶多渎也。积是三者，虽仁侯之父母神明，亦不免为之踌躇矣。请试陈之。

为租赋之说者，苏郡为财赋重地，司民牧者每困于催科。比年以来，二麦不登，民力不支。虽频年血比，而抗欠依然。乐岁如此，凶岁可知。熟区如此,荒区抑又可知。凡若此者,岂民生苏郡尽属奸顽,而官至吾吴便绌才智乎?实缘剜肉医疮,左支右绌,不免如此耳。今若以有关国课之故,而欲征粮于弥望荒草之区,是重困官民,而终无补于国计也。其断宜申请者一也。一者以通县计之,谓所荒诚不及十之四五,而以被灾之区计之,则所荒何止十之六七?成熟者固获仓箱之庆,淹没者竟同向隅之悲,自不得以通县而计之也。盖县之东南西北,皆仁侯之赤子也。今一隅被灾,而三隅幸全。譬之为父母者有四子,岂得以三子之强壮而遂忘一子之羸病乎?其断宜申请者二也。至于诉被灾者,有大户之心,有吏胥之心。其或言,或不言,盖各有其私,而不若某局外之言公且直也。盖大户多收租之田,其田未必皆坐荒区,其自种者又甚少。倘一昌言被灾,则碍于索租,且彼奸顽之佃,田即无灾,一经有缓之年,割刈以后,便称有灾,以为抗租之计。此大户所由伸缩不前之故也。往年,吏胥每舞弊,有移熟作荒而规其利者。故有灾之岁,吏胥亦乐于办荒。自历任宪台及前令严行申饬吏胥不许舞弊,前此干没为利者,无处生活,徒有抄写奔走之烦而已。故吏胥亦肯怂恿为之。每遇官府查勘,但导引舟从于官塘市镇热闹之区。所聚集者,市井五方之民,皆操奇赢权,子母无有鸠形鹄面之状,亦且与田土荒熟不甚相关,故不肯于官府前陈说长短。其真正荒瘠之区,吏胥亦不肯引至。而真正荒区之民,又或因情迫势蹙,苦无申诉,一逢官府踏勘,亦无一人稍谙事体者细为敷陈,而徒结党,成蚁屯蜂聚。官府抚慰之不暇,何暇细为查勘?其他保正田甲即有申报,在保正不过以报灾一说搪塞官长,以为挪延催办之策。而在田甲则又皆昏愚无识,沿袭成例,报称某圩游青、某圩淹没而已。复值委员踏勘,按册覆视,并无淹没,徒受笞骂,何益于事?欲如某之以以上诸说细细敷陈者,断断乎无一人也。恭遇圣明御宇,念切民生,固以尧舜之心为心矣。督抚藩府诸大宪,固皆仰体圣仁,以己饥己溺自任矣。然风闻因告灾诸民不能细为敷陈被灾独重之故,以致宪情疑惑,未蒙即允。

倘有以如上诸说再三申禀,宜无不允之理。盖地方之事,督成于监司,实始基于州县。州县之官果能为民请命,委曲敷陈,甚者以去位争之,监司大吏当鉴其诚,而为之动也。

仁侯恭膺简命,为民父母,其来亦自田间也。方其林居诵读之余,观古循吏之彪炳史册者,岂不尝慨然自奋,欲与之媲美哉?今一旦居于其位,而适逢民生垫隘之秋,宜乎食不甘而寝不安矣。所以造福于小民而为国家培元气者,实在此举。

某穷居布衣,闭户读书,从无一字干及州县。特以目击民艰,于平素济时之念,怦怦欲动。兼以近日不幸为狂人所噬,挂名讼牒,庭质之余,且仰见仁台有恻然哀矜之心。故敢蹈出位之嫌,冒妄言之罪,伏冀仁台俯采刍议。即以此情备申大宪,力为施行。虽某迂儒之见,然非一己之私也。如此,则穷檐幸甚,地方幸甚。干冒尊严,惶恐死罪。谨呈。

二十九　与张若木札

尊制《奚童夏金秀》之作,以"师""离""机"三字押韵。按,古韵"四支"通"五微",《韵略》亦然。近人作古诗,往往通转。然中却有辨"四支"之"师",系开口呼,隶次商之二,属"而"音,与变商之"而",正商之"咨""雌""私""慈"等字,从来独用,无通转之例也。"离"字系齐齿呼,隶变徵,属"伊"音,方与宫音之"伊""移",角音之"其""欺""岐""尼"等字,与"五微"通转。以五微之"机",亦齐齿呼,属角音,字母相同故耳。今人类以"四支"通"五微",而不辨字母,殊非是。

三十　与张若木札

根性情坦率,何知人世有机械事,不意自譬虚舟,亦婴世网。然反躬自省,只坐踽踽凉凉之故,非有所悔恨也。

惟是迩年以来，天时人事，蒿目者多，惬心者少。以此，竟日杜门，谢绝人事。每一发愤，萌入山断发之想，未知仁丈当何以教我也。

三十一　与张若翁札[①]

新正伏维，台候纳福，无任额贺。旧冬承记注勤恳，感泐五中。弟性喜寥寂，自谓掩关荒村，可以送老，不谓畏途即在，举足而提挈家累，行止为难。承招下榻高斋，足征薄云高谊。

第自揣学殖荒落，如薙僧发，无一寸长，何能为贤孙攻玉之助？以此牢辞斯情，铭诸心肾而已。今兹姑为淹留，徐图决起。倘两三年间得邀福庇，卜居仁里，晨夕过从，以娱暮境。天假之缘，固所愿也。专此肃简，具鸣谢悃。余俟面既不一。

三十二　与顾邵庵先生书

叩别以来，忽忽已逾两载。停云在望，跋涉为难。忆念之私，非笔可罄。

记前春新正，曾抠衣过访，满意一罄阔悰。乃值台丈春寒拥衾，恐劳尊重，不敢躬拜床下。仅与令似青字仁兄坐谈一晌，怅仄而返。自后曾两奉书，未蒙批反，想为寄讯人浮沉。即日春回，想茵鼎调摄，益增矍烁，曷胜额颂？

晚匿迹荒村，毫无善状，学殖荒落，乃无一字可以塵知。我之目，已堪一笑。昨秋乃为人诬诋，挂名讼牒。世道江湖，弥增叹悼。所恨家贫累重，决起为艰，避人避世，如陶公所云桃花源者，亦托之梦想而已。以此穷年闭户，入郭之时甚少。今值鸿便，谨裁尺一，敬问起居。南风有便，时赐德音不宣。

---

① 原注：乙未(1835)。

三十三 与周用霖札

计别后又一年矣。去秋，弟偶因感触，杜门谢客，遂不获与足下数数相见。十二月下浣，弟赍所借《朱子奏疏》，至黄泥泾奉访，则仁兄已假馆归里矣。比闻今岁仁兄仍授馆圆明，此村在宋时最多寓贤，如龚如李，彪炳志乘。仁兄馆课之余，试访其遗迹冢墓所在，流连凭吊，当必勃然兴起者。此地下已朽之骨，愈于世之行尸走肉多多也。正拟相寻把臂，乃小儿自城中来，惊闻尊甫丈弃养之信，不觉嗷然一恸。

尊甫丈清修苦节，弟最所敬仰。一旦失之，何以为怀？仁兄暨贤昆辈，天性纯孝，不审自罹荼毒，痛当奈何？辱在纪群之交，分宜趋叩灵帷，一伸知己之恸。而役事所羁，加以狗马之疾，特草札奉慰。伏冀节哀顺变，愈以遗体自爱，以竟尊甫丈毕生之愿。是所切祷。

小云来述尊谕，欲弟为尊甫丈撰一小传。此弟所乐为。第一经涉笔，便自泫然，容需异日，当有以报命也。小诗一纸，盖闻讣时率作，不足云輓，特写哀恸耳。今录奉览。代帛一函，附呈灵右。《朱子奏疏》并奉返，乞检收。之余，不尽惓惓。

三十四 与吴韦安札

闭户江村，忽枉二妙，匏尊相对，藉罄离悰。欣慰，欣慰。

谈间述及尊甫丈所著《亭林年谱》，今制军安化陶公有付梓之语，此诚胜事。若果尔，非特不没尊甫丈一番苦心，即仁兄继述之念，亦可少慰矣。忻企，忻企。

所谕补注数条，内有闻之友人应远亭者，一并附览。祈采择为幸。

三十五　与友人论庙中昭穆书

日前在尊斋，承杜希翁垂询《中庸章句》“群昭群穆咸在，而不失其伦”句，此“在”字指庙中何所？若谓古人庙中以东向为尊，昭面南，穆面北，则所云“子孙亦以为序”者，得无亦面南面北乎？弟一时未有以应也。

今细绎之，古人庙祭不皆“群昭群穆咸在”。惟祫祭之时，则太祖正东向之位，而毁庙之主、未毁庙之主皆升，合食于太祖。此序昭穆之义所由起也。于是，众庙尸主及助祭之人、同宗父子皆至，故群昭群穆得以咸在。若余庙之祭，惟有当庙尸主及所出之庙子孙来耳。而《祭统》所云“不失其伦”者，注疏亦不能明指其位于何所，惟言旅酬之时，昭为一列，穆为一列，各自相旅，尊者在前，卑者在后；同班列，则长者在前，少者在后。所谓昭与昭为次，穆与穆为次也。至其在旅酬之前、入庙之始，以愚推之，《礼》所云“三昭三穆”者，神之昭穆也，位从太祖，故太祖正东向之位，则父面南而为昭，子面北而为穆。鬼神尚右，以右为上。群昭群穆者，子孙之昭穆也，位从宗子。祭之日，君衮冕立于阼，则昭穆各以位次于下。人道尚左，以左为上，意可知也。而王宾之在西阶，异姓之国来助祭者，各以爵序于其下，各服其先朝之服。若《书》所云“虞宾在位”，《诗》所云“常服黼冔”者，又可知矣。后读《周礼·司士》“凡祭祀之赐爵，呼昭穆而进之”，彼疏云“言昭穆，明非异姓”，又云“凡言昭穆，在助祭之时，皆在东阶之前南陈”。按：东阶即阼阶。《尔雅·释宫》“堂途谓之陈”，《考工记·匠人》云“堂涂十有二分”，郑注“分其督旁之修，以一分为峻也”，贾疏云“名中央为督……假令两旁上下尺二寸，则取一寸于中央为峻”，盖甃以甋砖中央稍高起也。古人庙制：堂下至门之径有二，一在阼阶之前，一在宾阶之前。径中央有脊，则群昭群穆之位侠陈而列可知。《司士疏》又云“假令父行为昭，子行为穆，孙行还为昭，曾孙行还为穆。就昭穆之中，皆年长者在上，年幼者在下”。

于是恍然自喜，前说之不谬，因录请政也。弟家无《十三经注疏》。每读书于此等处最苦，意欲购置，苦于其值之昂，且无其偶。前年有一部，因岁底囊空，不能决意，乃为李古廉孝廉购去。今尚惓惓，倘有所闻，终欲竭蹶图之也。幸为留意为荷。

三十六　与赵省翁札

弟家每有疾病，便劳仁兄诊治。叨在道契，从无寸芹之敬。

昨令岳母因感微疾，弟献一方，虽获微效，何敢居功？令岳母叠赐厚贶，此决不当。虽承仁兄谆谕，弟不敢从也。盖辞少受多，非廉士之节。虽令岳母之厚贶，出于真诚，而弟之坚辞，亦无假意。无已，谨领第一次之赐，毋令令岳母之心不安可也。余谨奉返。幸谅情而婉致之，并谢不一。

三十七　与应远亭书

日承惠借《晏子春秋》，读之，疑非晏子原书，为后人赝撰者。即篇首刘向《录》上之标题，文笔亦不类汉京。初以臆说耳，未敢遽以为是也。后阅他书，言《崇文总目》云：“《晏子》八篇，今无其书。今书出后人所采掇。”然则太史公所读《晏子春秋》亡矣，并刘、班所录载《汉书》中者，亦未必不亡。然则向之题词，其亦亡矣。柳河东以为墨者之流，为之信然。

三十八　与何二我秀才书

根承尊甫丈知爱二十余年，虽踪迹阔疏，而心交倍密。不虞溘先弃世，使后生辈失所模楷，已堪痛悼。况如根者，又有知我之感焉。

髓，万无生理。群聚忧虞，莫知所计。

弟伏处田间，亲睹斯状。位卑言轻，无由代愬。伏念足下读书慕古，素有“万物一体”之心。而仁厚如公甫老先生者，又足下之知己。近公甫先生捐米四百斛，逮于敝邑，穷黎均惠。故弟致书足下，欲转恳公甫先生求推广仁术，为吾邑之民敷陈大宪，出之水火。谓敝邑北乡实为常、嘉、湖三郡之下流，一经水积，势若江湖，决难人力使之涸。复非若北地高仰，山水骤发，旬日可以尽退者。比又围岸低狭，施工极难。当此有水无土，岂能卒筑？而江南所植水稻，清明浸种，芒种分莳。一交小暑，已为过时。未插未莳，岂不为荒？民情危迫，何知官中定例？至于杂粮菜蔬，皆旱区旱灾，方能补植，决不能植之水中。况今又加以迎秋，连日倾澍之雨，民居俱在水中。国家之正供固甚重，而民命亦所当惜。

皇上至仁如天，保民若赤，谅不以忧民体国之臣反谓不是。此某之所以冒出位之嫌，而为七十余图数万之民，百顿以请也。夫闾阎疾苦，每壅于上闻。入有司之耳目，已不及十之二三。有司即以入告，达九重之鉴听者，虑不及十之一二。今吾民幸生斯世，得清廉之牧。既厄于水，又厄于不能控愬，有骈首而就死耳。死者，生人之所大怖，而仁人君子之所恻然动心者也。

足下家世慈仁，尊甫莳翁先生为循吏，为明神，士民所敬仰。足下仁孝继述，所与游者，皆正直廉洁，有痌瘝斯民之意。故仆敢以此事恳之足下。足下念弟素守狷介，出于万万不能自已之衷。事非为己，不惮委曲，为公甫先生陈之。自必能为敝邑数万穷民少延残喘，生死肉骨，皆出足下之赐。

又某窃有恳者。苏松浮赋一事，事体重大，谅难骤请。惟摊荒减赋，已有明诏。若得邀恩，将此项极低田亩十载九荒者酌减为荡，则北乡之民，自此可以少甦，而县官之催科亦易前敝。县绅士李清风、比部王寿仁孝廉等已经吁请，改额在案。倘能得有气力者实力竟此一事，则为德于百姓者，愈无穷矣。此又某之每饭不忘者也，亦祈留意。

西望停云，不能自致左右。临书，无任翘首待命之至。

四十二 复汪石心先生书

根一介布衣，未尝学问。门下谬采舆论，谓为可教。率然远临，已出望外。相见之顷，复承以身心性命之微，针砭俗学，提倡之下，通身汗雨。又蒙循循善诱，赐以内典诸书。

归家篝灯，伏读一再之后，觉儒佛之阂，实可贯通。虽其颛愚固陋，未即涣然冰释，知其必有合矣。此事微妙玄通，非浅尝可以即竟。愿从下学，以进于上达。今日未敢即以为是，亦断不敢固守旧闻，自居狭隘也。愿门下不弃，更为教之。

至杀、淫二戒，弟今先立不妄杀、不特杀、不为我杀三戒。见因年岁大无，人食糠秕，用吾儒凶年稷食之例，撤去鱼肉之馔。俟鞭迫精进，或能便断荤血。今兹犹未能也。至于淫戒，自二十九岁先妻亡后，即未续娶。一灯孤榻，垂三十年。即游思绮语，未能净尽，然笔墨之间，于香奁一体，本非所好，平日著作，可复按也。

今闻高论，志念豁然。五十老翁，垂死之身，尚不寻觅身心大事，更欲作何事耶？惟是寝寐耿耿，蒿目时艰者，不能割舍，实有此身可弃，而目前众生万不能弃之心。虽其贪嗔痴妄，可恨可诛者，亦只觉得其愚可悯，终无厌之、恶之之意。尚思觉之全之，而不能已已也。佛法以精进不退转为第一义愿。门下提倡于前，而仆追随于后。誓愿度尽众生，然后生天成佛耳。承门下因敝邑灾荒，发大弘愿，愿推广仁术，勿生退转。

弟素守先人"廉不掌财，慈不掌兵"之训，但遥为赞叹而已。肃函专谢大教。何日再领教益？临楮神驰不宣。

四十三 复叶涵溪秀才札[①]

人生幸得为男子身,以有益于天地为第一义。故一念之合乎理即立德也,一事之利乎人即立功也,一言之几乎道即立言也。

最可惜者,少时浮沉世故,迨其壮也,泛滥词章,以夸世取荣,大都名利之私念耳。即晚而稍窥经史,考训诂,似稍胜乎前此之为矣。然而泰山之豪厘,于圣经究何加损?倘其穿凿附会,则又于词章之习同病而异发耳。故香象渡河,众流截断者,莫如"修身立命"四字。弟怀此想亦有年,而因循未果。无他愚者不能明,柔者不能强也。

今秋承石心汪丈见访,勖以"戒""欺""求""慊"四字。弟览之,如水浇背,为之寝食不安。追思数十年来,事亲敬长、待人接物之间,悔憾山积。故立愿:自今伊始,专读儒先之书,稍自刻责,庶几免于大过耳,非敢云学道也。

四十四 与人札

凡处骨肉之间,常人亦知友爱。惟一朝因兄弟[②]生校量曲直是非之心,往往素称友爱,而忽同于参商者[③]处,未尝不是已伤天性之恩。此亦君子之所不许也。

盖曲直是非,可施于泛常之人。即处亲戚朋友,涉于故旧者,尚当以恩掩义,而况乎同胞共气之人乎?又况所争者,不过银钱米谷之细,而所伤者乃天伦之大乎?此其事必过。此一时,而即悔者也。

仆同气之人,不过一弟一妹。自二人云亡,至今读《诗》至"虽有

---

① 原注:"此札虫蚀不全,略摘其文。"

② 原注:下阙七字。

③ 原注:下阙五字。

他人，不如我同父”之句，必潸然泪下。诚以天下虽大，朋好虽多，然欲求一人而可以当我兄弟者，无之也。如此一想，则悔悟之心油然生矣。钱财可以复营，田土可以别求。而兄弟之隙一开，遂至家难纷起，外侮叠至。此不必远为引证，目前所见，比比皆是。足下其深思之。

四十五　与蒋胥江吴彦钦书[①]

弟村野鄙人，得挹诸君子仁风。晤言之下，顿长道心。幸甚，幸甚。

承指示净土法门，实夙生庆幸。自顾不能行者，一以理障碍之，一以事障扰之也。似此围岸一事，以佛法论之，即有成就，亦属人天小果。

然弟生平，每发一念，期于必行，实因三十余年住居水乡，目击民生困苦。此心怦怦无可告诉，今幸获侍仁人之教，又蒙不弃而曲听之。若不亟为施行，不特前此所发之念即为自欺，而彼无告之民又将谁恃耶？诸君子以利济为怀，断不为弟一人。然保卫之仁，实身亲受之矣。以此感激，口口扶病，亲行看视。但弟章句迂儒，于经理事宜，本非所长。亟望诸君赐之教益，俾得早早集事，则数十村之穷黎，咸戴二天矣。

细陈之处，具在别纸。希照不一。

四十六　与方小湘札

要人感悦怕人怪，此私心也。不去此，如何学道？然与人共事，亦有甚难者，正不可率意而行也。即如济贫一事，本是善举。然仆思

---

① 原注：壬寅（1842）。

之,乞邻而与,已非直道。吾人既力不能自施,只宜自谨取与之辨,守固穷之节。盖匹夫之分,固不能行,尧舜犹病之事也。以此取讪于人,岂非自取?

昨接胥江札,读之,怦怦心动。即欲散之,恐事有纷扰,累及居停。欲即返之诸君,而主人意尚欲留为后日可用之地。不得已,复书胥江。既道目前不能即散之故,俟可动手,决不有孤盛意。若万万无可为,毋宁原物奉返,别作善举。若假借之,以为弟"所识穷乏者得我"之地,义之所不敢出也。此数语乃仆心坎上发来,非足下孰可告之?仆亦不便告之胥江者也。

异时石心若来,可以此札示之。足下为摄心计,莫如称病杜门,否则僦居近郭,稍远人寰,庶可半日静坐,半日读书。

仆俟石心所托料理之后,誓不敢再生一妄念。盖出位之思,虽公私有判,然以道眼观之,均为痴妄耳。古人处乱世,因树为庐,如申屠蟠之流。此真我辈所当师法者也。

四十七　与朱竹溪书

佛法一事,与用世之人颇远。若我辈穷苦老病之人,乃为最近。盖穷则嗜欲必淡,苦则道心易生,老则死期将至,病则疾苦缠身。此时尚不思戒杀持斋,皈心三宝,尚尔忧愁烦闷,究为何事乎?岂真待阎罗老子相唤,方始着急耶?

生世五六十年,料不能再有五六十年更活,盖未知果今日死,抑明日死也。明明五六十年中,为日甚长,而既已云逝烟飞,疾如过矢矣。其间亲戚故旧,少者壮,壮者老,老者死,以至富贵升沉,不可胜数。即吾之一身,齿豁头童,亦非少壮时景象。瞑目一想,可悟世界虚空一切,儿女因缘元同傀儡。苟不于自家身心性命上做些功果,即活到一二百岁,终归于尽如蜉蝣聚散一般,岂不可痛?

然学佛学儒,门径虽分,总不外孝弟忠信上立跟脚。孔子说"君子三戒”，亦与佛家“五戒”一般。若泛泛念佛，而不以慈悲为念，“贪嗔痴妄”四字不能一刀斩断，则带水拖泥，终无益也。儿孙块肉耳，田园亦身外物。此在有家业者，尚须空诸一切。况仁丈乎？孤行独宿，修习禅观，正好忏悔夙因，收摄外骛，庶疾病灾祲可以终免。他时回首，定生极乐也。留意如何？

四十八　与叶涵溪书

日前承枉访，乃以散赈事，鹿鹿未能侍教，罪甚歉甚。

此番散赈，凡十二图。虽未能委曲尽善，然事过之后，云净天空，毫无系恋。兼之终始无一龃龉，不致灰后来为善之心，乃大欣喜事。此最难得于兵荒交际之候者也。又春间所筑围内，亩收四五斛。想足下闻之，亦为色喜。

石翁谈间，极钦词丈潜心向道。弟以无似，蒙诸君谬知。于静摄时，颇将儒释之理，参考异同。吾夫子立言，单提孝弟忠信为立身根本，一则曰“孝弟也者，其为仁之本与”，再则曰“言忠信，行笃敬，虽蛮貊之邦行矣”。今人一生，身体力行，求尽此数事。不得此数事，乃为人之事。自有生以来，至于一息尚存。放此数事不得，此即生之理，而所以为“存顺没宁”者也。若生之理有未尽，即吉祥而逝，老死牖下，亦谓之未闻道。今佛氏单提生死，除去一切静坐观想，以为径中之径，是未免以性灵神识作主，而反以吾道之体用者以为理障。其然乎，其不然乎？

弟于为己之功无一似，然于此等处，不欲为苟同。未知足下以弟为然否也？佛经，弟系粗涉，未能深入其奥。然如《四十二章经》《佛遗教经》，乃内典之鼻祖，顾反平平。后之《华严》等经，千偈澜翻，反驾出前经之上，而指以为小乘，意“登高者必自卑”耶？抑小者见之为小耶？大都议论愈高，去道愈远。正如儒门后起，高谈性命，其立身决不能及古人。吾辈自处，断宜以愚下自居朴实头地，做一步得一步耳。石翁于佛法所云“外被儒风，内宗梵行”者。观其刊行《儒林正论》及《士戒学髓》等书，正是着实工夫，为吾人之药石。若得朝夕与居，庶乎寡过尔已。

至弟茹蔬一节，实以生来福泽甚薄。若妄自费用，非特无功享用，将来必有苟且求人之事，故以为惜福御贫之助耳。若曰：“吾欲往生净土也，求福田利益也。”即此便是。贪痴去，佛道远矣。率布臆见，幸祈教我。

四十九 与方小蘋书

日前，奉恳为友人娄东俞漱六代求《妙绘千秋逸品图》幅。漱六隐居河鼓村，为人风雅，耽诗酒，与文人往来。

月前，根承令兄小湘以令先君遗像，命根题咏。册到之日，漱六适来。见之，欣然索去，欲为题咏，以表扬先德。一水迢隔，未知至今已题就否？但弟以尊甫遗像，诿诿郑重，未便久稽外间，是以欲恳足下及计堂兄，拨冗画就。漱六所恳之册，便弟觅的寄去，以践宿诺，兼俾令先尊遗册可以早还。此弟一宗心事也。叨恃至爱，冒昧奉恳。幸祈亮察。

漱六风流文采，沾丐一时，谬以弟为知己。数次枉访，画幅题句，络绎见索，不知弟于诗文一道，本无所能。近来又与令兄及诸君子游，颇知向道之意，觉得浮世虚名，及一切文酒征逐之事，都属无味。时刻翻阅儒书，欲束修其身，期免于过。如今所奉恳者，亦不免世缘应逐耳，非弟本心也。弟之本心，欲吾二三同志之友，亟亟唤醒此心，勿逐虚妄，将平昔嗜欲之习，痛加磨洗。孟子云：“其为人也寡欲，虽有不存焉者寡矣。”可知“寡欲”二字，即入道之门也。保家养生之基，胥根于此。假如诗酒一途，为文人雅事，然诗酒中人，浮动者多，沉潜者少。蒲篓狎邪，皆可托为文人雅事也。本朝袁简斋、王梦楼两君，名在海内，然假诗文之名，以陷溺人心，至今未已。足下仁厚宅心，能亲近良友，虽复翱翔艺苑，寄意风骚，决不如筒斋、梦楼之荡闲愈检，致为有道所呵。然望足下省事简出，与一二清净之友，怡情翰墨，得暇略涉儒先之书，上合令先君付托之重，与令兄友于之爱。兼思当今时世，乃苟全性命之世，非复联缟纻结琴酒之时，则足下盛德，百尺竿头，更进一步矣。人心易放难收，佛家比于狂象。光景易逝，至道难闻。以足下可与入道之资，不敢自默，辄进瞽言，勿罪为幸。

五十　与邵君廷爵书[①]

仁丈安贫乐道，耄而好学，吾党所共钦仰。

侧闻令姊夫人守节数十年，冰蘖之操，足光彤史。比者令甥云亡，以世眼观之，鲜不谓此天道之无知。然安知冰雪洊加，非正以成就后凋之操耶？世界之坏，在乎轻节义而厌寒饿。又乌知撑拄天地者，乃在此饥寒困顿之落落数人，而断不在乎富贵烜赫之辈耶？而又乌知彼天地者之精神，亦专注于此，而不在彼耶？然自非节义自矢之君子知其故者，亦孰从而知之重之？是以皆熟视之，若无睹耳。

弟日者与张子问月侍郡中汪石心丈来昆，舟中谈及仁丈之为人，为毋愧乎有道之士。而问月又述令姊夫人之节之苦，仁丈为之时其缺乏。石心丈再三嗟叹，思欲得其守节之事略，而表扬之。是石老与问月两人，皆节义自矢之君子，而能知其人之为重者也。

逮石老临行，属弟以菲仪转致仁丈，为令姊夫人不时之需。极知仁丈义不受一芥之不以道义，顾如石老之仁心为质，其诚款之忱，义有可受。弟虽卑污，夙奉教于君子，断不敢以不仁之粟致玷清修。幸赐收入、转致是幸。再者，仁丈于石老处，亦不必具札称谢。盖石老以钦迟节义为重，特以将其敬耳。令姊守节事略，祈写付问月处为感。

---

① 原注：癸卯(1843)。

五十一　与人札

《记》有之，“尊酒豆肉，让而受恶”，则上不争而民兴让。故君子之于礼也，未见留其挚，既见反其挚，盖重礼而轻财也。重礼而轻财，斯可谓之君子矣。

根窃怪当世之所谓君子者，于词气揖让之间多所执谦，而独于财也有争心焉，亦异乎古之所谓君子矣。盖古之君子，以礼处己，而尤欲以礼处人。此成己成物之学也，所以立人廉耻之大防也。

根窃不自揣，尝欲奉教于君子矣。故仆之为人治病也，未尝责人之酬。其贫者或返之，或赒之。诚以医虽贱技，乃活人之术，而非以自活者也。惟召之不以礼，若呼牛马然，则心为之耿耿。然回念其父兄子弟之疾病，颠连而求救于医，宜当少致礼者。而乃若是，则其视父兄子弟之颠连，亦必胡越人矣。此在病者尤为无告。我但知治病而已，庸讵责其深衷厚貌邪？以是耿耿者久之，亦已化净也。故每见世之医者，无高世之材，而沾沾焉争人之利。利人之疾苦以为己幸，心窃耻之。

今足下以令亲之命来招，而以礼先之。虽未能知余平生之行事，亦可谓以礼处人，不以牛马呼之者矣。然仪文优渥，窃所不安。仆若不揆道义，而苟且受之，是辞少而受多也。以礼处己者，断不若是。夫古之君子，于其事诚有功矣，犹不欲享其利。况为其事而未必有功者乎？如其可受，舜受尧之天下不以为泰。如不可受，则虽一介亦不可取。惟足下谅之。

五十二　与同学书

昔贤勇撤皋比，一变至道。其入道之果决如此。后学奈何因循怠惰，不于日用寻常间加之意乎？不于辞受取与间严其介乎？不于待人接物间致其诚乎？不于独见独闻中谨其发乎？

今人为善，类曰“做好事”。然陵节而施，事安得好？吾谓做好事，自有节目：敬鬼神而远之，一也；生事亲以礼，死葬亲以礼，祭亲以礼，二也；父母之所爱亦爱、所敬亦敬，至于犬马尽然，三也；非礼勿视、听、言、动，四也；事君勿欺，五也；入孝出弟，谨信泛爱，而后学文志道，据德依仁，而后游艺，六也；不耻恶衣恶食，不怀居，七也；行已有耻，八也；节用爱人，九也；启蛰不杀，方长不折，十也。以上十事，勿陵节，勿偏废，做得一寸，行得一寸，而总以无自欺为根本。不惑于邪说，不杂于功利，以死生祸福听之天，以毁誉是非听之人。庶几择道之智，守道之勇，体道之仁，三者备乎！

同学，其各勉之哉！

卷　二

五十三　复叶涵溪秀才书[1]

日前侍坐，谈及尊族有长房长子殇，次子已成立，而族议欲他嗣，并欲嗣殇者。承下问此事，宜奈何？

愚谓古人大宗不绝者，以宗子有统族之道，故族人得以伦序后之。此以百世不迁之宗，据宗而言者也。嫡长子死，则适孙承重。众子虽有，不能夺适。此以传重言之，据祖而言者也。二者各有所为。若夫立子之说，专为父子，不依传重，何者？传重专为主祭，亦专为大宗，以其为先祖之正体也。立子则主于继嗣矣。彼所生长子殇也，殇无为人父之道，以未成人。未成人，则次子正是适子。即所出非适，亦正是长子，况所出正乎？

《传》曰"无适立长"，正此之谓。何必借次子不可传重而他嗣耶？然以未见经义，未敢决之。今日读《仪礼·丧服篇》"父为长子"条，郑君注云："不言适子，亦言立适以长。"《疏》云："言立适以长者，欲见适妻所生皆名适子。第一子死，则取适妻所生第二长子立之，亦名长。"故《经》不云"父为适子"，而云"父为长子"，通立适以长也。立适以长，适子既殇，立者非适长而何？是次子当立之证也。

又曾子问曰："宗子为殇而死，庶子不为后也。"郑注云："族人以其伦代之，明不序昭穆，立之庙。"疏云："以其未成人，庶子不得代为

---

① 原注：乙巳(1845)。

之后。族人以其伦代之，伦犹“辈”也。谓与宗子昭穆同者则代之。”此指殇子无弟者言之。族人尚得以伦代之，岂同产者反不可代之乎？决不然矣。又《小记》云：“为殇后者，以其服服之。”注云：“言为后者，据承之也。殇，无为人父之道，以本亲之服服之。”《疏》言“以本亲之服服之”者，是不以殇者为父而服，从兄弟之本服。据承之者不与殇为子，是不应云“为后”。今言“为后”，是已据承其处为言也。是不许其嗣殇也。

以此参互，适子既殇，而同产之弟据承其处，为事甚当。殇子不应立后，亦甚有据。邑前辈徐健庵先生有《嗣殇议》，乃谓夫殇子无弟，族人又不得以其伦代之者言耳，非殇子皆可立后也。如别有见，幸赐详察。

五十四　与黄紫莼书[1]

昨岁在紫蘅兄馆中，得挹芝眉，便钦迟在抱矣。自后奉读大著，愈惊学问之淹博，才华之绚烂，一经组织，便成文章。非一时之才人，孰能与于此？

弟髫岁学荒，老而耄及，局守经训，性灵坐夭，加以尘事历碌，以是久不事吟咏矣。乃蒙不鄙庸凡，远承惠赐鸿词丽句，奖借良多，使我赧颜，非所当也。又复虚怀下问，畀以大作，俾之琢磨。此如大匠构造五凤之楼，而使拙工参议其间。在阁下之好学，可谓至矣。其如仆之驽顿，不能少效末技。何承谕谆笃勉，就鄙见加墨于上？兹托云帆兄转缴记室，幸一笑置之，勿以为罪也。小诗道意，寄呈博粲。秋凉当图候。兹不缕缕。

---

① 原注：丙午(1846)。

五十五　与弟子某书

昨接弟札，言贱姓名，谬承当事采访。此实非鄙意，亦未知加以拂拭者为何事。如以为饮宾邪？则根年未及耆，且居恒尝言宾筵之滥矣。以根所见，如应五峰先生者，方不愧其称。如根何可当也。如以为义夫邪？则根年二十九而丧妻，实以家贫之故，无力再娶，非能守义也。且采访乃听之舆论，根亦不宜与闻。如根者，五伦阙陷，自谓天地间罪人。桑榆晚景，补过不遑，岂有名心及此？

且此举为贤令尹意乎？抑通邑士林中意乎？如出贤令尹之意，则根有地方利弊之陈怀之久矣，可以言之，而谬采之，以惠及于百姓，愈于私及于一人也。如出士林诸君子之意，则此番采访正皇仁宪德。邑中节烈姓氏，根前次所陈，如孟节妇、卫氏者，苦节可悯。虽无邻里亲族能委曲为之表扬，使幽光潜德不致久湮，最为当为之事。慎无阿私所好，取世讥弹，幸甚。望弟善言辞之。

五十六　与季菘耘书

村居时，与令弟菊翁相晤，藉知近履，并承垂爱之意，感泐靡既。

弟秋间抱病，至冬方起，气息惙然，已成颓老。自恨中年不自策厉，学问无成。晚岁虽粗读儒先之书，又不能鞭迫近里。病中心神，时时能自主，无定静工夫，已见一斑。

仁丈抗心希古，决为传人。顾弟前年在寓斋把晤时，仰见尊颜，须鬓亦既斑然。古圣人假年学《易》，正在此时。想阁下亦早同此念。吾人学问，不过于日用寻常中推求至理。病后习静，将《论语》《礼记》中所言一一对勘，平生不如古人处，及得罪圣贤处，不可枚举。始知前此随逐文字之交，悠悠忽忽，几乎虚却此生也。

文章为载道之器，而近人以之为羔雁。但羔雁在古人亦取其诚，今人乃饰以伪，则文字何以传信？至于制义，代圣贤立言，尤不当割绝无理。如今时气习此，必待文章宗匠如韩与欧阳者出，庶能一正之也。文章关乎气数，所关非小。老成之见，必同此慨。至于五七言诗，作者尤多。然得温柔敦厚之旨者，吾见亦罕。其最坏人心术者，前此则贯华堂诸刻，后此则小仓山房也，以山谷填词、子昂画马律之。此等人皆当下泥黎狱也。

弟谓人家藏书及子弟读书，宜有法律。今牙签锦轴，纷纷杂陈。譬如将马头、钩吻与参耆杂进，非以引年，殆将杀之耳。愚意以立身论之，读书宜约；以学问论之，读书宜博。出博返约，在乎见地。阁下读书万卷，收藏亦富。想多弟未见者，能发数种以娱老眼，托令弟带来，幸甚。

日前，《揭文》及《昭忠》二集，皆光天化日文字。弟读之，因悔前时之作。春间拟痛删，存一二十篇，以其不关于人心世道，文虽工，亦徒作也。阁下文字，极多可传，然亦须自为删定，以此事非外人所能喻也。岁月匆匆，殊深叹惋。相见当在岁试时矣。惟珍摄云云。

五十七　与何澹然秀才书[①]

大凡古人为学，须是收其放心，在本分上刻苦做去。士农工贾，各有现在当为之事，当尽之心，不容旁贷也。世人为学，专务外求，所以其心空旷放逸，自以为玩心高明，而不知其实堕云雾。由圣贤观之，无一是处也。即以士人吟诗一事论之。诗者，四教之一，在古人则纯乎为学，其在今人则技而已矣。纯乎学者，“白圭”四语，“思无邪”一言，可以终身三复，不待作也。纯乎技者，假饶面目，真如李杜，亦只是优孟衣冠，况万不及乎？故根二十年前，颇喜与友朋倡和。近则辍焉弗讲矣，谓其非学者之急务也。

足下才高志大，读书喜为深入博览，固是难得。然深入而或不适

---

① 原注：丁未(1847)。

于用，博览而或不究其宗，则天下之书，将愈读而愈多，愈多而愈难矣。无乃为学之病，而遂为心之病耶？愿取《小学》《论》《孟》诸书，细心读之，一一反躬自勘，必有憬然自悟平日之非是者。诚能如是，则一卷之书可以终身，而学亦且有实得矣。自然不敢轻易其言，而漫然下笔也。承知己，幸恕老悖不宣。

五十八 与辰甥札[1]

前日，甥要根寻格言。看此意甚好，但读此等书，须是身体力行方得。今以西溪丈所赠《小学》一部，点校寄来。望甥细细读之，自有长进处。

根每读《事亲》一篇，念两尊先逝，未尝不垂涕。甥想同之耳。自爱其身，即与亲在同也。切属，切属。

五十九 与季菘耘书

久不接手，翰思念之，至径有恳者。

根去秋一病几死。念此身已颓老，终无能为有益人世之事。思著书垂后，又无其学，不可妄作。此心惘惘，真草亡木卒矣。儿子愚，未读书。戚友中又少知心者。惟足下知我，又远隔他县。一旦不讳，谁为我写一片石者？意欲恳足下椽笔，为根制一小传，以存于集。

根生平注念，颇有志于地方风俗，而困于贱贫，末由舒展，然此念至今未灰。读书不喜二氏及功利之说。惟柏庐、阇斋、桴亭数先生书，晨夕不释。荒江独学，抱此区区，如是而已。不善治生，薄田不过半顷。以医自给，亦不责酬于人。税入，先以输官，余以赒族邻之贫者。瓶无储蓄，惟破书乃有千卷。平生不近贵人，不应举。读书以

① 原注：戊申(1848)。

外，无他嗜好。布袍草履，逌然自适。善病，无济胜具，足迹不出百里。一二知心之外，闲与农樵为伍。所著诗古文词，用以写意，中多愤世嫉俗之语。知我罪我，一听于人。晚居徐村，自署老农。灌园莳竹，将以此终。

此根之大略也。至于内省多疚，早年孤露，于孝弟二字万分亏欠。此终身之恨，不可以余事赎者，亦望写及。

恃同门厚谊，冒渎不既。

六十 与徐洪生书

承惠示先少宰《培林堂文集》，伏而读之，仰见公学有原本，卓为醇儒，非文章家流也。如辨朱、陆之同异，则剖析微芒。论心性之渊微，则指点真确。实践躬行，有体有用。持身和介之间，常抱饥溺之念。进退优裕，出处昭然，洵可谓一代纯臣，千秋名世已。

根枌榆后辈，得窥巨制，如游武库，如登岱峰，扩鄙陋之心胸，睹□□之富丽。幸甚，慰甚。谨封题，奉返记室。何时剞劂观成，与天下共见之，尤为幸也。草此谢教不一。

六十一 与娄东王研云先生书[①]

根草鄙之人也。虽心喜学问，然未尝一日承君子之教，不意以漱六、涵溪嗜痂之好，遂得闻于左右。

前岁荷蒙齿及拙著，冠以弁言。许与之深，窃愧弗称。每欲通书谢教，而卒卒未果，非敢慢也。诚知先生奖借后进之意，实欲为乡邑培植读书种子，非独私于根也。以是居恒切切思以束躬寡过，勉为善士，以仰副大君子之盛心，正不必蹈世俗之陋，徒以书启申谢为也。果蒙门下恕其简略与其恬退，每有家函，辄蒙垂询。感荷之私，匪伊朝夕。

---

① 原注：名宝仁，官六安州学训导 己酉(1849)。

客岁值门下六旬大寿，令弟漱六丈以大著见示。有德之言，温其如玉。勉步原韵，兼写鄙忱，大方所笑，不足道也。

想即日官守之暇，著述益富。根观前代如桑怿民、黄应龙诸先生，皆以儒官冷曹，垂名异代。盖文章道德，自有足传。《旧香》一集，安知后之视今不犹今之视昔耶？根所望于门下者，实在于此。

若根者，年逾六十，齿危发秃，日以就衰，而学业不能加进。灌园卖药，自同渔樵，世无有齿及之者。其于贵里，独菘耘、涵溪、漱六辈，落落数人而已，乃幸承知爱，许以神交，诚出不意。是以敢抄录近所作文一卷，寄呈左右，惟赐披览。中多未当，幸希裁削，则更荷裁成之赐于无既矣。

天假以年，异日得立雪程门，面承教诲，益增庆幸。春寒加厉，惟为道自颐。北望停云，神与俱往。

六十二　与钱中丞宝琛书

伏惟明公文章经济，卓有令望，所谓出则方叔、召虎，入则周公、召公，非明公谁属也。天下望明公为苍生再起，而明公养志山林，啸傲泉石，思与山林韦布之士，寻古贤之遗迹，而凭吊其人。此古大臣之所难得，而今且身睹之。岂非后学之幸，所当奉袂而追随者耶？

然根窃闻之。古大臣之在朝也，则思为君相得人，而有以泽被于天下。其退而在野也，则思为地方兴利除弊，而有以泽被于一乡。根不敢远引，窃如贵州王文肃公之建议折漕敝邑、顾文康公之建议筑城，乃其已事，而二公之尸祝民到于今者也。陈先生确庵者，贵州之彦而敝邑之寓贤也，尝悯敝邑水田多潦，其在蔚村，有修筑围圩之举。今所谓偃虹堤者，遗迹尚在。根尝屡游顽潭，访其土田之利。老农皆言七十二潭之隈，旧皆芦苇，而今为良田，亩收二钟，而税止芦课。其民得免流亡，子孙相保者，皆陈先生治田之功。噫！陈先生之世，何等时也。以一寓公转徙无宁，犹且不忘民隐若此。况当太平之世，身系乡邦之望如明公者,宜何如哉?公之垂念顽潭,而思访其遗踪,必有以也。

根前年辛壬之交,以敝县水潦民饥,虽蒙恩蠲绥,犹惧弗济,曾以手书诒郡之同志。幸同志者鉴其诚恳,于是乎有两年捐赈之役,于是乎有筑围之役,少慰平昔之怀。今春,同人欲根商办摊荒减赋一事。此事前蒙藩宪委员临县履勘,以县侯冯公石农去位而止。今事在可行,而无有力者以督率之,以此踌躇。然实地方千万世之利也,而惜乎世之为陈先生者少也,未审阁下有以教之否?

根穷老布衣,无求于世,然斯民饥溺之怀,耿耿不忘。诚欲以须臾无死见明公,为桑梓邻比建百世之勋。他日载名志乘,以追配文肃、文康二公者,是所深愿。若夫虚词颂扬,无当大君子之用心,知必为阁下所嗤,而亦非根之本意也。惟原其狂妄,鉴其真诚。幸甚。

六十三　与汪石心丈札

日者,曾以敝邑被水情形上陈左右。因遣信匆卒,未及缕述。今芒种已届,水积不退,秧苗浥烂,无可复为。兼以织布之氓,以商贾不通,牙行尽闭,民情急遽,无所依恃。缘敝县为苏郡下流,县之北乡,西接阳城诸湖之水,东连太仓高仰之区。现在七鸦已塞水,势不能东泄。而植棉之区,雨后反泄其水。水由西泻,汇于一隅,而北乡遂为泽国矣。

迩年以来,每有偏灾,民无盖藏。穷民砻縠之后,租债逼迫,席卷为空。常年插莳之时,必向稍余者借贷粮食为耕种之本。今水灾滔天,稍赢者自不能保,岂能兼顾无柴无米?仰屋长吁,静言思之,为数岂止千百?县尊心殷拯溺,延请司事,欲为平粜之举,而仓庾久空,无可设施。即令富户捐办,敝县素号瘠薄,一二有力之家,以连年歉薄,入不敷出,皆形竭蹷。上年以留养灾民,设局劝捐,左支右绌,殊费布置,然犹统昆山一县为之,地势较高,民力较厚,尚犹如此。今水灾偏在一县，即再劝捐，旷日持久，恐平粜有期，而极穷之民早作沟中之瘠矣。

根一介寒儒，无地方民社之责，徒以读书稽古，谓救荒如救火，弭乱必恤民。若待事过而为之，恐焦头烂额之为功，终不若曲突徙薪之愈也。万祈仁丈鉴根真诚，为敝县数万生命作一保全之策。如前廿一、廿二两年，劳执事之精神，而出民于水火。根谨百顿以请。

六十四　诫子书

孔子有言："啜菽饮水，尽其欢，斯之谓孝。敛手足形，还葬县棺而无椁，称其财，斯之谓礼。"此"礼"字，即"葬之以礼"之"礼"。盖人子之事亲，所难得者，尽欢焉耳，称财焉耳。不得，不可以为悦；无财，不可以为悦。孟子亦尝言之矣，又况丧事无外求？

春秋武氏子求赙，史官讥之，以为不当求也。颜渊死，颜路请子之车，以为之椁，而夫子不许。门人厚葬，而孔子慨叹。夫孔子，岂不爱渊哉？礼在，则然耳。战国之时，诸侯逾礼，而墨子欲薄葬。汉时，王侯逾礼，而杨王孙欲裸葬，诚矫其弊也。近世风俗偷弊，习为僭侈。士庶之丧，几同卿士。贫窭之子，貌为富家。逮至虑居弃产，为人僇侮，岂不谬哉！

吾家先世以来，皆守清素。先人之殁，家以无财，仅觅杉材，愈时即葬。祭用鱼菽，宾只族戚。不为佛事，不设鼓吹，无他贫之甚，而义不可干求耳。根守此硁硁一生，服食器用，不敢稍侈，居恒自用，从未妄求于人。此无他故。薄于事亲，岂可厚以待己，而获大戾哉？

前年，拙儿为我置榇，我微嫌其已美，不可以对吾父母，心常耿耿。今己酉值大无，又遭无妄之祸，急时借贷应之。既以无年，岂可延缓？因售人得钱，藉以料理。凡人作事，祈无愧心。偿人逋负，岂非要事？余以济穷，岂非乐事？至于棺之厚薄，于人子即有欣恨，于亡者有何损益？惟延迟不葬，惑于风水，以觊富贵。此最愚谬。若三日而敛，愈月而葬，一归厚土，永为安宅，岂不快哉！世有广侈祭筵，盛饰道场。"七七"之后，"厚衣之以薪，弃之中野，不封不树"，孝乎？不孝乎？

我改岁以后，年六十三矣。家资罄竭，食指繁多。继此又有婚嫁之事。我常为汝虑，万一不讳，何以为计？外求之举，非惟不可，亦决不能。倘外务观美，冀掩生平之不孝，而旋以负债受困，此甚不可者。《礼经》有之："丧不虑居，毁不危身。"夫哀毁，岂非圣贤所望于人子之事？然尚且以"危身"为戒，而况侈丧事以至于虑其居乎？古者庶人祭于寝。当祭寝时，则谓之庙，所以尊神之也。若至若虑其居，而至于祭无其所，则与无后之罪有异否乎？此甚不可也。

我待来秋得稔，当买木一株，完此副榇。汝若不慊意，稍加漆之可耳，不必别购木也。至于居丧以衰麻，哭泣著其文，以不饮酒食肉居内。著其实，"夫子食于有丧者之侧，未尝饱也"。今世居丧，侈为饮馔，与客醉饱，而谓之礼，我不知也。又冥衣冥钱，昉自开元。当时不过沿明器之制，而务求其似，所谓"之死而致生之，不智而不可为"者也。夫亡者，体魄归于土，精魂在于天。不知其理，而竭有用之财，付之一炬，岂非暴殄？若用异端之说，作诸道场，以为资冥，福忏罪业。如其无罪，乌用为之？如其有罪，胡可祷也？不务德而用贿，"吾谁欺？欺天乎？"其事三代所无，况推佛老之始，亦不言此。佛氏戒人贪嗔痴妄，老氏教人清净无为。斯两言者，可以知道场追荐，非佛老之本旨矣。皆是世间游食僧道，为此以博口食。世人为其所愚，习焉而不察耳。故我之死也，不可易美棺，不可食肉，不可焚衣，不可多焚锭帛，不可作佛事，不可用乐工。又世人多求哀挽之作，侈冠盖之交。"与其易也，宁戚"，皆可不必。若能省啬而用，不受人赙。如我友张澹娱之为者，则吾之肖子也。如其信理不笃，反以是为薄于我，及亲友之不明大义而以为言者，当以我之遗命告之。

我今非病，盖非乱命。君亲一体，命不可违。律有"违父教令"之条，可不凛乎？况吾所命，期于省啬，遵而行之，非有难者。遵此，终身可以保家。曾子有言:"鸟之将死,其鸣也哀。人之将死,其言也善。"若不用善言,而狃于世俗,致于虑居危身,斯忘亲之大者。我在九泉不瞑目也。

人家有子女,便不能无嫁娶。嫁娶与日用饮食正同,本非非常可喜之事,必要格外加隆,过为繁费也。

嫁娶之重,重在于择妇婿。古人有见识者,往往于至贫贱之中而得贤妇与佳婿。书策载之,人艳称之。今纵不能,然亦当择其中行决无败理者以为配合,庶几异时可富可贫,可贵可贱,而皆有赖也。最可忧者,今之子弟皆可富而不可贫,可贵而不可贱。要知不能处贫贱者,其处富贵亦决无道理,其富贵亦终不可保。乃近世论婚姻者,惟问其家之富否,而不问其人材之何若。不知纨袴之儿,骄奢败坏,较之赤贫者更甚。

又有因彼家之富有,而典产揭债,与之角胜,其后卒致俱贫。愚孰甚矣。故我家后日婚嫁,不可以一时好看之故,而竭其力。一女用百千,三女已三百千。设负债为之,何以料理?是中有道理焉。勿争聘金。彼之聘也,任其为之。勿动彼一钱。吾为父母者,就吾力之所能,制布衣裳及绸衣数事,钗环数事,箱笼襆被遣之,无不可者。至于陪衬之事,如延宾及使用下人,我辈贫儒,慎勿效世俗之所为,但邀三党至亲、傭仆,取给用而已。宾筵勿夸多品,皆要策也。长孙女他日乡城迢隔,可属其预日扁舟候去,切勿索其聘财。二孙女尚幼,异时未知力量何若,亦须以省为贵。

当思尚有两孙男事,尚重也。二孙女及孙男,其受聘与结婚,万万不可更望富家,择小家清白勤俭者,方是计策也。孙男注苍,资质甚笨,汝又不肯督责,使他读书,将来作何计较?读书明义理,自然能继承先志。若但知穿衣吃饭,而不读一书,不明义理,即以万金之产付之,犹不能保,而况并无薄产乎?此由汝自不知读书之乐,而因以误其子也。为之父者,奈何如此!

六十五　复张咏仙学训书[1]

睦和得聆大教，承殷殷垂询敝邑田畴水利。此实地方之幸。根于水学，向未留意，何足以承大问？然粗举其说，犹能略陈一二。独念阁下之高明远识，岂无贤才可备咨访，乃下问于田野中弇鄙之夫，得非欲闻人所不能言，与不肯言而然乎？

根闻：凡举大事，必顺天心。而天心之从违，实由于人心之向背。此千古之明鉴，不可不垂察也。敝县于郡属最为荒瘠，民鲜盖藏，所业者水田而已。县田凡五千三百七十三顷有奇。往时宋元未分县时，统昆山、太仓在内，征粮止五万四千四百余石。今新阳一县，征至八万一千三百三十四石有奇。加以格外浮收，小民以三石完米一石，是岁出米二十四万石有奇矣。州县征漕授权胥吏之手，县官但责成兑足开帮，而不问催科之公否。胥吏任情上下，分为完户、欠户。欠户永远不催，完户追呼日及。由是绅衿以势力而欠，豪强以刁劣而欠，穷苦以无力而欠，胥吏以城狐社鼠而欠，又以包纳侵吞而欠。上下蒙蔽。谁发其蔀所加二加三？而鞭扑逼迫以开漕运者！惟此数千家安分力田之农已耳。

国家无加赋之名，而隐有加赋之实。而此数千家者，数十年来富者已贫，贫者已逃。此国与民交困之由也。加以民俗好奢，尚鬼佞佛，种种伤败风俗之事，靡所不有。究其民穷之故，不独在于赋税，而赋税特尤甚者耳。其间水利不修，积储无备。深识者未尝不亟欲修举，而绌于经费，又无人肩任，因循至今。

昨岁荒连数省，一时劝分劝恤，几为无米之炊。厘而得济，然已饿莩遍野，流亡载道矣。鬻妻弃子，拆屋卖田，不知凡几。今幸得如执事者留意民生，既以民贫赋困陈诸大人先生之前，而又以水利田畴

---

① 原注：庚戌(1850)。

下询田野无识如根辈者。此何如盛心哉？

根平昔读书，亦尝以坐言起行自期待。一旦得一知己，岂不欲亟抒所抱？然窃揆之天心，准之人事，本县于积穷奇荒之后，民生旦不谋夕。正如久病之人，见风欲僵。此时卧诸衽席，饲以糜粥，加以煦妪，庶乎有冀。若驱之奔走，责以跪拜，有速之死耳。

根以为水利之兴，非得五六年积稔不可为也。又凡举大工，必揆经费。如于大帑，宜作正开销。其于火耗，宜动支无碍。又必在上之人，信赏必罚，如往年林抚军故事其可。若但主于头会箕敛，冀以集事，此非所以召人和，而适以长怨咨也。阁下以为然乎，否乎？

孔子云："因民之所利而利之。"后世为政者，何知"因民之利"？此令出而民不服之由也。盖土工之兴，衙门胥吏、圩地董甲，一皆视为利薮，利于彼必不利于民。一番举动，糜金巨万，悉付淤泥，无益地方。此甚可惜也。况敝县于郡属为最下？西北受太湖、阳城、昆承诸湖之水，东受太仓、冈身、花地所泄之水。每梅时淫雨，北乡之田汪洋一白，吴淞、浏河皆远在东南数百里外，地形反高，形势纡缓，何能有济？而北出之白茆、东出之七鸦浦，所以泄本县北条之水者，仅通水线，其淤处皆在海口。白茆并福山、七鸦在太仓州境，俱非本县之所有。事故本县之最要者，莫如围岸。近人亦无不争言围岸，然而难矣。苏郡之田，寸寸有税。沿江之田，积岁以来，已多坍塌。而当销圩之时，言利之臣以弓量田，辄曰"跨河三尺是耕"。近河之田者，当其未坍，已赔三尺之赋，而况加以积水之冲决乎？

故就近论之，如致和塘南北沿江之田，每多全号皆摊在江业户，积赔粮折，无从控告。若又从其坍塌仅存之田，拍高作低，包筑全圩之围岸，宜其心之不服也。即加之以势，督之以威，苟且告成，具文而已。故根当日面陈，独举坍荒减赋一事言之。其次莫若积储。欲望执事超然独断，因民心之所欲，垂敝邑千百年之利。盖苏郡浮赋无田不宜减，而独坍与荒为尤甚。阳城、昆承傍湖之田，为湖所啮者，不知其凡几矣。然案册可稽，履亩可得也。外此，则致和、吴淞两江之滨是矣。至于荒田之有粮，有本系有赋芦田，有近时熟田作荒。此等田赋，谁能承办？任之则病于国，征之则病于民。故曰：国与民交病。

且民力既绌，熟田尚多挂欠荒田焉，有完理十余年前荒田，所出芦苇，不劳播种，坐而有获，而粮税无多，故民视荒田之利且倍于熟田。迩来天不降康，有虫一种，黑甲有翼，大如蜣螂，数万群飞，声如聚雷。芦苇一经虫嘬，即时萎死。民以此失业。而熟田抛荒者，其赋尤重。民以此病。故坍荒减赋为救时之急务、治世之长策也。

至积储之举，邻县皆有，敝邑独无。然必有有力者捐银为倡，方始可举。夫国家张官置吏，号为"父母"者，欲其抑强扶弱，使安于本业，而户有盈宁之庆也。又欲其明教化，善风俗，使君子洗心、小人革面也。今官如传舍，救过不暇。乡约保甲劝农乡饮之事，为治之本，皆置不讲。茶坊酒肆，女闾博场，随地而是。师巫邪说，惑志诬民者，恬不知禁。如此而欲风俗之淳、民庶之富，不可得也。

阁下诚能俛听鄙言，宜置农田水利姑缓。数年之后，疮疮痍稍复，庶乎可行。所急者，莫如禁止茶坊酒肆、师巫博徒，重惩其一，以警其百。而又令婚丧有礼，僭逾有罚。杜盗贼之源，善风俗之本，莫急于此。

至于围岸之筑，若经费有资，则宜就一图一圩联络为之，以粟米招流民之无业者结庐其傍，以资购下田之最瘠者，取其土以筑要岸，分田为上、中、下。沿塘者为上，则植稻。中田则植蒲。蒲之利，三年可兴。其初植也，每亩止三百耳。岁丰，亩可十千。即植菰及荷，其利亦不减。此其开田成漤者，秋冬有鱼鳖、萑苇之利。流民为佃，出粟者为业，而共其利。如此，则野无旷土，国无游民。然非大有作为者，决不能及此。若如官府所行，通县兴筑，劳民无实，又焉用之？故根以为，莫如办坍荒减赋一事之为得也。盖此事若由县中申请，则上流之驳勘、胥吏之淹滞，其费实繁，其成实难。若得上游主持其事，比如顺风而呼，其成宜易。往年同城昆邑邀恩，豁免五百余石，已有成案。前敝县冯侯石农在任时，藩司业委员临县，以冯侯去任而止。今藩檄岁至，惜无举行之者。

幸逢圣主当阳，励精图治，抚、藩府诸宪臣，皆公忠体国。阁下适以捐赈之事，惠临敝邑，亲见敝邑凋敝之状。有触于中，下问及根。故根直布其愚，惟阁下裁择。若好大喜功，冒昧发议，谓水利而可骤兴，围岸必可尽筑，阁下有救灾恤邻之善举，而画蛇添足，无益于民，徒滋阁下之怨。是阁下以诚问，而根不以诚对也。异时，阁下深见其弊，而悔听言之失，则根何以对执事乎？

盖开河之举，必去三害，得三利，斯可耳。何谓三害？上官仆从供应之害，胥吏藉端需索之害，包头侵欺搪骗之害是也。三利维何？天时、地利、人和也。今三害不能尽除，三利亦未必可得。故曰：置之便。

至于积储之策，积谷不如积银。盖积谷有创建仓厫之费，有鼠雀偷盗之耗，具于嘉定谈侯春台之议。执事试于二事，择缓急而行之，不独为福于地方，阁下之名且载诸志乘，县民世世感戴矣。此千载一时之会也，幸与同志者商酌之。水利诸说，为学者自宜留意。俟稍暇，另纸录呈，以备刍荛之采。独就地方急要之事，为阁下陈之。惶恐死罪不具。

六十六　与汪石翁书

久未会晤，又尠音耗，心常系念。以年饥囊乏，出门为难。又疫疠流行，施诊送药，仆仆竟日。以此不能来渎川一晤。

接得手札，如见故人，慨然太息。根居常，念汉置孝弟力田之科，文景之治，比隆三代，盖教养并兴之效也。今养之既无术，有事则济以捐施，平昔又素无善教以督率之，廉耻道丧，争心易萌。而真茕独者，或不能自伸。此即有以济之，犹且不可，况断不能济乎？身已老病，“吾躬不阅，遑恤我后”？意欲觅一村僻之馆课，四五学童，博斗糈自给。暇著一书，发泄生平所欲言。年荒地瘠，犹未能也。

昨岁大无，今兹又遇风灾。穷民剥床以肤，官吏敲骨至髓。而“风教”两字，断无一人道及。仁丈刻《圣贤法语》及《贞孝节烈文编》，皆有心世道。故根乐为之序，将为世道人心提撕警觉一番。布施茕独，其末也。而此，其本也。饥荒之后，竭蹶劝赈。正如嫂溺手援，元非可常可久之事。此意在仁丈自能知之，外此安知耶？第蒿目时艰，心难恝置，诵西铭“民胞物与”一语，真欲抚膺恸哭。

前有一札，言地方事。仁丈试一览，有可用力，望为留意。承惠《文编》，极感，所校误字，别录一纸奉览。此书恨无资多印，若能家置一编，当有益也。

西溪处境，亦平平，所领养之童，却长养无病，幸勿记挂。诸维为道自重，风便望惠德音。草草不尽。

六十七　复张咏仙学博书①

睦和幸奉教言，后屡蒙惠书，复承楹帖、便面之赐。开缄奉读，既感且愧。安定、亭林二先生者，根所夙慕钦仰，窥其一二，而未有得者也。阁下高见远识，何所见闻，而于荒江老屋中识斯人耶？不敢当，不敢当。

虽然，古人有言“得一知己，可以无恨”。根老抱一经，跧伏菰芦，期为阇修朴学，不敢为近名之举。属地方水潦，民生垫隘，因忘出位之讥。再至郡中，然与阁下犹未有一日之雅也。

荷蒙诸君子念，敝邑素号荒瘠，一遇异灾，死亡接踵。为救灾恤邻之举，泛舟相接，饱及饥虚，病者得药，亡者得槥。根何人斯，能不先后奔走，共襄美善耶？然而生平所期望者，宁直如此而已哉？阁下于立谈之顷，而有以识之。此阁下所以异乎恒人，而根所推服者也。且古人为学，岂独夸文章之美而已？必也孝友修于家，惠泽施于民。

① 原注：咸丰元年辛亥(1851)。

此阁下之已事，而根之所瞠乎其后者也。愿阁下扩而大之，以及一邑者及一郡，以及一郡者及天下，以及天下者及后世，则安定、亭林所未及施者，正欲望之于阁下也。方今圣主当阳，励精图治，有猷有为有守之士，发舒抱负，宜在此时矣。根衰老日侵，方与田父野老，负曝追凉于茅檐竹树之间，含饴鼓腹，沐浴太平之化，而谈阁下之声施，以为此大人者，亦根之知己也，不亦慰夙怀，而夸盛事耶？愿阁下勉之。

阁下前札，言坍荒减赋事不能骤议。此事根怀之有年，终望留意。至《诗存》之刻，当日乃亡友勿庵张君为政。根尝讶其收罗太广，意者亦以诗存人忠厚之遗与？惜乎垂成而遽殁。病中举以相托，而不知根之力实不逮此也。阁下前者书来，许以相助，并索勿庵之作，欲刻附卷后。此诚盛意，敢不敬承？新正拟抠侍函丈，藉听大教。会遘采薪，两足罢曳，自揣衰晚，恐不及竣事，以孤亡友。

又欲敬求阁下大文，弁诸卷端。阁下前此致语，谓开卷即亭林诗，故不敢为。然愚意正为卷中有亭林、柏庐在，当不仅以诗人目之者，必得阁下一番议论，使世之读此书者，别开只眼，毋以诗人自域，岂不善与？玉成之事，望早留意。

勿庵诗因无副本，今正在抄录。俟录完，当奉清览，并求鉴定。又根十数年前，亦时有吟咏，后读性理家言，遂辍不为。当录一本求政，若得附骥尾，存之卷中，此出阁下之赐也。天气少和，当图抠侍。先此申恳，并候道安不宣。

六十八　与张柳人唐爚斋二公书

昨奉台函读之，惶恐不安。用敢叩首，裁书以复。

闻之人之相知，贵相知心。根之素怀恬退，兼以老病，不堪培植。二先生知之，亦有素矣。今乃承贤侯及两学师尊，谬采虚声，殷殷推毂。此出贤大夫为国求贤之盛心宜尔，而不知根非其人也。二先生知根，宜为根坚辞，不当称“桓荣晚遇”之语，以为根幸也。

伏念根行能无似，本原之地，循省多愆。即素喜读书，亦不能成一家言。自乡邑一二老成凋谢之后，块然无徒，方且布袍草屦，农樵与伍。其于斯举，不合不称。其不可者一也。“孝廉方正”四字，得一为难，循名责实，谈何容易？根读古人之书，断不敢为欺己欺人之事。若无其实而冒其名，上辜国家之盛典，而下为有识者所讥。此其为累于举主实多，其不可者又一也。寒家自先节士以来，门祚衰薄，食贫居贱，于今五世。一旦生觊幸之心，骛干进之荣，此其违心已甚。其不可者又一也。昆虽小邑，然自唐宋以来，人材辈出。今儒绅之内，伏处之流，岂无真修实践，远出根之右者？不此之及，而猥以鄙陋承之，遂谓地方无人，则根罪滋甚。其不可者又一也。此四不可者，皆真实语，非有假饰。外此，又有大不可者。根生平穷饿自守，不敢以非义妄有干求。若一承斯命，至以道里之费或致不给，至俛首于人，尤非所愿。加以伏处既久，礼貌粗疏，趋走词命，俱非所习，其不可者多矣。万望婉为披陈，亟寝前命，实为幸甚。

至贤明府及两师尊厚意，当感之终身。自今以后，期守硁硁之节，束躬主洁，不敢菲薄，即所以报知己也。

卑贱不敢躬诣控辞，率陈衷曲，希为代白。别举贤能，以光盛典，庶得保全微尚，则叨恩于无既矣。谨草奉复不备。

六十九　复顾子云孝廉言义仓事

根愚昧无识，承以义仓一事，殷殷垂询。仰见执事计虑周详，不同众人。根虽不能与其事，窃有以献其诚。故于相见之顷，有难之一说也。何者？他邑举事，类有藉手，或捐赈余存，或有力倡捐，故为之较易，而此间则无有也。

常州事例，按亩输谷。章程非不明晰。其实，事势有异，盖彼处无欠粮积习。此则正供不支，遑言额外？况一云案亩，便为通县皆捐。异时人人望给，入少出多，难执其口。以根愚见，尚以富户随力捐输为得策，盖捐只富户可以立一条例。如异时平粜，有田十亩以上者勿与，有手业店铺者勿与，可以收狭其途耳。但富户捐输，亦必立一章程。当今民穷财尽之时，捐田则易，捐银为难。设一概捐田，租籽无着，正供无着。即仅支正供，而蓄积无着。一遇水旱，何以处之？故公局中虽不可无田，而收田实非上策。如收田过多，不独官与董交困，而民亦阴受其累，但为见在赔粮者利耳。

愚意，如上等捐户，其捐数分为三年、四年者，必待末限，方准以田作银；中等捐户，则银与田各居其半；下等亦必捐有建厫经费，方准收田。如此，庶官、董不病于田，而捐户亦稍纾其困。至于乡各设局，其因地制宜之处，任从其便。彼盖邻里相赒，或有不敷，可以通融借垫，非若城局，必以公款办公事也。难者必曰：此时收田甚易，何为强为其难者？不知古今异宜。数十年前，田余生息，故设堂者类以田为本；今则田之为累，彰彰可见。万一局有田而仓无谷，一遇水旱，何以处之？且亦知上流今兹之所以亟亟于设义仓者，果何为乎？抚藩大吏尚有习闻义仓之为善政，而急欲行之者。至于建议之人，不过以军需浩繁，府藏空乏。倘遇水旱，抚恤何措？故怂恿为之，李代桃僵，以董事为息肩地耳。如是而为左右者，岂不綦难乎哉？且一手一足之烈，爬梳剔刮，欲以支两县求食之民。此事原非易易。虽曰两县之田合之，凡一万九千五百余顷。其实富户少而贫户多，捐者寡而食者众，非积之岁年，不可也。然则如之何而可？莫如分而各任之，其利有三：一曰因地制宜，二曰各自为守，三曰民心有定。夫高仰与低洼异，宜富乡与贫图殊制，故因地制宜便也。东西迢隔，输载为难，米谷寖多，监守非易。此各自为守便也。东乡之民不扰西乡，画地而分，各归其局。此民心有定便也。由始言之，权若旁落，由后言之祸不独承，《易》所谓“涣其群，元吉”者是也。盖今日涣董事之势，异时即以涣饥民之势。故根之愚，以为分之便。今者安亭、唯亭诸君子，不惮心力之劳，首为之倡。此其心，真“民胞物与”之心也。而局中诸先生昼夜图惟，冀其有成，盖真肯为地方未雨绸缪之计者也。

义声所播四乡，宜必有人为。今之计，莫如分县为八乡。乡领一局，令各自劝募而总其大纲。于城局则仿劝济局，例以典铺及城中大户所捐，先尽城内外及附郭诸图，有余则以补空图之无着者。其八乡所领之图，则以地势人情联络为之，或银，或谷，或田，均从其便。惟富图必包贫图，兴发期于无误。此则其要领也。乡设乡董，图设图董。图并于乡，乡统于城。先沠乡董，次沠图董，皆立册籍，以记其姓名、住址及离城里数、图坐何庄、庄书何人、保正何人，择日先集八乡之董而公议焉。八乡允者六而却者二，则散二乡而皆为图董以统于城焉。其图董之设施，则乡董为主，而城董董其成焉耳。有如乡董自愿于其乡建仓储谷者，则画一疆界，听其为总局之附庸可也。如不欲自行建仓，则所书钱谷之数，必立循环两簿，以为比照。而愿单之钤记，必由总局执掌，与自行建仓者异矣。

至于义仓之设，自必以谷为主。虽瞟令谈公建议，谓莫便于以银存。当然有虑者。从来社仓之设，民捐民办，官不与焉。且行止一乡，故人存政举，可以历久。今既统于官，存银殊非良策。往年劝济局之事，可为殷鉴，不如存谷之为愈也。但新收旧管，必以实收到者报官。而每年于结算之后，刊刻告条，遍贴村坊。至一旦需用，即碾谷平粜。且分乡既定，则各有职司，一呼百应，如身使臂，如臂使指，不待临时拨布矣。然此第合其始终收放，而约言之也。

至于书捐之时，大户之心各各不同。有鄙吝者，有畏事者，有懒慢者，有恃强者，有实无力者。此宜以至诚恻怛感动其心，不可行束湿之政也。先儒有言：有公天下之心，斯可以行公天下之事。根之愚见，第一掣肘受困之事，莫如议叙一项。为左右计，莫如于禀宪之时，先行呈明。此事为仰承宪谕筹济地方起见，不敢邀恩议叙。如此，则建仓之始，省却许多葛藤，且示人以无私。其余诸事之宜节省者，又不待言矣。

本邑善堂之事，惟普育为最难。然其待哺之人，尚自有数，非合两县之穷民而均望其养也。又非有监临之官弹压于上，不可转动也。

若主管义仓，则百倍其难矣。其始也，募捐之难，收入之难。其继也，看守之难。又其后，则放给之难，弥补空阙之难。几无事而不难矣。事出不料，天灾流行，饥民蜂拥求给，方赴汤蹈火之不顾，而上司又严檄催放，即披肝呕血，而莫听言。念及此，能勿寒心？故根以为能竭诚尽力，以冀事成者，上也。或谢事以避贤路，次也。分其势以轻其责，思其艰以图其易，则不得已而为之矣。

左右高瞻远识，必有迥出鄙人之见之上者。以执事虚心下问，不敢不竭其愚。根迂陋，于地方善事，虽有愿为执鞭之心，然灼知其难。加以年力衰颓，家门多故，不能追随。已过承下访，聊尽百一。其间进止，希自裁夺。下里穷儒，幸冀积储有备。惟与乡农辈歌颂明德后，此不能复效万一之思矣。希谅不宣。

七十　与叶涵溪札

月前，曾奉寸函，未知入览否？又未知荐举之事，今却如何？士君子出处，原无一定，但斯世斯身得为城南老圃，读书谈道，苟全性命，已是大幸。倘违素心，而多所周章，以博妇竖之炫耀。自问此心，果何为邪？

假如作生员而应省试，此乃本分事，其得其失悉听诸天。吾不与焉。若“孝廉方正”四字，却是难当。论其实，本吾人应尽之闇修，亦士君子夫人当尽之职分，断不可以一己龙断居之也。此非为让以鸣高，其实自处宜审耳。根何足道？足下以此言为何如？

七十一　书示辰甥

士君子处穷困时，只有自尽与苦守两事，最为得力。

假如坐一蒙馆，亦须早起晚眠，把几个村学生如练兵点将一般看待，而更出之以和平之气，自然能感化，心悦诚服，父兄挽留之，惟恐不至矣。此自尽之说也。又如瓶中仅余二升米，我做两日粥吃，便敷衍两日。作一日，断不可妄求于人。此苦守之说也。要之，大而至宰相，小而为蒙师，若以圣贤之道反求诸己，只有我不尽分处。今人不肯自责，到处嫌人供待不周，所以到处不如意。怨天尤人之念，胥于是生。

其病根在一"恃"字。至如"苦守"两字，人不肯学，乃是才做秀才时，便自己当作举人、进士身份；才做举人、进士时，便自己当作台阁贵人身分，断无一人肯低首下心，卑小收敛，说我是穷读书人，应该吃苦。试看书上所载古来圣贤，其服用、起居、行止、言语，何等自克。而今，秀才反居然气体，此是恁的？

其病在一"傲"字。"恃"乃"虚"之对面，"傲"乃"谦"之反面。虚受益，谦有终。"恃"与"傲"，而能受益有终，难矣。进而言之，我有可恃可傲之具，犹且不可。况闻其所恃，不过数句烂时文做得好。其可以傲人者，又不过秀才一个前程。此两件更济得甚事？若能于自尽、苦守两事实际处用力，随在可安，怨尤胥泯，乃人己两得真学问。与彼"恃"与"傲"者之触处，荆棘不同也。

七十二　与韩介孙学师书

根布衣迂儒，毫无学问。厘守踽凉之节，安农圃之分，不敢与闻非义之事。独念古贤，讲求治道，类先求之于风俗、教化之大，而不汲汲于簿书、钱谷之细。故凡邑有醇儒，乡有节妇，史传所载之循吏类，皆引重而褒奖之，以为风俗倡。如言子之与灭明、于公之于东海孝妇是也。故能致理一时，垂声千载。而今之民，上不闻是也。斯治之不能及于古矣。

伏睹老师台前此颁谕，搜访节烈，伫待题旌。而又以风闻西北乡王烈妇之事，死抱沈冤，贞名湮晦。虽其事迹有传闻，而姓氏未彰，难以入告。特枉手札，委以采访，谆切再四。

根素有发潜阐幽之志，又承师台刍荛下询之诚，两过湖壖，周咨妇竖。始则晦而未显，继乃信而有征。于晦而未显也，见人心之易昧，误以庇恶为隐恶。于信而有征也，见天理之难泯，用能彰善而劝善。可见匹夫匹妇之诚，终以回天；而断脰穴胸之烈，决难湮灭。彼妒贤者，徒拂天心，而戕善者，终沦禽兽。然非老师台一念之真挚，至再至三，则根亦无由激发其衷。冒暑涉涛，祷神明，稽古旧。而后，烈妇之事始彰彰明白，得以上闻天听，而下垂志乘也。此不独烈妇幸，而实为风化幸。

谨将烈妇姓氏、住址，另纸录呈，伏祈赐入。又望师台于详请之余，挥椽笔，发至论，为纪事一篇，垂于大集，以示将来。庶义者有所劝，而恶者有所惩。此又为世道人心计，不独为烈妇计矣。谨复。

七十三　与当事议苏松减赋书议附后

天下之事，非得人以为之则不成，非及时以为之则亦不成。然则为事而期其成，固矣。

顾愚思之，有其事成而利害相半者，有事成而其利不及百年者。然由有识者言之，利大而害小，虽相半，犹可为也。利在下而害在上，有道之主犹为之也。若其事有利而无害，所损乎上者，虚悬之赋额，而有益于下者，官免参罚、户免追呼之实利，则莫如坍荒减赋一事已。

本县之田之坍，西在阳城、傀儡诸湖，东在致和塘、清洋江沿江诸圩。而荒则低洼之处，在在有之。自苏、松浮赋积重，加以岁比不登，州县以催科为殿最。而重谷劭农之政，平昔不讲水利湮废，田塍坍塌，闾阎凋敝，民救死不赡。熟田之赋，尚难措办，何有坍于荒？而在赔坍荒之赋者，积岁累月，案限催比，皆剜肉医疮，从无旁贷。此坍荒之为累于小民者，无穷期也。夫虽有聚敛之君，决不忍征粮于白水。

然九重万里，谁为入告？诚得蒙大仁人之惠，邀恩豁免。其为吾邑子民世世感戴，岂特一时之利而已？夫豁免一事，似乎所损国家之漕运，常以三斛致一斛之米。诚得蠲免数百石，即国家小省千石之费，而县长亦免数百石之考成矣。上下交利，莫便于此。又宣宗成皇帝已有明旨，际今旰食宵衣，勤求民隐。此得其时而可为者也。所难者其人耳。当世大仁人君子有忠君体国之忱者，诚因愚所陈，惠顾下邑，慨捐其费三分之一。顺流而导之，吾知小民之愁苦，庶有休止也。

不佞伏处田野，目击民艰，无以为之。所不揣谬罔，敬陈末议。惟悯其惓惓之诚，为下邑生灵请命，非为己也。情迫势蹙，词无诠次。惟宥其狂率，幸甚。

前之议减苏、松浮赋者，皆曰苏、松之赋之浮，以明太祖疾其民之附张士诚，久攻不下，故以重赋困之。而不知太祖当时之意，实以虚额惩一时之顽民，而居心原不欲如是也。

以史考之，洪武十三年，重租粮额减十之二，或减十之一，而又岁奉诏书蠲免，则知当洪武之世，原未尝实以重赋困我民也。况其时国法甚严，州县之官，断不敢于额外浮收颗粒。特以作法于凉，当太祖之身不为亟正，虽建文时大减原额。而永乐当国，仍复其旧，兼以迁都北京，耗益加重。直至宣德五年，方将洪武时额田减过十之二、十之一者，复议十之三、十之二有差。正统元年，巡抚周文襄公忱、知府况公钟以苏州历年逋赋至七百九万石，松江亦相等，乃委曲核算，奏减苏州额粮七十余万石、松江额粮三十余万石。前明三百年之邦本，实培于此。但因漕运解费，耗米加增，多至八十万石。案之《苏州府志》云：嘉靖十六年，田地山荡等项，共八万六千三百顷有奇。知府王公仪核定斗则为平米额数，实存正米二百三万石有奇，减去耗米三十万石有奇，实存耗米四十四万石有奇。其耗米供运脚之外，原以备地方公用。后之主计者，以苏州有派剩余米，悉归之官，以耗作正。于是民之受困，遂不可言矣。《志》云“后之主计”，盖指隆、万时言也。又案《松江府志》云：万历二年，定垦田山荡溇四万二千顷有奇，夏税秋粮共米麦八百一十一万二千石有奇，存留米麦共一十万六千石有奇，俱照例蠲放免征。至万历四十八年，虽有存留名色，不闻蠲放免征，则知前明之重赋，重于洪武初者。重在一时，且有名无实。至宣德、正统间已大减。重于万历年后者，照额征收，积重不返。况重以嘉靖三十三年加编练兵银，每亩三厘五毫。万历四十八年，又加边饷银，每亩五厘五毫，合共九厘，号为“九厘地亩银”，则重而益重矣。

所以前明之元气，大丧于万历时，而民亦不能自保，则知“民惟邦本，本固邦宁”非迂说也。然明时考课，苏、松钱粮完至七分者，即为合格。在官得以行取，在民得免追呼。而地丁钱粮，皆于来年起解，号为“压征”，非若今时之四月完半，十月全完也。且银价每钱止七十，非若今之四培[①]五倍也。三百年来，未之有改。是虽有重赋之名，尚存实缓之实，以待赦免。盖明知地方民力有限，苏、松财赋重地，宜纾其力，非若今之以财赋重地为官吏之欲壑，使户尽逃亡，田芜不治，如目前者也。

我朝顺治二年，平定江南。其田土科，则悉以万历年额为准，永除明末无艺之征，可谓救民水火矣。然必以完足十分为例，漕粮升合悉归天储，地丁分厘皆拨正用。其奏销也，且与边省僻县钱粮不上数千或一二万者，同其考成，而不肖官吏弥补染指，胥于是取足。由是苏、松之民，至今日始实受前明加重之累矣。况顺治三年，以白粮官解加征。白粮经费，每正银一两，科银二分，为领解员役盘费用矣。今则漕船搭运，而此项未除也。顺治四年，复征嘉靖、万历间递加之九厘地亩银矣。顺治六年，每漕米一石加银五分、米五升。顺治九年，又加耗办等米，及运船水手工食矣。顺治十六年，于五米五银之外，又每石加银五分，号为“五米十银”。

窃念明季之以耗作正，凡漕白解费悉归公帑。民间尚苦派剩余米之输官，无以备救荒之用。一遇凶荒，流离载道。今既以耗作正，致加三加四之耗，米亦增五米十银耗，外加耗之五米，亦必筛飏淋踢，又州县所称“水脚帮费”者，无一不出之于民，以致数十年来民穷而

---

① 当为“倍”。

逃。逃而欠官,无以征兑,则勒出之于循良之户,以二三石完一石,隐为欠者代偿逋赋。苟非前此世宗宪皇帝大沛皇仁,减额定则,暨累朝恩纶叠沛,遇灾辄蠲,我不知斯民之命,何以存活至今也。

然如此耗外之耗,重而益重,宜乎损下益上,天储无阙矣。究之积逋,盈千累万,从无一年一县有照额全完者。州县之官,日事敲扑,而百姓之卖屋弃妻,逃亡死绝,无在无之,特城市之人无由目击耳。是钱粮之虚额,不过累州县之参罚,降调革职,实无补于国家维正之供。且也官欲免参罚,则挪移别项,献馈营私。亏空之源,实根于此。

故愚以为,裁减浮赋,诚今日久安长治之良图,制理保邦之根本。而严饬吏治,大法小廉,又今日清厘漕政之急务也。虽然,难言之矣。盖钱粮之入,关国家经费,彼琐琐者何知经国大体,一遇裁减之疏,动以经费不敷,箝制其上。甚者,以祖制不可轻变为辞,不知累年增加,如奉部文为改折白粮事、敬陈减差等事、驿递差使等事、酌议捐省等事、议裁可缓等事、合计天下等事、暂移存留等事、钦奉上谕等事、请旨事遵旨会议等事、叩求天恩就近等事、遵奉堂谕等事、再疏请旨等事、请停岁贡廷试等事,各案内逐渐加增。主国计者但知议加,不知议减,但请预征,不肯缓征。遇有急用,即称暂借于民。无可开销,即曰"解司充饷"。方其加派之初,原曰事平即已。及事平之后,遂入起运条编。彼之所称祖制,已非顺治二年钦奉诏谕之旧矣。其弊由乎国家之制用,但计其入而不计其出,只知取足于下而不知撙节于上。此非得迈古之英主,明见万里,断自宸衷,灼知驭国之道,在保其邦本而又有二三老臣硕辅能左右夹持之,使毋摇群议,胡可得也。

故愚不获已而降为坍荒减赋之议也。夫苏、松二府之田赋,何一不当减?而况在乎坍荒?坍荒之赋之减,业有明诏,而不难于办理。如敝邑之荒瘠,百姓之日望恩泽者,前蒙藩司委员临县,且檄里甲开具孰坍孰荒,备文详报矣。而至今未行者,由乎费之无所出也。欲箕敛于荒区之民与?欲出之于县官与?殷实大户,无其家也。乐施好善,无其人也。诚有大仁人君子权其利之十世百世,计其事之足国足民，较之济贫施佛，其益十倍，当有慨然任之者矣。

敝邑四乡八十五庄，为图一百八十八，为田地荡五千三百七十二顷六十五亩，额征米八万一千三百四十八石有零，征银五万四千一百余两。其芦价田荡不在此数。县田坐落有在致和塘北，毗连太仓、昭文、长洲者，皆低洼荒瘠，为九邑下流，西汇太湖、阳城、傀儡、度城、雉城、巴城诸湖之水。每遇春夏雨多，湖流泛滥，即为泽国。十岁九荒，民皆以织苎捕鱼，苟活旦夕。如前年己酉之水，田庐荡析，流亡颠仆，动心惨目。而其中之沿湖傍江，坍没荒废之处，犹岁岁征粮。于波涛莽莽之区，民皆逃亡。税何从出？势不得已，而取足于熟区，至再至三。而熟区之民，亦剥床及肤矣。剥床及肤，则渐亦挂欠，而官受参罚。此官与民交困之由也。

诚得援明诏，委廉员履亩清勘，豁免坍荒，以苏民困。斯亿万年民食其惠，诚为百世之功。较之议减浮赋，难易昭然矣。惜乎敝县处积穷之后，无论大小之家，岌岌乎岁月不保，而何暇及此？此愚之不能无望于当世之仁人也。夫谋国者，宜务其大。务其大，当以裁减浮粮为亟。此大臣宰相之职也。

由一邑言之，则莫如先就其小。就其小，则如坍荒减赋一事，凿凿可行，且不可缓者也。古人有云："一命之士，苟存心于利物，于人必有所济。"若援荒瘠之民，蠲其赔垫无着之赋，所谓"生死而肉骨"，讵独有济而已？即国家有道之灵长，亦胥基于此焉。谨议。

七十四　复义仓公局诸公书

伏承诸先生心殷桑梓，为地方筹未雨绸缪之计，上以副宪仁，而下以备不虞，甚盛心也，甚盛举也。根窃伏草野，私心颂德。

夏间蒙子云丈见招，曾一赴局中，与诸君相见。旋以小札，备陈一切，其可采与否？原以俟诸先生，同当事秉公酌议，非晚一己之私所敢悬也。乃者，复承云岩、湘蘋、荫三三先生枉舟过访，得读所拟章程，业已至详至悉，足征有抱负者自能临事井然，有条不紊，使下不伤民隐，而上可以承宪委。为公为便，此非诸老先生是望而谁望也。

至承见招同事，晚自揣性质迂缓，非盘错之材，加以年衰，手足、耳目皆已颓废，何敢冒妄任一乡一图之事？目前，地方未为无人。古人有言：代大匠斫者，必伤其手。若不自揣，致异日有误公事，其开罪于诸公者，或蒙曲宥，而遗误于地方者，罪胡可逭耶？

盖任乡图之董，即至近亦必以十年为率。根年已八十有四，旦暮入地。故前复札，即有“年力衰颓，家门多故，不能追随”之语，未蒙鉴及。乃辱光临，复颁邑尊名简。优待之意，非不至渥。但晚之不能趋事，实出真诚，诚恐当事大人暨诸先生谬采虚声，委以前项职事，力小任重，鲜不仆矣。

故敢哀陈控辞，万望另选贤能，使晚得就闲散之地，以观盛事之成，则感诸君爱我之私于无既矣。率陈胸臆，并将原简呈缴。惟赐亮詧，即候崇安不备。

七十五　答倚岩书

伏暑之病，系夏时暑耶？潜伏于上、中二焦，至秋感新凉而发，无所谓传经直中也。其邪元从口鼻而入，故或入于肺，或入于脾。症亦寒热口渴，或寒热间作，而类疟。是乃伏暑症也。

故河间治法，专主三焦。其说根于仲景《伤寒论·阳明篇》，中以栀豉汤治上焦，以白虎汤治中焦，以猪苓汤治下焦。以暑湿，忌表忌汗。手太阴与足太阴，亦忌汗。故立此法也。若入冬，则为伏邪晚发，于六气之外，又兼寒之一气，症愈夹杂。且此等症往往多中于怯弱之体，以元气素亏，不能外托，故伏邪郁不肯出，而内之以津液益干。

此病治之，宛如剥笋。其表仍以形层立论，以新邪由外感，犹笋之有箨也。其里仍宜三焦分治，如笋之中有节也。治表，轻重宜恰中,不宜过用辛温。治里,仍宜主暑。邪分在肺,在脾,亦有走三焦,即募原属少阳者,尤防痉厥,以少阳属相火也。寒热犹在,宜定寒热。寒热已缓,主以调中,以脾能生肺,肺不能生脾也。切忌过汗,及用推荡,或畏热早清,则转辗而必至死矣。若夏月见头痛畏寒,灼热无汗,脉紧传变而为单热口渴,又传而为暴泻,似乎暑邪亦有传经矣。然此乃深堂大厦、追风饮冷而得,实以暑月而受非时之寒,故古方有香薷饮子,虽兼达表,仍主肺脾,不可专以暑论矣。若陡然昏冒,有似类中一症。此名中暑,与中风、中气相似。盖以暑热之邪,直中内藏故也。古书亦名中暍,并无腠理不密,暑邪依次而入。及不能直捣心包之说,未知孙君之论,本于何人。宜足下疑之,而致询也。

秋伤于燥冬,为咳嗽。喻氏之擅改经文,未免专辄。然咳之与嗽,尚似有别。脾贮湿,痰阻气升降,因而为咳者。此不得不谓之长夏伤于湿而然也。肺液亏损,肾不上承肝,阳反炽,因而为嗽者。此不得不谓之秋伤,于燥而然也。若夫肺叶热焦之症,乃为肺痿,有因外感失于疏散,有因津液为郁所伤。其病始于夏秋,至冬而甚。至春,则木王、火相、金囚、水废,而不可为矣。此咳乃因病而咳,非咳而致病。既不可隶于湿,亦不可专隶于燥,当为另一症矣。

肺之为病,大都多由于郁,郁则化火,自然之理。火能刑金,亦自然之理。古人清肺燥,必兼泄散,无胜泥补者。《千金》《外台》诸方可案也。治脾家,湿痰者以二陈汤为主,方中有茯苓为之君药,以茯苓淡渗,属阳,能化湿也。阳气一动,湿自化矣。治肺家燥咳者,以阿胶救肺。汤清燥,汤为主。方中有石膏,能清阳明之燥也。孙氏于他论,皆有理。惟此条攻喻氏,未免过当。喻氏《医门法律》中,议论可取者甚多。特其好为自高,蹈明季讲学气习,此则短处。又中寒论之,锻练直中;温热论之,瘟温无辨,正多可议耳(德森按:孙氏谓苏门先生天骐也,有《识小录》二卷)。

七十六 与甥范辰生札[1]

昨访徐洪生丈，得甥十八日留札，知近从张敏轩兄受业读书，心为忻喜。盖敏轩之为人，沉静谦和，切中当世读书人性高气傲之病，为根所佩服。吾甥得所依归，即不习举业，而日亲高贤之化，亦自有益，况又肯勉志读书乎！此不独吾之忻喜，即先妹丈九原亦当为之默举也。

然有虑者。进锐退速，一暴十寒，皆聪明人之病。所望澄心静虑，日就月将，《四书》《六经》，潜心讲贯。先正制艺，择其理明词顺、层次清楚者，得百余篇读之，当有入手处。根幼时，父师之教綦严，而立志不坚，垂老无成，当以为鉴。

范氏，诗礼之胄，监簿一支在昆者，衰微已甚。倘得诗书振起，于祖宗谱谍，亦有光采。此从承先启后立想，非世俗功名之见也。勉之，勉之！抑孟子又云：五谷不熟，不如荑稗。前者王湘甫劝甥习学地理，以继先业。为贫士食力之计，亦非无见。此所谓"荑稗之熟"也。今舍荑稗而择五谷，似已审矣。盍勉致其熟，而无为荑稗之笑也哉！

《谱稿》一本，今寄还。根有《隐求堂文稿》二本，及《裴氏小儿科方》一本，幸检出寄来。

七十七 复吴彦卿书

伏承开示敝县被旌孝子顺孙姓氏。此表扬潜德，甚裨风化。感甚，幸甚！

然其间有前明人而误列本朝者一人，孙道光是也。道光系明诸

---

① 原注：壬子(1846)。

生，县之溢渎村人。其孝行载于邑人张大复《梅花笔谈》。考钱蒙叟所撰《张元长墓志》，大复卒于崇祯三年。《笔谈》之作，又在其前，则道光为胜国时人，明矣。

有郡人而误作敝县人者五人，周尚文、汪允昌、庄觉、周廖、王德贞是也。此据邑人朱用纯所撰《六孝赞》，而前此采以入志，因而沿误。案：《赞》后明言据吴门张永晖所图其乡之孝子而作。其首一人为吴县黄向坚端木，即万里寻亲者。《允昌赞》中又明言"猗与吴门汪孝子"云云，是尚文等五人俱非昆山人明甚。此等处倘刻《事略》，未知可更正否？希呈诸同事、诸先生商之。

至"归越"一名，据归震川所撰传及《明史・孝友传》《嘉定县志》，俱作"钺"字。汝威此作"越"，恐笔误也。至"葛李琦"之为"李琦"，系国初考政尚宽，往往有冒县取之名而入学者。逮后则加本姓于其上，所以"李"字无意义，而疑其为"季"之误也。

至峻道历官，系登州经历，借补黄山馆巡检。《志》上失却"馆"字，亦属遗漏。峻道二子常旭、常吉，皆诸生。旭字孟旸，为程朱之学，家贫不苟取，为族墓，以葬宗人之无后者。嘉庆初元，县举孝廉方正，坚辞不应。吉字景陆，尝两次刲股以疗母疾。兄弟皆敦孝友。以《志》所未及，故常、吉未旌，欲望于《葛李琦事略》后附书，亦表微之意也，未识可否？

切念敝邑自置以来，旌表者寥寥。至道光季年，郡中有汇旌之举，被旌者乃十有八人，猗与盛矣！而今则尤备也。

然如先高祖讳碧，字蒿民者，以父六世祖康侯殉国难，终身布衣蔬食，独居土室。只以家世单传，不可无后。生子选后，即夫妇异室，衔哀茹痛，以讫终身。允合表扬之典。顾以根之不肖，不能先事表微。虽名载邑志《忠节传》中，而今兹之旌，未蒙录及，私心痛恨，不能及矣。然得海内大君子，或诗或文，加以揄扬，则一字之褒，荣于华衮，且留为后日之地，未可知也。

谨录友人六安州训娄东王研云丈所撰先六世祖像跋一通，并先高祖遗诗二首，素纸二幅，呈之阁下。倘蒙大君子念忠孝足重，俯赐表微，锡之题咏，制为卷轴，垂示子孙，感泐之私，世世衔戢。先此沥恳，容日恭叩。门下根顿首。

七十八　复俞漱六丈书

故人诒我书，恍如对面语，甚慰，甚慰。我丈课耕炎夏，劳苦甚，然有足喜者。

涉世本属难为，只此本分事尚可尽力，一也。士人立身，往往因衣食不足，而进退失据者，或不幸丧其所守。今身体虽劳，而心君安泰，岂不甚善，二也。大抵尽心稼穑，最是务本佳事。学者舍稼穑，别无治生之道。能稼穑则无求于人，而廉耻立。知稼穑之艰难，则不敢妄取于人，而礼让兴。抑且躬亲劳苦，则心不放逸，而子孙可教也。得之勤劬，则守之悠久。此人事而天者也。读书之士，达则出而辅宣王化，处则耕读自守，真可谓"无忝厥祖"矣。

惜根不善书，欲为君重题"耕庆之堂"，续西田故事也。《桡榆图咏》固是仁孝所寄，然必有此勤劬守业之真，乃克副此继志述事。于阁下一人见之矣。

根今岁亦于舍旁，种田数亩。夏间渴雨，课力引水，方知吃饭非易。日前奉访，见令似三如亲事钼笠。归为西溪述之，同深嘉叹，以为德门善教，因即命其长孙，亦躬袯襫。贤者之风，固可使人兴起也。惜东西迢隔，无由辍耕陇上，以尊酒相劳。

承和拙作，过蒙揄扬，愧不克当。谢谢。

七十九　复顾勖斋书

根闻之，为地方计者，兴利莫如除弊，何则？除弊，即兴利也。目今弊政，不胜缕指矣，而莫有为之革者。

蚕桑之利，固可裕民，然欲行于今时，譬如两军交绥而行乡饮酒之礼也。吾邑之病，固在乎旷土游民，驱之务本，讵非首务？然而必以渐也。即以城郭论之，其男子非茶坊，即酒肆也。甚者，吸鸦片而甘为废人者矣。其女子非刺绣，即艳妆也。甚者，婆娑于市矣。此非有大儒身教之于前，官府严禁之于后，其颓风未可骤返也。

而欲以蚕桑之利劝之，不太早乎？盖今之建言者，大抵为忧贫起见。顾孟子有言，"田野不辟，货财不聚，非国之灾。惟上无礼，下无学，而贼民兴"，乃为可虑。阁下宜勉为风俗人心计，而无为贫计。苟人心一正，则止贫何患无术？田桑何患弗重？方今催科严迫，如火如荼。有产业者，皆重足而立，非可募捐生事之时。愿阁下亟寝前议，或谋诸韩师尊，刊刻劝民条教，如勿入茶坊酒肆，勿赌博构讼之类，使明者惊心而劝其子弟，愚者觉悟而知返。此亦一事也。与同志之友，仿《蓝田乡约》之说，德相劝，过相规，有无相资，守望相助。此又一事也。

盖近今学者大病，不先自治而急欲治人。此宜为戒。蚕桑一事，宜自为谋，使行之有效。人自为劝，非可设局以劝人者。若如高论，欲先垦地植桑，则劝人出资，一难；得人看守，二难。西溪云云，若甚易者。彼盖自为妻子谋则尔，而欲得尽心为吾谋，则殊少矣。即使桑成，将赋之于人而不收其息与？抑仍欲收其息与？启争端而长盗心，非可漫焉为之也。吾人于此，惟闭户读书，训诫子弟，苟免罪戾而已。地方之事，俟有如亭林、安道者，乃可措手。古人有云："庖人虽不治庖，尸祝不越尊俎而代之。"又云："代大匠斫者，必伤其手。"前车不远，愿先生熟思之。

八十　复韩师尊介孙先生书

根顿首。根无似，荷蒙师台有针芥之契。日者，重以亭林先生祠主题字未定，属为具议。根非不知论人宜于所重，不当以依阿曲学之见,至为大君子所指斥。

顾根布衣士也,邑中鸿儒前辈,林立棋布。若肆口直陈,非所以避不敏也。故前议有引春秋属辞之义,即备言先生心事,以为福王、唐王两次征召,皆会事未赴。然揆诸当日先生之心,或以国事已无可为而遂不往,然决非心拒之而不之受者。先为具说于前。至于吾朝笃厚前明,海涵天覆。凡明季之忠于所事,史臣皆直书不讳,则先生之断为明臣,而其主之当以官书,无可议者。故即继之曰:"此议者,谓先生祠主,必书其前官,乃能原先生之心,合《属辞》之旨,可谓得《春秋》之义者也。"此数语者,盖揭亭林先生之心事,而师台斤斤持论之心,亦因之并揭矣。此在读者言外得之,可也。

根复恐旁人之议,以为建祠作主,实本朝之臣子。两藩遥授,或有违碍,则又引乾隆四十一年追谥诸臣诏书以深折之,则所以伸师台之说者,可谓不遗余力矣。至于后幅所云,盖以身居卑贱,不欲独伸己说。又一时谬以先生之为人,似不必以官为轻重者。致与前说反歧,诚难逃师台明鉴。所谓委曲以就时议,其文掩遏而不畅者也。

根过矣。根往年曾览亭林先生像卷,见前辈题咏类,但称先生高风亮节,为前明遗老。而其弇且陋者,乃以留名不留名为说,心窃非之。妄题一诗,以为先生乃内圣外王之学、继往开来之人,实千古之真儒,非一时之肥遁。诗出,大为前辈讥诃。故题主之议,所以不尽言者,欲有待于师台也。

亭林先生修明六经,综括群儒,网罗众史,垂宪百代,固千古之人物,不可以时代拘也。然论属辞比事之义,则不可以其为千古人物而不著之,曰"明而节义者,实道德之藩维"。又不可以先生学问之大,而不征诸臣节。——则夫亭林之主之题,惟师台之议最允矣。

此非根依违澳涊之言也。前议大半已言之矣。至称前书讳之瑕,荷诸先生教我不及。敬服,敬服。盖天下事无巨细,必有其至当,或两者俱是,亦必微有短长。师友论辨,皆是学问切磋之道,不必尽伸已说。然谓称"明征士顾某,卒而著之于国史",则已足表先生始终为明之心。称"明征士",而题于桑梓之乡之祠主,则犹未尽善。此师台辨析毫厘之处。根所未及者,承教欢忻。惟师台操特笔而书之,则紫阳、涑水不得专美于前,亦即前人书容州文学之例也。冒昧率渎,罪甚。

八十一　又与韩学师书

根不揣,谨有恳者。伏见老师台大人整励风俗,表扬前哲,为近今所罕觏。而根之无似,又获格外之知。此亦师友难得之机会也。胸有欲白,未敢率陈。

惟念先高祖蒿民处士,讳碧,字炜玉。当国家鼎定之时,先六世祖子晋府君以诸生抗节。先高祖痛父死义,即布衣蔬食,潜遁终身,忠孝之思,流露笔墨。邑志《忠节传》中,虽略具事迹,而其心事犹未能表襮当世。此非得当世名贤一字之褒,虑无以发扬幽潜,显闻异代也。

今伏遇老师主持风教,风义凛然。根犬马之齿六十有五,失此不图,必贻后悔。敬录《志》传,并遗诗二首,外具素笺,求大书四字于前。至赐以诗文,重珠叠玉,则出自老师台褒忠恤孝之盛心,非根之所敢渎请也。

如蒙挥洒椽笔,则当制扁茅堂,以为子孙之劝,并求海内高贤题咏,以冠于家乘之前,则根世世子孙,感恩于靡既矣。根北面顿首拜上。

八十二　上某公书

根伏处草野,久慕阁下清德。欲奉一尺之书,逡巡未敢。今不能无言者。窃恃执事胞与为怀,故卒陈之。

吾郡固财赋之区也,而敝邑又郡之下流也。财赋重,则民力艰;

居下流，则生息微。频年水潦，十室九空。偶幸薄收，疮痍难复。乃自漕收溢额以来三十余年，民以二三亩所入而供一亩之赋。又以土著难移者，备供流亡之赋，宜乎催科之政日以拙，而闾阎之力日以绌也。

夫小民之家，大都以五口、八口为率。赋加一倍，则失其一年之食，加两倍则失其两年之食。夫民失三十年之食，而不穷且逃者，未之有也。夫民者，邦之本也。而农人者，又为四民之本。古人劭农重谷，崇本抑末，今乃使民睊睊侧目，嗟吁之声不绝于道，民固不堪命矣，然岂国家之利乎？

根居田亩，远不及知。即以敝邑而言。迩年以来，县长疲于催比，而业户之情迫，自尽者有之，瘐死牢狱者有之，卖田拆屋、弃子抛妻不胜计矣。此草野迂儒，私窃为忧者也。幸今抚藩大吏，皆公忠体国，然宜深探为治之本，勤恤民隐而拊循之，毋使嚣然丧其乐生之心，然后郅治可得而几也。

顾未闻有为此说者。岂以吾郡向称富庶，而疑为民力之未尽欤？抑恃敲扑之威，而谓斯民果若犬羊之可以束缚而驱也？夫貌富在市，真贫在乡。沾体涂足之苦，仰屋忍饥之状，固无由接高位者之目也。而务财者，又但计其入之不足，而不讲其出之已多。此宜略存平恕，为小民稍延残喘，乃今日之急务。

阁下清望素著，倘出鼎言，必有裨益，庶不虚根之琐琐。干冒尊严，伏祈原宥不宣。

八十三　复善堂诸公书[①]

时事如此，正富厚者力行善事之时，于以挽回风俗人心，行得十寸便是一尺。有识者所见，宜若此也。乃今则不然，反以为时事若

① 原注：癸丑(1853)。

此,吾何必为此不急之务?其见识胶固,牢不可破。此真不可理喻矣。

根素有热肠。凡一切利济之事,已虽无力,尤喜劝人为之。今至沛国,而其术乃穷,致不能践诺,以开罪于大君子,心甚耿焉。两奉赐函,两番造其门,仅许出十千之数,与前说大相径庭。追悔当时,热锅不行即掇。根不即奉复,所以迟之。又久者,冀幸其一隙忽明,则茕独者犹有所藉耳。乃迟延至今,迄无消息。其必以根之懃懃劝谕者,若自为谋矣,而不知其为茕独谋也,为富厚者之子孙福田利益谋也。如此而不抽身自退,几于不知分量矣。

夫劝人之事,人分智愚,词有巧拙。以根之为人愚而措词拙,至于其效如此。夫岂无善于言词而能动彼之心者乎?盖好事但求其成,而正不必其悉成于我。故此字复望诸同事,别选善友,或有能谕之使从者。如此,根虽不复与其事,而亦阴受其赐矣。统希亮察不一。

八十四　复徐吉卿书[①]

吉卿足下,记侍令先尊及陈本痴前辈,坐君家草堂,盘桓浃夕。于时庭梅正放,春光烂然。剪烛衔杯,宛如昨日。迄今回首,几二十年。

足下已伤偏露,客授江乡。弟亦老病侵寻,杜门荒墅。每怀前事,恒切依依。拟寄寸笺,鳞鸿靡便。惟于相契,一讯兴居。记念之忱,想同之也。

江村坐雨,忽接手翰。含笑开缄,宛如对面。安仁谬誉,非所敢承。徐稚高踪,窃所仰慕。复承下问,商及《礼经》。引绳批根,足征勤学。顾惭寡陋,何足周知?议礼之家,夙称聚讼。泥古违今,亦乖

---

① 原注:甲寅(1854)。

不倍。禀经酌律，是在通儒。

仆何人斯？敢承下问。独念足下，不弃耄老。用忘固陋，一进刍荛。所望博询通人，下匡不逮。管窥未及，幸祈教我。学海无尽，年矢每催。足下如日在东，他时所就，正未可量。

仆老嗟瓠落，抱恨穷庐。何时顾我，一闻妙论？北望停云，毋任悒悒。仰惟侍奉康豫，媚学自爱。余不一一。

八十五　复陈梅村名棻札[1]

山颓木坏，无所依归。感悼之余，淹淹伏枕。因不获随仁兄泥首几筵，方深悒怏。

昨接手翰，览之不觉失声。呜乎！仁兄欲如前日侍坐易画轩中，听先师之教，岂可得哉？

根梼昧无知，其获承教于先师，实由银帆吴先生为之介绍。方幸当吾世，得与古人为徒。乃不数年间，两先生相继为道山之游。根如瞽者之无相，伥伥奚适？伤哉，伤哉！

欲草一诗，以抒哀痛。而抱病之余，触绪纷如，操笔辄止。然亦何待言哉？知我之感、饮食教诲之恩，衔之终身。他日吾两人盖棺之日，操月旦评者，曰："某某也守硁硁之节，盖不愧王先生之门人。"若此，乃所以报先生者也。仁兄其勉之！

相隔一水，握手为难。时因风便，惠我德音（此札未详在何年，今依原稿录于此）。

八十六　与儿札

君子之道，淡而不厌。若但求一己之顺适，不谅他人之衷曲，岂

---

[1] 原注：乙卯（1855）。

理也哉？

陈村之馆，宜早早而告东人，使其另行延请。即至戚如范心畲妹丈，余不欲荐也。一亲戚去，又一亲戚来，不几落季孙龙断之诮耶？前日，吾使汝到射角桥问范姓所言之馆，实以吾年来医道淡泊，薪水且不支，况住居梅心。人情如此，有何趣味？

意欲觅一小局，姑躲一二年。粗茶淡饭，吾自甘之，勿计其修资之厚薄也。且我若觅得馆，如李四者亦可遣去，有事唤一短工，岁可省一二十千文也。所虑者，汝在家无事，决不能如我闭户弗出。

吾意东南如别有馆可托，周慰祖觅之。父子相去不远，早晚可通。各坐一馆，最为佳事。否则父子同馆，我仍于东南兼行医道，亦无不可，只不可痴想仍旧耳。如李梅亭待我甚好，我去必固留。其一家老少俱是如此。只李银塘兄偶云："朋友交情太浓，后必至于淡了。"银塘此言，并非为我与梅亭而发，然于吾心却戚戚焉。因此不敢屡往，亦不敢受其修仪。

汝今岁修米，可将三石送于东人，为略偿之意，我心方过得去。厚斋如推却，可以我字示之①。

八十七　与顾勖斋秀才札②

新正承枉临，匆匆未及奉答，罪甚。月晦遣儿子造府，并送上《严氏墓志》两册，及委撰《节孝传》稿。恳仁丈觅便，寄往渡头，能委曲达之也。深荷，深荷。

仁丈手辑邑先辈文，此诚好事。弟当年同石芸兄辑《诗存稿》时，即萌此念。奈此时专意在诗，所借阅书籍颇多，往往有巍然大集仅借其诗而割其文者，有仅读一过而未及抄录者。由今思之，真可惜也。

---

① 原注：此札当于道光二十一年辛丑作。

② 原注：丙辰(1856)。

自科举法行，而古文不甚重。自水潦频仍，而藏书皆四散。邑中前辈著作，大半沦亡。间有藏者，亦不肯借出。每岁科试时，书林中间遇一二，又往往苦于囊空。贫士而欲读书，此正非易。如兄丈年未甚老，搜集之日正长。弟则精力已衰，恐不能多见矣。然选文必求其有益身心，有关利病。至于文之仅存者，则亦不在此例也。零珠碎玉，讵不足惜耶？今抄周玉岩、方矫亭、改亭、顾梣斋文数十篇，祈采入。朱雪鸿文，另纸录上，皆可入选者。俟稍暇，当再录朱节孝及柏庐未刻文奉纳也。

又小儿述兄丈设帐，今岁近在东门。乞示知的处，过访、致札庶近便矣。《周玉岩集》，因娄东友人已借往，故不能致。草此奉白，并侯文祺不一。

八十八　与张柳人秀才札

香翁来述，令似寿萱兄遭吹臼之戚。而阁下疑所服，因写高曾谱系，询诸香翁。香翁有所见而未决，辱以下询。

按吴江王寅旭《困亨斋集》中有"降服辨"一条，中有云："子为人后，父得为之服；期孙为人后，得为其祖服，期父子祖孙之恩不可杀也。旁亲之期，降以三等。父为子、孙为祖不降，或以义断，或以恩胜也。"据此，则出嗣子之服，当从父子立说，不必再推到高、曾明甚。

今寿宣兄系柳翁所出。本生父之服出嗣子也，律不以出嗣而降其一。妇从夫服。其妇之丧，为大功明矣。况本朝嘉庆间新例出，嗣子为本生父，虽降服期，而居官丁忧，士子辍考。以此律彼，则其为服大功。律虽无文，从可知也。

又按，宋陈氏淳曰："堂兄弟之妻与党兄弟子之妻若有尊卑，然古礼嫂叔无服。盖推而远之，重别之义，以亲兄弟之妻犹无服，况堂兄弟之妻乎？自唐太宗始制嫂叔服小功，而后代因之。兄弟子之妻，绍兴服缌。今律服大功，已为定制。盖亦以子妇视之，亦引而进之也。"

据此，兄弟子之妻，本服大功，况出嗣之妇乎？

但根犹有说焉。家无二尊，故礼父母，不在兄弟各主其丧。寿萱既出嗣于磵筠，磵筠之配郎夫人在堂，隐为内主妇人。夫死从子，王氏之丧，宜以寿萱为主，所谓夫死从子也。若于翁似宜，但为之制服，而不必列于正帖，必不获已。另以古色小简书大功服某附于帖内。既不夺家无二尊之义，又不失礼无不答之情。此从宜从俗之说也。草此奉复，并慰。

八十九　与徐洪生丈书

根行能无似，承仁丈嗜痂之爱，厕诸交契之末。惠诲勤勤，有加无已。

兹者以根犬马齿增，悯其贫老无闻，加以拂拭。既惠佳什，又锡大文，殊甚郑重，非根所承也。至谓根立身行事，有合于君子之仁，则尤非敢承。盖大君子之立言，期望于根者如此。语曰："行百里者半于九十。"当更勉力，以副厚望。

至于介祝之举，则根之鄙心有不自安者三事，敢以奉告。寒家自祖父以来，举无大年。先人寿止五十有六，视诸父辈已为最高。故根自孤露以来，见里党中有年七十、八十者，心辄怦怦感念。先人仅及中寿，或至雪涕。今根以多病孱弱之躯，不自意幸开八秩。若偃然称祝，言念先人，于心胡忍？此不可者一也。又鄙性素介，凡交游中苟非心知，及义有可受以外，授赠必坚麾却。今若牵率为导，或姻戚里党闻风接踵，受之则不安，不受则不可，甚非心之所喜。此不欲为者又一也。方今天时人事，触目酸心。淮、扬、通、泰，流移载道，欲安辑之而无其术，欲施济之而无其财。此正古人彻乐减膳之时，而以年至受贺，是诚何心？此不可安者又一也。

故承赐大文，根读后即卷而藏之，不敢以示人。阁下倘蒙记注，新正晴和，扁舟过我，以贺岁为词。根当剪韭烹茗，作竟日淹留，固所愿也。惟不望擎萱面、携银烛以夸示闾里，使之效颦，则此心庶可自安。惟鉴察为幸。

九十 与畷城葛铁生先生书[①]

根草野迂儒，未尝学问。承四方诸君子不弃颛愚，谓为可教。正欲鞭策驽顿，而桑榆已晚，无能为已。

年前，荷蒙研翁先生千里神交，书尺往复。以病贫之故，不能远诣皋城，亲聆麈教。而先生慇慇垂注，贻书见及"有得归，我即访延平"之语，何图此约终成虚愿，怅何如之！

门下经术湛深，立品超卓，经师、人师一身兼之。根久已钦迟，思图亲炙。徒以云泥间隔，带水迢遥，遂稽良觌。春暮偶留贵里，根以文旆尚在安省，是以未修事贤之礼。乃蒙枉驾寓斋，慇懃垂注。此在前辈引掖后进之忱，诚深诚厚。顾根无似，不敢当也。途中再荷手书，勤拳注念。且承飞于仁兄惠分门下所注《小雅》。开函卒读，欢喜无量。感谢，感谢。

拙著数卷，尚留诚斋先生所。倘蒙垂教，赐以弁言，并为加墨，则诱掖奖劝之私，在后学益深感泐矣。鸿使肃此。敬候婺源之行，何时返旆？念念。顺请道安，临楮神往。

---

① 原注：丁巳(1857)。